Les microrégions du guide :
(voir la carte à l'intérieur de la couverture ci-contre)

Bretagne

Collection Le Guide Vert sous la responsabilité d'Anne Teffo

Édition
Catherine Guégan, Guillaume d'Oléac d'Ourche

Rédaction
Magali Triano, Aymar de la Bretesche, Véronique Molin, Philippe Orain, Béatrice Brillion, Aulde Moreau, Thierry Théault

Cartographie
Véronique Aissani, Stéphane Anton, Michèle Cana, Géraldine Deplante, Alexandru Iorga, Aura Nicolae, Mirela Spita

Relecture
Zone libre

Remerciements
Didier Broussard, Maria Gaspar

Conception graphique
Christelle Le Déan

Régie publicitaire et partenariats
michelin-cartesetguides-btob@fr.michelin.com
Le contenu des pages de publicité insérées dans ce guide n'engage que la responsabilité des annonceurs.

Contacts
Michelin Cartes et Guides
Le Guide Vert
46 avenue de Breteuil - 75324 Paris - Cedex 07
✆ 01 45 66 12 34 - Fax 01 45 66 13 75
cartesetguides.michelin.fr

Parution 2010

Note au lecteur

Michelin a apporté le plus grand soin à la rédaction de ce guide et à sa vérification. Toutefois les informations pratiques (formalités administratives, prix, adresses, numéros de téléphone, adresses Internet...) doivent être considérées comme des indications du fait de l'évolution constante de ces données.

Il n'est pas totalement exclu que certaines d'entre elles ne soient plus, à la date de parution du guide, tout à fait exactes ou exhaustives. N'hésitez pas à nous signaler toute omission ou inexactitude que vous pourriez constater ainsi que de nous faire part de vos avis et suggestions sur les adresses contenues dans ce guide.

Avant d'entamer toute démarche formalités administratives ou douanières notamment, vous êtes invités à vous renseigner auprès des organismes officiels. Ces informations ne sauraient, de ce fait, engager notre responsabilité.

Le Guide Vert, mode d'emploi

Le Guide Vert, un guide en 3 parties

- **Organiser son voyage** : les informations pratiques pour préparer et profiter de son séjour sur place
- **Comprendre la destination** : les thématiques pour enrichir son voyage
- **Découvrir la destination** : un découpage en **microrégions**
(voir carte générale dans le 1er rabat de couverture et sommaire p. 1)

En ouverture de chaque **microrégion**, retrouvez un **sommaire** et une **carte** qui indiquent :

- les villes et sites traités dans le chapitre
- les itinéraires conseillés

Pour chaque chapitre, consultez « **Nos adresses...** » :

- des informations pratiques
- des établissements classés par catégories de prix
- des lieux où boire un verre
- des activités à faire en journée ou en soirée
- un agenda des grands événements de l'année

En fin de guide

- un **index général** des lieux et thèmes traités
- un **sommaire** des cartes et plans du guide
- la légende des symboles du guide
- la liste de nos publications

Et en complément de notre guide

- Créez votre voyage sur **Voyage.ViaMichelin.fr**

Votre avis nous intéresse
Rendez-vous sur votreaviscartesetguides.michelin.fr

Sommaire

1/ ORGANISER SON VOYAGE

2/ COMPRENDRE LA BRETAGNE

L'index général, l'index et la légende cartographiques se trouvent à la fin du guide, à partir de la page 648.

3/ DÉCOUVRIR LA BRETAGNE

1 RENNES ET LES MARCHES BRETONNES

2 DE SAINT-MALO AU MONT-SAINT-MICHEL

3 PAYS DE SAINT-BRIEUC ET TRÉGOR

4 FINISTÈRE NORD

5 FINISTÈRE SUD

6 MORBIHAN

7 NANTES ET SES ALENTOURS

1/ ORGANISER SON VOYAGE

M. Barraud/Ojo Images/Photononstop

Venir en Bretagne

Par la route

LES GRANDS AXES

L'autoroute A 11 est le principal axe routier menant en Bretagne depuis Paris. Au Mans, elle continue sa route vers Angers puis Nantes, tandis que l'A 81, qui devient l'E 50, file à l'ouest vers Rennes et poursuit son chemin jusqu'à Brest *via* St-Brieuc et Guingamp. Depuis la capitale, on peut également rejoindre Rennes *via* Caen et l'A 13 puis l'A 84 (autoroute des estuaires), mais la route est sensiblement plus longue.

Bon à savoir – Il n'y a pas d'autoroute payante en Bretagne ; les voies express sont gratuites.

Informations autoroutières – 0 892 681 077 - www.autoroutes.fr.

LES CARTES MICHELIN

Cartes Départements 308 (Finistère, Morbihan), **309** (Côtes-d'Armor, Ille-et-Vilaine) et **316** (Loire-Atlantique, Vendée).
Carte Région 512 (Bretagne).
Carte de France n° 721.
En ligne : calcul d'itinéraires sur **www.ViaMichelin.fr**.

En train

LE RÉSEAU GRANDES LIGNES

Le TGV relie **Paris-Montparnasse** aux principales villes de l'Ouest : **Nantes** (2h), **Rennes** (2h), **St-Malo** (3h), **Brest** (4h) *via* Rennes, Lamballe, St-Brieuc, Guingamp, Plouaret-Trégor, Morlaix et Landerneau, et enfin **Quimper** (4h) *via* Rennes, Redon, Vannes, Auray, Lorient, Quimperlé et Rosporden.
La ligne **Paris-Le Croisic** dessert Nantes, St-Nazaire et La Baule.
Les trains Corail circulent entre Paris et la majeure partie des villes bretonnes (Brest, Quimper, Lorient Vannes, St-Brieuc, Morlaix, Lannion, Rennes…).
Informations et réservations – 3635 (0,34 €/mn) - www.voyages-sncf.com.

DISTANCES	Bordeaux	Lille	Lyon	Marseille	Paris	Strasbourg
Brest	631	762	1012	1285	594	1072
Lorient	504	724	837	1158	504	981
Morlaix	631	705	955	1230	537	1014
Nantes	334	602	666	970	385	863
Quimper	566	785	899	1220	565	1043
Rennes	450	574	719	1043	350	828
Saint-Brieuc	545	619	869	1144	451	929
Saint-Malo	520	560	838	1113	405	897
Vannes	449	684	780	1085	464	942

LES TRAINS EXPRESS RÉGIONAUX

En correspondance à Nantes, Rennes et Vannes, les **trains express régionaux** (TER) desservent la quasi-totalité des localités bretonnes. Au bout de ces lignes, des bus, voire des bateaux vous emmèneront dans les lieux inaccessibles.

Informations et réservations sur le réseau régional – ✆ 3635 (0,34 €/mn) - www.ter-sncf.com.

En avion

LES COMPAGNIES AÉRIENNES

Air France – ✆ 0 820 820 820- www.airfrance.fr. La compagnie dessert l'aéroport de Nantes depuis Clermont-Ferrand, Lyon, Toulouse, Marseille, Ajaccio et Figari (l'été seulement), Lille, Bordeaux, Brest, Strasbourg et Paris ; de Rennes depuis Biarritz, Bordeaux, Lyon, Marseille, Montpellier, Mulhouse, Nice, Strasbourg, Toulouse et Paris. La compagnie assure également des liaisons journalières entre Nantes, Lyon, Nice, Marseille, Paris et l'aéroport de Brest. En outre, Paris est relié à Rennes, Lyon et Lorient.

Brit Air – Air France - ✆ 0 820 820 820 - www.airfrance.fr. Cette petite compagnie, commercialisée par Air France, dessert les villes suivantes :

Brest – de Lyon, Marseille, Nice, Paris, Toulouse ;
Lannion – de Paris (Orly) ;
Lorient – de Paris (Orly) ;
Nantes – de Brest, Lorient, Lyon, Marseille, Strasbourg, Paris ;
Quimper – de Paris (Orly) ;
Rennes – de Lyon, Montpellier, Paris, Strasbourg, Toulouse.

Ryanair – ✆ 0 892 232 375 - www.ryanair.com/site/FR. Liaisons vers Brest et Nantes en provenance de Marseille.

Jet Air – ✆ (32) 70 22 00 00 - www.jetairfly.com/fr. Liaison vers Brest en provenance de Toulon.

Twinjet – ✆ 0 892 707 737 - www.twinjet.fr. Liaison vers Brest en provenance de Toulouse.

Airlinair – ✆ 0 810 478 478 - www.airlinair.com. Liaison vers Brest en provenance de Bordeaux.

Iberia – ✆ 0 825 800 965 - www.iberia.com. Liaisons quotidiennes vers Nantes en provenance de Madrid et de Barcelone.

LES AÉROPORTS DE LA RÉGION

Aéroport Nantes Atlantique – CCI - 44345 Bouguenais Cedex - ✆ 02 40 84 80 00 (accueil-informations 24h/24) - www.nantes.aeroport.fr.

Aéroport international de Brest-Guipavas – Situé à 9 km au nord-est de Brest - 29490 Guipavas - ✆ 02 98 32 01 00 - www.brest.aeroport.fr.

Aéroport de Rennes – BP 29155 - 35091 Rennes Cedex 9 - ✆ 02 99 29 60 00 - www.rennes.aeroport.fr.

Aéroport de Lorient Bretagne Sud – 56270 Ploemeur - ✆ 02 97 87 21 50 - www.lorient.aeroport.fr. Liaisons quotidiennes de/vers Paris et Lyon et liaisons hebdomadaires de/vers Galway, Cork et Waterford en Irlande.

Aéroport de Quimper-Cornouaille – 29700 Pluguffan - ✆ 02 98 94 30 30.

Aéroport de Lannion – Côte de Granit – Av. Pierre-Marzin - 22300 Lannion - ✆ 02 96 48 05 48 - www.lannion.aeroport.fr.

Avant de partir

Météo

Services téléphoniques de Météo France
Taper le ✆ **3250** suivi de :
1 – météo d'une commune, d'un département ou de l'outre-mer ;
2 – météo du prochain week-end ;
3 – météo activités bord de mer et navigation ;
4 – météo montagne ;
5 – météo des routes.
Accès direct aux prévisions du département – ✆ **0 892 68 02** suivi du numéro du département (0,34 €/mn).
En ligne : **www.meteo.fr**.

ÉTÉ

Les températures clémentes et rarement caniculaires, en tout cas sur les côtes, et la brise marine rafraîchissent constamment le littoral. Les terres intérieures, en revanche, peuvent subir d'importantes vagues de chaleur.

PRINTEMPS ET AUTOMNE

C'est l'époque des **grandes marées**, toujours spectaculaires, mais qui permettent d'éviter au mauvais temps de s'installer trop durablement. Les éclaircies subliment alors l'arrière-pays : la lande se couvre de mauve, de rose et de bleu au printemps, et les forêts rougissent en automne. Il n'est pas de meilleures saisons pour découvrir les paysages de l'Argoat. Seul inconvénient ponctuel : le brouillard.

HIVER

Tempêtes sur les côtes, brouillard sur les terres : le tableau n'incite pas au tourisme. Pourtant, c'est l'époque où la Bretagne vit à son rythme. L'atmosphère très particulière de ses paysages sous la pluie ou en proie à la fureur des éléments reste une expérience à vivre pour tous les amoureux de la nature.

Adresses utiles

LES INSTITUTIONS

Comité régional de tourisme de Bretagne
1 r. Raoul-Ponchon - 35069 Rennes Cedex - ✆ 02 99 36 15 15 - www.tourismebretagne.com.

Comités départementaux de tourisme
Haute Bretagne Ille-et-Vilaine – 5 r. du Pré Botté - BP 60149 - 35101 Rennes Cedex 3 - ✆ 02 99 78 47 40 - www.bretagne35.com.
Côtes-d'Armor – 7 r. St-Benoît - BP 4620 - 22 046 St-Brieuc Cedex 2 - ✆ 02 96 62 72 01 - www.cotesdarmor.com.
Finistère – 4 r. du 19-mars-1962 - 29018 Quimper Cedex - ✆ 02 98 76 24 77 - www.finisteretourisme.com.
Morbihan – PIBS - allée Nicolas-Leblanc - BP 408 - 56010 Vannes Cedex - ✆ 02 97 54 06 56 - www.morbihan.com.
Loire-Atlantique – 11 r. du Château-de-l'Eraudière et 6 allée Brancas (vitrine touristique départementale) - BP 20502 - 44005 Nantes Cedex 1 - ✆ 02 51 72 95 40 - www.loire-atlantique-tourisme.com.
Fédération régionale des pays touristiques – 2 pl. Bisson - BP 24 - 56301 Pontivy Cedex - ✆ 02 97 51 46 16 - frpat-bretagne@wanadoo.fr.

Offices de tourisme

Les adresses des offices de tourisme se trouvent dans la rubrique « S'informer » de chaque ville ou site dans la partie Découvrir la Bretagne.
En ligne : une mine d'informations pour faire du tourisme en France sur **www.franceguide.com**.

Autres adresses

Bretagne infos 24h/24 – ✆ 02 99 36 15 15 - tlj sf w.-end 8h30-17h30.
Maison de la Bretagne – 8 r. de l'Arrivée - 75015 Paris - ✆ 01 53 63 11 50 - www.maisondelabretagne.fr.

Sites Internet

Outre les sites des comités régionaux et départementaux de tourisme, voici quelques adresses utiles à retenir :
www.bretagne-reservation.com
www.region-bretagne.fr
www.iles-du-ponant.com
www.bretagne.com
www.inet-bretagne.fr
www.sellor.com
www.littoral-ouest.com
www.bretagne-environnement.org
www.tourisme.fr

TOURISME DES PERSONNES HANDICAPÉES

Le symbole ♿ signale les sites accessibles aux personnes à **mobilité réduite**.

Accessibilité des infrastructures touristiques

Liste des sites labellisés **Tourisme et Handicap** en Bretagne sur le site **www.tourismebretagne.com**, rubrique « Bretagne Accessible ».
Sur le site **www.bretagne-accessible.com** sont recensées également des adresses d'hébergement et de restauration.
Association Tourisme et Handicaps – 43 r. Max-Dormoy - 75018 Paris - ✆ 01 44 11 10 41 - www.tourisme-handicaps.org.
Association des paralysés de France – Direction de la Communication - 17 bd Auguste-Blanqui - 75013 Paris - www.apf.asso.fr.

Accessibilité des transports

Train – Le *Mémento du voyageur handicapé* est disponible gratuitement dans les gares et boutiques SNCF.
SNCF Accès Plus – ✆ 0 890 640 650 (0,11 €/mn, 7h-22h). Service gratuit facilitant le voyage des personnes handicapées, disponible sur réservation 48h avant le départ dans 350 gares de France.
En ligne : **www.accessibilite.sncf.fr**.
Avion – Air France propose aux personnes handicapées le service d'**assistance Saphir** - ✆ 0 820 012 424 - www.airfrance.fr.

Se loger

Retrouvez notre sélection d'hébergements dans « Nos adresses à… » situées en fin de description des principaux sites de la partie Découvrir la Bretagne.

NOTRE SÉLECTION

Hôtel ou chambre d'hôte, à vous de choisir ! Pour vous aider, nous vous fournissons une **fourchette de prix** *(voir tableau page suivante)* : pour l'hébergement, les prix communiqués correspondent aux tarifs minimum et maximum d'une chambre double, en **haute saison**.
Pour compléter : **Le Guide Michelin France** et le **Guide Camping Michelin France**.

LES BONS PLANS

Les services de réservation

Fédération nationale des services de réservation Loisirs-Accueil – 74-76 r. de Bercy - 75012 Paris - ✆ 01 44 11 10 44 - www.loisirs-accueil.fr.

NOS CATÉGORIES DE PRIX				
	Hébergement		Restauration	
	Province	Grandes villes	Province	Grandes villes
Premier prix	jusqu'à 45 €	jusqu'à 65 €	jusqu'à 14 €	jusqu'à 16 €
Budget moyen	plus de 45 € à 65 €	plus de 65 € à 100 €	plus de 14 € à 25 €	plus de 16 € à 30 €
Pour se faire plaisir	plus de 65 € à 100 €	plus de 100 € à 160 €	plus de 25 € à 40 €	plus de 30 € à 50 €
Une folie	plus de 100 €	plus de 160 €	plus de 40 €	plus de 50 €

Fédération nationale Clévacances – 54 bd de l'Embouchure - BP 52166 - 31022 Toulouse Cedex - ✆ 05 61 13 55 66 - www.clevacances.com.

L'hébergement rural

Maison des Gîtes de France et du Tourisme vert – 59 r. St-Lazare - 75439 Paris Cedex 09 - ✆ 01 49 70 75 75 - www.gites-de-france.com.

Fédération des Stations vertes de vacances et Villages de neige – BP 71698 - 21016 Dijon Cedex - ✆ 03 80 54 10 50 - www.stationsvertes.com.

Bienvenue à la ferme – Le guide *Bienvenue à la ferme*, édité par l'Assemblée permanente des chambres d'agriculture (service Agriculture et **Tourisme** - 9 av. George-V - 75008 Paris - ✆ 01 53 57 11 44), est aussi en vente en librairie ou sur www.bienvenue-a-la-ferme.com.

Pour la Bretagne, vous pourrez obtenir le guide auprès de la section régionale - ✆ 02 23 48 27 73 - www.bretagnealaferme.com.

L'hébergement pour randonneurs

La Bretagne, particulièrement l'Argoat, foisonne en gîtes, en campings et en petits hôtels où les randonneurs sont les bienvenus. Pour réserver l'adresse la plus proche de votre itinéraire, consultez les organismes suivants :

L'Abri – 7C r. Pierre-Texier - 35760 Montgermont - ✆ 02 99 26 13 50 - http://rando.abri.free.fr. Cette association bretonne des relais et itinéraires recense et labellise quatre types d'hébergement spécifiques aux randonneurs : Rando Plume, Rando Gîtes, Rando Toile et Rand'hôtel.

Guide et site Internet – Les randonneurs peuvent consulter le guide *Gîtes d'étape, refuges*, par A. et S. Mouraret (Rando Éditions La Cadole - 74 r. A.-Perdreaux - 78 140 Vélizy - ✆ 01 34 65 11 89), et **www.gites-refuges.com**.

Les auberges de jeunesse

Ligue française pour les auberges de jeunesse – 67 r. Vergniaud - bâtiment K - 75013 Paris - ✆ 01 44 16 78 78 - www.auberges-de-jeunesse.com.

Fédération unie des auberges de jeunesse – Centre national - 27 r. Pajol - 75018 Paris - ✆ 01 44 89 87 27 - www.fuaj.org/fra.

La Fuaj propose le *Pass Bretagne*, une carte gratuite (pour les adhérents). Elle est remise lors de la première nuit en Bretagne. Chaque nuitée est ensuite tamponnée, la sixième est gratuite.

En Bretagne, vous trouverez des auberges de jeunesse affiliées dans les villes et sites suivants : Batz, Belle-Île, Brest, Camaret, Cancale, Chouvan-en-Brocéliande, Concarneau, Dinan, Groix, Lannion, Ber Leguer, Lorient, Nantes, Ouessant, Pontivy, Quiberon, Quimper, Redon, Rennes, St-Brévin, St-Brieuc, St-Malo, Trébeurden.

Les offres spécifiques à la Bretagne

Bons plans en Bretagne – Cette initiative conjointe du comité régional du tourisme de Bretagne, et des quatre comités départementaux du Tourisme propose les meilleures offres touristiques aux meilleurs prix, dans toute la région. Informations sur www.bonsplansenbretagne.com.
Loire Atlantique – Offres promotionnelles sur le site du CDT : www.ohlaloireatlantique.com.

POUR DÉPANNER

Centrales de réservation des principales chaînes hôtelières :
B & B – ✆ 0 892 78 29 29 (0,34 €/mn) - www.hotel-bb.com.
Etap Hôtel – ✆ 0 892 688 900 (0,34 €/mn) - www.etaphotel.com.
Campanile – www.campanile.fr.
Kyriad – ✆ 0 825 003 003 (0,15 €/mn) - www.kyriad.fr.
Ibis – ✆ 0 825 882 222 (0,15 €/mn) - www.ibishotel.com.

Se restaurer

Retrouvez notre sélection de restaurants dans « Nos adresses à… » de la partie Découvrir la Bretagne. Pour repérer facilement ces adresses sur nos plans, nous leur avons attribué des pastilles numérotées.

NOTRE SÉLECTION

Pour répondre à toutes les envies, nous avons sélectionné des **restaurants** régionaux bien sûr, mais aussi classiques, exotiques ou à thème… et des lieux plus simples, où vous pourrez manger sur le pouce.
Pour vous aider, nous vous communiquons une **fourchette de prix** *(voir tableau p. 12)* : pour la restauration, les prix mentionnés correspondent aux tarifs minimum et maximum des menus proposés sur place. Les mentions « **Astuce prix** » et « **bc** » signalent : pour la première, les formules repas à prix attractif, servies en général au déjeuner par certains établissements de standing ; pour la seconde, les menus avec boisson comprise (verre de vin ou eau minérale au choix).
Les prix que nous indiquons sont ceux pratiqués en **haute saison**.
Voir aussi **Le Guide Michelin France** et le réseau des **fermes-auberges** (www.bienvenue-a-la-ferme.com).

LES LABELS

Sites remarquables du goût

En Bretagne, les sites suivants bénéficient de ce label : **Cancale** (huître), **Le Guilvinec** (langoustine et autres produits de la mer), **Riec-sur-Belon** (huître), et **Guérande** (sel). En ligne : www.sitesremarquablesdugout.com.

Autres labels

Le label **Tables et Saveurs de Bretagne** rassemble une quarantaine de restaurants bretons qui participent chaque année au concours « Arts et Saveurs ».
Le label **Restaurant du Terroir** a pour objectif de faire découvrir et de promouvoir le patrimoine culinaire breton de manière originale, à travers une démarche qualité valorisant le travail des produits régionaux.
Enfin, le label **Crêperie Gourmande** distingue les spécialistes de la crêpe, disposant à ce titre d'un véritable savoir-faire et privilégiant les produits régionaux.
Pour ces trois labels, liste disponible dans la rubrique « Gastronomie » du site www.tourismebretagne.com.

Sur place de A à Z

Les **comités départementaux** et **comités régionaux** de tourisme *(voir p. 10)* mettent à votre disposition de nombreuses documentations.

Pour trouver d'autres adresses de prestataires, reportez-vous aux rubriques « Visite » et « Loisirs » dans « Nos adresses à… » de la partie Découvrir la Bretagne.

ARCHÉOLOGIE

DRAC Bretagne – Hôtel de Blossac - 6 r. du Chapître - 35044 Rennes - 02 99 29 67 67 - www.culture.fr/bretagne.

DRAC Pays de Loire – 1 r. Stanislas-Baudry - 44035 Nantes Cedex 1 - 02 40 14 23 00 - www.pays-de-la-loire.culture.gouv.fr.

Cerapar - Centre de recherches archéologiques du pays de Rennes – Maison de l'archéologie - La Métairie - 35740 Pacé - 02 99 68 74 56 - http://cerapar.free.fr.

Société d'histoire et d'archéologie de Bretagne – 20 av. Jules-Ferry - 35700 Rennes - 02 99 27 21 51 - www.shabretagne.com.

BAIGNADE

En mer

Les plages de sable fin ne manquant pas en Bretagne, la question serait plutôt de savoir si vous les préférez confidentielles ou étendues à perte de vue. Les premières sont l'apanage des côtes sauvages et découpées (le Finistère et les îles n'en manquent pas) ; les secondes font le bonheur de la Bretagne Sud (La Baule, Carnac, Larmor-Plage) et de certaines stations réputées de la Côte d'Émeraude, St-Malo en tête.

Pour connaître le résultat des contrôles de qualité des eaux de baignade effectués chaque mois de juin pour toutes les plages du littoral, consulter **www.infosplage.com**.

Bon à savoir – Les plages sont classées en quatre catégories, de A (bonne qualité) à D…

En lac et en rivière

Les rives du lac de Guerlédan autorisent la baignade en certains points. Rivières et plans d'eau sont aussi accessibles à la baignade, mais renseignez-vous au préalable. La qualité de leurs eaux est contrôlée par la direction des Affaires sanitaires et sociales de Bretagne.

En ligne : http://bretagne.sante.gouv.fr.

CALÈCHE OU ROULOTTE

Lanrivain (dans les Côtes-d'Armor, près de Rostrenen) – 02 96 45 76 31 - mar. et jeu. de mi-juin à mi-sept. - www.attelages-k-b.com - 4 circuits nature ou vieilles pierres : 2h30, 20 € (enf. 9,50 €) ; journée à la ferme au rythme du cheval breton (prévoir bottes et pique-nique pour le midi) : 20 € (enf. 9,50 €).

Les bigoudènes roulottes – Découvrez les richesses de la Haute-Bretagne au gré des paysages et des monuments chargés d'histoire. Se renseigner au comité départemental du tourisme Haute-Bretagne Ille-et-Vilaine - 02 99 78 47 40 - www.bretagne35.com.

CANOË-KAYAK

Rivières, canaux et mer : la Bretagne ne manque pas de lieux où pratiquer ces deux activités.

Pour info : **Comité régional de Bretagne de Canoë-kayak (CRBCK)** – Base nautique Plaine de Baud - 35 r. J.-M.-Huchet - 35000 Rennes - ✆ 02 23 20 30 14 - www.crck.org/bretagne.
Voir aussi la rubrique « Activités » dans « Nos adresses à… » situées en fin de description des principaux sites de la partie Découvrir la Bretagne.

COURS DE CUISINE

Le Cercle culinaire de Rennes – 8 r. du 7e-Rég.-d'Artillerie - 35012 Rennes Cedex - ✆ 02 99 31 45 45 - www.cercleculinaire.com - groupe de 8 pers. maximum, 30/75 € repas inclus. Ce cercle propose des stages et des ateliers de une à quatre heures, accessibles à tous et toute l'année (sept.-juin). Vous y aborderez l'art des crêpes et des galettes, la cuisine aux algues, le menu gourmand d'un chef régional, ou les tables et les saveurs de Bretagne. Un atelier est axé sur les produits du marché de la place des Lices !
École Treblec – 66 r. de Guer - 35330 Maure-de-Bretagne - ✆ 02 99 34 86 76 - www.ecole-maitre-crepier.com
Les inconditionnels des **crêpes et des galettes** ne pourront échapper à la célèbre école qui forme les maîtres crêpiers. Au moins un samedi par mois pendant l'année, et plus en mai, juin et juillet, l'école ouvre ses portes à tous les gourmands pour un stage d'une journée de 9h à 17h30 ; dégustation entre 12h30 et 13h30 (75 €/pers., repas inclus).

CRIÉES

Les ventes des produits de la mer ont lieu, en général, tous les jours de la semaine, une demi-heure après le retour des chalutiers, et durent à peu près deux heures. Concarneau, Douarnenez, Le Guilvinec, Erquy, Loctudy, Lorient, Roscoff et St-Quay-Portrieux sont les plus importantes.
Criée de Plouhinec – ✆ 02 98 70 74 55 - visite guidée de la criée de Plouhinec juil.-août : lun. et jeu. 14h30 - 3 € (-13 ans gratuit).
Consultez également « Nos adresses à… » de la partie Découvrir la Bretagne.

CROISIÈRES FLUVIALES

Rivières et canaux de Bretagne constituent un réseau de plus de 600 km de voies navigables.
Une liaison Manche-Océan emprunte le **canal d'Ille-et-Rance**, puis la Vilaine, en passant par Dinan, Rennes et Redon.
Le canal de Nantes à Brest, ouvrage exceptionnel de 360 km, constitue un moyen agréable de découvrir la Bretagne intérieure. Partant de Lorient, la croisière sur le Blavet, le tronçon oriental du canal de Nantes à Brest et l'Erdre, fait découvrir Josselin et Redon avant de gagner Nantes.
Du fond de la rade de Brest, la remontée de l'Aulne et de la partie occidentale du canal de Nantes à Brest conduit à Châteaulin et Carhaix-Plouguer.
Les principales compagnies de tourisme fluvial sont installées à Blain, Sucé-sur-Erdre, Messac, Redon, Josselin, Rohan, Châteauneuf-du-Faou, La Chapelle-aux-Filtzméens et Dinan.
Une riche documentation est proposée par le **Comité des canaux bretons et des voies navigables de l'Ouest** – 6 r. de Lourmel - 56300 Pontivy - ✆ 02 97 25 38 24 - www.canaux-bretons.net.
Pour louer une péniche (à la journée, à la semaine ou au mois) et partir naviguer sur les canaux et rivières de Bretagne, rendez-vous sur le site **www.bretagne-plaisance.fr**.

CYCLOTOURISME

La Brière, le pays gallo, l'Argoat sont autant de régions offrant des parcours pour « toutes les jambes ». Sur place, les offices de tourisme et syndicats d'initiative fournissent généralement la liste des loueurs de cycles. Certaines gares SNCF proposent aussi des bicyclettes, qu'il est possible de restituer dans une gare différente.
Les principaux sites de balades à vélo sont détaillés sur **www.randobreizh.org**.
Vous pouvez aussi contacter la **Ligue Bretagne de cyclotourisme** (10 r. Alphonse-Guérin - Rennes - ✆ 02 99 36 38 11 - www.ffct-bretagne.org) pour découvrir les **sorties week-end** ou **les circuits** « **découverte** » avec des guides – organisés par les clubs cyclotouristes de la région.

GOLF

Liste des golfs, détail des parcours et des tarifs auprès de la **Ligue de Bretagne de golf** – immeuble « Le Calypso » - 130 r. Eugène-Pottier - Rennes - ✆ 02 99 31 68 80 - www.liguebretagnegolf.org, et, pour la Loire-Atlantique, auprès de la **Ligue de golf des Pays de la Loire** – 9 r. du Couédic - Nantes - ✆ 02 40 08 05 06 - www.ligue-golf-paysdelaloire.asso.fr.

LUTTE

Le gouren – D'origine celte, cette technique de lutte traditionnelle s'est développée dans la région en conservant des valeurs (loyauté, fair-play) exprimées dans un serment. Pratiqué en clubs, le gouren donne lieu à de passionnantes compétitions (en salle l'hiver mais aussi en plein air, l'été, dans des fêtes traditionnelles).
Ti ar Gouren, la Maison de la lutte et des sports bretons – Le Poullic - 29690 Berrien - ✆ 02 98 99 03 80.
Comité national de gouren de la Fédération française de lutte – ZA St-Ernel - 29800 Landerneau - ✆ 02 98 85 40 48 - www.gouren.fr.

PÊCHE

Pêche en eau douce

Quels que soient l'endroit et le type de pêche, il convient d'observer la réglementation nationale et locale ; de s'affilier pour l'année en cours, dans le département de son choix, à une association de pêche agréée par la préfecture ; d'acquitter les taxes afférentes au mode de pêche pratiqué ; d'obtenir, pour pêcher dans des eaux du domaine privé, l'autorisation du propriétaire riverain.
Fédération nationale pour la pêche et la protection du milieu aquatique – 17 r. Bergère - 75009 Paris - ✆ 01 48 24 96 00 - www.unpf.fr. On peut se procurer des cartes et informations locales auprès des fédérations départementales pour la pêche et la protection du milieu aquatique.
Pêche en famille - École française de pêche – M. Stéphane Sence - BP 16 - 33 450 St-Sulpice-et-Cameyrac - ✆ 05 56 30 24 50 - www.encyclopeche.com. Séjours jeunes et adultes, toute l'année (de 1 à 15 jours).

À pied

La pêche pratiquée à pied ne demande aucune démarche particulière, sauf pour l'usage des filets qui nécessite une autorisation délivrée par les Affaires maritimes. Par ailleurs, vérifiez qu'aucune interdiction sanitaire n'a été décrétée là où vous comptez pêcher (des restrictions locales peuvent exister et diffèrent selon le littoral et les zones), d'autre part, respectez les tailles minimales et remettez en place les rochers que vous déplacerez.

En mer

De petits patrons de pêche accueillent à leur bord des touristes attirés par la sportivité de la pêche en mer. Rappelons que la plupart de ces pêches ont lieu sur des bateaux de petite taille et dans des mers tourmentées par la houle et des courants violents, où le danger est souvent au rendez-vous.

Les plaisanciers peuvent pratiquer la pêche en mer à partir de leur navire ou la chasse sous-marine, à titre d'agrément exclusivement.

La liste des engins de pêche autorisés figure sur leur titre de navigation. La chasse sous-marine est quant à elle soumise à une réglementation stricte et il convient de s'informer préalablement auprès du service des Affaires maritimes.

Fédération française des pêcheurs en mer – Résidence Alliance, centre Jorlis - 64600 Anglet - ✆ 05 59 31 00 73 - www.ffpm-national.com.

PETITS TRAINS

Vapeur du Trieux – Gare de Paimpol - av. du Gén.-de-Gaulle - 22500 Paimpol - ✆ 0 892 391 427 (0,34 €/mn) - www.vapeurdutrieux.com.

PLAISANCE

Il existe près de 50 ports de plaisance en Bretagne. Vous pouvez en obtenir la liste complète ainsi que des informations complémentaires sur le nautisme en consultant le site **www.nautismebretagne.fr**.

Les principaux ports de plaisance de la région sont : Aber-Wrac'h, Audierne, Bénodet, Brest, Concarneau, Douarnenez, Groix, La Trinité, Belle-Île (Le Palais), Lorient, Paimpol, Perros-Guirec, Île-aux-Moines (Port Blanc), Port-Louis, Redon, St-Malo et Vannes.

Pensez à réserver vos anneaux bien en avance, car les ports affichent souvent complets.

PLONGÉE SOUS-MARINE

Ce sport est très pratiqué en Bretagne. Les amateurs de chasse sous-marine ou de paysages sous-marins trouvent, surtout le long des côtes sud (Port-Manech, Port-Goulphar à Belle-Île...), des criques limpides, poissonneuses et riches en algues.

Le **Comité interrégional Bretagne-Pays de Loire de la Fédération française d'études et de sports sous-marins** (39 r. de la Villeneuve 56100 Lorient - ✆ 02 97 37 51 51 - www.ffessm-cibpl.asso.fr) fournit tous les renseignements nécessaires.

Certaines interdictions sont à respecter en ce qui concerne la pêche sous-marine *(voir Pêche, « En mer », ci-contre)*.

RANDONNÉES ÉQUESTRES

Un superbe itinéraire, **Equibreizh**, fait le tour de la Bretagne (environ 2 500 km) en reliant les principaux sites. Avec votre monture, ou encadré par un centre de tourisme équestre, vous pouvez choisir votre parcours et vos étapes. Informations disponibles auprès de l'**Association régionale de tourisme équestre en Bretagne** – ✆ 02 97 84 44 00 - www.bretagne-equitation.com ou sur le site www.equibreizh.com.

Pour les passionnés de cheval, un petit détour au haras d'Hennebont s'impose.

Comités départementaux de tourisme équestre

CDTE des Côtes-d'Armor – Association des cavaliers d'extérieur des Côtes-d'Armor (ACECA) - Kertau - 22190 Plérin - ✆ 02 96 74 68 05 ou 02 96 73 12 38 - www.ville-plerin.fr/aceca.

CDTE du Finistère – 27 r. Laennec - 29710 Plonéis - ✆ 02 98 91 02 02 - www.equi29.com.
CDTE de l'Ille-et-Vilaine – La Ferme de Chenedet - 35133 Landéan - ✆ 02 99 97 35 46 ou 06 83 01 17 77.
CDTE de la Loire-Atlantique – Gérard Daniel - 7 imp. Polymnie - 44470 Carquefou - ✆ 0 871 476 550.
ADTE du Morbihan – 4 r. Georges-Cadoudal - 56390 Grand-Champ - ✆ 02 97 66 40 46.

RANDONNÉES PÉDESTRES

Les GR 34 (sentier des douaniers), 37, 38, 341, 380 sillonnent l'Argoat en tous sens. Les chemins de halage du canal de Nantes à Brest et les voies vertes *(voir p. 23)* sont également très appréciés.
Fédération française de la randonnée pédestre – 14 r. Riquet - 75019 Paris - ✆ 01 44 89 93 93 - www.ffrp.asso.fr. La Fédération donne le tracé détaillé des GR, GRP et PR ainsi que d'utiles conseils.
Comité régional de la randonnée pédestre de Bretagne – Etic Center - 9 r. des Charmilles - 35510 Cesson-Sévigné - ✆ 02 23 30 07 56 - http://bretagne.ffrandonnee.fr.
www.randobreizh.com – Ce site récent est idéal pour préparer ses randonnées en Bretagne. Vous y trouverez la description des sites et des itinéraires (GR, GRP, véloroutes et voies vertes) ainsi qu'un guide complet des hébergements à proximité des sentiers.
Baccorb (Bureau des accompagnateurs de randonnées en Bretagne) – 2 r. A. Poulain-Duparc - 35000 Rennes - ✆ 02 99 78 83 72. Cette association fédère les guides, aide à leur formation et développe les circuits de découverte et de randonnée en Bretagne.
France Randonnée – 9 r. des Portes-Mordelaises - 35000 Rennes - ✆ 02 99 67 42 21 - www.france-randonnee.fr. Elle propose des séjours et organise des randonnées à pied, à vélo, à cheval avec ou sans accompagnateur.
Conservatoire du littoral, ONF, parcs naturels régionaux... – Ces organismes proposent des randonnées ou de la documentation bien utile pour découvrir la région. Les syndicats d'initiative et les offices de tourisme offrent également des dépliants de balades et de randonnées.

ROUTES HISTORIQUES

En Bretagne, vous ne pourrez parcourir qu'une seule Route historique mais de taille, celle de Chateaubriand, qui relie 17 sites dont 13 châteaux dans les départements d'Ille-et-Vilaine et des Côtes-d'Armor :
Château de Bourbansais - 35720 Pleugueneuc - ✆ 02 99 69 40 07 - www.chateaux-france.com/route-chateaubriand.

ROUTES THÉMATIQUES

Route des peintres de Cornouaille, Route des phares et balises, Route du lin ou Circuit des villes d'art : la Bretagne voit naître chaque année de nouvelles routes thématiques. Fortement évocateurs du patrimoine breton, tant architectural que naturel ou humain, ces itinéraires sont mis en place par des associations, des offices de tourisme et autres organismes, et bénéficient souvent d'une brochure explicative disponible dans les offices de tourisme.

SOUVENIRS

Les adresses de boutiques ou d'artisans que nous avons retenues se trouvent dans la rubrique « Achats » dans « Nos adresses à... » de la partie Découvrir la Bretagne.

Les labels

Produits AOC – Cidre de Cornouaille, pommeau de Bretagne, eaux-de-vie de cidre de Bretagne, coco de Paimpol, agneaux de prés-salés du Mont-St-Michel ou oignons rosés de Roscoff.

Produits label Rouge de Bretagne – Les principaux sont le **cidre royal Guillevic** (Morbihan), le **sel de Guérande** (1991, le premier pour un produit marin), les **porcs fermiers de tradition**, les **volailles fermières d'Argoat et de Janzé**, les **agneaux de Brocéliande**… Pour certains produits, comme les **coquilles St-Jacques** ou les **sardines**, le label Rouge se double parfois d'une **IGP** (indication géographique protégée).

Label AB – Cette filière regroupe 1 700 producteurs et concerne les **légumes** et les **fruits**, ainsi que le **lait**, les **œufs**, le **saumon naturel ou fumé**, et les filets de **truite**.

Les spécialités

Conserverie – **Courtin**, à Concarneau, **Le Connétable** et les célèbres sardines de Douarnenez ou encore **La Belle-Iloise**, dans la presqu'île de Quiberon.

Condiments – Le **sel de Guérande** (gros sel et fleur de sel) à se procurer auprès d'un paludier.

Charcuterie – L'**andouille de Guéméné-sur-Scorff** préparée à base de chaudins de porc.

Fromages – Le **curé nantais**, la **trappe au lait cru** de l'abbaye de Timadeuc, le **saint-paulin** et le **crémet nantais**.

Les gourmandises – **Crêpes de froment et galettes** de sarrasin, **fars** aux pruneaux parfumés à la cannelle, **kouign-amann**, **traou-mads** de Pont-Aven, **niniches** de La Baule et Quiberon, **crêpes dentelle** de Quimper, **gavottes** de Dinan, **pain plié** du Trégor, **madeleines** des Côtes-d'Armor, **berlingots** nantais, **craquelins**, **brise-lames** et **œufs de mouette** de St-Malo, etc.

Les alcools – Le **muscadet** *(voir Le Pallet, p. 601)* et le **gros-plant** ; le **cidre fermier** *(voir Pleudihen-sur-Rance, p. 184)* ; le **chouchen** à Rosporden ; le **pommeau**, le **lambig** ou fine de Bretagne (eau-de-vie de cidre) ; la **cervoise** ; le **whisky** breton distillé du côté de Lannion ; la **Mor Braz**, bière à base d'eau de mer produite en Bretagne Sud, du côté de Theix.

Pour la maison

La **broderie bretonne** fait son grand retour sous l'impulsion de quelques brodeurs passionnés dont Pascal Jaouen et David Le Gac, à Quimper, qui proposent matériel et réalisations dans leur boutique.

Giz Gwech'all (Comme Autrefois) – 21 r. du Sallé - 29000 Quimper - ✆ 02 98 95 28 77 - www.comme-autrefois.com.

Les **faïenceries de Quimper,** dont celle d'H. B. Henriot, perpétuent une longue tradition de qualité.

Reportez-vous à la p. 377 pour en savoir davantage sur les grandes faïenceries bretonnes.

Pour se vêtir

Les vêtements de marins dont le **pull marin** bleu marine ou blanc ligné de bleu, les **bonnets** et **casquettes** bleus, l'inimitable **vareuse**, sans oublier le traditionnel **ciré** jaune.

Les **sabots**, portés par les paysans jusqu'après guerre, restent un produit artisanal vendu dans les villages campagnards.

Saboterie Audren – Rte du Questel - 22 470 Plouezec - ✆ 02 96 20 61 04 - www.sabots-bois-bretons.fr.

La Maison du Sabot – 10 r. Vauban - 29900 Concarneau - ✆ 02 98 50 70 54.

THALASSOTHÉRAPIE ET BALNÉOTHÉRAPIE

Vous trouverez les coordonnées des centres accompagnées d'un bref descriptif dans « Nos adresses à… » de la partie Découvrir la Bretagne. Par ailleurs, le CRT a mis en place un site Internet qui associe les 13 centres de thalasso de Bretagne et qui permet de composer des séjours sur mesure : **www.thalasso-bretagne.fr**.

Voyez La Baule, Belle-Île, Bénodet, Carnac, Dinard, Douarnenez, le golfe du Morbihan, Perros-Guirec, Quiberon, Roscoff, St-Malo.

Fédération mer et santé – 8 r. de l'Isly - 75008 Paris - ✆ 01 44 70 07 57 - www.thalassofederation.com.

URGENCES

Police Secours – ✆ 17.
Pompiers – ✆ 18 ou 112.
Samu – ✆ 15.
SOS Médecins – ✆ 36 24 (0,12 €/mn).
Centre antipoison – ✆ 02 99 59 22 22 (Rennes).

Chéquier et carte de crédit

En cas de perte ou de vol, déposez immédiatement plainte auprès de la police et faites opposition :
Chéquiers volés – ✆ 0 892 68 32 08 (0,34 €/mn).
Carte Visa – ✆ 0 892 705 705 (0,34 €/mn).
American Express – ✆ 01 47 77 72 00.
Mastercard – ✆ 0 800 90 13 87.

Téléphone portable

Orange – ✆ 0 800 100 740.
Bouygues Télécom – ✆ 0 800 29 10 00.
SFR – ✆ 06 10 00 19 00.

VISITES GUIDÉES

Elles sont organisées toute l'année dans les grandes villes ou seulement en saison dans les plus petites. Dans tous les cas, informez-vous du programme à l'office de tourisme et pensez à vous inscrire.

Reportez-vous aussi à « Nos adresses à… », dans la partie Découvrir la Bretagne, où nous mentionnons les visites guidées qui ont retenu notre attention sous la rubrique « Visite ».

Petites cités de caractère

L'Association des petites cités de caractère de Bretagne rassemble 19 villages ou petites communes de moins de 5 000 hab. Chacune se doit de présenter un ensemble urbain homogène et préservé. La charte de ces cités prévoit en sus la disparition des antennes de télévision et le contrôle de la pertinence et de l'esthétique des enseignes commerciales. Si l'on ajoute à cela la volonté de développer les circuits piétons et l'information touristique, les petites cités de caractère sont particulièrement attrayantes pour les touristes. Celles de ce guide sont : Bécherel, Châteaugiron, Châtelaudren, Combourg, Guerlesquin, Josselin, Jugon-les-Lacs, La Roche-Bernard, Le Croisic, Le Faou, Lizio, Locronan, Malestroit, Moncontour, Piriac-sur-Mer, Pont-Croix, Pontrieux, Quintin, Rochefort-en-Terre, Roscoff et Tréguier.
Vous pouvez commander une brochure spécifique aux cités d'art sur le site : www.tourismebretagne.com.

Villes et Pays d'art et d'histoire

Ce réseau propose des visites générales ou insolites (1h30 ou plus), conduites par des guides-conférenciers et des animateurs du patrimoine agréés par le ministère. Visites-découvertes et ateliers du patrimoine pour les enfants (merc., sam. et vac. scol.).

Concarneau, Dinan, Dinard, Fougères, Guérande, Lorient, Nantes, Quimper, Rennes, Vannes, Vitré.

Renseignements auprès des offices de tourisme des villes ou sur le site **www.vpah.culture.fr**.

Voir également le chapitre « En famille », *p. 24*.

VOIES VERTES

De Mauron à Questembert

La voie verte qui relie Mauron à Questembert dans le Morbihan est une ancienne voie ferrée qui a été réhabilitée pour accueillir les sportifs, les familles et les personnes à mobilité réduite. Cet itinéraire de 53 km situé à l'ouest de la forêt de Paimpont passe à proximité de Loyat, Montertelot, Ploërmel, Le Roc-St-André, St-Marcel, Malestroit, Molac… De nombreux accès sont possibles tout au long du parcours.
Se renseigner aux offices du tourisme de Tréhorenteuc, de Ploërmel, de Malestroit ou de Questembert.

De Rennes à Saint-Malo

Dorénavant, il est possible de relier Saint-Malo-Dinard à Rennes en continu sur les 110 km de voie verte aménagés le long de la liaison Manche-Océan. Tout au long de votre périple, vous êtes guidé par une signalétique. Vous pouvez faire halte pour découvrir le patrimoine à votre rythme. De nombreux hébergements à la nuitée jalonnent la voie.
Se renseigner au comité départemental du tourisme Haute-Bretagne Ille-et-Vilaine - ✆ 02 99 78 47 40 - www.bretagne35.com.

VOILE ET VIEUX GRÉEMENTS

Fédération française de voile – 17 r. Henri-Bocquillon - 75015 Paris - ✆ 01 40 60 37 00 - www.ffvoile.org.
France Station Nautique – 17 r. Henri-Bocquillon - 75015 Paris - ✆ 01 44 05 96 55 - www.france-nautisme.com.
Les stations bretonnes sont : Saint-Malo, Saint-Cast-le-Guildo, Pléneuf-Val-André, Perros-Guirec, la rade de Brest, Crozon-Morgat, le pays de Lorient.

Naviguer sur les « vieux gréements »

Il est possible d'embarquer pour une demi-journée, une journée, un week-end ou le temps d'une longue croisière sur l'un de ces merveilleux voiliers récemment restaurés. Tout au long de ce guide, « Nos adresses à… » vous renseignent sur les vieux gréements sur lesquels embarquer.

VUE DU CIEL

Vous trouverez également quelques adresses dans « Nos adresses à… » des villes et sites décrits.
Aéro-Sub Multi-Services – ZA Quelarn - 29 740 Plobannalec - ✆ 02 98 87 89 48.
Le Trégor vu du ciel avec l'**aéro-club de la Côte de Granit rose** – R. du Cdt-Coadou - Lannion - ✆ 02 96 48 47 42 - www.ulm22.blogspot.com.
Promenade, survol de la côte et baptême de l'air en ULM : **M. Chevalier** – Plounévez-Porzay (baie de Douarnenez) - ✆ 02 98 81 28 47.
Pour obtenir la liste à jour des centres de vol libre et des lieux de pratique :
Fédération française de vol libre (deltaplane et parapente) – 4 r. de Suisse - 06000 Nice - ✆ 04 97 03 82 82 - http://federation.ffvl.fr.
Fédération française de planeur ultraléger motorisé – 96 bis r. Marc-Sangnier - BP 341 - 94709 Maisons-Alfort Cedex - ✆ 01 49 81 74 43 - www.ffplum.com.
N'oubliez pas de consulter la météo avant de partir en vol *(voir p. 10)*.

En famille

Les infrastructures touristiques bretonnes sont de plus en plus adaptées aux enfants.

Tout le long du littoral, les plages sont équipées de clubs de voile ou d'activités de plage *(voyez ci-dessous les Stations Kid)* accessibles dès 3 ans. Dans les terres, l'accent est davantage porté sur les activités nature grâce à des sorties guidées, liées notamment à la reconnaissance d'espèces.

Il existe un « **Pass sensation** » spécialement étudié pour les familles. Son carnet de tickets non nominatifs donne droit à des réductions dans tous les sites bretons (liste sur www.tourismebretagne.com).

De son côté, la Loire-Atlantique a mis en place une opération intitulée « **Jeunes Aventuriers** », associant 26 sites touristiques qui réservent un accueil spécifique aux enfants de 6 à 12 ans en leur fournissant un questionnaire-jeu pour la visite. La liste des sites est disponible sur www.jeunesaventuriers.fr.

Nous avons sélectionné un certain nombre de sites intéressants pour les enfants *(voir le tableau ci-contre)*. Vous les repérerez dans la partie Découvrir la Bretagne grâce au pictogramme 👪.

La Bretagne dispose d'un site spécialisé pour les jeunes touristes où vous trouverez toutes les informations nécessaires à l'organisation d'activités et de sorties. **www.breizhtrotters.com**.

LES LABELS

Villes et Pays d'art et d'histoire

Le réseau des Villes et Pays d'art et d'histoire *(voir la rubrique « Visites guidées », p. 22)* propose des visites découvertes et ateliers du patrimoine aux enfants, les mercredis, samedis ou durant les vacances scolaires. Munis de livrets-jeux et d'outils pédagogiques adaptés à leur âge, les enfants s'initient ainsi à l'histoire et à l'architecture et participent activement à la découverte de la ville. En atelier, ils s'expriment à partir de multiples supports et au contact d'intervenants de tous horizons : architectes, tailleurs de pierre, conteurs, comédiens.

Bon à savoir – En juillet-août, dans le cadre de l'opération « L'Été des 6-12 ans », ces activités sont également proposées pendant la visite des adultes.

Stations Kid

Une station gratifiée du label « Kid » remplit des conditions qui la rendent adaptée à l'**accueil des familles** (hébergement, équipements, animations spécifiques pour chaque âge) ; les enfants y sont « rois ».

À la **mer**, les plages possèdent des espaces de jeux, des clubs ou des parcours aventure, elles organisent des spectacles, des stages sportifs... Deux stations décrites dans le guide portent ce label : **Perros-Guirec** et **Pornichet**.

Association nationale des Stations Kid – BP 139 - 59027 Lille Cedex - ✆ 03 20 14 97 87 - www.stationskid.com.

Stations vertes

La fédération des Stations vertes de vacances *(voir p. 12)* décerne chaque année un prix de l'accueil des enfants.

SITES OU ACTIVITÉS À FAIRE EN FAMILLE			
Chapitre du guide	**Nature**	**Musées**	**Loisirs**
Les Abers et l'Iroise			Château de Kergroadès
Bécherel			Vélo rail de Médréac
Belle-Isle-en-Terre	Balades à thèmes		
Bénodet		Musée du Bord de mer	
Blain			Sentier du moine Guenael, la ferme de l'Orme
Île de Bréhat			Le tour de Bréhat en bateau, les balades contées de Kérano
Brest		Musée de la Marine	Océanopolis
Cancale		Ferme marine	
Carnac		Menhirs et musée de la Préhistoire	
Clisson	Balade en barque dans le marais de Goulaine	Parc de la Garenne-Lemot	Volière à papillons du château de Goulaine
Combourg			Le Cobac Parc, le port miniature de Villecartier
Concarneau	Balade en mer sur un chalut et criée		
La Cornouaille		Haliotika	L'Aquashow
Le Croisic		Le Grand Blockhaus	L'Océarium
Presqu'île de Crozon	Grottes de Morgat		
Dinan		Musée de la Pomme et du Cidre, moulin du Prat	Zoo de la Bourbansais, Labyrinthe du corsaire
Dinard		Fort La Latte	
Dol-de-Bretagne		Musée de la Paysannerie, Médiévalys	Le Petit Mont-Saint-Michel
Douarnenez		Musée à flot	Les bateaux miniatures de Port-Rhû
Les Enclos Paroissiaux		Écomusée des Monts d'Arrée	
Le Faouët			Parc Aquanature Stérou
Fouesnant-les-Glénan	Capitaine Nemo		Les Balneides, l'école de voile
Fougères	Maison Pierre et Nature	Château de Fougères	Ferme de Chênedet
Cap Fréhel	Sorties-découverte		
La Gacilly			Ferme du Monde
La Grande Brière	Les réserves ornithologiques, le dolmen de Kerbourg		La Chaumière des Marionnettes, une promenade en chaland
Côte de Granit rose	Station ornitho de l'Île Grande	La Cité des télécoms	Planétarium
Île de Groix			Écomusée de l'île de Groix
Presqu'île de Guérande		Musée de la Poupée	Visites-jeux du château de Careil
Lac de Guerlédan		Le village des Forges-des-Salles, Maison des Toiles de Saint-Thélo	Pédalo

SITES OU ACTIVITÉS À FAIRE EN FAMILLE			
Chapitre du guide	**Nature**	**Musées**	**Loisirs**
Josselin		Musée des Poupées	Insectarium
Lamballe		La Ferme d'antan, le château de la Hunaudaye, le Village des automates	Base nautique de Jugon-les-Lacs
Landévennec		Maison des vieux métiers vivants	Parc de jeux bretons
Ensemble mégalithique de Locmariaquer		Dolmens, menhir et Table des Marchands	
Lorient		La Cité de la Voile Éric Tabarly, La Thalassa	Le zoo de Pont-Scorff, randonnée kayak au centre de Kerguélen
Ménez-Hom		Musée de l'École rurale	Sentier « Sur les pas du roi Marc'h »
Moncontour		Villages des automates	
Montagnes Noires		Parc et château de Trévarez	
Monts d'Arrée	Observatoire aquatique de Châteaulun, Réserve naturelle de la tourbière du Venec		
Mont-Saint-Michel			
Baie de Morlaix		Musée du Loup, Écomusée de Pouigneau	Excursions au Château du Taureau
Nantes	Le Jardin des Hespérides	Muséum d'histoire naturelle, musée Jules Verne, musée d'Histoire de Nantes	Planétarium, les Machines de l'Île, la volière à Goulaine
Île d'Ouessant		Hameau de Niou Uhelle	
Paimpol			Promenade en barque, la Vapeur du Trieux
Paimpont			Domaine de Tremelin
Pornic			Planète sauvage
Quimper			Bonobo parc, Aquarive
Quimperlé	Observatoire des chauves-souris	Manoir de Kernault	
Pointe du Raz	Sentier des Lutins		
Rennes	Parc ornithologique de bretagne	Musée des Transmissions, les Champs Libres	L'écomusée du Pays de Rennes, les jardins de Brocéliande
La Roche-Bernard	Parc animalier et botanique de Branféré		
Rochefort-en-Terre			Parc de préhistoire de Bretagne
Roscoff			Circuit « Têtes en l'air sur les pas de Lilas »
Rostrenen	Canal Nantes à Brest	Musée rural de l'Éducation	
Saint-Brieuc		Maison de la baie, la Briqueterie	Le zoo de Trégomeur
Saint-Malo		L'Hôtel d'Asfeld	Le Grand Aquarium, les Rochers sculptés
Saint-Nazaire	Plages	Escal'Atlantic	
Saint-Pol-de-Léon		Ferme-musée du Léon	Chasse au trésor au château de Kerjean
Trégastel-Plage		Aquarium marin	
Vannes			Le Jardin aux Papillons, l'aquarium du Golfe

Mémo

Agenda

Voici une sélection parmi les principaux festivals et une liste des **pardons** traditionnels.

Retrouvez ces manifestations plus détaillées, ainsi que d'autres de moindre importance, dans la rubrique « Agenda » de« Nos adresses à… » dans la partie Découvrir la Bretagne.

FESTIVALS

JANVIER

Nantes – La Folle Journée : musique classique (dernier w.-end) - ☎ 0 892 705 205 - www.follejournee.fr.

AVRIL

Concarneau – Festival « Livre et Mer », Salon du livre maritime (fin du mois) - ☎ 02 98 97 52 72 - www.salondulivremaritime.com.

MAI / JUIN

St-Malo – Festival « Étonnants Voyageurs » : littérature internationale (w.-end de la Pentecôte) - ☎ 02 99 31 05 74 - www.etonnants-voyageurs.net.

St-Brieuc – Festival « Art Rock » : musique, théâtre, danse, arts plastiques (28-31 mai) - ☎ 02 96 68 18 40 - www.artrock.org.

Nantes – Printemps des arts : musique baroque et classique (de mi-mai à fin juin) - ☎ 02 40 20 69 70 - www.printempsdesarts.fr.

JUILLET

Rennes – Festival « Les Tombées de la Nuit » (1re sem.) - ☎ 02 99 32 56 56 - www.lestombeesdelanuit.com.

Carhaix-Plouguer – Festival des Vieilles Charrues (3e w.-end) - ☎ 0 820 890 066 - www.vieillescharrues.asso.fr.

Morlaix – Festival des arts dans la rue (de mi-juil. à mi-août) - ☎ 02 98 46 19 46 - www.artsdanslarue.com.

Guer-Coëtquidan – Triomphe des Écoles de St-Cyr-Coëtquidan (3e ou 4e sam.) - ☎ 02 97 70 72 57.

Quimper – Festival de Cornouaille (fin juil.) - ☎ 02 98 55 53 53 - www.festival-cornouaille.com.

Vannes – Festival de jazz (fin juil.) - ☎ 02 97 01 62 44 - www.mairie-vannes.fr.

AOÛT

Lorient – Festival interceltique (10 jours, déb. du mois) - ☎ 02 97 21 24 29 - www.festival-interceltique.com.

Paimpol – Festival du chant de marin (années impaires ; 1re quinz.) - ☎ 02 96 55 12 77.

Guingamp – Festival de la Saint-Loup (sem. du 15) - ☎ 02 96 43 73 89 - www.dansebretonne.com.

St-Nazaire – « Escales » : deux jours et deux nuits de musique (déb. du mois) - ☎ 02 51 10 00 00 - www.les-escales.com.

Guérande – Les « Celtiques de Guérande » (1re quinz.) - ☎ 02 40 24 96 71 - www.ot-guerande.fr.

Abbaye de Bon-Repos – Spectacle son et lumière de Bon-Repos - ☎ 02 96 24 85 28 - www.pays-conomor.com.

Presqu'île de Crozon – Festival du Bout du Monde (10,11 et 12) - ☎ 02 98 27 00 32 - www.festivalduboutdumonde.com.

Saint-Malo – « La Route du Rock » (mi-août) - ☎ 02 99 54 01 11 - www.laroutedurock.com.

Nantes – « Les Rendez-vous de l'Erdre » (dernier w.-end) - ✆ 02 51 82 37 70 - www.rendezvouserdre.com.
Vannes – Musicales du Golfe (1re quinz.) - ✆ 0 825 135 610 - www.musicalesdugolfe.com.

OCTOBRE

Dinard – Festival du film britannique (1er au 2e w.-end) - ✆ 02 99 88 19 04 - www.festivaldufilm-dinard.com.
Carhaix-Plouguer – Festival du livre en Bretagne (dernier w.-end) - ✆ 02 98 93 37 43.
St-Malo – « Quai des Bulles » : festival de la bande dessinée et de l'image projetée (dernière sem.) - ✆ 02 99 40 39 63 - www.quaidesbulles.com.

NOVEMBRE

Nantes – Festival des Trois Continents : films (dernier w.-end) - ✆ 02 40 69 74 14 - www.3continents.com.

DÉCEMBRE

Rennes – « Transmusicales » (1re sem.) - ✆ 02 99 31 12 10 - www.lestrans.com.

FÊTES, FOIRES ET MARCHÉS

AVRIL

Bécherel – La Fête du livre (w.-end de Pâques) - ✆ 02 99 66 75 23.
Nantes – Carnaval (mi-carême) - ✆ 02 40 35 75 49.

MAI

Golfe du Morbihan – La Semaine du golfe : fête maritime attirant des centaines de bateaux (w.-end de l'Ascension ; années impaires) - ✆02 97 62 20 09 - www.semainedugolfe.asso.fr.
Guérande – La Fête médiévale (3e w.-end) - ✆ 02 40 15 60 40 - www.ville-guerande.fr.

JUILLET

Pont-L'Abbé – Fête des brodeuses (mi-juil.) - ✆ 02 98 82 37 99 - www.fetedesbrodeuses.com.
Vannes – Fêtes historiques (12-13-14) - ✆ 02 97 01 62 44 - www.mairie-vannes.fr.
Dinan – Fête des remparts (les années paires, les 19 et 20) - ✆ 02 96 87 94 94 - www.fete-remparts-dinan.com.
Hennebont – Fêtes médiévales (dernier w.-end) - ✆ 02 97 36 24 52.
Clisson – Les Médiévales de Clisson (dernier w.-end) - ✆ 02 40 54 02 95.

AOÛT

Pont-Aven – Fête des ajoncs d'or (1er dim.) - ✆ 02 98 09 13 81.
Bécherel – « Nuit du livre » (2e sam.) - ✆ 02 99 66 83 73 - www.becherel.com.
Vannes – Fêtes d'Arvor (13-14-15) - ✆ 02 97 01 60 00 - www.fetes-arvor.org.
Lesconil – « Fête des langoustines » (2e sem.) - ✆ 02 98 82 37 99.
Concarneau – Fête des filets bleus - ✆ 02 98 06 57 57 - http://filetsbleus.free.fr.
Lizio – Fête des artisans (2e dim.) - ✆ 02 97 74 92 67.
Moncontour – Fête médiévale (déb. août, années impaires) - ✆ 02 96 73 49 57 - www.moncontour-medievale.com.

SEPTEMBRE

St-Herbot – Fête du beurre (4e dim.) - ✆ 02 98 86 90 07.

OCTOBRE-NOVEMBRE

Arzon, Port-Crouesty – « Mille Sabords » : plus grand salon nautique du bateau d'occasion (w.-end de la Toussaint) - ✆ 02 97 53 74 43 - www.lemillesabords.com.

PARDONS

MAI

St-Herbot – Pardon de St-Herbot (jeudi de l'Ascension) - ✆ 02 98 86 90 07.
Quintin – Pardon de N.-D.-de-Délivrance (2e w.-end) - ✆ 02 96 74 92 17.
Tréguier – Pardon de St-Yves (3e dim.) - ✆ 02 96 92 30 19.
Bubry – Pardon de St-Yves (4e dim.) - ✆ 02 97 51 74 83.

JUIN

Notre-Dame-du-Crann – Pardon de la chapelle N.-D.-du-Crann (le dimanche qui suit le w.-end de la Pentecôte) - ✆ 02 98 93 94 27.
St-Tugen – Pardon de St-Tugen (mi-juin) - ✆ 02 98 74 81 19.
Moncontour – Pardon de la St-Mathurin (w.-end de Pentecôte) - ✆ 02 96 73 49 57 - www.tourisme-moncontour.com.
St-Jean-du-Doigt – Pardon de la St-Jean (dim. suivant la Saint-Jean) - ✆ 02 98 67 34 07.
Le Faouët – Pardon d'été de la Ste-Barbe (dernier dim.) - ✆ 02 97 23 23 23.

JUILLET

Lampaul-Guimiliau – Pardon de la chapelle Ste-Anne à Lampaul (1er dim.) - ✆ 02 98 68 76 67.
Guingamp – Pardon de N.-D.-de-Bon-Secours (1er sam.; procession de nuit) - ✆ 02 96 43 73 59 - http://paroisse-guingamp.org.
Locronan – Petite troménie (2e dim.) - ✆ 02 98 91 70 14 - La grande troménie qui a lieu tous les six ans se tiendra en 2013.
Carantec – Pardon de St-Carantec (3e dim.) - ✆ 02 98 67 02 72.
Ste-Anne-d'Auray – Grand pardon de Ste-Anne (le 26) - ✆ 02 97 57 68 80.
Fouesnant – Grand pardon de Ste-Anne (dim. suivant la Ste-Anne) - ✆ 02 98 56 00 91.
Le Vieux-Marché – Pèlerinage islamo-chrétien à la chapelle des Sept-Saints (3e dim.) - ✆ 02 96 38 91 73.
Bubry – Pardon de la Ste-Hélène (4e dim. mat.) - ✆ 02 97 51 70 38.

AOÛT

Persquen – Pardon de N.-D.-de-Pénéty (1er dim.).
Bécherel – La troménie de Haute-Bretagne (le 15) - ✆ 02 99 66 75 23 - www.becherel.com.
Porcaro – Pardon de la Madone des motards (14 et 15) - ✆ 02 97 22 10 70 - www.madonedesmotards.fr.
Perros-Guirec – Pardon de N.-D.-de-la-Clarté (13, 14 et 15).
Pont-Croix – Pardon de N.-D.-de-Roscudon (le 15).
Plouguerneau – Pardon de la St-Pierre-et-St-Paul (15 août) - ✆ 02 98 04 71 02.
Plounéour-Ménez – Pardon de N.-D.-du-Relecq (le 15) - ✆ 02 98 78 43 86.
Rumengol – Pardon de N.-D.-de-Rumengol (le 15) - ✆ 02 98 81 93 45.
Rochefort-en-Terre – Pardon de N.-D.-de-la-Tronchaye (1er dim. après le 15) - ✆ 02 97 43 31 50.
Carantec – Pardon de N.-D.-de-Callot (1er dim. après le 15) - ✆ 02 98 67 07 88.
Ste-Anne-la-Palud – Grand pardon (dernier w.-end).
Le Faouët – Pardon de la St-Fiacre (3e w.-end) - ✆ 02 97 23 23 23.

SEPTEMBRE

Camaret – Pardon de N.-D.-de-Rocamadour et bénédiction de la mer (1er dim.) - ✆ 02 98 27 90 48.
Le Folgoët – Grand pardon de Notre-Dame (1er w.-end).
Lamballe – Pardon de N.-D.-de-Grande-Puissance (1er dim.) - ✆ 02 96 31 92 06.
Pouldreuzic – Pardon de N.-D.-de-Penhors (1er dim.).
Carnac – Pardon de la St-Cornély (2e dim.) - ✆ 02 97 52 08 08.

Josselin – Pardon de N.-D.-du-Roncier (7 et 8) - ✆ 02 97 22 20 18 - www.notre-dame-du-roncier.fr.
Pontivy – Pardon de N.-D-de-la-Joie (2e w.-end).
Hennebont – Pardon de N.-D.-du-Vœu (dernier dim.) - ✆ 02 97 36 24 52.
Gourin – Pardon de St-Hervé (dernier dim.) - ✆ 02 97 23 41 83.
Le Mont-St-Michel – Fête de l'archange St-Michel : messe dans l'église abbatiale, présidée par les évêques de Coutances et de Bayeux (4e dim. du mois) - ✆ 02 33 60 14 05.

Bibliographie

PRESSE

Ouest-France, quotidien - www.ouest-france.fr.
Le Télégramme, quotidien - www.letelegramme.com.
ArMen, bimensuel.
Bretagne magazine, bimensuel.
Le Chasse-Marée, 9 numéros par an, pour passionnés de voile et de bateaux.
Bretons, mensuel dédié à la culture - www.bretons-mag.com.

OUVRAGES GÉNÉRAUX ET ALBUMS

Bretagne, Y. Le Gallo, Le Télégramme, 2003.
Bretagne, S. Recouvrance, J.-P. Gisserot, 1999.
La Bretagne, images et histoire, dirigée par A. Croix, Apogée, 1999.
Les Éditions Bordessoules publient une collection traitant de l'histoire des départements bretons : *Les Côtes-d'Armor de la préhistoire à nos jours, Le Finistère…, La Loire-Atlantique…, Le Morbihan…, L'Ille-et-Vilaine…*
Loire-Atlantique, Tourisme & Culture, L. Vilaine, Siloë, 2002.
Guide de la géologie en France, sous la direction de C. Sabouraud, Belin-Société géologique de France, 2004.

Histoire/Ethnographie

Anatole Le Braz et la Légende de la mort, D. Besançon, Terre de Brume, 1996.
Anne de Bretagne, H. Le Boterf, France-Empire, 1996.
Bretagne sacrée et légendaire, M. Déceneux, Ouest-France, 1996.
Contes et légendes de Bretagne, Y. Pinguilly, Nathan, 1998.
Histoire de Bretagne, H. Poisson et J.-P. Le Mat, Coop Breizh, 2000.
La Bretagne, entre histoire et identité, A. Croix, Découvertes Gallimard, 2008.
Le Guide de la Bretagne, Bretagne mystérieuse, G. Le Scouëzec, Coop Breizh, 1997.
Le Cheval d'orgueil, P. J. Hélias, Terre Humaine, Plon, 1998.
Un hiver en Bretagne, M. Le Bris, Nil Éditions, 1996.
L'Institut culturel de Bretagne (Skol-Uhel ar Vro) édite plusieurs séries de publications dans différentes collections : *Cahiers de l'Institut culturel de Bretagne, Histoire de Bretagne, Patrimoine archéologique de Bretagne…*
Mémoires d'un paysan bas-breton, J.-M. Déguignet, An Here, 1999.
La Mer pour mémoire, M. L'Hour, É. Veyrat, Somogy éditions d'art, 2005.
Dictionnaire de la tradition bretonne, G. Le Scouëzec, Éditions du Félin, 1999.

Art/Architecture

Arts populaires de Bretagne, P. Le Stumm, Ouest-France, 1999.
La Bretagne au fil de ses couleurs, H. Jaouen et B. Louviot, Ouest-France, 1996.
Monet à Belle-Île, D. Delouche, Le Chasse-Marée, 2006.
Gauguin et l'école de Pont-Aven, André Cariou, Ouest-France, 2006.
Pont-Aven, l'école buissonnière, A. Terrasse, Gallimard-Jeunesse, 1993.

La Route des peintres en Cornouaille, R. Le Bihan, Palantines, 2005.
Sérusier et la Bretagne, C. Boyle-Turner, Ar Men/Chasse-Marée, 2003.
100 peintres en Bretagne, H. Belbéoch et R. Le Bihan, Palantines, 1995.
Les Éditions du Patrimoine et la Caisse nationale des monuments historiques et des sites coproduisent des collections thématiques très documentées : « Cahiers de l'inventaire » : *Le Manoir en Bretagne*; *Les Orfèvres de Basse-Bretagne*… ; « Itinéraires du patrimoine » : *Églises d'Ille-et-Vilaine*, *Bretagne d'or et d'argent*… ; « Images du patrimoine » : *Le Canton de Josselin*, *Les Malouinières*, *Les Orgues en Bretagne*… ; « Parcours du patrimoine » : petits circuits de tourisme culturel.

Marine

Bretagne, pays de mer, B. Le Nail et P. Plisson, Le Patrimoine maritime breton, Hachette, 1998.
Guide des gréements, Petite encyclopédie des voiliers traditionnels, Le Chasse-Marée/Ar Men, 2003.
Les Gens de mer, insolite et quotidien, N. Cazeils, Ouest-France, 1999.
Un photographe en mer d'Iroise, C. Courteau, Ouest France, 2005.
Quand les Bretons peuplaient les mers, I. Frain, Fayard, 1988.
À Éric, J. Tabarly et D. Gilles, Éditions du Chêne, 1999.

Romans

Ces messieurs de Saint-Malo (vol. I : Ces messieurs de Saint-Malo; vol. II : Le Temps des Carbec; vol. III : Rendez-vous à la Malouinière), B. Simiot, Albin Michel.
Gens de Bretagne, par six auteurs différents : P. Féval : *La Fée des grèves*; P. Loti : *Pêcheur d'Islande*; A. Le Braz : *Le Sang de la sirène* et *Les Noces noires de Guernaham*; R. Vercel : *Remorques*; Pollès : *Sophie de Tréguier*; P. J. Hélias : *L'Herbe d'or*, Omnibus/Presses de la Cité.
Le Chemin noir, C. Le Quintrec, Albin Michel, 1998.
Marion du Faouët, brigande et rebelle, C. Borgella, Laffont, 1999.
Un recteur de l'île de Sein, H. Queffélec, Bartillat, 2007.
À noter aussi tous les policiers régionaux (collections Enquêtes et Suspense et POL'Art) aux éditions Alain Bargoin.

Divers

La Bretagne par les voies vertes, M. Bonduelle, Ouest-France, 2008.
Cuisine des châteaux de Bretagne, G. et B. du Pontavice, Ouest-France, 2001.
La Cuisine de Bretagne et d'Armorique, C. Thibault, Gisserot, Paris, 1996.
Les Chemins du Tro Breiz, A. Guigny, Itinéraires et découvertes, Ouest-France, 1996.
Sentiers des douaniers de Bretagne, D. Dantec, Itinéraires et découvertes, Ouest-France, 2007.
Pêcheurs d'images, P. Plisson, Éditions du Chêne, 1999.

2/ COMPRENDRE LA BRETAGNE

Casiers de pêche

I. Caperochipi/ Age fotostock

La Bretagne aujourd'hui

Tourisme vert, maritime ou culturel... Grâce à la diversité de ses paysages et à la richesse de son patrimoine, la Bretagne est la quatrième région touristique de France. Même les étrangers, qui sont de plus en plus nombreux à choisir d'y résider, le reconnaissent : il fait bon vivre en Armorique. Relation de cause à effet ? Le renouveau de la culture bretonne vient cimenter davantage une société régionale de plus en plus attractive sur le plan culturel, ce que confirme le succès grandissant des grands festivals devenus des événements européens. L'économie aussi compte des secteurs très dynamiques et, forte de ses pôles d'enseignement et de recherche, la région est par exemple très bien classée en matière de création d'entreprises innovantes.

Société

La société bretonne a entamé le siècle avec un dynamisme certain, stimulé par une économie saine, un engouement touristique qui ne se dément pas et une hausse de la démographie qui ne se limite pas au retour des retraités : elle séduit désormais des Européens en quête de littoral et de « celtitude ».

DÉMOGRAPHIE

Arvor d'abord

La densité moyenne en Bretagne est sensiblement la même que celle de la France, soit 115 hab./km². La particularité bretonne est que les habitants sont concentrés sur le littoral et les villes (71,5 % de la population). La côte méridionale est de loin la préférée, puisqu'elle est habitée en continu de St-Guénolé à Vannes. Au nord, les Bretons se rassemblent dans les grandes villes comme Brest, Lannion, St-Brieuc ou St-Malo. Si l'on excepte Nantes, les grands pôles urbains de la région sont Rennes, devant Brest, suivis de villes intermédiaires comme Lorient, Vannes, Quimper, Lannion...

Le grand « retournement »

S'agissant de la démographie bretonne, certains observateurs s'amusent à parler de grand « retournement » par évocation du « grand dérangement » d'Amérique du Nord. Cette référence est suscitée par le solde migratoire positif de la région, c'est-à-dire qu'il y a plus d'arrivées que de départs. La tendance tient à différents facteurs, au nombre desquels il faut citer le retour au pays de retraités originaires de la région et surtout l'attractivité économique de la Bretagne, qui incite les actifs de plus de 30 ans à venir s'y installer. Avec en moyenne 25 000 habitants supplémentaires par an depuis 2000, la population bretonne ne cesse d'augmenter.

Le festival des Vieilles Charrues attire chaque été des milliers de spectateurs.
J. Ledoux / Association Les Vieilles Charrues

En 2008, la Bretagne se plaçait au 7e rang des régions françaises avec 3 103 000 habitants.

Les nouveaux Bretons

Attirés par le climat, les infrastructures publiques et par la beauté du littoral, les étrangers sont de plus en plus nombreux à choisir la Bretagne pour lieu de villégiature ou de retraite. Confirmant une tendance amorcée il y a une dizaine d'années, les Britanniques sont de loin les plus nombreux à devenir Bretons, devant les Hollandais et les Belges.

RAYONNEMENT

De nos jours, les Bretons émigrés sont estimés à 9 millions. Leur première région d'élection est la région parisienne, qui accueillerait toujours 1 million de natifs ou de personnes originaires de Bretagne (pour mémoire, on en comptait plus de 2 millions à la fin du 19e s.). Tout le littoral français, riche en chantiers navals et en ports, est également une zone de prédilection pour les Armoricains, présents de Dunkerque à Bordeaux. En dehors des marins expatriés par voie maritime, portés par un esprit d'aventure certain, quelques vagues d'émigration collective (1921-1959) ont conduit nombre d'entre eux en Amérique (Argentine, États-Unis et Canada). Les Bretons sont partis de par le monde et partout ont fait souche. Ce qui caractérise le plus la diaspora, c'est son indéfectible esprit communautaire. Où qu'ils se trouvent, les Bretons se rassemblent en associations, communiquent, éditent, partagent et parlent du pays.

CULTURE

Considérées par l'Unesco « en danger sérieux d'extinction », les langues bretonnes (le breton et le gallo) sont aujourd'hui trois fois moins parlées qu'en 1900, avec 172 000 locuteurs. Cette remarquable différence n'est pas synonyme de régression culturelle, bien au contraire.
Elle masque paradoxalement le renouveau de la culture bretonne. Jamais les éditeurs de la région n'ont publié autant de livres en breton. Pour redonner place

aux langues bretonnes dans la société contemporaine, des moyens financiers et humains importants ont été mis en œuvre : apprentissage du breton à l'école, formation de nouveaux professeurs et développement des activités périscolaires bilingues. Créées en 1977, les écoles *diwan* ont aussi permis de préserver la vitalité de ces langues en proposant une scolarité tout en breton, de la maternelle au baccalauréat.
La volonté de décentralisation et les subventions européennes ont également beaucoup aidé les structures associatives à perpétuer la culture bretonne, mais rien n'aurait pu se faire sans la volonté locale d'irréductibles bretonnants.

Des fêtes locales aux festivals

Les grandes manifestations culturelles et les festivals sont assurément les vecteurs les plus charismatiques de la culture bretonne *(voir Musique celte et chanson bretonne, p. 47)*. Pourtant, ces grands rassemblements ne sont pas les seuls moments pendant lesquels la culture régionale s'exprime ; celle-ci se vit au quotidien au travers des pardons, des fêtes folkloriques ou familiales…
La culture bretonne rayonne de nouveau et s'inscrit dans un vaste mouvement européen de reconnaissance et d'affirmation des cultures régionales.

Économie

Malgré un net recul, l'agriculture et la pêche ont encore toute leur place dans l'économie bretonne. Parallèlement, une activité industrielle performante s'est développée autour de secteurs tels que l'agroalimentaire (premier secteur industriel breton), l'automobile, la construction navale et les télécommunications (deuxième pôle national). Un dynamisme qui attire un nombre croissant d'entreprises de haute technologie, pérennisant sur place les formations supérieures des universités et des grandes écoles.

AGRICULTURE

Comptant près de 38 000 exploitations, l'agriculture conserve toute son importance en Bretagne, avec des produits phares comme le chou-fleur, l'artichaut, le porc ou la volaille. Sa capacité d'adaptation et son besoin d'innover en permanence lui permettent d'être aujourd'hui la première région agroalimentaire d'Europe.
Plus d'une exploitation bretonne sur deux fait de l'élevage de bovins et 15 % sont orientées vers l'élevage granivore (porcs et volailles). Sur le plan national, la Bretagne se situe au premier rang en produisant 21 % du lait, 25 % des veaux, 63 % de la viande porcine, 42 % des œufs et 35 % des volailles de chair.
Elle est aussi une région légumière avec les primeurs cultivés en zone côtière sur le littoral nord. En 2007, elle a produit plus de 80 % des choux-fleurs et des artichauts français, 30 % des petits pois et haricots verts et 25 % des tomates.
Avec l'application de la politique agricole commune et des nouvelles réglementations pour préserver l'environnement, il est vrai que l'agriculture bretonne a connu une transformation sans précédent. Depuis les années 2000, le nombre d'exploitations a chuté de 26 % du fait de la mondialisation des marchés et de la concurrence des pays émergents.
C'est pourquoi aujourd'hui les agriculteurs locaux misent avant tout sur la qualité de leur production, avec notamment l'émergence de l'agriculture

biologique qui attire un nombre croissant d'exploitants depuis plusieurs années.

PÊCHE

Qu'ils pratiquent la pêche côtière, la pêche hauturière, la grande pêche ou la pêche aux crustacés, les marins bretons ont su s'adapter aux techniques les plus modernes, et la Bretagne reste la première région française pour la pêche (près de 45 % des poissons « français » y sont pêchés). Pourtant, si l'activité est d'une importance économique et sociologique cruciale, le nombre de navires a chuté de moitié en trente ans, passant de 3 500 à moins de 1 600 immatriculations. Confrontée au cadre réglementaire strict de l'Europe, à des problèmes de ressources et à un renouvellement de sa flotte, la pêche en mer ne cesse de régresser, faisant craindre aux 9 000 marins concernés la perte de leur emploi. Les nouvelles méthodes de pêche ou la valorisation du poisson apparaissent comme des pistes de réflexion pour sauver la profession du naufrage.
Paradoxalement, la pêche artisanale se porte plutôt bien grâce au dynamisme de petits patrons qui réagissent très vite aux nouvelles interdictions et aux quotas qui changent sans cesse.

La pêche côtière

Sole, turbot, raie, bar, dorade, crustacés, mollusques… faites votre choix ! Pour la coquille St-Jacques vous ne pourrez éviter l'escale à St-Quay-Portrieux, où débarquent les pêcheurs de la baie de St-Brieuc, l'un des gisements de coquilles les plus riches des côtes françaises. La production est toutefois loin de toujours répondre aux besoins locaux : une ville comme St-Brieuc est approvisionnée en partie par Lorient. Sur le littoral atlantique, la pêche à la sardine, semi-industrielle, constitue une activité saisonnière de juin à septembre, mais la pêche y est avant tout l'affaire d'artisans qui se focalisent sur des espèces nobles : langoustines, soles, lottes, bars…

La pêche hauturière

S'opposant au cabotage, la pêche de haute mer est pratiquée des côtes islandaises aux côtes africaines et représente la principale activité des grands ports. Le thon est pêché à la traîne ou à l'appât vivant dans le golfe de Gascogne, à la senne tournante le long des côtes africaines. La pêche au thon blanc (germon), de juin à octobre, débute entre le Portugal et les Açores et s'achève au large des côtes irlandaises. Le thon tropical (albacore ou listao) est pêché par une trentaine de grands thoniers-congélateurs armés à Concarneau et basés en Afrique-Occidentale car les pêches se concentrent au large de la Côte-d'Ivoire.

La grande pêche

Elle désigne la pêche à la morue, pratiquée sur les bancs de Terre-Neuve, du Labrador et du Groenland. Elle fit autrefois la célébrité de Paimpol et de St-Malo, mais, aujourd'hui, l'essentiel des prises se fait à partir de St-Pierre-et-Miquelon. Les chalutiers actuels sont de véritables usines, équipées d'installations de filetage mécanique et de congélation.

La pêche aux crustacés

Surtout pratiquée sur les côtes rocheuses à l'aide de casiers ou de nasses, elle s'est aussi développée un temps dans les eaux exotiques. Les langoustiers-congélateurs de Camaret et Audierne, équipés de viviers et d'installations de congélation, partaient en effet pour plusieurs mois, sur les côtes de Mauritanie notamment. Mais cette pêche lointaine s'est éteinte à la fin des années 1980.

EN TÊTE POUR LES ALGUES MARINES
Avec en moyenne 70 000 tonnes exploitées chaque année, la Bretagne est la première région européenne de production des algues marines. Depuis longtemps récoltées comme engrais, puis matières premières de l'industrie chimique, elles sont ainsi largement utilisées comme gélifiants ou épaississants dans les glaces, les flans, les dentifrices ou autres produits de consommation courante. La recherche laisse entrevoir de nouvelles utilisations, notamment dans le domaine des biomatériaux qui intéresse de près les constructeurs automobiles, ou encore dans les bio-isolants, qui ouvrent de nouvelles perspectives au secteur du bâtiment.

AUTRES RESSOURCES DE L'OCÉAN

Aquaculture et conchyliculture

Dans les années 1970, on prédisait à l'aquaculture marine un avenir enthousiasmant. Trente ans plus tard, la filière est en crise. En eau douce, grâce aux truites fario et arc-en-ciel, la production bretonne de l'aquaculture dite « nouvelle » se situe tout de même au deuxième rang français, après l'Aquitaine.
Du côté de la conchyliculture, l'élevage des huîtres (ostréiculture) et des moules (mytiliculture) constitue une activité importante en Bretagne. Grande productrice d'huîtres plates appelées « belons », avec 1 500 tonnes par an, la région a aussi développé ses parcs d'huîtres creuses (fines de Bretagne), notamment dans la baie du Mont-St-Michel et plus précisément à Cancale. La production annuelle d'huîtres est de 43 500 tonnes, soit 34 % de la production française. Quant aux moules de bouchot, elles sont cultivées de la baie du Mont-St-Michel à la baie de St-Brieuc, et dans l'estuaire de la Vilaine. En 2005, la production de moules dans la région représentait 34,5 % de la production nationale, avec près de 1 530 élevages.

Les conserveries

C'est Fouquet, ministre de Louis XIV, qui encouragea la mise en baril des poissons, méthode qui supplanta peu à peu la salaison et le séchage. Au début confite dans l'huile, la sardine a bénéficié du procédé de mise en conserve élaboré en 1810 par Nicolas Appert. Cette industrie, qui a beaucoup souffert de la concurrence des pays du tiers-monde, est principalement localisée dans la presqu'île de Quiberon et dans les ports de Douarnenez et Concarneau, où quelques entreprises artisanales continuent de travailler en partie avec des pêcheurs bretons. D'autres établissements à St-Quay-Portrieux profitent des excédents saisonniers de matières premières pour utiliser des produits bretons. Mais ces pratiques sont désormais minoritaires.

RECHERCHE ET INNOVATION

La recherche, tant privée que publique, constitue une activité essentielle en Bretagne, classée 6e région française pour la création d'entreprises innovantes et 4e région française pour les dépôts de brevets. Elle s'articule autour de quatre pôles majeurs : Rennes, Brest-Quimper-Roscoff, St-Brieuc-Lannion et Lorient-Vannes. Les deux grandes villes universitaires sont Rennes et Nantes (même si cette dernière ne fait pas partie de la région Bretagne). La création de L'Université européenne de Bretagne en 2007 a permis de regrouper l'ensemble des acteurs universitaires, des écoles

d'ingénieurs et des organismes de recherche. Véritable pôle de recherche et d'enseignement supérieur, elle concourt à renforcer la visibilité internationale des équipes de recherche et de l'offre de formation en Bretagne.
Les technologies de l'information et de la communication *(voir ci-après)* bénéficient également d'une implantation privilégiée qui s'appuie sur le partenariat entre les formations universitaires, les grandes écoles (Enst, Supelec, Enssat et Insa rien qu'à Rennes) et les industriels dominant le secteur. Ces entreprises sont organisées en pôles autour de grandes villes comme Rennes (Mitsubishi, Canon, Motorola), Lannion (Orange, Alcatel, Siemens) ou encore Brest avec Thalès. Le secteur emploie 42 000 personnes environ, dont 15 000 dans la recherche et développement.
Enfin, les sciences et technologies de la mer tiennent aussi une place prépondérante, grâce notamment au pôle européen de la recherche marine de Brest, qui a vu s'implanter l'Ifremer et le CNRS.

TECHNOLOGIES DE L'INFORMATION ET DE LA COMMUNICATION

La Bretagne a acquis une réputation mondiale dans le domaine des TIC, du fait, notamment, des innovations majeures qui sont sorties de ses laboratoires publics et privés. Elle emploie 42 000 personnes environ regroupées autour de trois pôles, Lannion, Rennes et Brest, où ont vu le jour des technologies et des normes telles que le JPG, le MPG ou encore le MP3. Ce formidable potentiel de développement permet d'aborder l'avenir plutôt sereinement, notamment avec le développement du pôle de compétitivité Images et Réseaux, qui travaille sur le futur de la télévision numérique terrestre et de la TV 3D sur réseaux fixes et mobiles.
Pour favoriser l'accès d'un large public aux nouvelles technologies, 400 communes, regroupées dans le réseau « Cybercommunes », proposent depuis 1998 des espaces multimédias ouverts à tous, où des animateurs accueillent et guident le public. Ce réseau permet à chaque Breton de s'initier à l'informatique et à Internet à moins de 20 km de chez lui.

INDUSTRIE

Les chantiers navals

Bien qu'ayant perdu en dix ans plus du tiers des effectifs, la construction navale reste le quatrième secteur industriel en Bretagne et représente encore 4 % de l'emploi. Ce secteur sinistré pendant des années regroupe les chantiers de construction et de réparation navale militaires et civils, au service de la pêche, de la plaisance, de l'océanographie et du transport de passagers.
Avec les Chantiers de l'Atlantique à St-Nazaire, un site d'envergure mondiale capable de mettre en chantier des navires de 500 000 t, la construction navale s'est tournée vers la production de porte-conteneurs, de plates-formes de forage et de navires de croisière ; l'année 2003 restera dans les annales avec la construction du plus grand paquebot du monde, le *Queen Mary 2*. C'est grâce à ce secteur de prestige que les chantiers ont pu prouver leur dynamisme et leur savoir-faire.

Le secteur automobile

L'implantation de Citroën dans l'agglomération rennaise dans les années 1960 a entraîné l'essor de l'industrie automobile en Bretagne autour d'un important

réseau d'équipementiers et de sous-traitants. La filière Véhicules Bretagne se distingue par son expérience et son savoir-faire dans le domaine du véhicule spécifique et dédié. L'activité est très concentrée, notamment avec l'usine PSA (Peugeot Citroën) à Chartres-de-Bretagne employant 80 % des effectifs du secteur. Si on y ajoute les équipementiers, la zone d'emploi de Rennes concentre 88 % des effectifs bretons.
Ce secteur est aujourd'hui fortement soumis à la concurrence internationale et aux aléas de la conjoncture. Dans un contexte économique difficile, les industriels et équipementiers installés dans la région cherchent non plus seulement à accroître leur compétitivité mais aussi malheureusement à rationaliser leurs coûts de production.

TRANSPORTS

La Bretagne est traversée par deux axes rapides qui aboutissent à Brest. La N 165 longe le littoral sud au départ de Nantes et rejoint Brest en passant par Vannes, Lorient et Quimper. Au nord, la N 12 aboutit à Brest après un long périple depuis le parvis de Notre-Dame à Paris, en desservant au passage Rennes, St-Brieuc, Guingamp et Morlaix. Sur ces deux axes, le trafic a augmenté de 20 % entre 1997 et 2004. Aujourd'hui, la priorité est à la desserte est-ouest avec l'achèvement de la mise à deux fois deux voies de la N 164.
Le train, notamment l'arrivée du TGV à Rennes et à Nantes, a fortement contribué au désenclavement des départements bretons en mettant les deux « capitales » régionales à 2h de Paris, et des villes comme Quimper et St-Malo en liaison directe avec la capitale (bien qu'à vitesse classique). Le projet BGV (Bretagne Grande Vitesse), mettra Rennes à 1h27 de Paris, Brest et Quimper à 3h08 (4h20 actuellement). Début des travaux en 2010.
Le transport maritime, enfin, voit sa fréquentation diminuer depuis dix ans, notamment avec une baisse du trafic transmanche passant sous le seuil des 800 000 passagers embarqués en 2007 contre 1 200 000 auparavant. La concurrence des compagnies à bas coût depuis les aéroports de province explique en grande partie cette baisse.

TOURISME

Le secteur touristique fait vivre près de 5 % des Bretons actifs, c'est dire son importance économique. En termes de fréquentation, la clientèle française est de loin la plus massive, avec plus de 73 millions de nuitées pour la seule année 2007 (dont plus de 17 % de Bretons !), devant la clientèle étrangère qui représente 3,8 millions de nuitées pour la même année (Britanniques 36 %, Allemands 15 %, Belges 8 % et Néerlandais 19 %).
Les atouts de la Bretagne sont multiples avec ses 2 730 km de côtes (un tiers du littoral métropolitain), ses 800 îles et îlots, ses fonds marins exceptionnels favorisant la biodiversité. Ce n'est donc pas un hasard si elle est la première destination maritime française. Aux plaisirs de la plage et aux sports nautiques associés (planche à voile, surf, plongée…) s'ajoutent la plaisance *(voir p. 19 et 51)* et la thalassothérapie.
Mais si la Bretagne est bleue, elle se veut également verte. Les parcs, réserves et espaces protégés sont nombreux, et il est possible de marcher, rouler ou trotter sur 3 700 km de sentiers de randonnée. Et si le temps ne s'y prête pas, la région recèle un patrimoine culturel et vivant d'une rare diversité.

Traditions et art de vivre

À l'instar des grandes régions françaises, la Bretagne cultive son identité en entretenant jalousement une série de traditions séculaires, comme les pèlerinages ou les pardons encore empreints de ferveur. Religieuses, vestimentaires, linguistiques ou plus largement artistiques, ces coutumes traduisent une mentalité et une façon de vivre tout à fait particulières. Du renouveau de la langue bretonne à l'enthousiasme pour les concerts de musique celtique, certaines anciennes pratiques restent ainsi bien ancrées, tout en étant adaptées au goût du jour. Cet attachement aux traditions se prolonge jusque dans l'assiette avec une cuisine simple et conviviale, qui porte haut les couleurs d'un terroir entre terre et mer. Parmi les fleurons de la gastronomie bretonne, poissons, coquillages et crustacés rappellent ainsi l'omniprésence d'un littoral rythmé par le ballet des marins et autres adeptes de nautisme en tout genre.

Traditions et folklore

Si la Bretagne a plus changé au cours de la première moitié du 20e s. qu'au cours des deux siècles précédents, elle a su retrouver depuis les années 1990 toute l'originalité de ses traditions, malgré le dépeuplement des villages et l'évolution économique et touristique de la région.

SYMBOLES BRETONS

Premier des symboles, le **drapeau breton**, le fameux *Gwenn ha du* (blanc et noir) a été dessiné en 1925 par Morvan Marchal. Ses cinq bandes noires symbolisent les cinq anciens évêchés de haute Bretagne (Rennes, Nantes, Dol, St-Malo et St-Brieuc) et ses quatre bandes blanches ceux de basse Bretagne (Léon, Cornouaille, Vannes et Tréguier).

Les hermines, quant à elles, rappellent l'ancien duché de Bretagne. Au 13e s., la fourrure de ce petit animal fut adoptée par les ducs de Bretagne comme symbole du pouvoir. Autre attribut, le **triskell**, ou triskèle, se présente sous une forme tournante à trois branches représentant la terre, le feu et l'eau. Son origine serait celte.

COSTUMES ET COIFFES

La Bretagne possède des costumes d'une variété et d'une richesse surprenantes *(voir La broderie, p. 64)*. Transmis de génération en génération, ils étaient autrefois de toutes les fêtes familiales et publiques. Aujourd'hui, les costumes traditionnels ne sortent des armoires qu'à l'occasion des pardons ou des différentes manifestations folkloriques. De satin ou de velours, brochés et brodés, garnis de dentelles, les

LA BLANCHE HERMINE
La devise *Potius mori quam foedari*, « plutôt la mort que la souillure », est donnée comme celle des Bretons. La légende raconte qu'une petite duchesse aurait recueilli une blanche **hermine** blessée qui avait préféré braver les flèches des chasseurs plutôt que de trouver le salut en traversant un chemin boueux !

tabliers rivalisent avec les robes de cérémonie.
Généralement noires et souvent ornées de bandes de velours, celles-ci présentent parfois des broderies de soies multicolores et flamboyantes, comme à Quimper ou sur le costume bigouden de Pont-l'Abbé.

Parures de dentelle

La grande originalité du costume féminin breton reste néanmoins la **coiffe**, portée autrefois principalement dans le Finistère et le Morbihan.
L'une des plus attrayantes est certainement celle de Pont-Aven. Avec sa dentelle harmonieusement disposée autour d'un ruban de couleur, elle se complète d'une grande collerette empesée. La coiffe bigoudène (région de Pont-l'Abbé) est l'une des plus curieuses, et probablement la plus connue. Naguère de petites dimensions, cette ravissante et haute parure de dentelle a atteint, après 1930, des proportions déconcertantes. Il faut aussi évoquer la petite coiffe de Quimper, celle de Plougastel qui rappelle les hennins médiévaux, celle de Douarnenez qui est serrée sur le chignon, celle d'Auray qui ombre le front, celle de Huelgoat et sa résille en dentelle.
Encore une fois, la Bretagne se décline en variétés et diversités, et le voyageur curieux en prendra pleine conscience en visitant les musées de Quimper, Guérande, Rennes, Nantes, Dinan et Pont-l'Abbé.

LES PARDONS

Manifestations de ferveur religieuse, les pardons bretons ont lieu dans des églises ou chapelles consacrées par une tradition parfois millénaire. Les fidèles viennent y chercher le pardon de leurs fautes, exécuter un vœu ou demander des grâces. Si les grands pardons sont les plus spectaculaires, les petits sont souvent les plus fervents. Les uns et les autres offrent l'occasion d'assister à une cérémonie haute en couleur au cours de laquelle on porte en procession des bannières, des reliques, des croix et des statues. En général, les pardons sont clos par une fête villageoise plus profane, animée par des danses traditionnelles.

La grande troménie

Un sanctuaire druidique serait à l'origine de ce pèlerinage renommé, qui se déroule tous les six ans à Locronan. Ce parcours de 12 km à 12 stations, créé au 12e s., ouvre, paraît-il, les portes du paradis à ceux qui le suivent rigoureusement. Il ne s'agit pas d'une fête folklorique mais d'un pèlerinage à marche lente, qui se déroule dans un esprit de dévotion.

Monsieur saint Yves

Saint Yves est l'un des saints les plus populaires de Bretagne.
C'est le redresseur de torts et la consolation des pauvres. Fils d'un gentilhomme, Yves Hélori est né à Minihy-Tréguier en 1253. Magistrat et avocat, il a acquis une popularité inouïe par son esprit de justice et de conciliation. Un jour, un bourgeois

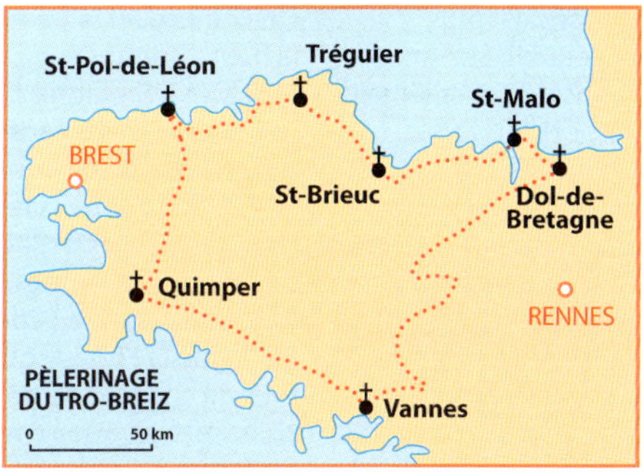

assigne devant lui un mendiant qui, chaque jour, vient devant le soupirail de sa cuisine humer le fumet des plats. Yves saisit une pièce de monnaie, la fait sonner et renvoie le plaignant en disant : « Le son paie l'odeur. » Cet « avocat des pauvres » s'éteignit en 1303 et fut canonisé en 1347. En tant que patron des avocats et des gens de loi, son culte s'est étendu à toute l'Europe et jusqu'en Amérique. Cela explique que des délégations d'avocats étrangers se joignent à la foule des pèlerins qui, à Tréguier, assistent au « pardon des pauvres ».

Saints guérisseurs et saints protecteurs

Les relations des Bretons avec leurs saints ont toujours été empreintes de familiarité. Certains sont appelés pour combattre des **maladies** : sainte Apolline contre les maux de dents ; saint Colomban pour rendre l'esprit aux demeurés ; saint Hervé contre les maladies des yeux ; saint Hubert contre la rage ou la peur ; saint Mamert contre les maux de ventre ; saint Méen contre les troubles mentaux ; saint Mériadec contre la surdité ; sainte Eugénie contre la migraine... Ces saints guérisseurs exauçaient leurs invocateurs. Bien leur en prenait, car, faute de bienveillance, la statue était injuriée, quelquefois même fouettée ou traînée dans la boue ! Il y a aussi les saints **protecteurs** : saint Fiacre veille sur les jardiniers, saint Jacques sur les marins, sainte Barbe (invoquée par temps d'orage) sur les artificiers... Mais c'est à la Vierge Marie et à sa mère, sainte Anne, que va la ferveur la plus vive.

Sainte Anne

Son culte, répandu après les croisades, favorisé par la duchesse Anne, a fait de sainte Anne la

LE TRO-BREIZ

Jusqu'au 16e s., une tradition exigeait que tout Breton fît, au moins une fois dans sa vie, le pèlerinage des sept cathédrales. C'est ainsi que le Tro-Breiz draina les foules les plus nombreuses. L'itinéraire avoisinait 700 km et permettait aux pèlerins d'aller se recueillir devant les reliques des saints fondateurs de Bretagne : saint Brieuc à... St-Brieuc, saint Malo à St-Malo, saint Samson à Dol-de-Bretagne, saint Patern à Vannes, saint Corentin à Quimper, saint Pol-Aurélien à St-Pol-de-Léon et saint Tugdual à Tréguier. Qui manquait à ce devoir devait effectuer le voyage après sa mort, en avançant tous les sept ans de la longueur de son cercueil ! De nos jours, des groupes de plus en plus nombreux suivent les traces des pèlerins d'autrefois.

patronne des Bretons. Le plus fameux pardon, celui de Ste-Anne-d'Auray, lui est consacré, de même que celui, très important de Ste-Anne-la-Palud, d'où ce dicton : « Mort ou vivant, à Ste-Anne une fois doit aller tout Breton. »

Langue et musique

La langue et la musique bretonnes connaissent un incroyable renouveau depuis une dizaine d'années. Les grands festivals y sont pour beaucoup, mais il convient d'y ajouter la fierté retrouvée d'appartenir à une culture régionale dont l'affirmation passe par la réappropriation de la langue et par les rassemblements festifs.

LA LANGUE BRETONNE

Du point de vue linguistique, les Bretons sont plus proches des Irlandais et des Gallois que des Français. Du 4e au 7e s., l'Armorique, à savoir la Bretagne actuelle, a donné asile aux Brittons chassés de Bretagne – la Grande-Bretagne actuelle – par l'invasion anglo-saxonne. Dès lors, le breton rivalisa avec le français, dérivé du bas latin. Il fallut le rattachement à la France au 15e s. et la Révolution pour renverser la situation en faveur du français.

On compte en fait deux Bretagne : la haute Bretagne, ou pays gallo, et la basse Bretagne ou Bretagne bretonnante. On parle français dans la première, français et breton dans la seconde. Outre la langue, cette limite, qui s'étend globalement de St-Brieuc à Vannes, reflète les traditions : c'est en effet en basse Bretagne (à l'ouest) qu'on a le plus de chances de retrouver les coutumes, contrairement à la haute Bretagne (à l'est) où il n'en reste presque plus de traces.

Plusieurs dialectes

Appartenant au groupe des langues celtiques, le breton actuel *(brezhoneg)* se décompose en quatre dialectes principaux : le cornouaillais (Sud Finistère), le léonard (Nord Finistère), le trégorrois et le vannetais. Si les trois premiers sont très proches et constituent la langue dénommée « KLT » (Kerne-Léon-Trégor), le vannetais s'en distingue, substituant notamment un « h » au « z »; ainsi, *Breiz* (Bretagne) devient *Breih*. Pour remédier à ces différences, l'usage du « zh » a été institué pour tous les mots concernés, ce qui a par exemple donné *Breizh*, mot qu'on a souvent l'occasion de voir apposé à l'arrière des véhicules sous forme de macaron.

PETIT LEXIQUE MUSICAL

Bagad (pluriel *bagadou*) : ensemble composé de binious, de bombardes, de caisses claires, de tambours et d'une grosse caisse.
Biniou kos ou cos : petite cornemuse traditionnelle sonnant à l'octave de la bombarde.
Biniou braz ou bras : grande cornemuse d'origine écossaise *(great highland bag pipe)*.
Bombarde : instrument à vent, ancêtre du hautbois, accompagnant toujours le biniou. Très populaire en Bretagne, il est pratiqué par des milliers de talabarders.
Cornemuse : instrument de musique à anche, composé d'un sac de cuir comportant plusieurs tuyaux sonores.
Fest-noz (pluriel *festou-noz*) : fête de nuit.
Harpe : la harpe celtique, ou harpe irlandaise, telle qu'on la voit de nos jours est directement issue de la harpe médiévale.
Kevrenn : ensemble des *bagadou* d'une ville.
Sonneur : joueur de biniou.

Le **renouveau** de la langue bretonne ne peut échapper à l'automobiliste qui sillonne la Bretagne. Les panneaux d'entrée et de sortie d'agglomération sont doublés en breton, et la traduction s'étend désormais à la signalétique urbaine pour satisfaire les 172 000 personnes qui s'expriment en breton.

Associations et médias

Il existe même une association, l'Office de la langue bretonne *(www.ofis-bzh.org)*, qui s'attache au développement de l'usage du breton dans la vie quotidienne et dans la vie publique. Créée en 1999 par le conseil régional de Bretagne avec le soutien du ministère de la Culture, elle a pour mission d'accompagner et de conseiller toutes les personnes, organismes, entreprises ou élus qui souhaitent prendre en compte la langue bretonne au quotidien.
Aujourd'hui, les médias contribuent aussi à faire perdurer la culture bretonne. Plusieurs radios émettent en breton (Arvorig FM, Radio Kerne, Radio Bro Gwened, Radio Kreiz Breizh et France Bleu Breizh Izel). Des programmes sont diffusés sur certaines chaînes de télévision (France 3 Ouest, Tv Rennes…) et il existe également une Web TV en breton *(www.brezhoweb.org)*. Concernant la presse écrite, un journal hebdomadaire et une dizaine de mensuels sont également publiés en breton.

MUSIQUE CELTE ET CHANSON BRETONNE

Le renouveau de la musique celtique s'est amorcé après la Seconde Guerre mondiale. En Bretagne, il a éclos avec la création de la *Bodaged ar Sonérion*, assemblée des sonneurs qui « inventa » le *bagad*, forme bretonne des *pipebands* écossais. Le plus connu aujourd'hui est celui de **Lann Bihouë**, immortalisé par la chanson d'Alain Souchon : « Tu la voyais pas comme ça ta vie… C'est pas toi qui y es, dans le bagad de Lann Bihouë. » Créé en 1956 et basé près de Lorient, il dépend toujours de la Marine nationale.
Dans les années 1970, **Alan Stivell**, formé à l'école des *festou-noz* et des *bagadou*, ressuscita la harpe celtique et s'inscrivit comme le chef de file de la nouvelle musique

bretonne. Plus récemment, Dan Ar Braz (nom breton de Daniel Le Braz) a contribué à affirmer la vitalité de la musique celte actuelle. Héritière de très anciennes traditions mélodiques, la musique bretonne épouse aujourd'hui d'autres influences et s'exprime toute l'année en Bretagne par la présence de nombreux groupes (Alan Stivell, Tri Yann Am Naoned, Gilles Servat, Clam's, Denez Prigent, Yann Tiersen, etc.), qui se produisent lors de **festivals** réputés : les Transmusicales et les Tombées de la Nuit à Rennes, le Festival de Cornouaille à Quimper, le Festival interceltique à Lorient, le festival des Vieilles Charrues à Carhaix-Plouguer, la Route du Rock à St-Malo…

Chants populaires

En Bretagne, la langue doit aussi sa survie aux chansons populaires. Entonnées lors des pardons, des fêtes votives ou privées, elles sont longtemps restées cantonnées à l'ouest de la région, avant de se propager à nouveau après la Seconde Guerre mondiale, grâce notamment aux **sœurs Goadec**. Ce trio a remis au goût du jour l'art du *gwerziou* (la complainte) et le *kan ha diskan* ou chant et déchant (le premier chanteur entonne une phrase, répétée successivement et à l'identique par les autres). Aujourd'hui, leur art connaît un regain d'intérêt international grâce aux grands festivals précités.

Le tableau serait incomplet sans les chants marins entonnés lors de longues sorties en mer, dans les cafés ou dans des manifestations populaires comme la Fête du chant marin à Paimpol – une ville qui doit d'ailleurs beaucoup au succès de la *Paimpolaise* de Th. Botrel dont le refrain se termine par : « … J'aime surtout la Paimpolaise qui m'attend en pays breton. »

Gastronomie

Que l'on vienne en Bretagne pour se détendre sur une plage, apprécier les enclos paroissiaux ou encore marcher le long d'un sentier de douaniers, on ne manquera pas de s'asseoir devant un superbe plateau de fruits de mer, une belle assiette de poisson fraîchement pêché ou une bonne crêpe au beurre. Car la cuisine bretonne a deux caractéristiques, la simplicité et la qualité de ses produits.

LA MER ET SES DÉLICES

Autant se mettre l'eau à la bouche tout de suite ! Palourdes farcies ou nature, langoustines et coquilles St-Jacques, croustilles et chaussons de crabes, huîtres creuses ou plates, homards grillés ou à la crème, crevettes et oursins… il existe mille et une façons de servir ces coquillages et crustacés, mais la meilleure reste encore l'incontournable **plateau de fruits de mer**. Il contient généralement deux variétés d'huîtres, des crevettes bouquets, des bigorneaux, des bulots et des palourdes, ainsi que des coques, des crevettes grises et un tourteau, sans oublier les langoustines en saison. On déguste le tout accompagné de citron, d'une vinaigrette à l'échalote et de pain de seigle, que l'on tartine de beurre salé ou de mayonnaise. Un « must » ! À cette spécialité vient s'ajouter la foule des poissons dressés sur les étals des marchés matinaux, du maquereau au bar de ligne, du rouget à la dorade… Un choix quasiment illimité qui inspire de savoureuses recettes comme la **cotriade**, sorte de bouillabaisse bretonne.

Les algues ne sont pas oubliées et sont de plus en plus utilisées dans la cuisine, comme légume ou comme condiment, à l'instar de la ouessane (*undaria*) cultivée en pleine mer autour de Ouessant.

Le fleuron : les huîtres

Parmi les très nombreux coquillages de la côte *(voir p. 90)*, les huîtres font figure de stars. Classées en 12 crus, elles sont le plus souvent consommées crues, bien qu'un nombre croissant de restaurants les proposent chaudes. Un impératif absolu : leur fraîcheur, ce qui n'impose pas de les servir glacées. Habituellement, on les présente accompagnées de citron, de vinaigre à l'échalote, de pain de seigle et de beurre salé qui se marient particulièrement bien avec la saveur iodée de l'huître.

TRÉSORS DE LA FERME

Comment parler de la gastronomie régionale sans évoquer les succulentes spécialités et recettes à base de porc : l'andouille de Guéméné, la saucisse bretonne, souvent associée à une galette, et, bien sûr, le fameux plat traditionnel breton, le *kig ha farz* (viande et farce), cuisiné comme un pot-au-feu.
Mais l'agriculture bretonne offre bien d'autres trésors ; citons par exemple la poule coucou de Rennes, le poulet de Janzé, le canard nantais, même s'il est plutôt vendéen, le chou-fleur et l'artichaut du Léon, l'oignon rosé de Roscoff, la fraise de Plougastel, le marron de Redon…

GOURMANDISES

À tout seigneur tout honneur ! La crêpe de froment ou de sarrasin fait les délices de tous les gourmands. Au beurre, au sucre, à la confiture, au fromage, aux œufs, au jambon, etc., elle s'accompagne de cidre ou de lait ribot (petit lait). À savoir : la galette de sarrasin se mange salée, la crêpe de froment, sucrée.
À l'ombre de ce monument, les amateurs de sucreries se régaleront de crêpes dentelle de Quimper, de galettes de Pont-Aven, de biscuits et de berlingots nantais, de far et de *kouign-amann* de Concarneau, d'œufs de mouettes de St-Malo ainsi que de pralines ou de parlementins de Rennes.

À CONSOMMER AVEC MODÉRATION

La boisson régionale est le cidre. Les plus réputés sont ceux produits à Fouesnant, Beg-Meil et Pleudihen-sur-Rance. Le cidre de Cornouaille, qui bénéficie d'une protection AOC depuis 1996, est connu depuis plus de mille ans, puisqu'on retrouve sa trace sur la presqu'île de Crozon en 870 ! Le pommeau de Bretagne, mélange de moût de pomme et d'eau-de-vie *(lambig)*, est également produit en Cornouaille et titre 10°.
De la cervoise celtique à la bière il n'y a qu'un pas, et des brasseries bretonnes (Brasserie de Bretagne, Britt, Coreff, Lancelot, Mutine, Ste-Colombe, Tri Martolod) produisent des bières traditionnelles, mais aussi au blé noir ou à l'eau de mer…
Le seul vin breton est le muscadet, qui bénéficie de l'appellation d'origine contrôlée

LA RECETTE DE LA GALETTE DE SARRASIN

Ingrédients : 500 g de farine de sarrasin, 100 g de beurre salé, 2 œufs, 1/2 l de cidre. Faire un puits dans la farine, y casser les œufs, délayer avec le cidre et un peu d'eau, incorporer le beurre fondu jusqu'à l'obtention d'une pâte fluide. Laisser reposer quelques heures à température ambiante puis faire cuire à feu vif pendant 2mn. Retourner vivement, beurrer et garnir à volonté.

(AOC) depuis 1936. Les Nantais l'entourent d'un culte jaloux. Son cépage, le melon de Bourgogne, cultivé depuis le début du 17e s., donne un vin blanc sec et fruité, particulièrement recommandé pour la dégustation des poissons et fruits de mer.
Les apéritifs, eaux-de-vie et liqueurs ne manquent pas. Le chouchen, également appelé hydromel (eau-de-vie de miel), fait la fierté de Rosporden. Mais il y a aussi le bouchinot de St-Méen-le-Grand, le lambig ou fine de Bretagne, le pommeau, la liqueur de fraise et même… le whisky breton !

LES MARCHÉS, UNE TRADITION MILLÉNAIRE VIVACE

La Bretagne demeure riche en foires et en marchés, perpétuant en cela une tradition qui remonte vraisemblablement au Moyen Âge. L'implantation massive des supermarchés dans les années 1970 n'a pas atteint leur popularité. Seules les grandes foires commerciales ont disparu, comme à peu près partout en France. Depuis une dizaine d'années, grâce au regain des produits naturels et à l'émergence des produits biologiques, les marchés connaissent même un essor sans pareil. Chaque commune d'importance possède aujourd'hui un marché municipal, qui se tient parfois plusieurs fois par semaine. Si vous séjournez en Bretagne, ne manquez donc pas d'y faire vos courses, c'est la garantie de faire des rencontres et d'acheter des produits régionaux. Le plus grand marché du genre (15 ha) se tient à Rennes, chaque samedi matin, sur la place des Lices.

LES GRANDS CHEFS

Au risque de se répéter : la Bretagne est une région gourmande, richement pourvue en produits des terroirs et en saveurs authentiques. La preuve ? Elle se trouve dans l'assiette de trois chefs cuisiniers distingués, que nous vous recommandons.

La Roche-Bernard

Jacques Thorel, force tranquille et âme d'artiste, est un authentique Breton et cela se retrouve à chaque plat de sa carte personnalisée, réalisant un équilibre harmonieux entre les produits de la pêche et ceux de la ferme. Ardent défenseur du beau et du bon, il maintient des liens étroits avec les petits producteurs, pêcheurs, éleveurs, maraîchers ou encore fromagers. Installé depuis 1980 à La Roche-Bernard dans son « Auberge Bretonne », composée de trois charmantes maisons donnant sur une placette, il régale ses clients qui dégustent « toute la Bretagne » dans leur assiette, confortablement installés dans l'originale salle à manger-galerie implantée autour d'un pittoresque potager.
Auberge Bretonne - 2 pl. Duguesclin - ✆ 02 99 90 60 28.

Carantec

Patrick Jeffroy, natif de Morlaix, est un grand amateur de voyages qui n'en a pas moins jeté l'ancre à quelques encablures de sa

ville natale. Après avoir officié comme chef à l'hôtel de l'Europe à Morlaix, puis s'être installé dans son propre restaurant à Plounérin, il a ouvert les portes de son « Hôtel de Carantec » en 2000 après la rénovation totale d'une maison de 1936. Il réalise ainsi son rêve, face à la magnifique baie de Morlaix.
La salle à manger panoramique ouvrant à l'infini sur les horizons marins est le lieu idéal pour apprécier le registre culinaire étayé par des idées glanées sur tous les continents. Cependant, Patrick Jeffroy, qui a bénéficié d'une reconnaissance très rapide de son talent (une étoile en 2001, deux en 2002), aime travailler des produits du pays, simples comme ceux de la mer ou le sarrasin. C'est l'une des caractéristiques de sa cuisine personnalisée « terre-mer », qui ravit les palais les plus délicats.
L'Hôtel de Carantec - Patrick Jeffroy - ✆ 02 98 67 00 47.

Plancoët

Jean-Pierre Crouzil est installé depuis plus de trois décennies dans cette petite ville des Côtes-d'Armor célèbre pour son eau minérale. Belle réussite pour cet autodidacte qui a porté et continue de porter haut la cuisine bretonne, avec ses recettes aux subtils parfums « terre-mer ». Homme humble et authentique, il aime faire partager sa passion et communiquer son expérience. Pour preuve, son livre dédié à la coquille St-Jacques. Aujourd'hui, son fils Maxime, après avoir fait ses classes chez les grands, a effectué son retour aux fourneaux paternels, permettant ainsi de continuer l'aventure familiale. Une aventure à laquelle il faut associer Colette Crouzil. Son accueil et son sens de la décoration donnent tout son charme au restaurant, écrin raffiné, agrémenté de ses propres peintures et d'une impressionnante collection de volailles en porcelaine et faïence.
Maxime et Jean-Pierre Crouzil et Hôtel L'Écrin - 20, les Quais - ✆ 02 96 84 10 24.

Nautisme

Le succès du Salon nautique international de Paris témoigne de l'engouement de ces dernières années pour le nautisme. La Bretagne est historiquement et culturellement la région la plus concernée par cette activité synonyme d'aventure, de sport, de grand air et surtout de liberté.

LA VOILE

Véritable pépinière de marins, la Bretagne est la région la plus maritime de France. Un proverbe dit que : « Les Bretons naissent avec de l'eau de mer autour des yeux et l'Océan coule dans leurs veines dès les premiers jours. » Aussi la voile est-elle ici plus qu'un sport, c'est une seconde nature, un élément à la fois indissociable du paysage et un art de vivre qui confine pour beaucoup à la passion.

Les grands marins

Certes, tous les grands marins ne sont pas bretons… quoiqu'ils le soient tous un peu, tellement la Bretagne incarne la mer. Et dans cet univers sans frontières, il n'y a pas un « voileux » qui ne connaisse Bernard Moitessier, Yves Le Toumelin et Éric Tabarly, l'idole des houles, malheureusement disparu au large du pays de Galles en juin 1998.
L'osmose entre ce dernier et ses bateaux ainsi que sa droiture ont ennobli l'image de la voile dans l'esprit des profanes. Il laisse un souvenir impérissable et un sillage où navigue cette pépinière de marins formés à ses côtés : Olivier de Kersauzon, Marc Pajot, Philippe Poupon, Jean Le Cam, Alain Thébault et Yves Parlier.

Les formules 1 de la mer

La famille des grands marins s'est nettement agrandie depuis quelques années, surtout depuis que la voile est réellement entrée dans le monde de la compétition. Grâce au financement de marques qui ont compris l'énorme force d'attraction que ce sport exerce sur les foules, des bateaux de plus en plus performants sortent des chantiers de Lorient, de Vannes ou de Nantes, aussitôt engagés dans des courses au long cours souvent passionnantes, toujours éprouvantes. Ces « formules 1 » de la mer utilisent désormais des matériaux performants à haute résistance tels le spectra, le Kevlar ou le titane. Elles sont barrées par de véritables vedettes qui ont pour nom Florence Arthaud, Isabelle Autissier, Frank Camas, Alain Gautier, Paul Vatine, Laurent Bourgnon ou Loïck Peyron. Courses en solitaire ou par équipes et records de traversée animent le monde de la voile tout au long de l'année.

Les grandes courses

À tout seigneur tout honneur. La Bretagne est le cadre de départs ou d'arrivées de compétitions devenues prestigieuses. La plus célèbre est probablement la Route du rhum, qui relie la pointe du Grouin à Pointe-à-Pitre à bord de monocoques et multicoques. Elle a lieu tous les quatre ans (première édition en 1978, prochaine édition en 2010) ; ses vainqueurs ont pour nom Marc Pajot, Philippe Poupon, Laurent Bourgnon et Michel Desjoyeaux. D'autres courses ont soulevé l'enthousiasme des foules, par exemple : La Baule-Dakar, difficile à cause de la traversée du golfe de Gascogne en automne, ou Québec-St-Malo, à cause de ses baleines et ses icebergs, ou encore Lorient-les Bermudes-Lorient, davantage connue sous le nom de Transat en double. La Course du Figaro démarre en juillet d'un port breton, vendéen ou normand, tandis que la Course de l'Europe fait étape dans les grands ports du nord au sud de l'Europe. Il y a aussi la Route des hortensias, une course conviviale qui relie la Bretagne aux Açores, ou le Trophée « Cutty Sark », qui relie Aalborg à St-Malo.

La régate ou le sport pour tous

Avec la construction en série, l'industrie nautique a délaissé l'artisanat pour produire aujourd'hui des embarcations réalisées en matériaux de synthèse, qui ont mis cette discipline à la portée de toutes les bourses. On en veut pour preuve les 700 écoles de voile de la Fédération française de voile, et les plus de 1 000 clubs qui se répartissent sur l'ensemble de l'Hexagone.

Le port de plaisance de Perros-Guirec (Côtes-d'Armor).
Office du tourisme de Perros-Guirec

On est aujourd'hui bien loin des premières courses qui opposaient des canots de pêche vers 1850. Monocoques et multicoques de tous types sont amarrés aux pontons des ports de plaisance, et chacun rêve de participer un jour à une course, fût-elle la plus modeste d'entre toutes, ou au « Spi Ouest-France », organisé tous les ans à La Trinité-sur-Mer, qui permet aux anonymes de côtoyer certains grands noms de la voile.

L'encombrement des ports

Depuis les années 1960, la démocratisation de la plaisance a entraîné une hausse continue du nombre d'immatriculations de bateaux. Cette croissance pose le problème crucial des anneaux. Les bateaux occupent donc de plus en plus de mouillages sauvages ou improvisés, ce qui ne va pas sans une certaine dégradation des paysages.

Pour pallier les atteintes à l'environnement et à la saturation des ports bretons, les autorités réfléchissent à des solutions qui permettraient de contenter les 10 000 plaisanciers en liste d'attente, tout en offrant des places d'escale pour les étrangers de passage. Il existe déjà un port à sec à St-Philibert dans le Morbihan. Les autres options envisageables sont de transformer des ports bouées en ports permanents, et de convertir certains bassins de commerce ou militaires en ports de plaisance (Brest, Roscoff, Le Légué, du côté de St-Brieuc).

LES VIEUX GRÉEMENTS

Tradition sur mer

Depuis la fin des années 1970, des passionnés de la mer ont entrepris de remettre en valeur des bateaux jugés dépassés et périmés par la modernité. Sensibles à leur silhouette magnifique, des particuliers ou des associations décidèrent de les restaurer entièrement ou d'en construire des répliques. Ainsi naquit un véritable engouement pour les « vieux gréements » qui, si l'on en croit les marins, procurent un plaisir inégalable à ceux et celles qui les barrent – en fait, un gréement est l'ensemble des cordages et poulies nécessaires à la manœuvre des navires à voiles.

Une passion que traduisent à merveille ces grands rassemblements de voiliers traditionnels qu'organisent régulièrement les grands ports. La France possède quelques bateaux de cet ordre. Le plus prestigieux, le plus grand, est le *Bélem*, dont le port d'attache est Nantes. Ce trois-mâts barque (58 m de long, 1 200 m^2 de voilure) a été lancé dans ce port en 1896 pour transporter du cacao, du rhum et du sucre, et navigua comme « antillais » jusqu'en 1914. Entièrement restauré de 1979 à 1985, il accueille des stagiaires.

Pour tous les goûts

– Les **goélettes**, bâtiments à deux mâts très voilées, sont mondialement connues (Brest en possède un magnifique exemplaire reconstruit, *La Recouvrance*, du nom de son quartier le plus célèbre).

– Les **bisquines**, bateaux de pêche à la ligne et au chalut, originaires de Normandie et en service à Cancale jusqu'au début du 20e s., sont probablement les plus renommées, grâce à la superbe *Cancalaise* à coque noire, qui a été entièrement reconstruite. Ces bateaux participaient à des régates qui attiraient déjà les touristes sur la Côte d'Émeraude durant la seconde moitié du 19e s.

– Également réputés, les **chasse-marée** sont des bateaux côtiers à trois mâts que l'on rencontrait aux abords des abers ; aujourd'hui, *La Belle Angèle* prouve à quel point ils tenaient bien la mer.

– Nettement plus petits, les **sinagots** étaient destinés au dragage des huîtres dans le golfe du Morbihan et en baie de Quiberon. Un des derniers exemplaires mouille dans le port de Séné, qui a donné son nom à ce type d'embarcation.

– Les **langoustiers** portent un nom plus explicite ; *La Belle Étoile*, à la coque blanche et aux voiles rouges, est aujourd'hui amarrée au port de Camaret, ancien grand port langoustier.

– Les **lougres** effectuaient du cabotage, comme le *Corentin* au large de l'Odet ou le *Grand-Léjon* au large de St-Brieuc.

– Les **flambarts** naviguaient autrefois exclusivement sur les côtes septentrionales de Bretagne et servaient notamment au ramassage du goémon ; on peut en revoir depuis qu'ont été lancés l'*An Durzunel* de Loguivy et l'*Ar Jentilez* de Perros-Guirec.

– Les **chaloupes sardinières** naviguaient, elles, sur les côtes méridionales de Bretagne ; le *Telenn Mor* de Douarnenez en préserve le souvenir.

– Les **cotres** sont de petits bateaux à un seul mât. *Le Renard*, construit à l'occasion des festivités de « Brest 1992 », est la réplique du dernier bateau de Robert Surcouf, le corsaire malouin.

– Les **sloops** sont aussi de petites embarcations à mât unique. Mais il y a encore les sloops coquilliers brestois, les forbans du Morbihan, les dragous des Côtes-d'Armor, etc. On le voit, la flottille des vieux gréements est variée et correspond à des navigations différentes.

Arts et culture

Façonnée pendant des siècles à l'écart des grands mouvements artistiques du fait de son enclavement péninsulaire, la Bretagne n'en a pas moins intégré des influences venues d'ailleurs grâce à son exceptionnelle façade maritime ouverte sur le monde. L'isolement a favorisé l'expansion de la religiosité et son cortège de richesses architecturales et coutumières, les soucis défensifs ont produit des villes et des ports fortifiés, mais le commerce maritime a aussi importé de nouveaux dessins pour les broderies… Entre l'enclos paroissial, particularité régionale, la forteresse et la mer, les Bretons se sont constitué une culture originale et se sont illustrés dans différents arts et artisanats. De nos jours, ce dynamisme artistique transparaît non seulement dans l'intérêt porté aux arts plastiques, mais aussi dans le domaine littéraire, avec quelques auteurs d'envergure nationale.

Architecture

L'architecture bretonne peut paraître austère et massive au premier coup d'œil. Sa dureté doit beaucoup à la principale matière première des édifices régionaux : le granit. Le socle du Massif armoricain a été pioché avec pugnacité pendant des siècles par les Bretons, qui ont su à merveille marier la rudesse du matériau avec celle de leur paysage.

VILLES ET VILLAGES

Flâner dans les vieux quartiers fait partie des charmes de la Bretagne. Il n'est guère de villes ou de bourgs qui n'aient conservé intactes des rues entières, ou tout au moins des maisons anciennes, généralement magnifiquement restaurées.

Vieilles maisons

L'architecture traditionnelle des villes et des campagnes bretonnes est bien plus diverse qu'on ne l'imagine au premier abord.
Au détour des villages, on croise de petites maisons de pêcheurs frappées d'une ancre de marine, des fours à pain voûtés de briques, des moulins à marée à proximité des abers, des fermes massives aux toits de chaume ou d'ardoise, en pierres apparentes à l'intérieur des terres, parfois enduites dans les régions côtières pour les protéger de l'air salin. Disséminées au bord des routes, ces curiosités ne peuvent être envisagées d'un seul coup d'œil. Si l'on veut découvrir l'archétype du village breton, il faut se rendre à Locronan, dont l'ensemble de belles maisons cossues forme un patrimoine d'une valeur exceptionnelle.
Dans les villes, le granit est bien sûr à l'honneur, mais on rencontre aussi du schiste, du grès ou du pisé (une maçonnerie de terre argileuse), ou encore une combinaison de matériaux qui rythment très élégamment le paysage urbain de villes comme Vitré ou Morlaix. Sans être rares, ces habitations ne sont pas légion. De nombreuses

DE LA DÉFENSE À L'AGRÉMENT

L'aspect des forteresses bretonnes a évolué au rythme de l'histoire régionale. Des édifices d'allure médiévale comme Châteaugiron, Tonquédec ou Suscinio, construits dès le 13e s. à l'intérieur des terres, témoignent d'une époque de rivalités seigneuriales. Leurs contemporains élevés à Fougères, Vitré ou Chateaubriant, surnommés « les Marches de Bretagne », rappellent quant à eux le cordon défensif créé à l'intention du royaume de France. À partir de 1532, la Bretagne adoptant les intérêts français, le danger vient de la flotte anglaise et le littoral est fortifié.

Vauban intervient au 17e s. à Morlaix (château du Taureau) et à Belle-Île. Le Fort national protège St-Malo avec toute une série de fortins, et la citadelle de Port-Louis surveille la rade de Lorient. Les forteresses accueillent des garnisons. Dès lors, celles de l'arrière-pays, comme Josselin, libérées de leur vocation défensive, peuvent consacrer plus de moyens à leur embellissement et deviennent des lieux d'agrément, reflétant toujours la prospérité et le rang de leur propriétaire. C'est à cette époque qu'apparaissent des châteaux comme Kerjean ou Quintin, qui se parent d'emblée d'éléments décoratifs Renaissance ou classiques.

maisons médiévales à pans de bois ont en effet disparu dans les grands incendies du 18e s., comme celui de Rennes en 1720 *(voir « Découvrir la Bretagne », p. 104)*. Aussi les Bretons soignent-ils avec amour celles qui ont survécu, d'autant plus qu'à partir de la fin du 16e s. chaque terroir se singularisait par un type d'architecture propre. Au 18e s., à la suite d'édits interdisant le bois dans la construction, des hôtels particuliers en pierre ont remplacé ces belles demeures à détails gothiques, par trop inflammables. Les villes étant souvent closes par des murailles, il fallait aussi construire en hauteur pour trouver de la place. Apparurent alors des bâtiments classiques aux lignes plus sévères, mais qui ont toutefois su conférer un cachet élégant aux grandes villes de l'Ouest.

Les malouinières

À la fin du 17e s. et au 18e s., les armateurs de St-Malo s'étant considérablement enrichis *(voir la partie « Histoire », sur le commerce et la course, p. 81)*, des gentilhommières fleurirent dans cette campagne que l'on nomme le « Clos-Poulet », au sud-est de la ville. Bien qu'elles ne soient pas toutes de mêmes dimensions, elles présentent une architecture homogène : cheminées élancées, toits à pente raide percés de lucarnes, façades crépies de blanc, parements de granit. Une particularité locale à remarquer si l'on visite la cité des corsaires.

FORTERESSES ET CHÂTEAUX

Le granit breton est un matériau sévère qui ne vieillit pas. N'étaient les lignes générales et le mode de construction qui permettent de les différencier, il ne serait guère possible de donner un âge aux monuments. Si l'on excepte les forteresses *(voir encadré ci-dessus)*, on trouve peu de châteaux importants en Bretagne, contrairement aux édifices religieux. Cette répartition traduit parfaitement le caractère de la population dont tous les efforts artistiques furent dédiés à la religion. On peut néanmoins encore admirer aujourd'hui de beaux exemples de fortifications et de châteaux.

St-Malo et **Guérande** ont conservé la totalité de la ceinture de pierre qui les enserrait. De beaux exemples de remparts se rencontrent aussi dans des localités telles que Vannes, Concarneau et Port-Louis. Parmi les plus importantes forteresses, celles de **Fougères** et de **Vitré** sont particulièrement bien préservées. **Dinan** et **Combourg** ont leurs châteaux forts encore debout, tandis que Suscinio et Tonquédec offrent des ruines imposantes. La sentinelle avancée du fort **La Latte** occupe un site magnifique. Et si les édifices mi-forteresses mi-palais, tels **Kerjean**, **Josselin** ou le château des ducs de Bretagne à Nantes n'abondent pas, c'est que la noblesse bretonne était pauvre. On le voit, la diversité est au rendez-vous, qui ne tient pas même compte des incalculables manoirs-fermes des gentilshommes campagnards qui, sans renoncer à leur rang, n'hésitaient pas à cultiver leurs terres comme des paysans.

ARCHITECTURE TECHNIQUE

Moulins à marée

Les moulins à marée existent au moins depuis le 12e s. Très présents en Bretagne, notamment le long des rias et des fleuves soumis à de très forts marnages comme la Rance, ils sont particulièrement abondants dans le Morbihan. Comme leur nom l'indique, ces moulins ne pouvaient fonctionner sans les marées. Accolés à une digue, ils accumulaient de l'eau dans une réserve pendant les phases montantes de la marée. Au reflux, le retrait d'une simple vanne permettait d'actionner la roue et de moudre le grain. En période de mortes-eaux, les marées ne suffisaient pas à donner du travail à temps plein au minotier, qui construisait alors, sur une butte proche, un moulin traditionnel. D'allure austère et massive, les moulins à marée, aussi appelés moulins à eau bleue, constituent un superbe exemple d'architecture fonctionnelle bretonne. Comme pour leurs collègues à vent, c'est l'arrivée du chemin de fer, de l'automobile et de la mécanisation qui a eu raison de leur activité. Les derniers ont tourné jusque dans les années 1960.

Certains moulins à marée sont encore en état de fonctionnement, comme le moulin du Prat dans la vallée de la Rance *(voir p. 184)*.

Phares

Les constructeurs de phares ont dû faire face à des contraintes spécifiques pour élever les 50 édifices que compte la Bretagne (soit le tiers des phares français). Les premiers critères de construction sont d'abord techniques. La portée géographique est induite par la rotondité de la terre. Plus un phare est haut, plus la rencontre du faisceau lumineux avec l'horizon est éloignée : le marin aperçoit le feu de plus loin. La portée lumineuse dépend avant tout de la puissance de la lampe, mais aussi de la composition de l'atmosphère qui se dégrade de nuit ou par temps pluvieux ou brumeux. Si la hauteur d'un phare est donc déterminée en fonction de la portée voulue (3 m de haut = 3,6 milles, 30 m = 11,5 milles, 100 m = 21 milles), sa forme l'est par l'endroit où il se trouve.

Sur terre, les phares sont presque toujours de forme carrée. En mer, ils sont systématiquement de forme cylindrique, de manière à subir le moins possible la pression que leur infligent les vagues et le vent. Pour admirer certains des plus beaux phares français, nous vous recommandons la Route des phares et le Chemin des phares, qui empruntent les routes et les sentiers côtiers de Brest à Brignogan *(se renseigner aux offices de tourisme de Brignogan-Plages et de Brest)*. Les plus beaux phares de

Bretagne y sont concentrés, dont le phare des Pierres Noires (6 milles au large de la pointe St-Mathieu), peint en rouge et blanc, et le monumental phare de l'île Vierge (proche de Plouguerneau), le plus grand édifice de ce type en Europe grâce à ses 77 m.

Pour un panorama complet de l'histoire des phares, rendez-vous à Ouessant au Centre d'interprétation des Phares et Balises *(voir « Découvrir la Bretagne », p. 326)*.

Art religieux et enclos paroissiaux

Non loin des plages et des sites géographiques les plus prisés, les villes et les campagnes protègent pieusement les témoignages artistiques de l'histoire bretonne. Profondément religieux, l'art a ici laissé des traces matérielles à la fois monumentales et originales, presque toujours taillées dans ce granit qui fait à la fois l'orgueil et la particularité de la Bretagne. Prendre le temps de s'intéresser à ces vestiges, c'est se donner toutes les chances de mieux comprendre cette « péninsule du bout du monde ».

UNE ARCHITECTURE MYSTIQUE

Neuf cathédrales, une vingtaine de sanctuaires importants, des milliers d'églises et de chapelles rurales forment un imposant ensemble de monuments religieux. La richesse et le réalisme de leurs détails traduisent encore toute la force de la foi qui animait le peuple breton.

Les cathédrales

Elles sont inspirées des grands édifices de Normandie ou d'Île-de-France, mais ne peuvent rivaliser, ni par les dimensions ni par l'ornementation, avec leurs modèles. Les ressources des bâtisseurs étaient limitées, et le granit local est une pierre dense et difficile à travailler. En outre, les difficultés de trésorerie ont prolongé les travaux de trois à cinq siècles, ce qui nous permet de repérer toutes les étapes du gothique, depuis l'arc dépouillé des débuts jusqu'à la folle exubérance du flamboyant. Enfin, la Renaissance est venue placer sa dernière touche au cœur de ces édifices dont les plus intéressants sont ceux de St-Pol-de-Léon, Tréguier, Quimper, Nantes et Dol.

Églises et chapelles rurales

À l'époque romane (11e et 12e s.), la Bretagne n'était pas florissante. Les sanctuaires furent donc rares, et même transformés aux siècles suivants. Sous les ducs, et après la réunion à la France, le territoire se couvrit d'églises et de chapelles gothiques et Renaissance.

Jusqu'au 16e s., le plan général est un rectangle, parfois un plan en « T ». La nef est souvent sans bas-côtés et sans fenêtres, et aboutit à un chœur flanqué de chapelles, dont il est séparé par un arc de pierre. Le chevet est plat et percé d'ouvertures. La voûte de pierre est très rare : on lui préfère une charpente lambrissée, souvent peinte et dont les entraits, les sablières et les têtes de blochets

UNE CURIOSITÉ

Les nombreuses statues qui ornent les églises bretonnes sont de véritables portraits et des documents de premier ordre pour l'histoire du costume. Le groupe trinitaire de sainte Anne, la Vierge et l'Enfant se retrouve assez fréquemment en Bretagne. Cette figuration, assez courante en Europe centrale, est relativement rare en France.

Détail du magnifique calvaire de Pleyben (Finistère).
S. Sauvignier / MICHELIN

sont fréquemment sculptés.
Or, voici qu'à partir du 16e s., est adopté le plan en forme de croix latine, avec un transept dont la présence efface l'arc central. Le chevet devient à trois pans et des fenêtres percent les bas-côtés.
On est surpris aujourd'hui de découvrir, dans des solitudes désolées, des chapelles qui feraient l'orgueil de localités importantes. Des édifices comme ceux de N.-D.-du-Folgoët ou de Kernascléden illustrent bien la foi des petits pays bretons de l'époque. Cependant, il est malheureusement assez courant de voir des chapelles modestes plus ou moins à l'abandon.

Les clochers

On serait tenté de dire que la Bretagne a l'esprit de clocher… mais ce mauvais jeu de mots masquerait toute la réalité de ces bâtiments qui symbolisaient à la fois la vie religieuse et la vie municipale. Les populations y plaçaient toute leur fierté, et c'était un châtiment terrible de voir un souverain mécontent les abattre. Le type le plus fréquent est le clocher-pignon, plus léger et moins coûteux que le clocher classique.
On y accède par des marches extérieures ou par des escaliers logés dans les tourelles qui le flanquent.

Les porches

Dans les églises bretonnes, un porche important s'ouvre sur le côté sud. Il a fréquemment servi de lieu de réunion pour les notables de la paroisse qui prenaient place sur les bancs de pierre garnissant les murs. Souvent, une double rangée d'apôtres le décore. On les reconnaît à leurs attributs : saint Pierre tient la clef du paradis ; saint Paul, un livre ou une épée ; saint Jean, un calice ; saint Thomas, une équerre ; saint Jacques le Majeur, un bâton de pèlerin ; saint Matthieu, une hachette ; saint Simon, une scie ; saint André, une croix ; saint Barthélemy, un couteau.

LE MOBILIER RELIGIEUX

Du 15e au 18e s., une armée de sculpteurs bretons a fourni aux églises divers éléments : chaires, stalles, buffets d'orgues, baptistères, clôtures de chœur, jubés, poutres de gloire, retables, niches à volets, confessionnaux, saints sépulcres et statues… On ne s'étonnera pas de constater au cours des visites que ces œuvres présentent un caractère plus abouti que les figures des calvaires. Il est en effet beaucoup plus aisé de travailler le chêne, le châtaignier ou l'albâtre que le granit.

Jubés et poutres de gloire

Nombreux dans les églises bretonnes, les jubés sont souvent d'une richesse inouïe, qui surprendra plus d'un amateur. Quelques-uns sont sculptés dans le granit, mais la plupart, et c'est une des originalités de la Bretagne, sont en bois. Variée, la décoration diffère sur leurs deux faces, car le jubé sépare le chœur de la partie de l'église réservée aux fidèles et complète les clôtures latérales du chœur. Par ailleurs, il sert à la prédication et à la lecture des prières, qui sont faites du haut de sa galerie supérieure. En général, il est surmonté d'un crucifix, entouré des statues de la Vierge et de saint Jean, qui font face à la foule. La poutre de gloire, ou tref, est à l'origine du jubé. Afin de l'empêcher de fléchir, on fut amené à la soutenir par des supports qui firent place à une clôture plus ou moins ouvragée. Décorée habituellement de scènes de la Passion (elle porte toujours le groupe du Christ entouré de la Vierge et de saint Jean), on la trouve surtout dans les petites églises et les chapelles.

Les retables

Nombreuses, surchargées, les œuvres Renaissance se retrouvent dans les fonts baptismaux et les chaires à prêcher, transformés en vrais petits monuments. Mais le cas le plus intéressant est celui des retables. À l'origine, l'autel primitif n'est qu'une table. Petit à petit, il va perdre en simplicité et atteindre des dimensions étonnantes. Du 12e au 14e s., les autels s'ornent d'un gradin peu élevé, le retable est de même longueur que l'autel, puis, la sculpture s'en empare et on voit apparaître des scènes extraites de la Passion. À partir du 15e s., l'autel est envahi de colonnes torses, de frontons et de niches ornées de statues et de panneaux sculptés, qui trouvent leur plein épanouissement au 17e s. Le retable, dont le sujet principal s'est perdu parmi les angelots et les guirlandes, en arrive à occuper la totalité de la chapelle réservée à l'autel. Le paroxysme ornemental est même atteint lorsque, ne faisant qu'un avec les retables des autels voisins, il orne toute la muraille du chevet, comme c'est le cas à **Ste-Marie-du-Ménez-Hom**.

La dévotion au Rosaire, que l'on doit au dominicain breton Alain de La Roche (15e s.), donna lieu, à partir de 1640, à l'érection de maints retables dans lesquels la Vierge est représentée remettant le chapelet à saint Dominique et à sainte Catherine de Sienne.

Arbre de Jessé et Mise au tombeau

Un grand nombre de niches à volets renferment un Arbre de Jessé. Jessé, qui appartenait à la tribu de Juda, eut un fils, David, de qui descend la Vierge Marie. Il est généralement représenté couché. Dans son cœur, ses entrailles ou ses reins plongent les racines de l'arbre dont les rameaux portent, dans l'ordre chronologique, les rois et les prophètes, ancêtres du Christ. La Vierge, au centre, figure la tige qui porte la fleur : Jésus. Voyez l'arbre de La Trinité-Porhoët, non loin de Ploërmel.

La Mise au tombeau, ou Saint-Sépulcre, groupe généralement sept personnages autour du Christ mort. Si elle est souvent traitée sur les calvaires, elle est rarement présente dans les églises, sauf à Lampaul-Guimiliau et à St-Thégonnec, où elles sont remarquables.

Toutefois, les chefs-d'œuvre de la sculpture funéraire sont visibles à Nantes, avec le tombeau de François II, et à Josselin, avec le mausolée d'Olivier de Clisson.

Vitraux

Si les peintures et les fresques sont rares (Kernascléden reste une exception), les verrières sont en revanche assez nombreuses. Souvent inspirées par l'art italien ou flamand, elles se caractérisent toujours par une facture bretonne.
La cathédrale de **Dol** en possède une très belle du 13e s. Les plus beaux exemples datent des 14e, 15e et 16e s. et sortent des ateliers de Rennes, Tréguier et Quimper ; on peut en voir à N.-D.-du-Crann et à St-Fiacre du Faouët.
Au 20e s., la restauration ou la création de nombreuses églises et chapelles a permis de parer ces édifices de nouveaux vitraux éclatants, souvent non figuratifs.

Une myriade de fontaines

Les fontaines liées au culte de l'eau sont innombrables en basse Bretagne. La plupart d'entre elles sont des **fontaines guérisseuses**. Presque tous les lieux de pardons possèdent une fontaine où vont boire les fidèles. Elle est placée sous la protection d'un saint ou de la Vierge, dont les statues s'abritent dans de petits sanctuaires, tantôt frustes, tantôt ornés. Dans les lieux de pèlerinage importants, comme **Ste-Anne-d'Auray**, la fontaine a été aménagée de façon moderne, avec vasques, bassins et escaliers.

LES ENCLOS PAROISSIAUX

Une particularité bretonne : l'enclos paroissial est l'ensemble monumental le plus typique que l'on rencontre dans les bourgs. Il s'ouvre habituellement par une porte triomphale donnant accès à l'église, au calvaire et à l'ossuaire, et permettait à la vie paroissiale de rester étroitement attachée à la communauté des morts, puisque l'enclos avait le cimetière pour centre. L'émulation qui existait entre villages voisins explique la richesse des enclos qui ont surgi en basse Bretagne à la Renaissance et au 17e s.
Reportez-vous à l'itinéraire des enclos paroissiaux pour situer et visiter les plus imposants *(voir « Découvrir la Bretagne », p. 356)*.

Portes triomphales et ossuaires

La porte monumentale ou porte des Morts, généralement très décorée, est traitée en arc de triomphe pour symboliser l'entrée du Juste dans l'immortalité.
Les portes latérales voient leur passage barré par une pierre haute, l'échalier ; cette clôture est symbolique car elle n'en empêche pas le franchissement.
Dans les minuscules cimetières bretons d'autrefois, les corps devaient être exhumés pour laisser la place aux nouveaux défunts. On entassait les ossements dans des réduits que l'on élevait contre l'église ou le mur du cimetière. Ces ossuaires sont ensuite devenus des bâtiments isolés, et leur exécution

UNE HISTOIRE ÉDIFIANTE

Sur plusieurs calvaires (Plougastel-Daoulas, Guimiliau) figure l'histoire de Catell-Gollet (Catherine perdue). Cette jeune servante avait dissimulé en confession ses écarts de conduite puis avait dérobé une hostie consacrée pour la donner au diable, qui avait pris les apparences de son amoureux. Elle fut donc condamnée aux flammes éternelles…

devint plus soignée. Ils ont pris la forme de reliquaires et ont servi de chapelles funéraires.

Les calvaires

Foncièrement bretons, ces petits monuments de granit groupent autour du Christ en croix des épisodes de la Passion. Bon nombre d'entre eux furent érigés pour conjurer la peste de 1598 ou, après sa disparition, en tant qu'action de grâces. Ils servaient à l'instruction religieuse : tout en prêchant, le prêtre désignait les scènes qu'il racontait. Le plus ancien des calvaires existants est celui de Tronoën (fin 15e s.) ; les plus célèbres sont ceux de Guimiliau (200 personnages), Plougastel-Daoulas et Pleyben.
Si la sculpture est généralement fruste et naïve, c'est qu'il s'agit essentiellement d'un art de tailleurs de pierre villageois. Mais quel sens admirable de l'observation avaient ces artistes anonymes ! L'expression de la vie y est souvent saisissante. Ils choisissaient les scènes au gré de leur inspiration, sans les grouper de façon chronologique. Certaines se reconnaissent au premier coup d'œil, d'autres, plus ou moins abîmées, sont traitées plus sommairement.
Les calvaires ont eu pour prédécesseurs immédiats les croix de chemin. Il y en eut des dizaines de mille, mais beaucoup ont été détruites.

Peinture et artisanat d'art

Dès le 19e s., les artistes ont trouvé en Bretagne une source d'inspiration inépuisable. Peintres et graveurs ont sillonné le littoral, de la baie du Mont-St-Michel au golfe du Morbihan, à la recherche des secrets de la lumière et des couleurs, tandis que faïenciers et céramistes se sont plutôt tournés vers les sujets ethniques et culturels.

L'ÉCOLE DE PONT-AVEN

« Un petit trou pas cher », c'est ainsi qu'un ami peintre décrit le bourg de Pont-Aven à Paul Gauguin. En 1886, ce dernier a alors 38 ans et décide de quitter sa petite vie bourgeoise pour la vie de bohème que lui promet la peinture. Construite au bord de l'Aven, la petite ville est connue pour ses moulins et l'activité portuaire induite par les minoteries. Les alentours, riches en églises, en champs couverts de meules jaunes ou de mégalithes épars, attirent déjà un cortège de peintres académiques, attirés par l'exotisme régional.
Gauguin, bientôt suivi par un large groupe d'amis, fait exploser leur vision stricte de l'art pictural. Leur courant, bientôt baptisé d'école de Pont-Aven, porte d'abord le nom de « synthétisme ». Les couleurs sont vives, couchées en aplats, les contours et les formes sont simplifiés et les visages souvent dépourvus de traits : le style de Pont-Aven s'affirme comme une nouvelle vision artistique de la nature. Émile Bernard et Paul Gauguin, les fondateurs, sont bientôt rejoints par le jeune Sérusier, Maurice Denis, Armand Seguin et par des peintres étrangers informés par la critique parisienne saluant la naissance du mouvement.
Le groupe, dont la tranquillité est perturbée par l'affluence de curieux, s'installe au Pouldu. Gauguin, lui, part dans le Pacifique chercher d'autres sources d'inspiration et d'autres voies picturales. Il fait son dernier séjour breton en 1894, laissant Pont-Aven à une réputation qui perdure encore de nos jours.

L'ART CONTEMPORAIN EN BRETAGNE

Le **Frac Bretagne** (Fonds régional d'art contemporain), situé à Châteaugiron, a rassemblé depuis 1981 près de 2000 œuvres, qui sont exposées régulièrement dans les quatre départements bretons. Outre un centre de documentation et un service éducatif destiné à familiariser les plus jeunes à l'art, il publie aussi régulièrement des monographies d'artistes régionaux et des catalogues collectifs. La région compte aussi 3 centres d'art contemporain labellisés, La Criée à Rennes, Le Quartier à Quimper et La Passerelle à Brest.

Notez que toutes les grandes villes de Bretagne possèdent des centres d'art contemporain. Le musée des Beaux-Arts de Rennes ouvre ainsi régulièrement ses portes à des plasticiens locaux, alors que La Passerelle, à Brest, est un centre d'art plus ouvert sur la danse, la musique et la poésie. Afin de ne pas se laisser enfermer dans le cadre de son école historique, la ville de Pont-Aven s'est dotée depuis 2004 d'un **Centre international d'art contemporain**. Son but est de promouvoir l'innovation grâce à des pensions et à des masters classes : dans le domaine des arts plastiques, bien sûr, mais aussi en musique, en danse et en poésie. Les œuvres sont exposées ou jouées toute l'année.

Si vous êtes amateur de sculptures, ne manquez pas la visite des jardins du **domaine de Kerguéhennec** (*voir « Découvrir la Bretagne », p. 562*), où sont exposées toute l'année des sculptures. Voyez également l'atelier du sculpteur Pierre Manoli, installé sur la rive gauche de la Rance, à La Richardais (*voir « Découvrir la Bretagne », p. 187*).

Enfin, certains lieux de culte désacralisés accueillent aujourd'hui des expositions temporaires d'œuvres contemporaines. C'est le cas notamment de diverses chapelles de la vallée du Blavet et du pays de Pontivy, dans le cadre de la manifestation annuelle intitulée « **L'art dans les chapelles** » *(voir « Découvrir la Bretagne », p. 569)*.

La mer aussi contribue au renouveau artistique régional grâce à une nouvelle utilisation des bois d'épaves. S'ils sont recherchés depuis des siècles par les Bretons du littoral pour la manufacture de mobilier, les bois flottés rejetés sur la laisse de mer sont désormais récoltés et retravaillés par des artistes du cru.

LES ARTS DÉCORATIFS

Le mobilier

Pendant des siècles, les artisans bretons ont exécuté lits clos, buffets, vaisseliers, armoires et gaines d'horloges selon des modèles identiques, ne différant d'une pièce à une autre que par de petits détails d'ornementation. Ce caractère répétitif les a portés à une grande maîtrise de leur art.

Le **lit clos**, pièce essentielle du mobilier breton, permettait de se protéger du froid mais aussi de s'isoler dans la grande pièce commune. Le lit est généralement fermé par deux portes coulissantes ; par une seule grande porte dans le Léon, par d'épais rideaux dans la région d'Audierne ou le Morbihan. Il se complète toujours d'un banc-coffre où l'on rangeait le linge. Une riche ornementation les décore : des fuseaux, des guirlandes, des motifs religieux dont le monogramme du Christ ou le cœur chouan, des figures géométriques, juxtaposées ou entrelacées, appelées décorations « au compas ». Ces motifs se retrouvent aussi sur les **armoires**, souvent coiffées d'une corniche plate débordante, ou parfois à double cintre comme dans le bassin de Rennes. Le **coffre** a également joué un rôle important : il abritait le linge ou le grain destiné à l'usage ménager.

La faïence

Relevant davantage de l'art décoratif que du mobilier, la faïence en était pourtant un accessoire indissociable. La faïence de Quimper, la plus renommée, s'est enrichie au fil des siècles de nombreux apports qui ont à diverses reprises relancé cette production, marquant son évolution et témoignant de sa créativité. Un savoir-faire transmis de siècle en siècle aux « peinteurs » quimpérois a fait de cette ville le foyer d'une production dont l'originalité réside dans la diversité des styles.
C'est aux environs de 1840 qu'apparaissent les faïences à sujets bretons (avec notamment le fameux « petit Breton », personnage caricatural qui va détrôner les décors traditionnels), et que débute leur industrialisation. Créées par A. Beau, la série des « scènes bretonnes » inspirées de contes et de gravures, et, plus tard, celle des « légendes bretonnes » connaîtront un vif succès.

L'orfèvrerie

C'est aux 14e et 15e s. que l'orfèvrerie bretonne a connu ses périodes les plus fastes. Les commandes étaient alors surtout religieuses, avec des pièces magnifiques, notamment les reliquaires. Nombre d'entre elles ont été fondues pour financer des guerres. Malgré ces pertes, la Bretagne recèle encore de très belles pièces dues à des artistes locaux, notamment du côté de Morlaix et de Vannes, où elles ont été jalousement mises à l'abri des convoitises. On en verra toutefois à Carantec, à St-Jean-du-Doigt, à St-Gildas-de-Rhuys, à Paimpont, à Locarn, etc.

La broderie

La broderie apparaît en Bretagne après la Révolution française. Avant, les matériaux (fil de soie, perles, velours…) étaient si chers que seuls les plus riches pouvaient se les offrir. Au 19e s., les costumes régionaux connaissent un développement extraordinaire : on n'en comptait pas moins de 1 200 différents en Bretagne !
Les ornements brodés, tant sur les costumes que sur les coiffes, étaient propres à chaque pays et permettaient de les identifier grâce aux points et aux motifs (floraux pour le pays de l'Aven, broderies orange et jaune pour le pays bigouden…). Presque disparue avec les confréries de brodeurs dans l'entre-deux-guerres, l'activité perdure aujourd'hui de manière artisanale et connaît même un regain d'intérêt lié à l'essor de la culture celtique.

Légendes et littérature

D'est en ouest et du nord au sud, la Bretagne regorge de récits merveilleux. Croyances, rituels et contes ont ainsi créé au fil des siècles tout un univers, folklorique pour les uns, mystérieux pour les autres. Les légendes ont surtout su conserver la fraîcheur de mythes très anciens qui n'ont pas été sans imprégner la vie littéraire bretonne, du Moyen Âge à nos jours.

UNE TERRE DE LÉGENDES

L'âme bretonne a toujours incliné au rêve, au fantastique, au surnaturel. C'est ce qui explique l'étonnante abondance et persistance des légendes.

La Table ronde

Après la mort du Christ, Joseph d'Arimathie, un de ses disciples, quitte la Palestine en emportant

La forêt de Brocéliande (aujourd'hui de Paimpont) est un lieu mythique de l'imaginaire breton.
Ph. Manguin / MICHELIN

quelques gouttes du sang divin dans la coupe où le Rédempteur a bu lors de la Cène. Il débarque en Bretagne, séjourne en forêt de Brocéliande, l'actuelle forêt de Paimpont, puis disparaît sans laisser de traces.

Au 6e s., le roi Arthur et 50 chevaliers entreprennent de retrouver la précieuse coupe. Elle constitue à leurs yeux le **Saint-Graal**, que seul pourra conquérir un guerrier au cœur pur. Cet homme idéal est Perceval, le Parsifal de Wagner. La recherche du Graal a donné naissance à d'inépuisables récits d'aventures médiévaux qui forment le cycle de la Table ronde. Ronde parce qu'Arthur et ses chevaliers s'assemblaient autour d'une table qui, par sa forme, supprimait toute préséance.

Merlin et Viviane

Un des compagnons du roi Arthur, Merlin l'Enchanteur, vient en forêt de Brocéliande. Dans sa retraite, il rencontre Viviane… et l'amour d'exalter l'enchanteur et la fée ! Pour garder plus sûrement Merlin, Viviane lui soutire un à un ses secrets et l'enferme dans un cercle magique. Il pourrait certes se libérer, mais il accepte avec joie, et pour l'éternité, cette captivité amoureuse.

Tristan et Iseult

Tristan, prince de Léonois envoyé par son oncle Mark, roi de Cornouaille, ramène d'Irlande Iseult, que Mark va épouser. Sur le navire, Tristan et Iseult boivent par erreur le philtre destiné à lier d'un amour inaltérable Iseult à son époux. La passion éclate dans les deux cœurs. Les récits font varier les dénouements : tantôt Tristan est tué par Mark, ulcéré de sa trahison ; tantôt il se marie et meurt dans son château de Bretagne. À chaque fois, Iseult le suit invariablement dans la tombe. L'opéra de Wagner et le livre de Joseph Bédier ont célébré ce drame de l'amour.

La ville d'Ys

Au temps du bon roi **Gradlon**, vers le 6e s., Ys est la capitale de la Cornouaille : la baie des Trépassés et la baie de Douarnenez en revendiquent les vestiges. La ville est protégée de la mer par une digue, et le roi garde toujours sur lui

la clef d'or qui ouvre les écluses. Sa fille, la belle Dahut, appelée encore Ahès, mène une vie de débauche et rencontre le diable sous la forme d'un séduisant jeune homme. Comme preuve d'amour, il lui demande d'ouvrir les portes aux flots. Dahut dérobe la clef pendant le sommeil du roi et bientôt la mer se rue dans la ville. Gradlon fuit à cheval, sa fille en croupe. Mais les vagues le poursuivent et vont l'engloutir. À ce moment, une voix céleste lui ordonne, s'il veut être sauvé, de jeter à l'eau le démon qu'il porte derrière lui. Le cœur serré, le roi obéit, et la mer se retire aussitôt. Mais Ys est détruite.
Gradlon, qui choisit Quimper comme nouvelle capitale, finira ses jours en odeur de sainteté, guidé par saint Corentin. Quant à Dahut, changée en sirène, elle est devenue Marie-Morgane et entraîne depuis lors au fond de la mer les marins attirés par sa beauté. Il en sera ainsi jusqu'au vendredi de la Croix où la messe du rachat sera célébrée dans la cité engloutie. Alors Ys ne sera plus maudite et Morgane reprendra sa première forme.

LA VIE LITTÉRAIRE

Moyen Âge et Renaissance

Aucune œuvre rédigée en vieux breton n'ayant été conservée, seuls ont traversé les siècles des ouvrages en latin, ayant le plus souvent pour thèmes l'histoire de l'Église ou de la Bretagne, la morale et la vie des saints. D'un côté, la littérature bretonne disparue a inspiré le cycle arthurien ; de l'autre, il nous reste des écrits de moines.
La grande figure médiévale est **Pierre Abélard** (1079-1142), brillant philosophe, natif du Pallet, près de Nantes, qui fut abbé de St-Gildas-de-Rhuys. Il y reçut la correspondance passionnée de la jeune Héloïse, épousée secrètement, et relata l'histoire de ses malheurs. On peut citer aussi **Guillaume Le Breton**, poète et historiographe de Philippe Auguste, auteur de douze volumes de *Philippide* où il exalte les événements du règne avec patriotisme. Ce n'est qu'aux 15e et 16e s. qu'on cerne une véritable école d'historiens et de poètes, née après la création de l'université de Nantes au 15e s.

Aux 17e et 18e siècles

Bretonne par alliance, **Mme de Sévigné** a, de son château des Rochers-Sévigné, daté maintes lettres décrivant Rennes, Vitré, Vannes et Port-Louis où elle a fait « le plus joli voyage du monde ». **Alain René Lesage**, spirituel auteur de *Gil Blas*, connut le succès avec ses œuvres réalistes où il transposa des souvenirs de son Vannetais natal. Élie Fréron s'est illustré à travers ses démêlés avec Voltaire, et fut le brillant directeur du périodique parisien, *L'Année littéraire*.

Du romantisme aux romans du terroir

« Il inventa la mélancolie et la passion moderne. » Cette opinion de Théophile Gautier souligne à quel point **François René de Chateaubriand** a eu un rayonnement immense.
Sa sensibilité, son éloquence passionnée, servies par un talent et un style brillants, expliquent l'influence qu'il exerça sur ses contemporains. Ses *Mémoires d'outre-tombe* évoquent son enfance à St-Malo et sa jeunesse au château de Combourg. Royaliste et théocrate, **Lamennais** devint un démocrate convaincu. L'évolution de sa philosophie se reflète dans ses œuvres, de l'*Essai sur l'indifférence* au *Livre du peuple* paru en 1837. Philologue, historien et philosophe, **Ernest Renan** fut un esprit critique professant une foi absolue dans la science. Il écrivit

de nombreux ouvrages parmi lesquels ses *Souvenirs d'enfance et de jeunesse* rappellent sa Bretagne natale. La jeunesse et la famille ont également été les thèmes de prédilection de **Zénaïde Fleuriot** dont les romans ont largement été publiés dans la seconde moitié du 19e s.
Probablement moins puissants, mais fidèles interprètes du terroir, quelques auteurs ont bien traduit la pensée bretonne : **Auguste Brizeux** (1803-1858), auteur des poésies *Telen Arvor* ; le conteur **Émile Souvestre** qui écrivit *Les Derniers Bretons* ; **Hersart de La Villemarqué** et ses recueils poétiques de chants populaires, *Barzaz Breiz* et *Myrdhinn ou l'Enchanteur Merlin* ; le chantre du cidre **Frédéric Le Guyader** ; le folkloriste et poète **Anatole Le Braz** (1859-1926) avec *Les Légendes de la mort* ; le romancier **Charles Le Goffic** (1863-1932), également poète avec *L'Amour breton* ; le chansonnier **Théodore Botrel** (1868-1925) qui célébra *Les Chansons de chez nous* et *Les Chants du bivouac*.

Quelques auteurs célèbres

Parmi le grand nombre d'auteurs que l'on pourrait citer ici, dégageons les poètes symbolistes **Villiers de L'Isle-Adam** et **Tristan Corbière**, les romanciers Paul Féval, auteur du *Bossu*, et **Jules Verne** (1828-1905), précurseur des découvertes modernes et traduit dans le monde entier, ainsi que J.-P. Calloc'h, poète lyrique qui s'exprimait dans le dialecte de Vannes. **Pierre Loti** doit également être mentionné pour *Mon frère Yves* et *Pêcheur d'Islande* qui a Paimpol pour cadre. Enfin, il faut encore évoquer le poète surréaliste **Saint-Pol-Roux**, dit « le Magnifique », Marseillais mais Breton de cœur, le romancier et nouvelliste **Jakes Riou** (1899-1937), auteur de *Nominoé* qui écrivait en breton, le journaliste, essayiste et écrivain **Louis Guilloux** (1899-1980), originaire de St-Brieuc (ville qui apparaît souvent en filigrane dans *Le Sang noir*, *Le Pain des rêves* et *Le Jeu de la patience*), et le poète **René-Guy Cadou** (1920-1951) qui chanta sa Brière natale.

Littératures d'aujourd'hui

Littérature, essais, contes et récits, BD, divers : les auteurs bretons publient chaque année plusieurs centaines d'ouvrages, dont beaucoup sont désormais aussi édités en langue bretonne (le catalogue de Coop Breizh est riche de centaines de titres). Le dynamisme littéraire de la région se mesure aussi à la popularité du festival **Les Étonnants Voyageurs**, qui se tient à St-Malo depuis 1990.
Henri Queffélec (1910-1992) est un des auteurs ayant le plus célébré la Bretagne. Son roman le plus populaire reste *Un recteur de l'île de Sein*, adapté au cinéma en *Dieu a besoin des hommes*. Son fils **Yann** a brillamment pris la relève et a reçu d'ailleurs le prix Goncourt en 1985 pour son roman *Les Noces barbares*.
Pierre Jakez Hélias (1914-1995) a consacré toute son œuvre à la Bretagne, publiant plus de 60 ouvrages, dont *Le Cheval d'orgueil*, publié en breton sous le titre *Marh*.
Glenmor (1931-1996), de son vrai nom Émile Le Scanff ou Milig ar Scanv, fut un inlassable défenseur de la culture bretonne. Ce chanteur a laissé de nombreux disques et recueils de poèmes.
Irène Frain, née en 1950 à Lorient, est une romancière et historienne parmi les plus lues du grand public. Elle a reçu le Grand prix du roman historique en 2009 pour *Les Naufragés de l'île Tromelin*.
Claire Bretécher, née en 1940, est une dessinatrice de BD rendue célèbre notamment par ses albums *Agrippine* ou *Les Frustrés*.

ABC d'architecture

Les dessins présentés dans les planches qui suivent offrent un aperçu visuel de l'histoire de l'architecture dans la région et de ses particularités. Les définitions des termes d'art permettent de se familiariser avec un vocabulaire spécifique et de profiter au mieux des visites des monuments religieux, militaires ou civils.

ST-BRIEUC – Plan de la cathédrale St-Étienne (13e et 14e s.)

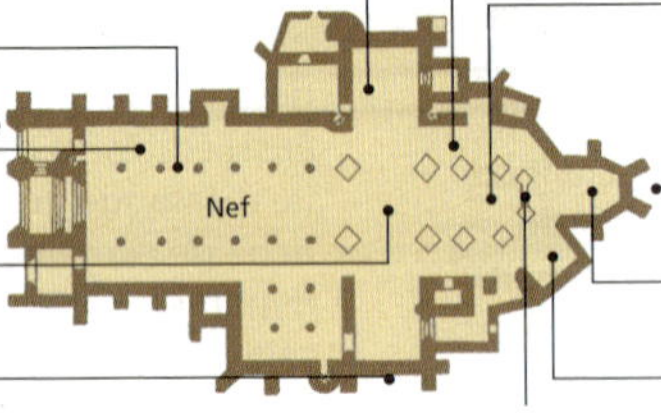

ST-POL-DE-LÉON – Élévation des deux premières travées Nord de la nef de l'ancienne cathédrale (13e et 14e s.)

DINAN – Porche à trois arcs de la basilique St-Sauveur (12e s.)

R. Corbel/MICHELIN

QUIMPER – Cathédrale St-Corentin (13e au 19e s.)

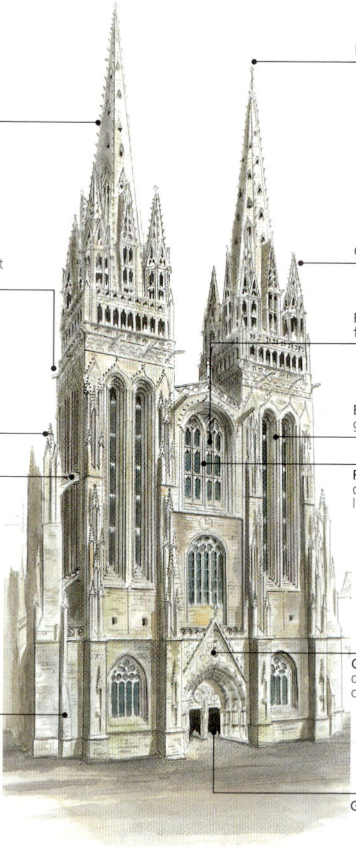

COMMANA – Retable Ste-Anne (1682-1691) dans l'église St-Derrien

Placé derrière l'autel et le surmontant verticalement, le retable de Commana est un véritable joyau de l'art baroque en Bretagne.

R. Corbel/MICHELIN

PLOUGASTEL-DAOULAS – Calvaire (17e s.)

Véritables pages d'évangile figées dans la pierre, les scènes de la vie de Jésus, sculptées sur le calvaire, permettaient au prédicateur d'illustrer son propos.

ST-THÉGONNEC – Porte triomphale de l'enclos paroissial (17e s.)

La « porte des morts », porte cochère très ouvragée marquant la frontière entre la vie profane et le monde spirituel, était réservée aux processions religieuses ou aux convois funèbres.

FORT LA LATTE – Château fort (14e s.)

Dominant la mer de plus de 60 m, ce fort du 14e s. remanié au 17e s. et restauré au 20e s. a conservé un aspect médiéval.

BELLE-ÎLE-EN-MER – Citadelle Vauban (17e s.)

Construite au 16e s., la citadelle de Belle-Île fut entièrement remaniée par Vauban au 17e s. Particulièrement bien conservée, elle est un témoin remarquable de l'architecture militaire classique.

R. Corbel/MICHELIN

JOSSELIN – Façade intérieure du château (1490-1510)

Élevée tout au début du 16e s., cette magnifique façade sur cour montre l'exubérance, la fantaisie et la richesse des lucarnes sculptées à la mode de la Renaissance.

R. Corbel/MICHELIN

ARTS ET CULTURE

RENNES – Hôtel de ville (1730-1742)

Construit par l'architecte Jacques Gabriel ; le creusement central au niveau du beffroi produit un effet de mise en scène théâtral, typiquement baroque.

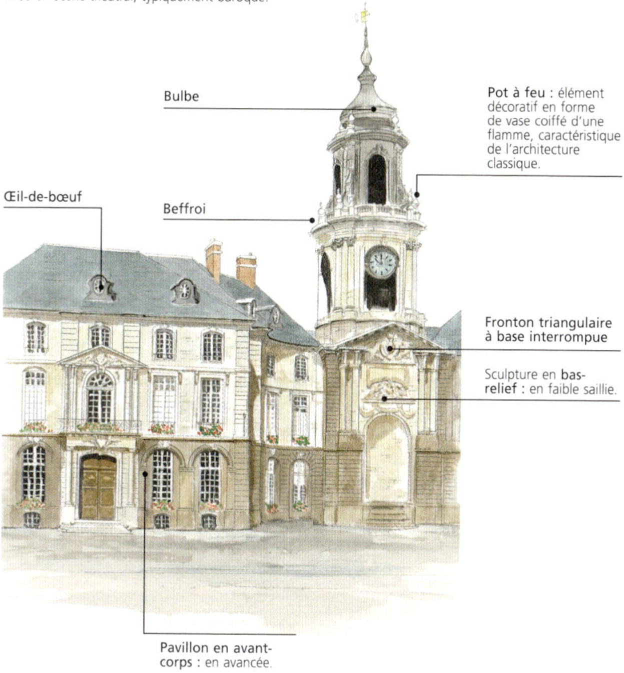

JOSSELIN – Maison « Lovys Piechel » (1624)

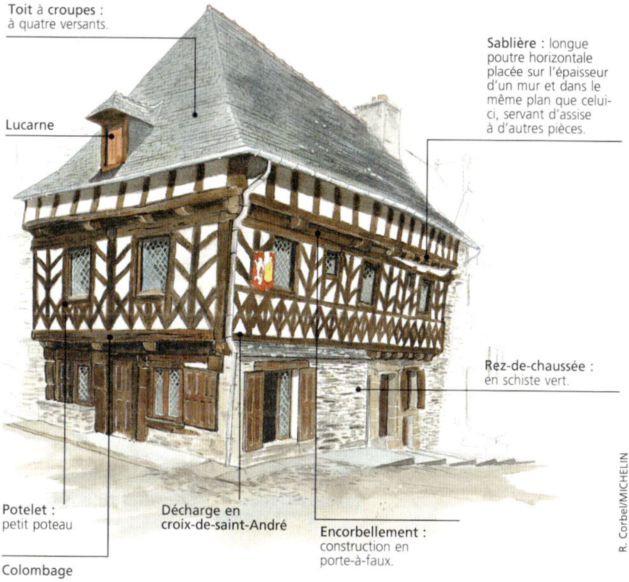

R. Corbel/MICHELIN

Histoire

Dans l'imaginaire populaire français, la Bretagne druidique occupe une place de choix, au point d'avoir donné naissance au sympathique personnage d'Astérix qui résiste encore et toujours à l'envahisseur. Les sources manquent, il est vrai, sur ces premiers âges, permettant ainsi la libre interprétation. Et les impressionnants mégalithes, menhirs et autres, dressés sur les terres bretonnes bien avant l'arrivée des Celtes, ne font qu'ajouter au mystère… Ce n'est vraiment qu'à partir du Moyen Âge que les chroniqueurs commencent à relater en détail l'histoire bretonne, enrichie des heures de gloire de Du Guesclin et d'Anne de Bretagne, reine d'un duché encore distinct de la couronne de France. Plus tard, du 17e s. au 19e s., les armateurs, les corsaires et les pêcheurs succéderont à ces figures historiques, construisant à leur tour la légende et liant indéfectiblement la Bretagne à la mer.

Des origines à nos jours

L'ANTIQUE ARMOR

L'homme manifeste sa présence en Bretagne il y a près de 600 000 ans. Quelque 150 000 ans plus tard, voici qu'un *Homo erectus* y taille des galets, puis, vers 35 000 av. J.-C. passe un chasseur-cueilleur nomade, qui se sédentarise au mésolithique, soit vers 7 000 av. J.-C. *(voir p. 79)*.

Avant l'ère chrétienne

6e s. av. J.-C. – Les Celtes arrivent dans la péninsule, pour eux *Armor* (pays au voisinage de la mer). Ils succèdent à un peuple mal connu, dresseur de mégalithes.

56 av. J.-C. – César détruit la flotte des Vénètes, le peuple le plus puissant d'Armorique, et conquiert tout le pays.

Des Romains aux Francs

Pendant quatre siècles, la civilisation romaine accomplit son œuvre. Puis les invasions barbares ruinent l'Armor.

460 – Arrivée des Celtes de Grande-Bretagne (dénommée alors Bretagne, *Britannia*). Ces colons évangélisent l'Armorique, qu'ils nomment Petite Bretagne. L'État reste anarchique.

799 – Charlemagne soumet toute la Bretagne.

LE DUCHÉ DE BRETAGNE

En 826, Louis le Pieux fait duc de Bretagne un seigneur vannetais, Nominoé, qui se libère de la suzeraineté franque. Il rassemble toute la Bretagne sous son autorité et ouvre une dynastie royale indépendante. En 952 meurt le dernier roi de Bretagne, Alain. Suit alors une période de désordre et de misère qui se prolongera jusqu'à la fin du 14e s.

1341 – La guerre de Succession s'ouvre à la mort du duc Jean III. Sa nièce, Jeanne de Penthièvre, femme de Charles de Blois, que soutiennent les Français, et son frère Jean de Montfort, allié des Anglais, se disputent le duché.

1364 – Charles de Blois est battu et tué à Auray, malgré l'aide de Du Guesclin *(voir encadré et carte page suivante)*. Cette guerre ruine la Bretagne.

RÉUNION DE LA BRETAGNE À LA FRANCE

De 1364 à 1468, les ducs de la maison de Montfort relèvent la Bretagne. C'est la période la plus éclatante de son histoire. Les ducs, véritables souverains, ne rendent qu'un hommage théorique au roi de France.

En 1488, le duc François II, entré dans la coalition féodale dirigée contre la régente de France, Anne de Beaujeu, est battu à St-Aubin-du-Cormier et meurt. Sa fille, Anne de Bretagne, lui succède.

1491 – Anne de Bretagne épouse Charles VIII, mais reste duchesse et souveraine de Bretagne.

1498 – Charles VIII meurt accidentellement, Anne retourne dans son duché.

1499 – Anne redevient reine de France en se mariant avec Louis XII. Le duché reste distinct de la Couronne.

1514 – Anne de Bretagne meurt. Sa fille, Claude de France, hérite du duché. Elle épouse François d'Angoulême, futur François Ier.

1532 – François Ier fait ratifier l'union définitive de la Bretagne et de la France par le parlement de Vannes *(voir ci-dessous)*.

LOYALISME ET RÉVOLTES

En 1588, la Bretagne se soulève contre son gouverneur, le duc de Mercœur, qui veut profiter des troubles de la Ligue pour s'approprier la province. Trop mystique pour verser dans le protestantisme, celle-ci ne connaît pour ainsi dire pas les guerres de Religion, d'autant plus qu'en 1598, Henri IV vient à Nantes signer l'édit qui met fin aux luttes religieuses.

1534 – Le Malouin Jacques Cartier découvre l'estuaire du St-Laurent.

1664 – Création à Lorient, par Colbert, de la première Compagnie des Indes orientales.

1675 – Révolte dite du « papier timbré », qui dégénère en jacquerie.

1720 – La tentative du marquis de Pontcallec d'établir une République bretonne échoue.

1764 – Le parlement de Rennes et son procureur général La Chalotais s'opposent au gouverneur d'Aiguillon. Le prestige de l'autorité royale est entamé. La Révolution s'annonce.

1765 – De nombreux réfugiés acadiens s'installent à Belle-Île.

1773 – Naissance de Surcouf à St-Malo.

LA RÉVOLUTION

1789 – Les Bretons accueillent la Révolution avec enthousiasme. Dès la session des États de Bretagne de janvier 1789, la bourgeoisie régionale se heurte à la noblesse. Le conflit qui s'ensuit fait notamment

LES RAPPORTS AVEC LE POUVOIR CENTRAL

En août 1532, sous François 1er, les États de Bretagne, réunis à Vannes, proclament l'« union perpétuelle du pays et duché de Bretagne avec le royaume et couronne de France ». La Bretagne devient ainsi une province française. Mais certains droits et privilèges du duché sont néanmoins maintenus : les impôts doivent être consentis par les États ; le parlement de Bretagne garde la souveraineté juridique ; une armée bretonne peut être entretenue aux frais de la province.

L'ÉPOPÉE DE DU GUESCLIN LORS DE LA GUERRE DE CENT ANS

Bertrand Du Guesclin, né vers 1320 près de Dinan, est l'incarnation du héros français. Entré au service du roi en 1356, il est armé chevalier au château de Montmuran, le lendemain de la prise de Rennes. Ses victoires lui valent titres et honneurs : gouverneur de Pontorson, comte de Longueville, duc de Molina, duc de Transtamarre, roi de Grenade et, enfin, connétable de France. À sa mort, les possessions de la Couronne s'étaient considérablement agrandies aux dépens des Anglais *(voir carte ci-contre)*.

❶	1356	Prise de Rennes.
❷	1359	Délivrance de Dinan.
❸	1363	Prise de plusieurs villes bretonnes.
❹	1364	Prise de Mantes et de Meulan.
❺	–	Victoire de Cocherel (16 mai).
❻	–	Défaite d'Auray. Du Guesclin est fait prisonnier.
❼	1366	Les « Grandes Compagnies » pénètrent en Espagne. Succession de victoires sur Pierre le Cruel et les Anglais.
	1367	Défaite de Najera (3 avril) : Du Guesclin est fait prisonnier par les Anglais à Bordeaux.
	1369	Du Guesclin est libéré contre une rançon (17 janvier).
❽	1370	Prise de Moissac. Libération du Périgord.
❾	–	Libération du Mans. Victoire de Pontvallain. Le Maine et l'Anjou sont libérés.
❿	–	Prise de Bressuire.
⓫	–	Défaite du Pont-de-Juigné. Du Guesclin est fait prisonnier.
⓬	1371	Prise de Briouze.
⓭	1372	Victoire de Mortain. Le Bocage normand est libéré.
⓮	1372-1373	Prise de nombreuses villes en Poitou-Saintonge-Angoumois.
⓯	1373	La Bretagne est conquise, sauf Brest et Derval.
⓰	1374	Prise de St-Sauveur-le-Vicomte.
⓱	1378	La Normandie est soumise, sauf Cherbourg.
⓲	1380	Prise de Chaliers (27 juin).
⓳	–	Prise de Châteauneuf-de-Randon (13-14 juillet). Mort de Du Guesclin.

3 morts à Rennes. La Révolution passe mais les paysans bretons, qui représentent près de 90 % de la population, se méfient de plus en plus d'une bourgeoisie dont ils perçoivent mal les desseins. L'exécution de Louis XVI, la persécution des prêtres et la campagne de conscription nationale (300 000 hommes doivent être enrôlés dans l'armée) finissent de les convaincre de rejoindre l'insurrection royaliste.

1793 – Noyades en série à Nantes par le sinistre Carrier. Les prisons étant saturées, et la guillotine jugée trop lente, il ordonne que l'on fasse couler des bateaux entiers chargés d'hommes et de femmes. Avertie, la Convention le rappelle à Paris. Il est guillotiné à son tour en 1794 pour excès de violence…

LA CHOUANNERIE

1793-1804 – La chouannerie est le nom donné à l'insurrection royaliste dont les artisans avaient adopté le hululement du chat-huant comme signe de ralliement.

Parallèlement au soulèvement de la Vendée, les chouans mènent leur propre mouvement dès l'automne 1793. Ils ne sont alors qu'une **poignée d'hommes** sans expérience, sans équipements et sans réel espoir de succès face à l'armée républicaine qu'ils se contentent de harceler.

Le **renfort** d'effectifs de l'armée vendéenne, défaite à Savenay, et le ralliement de nobles exilés leur permettent de s'organiser et d'obtenir des promesses de soutien des Anglais. Dans le même temps, les républicains négocient la paix en leur promettant liberté de culte et amnistie. Le traité signé au château de **la Jaunaye** le 17 février 1795 est rapidement dénoncé par Charette. Les chouans doivent soutenir un important débarquement d'émigrés à **Quiberon** en juin de cette même année. Les troupes royalistes remportent quelques succès, mais les rivalités entre les chefs provoquent de grosses erreurs stratégiques. Repoussées dans la presqu'île, elles sont défaites et massacrées par les troupes du général Hoche *(voir Quiberon, p. 511)*.

La reprise des persécutions religieuses en 1797 marque le début du troisième et dernier mouvement chouan qui s'achève en 1804 par l'exécution de **Cadoudal**. Ce dernier, fils d'un cultivateur des environs d'Auray, était l'un des principaux chefs de la chouannerie bretonne avec le **marquis de La Rouërie**, né à Fougères et instigateur du mouvement.

1832 – Échec d'une tentative de révolte, organisée par la duchesse de Berry, à Nantes. C'est le dernier soubresaut.

LE 20e S. ET L'ESSOR D'UNE GRANDE RÉGION

1909 – La grève des soudeurs des conserveries concarnoises dégénère en émeute.

1914-1918 – La Bretagne paie un lourd tribut en vies humaines à la Grande Guerre (plus de 250 000 victimes).

Après les mesures de débretonnisation de la IIIe République, la région va voir briller le flambeau du nationalisme breton. En attendant, l'aviateur morbihanais Le Brix prend de l'altitude et effectue, avec Costes, le premier tour du monde aérien en 1927-1928.

1918 – Fondation du parti nationaliste breton *Breiz Atao* (Bretagne toujours) qui donnera lui-même naissance au PAB (parti autonomiste breton) en 1927 et au PNB (parti nationaliste breton) en 1932.

1940 – Les habitants de l'île de Sein sont les premiers à rallier le général de Gaulle.

1941 – Le gouvernement de Vichy décide de redessiner le paysage régional français. La ville de Nantes et la Loire-Atlantique (Loire-Inférieure) sont séparées de la Bretagne. Ce découpage sera repris sous la IVe République, lorsque la Loire-Atlantique sera rattachée administrativement aux Pays-de-Loire par décision ministérielle (1956).

1942 – Audacieux coup de main anglo-canadien contre la base de St-Nazaire. Il porte le nom d'opération « Chariot » *(voir St-Nazaire, p. 615)*.

1944-1945 – La fin de l'occupation nazie en Bretagne voit se multiplier les destructions, notamment à Brest, Lorient, St-Malo et St-Nazaire.

1951 – La formation du Comité d'études et de liaison des intérêts bretons (Celib) prélude au renouveau économique de la Bretagne.

1962 – Première liaison de télévision par satellite réalisée à Pleumeur-Bodou.

1965 – La langue bretonne est admise parmi les épreuves du bac.

1966 – Mise en service de l'usine marémotrice de la Rance et de la centrale nucléaire des Monts-d'Arrée.

1967 – Le naufrage, en mars, au large des côtes anglaises, du pétrolier *Torrey Canyon* engendre la première « marée noire » en Bretagne.

1969 – Création du Parc naturel régional d'Armorique.

1970 – Création du Parc naturel régional de Brière.

1975 – Premiers forages pétroliers entrepris en mer d'Iroise.

1977 – Naissance de l'école *Diwan*, bilingue breton-français.

1978 – Institution de la Charte culturelle et du Conseil culturel de Bretagne. Échouage de l'*Amoco Cadiz* devant Portsall. Près de 80 communes refusent les indemnités et se portent partie civile contre le pétrolier.

1985 – Mise en place d'une signalisation routière en français et en breton.

1990 – Les Côtes-du-Nord deviennent les Côtes-d'Armor.

1992 – Indemnisation des communes sinistrées par l'*Amoco Cadiz*.

1994 – Grand incendie du parlement de Bretagne à Rennes.

2004 – « Brest 2004 » sacre la fête de la voile dans une Bretagne plus que jamais maritime.
2007 – Vote du budget de la LGV (ligne grande vitesse) Bretagne-Pays de la Loire, qui doit mettre Rennes à 1h30 de Paris. Le lancement des travaux est prévu pour 2010.

Une Bretagne de mégalithes

Ces monuments de pierre brute ont été à la source d'une inépuisable série de légendes et d'interprétations. La potion magique de nos irréductibles Gaulois n'est néanmoins pas responsable de toutes ces pierres levées qui ne cessent de nous intriguer par leur aspect colossal.

UNE CONSTELLATION DE PIERRES LEVÉES

Que sait-on au juste de cette mystérieuse civilisation des mégalithes qui a atteint son apogée dans le pays vannetais bien avant qu'Obélix ne devienne le plus illustre des tailleurs de menhirs ? On dénombre en Bretagne quelque 6000 menhirs et plus de 1 000 dolmens, sans compter les cairns, comme celui de Barnenez dans la baie de Morlaix, et les dépôts funéraires (la Table des Marchands à Locmariaquer - *voir* *« Découvrir la Bretagne », p. 501*).

Les cairns sont apparus au néolithique ancien (vers 5 000 av. J.-C.). Géographiquement cantonnés au littoral, ces assemblages de dolmens prennent des formes variées, tantôt agencés en coude, en transept, en V ou en simple couloir comme à Gavrinis. Au cours du néolithique moyen (vers 4 000 av. J.-C.), les chambres funéraires se sont allongées et ont progressivement changé de type architectural tout en se dotant d'un art pariétal très riche. À la fin du néolithique, elles évoluèrent en allées couvertes (comme celles de la Roche-aux-Fées ou de Gavrinis), parallèlement à l'apparition de sépultures à entrée latérale. À la différence des cairns, menhirs et dolmens, les allées couvertes se répartissent sur l'ensemble de la Bretagne.

Les constructeurs

L'homme est présent en Bretagne depuis quelque 600 000 ans. À l'*Homo erectus* qui domestique le feu vers 450 000 av. J.-C. succède, vers 35 000 av. J.-C., l'homme « moderne », chasseur-cueilleur nomade qui se sédentarise progressivement. Vers 7 000 av. J.-C., les agriculteurs du Proche-Orient colonisent l'Europe. Vers 5 000 av. J.-C., l'océan Atlantique stoppe net leur progression. Arrivés à la fin de la terre (Finistère), ils vont remplacer les communautés locales et prendre possession du sol.

PETIT LEXIQUE DES MÉGALITHES

Menhir : pierre dressée souvent alignée de façon rectiligne ou en cercle **(cromlech)**.
Tumulus : tombe fermée recouverte de terre.
Cairn : tombe à couloir recouverte d'une structure de pierre ou de bois. Contrairement au tumulus, le cairn est accessible en permanence (cérémonies cultuelles ou nouvelle sépulture).
Dolmen : vestige de chambres funéraires.
Allée couverte : double rangée de pierres dressées recouvertes de dalles. Contrairement au tumulus, elle peut stocker les ossements de plusieurs centaines d'individus.

Et voici que, pour enterrer leurs morts, ils élèvent des mégalithes, des « grandes pierres ».
Face à ces témoignages du passé, l'homme et la femme d'aujourd'hui ne peuvent manquer d'être impressionnés par leur masse, leur aspect cyclopéen.
En effet, un mégalithe peut peser plus de 300 t. Le déplacer nécessitait donc le concours de plusieurs centaines de personnes. Soit on faisait rouler la pierre sur des rondins (jusqu'à 10 km), soit on la plaçait sur un radeau pour descendre la rivière ou traverser la baie. Pour la dresser, on la faisait glisser dans une fosse sur une rampe inclinée, puis on la stabilisait avec de la terre et des cailloux. Et le tour était joué!

RELIGION ET SOCIÉTÉ

Il va de soi que seul un pouvoir politiquement fort avait la faculté d'« inviter » ses sujets à construire des tombes gigantesques pour une petite élite. Un pouvoir fort et des divinités puissantes. Au néolithique, il s'agit de la femme et du taureau. La femme est présente sous forme d'écussons ou de stèles anthropomorphes, le taureau n'est bien souvent représenté que par un simple U figurant ses cornes.
Les mégalithes avaient une fonction funéraire et de prestige. Placés sur des hauteurs, taillés dans des roches nobles, ils étaient visibles de loin. Ces symboles des divinités tutélaires veillaient sur les villages et structuraient le territoire. Les alignements paraissent orientés en fonction des équinoxes ou des solstices, mais il serait imprudent de se laisser aller à des théories astronomiques hasardeuses.
On peut supposer que, dans une société d'agriculteurs, les travaux étaient rythmés par des cérémonies, comme ce fut le cas chez nous jusque dans les années 1950.

Survivances et folklore

Nombre de légendes se sont attachées à expliquer les mégalithes, de même qu'une myriade d'interprétations romantiques. Les unes et les autres ont engendré fées et farfadets sur un lit de superstitions. La réalité est plus simple.
Au 2e millénaire, à l'âge du bronze, le mégalithisme est progressivement abandonné.
À l'âge du fer, certains mégalithes sont démolis et réincorporés dans d'autres ensembles. Eh non! Les Gaulois n'élevaient pas de menhirs, dommage pour Obélix… Les Romains, eux, s'en servaient comme bornes routières. Les Bretons ont cependant toujours éprouvé du respect pour ces grandes pierres, d'où un culte païen qui a survécu à tous les efforts d'une Église oscillant sans cesse entre destruction et tentative de récupération; de nombreux menhirs sont ainsi christianisés, comme ceux de Brignogan-Plages par exemple.
Des légendes pittoresques sont nées au cours des siècles. Ne dit-on pas que le soir de Noël, les menhirs de Carnac vont boire sur la grève de Saint-Colomban…

FOUILLES ET CONSERVATION

Depuis quelques années, les sites mégalithiques de Bretagne sont victimes de leur succès. Le meilleur exemple en est **Carnac**. Du fait d'une forte fréquentation, des allées ont commencé à se creuser entre les blocs, déchaussant ces derniers. Pour la sécurité du public et la préservation des alignements, le site a donc été clôturé. La question se pose aujourd'hui de son devenir et de son mode d'exploitation, sachant que la décision servira sans doute de modèle à d'autres sites confrontés aux mêmes problématiques. Comme pour tous les grands sites, la question se pose de l'équilibre à maintenir entre l'ouverture au public et la préservation du patrimoine.

Course et commerce

L'univers corsaire fascine volontiers, car il mêle tout à la fois l'esprit d'aventure du combat naval et la légitimité découlant de privilèges royaux. Indissociable du commerce maritime, la course connaît ses heures de gloire entre la fin du 17e s. et le début du 19e s., et s'éteint à chaque traité de paix.

L'ÂGE D'OR DES CORSAIRES

La course est une pratique connue depuis le Moyen Âge. Elle atteint son apogée lors de ce qui fut appelé la seconde « guerre de Cent Ans ». Démarrant avec le début de la guerre de la ligue d'Augsbourg, en 1689, l'épopée corsaire s'achève en effet à la fin du Premier Empire. Contrairement à la piraterie, avec laquelle on la confond parfois, la course est extrêmement codifiée. Elle consiste à confier, en temps de guerre et, la plupart du temps, à des armements privés, la mission d'entraver le commerce ennemi grâce à la capture de ses bateaux. Le capitaine corsaire, muni d'une lettre de marque, sillonnait les routes commerciales en harcelant les navires ennemis.
Si l'histoire a retenu volontiers les noms de corsaires célèbres comme **René Duguay-Trouin** (1673-1736) ou **Robert Surcouf** (1773-1827), cette pratique était très répandue dans les ports français, les deux principaux étant Dunkerque et St-Malo. Considéré comme le port corsaire entre tous sous le règne de Louis XIV, St-Malo a armé pas moins de 900 bâtiments qui ont capturé plus de 1 000 navires, sans compter ceux qui ont sombré.

Une source de richesse

Face à de tels chiffres, il est utile de préciser que la course n'attirait pas seulement les marins épris d'aventure et de fortune ; c'était une activité connexe des armateurs de commerce. En effet, soucieux de protéger leurs marchandises, ces derniers armaient leur bateau de plusieurs canons et sollicitaient une « commission de guerre et de marchandises » qui les autorisait à attaquer les navires ennemis et à s'emparer de leur cargaison. Le butin était ensuite partagé entre l'armateur, l'amirauté et les marins.
Durant son âge d'or, la course a eu énormément d'avantages pour la nation française. Le premier était sans aucun doute la contribution financière énorme des butins accumulés pour une économie qui peinait à financer les guerres successives. Le deuxième était d'obtenir un harcèlement constant du négoce ennemi, qui isolait un peu plus les îles britanniques. Le dernier intérêt, et non des moindres, était d'offrir une économie de substitution aux marins et armateurs qui se consacraient en temps de paix à la pêche ou au commerce.
La situation géographique de la Bretagne, son ouverture sur la Manche et sa position de sentinelle surveillant les principales routes

LA BELLE POULE

En 1778, pendant la guerre d'Indépendance américaine, alors que les rivalités franco-britanniques étaient toujours fortes, la frégate *La Belle Poule*, partie de Brest, met en fuite l'*Aréthuse* anglaise au large d'Ouessant. La Cour de Versailles lui fait un succès, et la victoire produit un effet inattendu sur la mode vestimentaire féminine. Pendant un temps, toutes les dames de la haute société se coifferont en effet « à la belle poule », arborant un petit navire sur l'édifice de leur chevelure.

maritimes anglaises passant au large de la Cornouaille, lui ont naturellement conféré une importance stratégique primordiale, à laquelle se sont ajoutées la qualité des marins et celle des chantiers navals locaux.

LA COMPAGNIE DES INDES

Au milieu du 17e s., la France raffolait de produits exotiques – épices, fruits et légumes, porcelaine, soies et cotons, thé et café… – introduits par la découverte des Amériques et par l'ouverture des grandes routes maritimes vers l'Asie. L'essentiel de ces produits, notamment les épices, était acheté à prix d'or aux Anglais et aux Hollandais qui maîtrisaient les mers et se procuraient ces denrées à bon compte dans leurs colonies d'Inde et de l'archipel de la Sonde (Indonésie). L'un des meilleurs moyens de faire fortune était de faire commerce d'épices.

La prospérité de Lorient

La **Compagnie des Indes orientales** est créée à la demande de Colbert en 1664. Le siège de la compagnie est établi à **Port-Louis**. Les bateaux font escale sur l'île de Gorée (la Compagnie des Indes reçoit dès 1635 le monopole de l'approvisionnement des îles françaises en esclaves), avant de contourner l'Afrique, traverser l'océan Indien, relâcher en Arabie pour charger du moka, et rejoindre Pondichéry, le principal comptoir de la Compagnie. Ce commerce fait vite la fortune des armateurs et favorise le développement de la ville de **Lorient**, qui doit son nom au principal navire des débuts, le *Soleil d'Orient* (dit *L'Orient*).

Les guerres de Succession d'Espagne (1702-1714) et de la ligue d'Augsbourg (1688-1697) mettent à mal la rentabilité du commerce maritime et la Compagnie des Indes fait une première fois faillite.

En 1719, sous la houlette de John Law, elle conquiert de nouveaux marchés grâce au monopole des échanges commerciaux entre la France, les colonies des Antilles, la Louisiane et les comptoirs d'Afrique et d'Asie. C'est le temps du commerce triangulaire et de l'extraordinaire prospérité de la ville de Lorient, devenue le centre du commerce maritime français. La perte des colonies des Antilles en 1763, due à l'occupation britannique, signe le déclin de la Compagnie des Indes, dont la dernière faillite est constatée en 1769.

Un musée de Port-Louis *(voir Port-Louis, p. 529)* retrace l'histoire de cette prestigieuse compagnie.

NAUFRAGEURS OU SAUVETEURS ?

La mythologie populaire prête aux anciens Bretons la fâcheuse habitude de provoquer des naufrages, en installant par exemple d'improbables feux pour attirer les navires sur les falaises et autres écueils rocheux.

Aucun élément n'a jamais étayé ces hypothèses. Ce qui est en revanche certain, c'est que le littoral breton est hérissé de brisants et balayé par des courants aussi violents que capricieux. Difficile dans ces conditions d'accoster sereinement, qui plus est de nuit, dans la brume ou par grand vent. Si l'on ajoute à cela l'emploi pendant des siècles d'instruments de navigation rudimentaires, on comprend plus aisément les risques encourus à caboter le long des côtes bretonnes. L'apparition des phares et autres balises a heureusement simplifié le pilotage sans pour autant en supprimer les dangers.

Ces conditions de navigation parfois difficiles expliquent la tradition avérée du **sauvetage** en Bretagne. Dès qu'un naufrage était signalé, en effet, les habitants du lieu se rapprochaient des côtes pour porter secours aux éventuels survivants. Le sauvetage du *Drummond Castle* est à ce titre emblématique.

Scène d'abordage par un navire corsaire.
Musée des Beaux-Arts de Brest

Un sauvetage resté célèbre

Le 15 juin 1896, ce paquebot anglais fait naufrage au large d'Ouessant, sans témoin. L'alerte est donnée le lendemain par des pêcheurs et par le vapeur qui assure la liaison postale entre Le Conquet et l'île. Les premiers ont repêché des survivants, le second a aperçu des morceaux de bois à la dérive. Les insulaires organisent alors des recherches en mer. Ils n'en ramènent que des cadavres. Seuls 4 passagers ont survécu sur les 243 personnes embarquées. À terre, Ouessantins et Molénais donnent leurs draps pour faire des linceuls. Des chapelles ardentes sont dressées. En remerciement de leur dévouement, la Couronne britannique offrira à Molène un calice en vermeil orné de gemmes, ainsi qu'une citerne, et, à Ouessant, la flèche du clocher de l'église St-Pol-Aurélien.

Solidarité d'aujourd'hui

Cet exemple illustre bien la traditionnelle solidarité des gens de mer, qui a d'ailleurs présidé à la création de la **Société nationale de sauvetage en mer** (SNSM) en 1967. Cette dernière naît du rapprochement de deux associations créées au 19e s., dont celle des Hospitaliers sauveteurs bretons (1873). La SNSM dispose d'environ 3 500 sauveteurs permanents, tous bénévoles et disponibles, quelle que soit la météo. Ils répondent dans les 15 minutes aux appels reçus par les CROSS (Centre régional opérationnel de surveillance et de sauvetage), qui, en plus des missions de recherche et de sauvetage, s'occupent de la surveillance du trafic, des pêches et des alertes à la pollution. Parmi les cinq centres que compte la France, deux sont implantés en Bretagne, l'un à Corsen, dans les Abers, et l'autre à Étel, en Bretagne Sud.

Nature et paysages

Avec quatre cinquièmes de ses contours baignés par la Manche et l'océan Atlantique, la Bretagne est maritime par nature. Sa formation géologique unique en Europe a pourtant façonné une extraordinaire diversité de paysages. Dunes, vasières, tourbières, landes, forêts, rivières et torrents... la Bretagne se renouvelle après chaque virage. Grâce à l'effort de protection des milieux et à l'action combinée des autorités (européennes, nationales et régionales) et des populations, la Bretagne n'est pas seulement un immense conservatoire naturel, elle est devenue une destination nature par excellence.

Un des plus anciens massifs d'Europe

L'âge du Massif armoricain est estimé à 2 milliards d'années. C'est l'ancêtre des massifs français et aussi l'une des plus anciennes formations géologiques d'Europe de l'Ouest.

LA GENÈSE

Le soubassement de la Bretagne actuelle, qui semble étrangement calqué sur ses frontières, s'est formé à des profondeurs comprises entre 20 et 30 km. À de telles distances, le jeu des plaques tectoniques soumet les roches à des pressions et des températures si importantes qu'il en modifie la composition : elles deviennent alors métamorphiques. L'essentiel des sous-sols de la région se compose de ce type de roches (schistes, gneiss...).
La chaîne de montagne originelle a subi l'érosion océanique, puis une nouvelle chaîne, dite « cadomienne », s'est formée vers 650 millions d'années (c'est à cette période que naissent la plupart des granits, lors du refroidissement du magma).
Érodée à son tour, elle est plissée au carbonifère (vers 300 millions d'années) par la pression des continents voisins. En effet, à cette époque, les terres émergées, qui formaient auparavant un immense et unique continent baptisé **Pangée**, étaient en phase de séparation. Pour prendre leur place actuelle, elles se sont poussées les unes les autres, entraînant des changements importants dans la géographie du globe : séismes, éruptions volcaniques, brusques changements climatiques, plissements... L'un d'entre eux a conduit à la création de la **chaîne hercynienne**, qui est le socle de toute l'Europe, Bretagne comprise.

L'ÉROSION

Après ces bouleversements de l'ère primaire, le Massif armoricain émerge d'un territoire « français » noyé. Il est alors fréquenté par les dinosaures, sous un climat tropical. Par la suite, au tertiaire et au quaternaire, tous les reliefs sont chamboulés par une mer qui se livre à d'incessants va-et-vient sur l'ensemble de l'Europe. Ces masses d'eau en érodent la moindre éminence et, en se retirant, déposent d'immenses quantités de sédiments.

De la géologie aux paysages

Le territoire breton, en tant que massif, est une entité géologique cohérente, qui subit depuis plusieurs centaines de millions d'années une érosion lente mais certaine. Tous les paysages actuels en découlent.

UN RELIEF CONTRASTÉ

La Bretagne est une immense presqu'île de 27 200 km² dont le relief est modeste, voire à peu près plat. C'est à l'ouest que vous verrez les paysages les plus tourmentés, notamment grâce aux Montagnes Noires et aux monts d'Arrée, qui culminent à 384 m au roc Trevezel. Dans tout le Finistère et dans les Côtes-d'Armor, ces reliefs sont souvent profondément entaillés par un nombre incalculable de cours d'eau, le plus imposant étant sans doute l'Aulne, qui semble pousser vers le large la presqu'île de Crozon. Au centre et à l'est, seules quelques buttes rehaussent les paysages. En se rapprochant du Bassin parisien, les reliefs se font de plus en plus doux et se terminent en vastes plaines et en forêts. Pour schématiser, on pourrait dire que la Bretagne est une immense table dont les reliefs s'estompent à mesure qu'elle s'incline vers l'est.

LE SPECTACLE DU LITTORAL

Mer et climat ont modelé ces roches et produit de véritables tableaux naturels. Pour en juger, rendez-vous sur le littoral, car toutes les côtes de la région présentent un intérêt géologique et paysager unique. Les falaises du cap Sizun sont à ce titre emblématiques. Toute la partie nord, de la pointe du Raz à Douarnenez, est une succession ininterrompue de falaises et d'escarpements dont les granits sombres changent de couleur selon

KERSANTITE OU LOGONNA

Granits, schistes, grès… toutes les roches de Bretagne sont appréciées des bâtisseurs, qui ont su les marier pour construire des édifices aussi variés que solides. Parmi ces minéraux, il s'en trouve deux particulièrement prisés, la **kersantite** et la **pierre de Logonna** (ou de Daoulas). Les deux doivent leur nom aux villages du Finistère (Kersanton et Logonna-Daoulas) dans lesquels leurs gisements affleurent. La première, et la plus rare, est une roche magmatique (comme les granits et les basaltes). Elle s'est formée à de très grandes profondeurs et est remontée lentement à la surface dans des filons de schistes. Sa couleur varie du gris clair au plus foncé et sa texture très fine en fait un matériau de choix pour les sculpteurs. La pierre de Logonna, également née dans un magma, est un microgranit de couleur jaune, utilisé depuis des siècles pour le soubassement des monuments religieux et des grands bâtiments publics et privés. Ces deux pierres, aujourd'hui très rares, ont été assemblées notamment pour la construction du calvaire de Plougastel-Daoulas, édifié à partir du début du 17e s. pour conjurer la peste. Toutes les sculptures en kersantite reposent sur un socle en pierre de Logonna.

la météo. Au sud du même cap, le socle de granit s'est adouci grâce à l'érosion, et la côte recèle dunes et plages.

Pour voir des granits roses en Finistère, montez jusqu'à Morlaix et, de là, à la pointe de Primel-Trégastel. Un sentier des douaniers permet d'approcher au plus près ces falaises de 50 m de haut, dont la moindre entaille abrite des cristaux de sel qui fendront bientôt la roche. Ne manquez pas non plus le sentier des douaniers proche de Ploumanach. Surplombant les falaises de Trestraou, il découvre de spectaculaires exemples d'érosion avant d'aboutir à Porz Rolland par un chemin ombragé de pins maritimes.

Beaucoup plus à l'est, le cap Fréhel, avec ses falaises de grès, offre un spectacle aussi impressionnant. Ici, la base des falaises est une succession de couches horizontales qui évoquent des gradins. Les rouges et les ocres du grès se marient à merveille avec les bleus changeants qui irisent la Manche à cet endroit.

LE MYSTÈRE DE L'ARRIÈRE-PAYS

La géologie bretonne est également riche de paysages moins spectaculaires que les falaises, mais tout aussi merveilleux. Pour exemple, la forêt de Paimpont, la mythique forêt de Brocéliande, qui montre à son échelle des richesses minéralogiques locales. Son sol, composé de schistes rouges et verts, vieux de seulement quelques centaines de millions d'années, laisse affleurer par endroits des filons de minerai de fer qui furent exploités jusqu'à la fin du 19e s. En surface, vous contemplerez ainsi des ruisseaux aux eaux rouillées par le minerai, mais aussi des étangs, des tourbières et des landes, dans une forêt dominée par les chênes et les hêtres.

En parcourant la Bretagne et en vous intéressant à ses richesses géologiques, vous découvrirez bien plus que des panoramas, vous apprendrez une méthode pour lire et comprendre la formation des paysages.

Avant d'aller admirer les roches bretonnes *in situ*, faites un détour par les Champs Libres, à Rennes *(voir « Découvrir la Bretagne », p. 108).* L'espace dédié aux sciences retrace dans la salle de la Terre l'histoire géologique du Massif armoricain.

L'Armor et les îles

Les quatre cinquièmes du pourtour breton sont baignés par les flots. Les Gaulois appelaient cette zone « Armor », ou plus rarement « Arvor », ce qui signifie « pays au voisinage de la mer », par opposition à l'Argoat, le « pays de l'intérieur ».

LA CÔTE BRETONNE

Extraordinairement découpée, elle totalise 2700 km ; elle n'en mesurerait que six cents si elle s'était contentée d'être rectiligne. Cette longue dentelle rocheuse compte une multitude de paysages magnifiques composés de criques et de grèves, de hautes falaises comme à Quiberon, de caps déchiquetés comme à la pointe du Raz, d'îles et d'écueils comme à Ouessant, de larges baies comme à Morlaix, d'amas granitiques comme à Ploumanach, de promontoires escarpés comme à Fréhel, de golfes comme celui du Morbihan et de rias comme dans les Abers *(voir la partie « Découvrir la Bretagne », p. 305)*. Tous ces panoramas sont rythmés par le va-et-vient régulier des marées et le ballet incessant des bateaux. Cette merveilleuse diversité fait toute l'originalité de la côte bretonne.

Et, comme si cette grande variété ne suffisait pas au plaisir des yeux, l'Armor a comme fractionné la totalité de son littoral pour mieux nous envoûter. En effet, au gré des promenades, on remarquera que la végétation est brûlée par le vent salin là où la côte est exposée, qu'elle est exubérante là où elle est abritée et qu'y poussent sans effort mimosas, palmiers, eucalyptus, lauriers-roses et autres plantes emblématiques des climats méridionaux.

LES ÎLES

Les côtes bretonnes sont les plus riches de France en îles, îlots et archipels. On en compte plus de cent vingt, dont une petite vingtaine est habitée. La plus vaste, 86 km^2, est **Belle-Île**, suivie de loin par **Ouessant** (18 km^2) et **Groix** (15 km^2). Toutes les autres n'excèdent pas 3 km^2, la plupart étant d'une superficie inférieure au kilomètre carré.

Toutes les îles bretonnes appartiennent au Massif armoricain, qui, loin de se limiter aux terres visibles, se prolonge sous la mer. Au large du Léon et du Trégor, le massif court sur plusieurs kilomètres, et repousse ses limites jusqu'à 50 km dans les zones du golfe normando-breton et le long du Morbihan. Le littoral de Bretagne Sud, justement, est longé par une dorsale rocheuse qui supporte Belle-Île, Groix, **Hœdic** et les **Glénan**. Au nord et à l'ouest, les fonds marins sont composés de dépôts grossiers de graviers qui soutiennent des myriades d'affleurements rocheux (les **Sept-Îles**, **Bréhat**, **Callot**, **Cézembre**, etc.).

Quelle que soit leur taille, les milieux insulaires, même à un jet de pierre du continent, sont d'une importance écologique primordiale. Isolés et faiblement bâtis, ils constituent des sites de préservation exceptionnels de la faune et de la flore.

Les oiseaux sont les premiers à apprécier les îles, qui sont des sites de nidification et d'élevage privilégiés grâce à l'absence de prédateur naturel. Certaines îles ont bien été colonisées par des rats échappés de navires ou négligemment importés par

l'homme, mais le Conservatoire du littoral et d'autres associations s'attachent à restaurer ces écosystèmes en faisant disparaître les prédateurs gourmands en œufs frais. C'est notamment le cas dans l'archipel des Sept-Îles au large de Perros-Guirec, et particulièrement de l'île **Rouzic** qui accueille plus de 15 000 couples de fous de Bassan.

VAGUES ET MARÉES

L'Armor est continuellement frappé par les vagues, qu'éloignent ou rapprochent les marées.
Les **vagues**, ou, comme disent les marins, les lames, sont un mouvement ondulatoire produit par le vent. Même lorsque la brise ne souffle plus, l'ébranlement se propage à de grandes distances : c'est la **houle**. Par une illusion d'optique, l'eau semble se déplacer, mais il suffit de regarder flotter un bouchon pour constater qu'il reste immobile. Près du rivage, le mouvement ondulatoire des vagues est freiné par le fond : un déséquilibre se produit et la crête de la lame s'écroule en longs rouleaux d'écume avec un bruit sourd et rythmé, c'est le **ressac**. Quand la vague atteint un obstacle abrupt, rocher ou falaise, elle est soulevée, lance des embruns, puis retombe de tout son poids. Les jours de tempête, le spectacle peut être prodigieux.

Curieux phénomène que celui des **marées**. Il est causé par l'attraction de la Lune et, dans une moindre mesure, par celle du Soleil. Lorsque la Lune est au-dessus de la mer, elle attire l'eau vers elle, le niveau de la mer s'élève : c'est la marée haute. Six heures plus tard, la Lune n'est plus au-dessus de l'eau, l'attraction n'opère plus : c'est la marée basse. Lorsque le Soleil et la Lune sont à peu près alignés par rapport à la Terre, l'attraction est plus forte : c'est la marée de vive eau ou grande marée. Ce phénomène se reproduit tous les quinze jours, lors de la pleine lune ou de la nouvelle lune. En Bretagne, les plus importantes se produisent en mars et septembre, lors des équinoxes. L'amplitude des marées varie selon les zones littorales qu'elles concernent. Dans la baie du Mont-St-Michel, elle atteint un record avec 14 m de **marnage**. En allant vers l'ouest, ce dernier diminue peu à peu jusqu'à se limiter à 6 m à Brest. En Bretagne Sud comme dans tout le golfe de Gascogne, l'amplitude moyenne des marées est de 5 m.
Quelle que soit son importance, la marée transporte de gigantesques quantités d'eau, qui soumettent la faune et la flore à de fortes turbulences et à des périodes successives d'immersion et d'émersion. Leur régime provoque aussi la formation de courants

La côte sauvage à Quiberon.
Ph. Manguin / MICHELIN

plus ou moins puissants selon la morphologie des côtes. Dans les baies (comme St-Brieuc, Douarnenez, Mont-St-Michel, Morlaix, etc.), ils sont relativement faibles et excèdent rarement 1 nœud, alors qu'ils atteignent facilement 3 nœuds sur le littoral nord. Dans les passages très étroits, comme les raz de Sein et d'Ouessant, ils peuvent monter jusqu'à 9 nœuds, soit 4,50 m/s!

LA FLORE

L'autre grande richesse des littoraux est la flore, dont les conditions de vie fluctuent énormément au rythme des marées et du climat. Certaines plantes sont baignées plusieurs heures par jour par l'eau salée, comme la soude maritime ou l'aster. D'autres sont fouettées jour et nuit par les embruns. D'autres encore baignent dans des vasières (spergulaires), s'épanouissent dans les dunes (oyats et liserons des dunes) ou dans les baies (salicornes). Toutes font preuve d'une extraordinaire capacité d'adaptation en créant des stratégies de croissance et de reproduction en synergie avec leur milieu, si dur soit-il. Si les îles et les îlots représentent l'essentiel des espaces protégés, c'est justement pour pérenniser la richesse et la diversité de ces plantes, et des animaux qui les fréquentent.

La faune marine

La situation géographique de la Bretagne, lieu de transition entre la Manche et l'océan Atlantique, favorise le passage de nombreuses espèces migratrices et offre un cadre de vie d'exception à une infinie variété de mammifères, de poissons et de coquillages.

OISEAUX

Le **goéland argenté** est l'oiseau le plus commun du littoral breton ; il repousse même son habitat jusqu'au cœur des villes (à Rennes, sa présence est attestée depuis 1987). Il se reconnaît au gris clair qui recouvre ses ailes (1,40 m d'envergure) et à ses pattes roses. La **mouette tridactyle**, que l'on confond souvent avec le goéland argenté, est nettement plus petite (1 m) et l'extrémité de ses ailes est noire, ainsi que ses pattes. Avec 1,70 m d'un bout de l'aile à l'autre, le **fou de Bassan** est le plus imposant des oiseaux de mer. Sa tête jaunâtre achève son long cou et domine de grandes ailes dont la pointe est teintée de noir. Légèrement plus petit (1,50 m) le **grand cormoran** se distingue de son cousin huppé par sa taille et son corps plus imposants. Tous deux de noir vêtus, ils arborent un bec en forme de spatule de couleur jaune. La plupart des **sternes** ont le dessus de la tête couronné de noir et n'excèdent pas 90 cm d'envergure (pour la sterne caugek). Leurs ailes et leur queue pointues permettent de les identifier à coup sûr. Le **fulmar boréal** est assez proche des goélands par la taille, mais il se distingue par la rigidité de son vol plané et par les deux narines tubulaires qui dépassent de sa mandibule. Le fulmar boréal partage cette singularité avec les **puffins**, les **océanites tempête** et les **albatros**, autres espèces de la même famille. L'océanite tempête, justement, est le plus petit volatile à fréquenter les côtes bretonnes. Ses 25 g pour 40 cm d'envergure, ses plumes brun-noir et ses mœurs nocturnes en font aussi le plus difficile à observer.

Le **macareux moine**, rare et donc aussi difficile à observer, est nettement plus reconnaissable grâce à son bec tricolore et son œil cerclé de rouge. C'est un oiseau pélagique, c'est-à-dire qu'il passe le plus clair de son temps en mer, mais on peut l'observer facilement sur l'île Rouzic, dans l'archipel des Sept-Îles (Côtes-d'Armor).

COQUILLAGES, MOLLUSQUES ET CRUSTACÉS

À marée basse, la mer dépose sur la grève planctons, micro-algues et autres nutriments qui favorisent la colonisation de l'estran par les coquillages et autres mollusques. Ces derniers font à leur tour le délice des oiseaux, des poissons… et des pêcheurs à pied.

Les bivalves

Le plus célèbre, et le plus consommé des coquillages, est certainement la **coque**. Vivant en groupes, elle s'enfouit de 10 cm dans le sable humide. Tout aussi réputée, la **coquille St-Jacques** se pêche quant à elle en mer, surtout du côté de St-Quay-Portrieux qui en est devenu la capitale.

Plus difficile à trouver, car solitaire, la **palourde** se repère grâce aux deux petits trous qu'elle laisse en surface (à ne pas confondre avec la **clovisse**, nettement moins savoureuse). Elle adore les cailloutis et noircit au contact de la vase. De son côté, la **praire** préfère les sables grossiers et il faut aller la chercher loin dans l'estran. On ne la ramasse pas en dessous de 4 cm.

Huîtres et **moules** sont parmi les plus faciles à repérer : elles restent accrochées à leur rocher, émergeant à marée basse. Les premières font la réputation de Cancale ou de Bélon et, les secondes, de la baie du Mont-St-Michel *(voir « Découvrir la Bretagne », p. 210)*. Le dernier des bivalves pêchés sur la grève est le **couteau**, qui se trouve aisément grâce au trou en forme de huit qui aère sa galerie verticale.

Les monovalves

Les monovalves les plus courtisés sont les **patelles** et les **berniques**, reconnaissables à leur coque tronconique. Elles ne quittent pour ainsi dire jamais leur rocher. Les **bigorneaux**, que l'on peut ranger dans cette catégorie, cachent leur coquille en colimaçon dans les algues dont ils se nourrissent. Mentionnons ici un crustacé qui échappe à toute catégorie : le **pouce-pied**. Constitué d'un pédoncule mou (le pied) et d'un corps recouvert de plaques blanches, il foisonne particulièrement sur les rochers de Belle-Île où sa pêche est très réputée.

Les nageurs et les marcheurs

Les **crevettes** sont également très présentes sur les grèves. Il s'agit pour l'essentiel de crevettes grises, aussi appelées crevettes des sables. Plus rares, les bouquets se dénichent dans des mares profondes. De leur côté, les **crabes** sillonnent l'estran dès la marée descendante. Les verts sont de loin les plus fréquents et parfument à merveille les soupes de poisson. Nettement plus coriace, l'**étrille** est également plus recherchée pour sa saveur que l'on compare souvent à celle du **homard**. Vous aurez peut-être aussi la chance d'attraper un jeune **tourteau**, reconnaissable à ses pinces disproportionnées. En revanche, ne comptez pas trop attraper un grand crustacé comme la **langouste**. Autrefois négligée, elle est aujourd'hui victime de son succès et a quasiment disparu des côtes bretonnes. Le homard, quant à lui, ne fréquente que les fonds rocheux proches du littoral et aurait aussi tendance à se raréfier.

POISSONS ET AUTRES NAGEURS

Pour les découvrir, vous pouvez visiter un aquarium ou assister à un retour de pêche.

Sardines et **maquereaux** composent le gros de la faune aquatique côtière. Les premières possèdent un corps fin, élancé et une peau argentée recouverte de fines écailles. Les maquereaux sont beaucoup plus gros, jusqu'à 30 cm, et le dessus de leur peau présente une irisation bleu-vert. Ces deux espèces se déplacent en banc.

Vous avez peu de chance de vous retrouver face à face avec une **lotte**, aussi appelée baudroie. Ce poisson particulièrement hideux – son horrible tête représente la moitié du corps – vit dans les fonds vaseux et peut atteindre 50 kg. Le **lieu jaune**, à ne pas confondre avec le lieu noir qui fréquente les eaux écossaises, est un poisson très prisé des amateurs ; il mesure jusqu'à 1,30 m. Le **bar**, poisson très combatif apprécié des pêcheurs pour sa sportivité est également recherché par les gourmands. Pouvant peser 8 kg, il se rencontre dans les eaux agitées et se reconnaît à ses deux nageoires dorsales de même taille et à sa grande tache noire proche de l'ouïe.

Ces vingt dernières années, pas moins de vingt-cinq espèces de mammifères marins ont été observées le long des côtes bretonnes. **Phoques** gris et veaux marins les fréquentent assidûment, tout comme les **dauphins** (bleu et blanc, grand dauphin) qui résident à l'année en Bretagne. Vous les verrez en cabotant notamment autour de l'île de Sein ou encore en mer d'Iroise. Le **rorqual** à museau pointu se laisse aussi régulièrement apercevoir, alors que le rorqual commun est… rare.

Du côté des cétacés de grande taille, on observe au large la visite de quelques spécimens de **baleines** à bosse et de cachalots.

L'Argoat

Longtemps enclavé par un relief tourmenté et des conditions de vie plus rudes que sur la côte, l'Argoat, ou « pays au voisinage de la forêt », a toujours été moins peuplé que l'Armor. Cette différence lui assure aujourd'hui un côté « sauvage » et préservé qui ne manque pas de charme : un pays de vallons et de prairies, avec un avant-goût de montagne.

LA FORÊT

Autrefois, la Bretagne possédait d'immenses forêts de chênes rouvres et de hêtres (*faou* en breton), aux sous-bois de houx et de fougères. Les études menées sur des fossiles trouvés dans des tourbières ont prouvé que la quasi-totalité de la région en était recouverte il y a 5 000 ans.

Les générations qui se sont succédé depuis les Romains ont porté la hache dans ces massifs. Il n'en reste plus que des tronçons épars, dont les forêts de **Paimpont** ou de **Quénécan**. Sur les 330 000 ha boisés que compte la Bretagne (dont 90 % privés), seuls une dizaine

de massifs dépassent 2 000 ha. Ce sont des bois accidentés, coupés de gorges, de ravins, de chaos de rochers, dont **Huelgoat** est l'exemple accompli.
Le domaine forestier breton évoque donc un ensemble de confettis reliés çà et là par des haies bocagères qui favorisent la circulation d'une faune spécifique. Rapaces, pics, chevreuils, cerfs et sangliers se partagent les espaces boisés. On trouve même des espèces rarissimes et menacées comme l'escargot de Quimper, qui ne fréquente que les sous-bois de la Cornouaille, ou la carabe à reflets d'or, un insecte que vous ne verrez que dans les forêts humides de la région, telles Huelgoat, le Cranou ou Clohars-Carnoët.

LA LANDE

Des landes au départ incultes ont remplacé les forêts. Hors des sommets, elles ont presque partout cédé devant l'effort paysan et sont devenues des terrains de culture, comme les landes de Lanvaux qui recouvrent le pays vannetais, par exemple. Aujourd'hui, la plupart des landes bretonnes font l'objet d'une protection spécifique, en zones spéciales de conservation ou zones Natura 2000 (*voir la partie Environnement ci-après*).
En fonction de leur proximité avec le littoral, de leur altitude ou de la qualité de leur milieu (sec, humide, etc.), les landes sont fréquentées par une faune très variée. Les oiseaux en composent l'essentiel, et beaucoup bénéficient d'une protection nationale. C'est le cas du courlis cendré, du busard St-Martin ou de la linote mélodieuse. Dans les pelouses ou les mares des landes, l'avifaune vient se régaler de lézard vivipare, de triton marbré ou de rainette.

LES TOURBIÈRES

Malgré une humidité et une acidité extrêmes (ou justement grâce à elles), les tourbières concentrent une faune et une flore exceptionnelles. C'est probablement leur richesse en matières organiques qui permet l'épanouissement d'un si grand nombre d'espèces.
Les papillons y pullulent, comme la noctuelle des myrtilles et le damier de la Succise. On y trouve aussi une belle variété de criquets, de libellules et de grillons qui font le délice des batraciens et des reptiles, dont la couleuvre à collier et la vipère péliade. Tout ce beau monde attire naturellement une pléiade d'oiseaux, migrateurs ou sédentaires (courlis cendré et bécassine des marais), souvent rejoints par des putois, des loutres, des chevreuils et autres mammifères terrestres.
Disséminés un peu partout en Bretagne intérieure, ces milieux si spécifiques sont désormais protégés et étudiés à l'image de la **tourbière de Kerfontaine** dans le Morbihan. Celle-ci, sous surveillance depuis plus de vingt ans, est la dernière de cette taille (47 ha) dans le département.

LES DUNES

Si les dunes sont désormais systématiquement protégées, ce n'est pas pour retenir le sable des plages, mais parce qu'elles accueillent 20 % de la flore menacée de Bretagne.
Celle-ci se répartit en fonction de l'étagement de la dune, lui-même déterminé par le degré d'humidité du sable. Au plus près de la base, humide et salée, on trouve des plantes halonitrophiles (qui aiment l'eau). En revanche, plus on monte vers le sommet, très sec, plus les plantes grandissent. Les oyats,

liserons et autres fétuques laissent alors la place à des arbrisseaux. Cette végétation si particulière et ce sol sableux accueillent principalement des insectes (grande nébrie des sables et puce de mer), des vers, des mollusques et de petits crustacés (crabes et crevettes grises). Les oiseaux ne marchent dans les dunes qu'à l'heure de se nourrir; quant aux poissons, ils ne sont représentés que par la redoutable **vive**, qui se laisse enterrer sous le sable mouillé. Les dunes sont présentes tout le long du littoral sableux, les plus notables étant celles de la baie d'Audierne, de Gâvres-Quiberon, du Conquet, de la Côte de Granit rose, de Crozon, de Guisseny et de Keremma.

L'environnement

Pauvre en énergies fossiles et longtemps isolée, la Bretagne est restée à l'écart de l'industrialisation massive des 19e et 20e s. Elle doit cependant faire face à des défis environnementaux liés notamment à ses besoins énergétiques, à son agriculture et à son succès touristique.

L'ÉNERGIE

La Bretagne est une des régions françaises parmi les plus dépendantes en énergie. Par exemple, la production d'électricité, assurée pour plus de la moitié par la seule **usine marémotrice de la Rance**, couvre à peine 5 % des besoins annuels. L'enjeu est donc de taille. Depuis la ratification par la France du protocole de Kyoto (2002), la région privilégie dans ses recherches les énergies renouvelables, bois-énergie et éolienne en tête.

Le premier semblerait faire l'unanimité. Le **bois** présente en effet différents avantages. C'est une source d'énergie renouvelable (qui se substitue aux énergies fossiles); les plantations contribuent à la qualité des paysages et, enfin, son utilisation contribue au recyclage dans l'atmosphère du gaz carbonique (CO^2) absorbé par les forêts. Le chauffage aux plaquettes de bois a permis de couvrir entre 5 et 15 % des besoins en énergie en 2008. Des installations de chaufferies au bois ont été réalisées pour alimenter des équipements collectifs (hôpitaux, piscines, lycées…) et les secteurs industriel et agricole (usines, serres, élevages…).

De son côté, l'**énergie éolienne**, ressource jusqu'ici sous-exploitée, connaît aujourd'hui un réel essor puisque d'ici à 2010, 600 à 800 éoliennes supplémentaires devraient voir le jour. Actuellement, 36 parcs éoliens sont en activité, principalement dans le Finistère. Leur implantation reste néanmoins sujette à polémiques, du fait de l'impact sur le paysage et du bruit provoqué par les pales. Pour cette raison, plusieurs projets expérimentaux sont en cours,

UNE MINE D'INFORMATIONS

www.Bretagne-environnement.org est un site spécialisé sur l'environnement. Ce portail rassemble tous ceux qui interviennent sur la question : biologistes, industriels, élus, citoyens et associations. Vous y trouverez de très nombreuses informations sur la faune et la flore, la géologie et les différents types de paysages bretons, ainsi que plusieurs articles sur l'eau, l'énergie et toutes les problématiques liées à la nature et à sa protection.

comme l'installation d'un prototype d'éolienne flottante en eau profonde et la construction d'une ferme hydrolienne pilote au large de l'île de Bréhat.
La dernière alternative énergétique est le plan Soleil, mis en œuvre par l'Agence de l'environnement et de la maîtrise de l'énergie depuis 1999. Il vise à diffuser des applications solaires thermiques comme le système combiné de production d'eau chaude sanitaire et de chauffage, ou encore le chauffe-eau solaire individuel.
Également d'origine solaire, le photovoltaïque (procédé qui consiste à transformer la lumière solaire en tension électrique) arrive peu à peu en Bretagne, et éclaire déjà les phares et les balises.

L'EAU, RICHESSE EN PÉRIL

Le Massif armoricain présente des reliefs peu fracturés et relativement imperméables, ce qui ne favorise pas vraiment la formation de grands bassins d'eau potable comme les nappes phréatiques. L'essentiel de l'eau potable consommée en Bretagne (70 %) provient donc de la captation d'eaux de surface (cours d'eau et retenues naturelles ou artificielles).
L'activité humaine porte la responsabilité de la dégradation générale des eaux de surface, altérées notamment par la présence d'engrais (phosphore, nitrates) et autres produits phytosanitaires (pesticides). Ces rejets massifs ont provoqué une forme de pollution, qui se manifeste par la présence d'**algues vertes** dans les estuaires et certaines baies comme celles de Lannion, St-Brieuc et Douarnenez.
Conscientes de la rareté des ressources et de leur fragilité, les autorités ont mis en place une série de mesures, comme le ramassage de ces algues, et surtout le **traitement des eaux usées** qui a permis la réduction sensible des nitrates. La mesure la plus radicale est l'obligation faite aux communes non reliées à un système d'assainissement collectif de contraindre maisons et immeubles à se doter de systèmes individuels. De leur côté, les industriels doivent désormais limiter les rejets d'eaux non asssainies.
Depuis quelques années, l'eau potable et les eaux de baignade (classement annuel) font ainsi l'objet d'une **surveillance constante**. L'objectif est de vérifier le travail d'amélioration des eaux de rivière et des plages du littoral, et ainsi s'assurer de la restauration des milieux aquatiques bretons.

LA PROTECTION DU LITTORAL

Long de 2 730 km, le littoral breton représente le tiers du linéaire côtier métropolitain. Au large du Finistère, particulièrement dans le rail d'Ouessant, la Bretagne voit de plus passer 25 % du trafic maritime hexagonal. C'est dire si les sources de pollution ou les risques industriels venus de la mer sont élevés. La surveillance et la protection d'une telle frange côtière posent bien sûr de vrais problèmes.
En mer, les choses se sont plutôt améliorées grâce à la mise en place de mesures juridiques et de nouveaux moyens de répression. Il faut mentionner à cet égard la création des CROSS, centres régionaux opérationnels de surveillance et de sauvetage. Dès qu'une nappe d'hydrocarbure est repérée, ils ont toute autorité pour arraisonner les navires. Aujourd'hui, les amendes pour dégazage peuvent atteindre plusieurs centaines de milliers d'euros.
Sur terre, la problématique est différente. Le tourisme étant surtout balnéaire, la nécessité de protéger de larges portions de

côte est devenue une priorité pour les autorités et les associations. Le but est de conserver les nombreux écosystèmes fragiles du littoral, et de réfréner l'ardeur immobilière des stations en pleine expansion.

Une cinquantaine de sites Natura 2000

Les sites majeurs font ainsi l'objet d'une protection spécifique, certains depuis plusieurs décennies, telle la pointe du Raz. Devenue grand site national, celle-ci est désormais interdite à la circulation (et au caravaning) : une nécessité, vu le million de personnes qui la visitent chaque année.

De son côté, le plan **Natura 2000** rassemble à l'échelle européenne des sites naturels choisis pour la fragilité ou la rareté de leurs espèces végétales et animales. Il privilégie une gestion équilibrée et durable des milieux, tout en prenant en compte les facteurs économiques et sociaux. En 2006, le programme concernait plus de 1 600 sites sur le territoire national, dont une cinquantaine en Bretagne (essentiellement littoraux comme l'Aber-Wrac'h, la baie de Morlaix ou le cap Sizun). Ces derniers sont classés en zones spéciales de conservation (ZSC) pour l'habitat et en zones de protections spéciales (ZPS) pour répondre à la directive « oiseaux ». La plupart des îlots et des îles sont ainsi protégés, de même que la rade de Lorient, l'estuaire du Trieux ou la baie du Mont-St-Michel.

Le **Parc naturel régional d'Armorique**, créé en 1969, a beau être centré sur les monts d'Arrée, il protège une merveilleuse façade maritime. En plus des falaises et des côtes de la presqu'île de Crozon, il gère la Réserve internationale de la biosphère d'Iroise (îles d'Ouessant et de Molène), ainsi que l'île de Sein. Deux nouveaux projets sont en cours : le Parc naturel régional du Golfe du Morbihan et le Parc naturel régional Rance Côte d'Émeraude.

Au-delà des sites d'exception, le littoral breton recèle des richesses naturelles moins impressionnantes mais d'un intérêt écologique certain. C'est là qu'intervient le **Conservatoire de l'espace littoral et des rivages lacustres**. Cet organisme possède ou gère 93 sites en Bretagne, qui est ainsi la région française la plus protégée (le Conservatoire édite une carte des sites enrichie de la faune et de la flore littorales).

Enfin, le panorama de la protection du littoral breton ne serait pas complet sans l'évocation de l'association loi de 1901 **Bretagne vivante**. Créée en 1958 par une poignée de naturalistes passionnés, elle gère de nombreux espaces protégés, tant le long des côtes que dans les terres, et reste un interlocuteur privilégié entre les structures publiques et les citoyens épris de nature.

L'association publie un semestriel, *Bretagne vivante*; une revue naturaliste trimestrielle, *Penn ar Bed*, et *L'Hermine vagabonde*, trimestriel pour les 8-12 ans.

ÉCO-TOURISME

Depuis plusieurs années, la Bretagne s'est engagée, en termes de développement touristique, dans l'accompagnement de projets adoptant une démarche de développement durable. Depuis 2004, elle organise avec le réseau des Pays touristiques le challenge Tourisme durable afin de récompenser et valoriser les initiatives prises par des acteurs du tourisme breton. Après quatre éditions, c'est plus d'une centaine de structures qui ont pu être référencées et qui agissent au quotidien pour un tourisme plus respectueux de leur territoire.

3/ DÉCOUVRIR LA BRETAGNE

Au bout du bout du monde, l'île d'Ouessant
G. Thouvenin/ Robert Harding Picture Library/Age fotostock

Rennes et les marches bretonnes 1

Carte Michelin Départements 309 – Ille-et-Vilaine (35)

Coup de soleil sur la place du Champ-Jacquet à Rennes.
D. Gouvray / Ville de Rennes

A
DINARD
ST-MALO
B
Château de la Hunaudaye
Corseul
Vallée de la Rance
Dinan
Forêt de Coëtquen
Cobac Parc
Combou
La Bourbansais
ST-BRIEUC
CÔTES-D'ARMOR
Hac
Tinténiac
Écluses
Bécherel
Médréac
Caradeuc
Les Iffs
Montmuran
Hédé
Rance
Forêt de Montauban
St-Méen-le-Grand
LOUDÉAC
Montfort-sur-Meu
Tombeau de Merlin
Fontaine de Jouvence
St-Léry
Comper
Forêt de Paimpont
Jardins de Brocéliande
Rennes
Fontaine de Barenton
Étang du Pas-du-Houx
Tréhorenteuc
Paimpont
Bruz
Val sans Retour
Vallée de la Vilaine
Les-Forges-de-Paimpont
Trécesson
Le Boël
Beignon
Ploërmel
École de St-Cyr-Coëtquidan
Campel
LORIENT
Site mégalithique de Monteneuf
Pléchâtel
Manoir de l'Automobile à Lohéac
MORBIHAN
Malestroit
Vallée de l'Oust
Messac
Bain-de-Bretagne
VANNES
La Gacilly
Saint-Just
Vilaine
Oust
Grand-Fougeray
Rochefort-en-Terre
Jardin anglais du manoirde la Chaussée
Redon
Massérac
NANTES
1
2
3
D 794
D 795
N 176
D 792
N 12
D 793
D 766
D 220
D 20
D 137
D 2
D 73
D 72
D 27
N 164
D 166
D 773
D 31
D 62
N 24
D 177
D 837
D 312
N 166
D 776
D 8
D 777
D 54
D 56

LE MONT ST-MICHEL
AVRANCHES
C
D
MANCHE
Mellé
D 14
Louvigné-du-Désert
Antrain
La Ballue
Bonnefontaine
D 796
Bazouges-la-Pérouse
D 794
D 90
D 798
Parc floral de Haute-Bretagne
D 177
Forêt de Fougères
D 31
N
1
D 155
Sens-de-Bretagne
D 102
Fougères
D 794
Couesnon
A 84
D 175
N 12
ALENÇON
D 31
D 29
ILLE-ET-VILAINE
D 178
MAYENNE
A 84
D 794
Musée de la Faucillonnaie
D 777
D 30
Champeaux
2
Cesson-Sévigné
Vitré
Vilaine
LAVAL
N 157
A 81
Écomusée du Pays de Rennes
Bois-Orcan
Les Rochers-Sévigné
Châteaugiron
D 777
D 163
D 92
D 178
D 463
D 41
Janzé
Marcillé-Robert
Visseiche
48
La Roche-aux-Fées
Étang de Marcillé
La Guerche-de-Bretagne
D 777
D 92
D 94
Retiers
D 47
D 178
RENNES ET LES MARCHES BRETONNES
3
D 163
D 94
D 772
Rennes ★★ Mérite un détour
Combourg ★ Intéressant
Paimpont À voir
Itinéraire conseillé avec ville de départ
LOIRE-ATLANTIQUE
Châteaubriant
D 775
D 771
D 163
0
10 Km

Rennes

★★

209 613 Rennais (agglomération : 272 263 habitants) – Ille-et-Vilaine (35)

NOS ADRESSES PAGE 112

S'INFORMER

Office du tourisme de Rennes – *11 r. St-Yves - 35 064 Rennes - ✆ 02 99 67 11 11 - www.tourisme-rennes.com - juil.-août : 9h-19h, dim. et j. fériés 11h-13h, 14h-18h ; reste de l'année : mar.-sam. 10h-18h, lun. 13h-18h, dim. et j. fériés 11h-13h - fermé 1er janv., 1er Mai, 25 déc.*

SE REPÉRER

Carte de microrégion BC2 (p. 100-101) – *carte Michelin Départements 309 L6.* Rennes est l'un des nœuds routiers les plus importants de Bretagne. Ainsi, la N 137, qui vient de Nantes (113 km au sud), la traverse pour continuer vers St-Malo (74 km au nord). De sa rocade, souvent embouteillée à la sortie des bureaux, rayonnent aussi la N 157, qui part sur Laval (75 km à l'est) en frôlant Vitré, et la N 24, qui file vers Vannes (115 km) et Lorient (153 km) au sud-ouest.

Quant à la N 12, elle continue son chemin jusqu'à Brest (242 km) en desservant toute la Bretagne Nord, à commencer par St-Brieuc (99 km au nord-ouest). La ville en elle-même organise son centre autour de la Vilaine, avec au nord le cœur historique comprenant la cathédrale, le parlement, l'hôtel de ville, et toutes les demeures à pans de bois, tandis qu'au sud se trouvent le quartier des Halles, la gare et le complexe des Champs Libres.

SE GARER

Les parkings sont nombreux aux abords du centre, notamment vers la place des Lices et vers les Champs Libres.

À NE PAS MANQUER

Le patrimoine architectural du vieux Rennes, les collections du musée des Beaux-Arts et… un pique-nique dans le parc du Thabor.

ORGANISER SON TEMPS

Pensez à réserver la visite du parlement de Rennes.

« Transat en ville », place de l'Hôtel de Ville.
Ville de Rennes

AVEC LES ENFANTS

Rendez visite aux poules coucou de Rennes à l'écomusée du Pays de Rennes, intéressez-vous aux technologies de l'information à l'Espace Ferrié, faites des expériences à l'Espace des Sciences des Champs Libres, caressez les animaux de la ferme aux jardins de Brocéliande et apprenez à reconnaître les oiseaux au parc ornithologique de Bretagne.

60 000 étudiants animent la vie de la capitale régionale de la Bretagne, lui donnant une image dynamique, largement tournée vers la culture. Ses deux places royales, qui expriment l'élégante solennité du 18e s., forment le cœur battant de la ville. Entre ruelles médiévales et façades classiques, Rennes s'apprécie également au travers de ses commerces, ses nombreux cafés et son magnifique marché.

Se promener

★★ LE VIEUX RENNES AB1

Itinéraire de 1h30 environ. Suivez le tracé vert du plan p. 106, mais n'hésitez pas à prendre les ruelles dont il est fait mention ci-après sous le titre « Maisons anciennes ».

La capitale régionale bretonne tire son nom des Riedones, une tribu gauloise qui peuplait la région au 2e s. av. J.-C. Les vestiges encore visibles de ses remparts médiévaux portent toujours la trace de murs défensifs gallo-romains. Son histoire est donc ancienne, mais ce qu'on appelle aujourd'hui le vieux Rennes désigne surtout la partie de la ville qui a échappé au grand incendie de 1720. Elle a conservé de nombreuses maisons des 15e et 16e s. aux étages en encorbellement ainsi que des hôtels aristocratiques aux façades sculptées.

N'hésitez pas à pousser les portes pour admirer les cours intérieures et leurs escaliers et galeries suspendues : la vieille ville dévoile alors tout son charme.

Basilique Saint-Sauveur A1

Cet édifice a été élevé aux 17e et 18e s. À l'intérieur, beau **baldaquin** en bois doré et **buffet d'orgue** du 17e s. À droite en entrant, chapelle dédiée à N.-D.-des-Miracles qui sauva Rennes lors du siège de la ville par les Anglais, en 1357. On peut y admirer de nombreux ex-voto.

SAVOIR LIRE LES MAISONS À PANS DE BOIS

La présence alentour de nombreuses forêts a favorisé le développement d'une tradition architecturale qui a perduré jusqu'au 19e s.
Rennes compte 286 maisons à pans de bois, dont les plus anciennes, qui se distinguent par un encorbellement prononcé, remontent au 15e s. Celles du 16e s. se reconnaissent à leurs façades, plus alignées, et à leur décoration inspirée des motifs de la Renaissance (rinceaux, oves, putti...). Pour le 17e s., vous reconnaîtrez les façades au fait qu'elles sont totalement plates et rigoureusement symétriques, avec des baies verticales, par opposition à l'éclairage horizontal des siècles précédents. Enfin, celles du 18e s. se caractérisent par l'abandon progressif des pans de bois apparents au bénéfice de l'enduit.

Maisons anciennes A1

Rue St-Sauveur, au n° 6, se trouve une maison canoniale du 16e s. **Rue St-Guillaume**, au n° 3, la maison dite de Du Guesclin, la plus belle de style médiéval, sert de cadre au café Ti Koz. La **rue de la Psalette** a conservé ses maisons anciennes. **Rue du Chapitre**, on peut admirer au n° 22, une maison de style Renaissance; au n° 8, l'hôtel de Brie (17e s.); au n° 6, l'hôtel de Blossac (18e s.), qui possède un très bel escalier monumental en granit à décor de marbre et rampe en fer forgé.
La **Rue St-Yves**, aux nos 6 et 8, accueille des maisons du 16e s. Au n° 11, la chapelle St-Yves (15e s.), accolée à l'office de tourisme, abrite une exposition sur l'histoire et le patrimoine de la ville. **Rue des Dames**, au n° 10, se remarque l'hôtel Freslon de La Freslonnière.

Cathédrale Saint-Pierre A1

✆ 02 99 78 48 80 - 9h-12h, 15h-18h.
Elle fut achevée en 1844, après cinquante-sept ans de travaux. Le précédent édifice s'était effondré en 1762, à l'exception des deux tours, de style classique, qui encadrent la façade. À l'**intérieur★**, on admire le **retable★★** en bois sculpté et doré qui se trouve dans la chapelle précédant le croisillon droit. Par ses dimensions et son exécution, cette œuvre flamande du 16e s. est l'une des plus importantes du genre. Les scènes représentent la vie de la Vierge.

Portes Mordelaises A1

Vestiges de l'enceinte du 15e s., elles servaient d'entrée principale à la ville. Les ducs de Bretagne y passaient pour se faire couronner à la cathédrale. En 1598, on y présenta à Henri IV les clefs de la ville, en argent doré. Pour ce genre de cérémonie, le Béarnais avait une formule rituelle dont l'effet était sûr : « Ces clefs sont belles, mais j'aime encore mieux les clefs des cœurs des habitants. » Depuis juillet 1997, un pont-levis, construit sur le modèle de celui du château de Montmuran, a été remis en place.

Place des Lices A1

Sur cette place se déroulaient joutes et tournois. Au n° 34 : l'hôtel de Molant (17e s.) est coiffé d'un toit à la Mansart. À l'intérieur se trouve un luxueux escalier en chêne, dont la cage est décorée au plafond d'un ciel et de boiseries en trompe-l'œil.
Sur la place elle-même se dressent deux halles contruites par Martenot au 19e s. Elles servent de point de ralliement au célèbre marché des Lices du samedi matin, l'un des plus importants de France.

De la tribu gauloise à la ville universitaire

DU DUCHÉ À LA PROVINCE

Les origines de la cité

Condate, l'ancienne cité de la tribu gauloise des Riedones (ou Redones) est conquise par les Romains en 57 av. J.-C. et s'entoure au 3ᵉ s. d'une large muraille, qui marquera les limites de la ville jusqu'au 15ᵉ s.

Le rattachement à la France (1532)

En 1489, quand François II meurt, son héritière **Anne de Bretagne** n'a que 12 ans. Très vite, elle choisit d'épouser Maximilien d'Autriche, futur empereur, et le mariage religieux a lieu en 1490, par procuration. Mais le roi **Charles VIII**, qu'un mariage blanc lie à Marguerite d'Autriche, fille de Maximilien, sollicite pour lui-même la main de la duchesse. Éconduit, il vient l'assiéger dans Rennes, en 1491. La population, qui souffre de la disette, presse la souveraine de consentir à l'épouser. Cette dernière se résigne et, contre toute attente, une tendre inclination se développe entre les jeunes gens. Les fiançailles sont célébrées à Rennes, et les noces, au château royal de Langeais, dans le Val de Loire, le 6 décembre 1491. Cette liaison marque un premier rapprochement de la Bretagne avec la France, mais le rattachement définitif ne sera ratifié que sous François Iᵉʳ, en 1532.

L'émergence d'une capitale provinciale

Idéalement située au carrefour des voies terrestres et fluviales, la ville est choisie en 1561 pour accueillir le parlement de Bretagne et se voit ainsi propulsée au rang de capitale provinciale. Au 17ᵉ s., la construction de couvents, d'édifices publics et d'hôtels particuliers confirme la place de Rennes dans le royaume.

CATASTROPHE ET RENOUVEAU

Le grand incendie de 1720

Au 18ᵉ s., la ville a encore son aspect moyenâgeux : ruelles étroites, maisons en torchis et en bois. Le 23 décembre 1720, un menuisier ivre enflamme, avec sa lampe à huile, un tas de copeaux. Le feu se propage : 900 maisons à pans de bois disparaissent. La ville est reconstruite sur les plans de **Jacques Gabriel** : elle reçoit de belles rues rectilignes, bordées de maisons de granit à l'élégance sévère. Pour que les constructions neuves trouvent plus vite des occupants, on les divise en appartements, vendus séparément. C'est la naissance de la copropriété.

Un nouveau visage se dessine

Le remodelage de la ville se poursuit au 19ᵉ s. avec la canalisation de la Vilaine, la construction de la gare, l'apparition de quartiers résidentiels et du tramway en 1897 ! En 1899, toute la France a les yeux rivés sur Rennes où se déroule le second procès du capitaine Alfred Dreyfus.

Une ville universitaire

Dans la seconde moitié du 20ᵉ s., Rennes confirme son rôle de ville universitaire et connaît l'un des taux de croissance démographique les plus élevés de France grâce à la présence d'importantes infrastructures industrielles comme les usines Citroën. Elle s'affirme par ailleurs comme un pôle technologique et de recherche majeur, avec près de 3 500 chercheurs dans l'électronique, les télécommunications et les bio-industries.

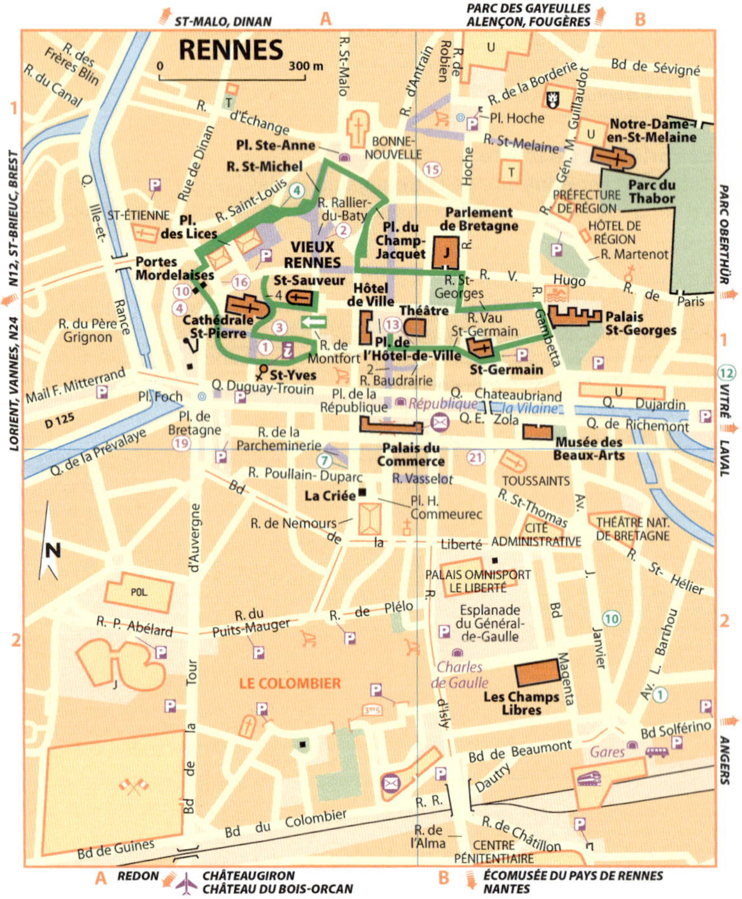

SE LOGER

- Ar Milin' 12
- Arvor Hôtel 1
- Lices (Hôtel Les) 4
- Nemours (Hôtel de) 7
- Victoria (Hôtel Le) 10

SE RESTAURER

- Baron Rouge 1
- Breton (Café) 4
- Goût des hôtes (Au) 2
- Guehennec (Le) 10
- Kub (Chez) 3
- Picca La Grande Brasserie de Rennes (Le) 13
- Portes Mordelaises (Crêperie des) 16
- Quatre B (Le) 19
- Réserve (La) 15
- Thé au Fourneau 21

INDEX DES RUES

Rue Saint-Michel A1

Elle est bordée de vieilles maisons à pans de bois. Jadis, elle faisait partie des faubourgs de Rennes et elle a conservé de cette époque ses auberges et ses tavernes.

Place Sainte-Anne A1

Les maisons colorées à pans de bois sont de tradition gothique et Renaissance : celle du maire Leperdit est au n° 19. Elles entourent une église néogothique

LA RENAISSANCE DU PARLEMENT

Le 4 février 1994, un dramatique incendie endommagea gravement le palais du parlement de Bretagne, actuel siège de la cour d'appel de Rennes. La remise en état du bâtiment, achevée en 1999, a représenté 400 000 heures de travail et un coût de 38 millions d'euros pour la reconstruction, sans compter les 22 millions attribués à la restauration des décors et des œuvres d'art. La récompense ? Un édifice magnifique, reconstitué à l'identique (galerie du rez-de-chaussée et salle des Assises du premier étage), ainsi que le jardin à la française de la place.

du 19e s. et jouxtent le couvent des Jacobins *(rue d'Échange)* où eurent lieu les fiançailles d'Anne de Bretagne avec le roi de France, Charles VIII.

Rue du Pont-aux-Foulons A1

Rue commerçante aux maisons à pans de bois du 17e s.

Rue du Champ-Jacquet A1

Elle conduit à la curieuse place de forme triangulaire, de même nom, bordée au nord de hautes maisons du 17e s., à pans de bois, et sur laquelle donne la façade en pierre et en bois de l'ancien hôtel de Tizé *(n° 5)*.
L'itinéraire qui se poursuit par les rues La Fayette et Nationale permet de découvrir une partie de la ville classique où s'élèvent de majestueux édifices, dont le palais du parlement de Bretagne. On pénètre dans la partie construite après l'incendie de 1720.

★★ Palais du parlement de Bretagne B1

☏ 02 99 67 11 66 - visite guidée (1h30) sur réservation à l'office de tourisme à 15h - fermé j. fériés - 6,80 € (7-15 ans 4 €).
Le parlement de Bretagne, l'un des treize parlements provinciaux que comptait le royaume, siégea d'abord tantôt à Rennes, tantôt à Nantes, avant de se fixer définitivement à Rennes en 1561. Cour suprême des 2 300 justices bretonnes, il jouait aussi un rôle législatif et politique. Son installation hissa Rennes au rang de capitale régionale et de cité aristocratique.
Germain Gaultier, un architecte local, dessina le palais. Ses plans furent repris, pour la façade, par l'architecte de la cour de Marie de Médicis, Salomon de Brosse. La construction dura près d'un siècle : de 1618 à 1655 pour l'architecture, et jusqu'à 1706 pour le décor. Ce fut, en pays breton, l'arrivée d'un art royal et parisien, marqué par l'alternance de matériaux – granit au rez-de-chaussée et tuffeau à l'étage – et par la belle unité de la toiture en façade.
La **Grand'Chambre** est le joyau du palais, avec son plafond en bois doré peint par Errard et son disciple Coypel.

Rue Saint-Georges B1

Dans cette rue animée, toutes les maisons sont anciennes. Au n° 3, l'hôtel de Moussaye (16e s.) possède une splendide façade Renaissance. Les nos 8, 10 et 12 forment un ensemble remarquable de maisons à pans de bois du 17e s.

Palais Saint-Georges B1

Précédée d'un beau jardin, cette ancienne abbaye bénédictine de 1670 abrite des services administratifs.

Église Saint-Germain B1

De style gothique flamboyant (15e-16e s.), cette église (*pignon sud* 17e s.) présente des caractéristiques bretonnes par sa voûte en bois et ses poutres à embouts sculptés. Dans le transept droit, un **vitrail** du 16e s. retrace la vie de la Vierge et la Passion du Christ; dans la nef, vitraux modernes par Max Ingrand.

Place de l'Hôtel-de-Ville A1

Cette place royale constitue le noyau central du quartier classique. Elle est bordée à l'ouest par l'hôtel de ville et à l'est par le théâtre. Au sud, au-delà de la rue d'Orléans, la perspective est fermée par le **palais du Commerce**, imposant bâtiment décoré de sculptures monumentales.

Hôtel de ville – *✆ 02 99 67 11 66 - www.tourisme-rennes.com - visite guidée (1h30) juil.-août : tlj sf w.-end à 11h et 16h - gratuit.* Il a été bâti en 1734 par Jacques-Jules Gabriel, père de l'architecte qui édifia la place de la Bourse à Bordeaux. Une tour centrale en retrait portant l'horloge – le « Gros » pour les Rennais – se raccorde à deux imposants pavillons par deux bâtiments incurvés. L'aile droite renferme le « Panthéon rennais » : salle consacrée au souvenir des morts pour la France. Le **théâtre**, que jouxtent des immeubles à galeries, fut construit en 1832.

À voir aussi Plan de la ville

★ Musée des Beaux-Arts B1

✆ 02 23 62 17 54 - www.mbar.org - ♿ - tlj sf lun. 10h-12h, 14h-18h, mar. 10h-18h - fermé j. fériés - 5,50 € (-18 ans gratuit).

Le « cabinet de curiosités » constitué par Christophe Paul de Robien, président du parlement de Bretagne au 18e s., est à l'origine de ce musée très éclectique, de l'archéologie aux primitifs italiens puis à l'art contemporain. Il possède un beau *Saint Luc peignant la Vierge*, de Martin Van Heemskerk (16e s.) et une riche série d'œuvres du 17e s. Voyez surtout l'exubérante *Chasse au tigre* de Rubens et le célèbre **Nouveau-Né★** de Georges de La Tour. Le *Panier de prunes* de Chardin se détache pour le 18e s.

Le *Massacre des Innocents*, chef-d'œuvre de Cogniet, voisine pour le 19e s. avec des toiles de l'école de Pont-Aven, comme *Solitude* de Paul Sérusier ou **Effet de vagues★** de Georges Lacombe : un superbe paysage onirique, proche de l'estampe japonaise, qu'il réalisa vers 1893 à Camaret. À voir aussi : des Corot, Jongkind, Sisley, Denis et Caillebotte. Le 20e s. est illustré par Magnelli, Kupka, Tanguy, De Staël, Poliakoff, Sam Francis, Aurélie Nemours et Geneviève Asse, sans oublier Picasso. *La Baigneuse*, l'une des figures féminines disloquées que ce dernier peignit en 1928 à Dinard, compte parmi les plus surréalistes de ses toiles. On y retrouve l'anatomie recomposée chère à son cœur, associant les vues de face et de profil.

★ Les Champs Libres B2

10 cours des Alliés - ✆ 02 23 40 66 00 - www.leschampslibres.fr - ♿ - juil.-août : tlj sf lun. 13h-19h, w.-end 14h-19h ; reste de l'année : merc.-vend. 12h-19h, mar. 12h-21h, w.-end 14h-19h - « pass expos » (accès à toutes les expositions, valable une journée) 7 € (-26 ans 5 €) ; une exposition au choix (musée de Bretagne, Espace des Sciences ou exposition temporaire en cours) 4 € (-26 ans 3 €). Accès au hall, à la bibliothèque et à l'exposition « Bretagne des mille et une images » gratuit - boutique au rez-de-chaussée, café-restaurant « Les Champs libres » au niv. 1.

Ce nouveau pôle culturel inauguré en 2006 rassemble en un même lieu trois institutions : le musée de Bretagne, l'Espace des Sciences et la bibliothèque. Le bâtiment ultracontemporain est l'œuvre de l'architecte Christian de Portzamparc, qui a imaginé un édifice composé de trois « corps » imbriqués :

un parallélépipède horizontal monté sur pilotis (le musée) traversé par une pyramide inversée (la bibliothèque) et par un cône coiffé d'un dôme (l'Espace des Sciences).

Musée de Bretagne – Le cœur du musée est constitué par l'exposition permanente « **Bretagne est univers** » : ce parcours rappelle l'histoire de la région en mettant en scène 2 300 objets (du galet taillé paléolithique au gilet bigouden) en alternance avec des séquences vidéo. Une section indépendante retrace le **procès de Dreyfus** (qui eut lieu à Rennes) à travers une muséographie interactive. Au rez-de-chaussée, une seconde exposition permanente à caractère plus artistique, « **Bretagne des mille et une images** », présente la région à travers des tableaux et des photos.

Espace des Sciences – Il regroupe plusieurs entités : la **salle de la Terre** (qui s'intéresse à l'histoire géologique du massif armoricain), le **Laboratoire de Merlin** où les enfants sont invités à réaliser des manipulations scientifiques et le **Planétarium numérique**, où sont présentés tout au long de la journée plusieurs programmes *(45mn)* commentés en direct.
Au dernier étage, jolie vue sur la ville.

★★ Parc du Thabor B1

Au 16e s., hors des murs de la ville, se dressait l'abbaye bénédictine St-Mélaine, sur un lieu élevé que les moines auraient baptisé Thabor en souvenir de la montagne de Palestine. Ce parc de 10 ha comprend un jardin à la française, un jardin botanique, une roseraie, un jardin paysager et une volière. On y prend le frais en admirant roses, dahlias, chrysanthèmes, camélias, rhododendrons, séquoias, cèdres, etc.
Tout à côté, l'**église N.-D.-en-St-Mélaine** a été rebâtie aux 14e et 17e s. La tour et le transept du 11e s. datent de l'ancienne abbaye St-Mélaine. Elle recèle, dans le bras droit du transept, une fresque du 15e s. représentant le baptême du Christ.

La Criée A2

Pl. Honoré-Commeurec - Halles Centrales - ✆ 02 23 62 25 10 - www.criee.org - tlj sf lun. 12h-19h, sam. et dim. 14h-19h - fermé j. fériés - gratuit.
Ce centre d'art offre un espace de rencontre avec la création contemporaine, destiné aux adultes comme aux enfants. Cinq à sept manifestations sont organisées chaque année, chacune permettant d'appréhender les pratiques artistiques actuelles. Outre les expositions temporaires, un espace de documentation et un fond vidéo sont disponibles en consultation.

À proximité Carte de microrégion

Musée des Transmissions - Espace Ferrié

8,5 km à l'est par la rocade nord, sortie n° 15. Suivez le bd des Alliés et tournez à droite au 3e rond-point, av. de La Boulais - ✆ 02 99 84 32 43 - www.espaceferrie.fr - ♿ - tlj sf mar. 14h-18h - fermé 1er janv., 1er Mai, 25 déc. - 3 € (enf. gratuit).
Ce musée est une mine d'informations pour qui se passionne pour les systèmes d'information et de communication… mais aussi pour les techniques d'espionnage ! On y découvre l'histoire des transmissions civiles et militaires, des premiers signaux de fumée jusqu'aux satellites et, grâce à des maquettes interactives, on pénètre dans l'univers de la télématique, du GPS ou de la télévision terrestre numérique.

★ Écomusée du Pays de Rennes

8 km au sud par l'av. Henri-Fréville en direction de Noyal-Châtillon-sur-Seiche, puis suivez la signalisation - 02 99 51 38 15 - www.ecomusee-rennes-metropole.fr - tlj sf lun. 9h-12h, 14h-18h, w.-end 14h-18h - fermé j. fériés - 4,60 € (-14 ans 2,30 €).

Située aux confins de la ville et de la campagne, la **ferme de la Bintinais** fut longtemps l'une des grosses exploitations du Pays de Rennes. À travers son histoire, on découvre l'évolution du monde rural depuis le 16e s. Les techniques anciennes de construction sont également abordées. Un parcours à travers le domaine de 15 ha permet de s'intéresser au jardin, au rucher et aux vergers, ainsi qu'aux parcelles cultivées montrant l'évolution des pratiques agricoles.

Au conservatoire végétal s'est ajouté un cheptel de races de ferme rustiques en voie de disparition. Chevaux (trait-postier breton), vaches (pie noir, froment du Léon, nantaise et armoricaine), cochons (porc blanc de l'Ouest et porc de Bayeux), chèvres (des fossés), moutons (d'Ouessant, des landes de Bretagne, de l'Avranchin) et volailles (poules de La Flèche, coucou de Rennes et gauloise dorée) : toutes les anciennes races de la Bretagne se trouvent ici rassemblées.

L'écomusée propose régulièrement des journées thématiques (cheval, bois...), des expositions, fêtes et démonstrations : Fête du pommé, tonte des moutons, vannerie, mycologie, récolte du miel.

Châteaugiron

16 km au sud-est par la D 463.

Cette bourgade, déjà réputée au 17e s. pour ses toiles à voiles en chanvre utilisées par les vaisseaux de haut bord, a conservé de pittoresques maisons à pans de bois et un imposant **château**. De cette forteresse, plusieurs fois assiégée, il subsiste les douves, le donjon du 13e s. coiffé en poivrière au siècle suivant, et, lui faisant face, la tour de l'Horloge du 15e s. *Pour découvrir le site du château, empruntez le boulevard du Château.*

Château du Bois-Orcan

19 km au sud-est par la D 463 puis par la D 92 - 02 99 37 74 74 - www.bois-orcan.com - visite guidée juil.-sept. : tlj sf lun. 10h-12h, 14h30-18h30 - 7 € (enf. 4 €).

Construit par l'argentier d'Anne de Bretagne, ce manoir en pierre du 15e s. abrite une importante collection d'objets et de meubles médiévaux. Contigu au château, le jardin de la Fontaine de Vie a retrouvé sa facture médiévale et le parc de sculptures présente l'**Athanor★**, ensemble d'œuvres d'Étienne Martin, artiste majeur du 20e s.

Montfort-sur-Meu

17 km à l'ouest par la D 125.

Située au confluent du Meu et du Garun, cette petite ville construite en pierre rouge du pays possède un certain cachet. La **maison natale de saint Louis-Marie Grignion de Montfort** se trouve 15 r. de la Saulnerie. Ce missionnaire, qui naquit dans cette maison le 31 janvier 1673, fit élever le calvaire de Pontchâteau. *02 99 09 15 35 - visite guidée (1h) 8h30-18h - gratuit.*

Jardins de Brocéliande

18 km à l'ouest par la D 62. Le Pommeret - Bréal-sous-Monfort - 02 99 60 08 04 - www.jardinsdebroceliande.fr - - juil.-août : 10h30-19h ; de fin mars à fin juin et de déb. sept. à la Toussaint : mar.-sam. 13h30-18h, w.-end, j. fériés et vac. scol. 10h-19h (dernière entrée 1h30 av. la fermeture), possibilité de visite guidée à pied ou en petit train (1h30) - 6,50 € (6-18 ans 3 €) - restauration légère sur place, boutique et jardinerie.

Deux circuits balisés (45mn ou 1h30). Ces jardins inspirent tous les sens : les massifs colorés attirent le regard, les anciennes variétés fruitières cultivées dans les vergers titillent le goût, les cascades charment l'ouïe et la vingtaine de collections florales, dont la première collection de lilas en France et 1 000 variétés d'iris, enivre l'odorat.
Quant au toucher, pour le plus grand ravissement des enfants, il est également satisfait car il est permis de caresser les animaux de la ferme, dont le célèbre coucou de Rennes !

Itinéraire conseillé Carte de microrégion

VALLÉE DE LA VILAINE B2

Itinéraire de 40 km - environ 1h. Quittez Rennes par la D 177 vers Redon. Allez vers Bruz.

Bruz B2

Le 8 mai 1944, un bombardement allié aussi violent qu'inexplicable raya la commune de la carte, occasionnant de terribles pertes : 183 morts dont 51 enfants, des centaines de blessés… Complètement reconstruit après la Seconde Guerre mondiale, le bourg de Bruz apparaît comme une réussite de l'urbanisme rural.
Église★ – *11 pl. du d.-Joly - 02 99 52 56 56 - visite sur demande préalable à l'office du tourisme de Bruz - gratuit.* Elle fut construite en 1950 en schiste veiné de rose. Une flèche pointue coiffe le clocher carré qui forme porche. L'éclairage intérieur est très harmonieux. Dans la nef, des dalles de verre sont décorées de trois poissons dans un cercle. Dans l'abside, des vitraux représentent les sept sacrements. Au transept, deux verrières figurent à droite le Christ, à gauche la Vierge.
Parc ornithologique de Bretagne – *53 bd Pasteur - 02 99 52 68 57 - www.parc-ornithologique.com - - juil.-août : 10h-12h, 14h-19h ; avr.-juin et sept. : 14h-19h ; reste de l'année : dim. et j. fériés 14h-18h - fermé de mi-nov à mi-déc. et de déb. janv. à mi-fév. - 6,50 € (-12 ans 3,90 €).* Ce parc présente une intéressante collection de plus de 1 000 oiseaux, venus de tous les continents. Les enfants *(6-8 ans)* reçoivent un petit questionnaire dès l'entrée.
Poursuivez votre itinéraire vers le sud par la D 577. La route franchit le fleuve à Pont-Réan, dans un beau site.

Le Boël B2

On peut faire une agréable promenade au bord de la Vilaine qui coule entre des collines rocheuses, dans un site verdoyant. Une petite écluse et un barrage semblent relier la rive droite au vieux moulin situé sur l'autre rive.
Revenez à Rennes.
Voir aussi Redon, p. 132.

NOS ADRESSES À RENNES

TRANSPORTS

Bus, métro – La ville de Rennes est desservie par un métro, le Val, qui la traverse du nord-ouest *(J.-F. Kennedy)* au sud-est *(La Poterie, parc relais pour voitures)*. Il est également possible d'utiliser les nombreuses lignes de bus qui sillonnent la ville. Ces transports en commun sont gérés par le STAR qui propose plusieurs titres de transport dont le ticket Unité *(1,20 €, 1h)* et le ticket Journée *(3,20 €)*. Tarif réduit avec la carte City Pass. Informations et vente à Infostar – *12 r. du Pré-Botté - ✆ 0 811 555 535 - www.star.fr.*

Vélo – Service de vélos en libre-service 24/24h et 7/7 j dans 81 stations proches des stations de métro, de bus et de la gare; premières 30mn gratuites puis 1 € pour la demi-heure suivante, 2 € de 1h à 2h, etc. Infos sur www.levelostar.fr.

VISITES

Rennes, qui porte le label Ville d'art et d'histoire, propose des visites-découverte *(1h30 à 2h)*, des circuits-découverte et des ateliers ludiques pour les 6-12 ans, animés par des guides-conférenciers agréés par le ministère de la Culture et de la Communication. Renseignements à la billetterie de l'office de tourisme - *✆ 02 99 67 11 66 - 6,80 € (7-15 ans 4 €).*

Rennes métropole City Pass – Valable 48h, il permet d'accéder aux principaux monuments de Rennes et de sa métropole à des conditions privilégiées et de bénéficier de tarifs préférentiels sur certains spectacles ou activités de loisirs et de bien-être. En vente 13 € à l'office du tourisme.

HÉBERGEMENT

PREMIER PRIX

Arvor Hotel – *31 av. Louis-Barthou - ✆ 02 99 30 36 47 - arvorhotel.com - P - 16 ch. 50/58 € - ☕ 7 €.* Proche de la gare, cet établissement fraîchement ravalé constitue un pied-à-terre pratique pour découvrir la ville en marchant. Ses chambres, réparties sur deux étages, sont propres et fonctionnelles. Son petit bar, de style anglais, est sympathique.

Hôtel Le Victoria – *35 av. Jean-Janvier - ✆ 02 99 31 69 11 - www.hotel-levictoria.com - ♿ - P - 40 ch. 54/77 € - ☕ 7 € - rest. 12/22 €.* Une cure de jouvence est venue réveiller cet hôtel situé à proximité de la gare. Ses petites chambres sobres et fraîches en font une étape convenable. Côté restaurant, ambiance brasserie et agrément d'une fresque évoquant un voyage de la reine Victoria.

BUDGET MOYEN

Hôtel de Nemours – *5 r. de Nemours - ✆ 02 99 78 26 26 - www.hotelnemours.com - 65/90 € - ☕ 8,50 €.* Sis dans une rue fréquentée à proximité du métro République, cet hôtel central est heureusement bien insonorisé. Ses chambres, rafraîchies, sont desservies par un minuscule ascenseur. Jolie salle de petit-déjeuner à la décoration épurée.

Hôtel des Lices – *7 pl. des Lices - ✆ 02 99 79 14 81 - www.hotel-des-lices.com - ♿ - 45 ch. 65/73 € - ☕ 8 €.* La fameuse pl. des Lices, avec ses maisons à colombages et son marché, est à vos pieds. Chambres modernes avec petits balcons. Sur l'arrière, vue sur les vieux remparts.

Ar Milin' – *24 km à l'est de Rennes par N 136 puis N 157 - 30 r. de Paris - 35220 Châteaubourg - ✆ 02 99 00 30 91 - www.armilin.*

com - fermé 20 déc.-5 janv. et dim. soir de nov. à fév. - 32 ch. - 82/148 € ☕ 12 € - rest. (fermé mar., sam. midi et lun. en juil.-août), menu 29/47 €, carte 41/53 €. Au calme d'un parc agrémenté d'œuvres contemporaines monumentales, ce moulin de pierre du 19e s. abrite de chaleureuses chambres (plus petites dans l'annexe). Salle à manger claire avec vue sur la rivière ; cuisine traditionnelle.

RESTAURATION

PREMIER PRIX

Crêperie des Portes Mordelaises – *6 r. des Portes-Mordelaises - ☎ 02 99 30 57 40 - sarlterroirs@yahoo.fr - fermé 1er-14 janv., mar. et merc. - ♿ - 2,50/12 €.* Face à la maison d'Anne de Bretagne : on ne peut rêver meilleure situation pour déguster galettes et crêpes traditionnelles (farines « bio » et bretonnes) près de la cheminée, dans un cadre simple et familial. Terrasse d'été. Accords de vins avec chaque galette.

Thé au Fourneau – *6 r. Capit.-Alfred-Dreyfus - ☎ 02 99 78 25 36 - pascale_couety@hotmail.fr - fermé 3 sem. en août et dim. - 13/17 €.* Salé ou sucré ? Tartes, salades, thés, tartines et scones : de quoi composer en toute liberté votre escale gourmande dans cette maison du 17e s. très bien située à quelques pas des musées de Bretagne et des Beaux-Arts. Vente de thé en vrac.

Au Goût des Hôtes – *8 pl. Rallier-du-Baty - ☎ 02 99 79 20 36 - fermé le 2 janv. - 11/16 €.* En retrait de l'agitation du quartier de la Soif, ce restaurant propose une carte inventive soutenue par des produits de qualité et une judicieuse sélection de vins.

Chez Kub – *20 r. du Chapitre - ☎ 02 99 31 19 31 - www.chezkub.fr - fermé dim. midi et lun. - menu 11,90 €.* Spécialités de grillades préparées au four à bois (entrecôte, bavette, brochettes et gambas grillées), dans une ambiance conviviale auprès de la cheminée. Aux beaux jours, la terrasse s'ouvre sur la rue médiévale.

BUDGET MOYEN

Le Picca La Grande Brasserie de Rennes – *Pl. de la Mairie - ☎ 02 99 78 17 17 - www.lepicca.fr - formule déj. 13,50 € - 23,50 €.* Cette institution rennaise fondée en 1832 accueille ses clients de midi à minuit sur les banquettes capitonnées de sa belle salle habillée de boiseries. Agréable terrasse adossée au théâtre. Carte brasserie et brunchs.

Café Breton – *14 r. Nantaise - ☎ 02 99 30 74 95 - www.lecafe-breton.fr - fermé déb. août, lun. soir et dim. - formule déj. 12 € - 22/28 €.* Cette ancienne épicerie est un incontournable de la cité bretonne. La recette du succès : suggestions du marché présentées à l'ardoise, vieux mobilier de bistrot, service décontracté et ambiance conviviale.

Baron Rouge – *15-17 r. du Chapitre - ☎ 02 99 79 08 09 - fermé dim. - formule déj. 12 € - 18,50/37,50 €.* Atmosphère feutrée dans ce lieu dont l'enseigne évoque un personnage affublé d'une amusante biographie. La cuisine mi-actuelle, mi-classique et la sélection de vins sauront vous requinquer. Plaisant cadre rustique.

Le Guehennec – *33 r. Nantaise - ☎ 02 99 65 51 30 - www.leguehennec.com - Fermé 2 sem. en août, sam. midi, lundi soir et dim. - ♿ - 20/48 €.* Boiseries blondes et mobilier contemporain couleur chocolat s'accordent à merveille pour rendre ce petit restaurant très accueillant. Carte inspirée du marché.

Le Quatre B – *4 pl. Bretagne - ☎ 02 99 30 42 01 - www.quatreb.fr - fermé lun. midi, sam. midi et dim. - formule déj. 12 € - 16/27 €.* Agréable véranda, salle épurée, banquettes rouge sombre, chaises design, grandes toiles à thème floral… Gourmand, le Quatre B impose son style moderne avec succès.

La Réserve – *36 r. de la Visitation - ✆ 02 99 84 02 02 - www.lareserve-rennes.com - fermé dim. et lun. - menu 22,80 €, carte à partir de 25 €.* Des expositions de peintures sont régulièrement organisées dans ce restaurant à étages, très lumineux. Cuisine de marché traditionnelle et goûteuse : ne manquez pas le pot de foie gras chutney mangue et ananas ou la crème brûlée vanille bourbon !

BOIRE UN VERRE

Bon à savoir – Les bars des rues St-Michel et St-Georges, ou de la rue St-Malo dans un style plus alternatif, proposent souvent des concerts de rock. Les rues Vasselot et Ste-Madeleine sont moins bruyantes, mais aussi populaires aux beaux jours.

Le Dejazey – *54 r. de St-Malo - ✆ 02 99 38 70 72 - tlj sf dim. et lun. 18h-3h.* Pour les amoureux de jazz, de rythm and blues et de musiques latino. DJ le vendredi et samedi soir.

La Lanterne – *13 quai Lamennais - ✆ 02 99 79 61 40 - tlj sf dim. 8h-1h, sam. 10h-1h - fermé j. fériés.* Ce café a plus d'une corde à son arc pour vous accueillir à tout moment : brasserie midi et soir (grand choix de bières), bar à cocktails en soirée, ambiance musicale chaleureuse (jazz, blues, vieux tubes).

Le Chatham – *5 r. de Montfort - ✆ 02 99 79 55 48 - tlj sf dim. 18h-3h - fermé j. fériés.* Un des plus beaux pubs de la ville. Maquettes de bateaux, roue de gouvernail, immense lanterne en cuivre, tout invite ici au grand large. Ambiance chaleureuse et néanmoins bon chic bon genre. Musique principalement irlandaise, latino, jazz et rock.

Le Zing – *3-5 pl. des Lices - ✆ 02 99 79 64 60 - www.lezing.fr - 15h-3h - fermé 1er janv..* Bar branché situé au cœur névralgique de la vie nocturne rennaise. Il existe en effet pas moins de 25 cafés sur la place et la petite rue piétonne Saint-Michel. Belle terrasse au calme et au soleil.

L'Amaryllis – *12 carr. Jouaust - ✆ 02 99 31 58 32 - www.lamaryllis.fr.st - tlj sf dim. 11h-1h.* Un des bars incontournables de Rennes. Cheminée l'hiver.

ACHATS

Le Marché –. Samedi matin, place des Lices : un des plus beaux marchés de France.

EN SOIRÉE

Bon à savoir – Un nombre important de journaux et de dépliants gratuits (*Le Rennais*, *Contact Hebdo Spectacles* et *Spectacles infos*) bien utiles pour connaître les événements culturels de Rennes et ses environs, sont disponibles à l'office de tourisme. On pourra aussi se procurer *La Griffe* dans les bars de la ville.

Conservatoire National de Région de Rennes – *26 r. Hoche - ✆ 02 23 62 22 51 - www.cnr.rennes.fr - fermé vac. scol., de mi-juil. à fin août, dim. et j. fériés - 5 à 10 €.* L'établissement d'enseignement artistique est aussi un centre culturel à part entière. La saison est ponctuée par quelque 150 manifestations.

Le Triangle – *Bd de Yougoslavie - ✆ 02 99 22 27 27 - www.letriangle.org - tlj sf dim. 14h-19h, merc. 9h-19h, sam. 10h-17h - fermé 17 juil.-17 août - de 5 à 20 € selon les spectacles.* Salles de 15 à 250 places, auditorium de 633 places dans ce centre culturel qui ouvre ses portes à la danse contemporaine et aux arts plastiques, mais aussi à la poésie et aux musiques actuelles (studio de création musicale).

Péniche-Spectacle l'Arbre d'Eau – *Quai St-Cyr - ✆ 02 99 59 35 38 - www.penichespectacle.com - tlj - 4/13 €.* Deux péniches sont installées Quai Saint-Cyr : « L'Arbre d'eau » reçoit les artistes, « La Dame Blanche » organise des stages, des ateliers, des expositions… En été, la péniche-spectacle part en balade sur les canaux bretons.

Opéra de Rennes – *Pl. de la Mairie - ✆ 02 99 78 48 78 - www.opera-rennes.fr - location : tlj sf dim. et lun. 12h-19h.* Entièrement rénové en 1997, l'opéra de Rennes propose chaque année 8 ou 9 ouvrages lyriques et concerts (de Monteverdi à la création contemporaine), et autant de concerts : opéra, opérette, musique de chambre, récital et musique baroque. Il dispose d'un chœur semi-professionnel d'une trentaine de chanteurs, recourt à l'orchestre de Bretagne et collabore avec la Maîtrise de Bretagne et le TNB.

Théâtre de l'ADEC Maison du Théâtre Amateur – *45 r. Papu - ✆ 02 99 33 20 01 - http://adec.mta.free.fr - bibliothèque : lun.-vend. 14h-18h ; théâtre : 9h-17h - fermé 15 juil.-25 août - 4/6 €.* Cette salle propose des spectacles présentés par des troupes amateur. Au 16 rue Papu, une des plus importantes bibliothèques théâtrales de France abrite un fonds considérable de textes de théâtre (nombreux auteurs contemporains).

Théâtre national de Bretagne – *14 r. Guy-Ropartz - ✆ 02 99 31 55 33 - www.t-n-b.fr - tlj sf dim. et lun. 13h-19h, sam. 14h-19h.* Ce lieu créé en 1990 est centré surtout sur le théâtre et la danse.

ACTIVITÉS

Piscine St-Georges – *R. Gambetta - ✆ 02 23 62 15 40 - mar. 12h-14h ; merc. 8h-11h, 15h-22h ; jeu. 12h-14h, 18h-21h ; vend. 12h-14h ; sam. 9h-13h, 15h-19h ; dim. 8h30-13h - fermé lun.* Inaugurée en 1926, toute en mosaïque et en faïence bleues et blanches, cette piscine du centre-ville arbore un intérieur Art déco au charme désuet. Vous nagez dans un bassin de 33 m de long entouré de cabines qui évoquent l'intérieur d'un paquebot. C'est à faire.

Étang d'Apigné – *Base de loisirs - ✆ 02 99 31 68 95.* Ancienne sablière devenue aujourd'hui poumon vert des Rennais, cette base de loisirs en périphérie *(direction Vannes)* offre une plage surveillée, un espace réservé au modélisme et un lieu de pratique pour le club nautique de Rennes.

Balades en bateau - Urbavag – *R. Canal-St-Martin - ✆ 02 99 33 16 88/06 - www.urbavag.com - fermé de la Toussaint à fin mars - location de bateaux sans permis 5 et 7 places maxi de la 1/2 h à 7h - 14,50/133 €.* Possibilité de visite guidée - *rens. office de tourisme - ✆ 02 99 67 11 66.*

AGENDA

« Transmusicales » de Rennes – Trois jours de musique et de fête. *1re sem. de déc. - ✆ 02 99 31 12 10.*

Tombées de la Nuit – *1re sem. de juil. - ✆ 02 99 32 56 56.* Spectacles de rue, théâtre, concerts, opéras, reprises ou créations contemporaines, au cœur historique de la capitale bretonne.

Transat en ville – En juillet-août, spectacles dans les quartiers et espace détente – dans des transats – sur la place de l'Hôtel de Ville. Infos Office de tourisme.

Biennale d'art contemporain – *✆ 02 99 87 25 50 - www.lesateliersderennes.fr.* Les années paires, série d'expositions au Couvent des Jacobins et autres lieux de la ville.

Fougères

★★

20 941 Fougerais – Ille-et-Vilaine (35)

NOS ADRESSES PAGE 123

S'INFORMER

Office du tourisme de Fougères – *2 r. Nationale - 35 300 Fougères - ✆ 02 99 94 12 20 - www.ot-fougeres.fr - juil.-août : 9h-19h, dim. et j. fériés 14h-18h ; reste de l'année : tlj sf dim. et j. fériés 10h-12h30, 14h-18h.*

SE REPÉRER

Carte de microrégion D1 (p. 101) – *carte Michelin Départements 309 O4.* Ancienne marche, Fougères marque la frontière orientale de la Bretagne, non loin de l'A 84 qui relie Avranches (44 km au nord) à Rennes (55 km au sud-ouest). Rejoignez St-Malo (100 km à l'ouest) *via* Dol-de-Bretagne par la D 155.

SE GARER

En centre-ville, les zones de stationnement bleues sont gratuites pour 1h30. L'été, vous trouverez des parkings (non gardés) en périphérie. Évitez le centre le samedi matin, jour de marché.

ORGANISER SON TEMPS

Offrez-vous une visite guidée du château et du quartier médiéval pour profiter pleinement du patrimoine de cette ville labellisée « d'art et d'histoire ».

À NE PAS MANQUER

Le site impressionnant du château dont l'enceinte est miraculeusement préservée et les maisons du 16e s. du quartier médiéval du Marchix.

AVEC LES ENFANTS

Après une visite du château égayée par un jeu d'énigmes, louez des VTT au centre de loisirs de la ferme de Chênedet ou visitez la Maison Pierres et Nature à Mellé.

Cette ancienne ville forte domine la douce et sinueuse vallée du Nançon. En contrebas, sur une éminence rocheuse presque entièrement entourée par la rivière, se dresse un magnifique château féodal dont l'enceinte compte parmi les plus considérables d'Europe. Le quartier médiéval et les jardins situés au cœur même de la ville transportent le voyageur dans une balade entre histoire et littérature.

Découvrir

★★ LE CHÂTEAU A1

✆ 02 99 99 79 59 - visite guidée (45mn) juil.-août : 10h-19h ; mai-juin et sept. : 10h-12h30, 14h-19h ; reste de l'année : 10h-12h30, 14h-17h30 - fermé lun. (sf j. fériés), janv., 25 déc. - 7,50 € (-25 ans 4,50 €), 19,50 € Pass famille (nombre d'enf. illimité).

117

FOUGÈRES

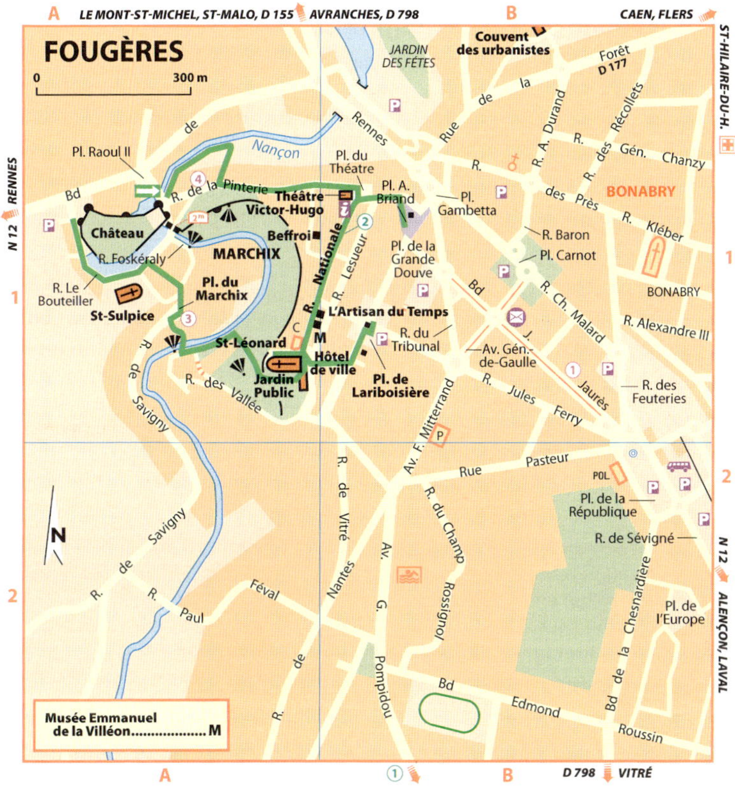

SE LOGER

Balzac Hôtel........................ (2)

Ferme de Mésauboin (Chambre d'hôte)........................ (1)

SE RESTAURER

Haute Sève (La)........................ (1)

Remparts (Crêperie des)........................ (4)

Ti Vabro........................ (3)

Son site en contrebas de la ville haute est inhabituel. Un méandre de la rivière, qui baignait une éminence rocheuse en forme de presqu'île très étroite, fournissait un excellent site défensif. L'architecture militaire a tiré parti de cet emplacement en y élevant des remparts et des tours, et en transformant la presqu'île en île, par une courte dérivation du Nançon. Reliée à la ville haute par des remparts, la garnison pouvait participer à sa défense et même s'y replier en cas de chute de la ville, pour jouer son rôle de garde-frontière du duché de Bretagne. Au fil des batailles, les assaillants ont pu néanmoins se rendre maîtres de ces hautes murailles, soit par surprise, soit par de longs sièges.

La forteresse, telle qu'elle subsiste, a beaucoup souffert au cours des siècles. L'enceinte est complète avec ses courtines et ses treize tours. Mais on ne voit plus l'imposant donjon qui, du point le plus élevé du rocher, commandait toutes les défenses : il fut rasé en 1166 par le roi d'Angleterre. Le grand logis, qui occupait une partie de la cour intérieure, a été également réduit à ses substructures au début du 19e s.

UNE IMPORTANTE PLACE FORTE

À la frontière de la Bretagne et de la France, Fougères a toujours eu une grande importance militaire. Le plus célèbre de ses barons, Raoul II, a vécu au milieu du 12e s. sous la suzeraineté du duc de Bretagne Conan IV, soumis à Henri II Plantagenêt, roi d'Angleterre et duc de Normandie. Le fier Raoul, révolté, forma une ligue avec une partie de la noblesse bretonne et entra en lutte contre Plantagenêt. En 1166, Henri II investit Fougères et démolit le château. Raoul le reconstruit aussitôt; une partie de son œuvre reste encore debout.

Au 13e s., le fief passe par mariage à des seigneurs poitevins, les Lusignan. Ils se disent descendants de la fée Mélusine (mère Lusigne) et donnent son nom à la plus belle des tours qu'ils ajoutent à l'enceinte.

Fougères offre l'exemple, assez rare, d'une forteresse formidable très souvent prise. Y sont entrés : Saint Louis, Du Guesclin, Surienne, capitaine aragonais au service des Anglais, La Trémoille, le duc de Mercœur, les Vendéens… Après la réunion de la Bretagne à la France, des gouverneurs se succèdent à Fougères : dix des tours portent leurs noms. Au 18e s., le château devient propriété privée. La ville l'achète en 1892.

Une nouvelle scénographie, à la fois sobre et design, accompagne la visite du château. À l'extérieur, le parcours invite à comparer l'architecture d'hier et d'aujourd'hui en se glissant dans la visière de personnages historiques. À l'intérieur des tours Mélusine, Surienne et Raoul, le contexte historique des Marches de Bretagne se dévoile au fil d'illustrations et de films projetés à même les pierres.

★ Tour extérieur

Partez de la place Raoul-II, longez les fortifications (dans le sens inverse des aiguilles d'une montre), puis suivez, à gauche, la rue Le Bouteiller.

Au centre du rempart nord, la **tourelle de Guibé** (14e s.) formait un poste de guet élevé, en encorbellement sur la courtine. En contournant l'éperon que forment à l'ouest les remparts, on remarque la puissance des défenses réunies en ce point. La poterne du 15e s. s'ouvre aujourd'hui sur le vide, mais se prolongeait autrefois par une double arcade qui franchissait le fossé, pour communiquer avec un ouvrage avancé.

La **tour du Gobelin** (13e et 14e s.), à gauche, et la **tour Mélusine** (14e s.), à droite, sont rondes. Jadis munies de mâchicoulis et probablement remaniées dans leurs parties hautes, elles ont perdu de leur fière allure. La seconde est considérée comme un chef-d'œuvre de l'architecture militaire de l'époque : 13 m de diamètre extérieur, 3,50 m d'épaisseur de mur et 31 m de hauteur au-dessus du rocher.

Deux tours en fer à cheval et trapues, les **tours Surienne et Raoul** (15e s.), marquent la dernière étape de la reconstruction du château. Elles témoignent des méthodes de la guerre de siège qui, à la fin du 15e s., prenait la forme d'un duel d'artillerie à courte portée. Leurs murs présentent ainsi une épaisseur de 7 m, pour résister aux tirs, et elles-mêmes ont été conçues pour servir de plate-forme d'artillerie. Elles conservent d'ailleurs des canonnières très puissantes et bien préservées. Le dessin des mâchicoulis montre en outre qu'à cette époque l'art militaire n'excluait pas la décoration.

Face aux deux tours s'élèvent l'église St-Sulpice et le quartier du Marchix.

En suivant toujours l'enceinte, on voit la tour du Cadran (13e s.). Carrée et de

dimension réduite, elle est très endommagée. Plus loin, la **porte Notre-Dame** est la seule qui subsiste des quatre portes des boulevards précédant les quatre portes de l'enceinte fortifiée qui entourait la ville elle-même. La tour de gauche, plus élevée et percée d'étroites archères, remonte au 14e s. La tour de droite, pourvue de mâchicoulis très décorés, date du 15e s.
Passez sous la porte et suivez la rue de la Fourchette ; montez à droite dans la rue de la Pinterie.
À 50 m, traversez à droite les jardins aménagés en bordure du chemin de ronde reconstitué : belle vue sur la vallée du Nançon et l'ensemble du château.
Passez sous les ruines d'un joli portail de chapelle pour sortir du jardin et reprendre à gauche la rue de la Pinterie, qui conduit à l'entrée du château.

★★ Intérieur

L'entrée, précédée d'un fossé alimenté par une dérivation du Nançon, se fait par la **tour carrée de La Haye-St-Hilaire**.
Le château comprend **trois enceintes** successives. Percée d'archères, l'avancée (13e s.) constituait le premier obstacle. Cette ligne franchie, les assaillants pénétraient dans une petite cour où ils étaient soumis aux tirs convergents des défenseurs postés sur les quatre côtés. Ainsi exposés, les assaillants devaient donc traverser un second fossé avant d'atteindre l'enceinte principale défendue par quatre tours (12e et 15e s.). Ces deux lignes de défense enlevées, c'était la ruée dans la grande cour où s'élevaient le **logis seigneurial** et la **chapelle**. Mais la défense pouvait se ressaisir... Une troisième enceinte, le réduit, était située au point le plus élevé ; elle permettait – avec le donjon, qui existait encore au 12e s. – une longue résistance. Délogée de ces positions, la garnison pouvait encore trouver le salut en fuyant par la poterne.
La visite révèle la puissance d'une telle forteresse. Par la courtine la plus élevée du château, atteignez la tour Mélusine *(75 marches jusqu'au sommet)* et replongez dans l'histoire du château au fil des projections.

Se promener

LA VILLE HAUTE AB1

En sortant du château, empruntez la promenade aménagée le long du Val Nançon. Elle vous conduit jusqu'aux jardins collectifs en face desquels s'élève **L'Œuvre à la Vie**. Inaugurée en 2000, cette demi-sphère en acier habillée de huit compositions picturales est signée de l'artiste Louis-Marie Catta.
Rejoignez la rue de la Pinterie par la ruelle des Vaux et remontez-la jusqu'à la place Aristide-Briand.

Place Aristide-Briand B1

L'**hôtel de la Bélinaye** (tribunal d'instance) est la maison natale d'**Armand Taffin de La Rouërie**, l'un des chefs de la chouannerie bretonne *(voir p. 78)*.
Descendez la rue Nationale.

★ Rue Nationale B1-A1

La plus belle rue de la ville dont les façades de granit (18e s.) sont ornées de balcons en fer forgé.
Beffroi – *Sur la droite en descendant la rue.* Cette tour octogonale (14e et 15e s.) se dresse fièrement au-dessus des remparts. Elle est décorée de gargouilles et surmontée d'une flèche recouverte d'ardoise.

L'Artisan du Temps – Musée de l'Horlogerie – *37 r. Nationale - ✆ 02 99 99 40 98 - ♿ - de mi-juin à fin août : 9h-12h, 14h-19h, dim., lun. et j. fériés 14h-18h30 ; reste de l'année : tlj sf dim. et lun. 9h-12h, 14h-19h - possibilité de visite guidée (1h) - fermé 2e sem. de sept. - 4,70 € (+10 ans 3,80 €).* Petite exposition sur la passionnante quête de la mesure du temps. Plus de 200 pièces de collection sont présentées par un horloger passionné que l'on peut voir à l'ouvrage dans son atelier.

Depuis la rue Nationale vous apercevez à droite la place de Lariboisière.

Place de Lariboisière B1

La statue équestre, œuvre de Louis Derbre, rend hommage au **comte de Lariboisière** (1759-1812). Né à Fougères, ce brillant officier se distingua dans les armées napoléoniennes avant de mourir d'épuisement pendant la terrible retraite de Russie.

Poursuivez sur la rue Nationale.

Musée Emmanuel-de-La Villéon – *51 r. Nationale - ✆ 02 99 99 19 98 - de mi-juin à mi-sept. : 10h30-12h30, 14h-18h - gratuit.* Installé dans une maison du 16e s., il présente, outre une collection des 17e et 18e s., des œuvres d'Emmanuel de La Villéon (1858-1944), peintre impressionniste né à Fougères.

Église Saint-Léonard A1

Construite aux 15e et 16e s. avec une façade richement ornée sur le bas-côté nord, elle est dominée par une tour du 17e s. Des vitraux modernes de Lorin l'éclairent, mais on remarquera quelques fragments anciens : dans la chapelle de la Croix, à gauche en entrant, deux scènes de la vie de saint Benoît, du 12e s., et, dans la chapelle des fonts baptismaux, incorporées dans un vitrail, deux parcelles de **vitraux★** du 16e s.

Hôtel de ville A1

Édifice Renaissance. Remarquez la porte en partie murée.

★ Jardin public A1

Fort apprécié d'Honoré de Balzac, qui l'a introduit au cœur de son roman *Les Chouans*, et de Victor Hugo qui y vint avec Juliette Drouet, il est établi en partie en terrasses, sur l'emplacement des anciens remparts de la ville, et en partie sur les pentes qui descendent dans la vallée du Nançon. De la partie de la terrasse clôturée par la balustrade, on jouit d'une **vue★** d'ensemble intéressante sur le château et le quartier du Marchix.

Un escalier permet de rejoindre le quartier médieval en contrebas.

DE LA CHAUSSURE À L'AGROALIMENTAIRE

En plus de s'enorgueillir d'avoir vu naître l'un des précurseurs de la chouannerie, le marquis de La Rouërie (1756-1793), dont la vie fut un véritable roman d'aventures, Fougères peut se prévaloir d'avoir occupé une place prépondérante dans la production de chaussures. En 1832 commence la fabrication des chaussons de laine. En 1852, on y ajoute la chaussure, cousue à la main. L'année 1870 voit arriver la machine qui coud mécaniquement et, en 1890, une trentaine d'usines produisent en série des chaussures bon marché. Mais cette prospérité nouvelle connaîtra la douloureuse parenthèse du bombardement de juin 1944. Une diversification amorcée dans les années 1970 oriente les entreprises locales vers les métiers du verre, de l'électronique, de l'information et de la robotique, sans oublier l'important secteur agroalimentaire.

La ville basse de Fougères.
M. Triano / MICHELIN

LE QUARTIER MÉDIÉVAL A1

★ Quartier du Marchix A1

La place du Marchix occupe le site de l'ancien marché au cœur de la vieille ville ; aux n°s 13 et 15 s'élèvent deux belles maisons du 16e s.

La rue Foskéraly longe le Nançon, offrant une belle vue sur les remparts aménagés en jardin public. Promenez-vous ensuite dans la rue du Nançon, bordée de maisons du 16e s. ; remarquez d'autres maisons intéressantes à l'angle de la rue de la Providence et de la rue de Lusignan où vous jetterez un coup d'œil. Prenant la rue des Tanneurs, passez le pont sur le Nançon.

★ Église Saint-Sulpice A1

Construite en gothique flamboyant du 15e au 18e s., elle présente une grande homogénéité. La flèche d'ardoise très élancée (15e s.) est d'une facture originale. L'intérieur s'enrichit, dans le chœur, de boiseries du 18e s., mais on remarque surtout les **retables★** de granit du 15e s. des chapelles. Celle de gauche, ou chapelle Notre-Dame-des-Marais (statue qui aurait été découverte à proximité du château en 1300), abrite le retable dédié à Anne de Bretagne, sa donatrice.

À voir aussi Plan de la ville

Le Couvent des Urbanistes B1

25 r. de la Caserne - ✆ 02 99 94 30 05 - www.galeriedesurbanistes.com - du merc. au dim. de 14h à 18h ou sur RV au ✆ 02 99 94 30 05 - entrée libre.

Au sein d'un ancien couvent du 17e s., cette galerie d'art contemporain a pour vocation de promouvoir la création d'aujourd'hui avec une programmation variée qui distingue aussi bien les jeunes artistes en devenir, que des artistes confirmés et reconnus sur la scène nationale et internationale. Elle propose 4 à 6 expositions par an.

À proximité Carte de microrégion

Forêt domaniale de Fougères D1

3 km au nord-est. Quittez Fougères par la D 177, route de Flers.

La promenade permet de parcourir de belles futaies de hêtres. On pourra voir deux dolmens ruinés et un alignement mégalithique appelé Cordon des Druides, situé près du carrefour de Chennedet. En poursuivant en direction de Landéan, à l'orée de la forêt, près du carrefour de la Recouvrance, se trouvent des celliers du 12e s. Aujourd'hui fermés, ils constituaient la cachette des seigneurs de Fougères.

Ferme de Chênedet – *À Landéan, à 7 km au nord-ouest de Fougères - 02 99 97 35 46 - www.chenedet-loisirs.com - 8h30-17h30, w.-end 10h-16h.* Au cœur de la forêt domaniale de Fougères, ce centre de loisirs regroupe à la fois des activités équestres (cours d'équitation, promenade) et nautiques (location de kayaks et de barques en été) sur le plan d'eau situé juste à côté. Location de VTT toute l'année. Hébergement sur place en 4 gîtes collectifs.

★ Parc floral de Haute-Bretagne D1

Le Châtellier, 10 km au nord-ouest. Quittez Fougères au nord en direction de St-James (D 798) jusqu'à la D 19 qu'il faut prendre à gauche. Suivez le fléchage - 02 99 95 48 32 - www.parcfloralbretagne.com - - juil.-août : 10h30-18h30 (dernière entrée 1h30 av. la fermeture) ; reste de l'année : 10h-12h, 14h-18h, dim. et j. fériés 10h30-18h30 - fermé 15 nov.-28 fév. - 9,80 € (enf. 7,20 €).

Dépaysement garanti au **château de la Foltière** aménagé en parc floral (20 ha). Le parcours proposé relie seize jardins aux noms évocateurs (Cité antique, labyrinthe de Cnossos, vallée des Rois, vallon des Poètes, jardin perse, la source bleue, l'antre des plantes carnivores…) qui offrent, selon les saisons, une palette inépuisable d'ambiances, de couleurs et de parfums. Chambres et boutique au château, jardinerie.

Mellé D1

21 km au nord. Quittez la ville par la D 177. À Louvigné-du-Désert, prenez la D 14.

La « **Maison Pierres et Nature** » est un espace d'interprétation du patrimoine rural local. Vous y apprendrez à lire un paysage, à reconnaître les roches, les types de sols, les plantes, vous découvrirez les énergies renouvelables… *02 99 17 14 24 - www.pierresetnature.com - visite guidée uniquement sur demande - gratuit.*

La visite peut se poursuivre par le « **Circuit Pierres et Nature** », un sentier de 11 km, accessible à tous et qui « explique la campagne ». Les panneaux qui le jalonnent donnent des clés pour comprendre et reconnaître le patrimoine bâti et paysager. *Départ pl. de l'Église. Plan disponible à la Maison Pierres et Nature.*

NOS ADRESSES À FOUGÈRES

VISITES

Ville d'art et d'histoire – Fougères, Ville d'art et d'histoire, propose des visites-découverte *(1h30)* de son patrimoine millénaire, animées par des guides-conférenciers agréés par le ministère de la Culture et de la Communication - *de mi-juin à mi-sept. : 15h30 - 4,80 € - Renseignements château de Fougères - ✆ 02 99 99 79 59 - www.ot-fougeres.fr.*

Il est également possible de découvrir la ville en empruntant le **petit train touristique**.

HÉBERGEMENT

BUDGET MOYEN

Chambre d'hôte Ferme de Mésauboin – *35 133 Billé - ✆ 02 99 97 61 57 - www.ferme-de-mesauboin.com - fermé 2 sem. en mars et 2 sem. en oct. - P - 5 ch. 46/52 € - rest. 17/26 €.* Le calme et la simplicité de cette ferme-manoir du 17e s. combleront tous ceux qui rêvent d'effectuer un petit séjour « de tout repos » à la campagne. Produits du terroir à l'auberge, chambres d'hôte et gîtes.

Balzac Hôtel – *15 r. Nationale - ✆ 02 99 99 42 46 - www.balzachotel.com - 22 ch. 45/67 € - 6 €.* Aménagé dans un hôtel particulier du 18e s., en plein centre historique de Fougères. L'accueil est charmant et les chambres sont desservies par ascenseur.

RESTAURATION

PREMIER PRIX

Crêperie des Remparts – *102 r. de la Pinterie - ✆ 02 99 94 53 53 - fermé vac. de fév. et jeu. hors sais. - 13/15 €.* À deux pas du château, l'une des plus vieilles maisons de Fougères abrite cette crêperie aux poutres massives et aux murs décorés d'objets anciens et régionaux. Aux beaux jours, la terrasse est dressée devant le jardin public bordant les remparts.

Ti Vabro – *13 pl. du Marchix - ✆ 02 99 17 20 90 - fermé lun., dim. soir et merc. soir (juil.-août, fermé uniquement lun.) - 7/15 €.* Située au cœur du quartier médiéval dans une belle maison à pans de bois, cette crêperie propose une carte de 15 cidres pour accompagner crêpes et galettes réalisées avec soin.

BUDGET MOYEN

La Haute Sève – *37 bd J.-Jaurès - ✆ 02 99 94 23 39 - fermé 22 juil.-22 août, 1er-20 janv., dim. soir et lun. - 20/43 €.* L'avenante façade à colombages abrite une salle à manger relookée dans un esprit contemporain. Cuisine régionale au goût du jour.

BOIRE UN VERRE

Le Coquelicot – *18 r. de Vitré - ✆ 02 99 99 82 11 - http://barlecoquelicot.free.fr - tlj sf dim. et lun. 16h-3h - fermé de mi-juil. à mi-août.* Ouvert en 1979, ce petit bar musical accueille toutes les semaines chanteurs, groupes de rock, de jazz ou de blues.

Vitré

★★

16 156 Vitréens – Ille-et-Vilaine (35)

NOS ADRESSES PAGE 130

S'INFORMER

Office du tourisme de Vitré – *Pl. du Gén.-de-Gaulle - 35 500 Vitré - ℘ 02 99 75 04 46 - www.ot-vitre.fr - juil.-août : 9h30-12h30, 14h-18h30, dim. 10h-12h30, 15h-18h ; sept.-juin : lun. 14h30-18h, mar.-vend. 9h30-12h30, 14h30-18h, sam. 10h-12h30, 15h-17h - fermé 1er janv., 25 déc.*

L'office de tourisme propose 9 visites-découverte thématiques *(1h30)* à travers la ville. *Juil.-août : 1 visite/j à 15h et nocturne sam.-dim. à 22h sur réserv. ; mai-juin et sept. : w.-end - 5 € (+7 ans 2,50 €) (toute information est sous réserve de modification).*

Office du tourisme de La Guerche-de-Bretagne – *R. du chapitre - 35 130 La Guerche-de-Bretagne - ℘ 02 99 96 30 78 - tlj sf dim. 9h30-12h, 14h30-17h30, lun. 9h30-12h.*

SE REPÉRER

Carte de microrégion D2 (p. 101) – *carte Michelin Départements 309 O6.* Vitré se situe à l'intersection des D 857 et D 178. La première mène à Rennes (40 km à l'ouest) et la seconde relie Nantes à Fougères (30 km au nord).

ORGANISER SON TEMPS

Comptez une bonne demi-journée pour faire le tour de la cité, à prolonger par de petites excursions aux alentours.

À NE PAS MANQUER

La visite du château et des ruelles en contrebas, le panorama sur la ville depuis les Tertres Noirs, l'ensemble de mégalithes de la Roche-aux-Fées, pour ses dimensions impressionnantes.

Vitré est la ville de Bretagne qui a le mieux conservé son aspect d'autrefois : remparts et ruelles n'ont guère changé depuis 500 ans. L'ancienne ville close est bâtie sur un éperon, qui domine d'un côté la vallée encaissée de la Vilaine, de l'autre une dénivellation où passe la voie ferrée. Le beau château fort, fièrement campé à la pointe du promontoire, présente un exemple parfait d'architecture militaire médiévale.

Découvrir

★★ Le château A

℘ 02 99 75 04 54 - mai-sept. : 10h-12h45, 14h-18h ; reste de l'année : 10h-12h15, 14h-17h30 - possibilité de visite guidée (1h) - fermé mar., 1er janv., dim. de Pâques, 1er nov., 25 déc. - 4 € (-18 ans gratuit).

Le premier château datait du 11e s. et fut rebâti aux 13e, 14e et 15e s. L'entrée est défendue par un pont-levis et un puissant châtelet flanqué de deux gros-

La façade extérieure du château de Vitré.
G. Targat / MICHELIN

ses tours à mâchicoulis. À l'angle sud se dresse le donjon, ou tour St-Laurent ; à l'angle nord-est, la tour de la Madeleine ; à l'angle nord-ouest, la tour de Montafilant. Ces divers ouvrages sont reliés par une enceinte que renforcent d'autres tours.

Dans la cour, sur la droite, un porche roman **(1)** présente des claveaux de couleurs alternées (granit roux et schiste noir) ; l'hôtel de ville (1913) est adossé au front nord. Devant vous, remarquez, sur la tour de l'Oratoire, un joli oratoire Renaissance **(2)**.

La tour St-Laurent abrite, entre autres, des sculptures des 15e et 16e s. provenant de maisons de Vitré : une belle cheminée d'une maison de la rue de la Poterie a été remontée. On voit aussi le tombeau de Gui X, seigneur de Laval et de Vitré (15e s.), des tapisseries des Flandres (16e s.) et d'Aubusson (17e s.).

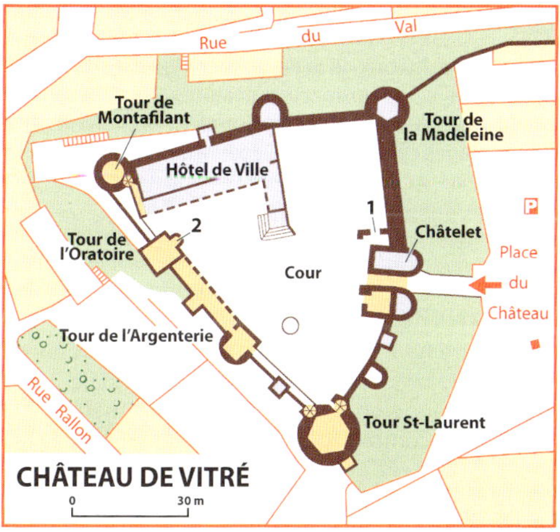

La tour de l'Argenterie conserve un cabinet de curiosités dont la collection d'histoire naturelle remonte à la fin du 19e s.

Quant aux 82 marches de la tour de Montafilant *(accès lors des visites guidées)*, elles mènent à une plate-forme d'où l'on a une superbe **vue★** sur la ville, les quartiers des Tertres-Noirs et du Bourg-aux-Moines, la Vilaine et une ancienne tannerie.

Rejoignez, par la courtine, la tour de l'Oratoire, où un beau **triptyque★** du 16e s. est orné de trente-deux plaques d'émaux de Limoges.

Se promener

★ CIRCUIT URBAIN AB

Partez de la place du Château, prenez la rue Notre-Dame, puis tournez à droite.

★★ Rue de la Baudrairie A

Cette rue, qui tire son nom de la confrérie des baudroyeurs, ou artisans du cuir, est la plus curieuse de Vitré. Chaque maison mérite d'être détaillée.

Rue d'En-Bas A

Admirez les nombreuses maisons à pans de bois. Au n° 10 se dresse l'ancien **hôtel du Bol d'Or** (1513) dont la tourelle d'escalier flanquée d'un pavillon carré est fort curieusement coiffée.

À l'extrémité de la rue, au niveau d'une tour, prenez à gauche la promenade St-Yves. En arrivant place du Gén.-de-Gaulle, tournez à gauche dans la rue Garangeot.

Croisez la rue Sévigné : au n° 9, l'hôtel de Sévigné-Nétumières construit au début du 18e s., se situe à l'emplacement de la « Maison de la tour de Sévigné » où habita la célèbre marquise *(voir p. 129)*.

Tournez à droite.

Rue Poterie AB

Elle conserve de pittoresques maisons à porches et à pans de bois. Remarquez particulièrement la **maison de l'Île**, au carrefour de la rue Poterie et de la rue Sévigné.

Rejoignez à gauche la place du Marchix, puis prenez à droite la rue Notre-Dame qui conduit à la place de la République.

★ Remparts B

Place de la République, la tour de la Bridolle (15e s.) est couronnée de mâchicoulis. Au sud de la ville, les remparts suivaient, un peu en retrait, l'actuelle rue de la Borderie, la place St-Yves, et rejoignaient le château. Il n'en reste que des fragments, enclavés dans les propriétés. Au nord et à l'est, l'enceinte est toujours debout.

La rue de Paris, qui s'ouvre sur cette même place, conserve encore des maisons anciennes.

TOILES DE CHANVRE ET BAS DE FIL

Du 15e au 17e s., Vitré fut une des plus actives cités bretonnes. Ses draps de laine, ses toiles de chanvre et ses bas de fil se vendaient en France, en Angleterre, en Allemagne, en Espagne et jusqu'en Amérique et aux Indes. Groupés au sein de la confrérie des Marchands d'outre-mer, les commerçants vitréens construisent à cette époque les riches demeures à pans de bois que vous pouvez voir encore aujourd'hui.

SE LOGER	SE RESTAURER	INDEX DES RUES
Château (Hôtel du)........ (1)	Gavotte (Crêperie La)........ (1)	Garengeot (R.)........ 2
Ibis........ (4)	Pichet (Le)........ (7)	Gén.-de-Gaulle (Pl.)........ 3
	Potager (Le)........ (10)	

Sur la place de la République, franchissez une belle grille (à gauche) ; elle ouvre sur la promenade du Val qui fait le tour de l'enceinte. Vers le bas de l'allée, après avoir dépassé une ancienne barrière, prenez à gauche la rampe qui passe sous la poterne St-Pierre ; suivez la rue du Bas-Val, en montée, et tournez à droite en arrivant sur la place, puis à gauche dans la rue Notre-Dame.

★ Église Notre-Dame B

Elle fut édifiée aux 15e et 16e s. La partie la plus curieuse est la façade sud avec ses sept pignons décorés de pinacles, ses deux portes finement sculptées et leurs vantaux, et sa chaire extérieure d'où s'effectuait la prédication pour les fidèles rassemblés. À l'intérieur, on peut voir de nombreux retables et, dans le bas-côté droit *(3e travée)*, un beau vitrail Renaissance figurant l'entrée du Christ à Jérusalem.

Avancez vous dans la rue Notre-Dame pour admirer, au n° 27, l'ancien hôtel Hardy, ou de la Troussanais (16e s.), aux porches et lucarnes finement ouvragés.

Faites demi-tour et gagnez la place du Château.

QUARTIERS PÉRIPHÉRIQUES

Faubourg du Rachapt A

Pendant la guerre de Cent Ans, ce faubourg fut occupé plusieurs années par les Anglais, alors que la ville et le château résistaient à toutes les attaques. Les Vitréens achetèrent le départ des envahisseurs, d'où le nom donné à l'agglomération.

LA CARRIÈRE DE PIERRE LANDAIS

Vers le milieu du 15e s., Pierre Landais, tailleur d'habits de Vitré, est remarqué par le duc François II qui en fait son « garde-robier ». Habile, il poursuit son ascension, devient trésorier général du duché (équivalent du ministre des Finances) et conseiller du souverain de Bretagne. Méfiants à l'égard de ce parvenu qui fait abolir des droits féodaux et favorise la représentation des bourgeois aux États, noblesse et clergé nouent une conjuration soutenue par le roi de France. Le duc se voit contraint de sacrifier son conseiller : Landais est saisi au château de Nantes. Soumis à la question, il reconnaît tous les chefs d'accusation et termine sa carrière au gibet de Nantes, en 1485.

Au pied du château, ce faubourg traverse la vallée de la Vilaine et escalade le flanc nord. En suivant la rue Pasteur, on a une vue panoramique sur la rivière et le **pré des Lavandières** *(voir Nos adresses à Vitré, p. 131).*

Musée Saint-Nicolas A

Entrez par la petite porte à gauche et longez la chapelle. 15 r. Pasteur - ✆ 02 99 75 04 54 - www.mairie-vitre.fr - mai-sept. : 10h-12h45, 14h-18h ; reste de l'année : 10h-12h15, 14h-17h30 - fermé mar., 1er janv., dim. de Pâques, 1er nov., 25 déc. - 4 € (-18 ans gratuit).

Cette chapelle du 15e s., qui conserve des peintures murales des 15e s. et 16e s., abrite un musée d'art sacré. Le maître-autel en bois doré est du 18e s.

★★ Tertres-Noirs

Accès par la rue de Brest et le chemin des Tertres-Noirs, à droite après le pont sur la Vilaine.

De ce terre-plein ombragé par les sapins et les marronniers, on jouit d'une belle **vue★★** sur Vitré, son site et son château.

★ Jardin du Parc

Prenez la direction de Redon.

Agréable jardin de style anglais, très bien entretenu, avec plan d'eau.

À proximité Carte de microrégion

Musée de la Faucillonnaie D2

▶ À Montreuil-sous-Pérouse, 5 km au nord. Quittez Vitré en direction de Combourg et de Fougères et suivez le fléchage. ✆ 02 99 75 05 45 - mai-sept. : 10h-12h45, 14h-18h ; reste de l'année : 10h-12h15, 14h-17h30 - fermé mar., 1er janv., dim. de Pâques, 1er nov., 25 déc. - 4 € (-18 ans gratuit).

Ce manoir des 15e et 17e s. (remarquez le bel **escalier** en bois) combine la présentation de salles de ferme au rez-de-chaussée et le décor des maisons de maître à « l'étage noble ». Beaux exemples de coffres.

★ Champeaux C2

▶ 9 km à l'ouest. Quittez Vitré en direction de Rennes. À 2 km de la ville, tournez à droite (D 29).

La **place★** du village compose un harmonieux tableau avec son église collégiale, sa mairie coiffée d'un grand toit à quatre pans et ses maisons, anciennes demeures des chanoines, groupées autour du puits du Chapitre.

La **collégiale** (14e et 15e s.), à nef unique, présente des **stalles★** à baldaquin de la Renaissance et une élégante porte de même époque qui donne accès à la sacristie, ancienne salle capitulaire. Deux beaux **vitraux★** Renaissance de fabrication rennaise retiennent également l'attention : l'un dans l'abside représente la Passion du Christ, l'autre dans la sacristie figure le sacrifice d'Abraham. Dans la nef, la chapelle de droite abrite un retable du 17e s. illustrant des scènes de la Passion, et celle de gauche, une Vierge du 14e s., tous les deux en bois polychrome.

L'été, il fait bon flâner dans le **parc du Bois-Cornillé**, à 5 km au nord de Champeaux par Val-d'Izé. De grands paysagistes – les frères Bülher en 1872, puis Édouard André – ont donné rigueur et fantaisie à ce domaine où se cache un étang muré, avec ses chênes d'Amérique et ses petits ponts de bois. *✆ 06 07 79 11 32 - du 1er dim. de juil. au 1er dim. de sept. : 10h-19h - 3 €.*

Itinéraire conseillé Carte de microrégion

AU PAYS DES LÉGENDES C-D/2-3

Itinéraire de 80 km - une demi-journée. Quittez Vitré par la D 88 en direction d'Argentré-du-Plessis.

Château des Rochers-Sévigné D2

À la sortie d'un bois, prenez à gauche l'allée du château - Rte d'Argentré-du-Plessis - ✆ 02 99 96 76 51 - visite guidée (45mn) mai-sept. : 10h-12h45, 14h-18h ; reste de l'année : 10h-12h15, 14h-17h30 - fermé mar., 1er janv., dim. de Pâques, 1er nov., 25 déc. - 4 € (-18 ans gratuit).

Construit au 15e s. et remanié au 17e s., le **château** est formé de deux ailes en équerre. Outre la chapelle construite en 1671 pour le « bien bon » abbé de Coulanges, oncle maternel de la marquise, on visite deux pièces dans la grosse tour nord. Dans le Cabinet vert, on voit encore quelques objets familiers de Mme de Sévigné : des tableaux de famille, son portrait et, dans une vitrine, des autographes et divers documents.

Le **jardin à la française** a été refait d'après les dessins de Le Nôtre. Au-delà s'étend le grand parc boisé, traversé par des allées dont les noms évoquent la marquise et son milieu littéraire : le Mail, la Solitaire, l'Infini… Le mur en hémicycle du jardin produit l'écho que Mme de Sévigné appelait « ce petit rediseur de mots jusque dans l'oreille ». Cet écho est double *(occupez les emplacements marqués par des pierres).*

Empruntez la D 88 en direction de Craon, puis à Cuillé prendre à droite la D 32.

La Guerche-de-Bretagne D3

Cette ancienne baronnie, dont Du Guesclin fut le seigneur, se situe à la frontière de la Bretagne et du Maine. Sa forêt offre de nombreuses possibilités de balades.

Collégiale – De l'époque de sa fondation (1206) ne subsistent que le chœur, son abside et la tour romane. La nef et le collatéral sud ont été reconstruits au 16e s. Le bas-côté nord et le clocher à galeries hautes datent de la fin du 19e s. On remarquera les sablières ornant la voûte en bois de la nef et, au fond de l'abside, un vitrail représentant l'Assomption. Notez les **stalles** du début du 16e s., ornées d'amusantes miséricordes gothiques. Leurs boiseries sont plus récentes, comme en témoigne la décoration de style Henri II.

Maisons anciennes – Une quinzaine de maisons à porches et à pans de bois (16e-17e s.) se dressent place du Gén.-de-Gaulle et près de l'église, rue du Cheval-Blanc et rue de Nantes.

Quittez La Guerche-de-Bretagne par la D 463 en direction de Rennes, puis à Visseiche prendre à gauche la D 48 en direction de Marcillé-Robert. On atteint une branche de l'étang de Marcillé, formé au confluent des vallées de la Seiche et de l'Ardenne (ce qui explique sa forme en accolade). À la sortie de Marcillé-Robert, prenez à gauche vers Retiers ; longez la seconde branche du lac. Tournez à droite 800 m plus loin en direction du Theil, puis encore à droite, à 3 km. À 800 m à droite de la route se trouve la Roche-aux-Fées.

★ La Roche-aux-Fées C3

C'est l'un des beaux monuments mégalithiques de Bretagne, vraisemblablement construit au néolithique moyen (4e millénaire) à partir de schiste rouge. Des recherches ont montré que ses pierres ont été déplacées sur près de 4 km, mais la légende raconte que des fées les auraient en fait transportées dans leur tablier !

Il s'agit d'une tombe à couloir, composée de 42 pierres, dont une demi-douzaine de 40 à 45 t chacune. Elle comprend une entrée monumentale en portique, suivie d'un couloir bas conduisant à une vaste chambre compartimentée (14 m de long, 4 de large et 2 de hauteur).

Faites demi-tour, gagnez Le Theil et prenez à gauche vers Ste-Colombe.

De la route, vue sur le **lac des Mottes**, charmant plan d'eau artificiel entouré d'arbres superbes.

Rejoignez Retiers par la D 47.

Retiers C3

Dans cette coquette localité, l'église abrite cinq tableaux et trois retables des 17e et 18e s. en bois sculpté.

Vous pouvez regagner La Guerche par Arbrissel et Rannée en continuant la D 47, puis la D 178.

NOS ADRESSES À VITRÉ

HÉBERGEMENT

BUDGET MOYEN

Hôtel du Château – *5 r. Rallon - ✆ 02 99 74 58 59 - http://perso.wanadoo.fr/hotel-du-chateau - fermé 1 sem. fin déc. - ♿ 🅿 - 23 ch. 45/60 € - ☕ 8 €.* Comme le laisse présager l'enseigne, ce petit hôtel familial est posté au pied du château de Vitré. Certaines chambres bénéficient d'ailleurs d'une jolie vue sur cet édifice médiéval. D'importants travaux ont permis d'aménager un patio pour les petits-déjeuners et de doter certaines chambres d'un coin salon. L'accueil est chaleureux. Accès wifi gratuit.

Ibis – *1 bd Chateaubriant - ✆ 02 99 75 51 70 - www.ibishotel.com - ♿ - 50 ch. 51/85 € - ☕ 8,50 €.* Ce nouvel Ibis à proximité du centre médiéval dispose de chambres au mobilier fonctionnel (minidressing). Pour plus de calme, préférez celles donnant sur le parc à l'arrière.

RESTAURATION

Vitré

BUDGET MOYEN

Crêperie La Gavotte – *7 r. des Augustins (dir. Fougères) - ✆ 02 99 74 47 74 - la.gavotte-vitre@wanadoo.fr - fermé lun. - 20 €.* Vous pourrez découvrir les galettes traditionnelles de blé noir, les crêpes de froment et les cidres régionaux dans le décor typique de ce restaurant situé au pied du château. Les produits biologiques y sont privilégiés.

Le Pichet – *17 bd Laval - ✆ 02 99 75 24 09 - www.lepichet.fr - fermé merc. soir, jeu. soir et dim. - 18/50 €.* Demeure d'allure régionale prolongée par un joli jardin arboré où l'on dresse la terrasse l'été (barbecue). Lumineuse et confortable salle à manger-véranda.

Le Potager – *5 pl. Gén.-Leclerc - ✆ 02 99 74 68 88 - www.restaurant-lepotager.fr - fermé 11-24 août, dim. soir et lun. - 17/32 €.* Décor frais composé d'un charmant espace bistrot et d'une salle contemporaine dans les tons aubergine, orange et vert. Cuisine actuelle; un petit menu différent chaque midi.

La Guerche-de-Bretagne

BUDGET MOYEN

La Calèche – *16 av. du Gén.-Leclerc - ✆ 02 99 96 21 63 - www.la-caleche.com - fermé 1er-21 août, 24-31 déc., vend. soir, dim. soir et lun. - 15/36 € - 13 ch. 49/60 € - ☕ 11 €.* Généreuse cuisine du terroir, servie dans une sobre salle à manger complétée par une véranda et un petit espace bistrot. Chambres fonctionnelles. Accueil familial.

BOIRE UN VERRE

Bon à savoir – La rue d'En-Bas est la rue des bars et des restaurants. Plusieurs bars de nuit comme l'Aston Bar ou le Nain Jaune, sont très fréquentés par la jeunesse vitréenne.

Au Vieux Vitré – *1 r. d'En-Bas - ✆ 02 99 75 02 52 - tlj sf dim. et lun. 10h-1h - fermé j. fériés.* C'est la seule maison privée de Vitré classée monument historique; la façade et la cheminée datent du 16e s. Signe des temps, c'est aujourd'hui un bar-pizzeria-crêperie, tenu par un couple chaleureux et dynamique.

Bar du Golf des Rochers-Sévigné – *Les Rochers - ✆ 02 99 96 52 52 - www.vitre-golf.com - 9h-19h - fermé 25 déc.-3 janv. et lun. du 1er nov. au 31 mars.* Nul besoin d'être un adepte du green pour accéder au charmant bar du golf établi dans les anciennes écuries du château des Rochers, où séjourna régulièrement Mme de Sévigné. De la terrasse, vous pourrez admirer cette magnifique demeure tout en prenant un verre.

ACTIVITÉS

Pique-niquer – Le Pré des Lavandières offre un espace naturel qui permet de pique-niquer agréablement face aux anciens lavoirs. Autre possibilité, le Jardin du Parc, verdoyant jardin de style anglais étendu sur 7 ha et agrémenté, entre autres, d'un kiosque à musique.

ANCPV – *Bassin de Haute-Vilaine - ✆ 02 99 76 74 41 - www.ancpv.com - tlj sf dim. 9h-12h, 14h-17h.* Cette base nautique permet de pratiquer le catamaran, le dériveur, la planche à voile, l'aviron et le canoë… Location possible. Stages initiation et perfectionnement.

Redon

9 601 Redonnais – Ille-et-Vilaine (35)

NOS ADRESSES PAGE 135

S'INFORMER

Office de tourisme de Redon – *Pl. de la République - 35 600 Redon - ☎ 02 99 71 06 04 - www.tourisme-pays-redon.com - juil.-août : 9h30-12h30, 13h30-18h30, dim. 10h-12h30, 15h-17h30 ; reste de l'année : tlj sf dim. 9h30-12h, 14h-18h, mar. 14h-18h, sam. 10h-12h30, 15h-17h - fermé j. fériés.*

Organisation de visites guidées les lun. et vend. en juil.-août. Des topo-guides *(5 €)* détaillent les balades *(3h)* ou les randonnées alentour.

SE REPÉRER

Carte de microrégion A3 (p. 100) – *carte Michelin Départements 309 J9.* Situé à 30 km à l'intérieur des terres, Redon est à l'intersection de nombreuses routes secondaires. La D 177 mène à Rennes (68 km au nord-est), la D 773 à St-Nazaire (56 km au sud) et la D 775 à Vannes (64 km à l'ouest).

À NE PAS MANQUER

La tour de l'église St-Sauveur, le manoir de l'Automobile à Lohéac.

ORGANISER SON TEMPS

Prenez 2h pour faire le tour de la ville et promenez-vous ensuite le long de la Vilaine ou du canal de Nantes à Brest.

Situé au cœur d'un important réseau de voies navigables, Redon occupe une position frontalière au contact de trois départements – Ille-et-Vilaine, Loire-Atlantique et Morbihan. Les marins d'eau douce viennent en nombre apprécier le charme du port de plaisance bordé d'anciens greniers à sel et de maisons d'armateurs. Après une flânerie dans les ruelles de la bourgade, offrez-vous une balade au fil de l'eau.

Se promener

Église Saint-Sauveur 1

Cette ancienne abbatiale fondée en 832 fut un grand centre de pèlerinage jusqu'au 17e s., ce qui explique les dimensions imposantes de l'édifice. En 1622, Richelieu en est l'abbé commendataire. Depuis l'incendie de 1780, elle est séparée de son clocher gothique (14e s.). Une belle **tour★** romane à arcades (28 m), en grès et granit, coiffe le transept (à voir depuis la cour du **cloître** qu'occupe le collège St-Sauveur).

L'**intérieur** de l'abbatiale surprend par sa nef basse et obscure (11e s.), à voûte de bois, séparée des bas-côtés par des piliers plats. Notez les massifs piliers sculptés de la croisée du transept, qui soutiennent une voûte octogonale en pierre.

Vieille ville 12

Partez de l'église St-Sauveur et suivez la Grande-Rue.

En se promenant, on voit de belles maisons du 15e s. au 18e s., témoignages d'une architecture variée et du rôle historique tenu par Redon.

REDON

SE LOGER

Queen Serenity Hotel........(1)

SE RESTAURER

Bogue (La)........................(2)

Gaudence (Le)...................(5)

Moulin de Via (Le)..............(9)

Une fois franchi le pont fleuri qui enjambe le canal, on arrive **rue du Port** où trois maisons à encorbellement font face à l'hôtel Carmoy *(n° 6)* qui date de la fin du 17e s. Dans la **rue du Jeu-de-Paume**, l'ancienne caserne des douaniers *(n° 10)* dresse son austère façade à 4 étages, ainsi qu'un mur peint représentant des marchands de cochons et de poissons en costumes anciens. En revenant rue du Port, on découvre au n° 40 d'anciens greniers à sel du 17e s. Au n° 3 de la **rue du Plessis** s'élève l'hôtel Richelieu.

Jetez un coup d'œil aux maisons d'armateurs (17e et 18e s.) du **quai Duguay-Trouin**, en particulier aux nos 15 et 5. Les nos 7 et 6 appartenaient à la Compagnie des Indes. Sur le **quai St-Jacques** se dressent encore quelques vestiges de remparts.

Revenez au point de départ par la rue Richelieu.

Musée de la Batellerie de l'Ouest 2

Quai Jean-Bart - ✆ 02 99 72 30 95 - de mi-juin à mi-sept. : 10h-12h, 15h-18h ; reste de l'année : sam.-lun. et merc. 14h-18h - fermé j. fériés - 2,50 € (8-14 ans 1,50 €).

Redon se situe au carrefour des voies navigables de Bretagne que sont le canal de Nantes à Brest et la Vilaine. Au 19e s., la batellerie connut un grand essor, et la ville devint un port maritime et fluvial très actif. Face à ses quais, le musée propose de revivre l'évolution des canaux bretons et la vie quotidienne des éclusiers. Photographies, objets de la vie quotidienne des mariniers et maquettes.

À proximité Carte de microrégion

Rieux

7 km au sud par la D 20 et la D 114.

À l'entrée du bourg, à gauche dans un virage, une route mène à un parking d'où l'on jouit d'une belle vue sur la vallée de la Vilaine et Redon. Sur le promontoire boisé subsistent les vestiges du château *(murs d'enceinte, porche).*

Masserac B3

15 km à l'est par la D 775. Tournez à gauche vers Avessac.

Au confluent de la Vilaine et du Don, cette commune est riche en zones humides, qui couvrent plus de la moitié (800 ha) de son territoire.

La **Maison des marais, de la chasse et de la pêche** permet de découvrir la vie terrestre et aquatique : animaux naturalisés (canard, blaireau, renard...), aquariums abritant des poissons d'eau douce, films vidéo, promenades guidées dans les marais. *02 40 87 20 35 - ♿ - juin-sept. : visite guidée (45mn) 14h-18h, dim. sur demande préalable ; oct.-nov. : tlj sf w.-end (sur demande) - 1 €.*

Saint-Gildas-des-Bois

19 km au sud par la D 164 puis la D 773.

Construite en grès rougeâtre, cette ancienne abbatiale romane des 12e et 13e s., remaniée au 19e s. et restaurée après les bombardements de 1944, renferme des vitraux modernes de Maurice Rocher et surtout un beau mobilier du 18e s. Voyez la grille en fer forgé, vestige de l'ancienne clôture du chœur, ainsi que les stalles et le porche intérieur en bois sculpté.

Itinéraire conseillé Carte de microrégion

SUR LA ROUTE DE RENNES

Itinéraire de 48 km - comptez une demi-journée. Quittez Redon par la D 177 en direction de Rennes. À proximité de Renac, prenez la D 55. Dépassez Langon, puis tournez tout de suite à gauche avant la voie ferrée. C'est la 1re maison à gauche.

Jardin anglais du manoir de la Chaussée B3

02 99 08 64 41 - www.chateau-france.co.uk - tlj 10h-18h - 5 € (-7 ans gratuit) - jardinerie.

Ce jardin invite à une promenade parfumée et colorée sur des allées sinueuses serpentant entre cours d'eau et cascades, vivaces et arbustes de collection, roseraie, buis taillés et sous-bois aménagés.

De Port-de-Roche, empruntez la D 54 en direction de St-Just.

Saint-Just B3

De nombreuses promenades partent de ce bourg. Un sentier balisé mène dans la **lande de Cojoux**, où l'on découvre un mégalithe. L'étang de Val est un site d'escalade.

La région de St-Just est riche en vestiges préhistoriques : alignements, tumulus, allées couvertes. Une campagne de fouilles a mis au jour de nombreuses découvertes : poteries, haches, lames de silex... Elle a permis de dater les mégalithes, qui remontent aux environs de 3 500 av. J.-C.

Prenez la D 177 en direction de Rennes jusqu'à Lohéac, puis à gauche la D 772.

★★ Manoir de l'Automobile B3

À Lohéac - 02 99 34 02 32 - www.manoir-automobile.fr - ♿ - juil.-août : 10h-19h ; reste de l'année : tlj sf lun. 10h-13h, 14h-19h - 8,50 € (10-16 ans 7 €).

Il réunit les « ancêtres » du début du siècle, puis une succession impressionnante d'Alpine. Plus loin, c'est la famille quasi complète des Lamborghini, auxquelles s'ajoutent des Maserati, Ferrari, Porsche, Rolls-Royce, Renault, Citroën, Peugeot, Volkswagen.

La visite se poursuit par la **chapelle des Moteurs** (présentation originale de moteurs anciens) où un garage et une station-service d'autrefois sont reconstitués. Le premier étage, peuplé de « belles étrangères », se termine par un mur d'enseignes lumineuses où figurent les grandes marques liées à l'automobile. Maquettes, dioramas minutieux et plus de 3000 modèles réduits de toutes marques et de toutes formules sont également au rendez-vous.

L'**espace hippomobile** présente une cinquantaine d'attelages : berline de voyage ou berline de gala, dog-cart, omnibus, coupé… Une grille de départ d'une vingtaine de Formule 1, un circuit automobile en plein air d'une longueur de 2,5 km, une guinguette des années 1930 avec un bar à cidre et un espace de jeux vidéo complètent la visite. Une salle de projection propose également des films sur l'automobile.

Pour prolonger cet itinéraire, voir aussi l'itinéraire Vallée de la Vilaine, p. 111.

NOS ADRESSES À REDON

HÉBERGEMENT

Redon

PREMIER PRIX

Queen Serenity Hotel – *16 av. de la Gare - 02 99 71 13 20 - www.hotelredon.com – 20 ch. - 34 /75 € - 6,10 €.* Chambres agréables et confortables, décorées chacune sur un thème différent invitant au voyage : Bali, Inde, Maroc…

Alentours

POUR SE FAIRE PLAISIR

Château du Plessis Anger – *35550 Lieuron-Lohéac - 02 99 34 08 04 - www.chateauduplessisanger.com - 90/110 €.* Ancien rendez-vous de chasse dans un parc de 80 ha. Les chambres sont décorées avec beaucoup de goût. Dans le bois se trouvent encore les vestiges des anciennes douves et les bases des tours d'angle, et on découvrira également un colombier et une chapelle. Une superbe tour coiffée d'une poivrière complète l'ensemble.

RESTAURATION

Redon

PREMIER PRIX

Le Gaudence – *2 r. de Redon - 56350 Allaire - 02 99 71 93 64 - legaudence@wanadoo.fr - fermé vac. de Noël, dim. soir et vend. - P - formule déj. 9 € - 13/34 € - 14 ch. 39/49 € - 6,50 €.* Une adresse utile sur la route de Vannes. La façade n'offre aucun attrait particulier mais la salle de restaurant, tout juste refaite, est agréable et fort bien agencée. Cuisine traditionnelle. Chambres sobres et confortables.

BUDGET MOYEN

La Bogue – *3 r. Etats - 02 99 71 12 95 - labogue@wanadoo.fr - fermé 29 juin-7 juil., 1 sem. en nov., dim. soir et lun. - 23/60 €.* La salle à manger de ce restaurant (boiseries moulurées et chaises Louis XIII) accueille des expositions de peintres régionaux. Cuisine traditionnelle simple et légère.

POUR SE FAIRE PLAISIR

Moulin de Via – *3 km rte de la Gacilly par D 177 et D 873 - ✆ 02 99 71 05 16 - www.lemoulindevia.fr - fermé 5-22 mars, sept., merc. d'oct. à juin, dim. soir, mar. soir et lun. - 🅿 - 25/65 €.* Mobilier champêtre, poutres et cheminée participent au charme campagnard de cet ancien moulin à eau blotti dans la verdure. Terrasse ombragée grande ouverte sur le jardin.

Alentours

BUDGET MOYEN

Crêperie Pile ou Face – *2 r. du Manoir - 35550 Lohéac - ✆ 02 99 34 06 50 - 15/30 €.* Située dans une bâtisse ancienne en pierre, au carrefour qui mène au manoir de l'Automobile, cette crêperie propose un large choix de galettes et de crêpes mais aussi des grillades et salades variées.

ACHATS

Grande-Rue – *Grande-Rue.* Principale artère commerçante et piétonne de la ville.

Olivier-Perrichet – *6 Grande-Rue - ✆ 02 99 71 01 98 - patisserieperrichet1@orange.fr - tlj sf mar. 7h-19h, dim. 7h-12h30, 15h-18h30, j. fériés jusqu'à 12h30 - fermé fév.-mars, 14 août-8 sept.* Ce pâtissier prépare de délicieuses spécialités : bonbon de châtaigne, délice aux marrons et, en hiver, des marrons glacés. La nouvelle création d'Olivier Perrichet, le cake fondant aux marrons, a déjà de nombreux adeptes.

ACTIVITÉS

Location de bateaux

Embarquez à Redon pour une découverte du canal au fil de l'eau. À bord de ces bateaux sans permis, entièrement équipés, et d'une capacité de 12 personnes maximum, vous naviguerez le temps d'un week-end, ou plus. Location toute l'année.

Cris'boat croisières – *75 r. de Vannes - ✆ 02 99 71 08 05 - www.crisboat.com.* Env. 500 € hors sais. pour 4/5 j. sur un bateau de 6-8 pers., env. 1 000 € en saison.

Bretagne Plaisance – *12 quai Jean-Bart - ✆ 02 99 72 15 80 - www.bretagne-plaisance.fr.* Pénichettes de 2 à 10 pers. Env. 350 € pour 2 pers. le w.-end hors sais. et 1 200 € pour une sem. en saison.

Randonnées pédestres

De Redon à Rennes, **80 km de chemins de halage** permettent de remonter à pied le fil de la Vilaine, rive droite, parmi les prés, les bois et les marais. *Rens. à l'office du tourisme de Redon.*

Pour la basse vallée de l'Oust, *voir Nos adresses à La Gacilly (p. 555).*

AGENDA

Les Vendredis du port – *Juil.-août - ✆ 02 99 71 06 04 - www.tourisme-pays-redon.com.* Soirées concert de musique bretonne, traditionnelle et actuelle, et de musiques venues du monde entier.

Forêt de Paimpont

★

Ille-et-Vilaine (35)

NOS ADRESSES PAGE 141

S'INFORMER

Office du tourisme de Tréhorenteuc – *1 pl. Abbé-Gillard - ☏ 02 97 93 05 12 - www.valsansretour.com - juil.-août : 9h-18h ; reste de l'année : 9h-12h30, 14h-17h30 - fermé dim. en déc.-janv., 1er janv. et 25 déc.*

Office du tourisme de Paimpont – *5 Esplanade Brocéliande - ☏ 02 99 07 84 23 - www.tourisme-broceliande.com - avr.-sept. : 10h-12h, 14h-18h ; reste de l'année : tlj sf lun. 10h-12h, 14h-17h.*

Visites guidées et contées – Suivez une journée complète de découverte à pied et en voiture en forêt de Brocéliande. *De mi-juin à mi-sept. : tlj à l'office du tourisme de Tréhorenteuc. 15 € (-12 ans gratuit). Pendant les vac. scol., balades guidées à thème.*

SE REPÉRER

Carte de microrégion A2 (p. 100) – *carte Michelin Départements 309 I6.* À 30 km à l'ouest de Rennes, la forêt s'étend entre la N 24 et la D 766. Elle est traversée d'est en ouest par la D 40, et du nord au sud par la D 71.

À NE PAS MANQUER

Les balades dans le Val sans retour pour plonger dans la mythologie bretonne ; le musée du Souvenir de St-Cyr-Coëtquidan.

ORGANISER SON TEMPS

Entre les randonnées du matin et de l'après-midi, prévoyez un déjeuner sur les rives du lac des Forges-de-Paimpont, le long de la D 724.

Le bourg de Paimpont aux maisons bien alignées semble surgi comme par enchantement du massif forestier qui l'entoure. Les 7 000 ha dédiés aux écoles militaires de St-Cyr-Coëtquidan abritent le musée du Souvenir, tandis que Merlin et la fée Viviane ont laissé leurs empreintes dans cette légendaire forêt de Brocéliande où futaies, landes, étangs et ruisseaux invitent aujourd'hui à de nombreuses excursions « vertes ».

Itinéraire conseillé Carte de microrégion

CHÂTEAUX ET LÉGENDES A2

Itinéraire d'une journée environ, en comptant les visites, le déjeuner et la promenade du Val sans retour.

Depuis St-Léry, l'itinéraire permet de faire un circuit complet à travers la forêt de Paimpont, en passant par les sites les plus connus. Après l'immense incendie de septembre 1990, la nature a repris le dessus. Si des arbres centenaires ont à jamais disparu, les ajoncs, les bruyères, les genêts et les fougères ont recomposé un paysage nouveau, dont le charme est indéniable.

Saint-Léry A2

L'**église** (14e s.) présente sur le flanc droit un porche Renaissance, où deux belles portes en anse de panier sont surmontées d'accolades finement sculptées. Des personnages encadrent celle de droite : la Vierge, l'ange de l'Annonciation, saint Michel terrassant le dragon et un damné.

Près de l'église, on remarque une maison du 17e s. ornée de trois belles lucarnes.

Château de Comper - Centre de l'imaginaire arthurien A2

02 97 22 79 96 - www.centre-arthurien-broceliande.com - juil.-août : tlj sf merc. 10h-19h ; avr.-juin et de déb. sept. à mi-oct. : tlj sf mar. et merc. 10h-17h30 - fermé janv.-mars, 1er janv., 1er et 11 Nov., 25 déc. - 5,50 € (-10 ans gratuit).

Les Montfort, Charette, Rieux, Laval, Coligny, La Trémoille, Rosmadec : autant de grands noms qui furent, un temps, les propriétaires du lieu. Du château deux fois ruiné, au 16e s. et au 18e s., il ne reste que deux courtines, la poterne et une grosse tour. Le corps de logis a été reconstruit au 19e s.

Le site accueille le Centre arthurien, qui organise chaque année des expositions et des animations sur le Moyen Âge, l'univers celtique et les légendes arthuriennes. Ne dit-on pas que la fée Viviane serait née à Comper ? Elle y aurait élevé Lancelot, le preux compagnon d'Arthur, en son château de cristal caché au fond des eaux du lac.

Tombeau de Merlin A2

Deux dalles de schiste et un pied de houx signalent le tombeau de l'Enchanteur. Ce vestige d'une allée couverte marquerait l'emplacement où Viviane enferma Merlin, en traçant autour de lui neuf cercles magiques. Cela suffira sans doute à faire le bonheur des amateurs de légendes, mais décevra peut-être ceux qui n'ont pas envie de se laisser emporter par les mystères de la forêt.

Toute proche, la « **fontaine de Jouvence** » est en fait un simple trou d'eau.

Étang du Pas-du-Houx A2

Dans un site très agréable, c'est le plus vaste plan d'eau de la forêt (86 ha). Deux châteaux ont été construits sur ses berges en 1912 : Brocéliande et Pas-du-Houx.

Paimpont A2

Ce bourg, situé en pleine forêt, auprès d'un étang bordé de grands arbres, date de la fin du 18e s. Malgré une occupation dès le néolithique, il doit son origine à la fondation au 7e s. d'un monastère qui, érigé en abbaye à la fin du 12e s., subsista jusqu'à la Révolution.

L'**église abbatiale** du 13e s. a été décorée au 17e s. de **boiseries** d'une riche ornementation. Des bustes, des médaillons sculptés, des guirlandes de fleurs et de fruits ont été réalisés avec un talent remarquable. Le **trésor**, dans la

BROCÉLIANDE, TERRE DE LÉGENDES

Les lieux de la forêt mythique sont hantés par quelques grandes figures du cycle arthurien. La plus célèbre de ces figures est sûrement l'enchanteur Merlin, dont le tombeau, non loin de la fontaine de Jouvence, recèlerait tous les secrets. La légende ne dit pas où se trouve le rocher d'où Arthur arracha Excalibur, ni où se situe la Table ronde qui accueillait ses 365 chevaliers, mais la seule évocation des noms de Lancelot, d'Uterpendragon ou encore de la fée Viviane suffit à réveiller les légendes.

La forêt de Brocéliande et son atmosphère mystérieuse ont inspiré maintes légendes.
Ph. Manguin / MICHELIN

sacristie, présente une statue de sainte Anne portant la Vierge et l'Enfant Jésus (15e s.), un curieux bras reliquaire de saint Judicaël du 15e s. et, surtout, un magnifique **Christ** en ivoire du 18e s.

Les Forges-de-Paimpont A2

✆ 02 99 61 85 48 - www.forges-de-paimpont.eu - juil.-août : 14h30-18h30 ; reste de l'année : dim. 14h30-18h30 - possibilité de visite guidée (1h) - 3 € (-13 ans gratuit) ; visite guidée : 5,50 €.

Ce hameau pittoresque, auprès d'un étang, tire son nom des forges qui s'y trouvaient du 16e s. à la fin du 19e s. et qui produisaient de la fonte et du fer.

Beignon A2

L'église renferme de beaux vitraux du 16e s. ; dans le chœur, derrière l'autel, on reconnaît le Crucifiement de saint Pierre et, dans le transept gauche, l'Arbre de Jessé.

Château de Trécesson A2

Accès seulement à la cour intérieure, du 1er juil. au 15 août.

Entouré des eaux de son étang, ce château construit en schiste rougeâtre à la fin du 14e s. a conservé son aspect médiéval. Un imposant châtelet flanqué de tourelles en encorbellement en commande l'entrée.

Fontaine de Barenton A2

Accès à pied seulement.

Elle avait des pouvoirs merveilleux, comme celui de déchaîner des tempêtes lorsqu'on versait de l'eau de la source sur le « perron de Merlin », une pierre toute proche.

Tréhorenteuc A2

Dans l'**église** (17e s.) et la sacristie, des mosaïques et des tableaux illustrent la légende des chevaliers de la Table ronde. Dans le chœur, vitrail consacré au Saint-Graal. Une visite guidée s'impose pour comprendre les multiples références aux légendes arthuriennes, au monde celte et à la chrétienté.

Val sans retour A2

C'est l'un des sites les plus mythiques de la forêt de Brocéliande. D'après la légende, la fée Morgane, jalouse d'un chevalier, aurait jeté un sort à travers le Val pour empêcher d'en sortir tous ceux qui auraient quelque faute à se reprocher. Seul Lancelot, fidèle à Guenièvre, put mettre un terme à l'enchantement.

Jolie promenade de 3,5 km. Empruntez le chemin non revêtu, après le deuxième parking. Vous atteindrez le **Miroir aux fées** et le **Rocher des faux amants**. L'« Arbre d'or », œuvre réalisée par Fr. Davin en 1991, marque la limite extrême de l'incendie de 1990. Cet « arbre » (en fait les restes calcinés d'un châtaignier recouverts de feuille d'or) symbolise la beauté des landes et de la forêt, et le respect qui leur est dû.

À proximité Carte de microrégion

Canton de Guer-Coëtquidan A2

À 12 km au sud par la D 773.

École de St-Cyr-Coëtquidan – Elle compte l'École spéciale militaire créée en 1802 par Napoléon Bonaparte, communément appelée St-Cyr, l'École militaire interarmes établie en 1961 par le général de Gaulle et l'École militaire du corps technique et administratif instituée en 1977.

Le **musée du Souvenir★**, à droite de la cour Rivoli, retrace l'histoire des écoles et de la formation des officiers de l'Ancien Régime à nos jours ; il rassemble de nombreux documents, uniformes, décorations, objets personnels et armes. Son mémorial conserve le souvenir des 17 000 officiers morts au champ d'honneur. *℘ 02 97 70 77 49 - tlj sf lun. 10h-12h, 14h30-18h - fermé janv., 1er Mai - 4 € (-26 ans gratuit), 1er dim. du mois gratuit.*

Campel B2

À 16 km au sud-est de Paimpont.

Secrets de Soie – *℘ 02 99 34 93 93 - www.secretsdesoie.fr - ♿ - juil.-août : visite guidée (1h30) 10h-12h, 14h-18h ; avr.-juin et de déb. sept. à mi-oct. : tlj sf sam. 14h-18h - 7 € (-15 ans 4 €).* La soie fait rêver depuis bien longtemps, depuis près de 5 000 ans si l'on en croit la légende. Interactif et ludique, le musée invite à découvrir cette histoire fabuleuse à partir à l'aventure avec les marchands sur la Route de la soie. Tous ces raffinements ne doivent pas faire oublier le petit prodige qui en est à l'origine : le ver à soie, ou bombyx du mûrier, est présenté sous une lumineuse verrière. Exposition, boutique.

Saint-Méen-le-Grand A2

À 20 km au nord de Paimpont par la D 773 jusqu'à Gaël, puis la D 166.

Au 6e s., saint Méen, moine venu de Grande-Bretagne, fonda en ce lieu une abbaye.

Église – Elle conserve une belle **tour** carrée du 12e s. À l'intérieur, on voit dans le transept droit la statue et le monument funéraire de saint Méen. Récemment découvertes sous l'enduit, des fresques des 13e et 14e s. ont été restaurées.

Musée Louison-Bobet – *℘ 02 99 09 67 86 - ♿ - 14h-17h - fermé mar. (oct.-juin), 1er janv. et 25 déc. - 3 € (10-14 ans 2 €).* Né à St-Méen, **Louison Bobet (1925-1983)** fut ce légendaire coureur cycliste, plusieurs fois vainqueur du Tour de France dans les années 1950. Il fut aussi un précurseur dans le domaine de l'entraînement sportif et de la diététique. Le musée rappelle la brillante carrière du champion à travers divers livres, documents, objets et souvenirs.

Site mégalithique de Monteneuf A1

À 25 km au sud de Paimpont, le long de la D 776 entre Guer et Monteneuf. Centre Les Landes, r. des Menhirs - 02 97 93 26 74 - www.centreleslandes.com - juil.-août : 10h30-12h30, 14h30-18h ; reste de l'année : visites et ateliers sur réserv. - possibilité de visite guidée 14h30, 16h, 17h - 3,50 € (enf. 2 €).

Implanté dans la lande, ce site mégalithique est en cours de fouilles. Des zones de taille ont été mises au jour. Aujourd'hui, une quarantaine de blocs de schiste pourpre sont redressés sur le site : en particulier un monolithe de 36 t. À noter que ce site est un lieu privilégié pour les korrigans, sortes de petits lutins farceurs qui ont une affection particulière pour les monuments mégalithiques.

Deux circuits piétonniers de 7 km permettent de découvrir la Loge Morinais (allée couverte en schiste), les menhirs de Chomet, de Coëplan, des Pierres droites, la Pièce couverte, le Rocher Maheux et les Bordoués (autres allées couvertes). Le long de la D 776, plus de 420 monolithes, abattus vers la fin du 1er millénaire, probablement sur décision de l'autorité religieuse, sont actuellement recensés.

NOS ADRESSES DANS LA FORÊT DE PAIMPONT

HÉBERGEMENT

BUDGET MOYEN

Chambre d'hôte La Corne de Cerf – *35380 Paimpont - 2 km au sud de Paimpont par D 733 et D 71 - 02 99 07 84 19 - www.corneducerf.bcld.net - fermé janv. et fév. - - 3 ch. 56 €* . Cette vénérable demeure décorée de peintures, de tapisseries et de meubles peints respire l'élégance et le bon goût. Ses chambres, lumineuses et printanières, s'ouvrent sur un délicieux jardin arboré et fleuri. Nombreux sentiers de randonnée et activités nautiques à proximité.

Au Relais du Porhoët – *11 pl. de l'Église - 56490 Guilliers - 13 km au nord de Ploërmel par D 766 et D 13 - 02 99 74 40 17 - www.aurelaisduporhoet.com - fermé 4-18 janv. - 12 ch. - 39/58 € 8 € - rest. fermé dim. soir et lun. sf le soir en juil.-août ; menu 11/14 € (sem.), 20/43 €.* La façade fleurie de cet hôtel cache d'agréables chambres insonorisées, réservées aux non-fumeurs. Une cheminée monumentale réchauffe l'une des salles de restaurant où l'on sert une goûteuse cuisine régionale.

ACTIVITÉS

Sunloisirs Domaine de Tremelin – *3,5 km au sud d'Iffendic - 35750 Iffendic - 02 26 56 28 48 ou 06 23 83 44 24 - www.loisirs35.fr - tlj d'avr. à fin sept. ou sur réserv.* Loisirs et détente vous attendent en plein pays de Brocéliande. « Escaladd'arbres » dès 3 ans, loisirs nautiques, paint-ball, escalade en site naturel, loisirs pour enfants. Hébergement et restauration sur place.

Bécherel

★

731 Bécherelais – Ille-et-Vilaine (35)

NOS ADRESSES PAGE 144

S'INFORMER

Office du tourisme de Bécherel – *9 pl. Alexandre-Jehanin - 35 190 Bécherel - ✆ 02 99 66 75 23 - www.becherel.com - 10h-12h30, 14h30-17h30 - fermé 1er janv., 1er nov., 25 déc.*

SE REPÉRER

Carte de microrégion B1 (p. 100) – *carte Michelin Départements 309 K5.* On y accède par la D 137 puis la D 27 ou la D 20 à partir de Rennes nord (environ 35 km), ou bien par la D 68 depuis Dinan (23 km).

À NE PAS MANQUER

Les grandes manifestations autour du livre qui ont lieu tout au long de l'année.

ORGANISER SON TEMPS

Suivez donc une visite guidée le matin, et flânez parmi les nombreuses librairies de la ville l'après-midi.

AVEC LES ENFANTS

Une escapade en vélo rail à Médréac pour s'ouvrir l'appétit avant de se restaurer autour d'un bon pique-nique.

Première « cité du livre » en France et troisième en Europe, Bécherel abrite de nombreux libraires, bouquinistes et autres artisans du livre. Cette ancienne place forte, qui occupe un promontoire rocheux dominant la vallée de la Rance, a également conservé bon nombre de vieilles maisons en granit, empreintes de sa richesse passée liée au commerce du lin.

Se promener

Après avoir admiré le point de vue depuis la hauteur près de l'église vous parcourrez les rues aux noms évocateurs de la Beurrerie, de la Filanderie, de la Chanvrerie… dont une quinzaine de maisons abritent des librairies. Et si vous avez encore le temps, vous descendrez jusqu'à l'ancien lavoir.

À proximité Carte de microrégion

Château de Caradeuc B1

1 km à l'ouest - ✆ 02 99 66 77 76 - ♿ - juil.-août : 12h-18h ; du mai-juin et sept. : w.-end et j. fériés 14h-18h - 6 € (-15 ans gratuit).

L'ancienne demeure du célèbre procureur général Louis René, marquis de Caradeuc de La Chalotais (1701-1785), est entourée d'un beau **parc★** peuplé de monuments et de statues inspirés de l'histoire et de la mythologie.

★ Église des Iffs B1

7 km au sud-est par la D 27 - ✆ 02 99 45 83 85 - possibilité de visite guidée sur demande à Mme Arbey - la clé est disponible au café (tlj sf lun.).

Elle garde neuf belles **verrières★** inspirées des écoles hollandaise et italienne (16e s.) : scènes de la Passion *(chœur)*, enfance du Christ *(chapelle à gauche)*, histoire de Suzanne *(chapelle à droite)*.

★ Château de Montmuran B1

À 800 m au nord des Iffs - ✆ 02 99 45 88 88 - www.montmuran.com - visite guidée (45mn) juin-sept. : tlj sf sam. 14h-19h - 5 € (enf. 3 €).

La façade du corps de logis, remaniée au 18e s., s'inscrit dans une architecture médiévale : deux grosses tours rondes à mâchicoulis du 12e s., dont les 84 marches mènent à un vaste panorama tourné vers Hédé et Dinan, et un châtelet du 14e s. Un pont-levis enjambe les douves, précédant l'entrée défendue par une herse. Au revers de ce même châtelet, un escalier conduit à la chapelle où Du Guesclin aurait été armé chevalier en 1354, après un combat livré aux Anglais. Il y épousa Jeanne de Laval en secondes noces.

Château de Hac B1

8 km au nord par la D 68, puis à gauche par la D 26, et encore à gauche par la D 39 avant de longer Le Quiou - fermé jusqu'à fin 2010 - ✆ 02 96 83 43 06 - visite guidée (45mn) août-sept. : tlj sf vend. et sam. 13h-19h - 5 € (enf. 2,50 €).

Résidence seigneuriale du 14e s., ce manoir bien préservé, construit en pierre calcaire de Faluns, ne manque ni de grâce ni d'élégance. Il abrite un beau mobilier gothique et Renaissance et, en particulier, une intéressante collection de coffres, pour la plupart bretons.

Tinténiac B1

8 km au nord-est de Bécherel, par la D 20.

Sur les bords du canal, dans un bâtiment en bois, le **musée de l'Outil et des Métiers** fait revivre le travail du forgeron, du tonnelier, du charron et du sabotier, parmi bien d'autres. *✆ 02 99 23 09 30 - juil.-sept. : tlj sf lun. 10h-12h, 15h-18h, dim. 15h-18h - 3 € (7-13 ans 1,50 €).*

Médréac B1

10 km au sud-ouest de Bécherel, par la D 20 puis D 220 - ✆ 02 99 07 30 48 - juin-sept. : tlj 10h-18h - 6/8 € selon le parcours (-8 ans demi-tarif).

Sur l'ancienne ligne de chemin de fer La Brohinière-Dinan-Dinard, la **Gare de Médréac** propose des balades en **vélo rail** pour découvrir la campagne environnante. Deux parcours au choix : 6 km A/R *(1h)* ou 14 km A/R *(2h)*, possibilité 4h *(de 10h à 14h, prévoir pique-nique)*.

Hédé B1

14 km à l'ouest de Bécherel par la D 20 puis la N 137. Au lieu-dit la Magdeleine. Passez le pont sur le canal et tournez immédiatement à gauche.

À Hédé, **onze écluses**, trois en amont du pont, huit en aval, ont été installées sur le canal d'Ille-et-Rance, appelé aussi Manche-Océan. Elles permettent de franchir une dénivellation de 27 m. L'ancien chemin de halage est aujourd'hui un lieu de promenade très agréable. Pour en savoir plus sur l'histoire de ce canal commencé en 1804, une petite visite s'impose à la **Maison du canal** aménagée sur le site, dans une ancienne maison éclusière. *✆ 02 99 45 48 90 - ♿ - juil.-août : tlj 10h30-12h30, 13h30-18h ; mai-juin et sept.-oct. : tlj sf mar. 14h-18h ; nov.-avr. : dim. et merc. 14h-17h (dernière entrée 30mn av. fermeture) - fermé 2e quinz. de déc. et 1er Mai - 2,50 € (-12 ans 1,70 €, livret remis avec le ticket).*

NOS ADRESSES À BÉCHEREL

HÉBERGEMENT

BUDGET MOYEN

Chambre d'hôte Les Effourneaux – *Les Effourneaux - 22630 St-Juvat - 14 km de Bécherel par D 20, D 220 et D 12 - ✆ 02 96 88 17 52 - www.leseffourneaux.com - ⊭ - 3 ch. 60/70 €* ☕. Cette demeure du 19e s., entièrement restaurée, bénéficie d'un entretien scrupuleux, assuré par un propriétaire attentionné. Le soin porté aux 3 chambres et à la suite mansardée met en valeur un mélange très agréable de sobriété et d'élégance. Craquelins au beurre salé à déguster au petit-déjeuner.

RESTAURATION

POUR SE FAIRE PLAISIR

La Vieille Auberge –*Rte de Tinténiac - 35630 Hédé - 14 km à l'ouest de Bécherel par D 27 et D 80 - ✆ 02 99 45 46 25 - www.lavieilleauberge35.com - fermé mi-août déb. sept., mi-fév. déb. mars, dim. soir et lun. - menu 18 € (déj. en sem.), 26/80 € - carte 44/120 €.* Moulin du 17e s. au décor rustique et au charme bucolique avec une verdoyante terrasse située au bord d'un étang et d'un jardinet fleuri. Ambiance familiale et alléchante cuisine classique.

AGENDA

Bécherel

La Cité du Livre® organise des manifestations tout au long de l'année :

Marché aux livres – Il se tient le 1er dimanche de chaque mois et attire 40 000 visiteurs par an !

Fête du Livre – Pendant le week-end de Pâques, rencontres, spectacles et expositions.

La « Nuit du livre » – La nuit du 2e samedi du mois d'août est l'occasion d'animations au cours desquelles les librairies de la localité restent ouvertes.

Lire en fête – En octobre, animations littéraires et artistiques.

Renseignements auprès de l'office de tourisme *✆ 02 99 66 75 23.*

Combourg

★

4 850 Combourgeois – Ille-et-Vilaine (35)

NOS ADRESSES PAGE 147

S'INFORMER
Office du tourisme de Combourg – *Pl. Albert-Parent - 35 270 Combourg - ✆ 02 99 73 13 93 - www.combourg.org - avr.-sept. : 10h-13h, 14h-18h30, dim. 10h-13h ; reste de l'année : tlj sf dim. 10h-13h, 14h-18h.*

SE REPÉRER
Carte de microrégion B1 (p. 100) – *carte Michelin Départements 309 L4.* En venant de Rennes en direction de St-Malo par la D 137 (42 km), prenez à droite la D 795, après Hédé : elle mène directement à Combourg.

À NE PAS MANQUER
Le château de Combourg, et celui de la Ballue pour son jardin.

ORGANISER SON TEMPS
La visite de la ville et du château se fait en une matinée, vous avez donc l'après-midi pour rayonner aux alentours.

AVEC LES ENFANTS
Les têtes blondes apprécieront sûrement les jeux du Cobac Parc et les bateaux du port miniature de Villecartier.

Combourg reste intimement liée au plus grand des écrivains romantiques français. À la fin du 18ᵉ s., le château d'allure féodale qui domine le vieux bourg abrita en effet les premiers élans poétiques de François René de Chateaubriand. À deux pas de la forteresse, un vaste étang contribue à la vue charmante que vous découvrez en arrivant par la route de Rennes.

Se promener

★ Château

✆ 02 99 73 22 95 - visite guidée (45mn) juil.-août : 9h30-12h30, 14h-17h, parc 9h30-12h30, 14h-18h ; avr.-juin et sept. : tlj sf sam. 9h30-12h30, 14h-17h ; oct. : tlj sf sam. 10h-12h, 14h-16h - 7 € (enf. 3 €).

« Des cachots et des donjons, un labyrinthe de galeries, des souterrains murés […] partout, silence et obscurité et visage de pierre : voilà le château de Combourg » (Chateaubriand).

Puissante forteresse aux épaisses murailles flanquée de quatre tours massives coiffées en poivrière, le château a été restauré grâce aux conseils de Viollet-le-Duc. L'intérieur, largement réaménagé en 1876, recèle notamment des souvenirs de l'illustre écrivain. Dans la tour du Chat se trouve l'austère chambre de son enfance. Très belle vue sur la localité, le lac et le **parc** depuis le chemin de ronde crénelé.

CHATEAUBRIAND À COMBOURG

Construit au 11e s., agrandi aux 14e et 15e s., restauré au 19e s., le château appartint à la famille Du Guesclin, puis au comte de Chateaubriand, père de François René. Dans ses *Mémoires d'outre-tombe*, l'écrivain évoque les souvenirs des deux années de jeunesse passées à Combourg. D'humeur taciturne, le comte de Chateaubriand vivait très retiré, se promenant des heures durant sans que personne n'ose ouvrir la bouche. Malade, la comtesse ne s'occupait de ses enfants que de très loin. François René et sa sœur Lucile étaient livrés à eux-mêmes, dans l'ennui comme dans le rêve. Autour d'un château désert au point d'en être lugubre, bois et lande portaient à la tristesse. La tour du Chat, où François René avait sa chambre, était hantée : un ancien seigneur des lieux y revenait la nuit sous la forme d'un chat noir que l'enfant guettait anxieusement. Le vol des chouettes et le vent ébranlant portes et couloirs faisaient frissonner l'enfant. Là s'est nourrie l'âme de celui qui allait ouvrir la voie au romantisme français.

À proximité Carte de microrégion

Lanhélin B1

8 km au nord-ouest par la D 73. À Lanhélin, suivez la signalisation Parc de loisirs.

Cobac Parc – *02 99 73 80 16 - www.cobac-parc.com - juin-août : 11h-18h ; avr.-mai : merc., w.-end et j. fériés 11h-18h ; sept. : merc. et w.-end 11h-18h - 15 € (enf. 13,50 €).* Ce parc (15 ha de verdure) réunit toutes les attractions auxquelles ne résistent pas les enfants : jeux couverts, espace aquatique chauffé avec des toboggans géants et une pataugeoire, carrousel 1900, petit train, manèges, parc d'oiseaux, île aux champignons géants, poneys et ânes… Un musée expose plus de 200 animaux naturalisés de la région. Aire de pique-nique, relais bébé et restaurant.

Bazouges-la-Pérouse C1

14 km à l'est par la D 796.

Peintres, sculpteurs, photographes céramistes… nombreux sont les artistes qui fréquentent cet agréable village. Expositions dans différentes galeries, surtout en saison.

Château de la Ballue – *02 99 97 47 86 - www.laballuejardin.com - ♿ - 1er mars-1er nov. : 10h30-18h30 ; reste de l'année : sur demande préalable - possibilité de visite guidée (1h) - 9 € (-10 ans gratuit).* Aux yeux de certains écrivains romantiques, ce beau bâtiment de schiste et de granit symbolisait la chouannerie, d'où les visites de Musset, Balzac et Hugo. Il est célèbre pour son **jardin★** d'inspiration maniériste : « **bosquet-attrape** » élaboré sur le principe du jeu d'eau, « **bosquet de musique** » formé de cyprès très *serrés, temple de Diane, labyrinthe… Chambres d'hôte (Voir Nos adresses à Combourg, ci-contre).*

Château de Bonnefontaine C1

1,5 km au sud d'Antrain. Quittez Antrain par les r. du Gén.-Lavigne et de Bonne-Fontaine - 02 99 98 31 13 - www.bonnefontaine.com - ♿ - de Pâques à la Toussaint : 11h-18h - possibilité de visite guidée sur demande - 5 € (-18 ans gratuit).

Élevé en 1547 sous forme de manoir fortifié et remanié au 19e s., Bonnefontaine s'inscrit dans un vaste parc à l'anglaise. L'élégance des tourelles qui ornent son grand corps de logis, ses hautes fenêtres et ses lucarnes sculptées corrigent la sévérité de ses tours trapues à mâchicoulis coiffées de toits en poivrière.

Antrain C1

21 km à l'est par les D 796 et D 313.

Perchée sur un promontoire, Antrain est une ville-marché dont les petites rues en pente conservent des demeures des 16e et 17e s. L'**église St-André** (en grande partie du 12e s.) est repérable à son imposant clocher du 17e s. coiffé d'un dôme avec lanternon. Sur le portail en plein cintre, les chapiteaux et tailloirs sont décorés d'oves et de dents-de-scie.

NOS ADRESSES À COMBOURG

HÉBERGEMENT

BUDGET MOYEN

Hôtel du Château – *Pl. Chateaubriand - ✆ 02 99 73 00 38 - www.hotelduchateau.com - fermé dim. soir sf juil.-août, lun. midi et sam. midi, 19 déc.-27 janv. - P - 33 ch. 56/146 € - ☕ 12 € - rest. 21/57 €.* Au pied du château et du lac célébrés par Chateaubriand, belle maison ancienne et ses annexes. Chambres personnalisées, en partie rafraîchies. Carte mi-traditionnelle, mi-régionale où figure en bonne place le délicieux chateaubriand ! L'été, terrasse au jardin.

La Haye d'Irée – *35560 St-Rémy-du-Plain - 14 km au sud de Combourg par D 794 et 1,5 km au sud de St-Rémy-du-Plain par D 90 puis D 12 - ✆ 02 99 73 62 07 - www.chateaubreton.com - avr.-oct. - 4 ch. - ☕ - 60/115 € - table d'hôte : menu 20/25 €.* Dans un grand parc, ce manoir en granit vous plonge dans une atmosphère typique : salon avec cheminée, pierres, poutres, chambres au mobilier ancien. Repas traditionnels *(sur réservation)* servis dans une salle à manger rustique.

UNE FOLIE

Le Château de la Ballue – *35560 Bazouges-la-Pérouse - 14 km à l'est de Combourg par D 796 et 4 km au nord-est de Bazouges-la-Pérouse - ✆ 02 99 97 47 86 - www.la-ballue.com - 6 ch. - 160/195 € - ☕ 18 €.* De superbes jardins d'esprit baroque et à la française entourent ce château du 17e s. Grandes chambres raffinées : hauteur sous plafond, boiseries d'époque, mobilier ancien.

RESTAURATION

Hôtel du Château – *Voir Hébergement.*

ACTIVITÉS

Port miniature de Villecartier – *Dans la forêt de Villecartier, accès fléché à partir de la D 155 - 35560 Bazouges-la-Pérouse - ✆ 02 99 98 37 24 ou 06 85 32 55 15 - antrain.communaute@wanadoo.fr - juil.-août : 11h-19h ; avr.-juin et sept. : w.-end et j. fériés 14h-19h - 5 € (-10 ans 3 €).* Devenez capitaine d'un jour et embarquez sur un ferry, un vapeur du Mississipi ou un chalutier de la petite flotte de bateaux miniatures.

DE ST-MALO AU MONT-ST-MICHEL
ST-MALO ★★★ Vaut le voyage
Dinan ★★ Mérite un détour
Cancale ★ Intéressant
Rothéneuf À voir
Itinéraire conseillé avec ville de départ
0
10 km
MANCHE
CÔTE D'ÉMERAUDE
CAP FRÉHEL
Fort la Latte
Pnte de St-Cast
St-Cast-le-Guildo
Pnte de la Garde
Pnte de Bay
Pnte du Chevet
Le Guildo
St-Lunaire
Pnte de la Garde-Guérin
Lancieux
St-Jacut-de-la-Mer
St-Briac-s-Mer
Château d'eau de Ploubalay
Pnte du Décollé
Dinard
Le Minihic
Rothéneuf
Paramé
La Guimorais
N.-D. du Verger
ST-MALO
St-Servan-s-Mer
Gd Aquarium-St-Malo
Jardins du Montmarin
St-Suliac
Pnte du Hock
Pointe du Grouin
Cancale
Le-Vivier-s-Mer
Cherrueix
Baie du Mont-St-Michel
Mont Dol
65
St-Marcan
LE MONT-ST-MICHEL
Dol-de-Bretagne
Menhir de Champ-Dolent
Baguer-Morvan
Epiniac
Broualan
Le Tronchet
Vallée de la Rance
Forêt de Coëtquen
Léhon
Dinan
Quévert
Corseul
Plancoët
Château de la Hunaudaye
St-Esprit-des-Bois-en-Plédéliac
Jugon-les-Lacs
CÔTES-D'ARMOR
ILLE-ET-VILAINE
Cobac Parc
La Bourbansais
Combourg
Bazouges-la-Pérouse
La Ballue
Bonnefontaine
Antrain
Pontorson
Couesnon
MANCHE
St-James
Parc floral de Haute-Bretagne
Sélune
ALENÇON
RENNES, FOUGÈRES
RENNES
RENNES
ST-BRIEUC
A 84
N 175
N 176
N 12
D 976
D 75
D 30
D 40
D 12
D 102
D 798
D 155
D 175
D 975
D 797
D 576
D 90
D 796
D 83
D 794
D 285
D 85
D 795
D 10
D 119
D 9
D 4
D 155
D 201
D 137
D 29
D 114
D 2
D 766
D 786
D 793
D 792
D 17
D 13
D 16
D 768
D 16a
D 34a
A
B
C
1
2

De Saint-Malo au Mont-Saint-Michel 2

Cartes Michelin Départements 309 et 303 – Ille-et-Vilaine (35), Côtes-d'Armor (22) et Manche (50)

Saint-Malo

★★★

49 661 Malouins – Ille-et-Vilaine (35)

NOS ADRESSES PAGE 163

S'INFORMER

Office du tourisme de St-Malo – *Espl. St-Vincent - 35 400 St-Malo - 0 825 135 200 (0,15 €/mn) - www.saint-malo-tourisme.com - juil.-août : 9h-19h30, dim. et j. fériés 10h-18h ; reste de l'année : 9h30-12h30, 13h30-18h30, dim. et j. fériés 10h-12h30, 14h30-18h.*

SE REPÉRER

Carte de microrégion AB1 (p. 148) – *carte Michelin Départements 309 J3.* Au nord de Dinan (35 km) et de Rennes (75 km), St-Malo contrôle l'embouchure de la Rance. Sa partie historique fortifiée, appelée « Intra-Muros », se cantonne à une presqu'île, entourée d'anciennes communes progressivement intégrées, comme St-Servan, au sud, ou Paramé et Rothéneuf, plus à l'est.

SE GARER

Dans l'Intra-Muros, le piéton règne en maître. En été, les parkings du vieux centre et de ses abords immédiats (remparts et port) saturent vite. Mieux vaut laisser sa voiture dans l'un des parkings prévus à cet effet en périphérie *(voir Nos adresses à St-Malo, p. 163)*, puis emprunter les navettes mises en place par la municipalité pour désengorger la presqu'île.

À NE PAS MANQUER

Le tour des remparts pour la double vue sur les toits de St-Malo et la mer, et la visite d'une malouinière comme La Ville Bague pour mieux connaître la vie des riches armateurs malouins au 18e s.

ORGANISER SON TEMPS

Visiter l'Intra-Muros le matin, se détendre sur la plage l'après-midi, savourer une galette aux abords de la cathédrale en soirée : le pouls de St-Malo peut se prendre en une journée. Renseignez-vous sur les

La cité corsaire protégée par ses remparts.
R. Gasnier / Ville de Saint-Malo - Service Communication

horaires de marée, car certains sites (Grand-Bé, Fort national) ne sont accessibles à pied sec qu'à marée basse.

AVEC LES ENFANTS
Allez caresser les poissons dans le bassin tactile du Grand Aquarium de St-Malo, visitez l'Hôtel d'Asfeld, véritable demeure de corsaire, et rendez-vous à Rothéneuf pour voir les Rochers sculptés avant d'étendre votre serviette sur la plage du Havre.

Derrière ses remparts de granit fortifiés, la cité corsaire, entièrement détruite en août 1944, a été si bien restaurée qu'elle conserve en son sein cette austère harmonie qui la caractérise. Port très actif, St-Malo est aussi une station balnéaire réputée, où la thalassothérapie, les clubs nautiques et les plages de sable fin offrent toute la détente recherchée. L'île du Grand Bé, le Fort national ou la plage du Sillon vous deviendront vite familiers !

Se promener

La ville **intra-muro**s enserrée dans les remparts est surtout administrative et commerciale. Elle est habitée par des Malouins qui y résident toute l'année. Son principal intérêt est le tour des remparts qui offre de très belles vues sur la ville, sur la mer, sur l'ensemble du système de défense et sur les plages du Môle et de Bonsecours.
Au sud, **St-Servan-sur-Mer** conserve les vestiges de l'ancienne cité gallo-romaine d'Aleth et bénéficie de beaux espaces verts. L'anse des Sablons abrite sa plage principale ainsi que le port de plaisance.
À l'est, la ville est prolongée par le quartier de **Paramé**, surtout connu pour sa vaste étendue de sable fin, **la Grande Plage**, qui s'étire des remparts malouins à la pointe de Rochebonne. Cette cité balnéaire est riche d'un patrimoine d'hôtels et de villas du début du 20e s.
Après la pointe de Rochebonne, on arrive à **Rothéneuf**, qui présente une côte découpée, parsemée de criques. Ses deux plages se complètent admirablement, celle du Val s'ouvrant sur la mer tandis que celle du Havre borde une anse presque fermée entourée de dunes.
Le GR 34 permet de découvrir ce littoral jusqu'à la **pointe de la Varde**, qui fait face à l'ouest aux remparts de St-Malo et à la Grande Plage. C'est un bourg familial et résidentiel que l'on découvre à l'occasion de la visite des fameux Rochers sculptés et du manoir de Jacques Cartier (*voir p. 161*).

ST-MALO
PARAMÉ-ST-SERVAN
Plan I
0
500 m
N
A
B
1
2
3
FORT DU PETIT-BÉ
SARK, GUERNSEY, JERSEY
CORK, PLYMOUTH, POOLE
PORTSMOUTH, WEYMOUTH
Villa Duguay-Trouin
Bd Hébert
Grand Hôtel
THERMES MARINS
Fort national
Île du Grand-Bé
Digue
Pasteur
Av.
Sillon
Moka
du
47ème
CASINO
Chaussée
du
Duguay- Trouin
Bd
T.
Botrel
Q.
PARC DES
EXPOSITIONS
BASSIN
DUGUAY-
TROUIN
Bd de la République
voir plan II
ST-MALO
1
Av. L. Martin
Av. J.
Jaurès
Av.
Av.
A.
C
Corsaires
BASSIN
BASSIN
JACQUES
CARTIER
TERMINAL
DU NAYE
VAUBAN
MÔLE DES NOIRES
GARES
MARITIMES
Chée E. Tabarly
Chée
des
BASSIN
BOUVET
de
Marville
Av. F. Roosevelt
des
Talards
ANSE
DES SABLONS
Q. de Trichet
Q. du Val
R. P. de Coubertin
R. J. P. de
Triquerville
R. Dauphine
R. des
Bas-Sablons
R. G. Clemenceau
Fort de
la Cité
d'Aleth
St-Servan-
sur-Mer
POL
Pl. St-Pierre
Corniche
9
16
Pl. Mgr-
Duchesne
Rue
Ville-
Pépin
R. de
la Motte
Bd Tréhouart
R.
de
la
Marne
R. des
Hauts-
Sablons
R. Jean XXIII
Tour Solidor
(MUSÉE DU LONG
COURS CAP-HORNIER)
STE-CROIX
R. J. Jugan
2
R. P. Certain
Bd
Douville
Bd de l'Espadon
Bd L. Demaiville
RANCE
Boulevard
du
Rosais
R. de la Balue
R.
Doutreleau
D 137
Belvédère du Rosais
PARC DE LA BRIANTAIS
7
DINARD
RENNES
ST-SULIAC
GD AQUARIUM
ST-MALO
MALOUINIÈRE
DU PUITS SAUV

SAINT-MALO

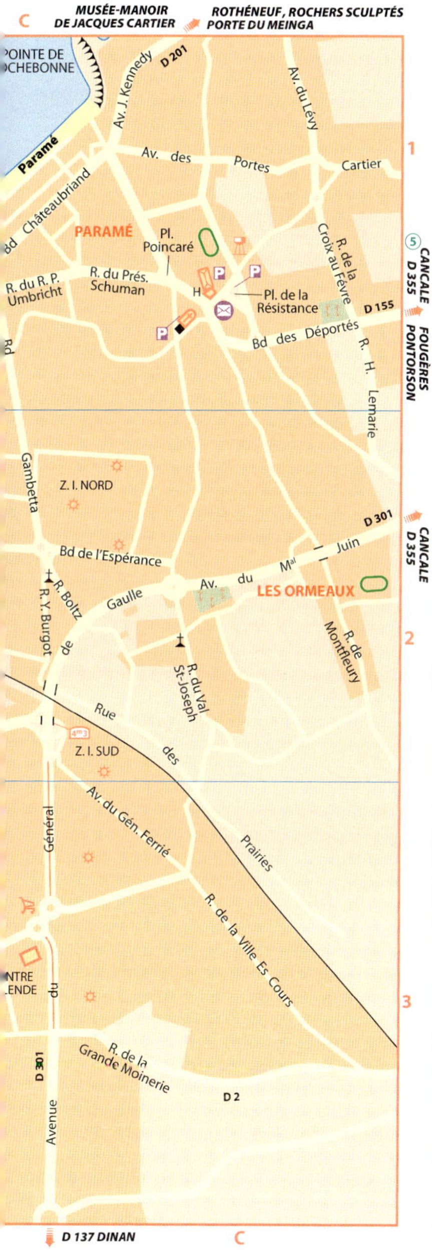

SE LOGER

SE RESTAURER

INDEX DES RUES

★★ LA CITÉ INTRA-MUROS Plan de la ville II

Les vieux **remparts** de St-Malo abritent des rues étroites et pavées, aux façades de granit parfaitement alignées. Difficile d'imaginer que la plupart ont été restaurées, voire reconstruites après 1944 !

En saison et le week-end, l'ensemble bourdonne d'animation grâce à ses commerces et à ses restaurants, principalement concentrés entre le château et la cathédrale.

La cité jouit également de la proximité de plages de sable fin, réparties en corolle au pied de ses remparts. Les Malouins fréquentent plutôt celle du **Môle**, qui jouxte l'avant-port, mais la plus étendue est celle du **Bon Secours**. On la repère à sa piscine d'eau de mer et à son centre nautique. La baignade y est surveillée. Elle sert de point de départ à tous ceux qui veulent accéder à sec aux îles de Petit-Bé et Grand-Bé (uniquement à marée basse).

Si vous n'avez que deux heures devant vous et que le temps le permet, faites absolument le tour des remparts. Après, vous pouvez découvrir la ville intra-muros, ses rues commerçantes et quelques monuments décrits le long de l'itinéraire proposé.

★★★ LES REMPARTS C-D/1-2

Visite : 2h. Partez de l'esplanade St-Vincent.

Commencés au 12e s., les remparts (sortis intacts des destructions de 1944) ont été agrandis et modifiés jusqu'au 18e s.

La promenade sur les remparts offre des **vues★** magnifiques. Elle est recommandée à marée haute, dont la grande amplitude (de 8 à 14 m) modifie de façon spectaculaire l'aspect du rivage et des flots.

Passez sous la porte St-Vincent et prenez, à droite, l'escalier qui donne accès au chemin de ronde.

De la porte St-Vincent au bastion St-Louis – Aussitôt après la Grande Porte, couronnée de mâchicoulis, la vue se développe sur l'isthme étroit qui relie la vieille ville à ses faubourgs, sur les bassins du port et, au-delà, sur St-Servan.

Du bastion St-Louis au bastion St-Philippe – Le rempart borde les maisons des riches armateurs malouins. Deux d'entre elles sont restées intactes, près du bastion St-Louis, précédant une succession de murailles et de façades qui furent remontées pierre à pierre. Ce bel ensemble de hautes toitures, surmontées de cheminées monumentales, a été totalement reconstitué.

La vue se développe sur l'avant-port, sur le rocher d'Aleth couronné par le fort de la Cité, sur l'estuaire de la Rance, ainsi que sur Dinard, avec la plage du Prieuré et la pointe de la Vicomté.

Du bastion St-Philippe à la tour Bidouane – À droite de la pointe du Moulinet, on aperçoit en partie la grande plage de Dinard ; on distingue aussi la pointe des Étêtés séparant Dinard de St-Lunaire, la pointe du Décollé, l'île des Ebihens, la pointe de St-Cast et le cap Fréhel ; plus proche, l'île Harbour et, toujours vers la droite, les îles du Grand-Bé et du Petit-Bé, puis à l'arrière-plan, l'île de Cézembre et le fort de la Conchée.

De la tour Bidouane à la porte St-Vincent – Après avoir longé les bâtiments de l'École nationale de la marine marchande, on découvre le Fort national et la grande courbe qui unit St-Malo à la pointe de la Varde : ici se déploient les plages du Sillon, de Rochebonne et du Minihic.

L'identité malouine

DE ST-SERVAN À ST-MALO

St-Servan à l'origine de St-Malo – Au 6e s., saint Malo évangélise la cité d'Aleth et devient son évêque. En 1144, l'île voisine est suffisamment peuplée pour que l'évêché y soit transféré et qu'elle prenne le nom de St-Malo, tandis qu'Aleth se place sous la protection d'un autre saint local : Servan.
Une cité à l'identité forte – Au moment de la Ligue, au 17e s., la ville se proclame république et maintient son indépendance durant quatre ans. Naît alors la devise : « Ni Français ni Breton : Malouin suis ». À la même époque, St-Malo abrite bon nombre de corsaires. Ces hardis marins recevaient du roi des « lettres de course » qui leur permettaient d'attaquer les navires de guerre ou marchands ennemis sans être traités en pirates, c'est-à-dire pendus *(voir Comprendre la Bretagne, p. 81)*. Aux 17e et 18e s., ils infligèrent aux Anglais, aux Hollandais et aux Espagnols, des pertes inouïes.

QUELQUES MALOUINS CÉLÈBRES

Jacques Cartier (1494-1557) – En 1534, il part chercher de l'or dans la région de Terre-Neuve et du Labrador. Il découvre alors l'estuaire du St-Laurent, qu'il prend pour l'embouchure d'un grand fleuve d'Asie. Comme le mot *Canada*, qui signifie « village » en huron, revient souvent dans les propos des Indiens, il appelle ainsi le pays. Cartier en prend possession au nom du roi de France, mais c'est Champlain qui le colonise et qui fonde Québec en 1608.
François René de Chateaubriand – Il est le dixième et dernier enfant d'une famille bretonne désargentée de très ancienne noblesse. Son père est allé chercher fortune aux Amériques et a pu, au retour, s'établir armateur à St-Malo. La chambre où François René vit le jour se trouve au 2e étage d'un immeuble modeste dont l'entrée donne sur la cour d'honneur de l'hôtel « France et Chateaubriand », près de la tour Quic-en-Groigne. Le jeune Chateaubriand (1768-1848) passe ses premières années à vagabonder sur le port, puis étudie successivement aux collèges de Dinan, Dol, Rennes, Brest, rêvant d'être marin ou prêtre. Il reste deux années dans la solitude de Combourg avec son père, sa mère et sa sœur Lucile : un épisode que le grand écrivain romantique évoquera dans ses *Mémoires d'outre-tombe*. C'est par le métier des armes qu'il commencera, en 1786, une carrière mouvementée qui se terminera en 1848 dans l'isolement grandiose du Grand-Bé.
Lamennais – Cet autre fils (1782-1854) d'armateur malouin tient une place importante dans le mouvement romantique. Orphelin, il est élevé par un oncle au château de la Chesnaye, près de Dinan ; à 22 ans, il devient professeur de mathématiques au collège de St-Malo. Ordonné prêtre en 1816, ses polémiques passionnées le mettent en difficulté avec Rome. Ayant rompu avec l'Église, il se retire à la Chesnaye. Apologiste de l'ultramontanisme, ses idées politiques le font condamner à un an de prison en 1840, mais lui valent un siège à l'Assemblée nationale de 1848.
Maupertuis – Fils d'un corsaire anobli, Pierre Louis Moreau de Maupertuis (1698-1759) est un grand savant trop méconnu. Membre de l'Académie des sciences, il s'illustre en organisant une expédition en Laponie pour mesurer un degré du méridien terrestre. Très curieux, il publie d'intéressants ouvrages de biologie et se voit confier la présidence de l'Académie royale de Berlin par le roi de Prusse Frédéric II.

SE LOGER

Ajoncs d'Or (Hôtel Les) 6
San Pedro 10

SE RESTAURER

Au Pied d'Cheval 5
Bistro de Jean (Le) 13
Brigantine (La) 7
Chalut (Le) 9
Coquille d'Œuf (La) 11
Margaux (Crêperie) 15
Petit Crêpier (Le) 14
Ti Nevez (Crêperie) 18

★ LA VILLE CLOSE C-D/1-2

Itinéraire 1 au départ de la place Chateaubriand où se trouve le château – compter 1h30.

★★ Château D1

02 99 40 71 57 - avr.-sept. : 10h-12h30, 14h-18h ; reste de l'année : tlj sf lun. 10h-12h, 14h-18h - fermé 1er janv., 1er Mai, 1er et 11 Nov., 25 déc. - 5,40 € (enf. 2,70 €).

Symbole du pouvoir ducal puis royal, le château est accolé à la tour Quic-en-Groigne. On y découvre les façades des casernes des 17e et 18e s. qui abritent aujourd'hui l'**hôtel de ville**, la citerne, le grand donjon et le castelet. Édifié en 1395, le petit donjon flanque l'ancien mur d'enceinte.

Élevé en 1424, le grand donjon domine le château : depuis les tourelles de guet, on jouit d'un beau **panorama**★★ sur la ville, le port, la côte et la mer. À l'extérieur, les tours d'angle datent des 15e et 16e s. Quant à la chapelle et à « la galère », elles sont du 17e s.

Occupant le grand donjon et le castelet, le **musée d'Histoire de la ville et d'Ethnographie du pays malouin★** est consacré à l'histoire de St-Malo et de ses hommes célèbres. Documents, maquettes de navires, peintures et armes rappellent le passé maritime de la cité.
De l'ancienne chapelle, un passage conduit à la Tour générale où sont présentés l'économie, les modes de vie et les événements marquants du pays malouin.
La tour **Quic-en-Groigne★** est située dans l'aile gauche du château. Son nom rappelle la réplique d'Anne de Bretagne aux Malouins : « Qui qu'en groigne, ainsi sera, car tel est mon bon plaisir. »

Place Chateaubriand D1
Chateaubriand résida enfant au n° 2 *(hôtel White)*. La façade du 18e s. a été refaite à l'identique. Au n° 3 rue Chateaubriand, l'**hôtel de La Gicquelais** (17e s.) le vit naître.
Prenez la rue Chateaubriand.

Cour La Houssaye D1
Cette petite cour, où se dressent la tour de la maison dite de la **Duchesse-Anne**, du 15e s. *(n° 2)*, ainsi qu'un hôtel malouin *(n° 10)*, donne une idée de la ville à la fin du Moyen Âge.
Prenez à gauche la rue du Pelicot.

De la cour La Houssaye à la cathédrale D-C1
Rue du Pélicot, vous passez devant des **façades de bois** et de verre dont celle de la Maison internationale des poètes et écrivains. Parvenu à l'intersection avec la rue du Collège, tournez à droite dans la rue du Gras-Mollet.
Dans son prolongement commence la rue Mahé-de-la-Bourdonnais. Elle a été baptisée ainsi car le gouverneur des îles Maurice et de La Réunion (1699-1753) y aurait vu le jour, au n° 2 précisément. Notez le **portail** en bois sculpté Renaissance (1652).
Du bout de la rue, belle **vue** sur le Fort national.
Prenez à droite la rue de la Victoire.
Rue de la Victoire, à côté de la façade du n° 8 (17e s.), se dressent l'ancienne chapelle des Bénédictines (1622) et, plus loin, l'École nationale de la Marine marchande.
Par la rue Maclow, rejoignez la place Jean-de-Châtillon sur laquelle donne la cathédrale.

Cathédrale Saint-Vincent C1
Commencée au 11e s., achevée au 18e s., elle fut coiffée au 19e s. d'une flèche ajourée. Couverte de voûtes d'ogives très bombées, de type angevin, la nef contraste avec le chœur (13e s.) qu'éclairent de magnifiques **vitraux★** de Jean Le Moal : éclatante rose aux flammes orangées, rouges et jaunes, qu'encadrent des verrières grenat, indigo, rose ardent, ciel. Dans le transept, les vitraux ont des tonalités plus assourdies que dans les bas-côtés où les verrières de Max Ingrand offrent des couleurs froides. Une Vierge du 16e s., N.-D.-de-la-Croix-du-Fief, provenant d'une maison médiévale, est conservée dans la deuxième chapelle, côté gauche du déambulatoire où se trouvent aussi les restes de Duguay-Trouin. La chapelle voisine abrite le chef de Jacques Cartier.

De la cathédrale à l'hôtel d'Asfeld C1-C2-D2
En sortant de la cathédrale, prenez à gauche la petite rue Pourpris. Elle mène à la **place du Pilori**, qui constitue le cœur de l'Intra-Muros.

ROBERT SURCOUF : UN MARIN D'EXCEPTION
Né en 1773 à St-Malo, Robert Surcouf embarque comme mousse dès l'âge de 13 ans. À 20 ans, il est déjà capitaine-marchand. Épris d'aventure, il se lance dans la course dès 1796 et gagne rapidement ses premiers combats contre les navires anglais. Hardi marin et capitaine loyal, Surcouf fait très vite fortune et revient s'établir à St-Malo, où il prend à 36 ans une retraite de la mer précoce. À terre, il poursuit une carrière d'armateur et arme des corsaires, ainsi que des navires marchands et continue ainsi à accroître sa fortune jusqu'à sa mort en 1827.

Continuez par la rue Broussais et la rue des Vieux-Remparts à gauche, puis tournez à droite dans la rue Feydeau, pour rejoindre la rue d'Orléans.
Face aux remparts, la **rue d'Orléans** *présente les plus belles façades de* **demeures d'armateurs** *du 18e s.*
Prenez-la à gauche et tournez encore à gauche dans la rue d'Asfeld.

Maison de Corsaire - Hôtel d'Asfeld D2

5 r. d'Asfeld - ✆ 02 99 56 09 40 - www.demeure-de-corsaire.com - visite guidée (1h15) - vac. scol. : 10h-11h30, 14h30-17h30 ; hors vac. scol. : tlj sf lun. uniquement à 15h - 5,50 € (7-12 ans 4 €).

Épargnée en 1944, cette demeure du 18e s. est aujourd'hui classée Monument historique. Elle appartenait à François Auguste Magon de La Lande, corsaire du roi, directeur de la Compagnie des Indes orientales et l'un des plus puissants armateurs malouins. Visite de la cave aux salons, en passant par la collection d'armes et de coffres, le tout agrémenté d'anecdotes corsaires et malouines.
Suivez les rues d'Asfeld, des Cordiers et Jacques-Cartier et revenez place Chateaubriand.

LE SYSTÈME DÉFENSIF Plan de ville I

★ Fort national A1

Accès par la plage de l'Éventail à marée basse – 15mn à pied AR. ✆ 02 99 85 34 33 - www.fortnational.com - visite guidée (45mn), se renseigner, horaires variables en fonction des marées - 4 € (enf. 2 €).

Construit par Vauban en 1689, le « Fort royal » est devenu « Fort national » après 1789, puis propriété privée. Au cours de la visite du fort, on évoque le duel mémorable de Robert Surcouf qui défendit l'honneur de la France contre 12 adversaires. Il épargna le dernier... comme témoin de ses exploits !
Des remparts, la **vue★★** est exceptionnelle : de l'estuaire de la Rance aux îles Chausey. Et la visite du cachot, impressionnante !

Île du Grand-Bé A1

À marée basse, 45mn à pied AR. Quittez St-Malo par la porte des Champs-Vauverts et traversez la plage obliquement, pour gagner la chaussée qui conduit à l'île. Suivez le chemin accroché au flanc droit de l'île.
Le **tombeau de Chateaubriand** se trouve du côté du large : une simple dalle sans nom, surmontée d'une lourde croix de granit. Du sommet de l'île, superbe **panorama★★** sur toute la Côte d'Émeraude.
Traversez le terre-plein, descendez quelques marches et tournez à gauche dans un chemin qui ramène à la chaussée empruntée à l'aller.

Le Petit-Bé

Accès à pied ou en bateau (en fonction des marées) à partir du Grand Bé - ✆ 06 08 27 51 20 - www.petit-be.com - horaires variables en fonction des marées, se renseigner - 5 € (enf. 3 €).
Située après le Grand-Bé, l'île possède un remarquable fort construit à partir de 1693 par Vauban et restauré par un passionné. La visite *(guidée)* présente les fortifications de la baie de St-Malo et le phénomène des marées. Très belle vue sur la baie.

Port A-B2

Aménagé au cœur de la vaste rade qui séparait jadis la cité corsaire du continent, le port de St-Malo possède quatre bassins à flot, protégés par une écluse. Son avant-port est équipé de deux gares maritimes pour le trafic des **car-ferries** et des **vedettes** rapides.
Des liaisons quotidiennes *(sauf en hiver)* desservent l'Angleterre (Portsmouth) et les îles Anglo-Normandes de Jersey et Guernesey. Pour la navigation de plaisance, de nombreux pontons ont été aménagés sous les remparts.

★ ST-SERVAN-SUR-MER Plan de ville I

▶ *Itinéraire* 2 *autour de la corniche d'Aleth.*
L'ancienne cité d'Aleth bénéficie de beaux espaces verts, dont le parc de la Briantais au sud. L'**anse des Sablons**, tournée vers l'Intra-Muros, abrite sa plage principale, un port de plaisance et un centre nautique. St-Servan dispose également de trois autres ports : le bassin du Bouvet, dédié au commerce et à la pêche, qu'elle partage avec St-Malo, port St-Père et l'ancien port militaire **Solidor**, orienté vers la Rance et Dinard. Ses principales artères, les rues Ville-Pépin et Georges-Clemenceau, concentrent l'essentiel de ses commerces, et donc de l'animation.
Partez du bout de l'anse des Sablons.

★ La corniche d'Aleth A3

Elle dévoile de très belles **vues★★** : d'abord sur la cité malouine, les îles du Petit-Bé et du Grand-Bé ainsi que sur l'île de Cézembre ; puis sur l'ensemble de la rade où se détachent l'île fortifiée de la Grande Conchée, le phare du Grand-Jardin *(à gauche)*, l'île Harbour et son fort, avec, dans le lointain, le cap Fréhel. En soirée, le regard est immédiatement attiré par les lumières de Dinard.
Le **fort de la Cité** abrite le Mémorial 39/45.
Mémorial 39/45 – *✆ 02 99 82 41 74 - juil.-août : 10h15, 11h, 14h, 15h, 16h, 17h ; avr.-juin et sept. : tlj sf lun. 14h30, 15h15, 16h30, jeu.-dim. 10h, 14h30, 15h15, 16h30 ; oct. : tlj sf lun. 15h15, 16h - 5,40 € (enf. 2,70 €).* Dans un authentique blockhaus de la Seconde Guerre mondiale sur 500 m² répartis en trois niveaux, la visite guidée du mémorial retrace cette période douloureuse de la région malouine à partir de nombreux documents et objets d'époque.

Port Saint-Père A3

Face à Dinard, ce petit port adossé à la presqu'île d'Aleth est encadré par le marégraphe (appareil enregistrant la hauteur des marées) et l'imposante tour Solidor.

★ Tour Solidor A3

Bâtie en 1382, restaurée au 17e s., cette ancienne prison (27 m de haut) commande l'estuaire de la Rance. Elle abrite le musée du Long Cours cap-hornier.

Musée international du Long Cours cap-hornier★ – *✆ 02 99 40 71 58 - avr.-sept. : 10h-12h30, 14h-18h ; reste de l'année : tlj sf lun. 10h-12h, 14h-18h - fermé 1er janv., 1er Mai, 1er et 11 Nov., 25 déc. - 5,40 € (enf. 2,70 €).* Ce musée est consacré à l'histoire, aux techniques et aux traditions. La visite, par paliers, permet d'atteindre sans fatigue le chemin de ronde d'où le visiteur profite d'une belle **vue★** sur l'estuaire, St-Servan-sur-Mer, St-Malo, Dinard et la Rance.

Revenez à votre voiture et poursuivez vers le sud jusqu'au belvédère du Rosais puis jusqu'au parc du Briantais.

★ Belvédère du Rosais B3

Situé près du petit cimetière marin (tombe des parents de Chateaubriand *après l'entrée, à droite*), il offre une jolie **vue★** sur le barrage de la Rance, le rocher Bizeux surmonté d'une statue de la Vierge, la pointe de la Vicomté et Dinard.

Continuez jusqu'au parc de la Briantais.

★ Parc de la Briantais

Direction Quelmer, barrage de la Rance. Stationnement payant - ✆ 02 99 81 83 42 - ♿ - juil.-août : 9h-19h ; reste de l'année : 14h-17h, w.-end et j. fériés 9h-17h.

Pendant près d'un siècle, la Briantais a appartenu à la famille La Chambre. Le dernier d'entre eux fut **Guy La Chambre**, maire de St-Malo de 1947 à 1965, qui s'est illustré dans la reconstruction de la ville. Il a légué le domaine au diocèse qui l'a vendu à la ville de St-Malo en 1999.

Ce grand domaine de 27 ha bénéficie d'une situation panoramique exceptionnelle à l'ouest de St-Servan. Le château (1850) a remplacé un ancien manoir du 17e s. et accueille des expositions temporaires. Mais l'intérêt principal des lieux est ce vaste et agréable parc qui dévoile d'intéressantes **vues★** sur St-Servan et la tour Solidor, Dinard et la vallée de la Rance.

★ PARAMÉ ET SES VILLAS Plan de ville I

Ce quartier accolé à l'Intra-Muros prolonge St-Malo à l'est. Son principal atout réside dans la vaste étendue de sable fin qui s'étire des remparts malouins à la pointe de Rochebonne : la **Grande Plage★**. Une belle digue-promenade, exclusivement réservée aux piétons, borde ses 3 km.

La Grande Plage porte différents noms en fonction des secteurs. Le plus connu, hérissé de brise-lames, est celui du **Sillon**. Il commence au niveau du château. Lui succèdent la Hoguette, avec son centre de voile, installé au niveau des Thermes marins et du Grand Hôtel, puis la plage de Rochebonne, qui s'achève à la pointe du même nom.

Ne manquez pas de pousser jusqu'à elle, car ce site offre l'un des meilleurs **points de vue** sur la cité malouine, tout spécialement le soir.

★ Le patrimoine balnéaire de Paramé B1

Il se concentre particulièrement le long des plages du Sillon et de Rochebonne ainsi que dans les rues adjacentes. Suivez la digue et n'hésitez pas à pousser vos pas dans l'une ou l'autre artère pour découvrir de nouvelles façades.

La **digue de Paramé**, construite de 1883 à 1913 pour protéger les anciennes dunes de sable et permettre leur lotissement, s'étend sur toute la longueur de la plage.

Le **Grand Hôtel** fut édifié en 1881-1882 par la société immobilière du banquier parisien Hébert. Sa situation en bord de plage, sa vue à 180° et ses **thermes** réputés *(voir Nos adresses à St-Malo, p. 163)* le classent parmi les établissements les mieux lotis du front de mer.

Plus loin, la **villa Duguay-Trouin** se reconnaît à son plan semi-circulaire, imaginé pour offrir moins de prise au vent. Elle a été construite en 1888 pour Antoine Périvier, journaliste au *Figaro*.

Sur le boulevard Hébert, parallèle à la digue, au n° 65, admirez la **villa Remember**, de type néoflamand, élevée en 1903, et faîtes un crochet par le boulevard Chateaubriand, parallèle, pour admirer au n° 42, la façade émaillée et la tour octogonale de la **villa l'Argonne.**

RENÉ DUGUAY-TROUIN

Fils d'un riche armateur, Duguay-Trouin (1673-1736) est embarqué à 16 ans sur un navire corsaire pour mettre fin à une jeunesse orageuse. Ses talents sont tels qu'il passe à 24 ans dans le « Grand Corps » de la Marine royale, comme capitaine de frégate. Il meurt anobli, lieutenant général et commandeur de St-Louis.

À voir aussi Carte de microrégion

★★ Grand Aquarium - Saint-Malo B1

La Madeleine - dir. Dinard - av. du Gén.-Patton. Suivez le fléchage - ✆ 02 99 21 19 00 - www.aquarium-st-malo.com - de mi-juil. à mi-août : 9h-22h ; 1re quinz. de juil. et 2e quinz. d'août : 9h30-20h ; avr.-juin et sept. : 10h-19h ; reste de l'année : 10h-18h, possibilité de visite guidée sur réserv. - fermé 16-27 nov. et 3 sem. en janv. - 15,50 € (enf. 9,50 €).

Des eaux glacées du pôle Nord jusqu'au sud de l'Australie, on y découvre quelque 500 espèces, accompagné par le robot-pieuvre Octobot. Un bassin présente des animaux venus du froid, tel le poisson-loup, croqueur d'oursins. Dans le bac des Couleurs de l'Atlantique reposent un homard de 5 kg âgé de 30 ans, des coraux jaunes, des grondins… À voir aussi : la salle Méditerranée, les coraux, les mangroves.

Le **bassin tactile** permet de caresser les poissons des côtes bretonnes : raie bouclée, turbot, roussette…

L'**Anneau des Requins** offre, lui, un panorama de 360° sur les requins gris, le requin taureau, le requin nourrice, les squales, les tortues marines…

Le **Vaisseau englouti** reconstitue une épave de galion avec un sol de cale en légère pente, de l'eau suintante, des morceaux de gréement sur le plancher, des bruits de vagues.

Enfin, le **Nautibus**, sous-marin à quatre places, plonge dans un bassin géant (1,5 million de litres d'eau) : à travers le hublot, on distingue des poissons tropicaux, des statues celtes, une cité engloutie. Puis on s'enfonce dans les abysses…

Rothéneuf B1

Musée-manoir de Jacques Cartier★ – *Rothéneuf - r. David-Macdonald-Stewart - ✆ 02 99 40 97 73 - visite guidée (1h) juin-sept. : 10h-11h30, 14h30-18h ; oct.-mai : tlj sf dim. 10h et 15h - fermé j. fériés - 4 € (-12 ans 1,50 €).* Après tous ses voyages d'exploration au Canada, Jacques Cartier acheta une ferme qu'il agrandit et appela Limoëlou (« tertre chauve »). Cette maison des 15e et 16e s., avec sa partie ajoutée au 19e s., a été restaurée et meublée selon le style de l'époque. Présentation audiovisuelle sur les voyages de l'explorateur et la « Nouvelle-France, colonie vulgairement appelée Canada ».

Rochers sculptés – Pendant vingt-cinq ans (à partir de 1870), l'abbé Fouré sculpta sur les rochers l'histoire de la terrible famille de Rothéneuf : près de 300 petits personnages sont ainsi figés dans le granit.

À proximité

Malouinière du Puits Sauvage

Au sud de St-Malo, dir. Château-Malo/La Grassinais - hameau de St-Étienne - 4 r. du Puits-Sauvage - ✆ 02 99 82 22 48 - juil.-août : 14h-18h ; juin et sept. : le w.-end 14h-18h - visite guidée de l'intérieur (30mn) à 15h, 16h et 17h et parcours libre dans le jardin - 6 € (-10 ans gratuit) - expositions.

Demeure champêtre, cette malouinière familiale a conservé tout l'esprit du 18e s. que l'on retrouve dans le grand salon, la bibliothèque et le bureau de l'armateur. Beau verger, fournil, charmant oratoire, piscine à chevaux et surprenante terrasse en forme de bateau corsaire, garnie de canons miniatures, dans le jardin à la française. Collection ancienne de cactées dans la grande verrière (19e s.).

Malouinière de la Ville Bague

À 12 km de St-Malo à St-Coulomb, dir. plage des Chevrets - ✆ 02 99 89 00 87 ou 06 99 40 18 79 - www.la-ville-bague.com - de Pâques à la Toussaint visite guidée (1h30) à 14h30 et 16h - fermé le merc. (sf juil.-août) - 8 € (enf. 3,50 €).

La passionnante visite guidée de cette malouinière vous entraîne en 1715 à l'époque où l'armateur malouin Guillaume Eon la fit construire. Il venait s'y reposer à l'écart de l'animation qui régnait dans le port de St-Malo. Parmi les trésors que comptent les collections de la Ville Bague, remarquez le fameux papier peint du salon (1820), représentant Pizarro chez les Incas, récemment restauré par les Beaux-Arts.

Les propriétaires, grands collectionneurs, font aussi découvrir de merveilleuses collections de maquettes de bâteaux, de marines, de *scrimshaws* (dents de cachalot et défenses de morse en ivoire gravées et sculptées) et d'armes. Belle perspective depuis le parc et la chapelle joliment restaurée.

NOS ADRESSES À SAINT-MALO

TRANSPORT

Comme indiqué en tête de chapitre, préférez le parking périphérique de l'hippodrome *(forfait journalier : 4 €)*, et empruntez les navettes mises en place par la municipalité *(gratuites, ttes les 15mn en saison et pdt les longs w.-ends)*.

VISITES

Visites guidées de l'Intra-Muros – *De fin juin à déb. sept., dép. de l'office du tourisme (2h), possibilité de visite libre avec audioguide - www.audiolibre.fr - 6 € (-12 ans gratuit) - se renseigner à l'office de tourisme ou au ✆ 02 99 56 09 40.*

HÉBERGEMENT

PREMIER PRIX

Chambre d'hôte Les Croix Gibouins – *Les Croix-Gibouins - ✆ 02 99 81 12 41 - www.les-croix-gibouins.com - fermé du 15 nov. au dim. des Rameaux - P - 3 ch. 55/60 €*. Oubliez la route qui passe à proximité de cette séduisante gentilhommière du 16e s., car l'épaisseur de ses murs garantit à elle seule le calme de ses intérieurs. Les chambres, douillettes et remarquablement restaurées, ouvrent leurs fenêtres sur un verger.

Chambre d'hôte La Goëletterie – *20 r. Goëletterie - ✆ 02 99 81 92 64 - www.la-goeletterie.com - P - 5 ch. 55 €*. St-Malo côté campagne. Cette jolie ferme dominant la Rance bénéficie d'une tranquillité très appréciée. Chambres récemment rajeunies. Accueil charmant.

San Pedro – *1 r. Ste-Anne - ✆ 02 99 40 88 57 - www.sanpedrohotel.com - fermé mi-nov.-fin fév. - 12 ch. 57/71 € ☕ 8 €*. À deux pas de la plage de Bon Secours, un hôtel de poche dont l'accueil chaleureux est incomparable. Petites chambres impeccablement tenues et petits-déjeuners très soignés.

BUDGET MOYEN

Hôtel La Rance – *15 quai Sébastopol - ✆ 02 99 81 78 63 - www.larancehotel.com - ouvert de début fév. à mi-nov. - 11 ch. 60/88 € - ☕ 9 €*. Ici, vous serez reçus comme chez des amis. Hôtel situé dans une anse du quartier Solidor, aux petites chambres face à la mer, personnalisées et peu à peu rénovées.

POUR SE FAIRE PLAISIR

Hôtel Les Ajoncs d'Or – *10 r. Forgeurs - ✆ 02 99 40 85 03 - www.st-malo-hotel-ajoncs-dor.com - fermé déc. et janv. - 22 ch. 94/150 € - ☕ 13 €*. Dans une rue tranquille de la vieille ville, chambres personnalisées (marines aux murs). Salle des petits-déjeuners agrémentée de gravures et de boiseries.

Hôtel Beaufort – *25 chaussée du Sillon - ✆ 02 99 40 99 99 - www.hotel-beaufort.com - 22 ch. 79/209 € - ☕ 13 €*. Chambres de style colonial pour cette fière demeure malouine reconnaissable à sa façade couleur moutarde. Celles situées côté rue du Sillon sont moins au calme.

Hôtel Aubade – *8 pl. Duguesclin - ✆ 02 99 40 47 11 - www.aubade-hotel.com - fermé 31 janv.-9 fév. - ♿ - 20 ch. 90/136 € - ☕ 11 €*. Un hôtel pensé selon le concept du « décor comme à la maison » : accueil-bibliothèque, bar orange et chocolat, mobilier design et une couleur différente par étage (bonne literie).

L'Ascott – *35 r. Chapitre - ✆ 02 99 81 89 93 - www.ascotthotel.com - fermé 5-22 janv. - 10 ch. 100/155 € - ☕ 13 €.* Heureux mariage de meubles contemporains et de multiples objets chinés (lustres à pendeloques, tableaux) dans cette demeure bourgeoise d'un quartier résidentiel.

RESTAURATION

PREMIER PRIX

Crêperie Ti Nevez – *12 r. Broussais (Intra-Muros) - ✆ 02 99 40 82 50 - fermé janv. mar. et merc. sf vac. scol. - 9,80/14,50 €.* Cette minuscule crêperie fondée en 1959 joue la carte de la tradition, tant dans son décor de meubles bretons et photos anciennes que dans ses recettes : les crêpes sont retournées comme autrefois, en salle devant les convives. Essayez aussi le fameux gâteau breton.

La Brigantine – *13 r. de Dinan - ✆ 02 99 56 82 82 - creperielabrigantine@orange.fr - fermé mar. et merc. hors sais. sf vac. scol. - 10 bc/17 €.* Cette crêperie emprunte son nom à une voile trapézoïdale située à l'arrière des vieux gréements. Galettes et crêpes, élaborées avec des farines biologiques et des produits de la région, sont servies dans une salle claire remise au goût du jour.

Au Pied d'Cheval – *6 r. Jacques-Cartier - ✆ 02 99 40 98 18 - aupiedcheval@wanadoo.fr - fermé 15 nov.-30 mars - 6,60/21,40 €.* La famille Le Moal, conchyliculteurs à Cancale, vous propose une dégustation de coquillages et fruits de mer dans un cadre marin coloré en blanc et bleu. Ne manquez pas le coup d'œil à l'étonnante machine destinée à l'ouverture des huîtres.

Crêperie Margaux – *3 pl. du Marché aux légumes - ✆ 02 99 20 26 02 - www.creperie-margaux.com - fermé mar. et merc. (sf vac. scol.) - 15/25 €.* En terrasse à la belle saison ou dans la salle intérieure au décor contemporain, on se régale de galettes et de crêpes agrémentées de produits frais. Salon de thé-glacier l'après-midi.

Le Petit Crêpier – *6 r. Ste-Barbe (Intra-Muros) - ✆ 02 99 40 93 19 - www.lepetitcrepier.fr - fermé janv., 15 j. mi-nov., mar. et merc. sf juil.-août - 15 €.* Tentures rouges, bibelots et tableaux marins, maquettes de bateaux et cartes des côtes bretonnes sur les tables créent une plaisante atmosphère en cette discrète crêperie malouine. Quelques galettes et crêpes originales s'ajoutent aux grands classiques du genre.

BUDGET MOYEN

La Coquille d'Œuf – *20 r. de la Corne-de-Cerf - ✆ 02 99 40 92 62 - www.restcoquilledoeuf.com - fermé lun., le midi sf dim. - ♿ P - 22/29 €.* Dans ce cadre plaisant où se côtoient sur les murs à la fois les œuvres d'une jeune artiste et des objets anciens, vous apprécierez le service impeccable et les plats particulièrement soignés.

Le Chalut – *8 r. de la Corne-de-Cerf - ✆ 02 99 56 71 58 - fermé lun. et mar. - 25/70 €.* Belle façade évoquant la vie des marins, intérieur convivial et cuisine raffinée axée sur les produits de la mer : trois bonnes raisons de ne pas prendre le large !

La Corderie – *Cité d'Alet - 35 400 St-Servan-sur-Mer - ✆ 02 99 81 62 38 - www.lacorderie.com - fermé lun. sf j. fériés - [P] - formule déj. 15 € - 18/35 €.* Perchée au-dessus de la tour Solidor, la villa domine superbement la Rance et son barrage. Aux beaux jours, la terrasse rencontre un vif succès et, en hiver, ses deux salles à manger font étalage de leur charme : grandes baies vitrées et mobilier ancien.

Le Bistro de Jean – *6 r. de la Corne-de-Cerf - ✆ 02 99 40 98 68 - fermé merc., sam. midi et dim. - 15 € déj., 14/35 €.* Mis en valeur par une décoration sobre et élégante, ce bistrot présente une cuisine savoureuse et inspirée avec des produits du marché. Belle sélection de vins au verre. Accueil chaleureux et avisé, service irréprochable.

La Gourmandise – *2 r. des Bas-Sablons - www.lagourmandise.book.fr - ✆ 02 99 21 93 53 - fermé 22-28 déc., 3e sem. de fév., mar. soir, sam. midi et dim. - 15 € déj., 24/44 €.* Située derrière l'anse des Sablons *(quartier St-Servan)*, cette table simple mais soignée propose une cuisine de saison aux accents méditerranéens. Accueil souriant.

ACHATS

Épices-Rollinger – *12 r. St-Vincent - ✆ 06 18 80 44 10 - www.maisons-de-bricourt.com - tlj sf lun. 10h-12h, 14h-19h.* Laissez-vous guider par les conseils de Daniel dans la découverte des merveilles épicées que recèle ce comptoir *intra-muros*, reflet de l'esprit voyageur de la cité corsaire et du célèbre cuisinier cancalais.

EN SOIRÉE

Le Théâtre de St-Malo – *6 pl. Bouvet - ✆ 02 99 81 62 61 - www.theatresaintmalo.com - tlj sf dim. et lun. 10h-12h, 14h-18h30 (sam. 18h).* Théâtre regroupant les principaux spectacles de St-Malo : théâtre, variétés, musique classique, ballet, cabaret…

Casino Barrière de St-Malo – *2 chaussée du Sillon - ✆ 02 99 40 64 00 - www.lucienbarriere.com - tlj à partir de 10h.* En plus de ses 125 machines à sous et de son jeu de boule, cet établissement entièrement rénové comprend également un restaurant, un bar et une piste de danse pour des thés ou des soirées à thème. Design confortable et ambiance feutrée garantis.

ACTIVITÉS

Société Nautique de la Baie de St-Malo – *Quai du Bajoyer - ✆ 02 23 18 20 30 - www.snbm.com - fermé de mi-déc. à fin avr.* D'un stage à la simple location de matériel, découvrez toutes les activités nautiques possibles en baie de Saint-Malo. Deux sites sont à votre disposition : la plage du Bon Secours (au pied de la cité corsaire) et Rothéneuf (localité limitrophe - *Cale de Bon Secours, havre de Rothéneuf - ✆ 02 99 40 11 45 - horaires se renseigner*).

Corsaires Malouins - Kayak de mer – *4 r. des Bouchers - ✆ 02 99 40 92 04 - perso.wanadoo.fr/corsairesmalouinscanoekayak - tlj sf dim. 9h-17h, sam. 14h-17h30 - 25/32 €.* Le kayak de mer est une embarcation idéale pour découvrir de près la côte. Cet organisme propose initiations, randonnées et stages avec des moniteurs diplômés de la FFCK.

Thermes Marins – *Grande plage du Sillon - ✆ 02 99 40 75 00 - www.thalassotherapie.com - 9h-19h ; dim. 9h-12h.* Algues, douches, bains à jets, sauna, piscine, restaurants : voilà le programme rêvé pour un week-end ou une journée dans cet établissement cossu, idéalement situé sur la grande plage du Sillon. Cadre moderne, récemment rénové avec le reste des bâtiments, contemporains ou datant de la Belle Époque. À noter, la présence d'un club-enfant.

Surf School – *2 av. de la Hoguette - 02 99 40 07 47 - www.surfschool.org - 9h-12h30, 13h30-18h, dim. sur RV - 150 € stages planche-char à voile (enf. 140 € stage mousse-moussaillon).* Installé sur la plage de la Hoguette, ce club organise des cours de planche, funboard, char à voile et catamaran ainsi que des sorties sur un vieux gréement. Possibilité de louer du matériel sur place.

Étoile Marine Croisières – *41 quai Duguay-Trouin - 02 99 40 48 72 - www.etoile-marine.com - 9h-12h30, 14h-18h - fermé dim. et j. fériés - à partir de 80 € pour une sortie journée ; devis sur demande pour croisière, w.-end.* Pour une journée, un week-end ou une semaine, vous partirez sur de vieux gréements et des bateaux modernes d'exception en direction de Chausey, des îles Anglo-Normandes, du golfe du Morbihan ou du Havre.

« Le Renard » – *Association Côtre corsaire de St-Malo - Grande Porte Tour Ouest - 02 99 40 53 10 - www.cotre-corsaire-renard.com - avr.-oct. : sorties en mer 9h30-17h30 sur demande préalable - fermé déc.-fév..* Naviguez comme en 1812 sur le dernier navire corsaire de R. Surcouf, *Le Renard*, pour une journée ou plusieurs jours avec un équipage professionnel.

Îles Anglo-Normandes – *0 825 135 135 - www.condorferries.fr.* Les curiosités sont décrites dans le *Guide Vert Normandie-Cotentin-Îles Anglo-Normandes*. À destination de Jersey-Guernesey, Sercq et Aurigny, des bateaux (catamaran hydrojet, catamaran perce-vagues) et des car-ferries partent régulièrement de St-Malo *(8h30-19h)*. « Condor Ferries » assure des liaisons quotidiennes avec les îles Anglo-Normandes (Jersey, Guernesey) et la Grande-Bretagne (Weymouth et Poole) au dép. de St-Malo par car-ferry à grande vitesse. Traversées piétons et véhicules.

AGENDA

St-Malo accueille tout au long de l'année un grand nombre **d'événements**, certains ayant un retentissement national.

Fin mai-début juin le **Festival des Étonnants Voyageurs** réunit chaque année les écrivains voyageurs (voir le site www.etonnants-voyageurs.com).

En juin, **Solidor en peinture** rassemble à St-Servan des peintres amateurs autour de la tour Solidor durant un week-end.

L'été se succèdent un **Festival de musique sacrée** dans la cathédrale, les **Renc'arts** (spectacles de rue et concerts gratuits dans toute la ville les jeudis soir) et la **Route du Rock** .

En novembre, « **Quai des Bulles** » est un important festival de bande dessinée.

Dinard

★★

10 644 Dinardais – Ille-et-Vilaine (35)

NOS ADRESSES PAGE 173

S'INFORMER

Office du tourisme de Dinard – *2 bd Féart - 35 802 Dinard - ✆ 02 99 46 94 12 - www.ot-dinard.com - juil.-août : 9h30-13h, 14h-19h, dim. et j. fériés 10h-12h15, 14h15-18h30 ; avr.-juin et sept. : 9h30-12h30, 14h-18h, dim. et j. fériés 10h-12h15, 14h15-18h ; reste de l'année : tlj sf dim. 9h30-12h30, 14h-18h.*

SE REPÉRER

Carte de microrégion A1 (p. 148) – *carte Michelin Départements 309 J3.* Sur la rive gauche de l'estuaire de la Rance, Dinard fait face à St-Malo (14 km). Rennes n'est qu'à 76 km au sud par la D 137, *via* Dinan.

SE GARER

Le parking St-Énogat, en plein centre-ville, dispose de 500 places gratuites (à éviter les jours de marché).

À NE PAS MANQUER

Les pointes du Moulinet, de la Vicomté et du Décollé, les 14 km de sentier côtier, les nombreuses galeries d'art et la Côte d'Émeraude.

ORGANISER SON TEMPS

Le tour de la ville demande 2h. Pour parfaire la journée, après un pique-nique, baladez-vous sur la côte, vers St-Lunaire et la pointe du Décollé.

AVEC LES ENFANTS

Admirez le château féodal de Fort La Latte et son site impressionnant.

Avec sa promenade en corniche, son casino, ses superbes demeures et la douceur de son climat, Dinard est un peu la « Nice du Nord ». Sa côte découpée, formant une suite de plages et de promontoires, lui a permis de devenir au 19e s. l'une des stations balnéaires les plus élégantes de France. Aujourd'hui, le plaisir de la découvrir est toujours aussi grand, surtout après un bon bain sur la plage de l'Écluse aux célèbres tentes rayées.

Se promener

Dinard offre un contraste saisissant avec St-Malo : en face, une vieille cité resserrée dans ses remparts, une plage familiale, un port de commerce ; ici, une station raffinée aux villas luxueuses, aux jardins et aux parcs splendides.

AU NORD Plan de ville

★★ Pointe du Moulinet B1

Partez de la Grande Plage.

Des **vues** magnifiques s'offrent sur la côte, du cap Fréhel à gauche à St-Malo à droite, puis sur l'estuaire de la Rance.

UNE STATION MONDAINE
Ancien village de pêcheurs, Dinard fut « lancée » vers 1850 par un Britannique, Robert Monteith. L'installation d'un établissement de bains de mer en 1856 est particulièrement appréciée des Anglais.
En 1866, Dinard se prépare pour l'arrivée de Napoléon III. La villa Eugénie est construite pour recevoir l'impératrice. Les souverains ne viennent pas, mais la station bénéficie d'une certaine médiatisation et, en 1870, un promoteur d'origine libanaise, Rochaïd Dahdah, lance des projets audacieux d'urbanisme et obtient que Dinard soit reliée par le train à Dinan. Il est suivi par Albert Lacroix et ses luxueux lotissements, dont celui de la Malouine.
Entre les deux guerres, la ville compte quatre casinos et des hôtels de luxe. Des digues et des promenades sont aménagées, de même que des piscines d'eau de mer.
Après la Seconde Guerre mondiale, Dinard devient une destination plus familiale et reste très appréciée pour ses belles plages et celles de ses voisines, St-Lunaire et St-Briac.

★ Grande Plage ou plage de l'Écluse B1
Cette belle plage est bordée par le palais des Arts et du Festival, le casino et de luxueux hôtels. En suivant la promenade qui longe la plage à gauche, on parvient à une terrasse d'où l'on découvre St-Malo. Au-delà, on se dirige vers la **pointe des Ététés**, et les quartiers de la Malouine et de St-Énogat.

★ Pointe de la Malouine et quartier de Saint-Énogat B1-A1
Au départ de la plage de l'Écluse.
Jusqu'à la plage de St-Énogat, le sentier longe la mer au-dessous de **somptueuses villas** qui témoignent du passé prestigieux de la station. Lancé en 1880, le lotissement balnéaire de luxe de la Malouine, greffé sur sa pointe rocheuse, demeure, de par son emplacement et son architecture, une prouesse architecturale.
La promenade passe par le beau **jardin** en terrasse du **Port-Riou** (vue jusqu'au cap Fréhel) qui annonce la **plage de St-Énogat**, située au bas de rochers escarpés.
Le quartier du même nom est considéré comme le « berceau de Dinard », lieu prisé dès le milieu du 19e s. par de nombreux poètes et écrivains (Leconte de Lisle, Lautréamont…).
Située à l'extrémité de la pointe, la villa **les Roches Brunes** compte parmi les témoignages les plus emblématiques du Dinard de la Belle Époque. Son style architectural néo-Louis XIII s'illustre avec son parement de briques rouge foncé. Devenue propriété de la ville, elle accueille des expositions temporaires en saison *(entrée libre)*, offrant ainsi aux visiteurs l'occasion de découvrir ses salons de réception et sa terrasse qui bénéficie d'une vue magnifique sur la côte.

À L'EST Plan de ville

★ Promenade du Clair-de-Lune B1-2
Réservée aux piétons et plantée de beaux parterres fleuris doublés d'une remarquable végétation méditerranéenne, cette digue-promenade suit le bord de l'eau. Contrairement à ce que suggère son nom, elle est à faire de

SE LOGER
- Clos du Pont Martin (Chambre d'hôte Le)....... 1
- Mouettes (Hôtel Les)....... 5
- Plage (Hôtel La)....... 9
- Printania (Hôtel)....... 11
- Roche Corneille (Hôtel)....... 13

SE RESTAURER
- Appel du Large (L')....... 1
- Didier Méril....... 4
- Full Time (Le)....... 6
- Roy (Crêperie du)....... 10
- Wishbone (Crêperie)....... 13

jour, et même le matin pour profiter du soleil… Vous n'en apprécierez que mieux la beauté des villas et les jolies vues sur l'estuaire de la Rance. À l'extrémité, la **plage du Prieuré** doit son nom à un prieuré fondé en 1324 à cet emplacement.

Côté « ville », n'hésitez pas à vous engager dans la rue des Français-Libres, depuis la place du Général-de-Gaulle. Au n° 12, face à l'église, s'ouvre le jardin de la villa Eugénie.

La villa Eugénie B2

Fermeture pour travaux - se renseigner au ✆ 02 99 46 81 05.
Elle fut construite en 1868 pour l'épouse de Napoléon III qui devait inaugurer la saison balnéaire, mais, suite à une dispute de couple, ne vint jamais. La maison a été restaurée pour abriter le **Centre d'interprétation de l'architecture et du patrimoine** qui présente à travers des expositions la riche histoire de la station de Dinard et des célébrités qui l'ont fréquentée.

★★ Pointe de la Vicomté B2

Ce beau domaine loti devient peu à peu l'un des quartiers les plus agréables de Dinard. Au départ de l'avenue Bruzzo, le chemin de ronde *(à faire à pied)* offre de splendides **échappées** sur la rade et l'estuaire de la Rance, la tour Solidor et le rocher de Bizeux surmonté d'une statue de la Vierge.

Itinéraire conseillé Carte de microrégion

★★★ LA CÔTE D'ÉMERAUDE : DE DINARD AU CAP FRÉHEL

73 km – environ 4h. Quittez Dinard à l'ouest par la D 786 qui longe la côte.
Entre St-Malo et le cap Fréhel, stations et plages se succèdent.

★ Saint-Lunaire A1

Cet élégant centre balnéaire possède deux belles plages : à l'est, St-Lunaire, la plus animée, regarde St-Malo ; à l'ouest, Longchamp, la plus vaste, est tournée vers le cap Fréhel.
Pointe du Décollé★★ – Elle est reliée à la terre ferme par un pont naturel qui franchit la profonde crevasse du saut du Chat ; au-delà du pont s'étendent les promenades.
Prenez, à gauche de l'entrée du pavillon du Décollé, le chemin conduisant à la pointe où est érigée une croix en granit.
La **vue★★** sur la Côte d'Émeraude, depuis le cap Fréhel jusqu'à la pointe de la Varde, est splendide.
Grotte des Sirènes★ – Le pont franchit la faille par laquelle cette grotte s'ouvre vers la mer, et dont on voit le fond ; à marée haute, les vagues l'assaillent avec puissance.
Vieille église St-Lunaire – Dressé parmi les arbres dans un ancien cimetière, l'édifice a conservé sa nef du 11e s. où se trouve le tombeau de saint Lunaire dont le gisant (14e s.) repose sur un sarcophage gallo-romain. Sept autres tombeaux sont visibles dans le transept, parmi lesquels le tombeau richement sculpté d'une dame de Pontual (13e et 14e s.) et celui d'un chevalier et d'une dame (15e s.).

★ Pointe de la Garde-Guérin A1

15mn à pied AR.
En franchissant la pointe à sa racine, prenez à droite, au cours de la descente, un chemin qui conduit à la base de la colline, truffée de casemates *(parc de stationnement)*. Atteignez le haut du promontoire : beau **panorama★★** du cap Fréhel à la pointe de la Varde.
La route traverse le Dinard-golf, magnifique terrain de 60 ha.

Saint-Briac-sur-Mer A1

Cet aimable séjour balnéaire possède un port de pêche et de plaisance, ainsi que plusieurs belles plages. Du « Balcon d'Émeraude », route tracée en corniche, et de la croix des Marins, jolies vues sur la côte *(accès : à partir du Balcon d'Émeraude, par un sentier à gauche avant un pont)*.

En sortant de St-Briac-sur-Mer, traversez le Frémur sur le nouveau pont de 300 m. Belle vue à droite sur la station et sur un îlot au centre duquel se dresse un château.

Lancieux A1

Ce village possède une plage très étendue de sable fin, d'où l'on a une belle vue sur l'île Ebihens et les pointes avancées de la côte, St-Jacut-de-la-Mer, St-Cast et le cap Fréhel. À la sortie du village, à gauche de la route, remarquez le moulin restauré du 16e s.

Gagnez Ploubalay, prenez la direction de Dinard et à 800 m tournez à gauche sur la D 2.

Château d'eau de Ploubalay A1

☏ 02 96 27 36 98 - ♿ - se rens. pour les h. - gratuit.

Sa terrasse circulaire de 54 m de hauteur permet un **tour d'horizon★★** complet sur Ploubalay et le pays de Dinan, la rivière Frémur, St-Jacut, la pointe de St-Cast, le cap Fréhel, St-Malo et, par temps clair, les îles Chausey.

La route suit une presqu'île et passe à St-Jacut.

★ Saint-Jacut-de-la-Mer A1

Petit port de pêche, St-Jacut possède 11 plages. Les mieux équipées pour un séjour familial sont la Pissote et le Rougeret. Après avoir longé cette dernière, on atteint la falaise de la **pointe du Chevet**, appelée « Chef de l'île ». Belle **vue★** en face sur l'île Ebihens et sa tour du 17e s.; à gauche, sur la baie de l'Arguenon et St-Cast; à droite, sur la baie de Lancieux.

Le Guildo A2

Du pont, on aperçoit, sur la rive droite de l'Arguenon, les ruines du château. Ce fut au 15e s. la résidence de Gilles de Bretagne. Insouciant, galant et poète, il menait joyeuse vie, d'où l'expression « courir le guilledou ». Gilles, soupçonné de machinations par son frère, fut emprisonné. Comme il ne mourait pas assez vite, on l'étouffa. Avant d'expirer, Gilles soumit son frère au jugement de Dieu, et le duc, bourrelé de remords, passa de vie à trépas.

Les Pierres Sonnantes – À hauteur des ruines du château *(à droite, sur l'autre rive)*, on rencontre un amoncellement de rocs surnommé « les Pierres Sonnantes ». Connues depuis la plus haute Antiquité, ces phonolithes se présentent sous forme de laves compactes. Lorsqu'on les frappe avec des cailloux de même nature, elles rendent un son quasi métallique dû au grain parfaitement homogène des roches.

Prenez la direction de St-Cast par la côte.

Pointe de Bay A1

Une belle route, à droite, mène à une vaste aire de stationnement. La **vue★** s'étend sur l'estuaire de l'Arguenon, planté de rangées de bouchots à moules, la presqu'île de St-Jacut et l'île Ebihens.

La route longe l'élégante plage de sable fin de **Pen-Guen**.

★★ Pointe de la Garde A1

Un balcon surplombant les plages de St-Cast et de Pen-Guen offre de magnifiques **vues★★**. Un sentier touristique contourne la pointe : il emprunte la corniche de la Plage près de l'hôtel Ar Vro, passe non loin de l'oratoire, suit la falaise à la pointe et se raccorde, sur le versant sud, au chemin d'accès à la cale près de l'oratoire.

★ Saint-Cast-le-Guildo A1

Cette station familiale a déjà une longue histoire de tourisme balnéaire, dont témoignent ses belles villas du quartier des Mielles. St-Cast possède aussi un charmant port de pêche, dont la flottille se consacre plus spécialement aux coquilles St-Jacques et aux praires : vous l'apercevrez peut-être à l'œuvre du haut des pointes de St-Cast et de la Garde.

Église – *Au Bourg.* À l'intérieur de cette église (fin 19e s.), remarquez un curieux bénitier (12e s.) orné de grotesques et les statues de saint Clément et saint Cado, du 17e s. Ce dernier saint, très populaire au pays de Galles, a donné Cast en breton. On retrouve sa trace ailleurs en Bretagne, notamment à St-Cado et à Pleucadec si l'on n'évoque que le Morbihan.

Chapelle Ste-Blanche – *À l'Isle.* Au-dessus du maître-autel, une antique statue de sainte Blanche, mère de triplés, est traditionnellement l'objet de vénération.

★★ Pointe de Saint-Cast A1

À l'extrême pointe, un monument est dédié à la mémoire des : « Évadés de France qui préfèrent mourir debout que vivre à genoux. » On l'atteint par un sentier le long de la falaise. Il rejoint le chemin de St-Cast à la plage de la Mare. Là se trouve un autre monument, à la mémoire des victimes de la frégate *Laplace*, qui sauta sur une mine en 1950. De superbes **vues**★★ se déploient depuis la table d'orientation, où l'on découvre la Côte d'Émeraude.

Au départ de St-Cast, la route décrit un long crochet, pour contourner la baie de la Frênaye, dont elle longe le fond.

Après Trécelin, prenez la D 16A menant à l'entrée du fort où se trouve un parc de stationnement.

★★ Fort La Latte A1

02 96 41 57 11 - www.castlelalatte.com - 7 juil.-27 août : 10h-19h ; 1er avr.-6 juil. et 28 août-30 sept. : 10h-12h30, 14h-18h ; oct.-mars : w.-end, vac. scol. et j. fériés 14h-18h - possibilité de visite guidée (50mn) - 4,90 € (enf. 2,80 €).

Ce château, construit au 14e s. par les Goyon-Matignon, a été remanié au 17e s. et restauré au début du 20e s. Il a conservé son aspect féodal et occupe un **site**★★ spectaculaire. Un portail marque l'entrée du parc de La Latte. Suivez l'allée qui mène à l'entrée du fort et passez devant un menhir dit « doigt de Gargantua ». Dominant la mer de plus de 60 m, le fort est séparé de la terre ferme par deux crevasses que l'on franchit sur des ponts-levis.

Visite du fort – On découvre alors les deux enceintes et la **cour intérieure** autour de laquelle s'ordonnent le corps de garde, le logis du gouverneur, la citerne et la chapelle. Passé l'épais mur pare-boulets, on atteint la tour de l'Échauguette et le curieux four à rougir les boulets, et, par un poste de guetteur, on accède au donjon. Du chemin de ronde, apparaît un **panorama**★★ étonnant sur toute la Côte d'Émeraude : l'anse des Sévignés, le cap Fréhel, la baie de la Frênaye, la pointe de St-Cast, l'île Ebihens, St-Briac et St-Lunaire, la pointe du Décollé, St-Malo, Paramé et Rothéneuf, l'île de Cézembre et la pointe du Meinga. Il est également possible d'accéder au sommet de la tour.

★★★ Cap Fréhel A1 *voir p. 176*

NOS ADRESSES À DINARD

VISITE

Dinard, qui porte le label Ville d'art et d'histoire, propose différentes visites-découverte *(1h30)* animées par des guides-conférenciers agréés par le ministère de la Culture et de la Communication - *juin-sept. : dép. 15h de l'office de tourisme - 5 € (enf. 2 €).*

HÉBERGEMENT

Dinard

BUDGET MOYEN

Hôtel Les Mouettes – *64 av. George-V - ✆ 02 99 46 10 64 - www.hotel-les-mouettes.com - 9 ch. 45/49 € - ☕ 8 €.* Ce petit hôtel sans prétention est idéal pour qui veut échapper à l'animation du centre-ville tout en restant proche du littoral. Chambres certes un peu petites, mais bien insonorisées. Accueil dynamique et souriant.

POUR SE FAIRE PLAISIR

Roche Corneille – *4 r. G.-Clemenceau - ✆ 02 99 46 14 47 - www.dinard-hotel-roche-corneille.com - ♿ - 28 ch. 60/165 € - ☕ 13 € - rest. 27/35 €.* Imposante villa caractéristique du style balnéaire de la fin du 19e s. L'intérieur, soigné, allie charme et confort, matériaux de qualité et équipements modernes (wifi). La cuisine « terre et mer » évolue au gré du marché.

Chambre d'hôte Le Clos du Pont Martin – *35 800 St-Briac-sur-Mer - ✆ 02 99 88 38 07/06 - www.briac.com - ♿ P 🚭 - 3 ch. 69 € ☕.* Cette demeure contemporaine nichée dans un parc, à 5 minutes des plages de St-Briac-sur-Mer, vous réserve un accueil douillet. Chambres conjuguant avec bonheur mobilier de style et confort moderne. En hiver, vous prendrez votre petit-déjeuner au coin du feu.

Hôtel Printania – *5 av. George-V - ✆ 02 99 46 13 07 - www.printaniahotel.com - P - 55 ch. 75/220 € - ☕ 10 € - rest. 25/38 €.* Ceux qui aiment le folklore vont être servis ! La salle à manger et le salon de cet hôtel avec vue sur la mer sont bretons à souhait : meubles « à gâteau » et tableaux anciens en décorent les moindres recoins… Même les serveuses du restaurant arborent un costume régional !

Hôtel La Plage – *3 bd Féart - ✆ 02 99 46 14 87 - www.hoteldelaplage-dinard.com - 18 ch. 70/125 € - ☕ 10 €.* Petit-déjeuner en terrasse face à la plage de l'Écluse et nuit sereine dans une chambre joliment rénovée, telles sont les belles promesses que vous fait ce sympathique hôtel.

Côte d'Émeraude

BUDGET MOYEN

Chambre d'hôte Le Relais de Fréhel – *Ville Besnard - rte du Cap-Fréhel - 22 240 Plévenon - 1,5 km de Plévenon par rte du Cap-Fréhel - ✆ 02 96 41 43 02 - www.relaiscapfrehel.fr - P 🚭 - 5 ch. et 3 gîtes 60 € ☕ - repas 25/50 €.* Au milieu d'un joli parc boisé, cette ancienne ferme du 19e s. reflète le caractère des maisons bretonnes. Son mobilier, en revanche, bénéficie de l'apport harmonieux d'une touche d'exotisme. La cave et la rhumerie feront le bonheur des connaisseurs. Chambres et gîtes associent confort et bonne tenue.

POUR SE FAIRE PLAISIR

Chambre d'hôte La Belle Noé – *22130 Créhen - 1,5 km au nord-est de Créhen par D 768 - ✆ 02 96 84 08 47 ou 06 89 94 69 18 - www.crehen.com - P 🚭 - 5 ch. 65/95 € ☕ - repas 32 €.* Nichée dans un écrin d'arbustes et de roses rares, avec des champs pour unique horizon, cette ancienne ferme a été brillamment rénovée. Meubles chinés et bibelots en tous genres trouvent leur place dans un intérieur pittoresque. Table d'hôte orientée terroir, sur réservation, pour 4 personnes minimum par repas.

RESTAURATION

PREMIER PRIX

Crêperie Wishbone – *8 pl. du Calvaire - ✆ 02 99 46 94 92 - fermé janv., lun. et mar. - ♿ - formule déj. 9,80 €.* Crêpes et galettes de tradition servies sous des poutres apparentes ou en terrasse.

Le Full Time – *2 bd Albert-1er - ✆ 02 99 46 18 72 - fermé oct.-mars - ♿ - 10/20 €.* Glaces, sandwiches à grignoter les pieds dans le sable.

Crêperie du Roy – *9 bd Féart - ✆ 02 99 46 10 57 - evelynepeda@wanadoo.fr - formule déj. 8 € - 10/20 €.* Une vaste salle rustique, décorée de maquettes de bateaux, pour un grand choix de crêpes et de galettes maison.

BUDGET MOYEN

L'Appel du Large – *4 bd Wilson - ✆ 02 99 16 30 30 - www.lucienbarriere.com - fermé 2e sem. janv., 1ère sem. fév., lun. et mar. sf juil.-août - ♿ - formule déj. 15,50 € - 19,80/38 €.* La vaste salle de restaurant, attenante à la salle des machines à sous du casino, offre une belle vue panoramique sur la grande plage de Dinard. Décor d'esprit « croisière », banc d'écailler. La carte de brasserie propose de nombreux plats de viandes, poissons et fruits de mer.

POUR SE FAIRE PLAISIR

Didier Méril – *1 pl. Gén.-de-Gaulle - ✆ 02 99 46 95 74 - www.restaurant-didier-meril.com - fermé 17 nov.-2 déc. - formule déj. 22 € - 29/75 € - 6 ch. 65/160 € - ☕ 10 €.* Tons orange et gris, cave vitrée, mobilier design et – clou du spectacle – vue splendide sur la baie du Prieuré : la rencontre d'un cadre moderne et d'une cuisine traditionnelle. Petites chambres sobrement actuelles.

BOIRE UN VERRE

L'Amirauté – *1 pointe du Décollé - 35800 St-Lunaire - ✆ 02 99 46 33 38 - juil.-août : 12h-23h ; hors sais. : lun.-mar., vend. 12h-15h, 19h-22h, w.-end 12h-22h ; fermé de mi-nov. à déb. fév.* Sur la pointe du Décollé, ce bar-crêperie jouit d'une vue panoramique sur la baie de Saint-Malo, la mer et les rochers qui émergent de l'écume… Grande terrasse au calme.

ACHATS

Marché – *Pl. Crolard - mar., jeu. et sam. mat. et halles de la Concorde chaque mat.* Ce marché de réputation régionale attire une clientèle fidèle, qui vient parfois de très loin, spécialement le samedi.

ACTIVITÉS

Équitation

Centre hippique et poney club de Dinard – *20 r. du Val-Porée - ✆ 02 99 46 23 57 - www.dinard-equitation.com - accueil : 10h-12h, 14h-18h - fermé sept.* Ce centre équestre donne des cours, organise des stages et des randonnées. Compétition internationale de jumping en août.

Écuries de St-Lunaire – *Le Pont - 35800 St-Lunaire - ✆ 02 99 46 06 20 - www.equitation-saint-lunaire.fr - tlj sf dim. 5h-12h, 14h-18h30 ; tlj en juil.-août.* Ce centre un peu en retrait de St-Lunaire dispense cours et stages d'équitation et organise à l'occasion des promenades d'une heure, de la pointe du Nick à St-Lunaire. Maîtrise du trot enlevé exigée…

Golf

Golf de St-Briac-sur-Mer – *53 bd Houle - 35 800 St-Briac-sur-Mer - ✆ 02 99 88 32 07 - www.dinardgolf.com - été : 8h30-20h ; hiver : 8h30-19h - fermé 25 déc. - 55/75 €.* Ouvert toute l'année, ce parcours de 18 trous est un des plus anciens du continent.

Nautisme

Wishbone Club Dinard – *Plage de l'Écluse - ✆ 02 99 88 15 20 - www.wishbone-club-dinard.com - fermé déc.-fév.* Ce club nautique offre plusieurs formules : stages avec encadrement (voile et windsurf), cours particuliers à la carte ou simple location de matériel (planche à voile, catamaran, dériveur, kayak).

Yacht Club de St-Lunaire – *Bd de la plage - 35 800 St-Lunaire - ✆ 02 99 46 30 04 - www.ycsl.net - nov.-mars : tlj sf w.-end ; avr.-oct. : tlj sf lun. et mar. - fermé déc.-janv. - 50 €/h de location de catamaran de sport (-13 ans 186 € : stage de 5 demi-journées sur catamaran de sport).* Doté d'un parking à bateaux à l'extrémité de la plage, ce centre nautique propose des stages de planche et de voile, sur tout support : optimist, topper et catamaran (15 pieds, Hobie cat 16 et Hobie cat 16 avec spi). Jardin des mers pour les enfants de 5 à 8 ans.

Promenades en bateau

St-Malo *(traversée : 10mn)* ; **Dinan, par la Rance** *(voir La Rance en bateau, p. 184)* ; **Croisières au cap Fréhel** *(voir Nos adresses à Cap Fréhel, p. 177)*.

Croisières sur la Rance et vers l'île de Cézembre – Elles permettent la découverte de petites criques et de malouinières accrochées à flanc de coteau, ou de se rendre à l'île de Cézembre et sa vaste plage de sable fin exposée plein sud. Excursions en mer et sur la Rance. Nombreuses croisières au cœur de la Côte d'Émeraude et vers les îles… S'adresser à l'office de tourisme.

Escapades en avion

Aéro-club de la Côte d'Émeraude – *✆ 02 99 88 23 42 - baptêmes de l'air (30mn) - 100 € (3 pers. par avion).* Services réguliers pour les îles Anglo-Normandes de Jersey et Guernesey.

Thalassothérapie

Thalassa Dinard – *1 av. du Château-Hébert - ✆ 02 99 16 78 10 - www.novoteldinard.com - 9h-13h, 14h-18h - fermé 3 sem. en déc.* Créée en 1990, cette structure moderne et lumineuse jouit d'un très beau point de vue sur la mer jusqu'aux remparts de St-Malo. Outre les cures traditionnelles, vous pourrez y tester les soins découverte pour un week-end ou une demi-journée.

AGENDA

La promenade du Clair-de-Lune – *Juil.-août.* Elle est le cadre d'animations musicales (son et lumière).

Palais des Arts et du Festival – *Mi-juin à mi-sept. - entrée libre.* Chaque été, le palais accueille une grande exposition d'art.

Festival du film britannique – *1er w.-end d'oct. - www.festivaldufilm-dinard.com.* Le festival, qui a fêté son 20e anniversaire en 2009, propose chaque année le meilleur de la production d'outre-Manche.

Cap Fréhel

★★★

Côtes-d'Armor (22)

NOS ADRESSES PAGE 177

SE REPÉRER

Carte de microrégion A1 (p. 148) – *carte Michelin Départements 309 I2.* Entre St-Brieuc (43 km à l'ouest par la D 786) et Dinard (40 km à l'est par les D 786 et D 168), le cap pointe en plein cœur de la Côte d'Émeraude, au nord-ouest de St-Cast-le-Guildo.

À NE PAS MANQUER

La vue sur le site spectaculaire du fort La Latte et les randonnées côtières qui dévoilent au plus près toutes les beautés naturelles du cap.

ORGANISER SON TEMPS

Préférez la marée montante pour emprunter le chemin qui mène au cap : la houle se fracasse alors sur les falaises. C'est le moment le plus impressionnant pour cette promenade.

AVEC LES ENFANTS

Ils aimeront les sorties nature du cap.

Le cap Fréhel est l'un des sites les plus grandioses de la Côte d'Émeraude. Ses falaises hautes de 70 m dominent à pic la mer et des récifs que frappe avec violence une houle déferlante. Leurs murailles rouge, gris et noir changent de nuance au gré de la lumière. Et, par temps clair, le regard porte même jusqu'aux îles Anglo-Normandes...

Découvrir Carte de microrégion

★★★ Panorama

☏ 02 96 41 43 06 - mai-sept. : tlj sf mar. ; mars-mai : tlj sf mar. et merc. - 2 €/voiture (-14 ans 1,50 €).

Particulièrement beau en fin d'après-midi, le panorama est immense par temps clair : il s'étend de la pointe du Grouin à l'est, jusqu'à l'île de Bréhat à l'ouest. Même les îles Anglo-Normandes sont parfois visibles. À droite du cap se dresse l'illustre silhouette féodale du fort La Latte *(voir p. 172).*

UNE TÊTE DE PONT ROCHEUSE

Empiétant sur les eaux de la Manche, les falaises du cap Fréhel, hautes par endroits de presque 100 m, subissent de plein fouet le vent du large et une houle parfois furieuse. Pourtant, une légende raconte que, dans les temps anciens, il était possible de gagner les îles Anglo-Normandes à pied. Les scientifiques ont prouvé l'absurdité du récit; néanmoins, dans la baie de la Frênaye, certains assurent avoir aperçu sous les eaux les plus basses une allée dallée !

LA GESTION D'UN SITE D'EXCEPTION

Le cap dépend de la commune de Fréhel, créée en 1973 après fusion des villages de Pléhérel et de Plévenon, eux-mêmes fondés au 5e s. par des Bretons d'outre-Manche nommés respectivement Hérel et Venon. Son classement en zone de protection spéciale (1993) l'a inscrit d'office dans le réseau Natura 2000. Acteurs locaux et régionaux surveillent donc ce site, protégé pour ses 400 ha de landes et sa réserve ornithologique. Lichens, ajoncs, bruyères et œillets marins couvrent en effet le sud-sud-est du cap, tandis que ses falaises servent de lieux de nidification à de nombreuses espèces, dont les mouettes tridactyles.

Tour du cap

Circuit de 30mn.

À la pointe extrême surgit le **phare** *(ne se visite pas)*. Construit en 1950, il compte 145 marches et abrite une lampe à arc au xénon. La portée du feu varie de 200 m (brouillard très dense) à 120 km (beau temps).
On domine les **rochers de la Fauconnière**, peuplés de goélands, cormorans, pétrels et guillemots. Près du restaurant, le sentier en forte pente sur la droite aboutit, à mi-hauteur, à une plate-forme d'où la vue est saisissante sur les rochers ruiniformes.

NOS ADRESSES AU CAP FRÉHEL

RESTAURATION

BUDGET MOYEN

La Fauconnière – *À la Pointe - 22 240 Fréhel - ✆ 02 96 41 54 20 - ouvert 1er avr.-5 nov. et fermé merc. de sept. à oct. - 20/28 €.* Ce restaurant situé dans un site classé uniquement accessible à pied, est ancré sur les roches rouge violacé de la Fauconnière. Le décor est très sobre, mais la vue exceptionnelle.

Le Victorine – *Pl. de Chambly - 22240 Fréhel - ✆ 02 96 41 55 55 - fermé vac. de la Toussaint et de fév., dim. soir et lun. (sf juil.-août) - 14/35 €.* Ce restaurant familial situé sur la place du village vous reçoit dans une sobre salle à manger néorustique ou en terrasse. Cuisine traditionnelle au goût du marché.

ACTIVITÉS

Sorties-découverte – *Syndicat des Caps - r. Notre-Dame - 22 240 Plévenon - ✆ 02 96 41 50 83.* Le syndicat des Caps propose différentes balades et des randonnées guidées pour : découvrir les falaises et la lande, observer les oiseaux, expérimenter la pêche à pied, arpenter les dunes et le marais des Sables-d'Or, admirer les grottes du cap Fréhel en kayak ou encore partir sur les pas des chevaliers templiers…

Promenades en mer

Des vedettes partant de St-Malo, St-Cast et Dinard, permettent de contempler le cap Fréhel depuis la mer. C'est sous cet aspect qu'il est le plus impressionnant.

Compagnie Corsaire – *✆ 0 825 135 100 - www.compagniecorsaire.com.* Promenade commentée *(2h30)* au dép. de St-Malo *(cale de Dinan)* et Dinard. Aller : découverte de la côte ouest jusqu'au fort La Latte et au cap Fréhel. Retour : par la mer, avec une escale à St-Cast en juil.-août.

Dinan

★★

11 235 Dinannais – Côtes-d'Armor (22)

NOS ADRESSES PAGE 189

S'INFORMER

Office du tourisme de Dinan – *9 r. du Château - 22 105 Dinan - 02 96 87 69 76 - www.dinan-tourisme.com - juil.-août : 9h-19h, dim. et j. fériés 10h-12h30, 14h30-18h ; reste de l'année : 9h-12h30, 14h-18h, dim. et j. fériés pdt w.-end de pont 10h-12h30, 14h30-18h - fermé 1er janv. 1er et 11 Nov et 25 déc.*

SE REPÉRER

Carte de microrégion A2 (p. 148) – *carte Michelin Départements 309 J4.* À quelque 30 km au sud de St-Malo, Dinan marque la naissance de l'estuaire de la Rance. On y accède par la N 176 (sortie Dinan-Quévert) ou par la D 137 et la D 794 en venant de Rennes (50 km).

SE GARER

La ville est truffée de parkings, gratuits le premier quart d'heure.

À NE PAS MANQUER

La vieille ville, avec ses remparts et son château. La croisière Dinan-St-Malo pour découvrir les paysages cachés de la Rance.

ORGANISER SON TEMPS

Prévoyez au minimum une journée pour sillonner les ruelles pentues de la vieille ville (n'oubliez pas de mettre de bonnes chaussures). Réservez un après-midi pour la croisière sur la Rance, et le jeudi matin pour le marché de la place Du-Guesclin.

AVEC LES ENFANTS

Le parc zoologique du château de la Bourbansais, le labyrinthe de maïs, ou Labyrinthe du corsaire, à Quelmer, le musée de la Pomme et du Cidre à Pleudihen-sur-Rance et le moulin à marée du Prat.

Dinan possède un petit bijou : sa vieille ville ceinturée de remparts que son imposant château semble toujours défendre. Égayée d'arbres et de jardins, la cité se dresse sur le bord escarpé d'un plateau qui domine la Rance et son petit port de plaisance. Celui-ci constitue un point de départ tout trouvé pour découvrir les berges de ce fleuve à l'estuaire prestigieux.

Se promener

★★ LA VIEILLE VILLE Plan de ville

Une promenade à pied dans les rues du vieux Dinan permet d'admirer un grand nombre de maisons à pans de bois, bâties au Moyen Âge et remarquablement restaurées.

SE LOGER		SE RESTAURER	
Challonge (Hôtel)	1	Artisans (Crêperie des)	1
France (Hôtel de)	4	Beaumanoir (Crêperie)	4
Ibis (Hôtel)	7	Courtine (La)	7
Tour de l'Horloge (Hôtel de la)	2	Marmite (La)	13
Vieux St-Sauveur (Hôtel Au)	10	St-Louis (Le)	15
		Viaduc (Le Bistrot du)	17

Place Du-Guesclin B2

Cet ancien champ de foire est bordé d'hôtels des 18e et 19e s. La statue équestre du connétable est l'œuvre de Frémiet.

Prenez la rue Ste-Claire jusqu'à la rue de l'Horloge, à gauche.

Hôtel Kératry B2

✆ 02 96 87 36 69 - vac. de la Toussaint et de fév. : mar.-vend. 14h-17h ; juin-sept. et vac. de Pâques : mar.-sam. 15h-19h, possibilité de visite guidée sur demande - 2 € (10-18 ans 1 €), 3 € avec visite guidée.

Charmante construction du 16e s., reconnaissable à ses trois piliers de granit. Elle abrite désormais la **Maison de la harpe**, à la fois lieu d'expositions et centre de documentation et d'animations sur la harpe celtique et les harpes traditionnelles du monde.

Maison du Gisant B2

Une restauration de cette maison à porche du 17e s. a permis de découvrir le gisant (14e s.) exposé à l'extérieur.

Tour de l'Horloge B2

☎ 02 96 87 02 26 - juin-sept. : 10h-18h30 ; avr.-mai : 14h-18h - 2,95 € (-18 ans 1,90 €).

Le passage de l'Horloge, derrière la tour, permet de la voir avec du recul. Dans ce beffroi, se trouve l'horloge achetée par la communauté de ville en 1498. Du sommet *(158 marches)* se révèle un vaste **panorama★★** sur la ville et ses principaux monuments, ainsi que sur la campagne environnante. Exposition sur Anne de Bretagne.

★ Place des Merciers B2

Elle est bordée de belles maisons à pignons triangulaires et forme, avec la rue de l'Apport et la place des Cordeliers qui la prolongent, un bel ensemble de maisons à pans de bois typiquement dinannaises des 15e, 16e et 17e s. : maisons à étages en encorbellement, maisons à porches reposant sur des piliers de bois, maisons à vitrines avec leurs hautes fenêtres en avancée.

Jetez un coup d'œil dans les rues avoisinantes de la Cordonnerie et du Petit-Pain, avec leurs maisons à encorbellement. Dans la rue de la Mittrie naquit au n° 10 le chansonnier Théodore Botrel (1868-1925).

Passez devant l'ancien couvent des Cordeliers (voir ci-dessous) et continuez dans la Grande-Rue.

Église Saint-Malo A1

Commencée en 1490 et terminée au 19e s., cette église est de style gothique flamboyant. Voyez le chœur, le chevet et le transept (fin du 15e s.). Les **vitraux** (20e s.) évoquent la vie dans différents quartiers de Dinan : le Jerzual, le Vieux-Pont et la place des Cordeliers.

Reprenez en sens inverse la Grande-Rue prolongée par la rue Lainerie.

Ancien couvent des Cordeliers AB1

☎ 02 96 85 89 00 - ♿ - en sais. : 10h-18h - gratuit.

Cet ancien couvent de franciscains fondé au13e s., qui abrite aujourd'hui un collège, a conservé son cloître gothique (15e s.) et sa cour d'honneur, avec des tourelles en poivrière.

★ Rue du Jerzual B1

Cette ancienne voie d'accès au port était jadis la rue des bourgeois, des artisans et des marchands. Pavée et en pente raide, elle est bordée de boutiques des 15e et 16e s. qui abritent aujourd'hui tisserands, fileurs de verre, sculpteurs, peintres et graveurs.

Maison du Gouverneur B1

24 r. du Petit-Fort.

Cette belle demeure du 15e s. abrite des expositions temporaires pendant l'été.

Possibilité de gagner le port de plaisance sur la Rance en descendant la rue. Au retour, monter sur les remparts par un petit escalier au niveau de la porte de Jerzual. La tour du Gouverneur offre une belle **vue★★** sur la vallée de la Rance.

Remontez la rue Michel, puis la rue du Rempart pour gagner le Jardin anglais.

Jardin anglais B1

Ce jardin public offre, depuis la tour Ste-Catherine en particulier, une belle **vue★★** d'ensemble sur la Rance, le port et le viaduc (250 m de long, 40 m de haut), ainsi que sur les remparts.

LES TOMBEAUX DE DU GUESCLIN

Après avoir guerroyé durant plus de vingt ans pour le roi de France, Bertrand Du Guesclin meurt en Auvergne, le 13 juillet 1380, durant le siège de Châteauneuf-de-Randon.

Le connétable avait demandé à être inhumé à Dinan. Le cortège funèbre s'achemine donc vers cette ville… Mais, au Puy, le corps est embaumé, les entrailles enterrées dans l'église des Jacobins (actuelle église St-Laurent). L'embaumement étant insuffisant, à Montferrand on fait bouillir les chairs pour les détacher du squelette et les ensevelir dans l'église des Cordeliers (détruite en 1793). Au Mans, un officier royal apporte l'ordre de conduire le corps à St-Denis : le squelette lui est alors remis. Seul le cœur arrive à Dinan, où il est déposé dans l'église des Jacobins – aujourd'hui, il se trouve dans l'église St-Sauveur. Alors que les rois de France n'avaient que trois tombeaux (cœur, entrailles, corps), Du Guesclin eut donc quatre monuments funéraires !

★ Basilique Saint-Sauveur B2

La façade s'ouvre par un porche roman, surmonté d'un pignon gothique flamboyant. La construction de l'édifice s'est étalée du 12e s. *(mur de droite)* au 16e s. Le dôme de la tour a été remplacé par une flèche au 18e s.

À l'intérieur, la dissymétrie de la construction est frappante : la partie droite est romane, tandis que la partie gauche, le chœur et le transept sont flamboyants. Dans l'aile gauche du transept, derrière la pierre tombale du 14e s. englobée dans un tombeau du 19e s., est conservé le **cœur de Du Guesclin** *Voir encadré « Les tombeaux de Du Guesclin », ci-dessus*. Les vitraux modernes ont été créés par l'atelier Barillet.

En sortant sur la place St-Sauveur, on peut voir à gauche une maison à piliers où naquit, en 1847, Auguste Pavie, diplomate et explorateur en Indochine.

Ancien hôtel Beaumanoir B1-2

Le portail Renaissance, dit du Pélican, commande l'entrée. Dans la cour, observez la décoration des fenêtres et une tourelle du 16e s. abritant un bel escalier.

AUTOUR DES REMPARTS Plan de ville

Promenade de la Duchesse-Anne B2

Tracée sur les remparts, elle offre une belle **vue★** sur la Rance, le viaduc et le port.

Bords de la Rance B2

1h à pied. Descendez vers la Rance et traversez le pont gothique.

Prenez à droite l'ancien chemin de halage qui passe sous le viaduc. Il longe la rivière dans un **site** verdoyant et encaissé où il est agréable de flâner.

Promenade des Petits-Fossés A2

Elle longe extérieurement les remparts (13e-15e s.). À droite, elle est dominée par la masse du château et les tours du Connétable et de Beaufort.

★ Château A2

02 96 93 45 20 - juin-sept. : 10h-18h30 ; reste de l'année : 13h30-18h30 - fermé janv. - 4,40 € (-18 ans 1,75 €).

CANTORBÉRY, L'ANGLAIS FÉLON

En 1357, le duc de Lancastre vient assiéger Dinan, que défendent Bertrand Du Guesclin (1320-1380, né près de la ville) et son frère Olivier. Devant la supériorité des Anglais, Bertrand demande une trêve de quarante jours, au bout de laquelle la ville se rendra si elle n'est pas secourue. Olivier, sorti sans armes dans la campagne, est fait prisonnier, en violation de la trêve, par le chevalier Cantorbéry qui exige une rançon de 1 000 florins. Bertrand lance un défi en champ clos à l'Anglais. Présidée par Lancastre, la rencontre a lieu à Dinan, sur l'actuelle place du Champ. Cantorbéry est vaincu. Il donne ses armes à Du Guesclin et est banni de l'armée anglaise. Ce succès vaut au héros l'admiration d'une jolie Dinannaise, Tiphaine Raguenel.

La porte du Guichet, encadrée par deux tours percées d'archères, date du 13e s. Élevé au 14e s., le donjon présente de beaux mâchicoulis. Il abrite un **musée** consacré d'une part à l'histoire de Dinan, de la préhistoire au début du 20e s., d'autre part à l'artisanat local. De la terrasse dominant le chemin de ronde, on jouit d'un beau **panorama★** sur la région. Ancienne tour d'artillerie, la tour de Coëtquen (15e s.) expose au rez-de-chaussée des pierres tumulaires.

Promenade des Grands-Fossés AB1

Ce magnifique mail est bordé par les tours St-Julien, de Vaucouleurs, Beaumanoir et par la porte St-Malo.

À voir aussi

Musée du Rail A1 en dir.

Dans l'aile gauche de la gare de Dinan - ✆ 02 96 39 81 33 - www.museedurail-dinan.com - ♿ - de déb. juin à mi-sept. : 14h-18h (dernière entrée 1h av. la fermeture) ; vac. de printemps et vac. de la Toussaint : 14h-17h - 4 € (enf. 3,25 €).

Deux réseaux de trains y sont reconstitués en miniature, ainsi qu'un poste d'aiguillage Vignier de 1889. Pour les amoureux du rail : affiches, pendules, lanternes, plaques de locomotives et de gares, outils…

Maison d'artiste de la Grande Vigne B1 en dir.

103 r. du Quai - port de Dinan - ✆ 02 96 87 90 80 - de mi-mai à fin sept. : 10h-18h30 - 2,95 € (enf. gratuit).

Élève et amie de Mathurin Méheut, **Yvonne Jean-Haffen** (1895-1993) vécut dans cette maison dominant le port. Elle recèle des centaines de peintures et dessins représentant la Bretagne d'autrefois. Un livret-parcours est distribué gratuitement à chaque enfant.

À proximité Carte de microrégion

Léhon A2

▶ *2 km au sud.*

Ce bourg, niché dans la vallée de la Rance, conserve le **prieuré de St-Magloire**, construit au 12e s. *Visite 45mn.*

Abbatiale – *✆ 02 96 87 40 40 - juil.-août : 10h30-12h30, 14h30-18h30, dim. 14h30-18h30 - possibilité de visite guidée - 4 € (12-18 ans 3 €).* Reconstruite au 13e s. et restaurée à la fin du 19e s. La nef, aux voûtes bombées et nervurées à la façon angevine, abrite les pierres tombales des Beaumanoir et un bénitier (13e s.) sur le rebord duquel les moissonneurs, soucieux d'une bonne récolte, venaient aiguiser les faucilles.

Bâtiments conventuels – Un petit **musée lapidaire** expose des chapiteaux de l'ancien cloître roman. Le **réfectoire**, la plus ancienne salle de l'abbaye (13e s.), a été joliment restauré. On y remarque la chaire du lecteur avec son escalier et sa tribune et la façade gothique ajourée. Le **dortoir** abrite quelques éléments du trésor dont un reliquaire contenant les reliques de saint Magloire. Dans les combles, on découvre une belle charpente en forme de carène renversée, et de curieux box qui ont été réalisés pour le tournage d'un feuilleton télévisé, *Les Compagnons du Nouveau Monde*.

Jardins – Les fouilles ont mis au jour un canal couvert reliant l'abbaye à la Rance qui coule plus bas.

Quévert A2

3,5 km au nord-ouest. Accès par la D 68.

Ce village est connu des amateurs pour être le paradis des fleurs, et surtout des roses, grâce au **Courtil des senteurs★.** Ce jardin public *(pl. de la Mairie - 02 96 85 81 80)* compte plus de 700 variétés de roses, de plantes vivaces et de bulbes parfumés. Sa visite procure un rare plaisir des yeux et du nez, en particulier à la fin du printemps ou au début de l'été.

Le Courtil est également le point de départ de plusieurs **balades à thème** : les rosiers, les roches et les arbres fruitiers *(départ à l'entrée du jardin, devant la mairie. Durée 1h, 2h ou 3h - accessible à tous.)*

Forêt de Coëtquen B2

10 km à l'est. Accès par la D 68 au sud ou la VC 3 à partir de St-Hélen.

Cette forêt de 557 ha, composée essentiellement de feuillus, est un lieu de promenade très agréable. Plusieurs sentiers sont balisés et des sorties sont organisées par la Maison de la Rance à Dinan *(voir p. 185)*.

Corseul A2

11 km à l'ouest. Quittez Dinan en direction de St-Brieuc, puis prenez à droite la route de Plancoët (D 794).

Déjà connue des Celtes et des Gaulois, la capitale des Coriosolites fut romanisée, comme l'ensemble de l'Armorique. Elle conserve de nombreux vestiges, notamment dans le jardin des Antiques (colonnes, chapiteaux). Dans le **musée de la Société archéologique de Corseul**, au 2e étage de la mairie, on découvre des fossiles de la mer des Faluns, des pierres taillées et polies, des urnes funéraires, des peintures murales romaines et des objets gallo-romains. *02 96 82 73 14 - tlj sf dim. 10h-12h, 14h-17h, sam. 10h-12h - possibilité de visite guidée juil.-août : merc. et vend. - fermé j. fériés - 2 € (-12 ans 1 €).*

Plus remarquable encore, le **temple du Haut-Bécherel**, dit temple de Mars *(1,5 km en direction de Dinan et une route à droite en montée)*. Cette tour polygonale gallo-romaine, construite en petit appareil, daterait de l'époque de l'empereur Auguste (63 av. J.-C.-14 apr. J.-C.).

★ Château de la Bourbansais B2

14 km au sud-est.

Implanté au cœur d'un vaste et agréable domaine, cet imposant édifice (fin du 16e s., agrandi au 18e s.) fut embelli durant trois générations par les Huart, conseillers au parlement de Bretagne. La visite de l'intérieur du château est une option *(payante)*, mais aujourd'hui, la propriété est surtout connue pour son zoo, qui fait le bonheur des enfants.

Prêtez bien attention aux conditions de visite ci-dessous.

Parc zoologique et jardin – *02 99 69 40 07 - www.labourbansais.com - - avr.-sept. : 10h-19h ; reste de l'année : 13h30-17h30 - possibilité de visite guidée (50mn) - 16,50 € (enf. 12 €).* Ce parc animalier abrite des espèces des cinq continents (girafes, autruches, dromadaires, cervidés, kangourous, fauves, oiseaux, singes…). Des panneaux dispensent des informations à la fois pédagogiques et amusantes pour découvrir leurs habitudes et leurs secrets. Animations plusieurs fois par jour : spectacles de vénerie *(20mn)* et de fauconnerie en vol libre *(30mn)*, goûter des animaux… On se déplace à son rythme dans les allées, en suivant ou pas le parcours conseillé sur le dépliant remis à l'entrée. En traversant les jardins à la française, on gagne le château, dont le corps de logis est flanqué de tourelles et de pavillons aux toits à double pente caractéristiques du 18e s.

Intérieur du château – *02 99 69 40 07 - www.labourbansais.com - - visite guidée (50mn) avr.-sept. : 11h15, 14h, 15h, 16h, 17h ; oct.-mars et vac. scol. : w.-end 15h30, 16h30 - 16,50 € (enf. 12 €), 21,50 € (enf. 15 €) billet combiné avec le parc zoologique.* Le rez-de-chaussée présente une décoration et un mobilier du 18e s., des tapisseries d'Aubusson du 17e s. et une belle collection de porcelaines de la Compagnie des Indes. Dans le péristyle (19e s.), documents et objets évoquent le passé de cette demeure.

Découvrir

★★ La Rance en bateau

5h AR – Compagnie Corsaire : balade sur la Rance AR de St-Malo à Dinan ; pour tout renseignement, s'adresser aux bureaux des vedettes ou aux offices de tourisme de ces villes : vedettes à St-Malo - 0 825 138 035 (0,15 €/mn) ; à Dinard - 0 825 138 130 (0,15 €/mn). Bateau le Jaman IV, *promenade commentée (1h) avr.-oct. : dép. de Dinan vers Léhon - 02 96 39 28 41 ou 06 07 87 64 90. Croisière gourmande (3h) et croisière commentée (1h30) vers le barrage de la Rance, entre St-Malo et Dinard. Embarquement à la gare maritime du barrage de la Rance - 02 99 46 44 40 - www.chateaubriand.com.*

Évitez de partir de Dinan après 17h si vous souhaitez visiter St-Malo.

Quittant Dinan, la Rance s'élargit de plus en plus jusqu'à l'écluse du Châtelier. Par une suite de plans d'eau, le bateau descend la rivière, encaissée entre des versants verdoyants. Il emprunte l'écluse du barrage de la Rance, puis passe à hauteur du rocher Bizeux et de la pointe de la Vicomté avant de laisser, sur la droite, la corniche d'Aleth (St-Servan-sur-Mer). St-Malo et Dinard se dévoilent à l'horizon.

Itinéraire conseillé Carte Bords de la Rance

★★ VALLÉE DE LA RANCE

87 km, voir carte ci-contre – comptez une journée pour découvrir les deux rives. Empruntez la route qui passe sous le viaduc de Dinan et redescendez sur le quai.

Cette rivière, d'obscure naissance, connaît une fin de parcours prestigieuse entre Dinan, Dinard et St-Malo. Elle a connu la force redoutable des grandes marées, vu s'élancer les élégantes goélettes des terre-neuvas, avant d'être canalisée, fermée par une usine marémotrice en 1966. Son estuaire est aujourd'hui un superbe plan d'eau dont les rives offrent un patrimoine très varié, riche d'histoires et de légendes, qu'il faut prendre le temps de découvrir.

LA RIVE DROITE : DE DINAN À SAINT-MALO

Itinéraire 1.

Maison de la Rance

Quai Talard, sur le port - 02 96 87 00 40 - - juil.-août : 10h-19h ; avr.-juin et sept.-nov. : tlj sf lun. 14h-18h ; reste de l'année : dim. 14h-18h - 3,90 € (-12 ans gratuit).

La Rance n'est pas seulement le simple plan d'eau si prisé des plaisanciers. Cette rivière possède également une histoire, riche et mouvementée, et des milieux naturels très variés qui sont présentés, de manière interactive, dans ce lieu d'exposition.

À Lanvallay, prenez la D 795 sur 6 km puis à gauche sur la D 29 en direction de Pleudihen-sur-Rance. 300 m après La Vicomté-sur-Rance, vous trouverez une aire de stationnement. 500 m à pied.

Moulin du Prat

✆ 02 96 83 21 41 - ♿ - juil.-août : 10h-12h, 15h-19h ; reste de l'année : w.-end et j. fériés 14h30-18h - 3 € (enf. gratuit).

Restauré par la commune de La Vicomté-sur-Rance, ce moulin à marée du 15e s. est le seul de la vallée en état de fonctionnement à pouvoir se visiter. Exposition sur le rôle et l'évolution technique des moulins. Aux alentours, on peut observer toute une faune aquatique (hérons, aigrettes…).

Reprenez la D 29 sur 1 km puis tournez à gauche en direction de Mordreuc.

Cale de Mordreuc

De ce très joli site, belles vues sur le pont St-Hubert en aval, le promontoire du Chêne-Vert que couronnent les vestiges d'un château et la vallée encaissée en amont. Avec un peu de chance, vous pourrez observer le phoque qui a élu domicile dans cette anse de la Rance !

De Mordreuc, suivez la D 48 sur 1 km.

Pleudihen-sur-Rance

Les dépendances d'une ferme abritent le **musée de la Pomme et du Cidre**. Le verger est planté de différentes espèces de pommiers aux noms savoureux (doux évêque, chevalier, bénédiction de Ste-Anne). La visite évoque l'origine du fruit, ses différentes espèces, ses maladies, sa récolte et la fabrication du cidre (dégustation). *✆ 02 96 83 20 78 - juil.-août : 10h-19h ; avr.-juin et sept. : tlj sf dim. 14h-19h - 3,50 € (enf. 2 €).*

Empruntez la D 29 sur 7 km et prenez à gauche la D 366 en direction de la Ville-ès-Nonais ; traversez la ville puis continuez jusqu'au pont St-Hubert.

Pont Saint-Hubert

De ce pont suspendu, très belle vue sur la Rance, la cale de Port-St-Jean et, sur l'autre rive rocheuse, la cale de Port-St-Hubert.

De la Ville-ès-Nonais, prenez la D 407 puis la D 7 en direction de St-Suliac, puis tournez à gauche sur la route du Mont-Garrot. Laissez la voiture près d'une tour de guet crénelée, environ 1 km avant St-Suliac.

Mont Garrot

15mn à pied AR.

Un chemin à droite se dirige vers la pointe et passe derrière une ferme. Belles vues sur la Rance.

Du pied de la tour, vaste **panorama★** sur l'anse de St-Suliac et St-Malo, le pays de Dol, la Rance et le pont St-Hubert.

Continuez sur la route du Mont Garrot durant 1 km.

★ Saint-Suliac

Saint Suliac, fils aîné d'un souverain du pays de Galles au 6e s., renonça au trône et vint fonder vers 560 un monastère sur les bords de la Rance. La légende lui attribue l'apparition de la mer en lieu et place de la « plaine de St-Suliac », pour empêcher les ânes de l'autre rive de venir manger le raisin. On lui doit aussi la destruction d'un serpent maléfique qu'il lança du haut du mont Garrot. Aujourd'hui, ce charmant **village de pêcheurs** porte son nom et a conservé de nombreuses maisons anciennes de granit, à découvrir en parcourant des ruelles tortueuses. Au-dessus se détache la massive silhouette de la tour de l'église (13e-17e s.), accompagnée d'un bel **enclos paroissial**. La rue qui descend conduit sur les bords de la Rance, animés en saison par l'école de voile.

Quittez St-Suliac par la D 117. Vous remarquerez sur votre gauche le **moulin du Beauchet**, ancien moulin à marée, ancré sur sa digue.

À St-Jouan-des-Guérets, empruntez la C 2 en direction de la plage du Vallion puis Le Fougeray. Poursuivez sur 1 km avant de remarquer sur votre gauche le château du Bos.

Château du Bos

Fermé à la visite.

C'est l'exemple même d'une malouinière du 18e s., c'est-à-dire une maison de campagne de riches armateurs, corsaires ou négociants. Doté d'un jardin à la française, le domaine s'étend sur 10 ha et profite de la vue sur la Rance.

Poursuivez jusqu'au croisement. Tournez à gauche au niveau de la chapelle du Bos.

Quelmer

L'itinéraire continue devant l'ancienne villa du commandant Charcot *(privé)* et conduit à la cale de **la Passagère** qui offre une belle vue sur la Rance. Attention : la baignade y est dangereuse à cause de la proximité du barrage. Non loin de là, le cimetière de bateaux compose un tableau empreint de nostalgie.

Labyrinthe du corsaire, qui comprend trois parcours différents. *Rte Quelmer la Passagère - 35 400 St-Malo - 02 99 81 17 23 - www.labyrinthe-ducorsaire.com - juil.-août : 10h30-19h - 8 €.*

Rejoignez St-Malo par la D 137.

★★★ **Saint-Malo** *(voir p. 150)*

Regagnez l'autre rive en direction de Dinard par l'itinéraire direct qui emprunte la crête du barrage.

LA RIVE GAUCHE : DE DINARD À DINAN

Itinéraire 2.

Usine marémotrice de la Rance

02 99 16 37 14 - juil.-août : 10h-18h, dim. et j. fériés 10h-13h, 14h-18h ; avr.-juin et sept. : 10h-13h, 14h-18h ; vac. de fév., de la Toussaint et de Noël (ttes zones) : tlj sf lun.-mar. et j. fériés 10h-13h, 14h-18h ; oct. : vend.-dim. 10h-13h, 14h-18h - fermé reste de l'année - gratuit. Les sacs à dos sont interdits.

C'est dans le vaste tunnel de 390 m de long, construit dans le cœur même de la digue, que se trouve la **centrale** du type « bulbe », qui produit 550 millions de kWh par an. Ce groupe « bulbe » est un ensemble turbine-alternateur monobloc. L'ouvrage en compte 24 exemplaires, soit une puissance totale de 240 000 kW.

Parcourez à pied la digue jusqu'à la plate-forme aménagée.

De ce belvédère, la **vue**★ porte sur l'estuaire de la Rance. Située entre l'usine et la rive droite, la digue prend appui sur l'îlot de Chalibert. Elle comprend à son extrémité est 6 vannes qui permettent d'accélérer le vidage et le remplissage du bassin, régularisant ainsi le débit de l'eau utilisable.

Continuez sur 3 km. À l'entrée de La Richardais, vue sur l'usine marémotrice et l'estuaire de la Rance.

La Richardais

Église St-Clément – Les murs de la nef portent une fresque de Xavier de Langlais (1955) figurant le **Chemin de croix** ; dans le transept, la fresque représente l'arrivée sur les côtes bretonnes de saint Lunaire et de saint Malo. Belle voûte de bois en carène renversée ; cinq vitraux sont de Max Ingrand.

Atelier Manoli – *9 r. du Suet - 02 99 88 55 53 - www.manoli.org - juil.-août : 10h30-12h, 15h-19h ; avr.-juin et sept.-oct. : w.-end et j. fériés 15h-19h - possibilité de visite guidée (50mn) sur demande (5 j. av.) - 4 € (-12 ans gratuit).*

CAPTER L'ÉNERGIE DES MARÉES

L'utilisation des marées à des fins énergétiques n'est pas nouvelle dans la vallée de la Rance. Déjà au 12e s., des riverains avaient imaginé de construire des bassins de retenue qui, en se vidant, au reflux, actionnaient des moulins à aubes appelés **moulins à marée**. En 1966, innovant dans la technique de production d'électricité, EDF a construit dans la basse vallée de la Rance une usine hydroélectrique actionnée par la marée et utilisant des « groupes bulbes », qui travaillent alternativement dans un sens et dans l'autre, suivant le mouvement des flots. Une digue de 750 m ferme l'estuaire de la Rance, constituant un bassin de retenue de 22 km². La route qui relie St-Malo et Dinard la surmonte; au moyen de ponts-levants, elle traverse l'écluse, longue de 65 m.

Du sculpteur **Pierre Manoli** (1927-2001) on connaît surtout la *Grande Voile* de la gare Montparnasse ou le mobilier liturgique de la cathédrale de Quimper. Mais ici, c'est toute une œuvre et toute une vie que le département, propriétaire des lieux, propose de découvrir au travers des quelque 300 créations qui parsèment l'atelier et le jardin. Les principaux thèmes sont la figure humaine, les assemblages et un riche bestiaire, avec une recherche perpétuelle de mouvement.

Suivez la D 114 sur 500 m et tournez à gauche.

★ Jardins du Montmarin

✆ 02 99 88 58 79 - www.domaine-du-montmarin.com - avr.-oct. : tlj sf sam. 14h-19h - 5,80 € (14-18 ans 5 €).

Décor de rêve pour cette élégante malouinière du 18e s., la seule de cette rive, dont les jardins descendent en terrasses jusqu'à la Rance. Les parterres à la française, mais aussi le dédale de chemins du parc offrent de séduisantes **perspectives★**. Pépinière.

Continuez la D 114 et prochaine à gauche.

Cale de la Jouvente

Face à la Passagère. Belle vue sur la Rance et l'île Chevret.*Reprenez la D 114 sur 1 km et tournez à gauche.*

La Landriais

La cale sèche de La Landriais, encore visible dans le chantier naval, est un ouvrage unique en Europe (45 m de long, 11 m de long, 5 m de hauteur). Elle a été entièrement restaurée grâce à la passion d'une association locale.

Du parking part la promenade des Hures *(chemin de ronde des douaniers, à faire à pied)* qui longe sur 2 km la rive de la Rance et offre de beaux points de vue.

Gagnez **Plouër-sur-Rance** *à 7 km par la D 114 et la D 12*. L'église, datant du 18e s., présente, à l'intérieur, deux pierres tumulaires sculptées.

Reprendre la D 12 jusqu'à Taden.

Taden

Par ce bourg (donjon flanqué d'une tourelle du 14e s.), on atteint le chemin de halage qui reliait Dinan à l'écluse du Châtelier *(7 km)*. Très apprécié des pêcheurs, il suit le cours sinueux de la Rance et constitue la promenade favorite des Dinannais. De nombreux oiseaux aquatiques (foulques, mouettes rieuses, goélands argentés…) y sont visibles.

NOS ADRESSES À DINAN

VISITES

Dinan, qui porte le label Ville d'art et d'histoire, propose des visites-découverte *(1h30)* animées par des guides-conférenciers agréés par le ministère de la Culture et de la Communication – *juil.-août : 15h ; reste de l'année : sur demande - 5,50 € (5-18 ans 3,50 €) - se renseigner à l'office de tourisme ou sur www.dinan-tourisme.com.*

Un fascicule *(gratuit)* intitulé *Raconte-moi les rues de Dinan* est disponible à l'office de tourisme. Les enfants peuvent aussi découvrir la cité sous la forme d'un jeu de l'oie très bien fait *(3,25 €).*

HÉBERGEMENT

Dinan

PREMIER PRIX

Hôtel Au Vieux St-Sauveur – *19 pl. St-Sauveur - ✆ 02 96 85 30 20 - www.hotelpubsaintsauveur.com - 6 ch. 30/43 € - ☕ 6 €.* Si la demeure à colombages, en plein quartier historique, date du 15e s. son intérieur bénéficie pourtant d'un sacré coup de jeune. La salle de pub accueille les fêtards jusqu'à 2h en été dans une ambiance chaleureuse. Chambres mignonnettes et sans prétention aux étages.

BUDGET MOYEN

Hôtel de France – *7 pl. du 11-Novembre - ✆ 02 96 39 22 56 - www.hoteldefrance-dinan.com - fermé vac. de Noël et w.-end - P - 14 ch. 50/55 € - ☕ 7 € - rest. 12/23 €.* Pratique pour ceux qui voyagent en train, cet établissement ancien dispose de chambres bien insonorisées, qui ont toutes été rénovées. Salle à manger redécorée et agrémentée d'une véranda. La cuisine ne connaît que les produits frais.

Hôtel Ibis – *1 pl. Duclos - ✆ 02 96 39 46 15 - h5977@accor.com - ♿ 🚭 - 62 ch. 52/107 € - ☕ 8 €.* Fonctionnel et récemment rénové, un hôtel bien placé, à proximité des remparts et du château, disposant de chambres spacieuses et climatisées.

POUR SE FAIRE PLAISIR

Hôtel Challonge – *29 pl. Du-Guesclin - ✆ 02 96 87 16 30 - www.hotel-dinan.fr - ♿ - 18 ch. 67/75 € - ☕ 8 €.* En centre-ville, cet hôtel à la longue façade classique vous accueille chaleureusement. Les chambres, confortables et bien insonorisées, ont un petit air british.

Hôtel La Tour de l'Horloge – *5 r. de la Chaux - ✆ 02 96 39 96 92 - www.hotel-dinan.com - 12 ch. 68/106 € - ☕ 6,50 €.* Dans une demeure du 18e s., en plein cœur du quartier historique, cet hôtel propose des chambres décorées et personnalisées. Accueil très chaleureux.

Vallée de la Rance

BUDGET MOYEN

Chambre d'hôte Les Mouettes – *17 Grande-Rue - 35 430 St-Suliac - ✆ 02 99 58 30 41 - www.les-mouettes-saint-suliac.com - 🚭 - 5 ch. 55 € ☕.* De bien jolies chambres colorées, avec leur plancher massif et leurs tableaux choisis par la jeune maîtresse de maison, vous attendent dans cette bâtisse du 19e s. Au cœur du village, agrémenté d'un petit jardin, voilà un nid douillet où il fait bon séjourner.

POUR SE FAIRE PLAISIR

Hôtel Manoir de Rigourdaine – *R. Rigourdaine - 22490 Plouër-sur-Rance - ✆ 02 96 86 89 96 - www.hotel-rigourdaine.fr - fermé 15 nov.-1er avr. - ♿ (2 ch.) P - 19 ch.*

72/89 € - ☕ 8,50 €. Située en pleine campagne, cette ancienne ferme domine l'estuaire de la Rance. Ses bâtiments entièrement rénovés ne manquent pas de charme, et si ses chambres modernes montrent moins de caractère, elles vous permettront néanmoins de profiter de la tranquillité.

Chambre d'hôte Maison de la Vallée – *Lieu-dit Le Val Hervelin - 22690 Pleudihen-sur-Rance - 3 km au sud-est de Pleudihen-sur-Rance près de la D 795 - ✆ 02 96 83 35 61 - www.maisondelavallee.com - 🚭 P - 5 ch. 78/83 € ☕.* Construite en granit bleu de Lanhélin, dans le style si particulier des demeures malouines, cette demeure offre, de sa véranda, une belle vue sur la vallée. Aux étages, 3 chambres et 2 suites abritent un mobilier en merisier et des poutres cérusées. L'établissement propose également 2 gîtes dans une maison indépendante et un espace bien-être (Jacuzzi et sauna). Petits-déjeuners copieux.

UNE FOLIE

La Malouinière des Longchamps – *35 430 St-Jouan-des-Guérets - 28 km au nord-est de Dinan par la D 795 puis D 137 - ✆ 02 96 82 74 00 - www.malouiniere.com - fermé 4 janv.-déb. fév. - 15 ch. 99/198 € - ☕ 15 €.* Pour un séjour au calme, cette ferme à la campagne est parfaite. Jardin fleuri, piscine, espace bien-être. Chambres actuelles ; duplex plus classique à l'annexe.

Hôtel Manoir de St-Meleuc – *St-Meleuc - 22690 Pleudihen-sur-Rance - 11 km au nord-ouest de Dinan par la D 795 puis D 29 - ✆ 02 96 83 34 26 - www.manoir-de-saint-meleuc.com - 4 ch. - 140/180 € ☕.* Petit manoir du 15e s. bien rénové, au cœur d'un parc de 2,5 ha. Chambres de style ancien. Petits-déjeuners servis dans une grande salle avec pierres et poutres apparentes.

RESTAURATION

Dinan

PREMIER PRIX

Crêperie Beaumanoir – *4 pl. Duclos - ✆ 02 96 39 33 91 - coco-jc.belland@orange.fr - fermé 1re sem. d'avr., mar. soir de sept. à juin, lun. soir et dim.* Voici une petite adresse on ne peut plus facile à trouver, puisque située juste en face de la mairie. Vous y dégusterez salades, crêpes, galettes et spécialités « maison » (roulés bretons et galichons) dans un cadre rénové aux murs de granit.

Crêperie des Artisans – *6 r. Petit-Fort - ✆ 02 96 39 44 10 - bonabry@wanadoo.fr - fermé de fin sept. aux Rameaux et lun. - 🚭 - 9/15 €.* Gravir cette ruelle pavée reliant le port à la vieille ville vous a ouvert l'appétit ? Arrêtez-vous ici pour déguster des crêpes traditionnelles et des produits fermiers, et admirer par la même occasion une étonnante collection de percolateurs et de cafetières.

La Marmite – *91 r. de Brest - ✆ 02 96 39 04 42 - marmitedinan.fr.st - fermé sam. soir et dim. - ♿ - formule déj. 10 € - 11/20 € - 5 ch. 40 € - ☕ 6 €.* Cette petite adresse a prodigué ces dernières années de nombreux efforts de rénovation. Le résultat ? Une salle de restaurant chaleureuse et gaie – murs patinés couleur mimosa, boiseries en frêne, poster fleuri – et des chambres personnalisées.

BUDGET MOYEN

La Courtine – *6 r. de la Croix - ✆ 02 96 39 74 41 - fermé 15-30 mars, 12-19 juil., 1er-15 nov., mar. soir, merc. soir, sam. midi et dim. soir (en été : fermé dim.) - formule déj. 12 € - 17/27 €.* Murs en granit et poutres composent le chaleureux cadre de ce restaurant installé dans une pittoresque maison de 1832. Service d'une grande efficacité, cuisine traditionnelle et spécialités de poisson.

Le St-Louis – *9 r. de Léhon - ✆ 02 96 39 89 50 - www.lesaintlouis.com - fermé merc. en hiver - ♿ - formule déj. 11,50 € - 18/22 €.* Murs en pierre apparente, sol de terre cuite, cheminée en granit et peintures réalisées par des artistes régionaux président à l'élégant cadre rustique de ce restaurant agencé autour d'un patio verdoyant. Cuisine traditionnelle et copieux buffets de hors-d'œuvre et desserts.

POUR SE FAIRE PLAISIR

Le Bistrot du Viaduc – *R. du Lion-d'Or - ✆ 02 96 85 95 00 - www.lebistrotduviaduc.com - fermé 20 déc.-15 janv., sam. midi, dim. soir et lun. - ♿ P - formule déj. 19,50 € - 32/42 €.* Ce bistrot posté à la sortie du viaduc surplombe Dinan, offrant une vue panoramique sur les remparts, la ville et le port. Le passage devant les fourneaux vous mettra dans les meilleures dispositions pour apprécier une généreuse cuisine traditionnelle servie dans un cadre rétro de bon ton.

Vallée de la Rance

POUR SE FAIRE PLAISIR

La Ferme du Boucanier – *2 r. de l'Hôpital - 35 430 St-Suliac - 25 km au nord-ouest de Dinan par la D 795 puis D 137 et D 117 - ✆ 02 23 15 06 35 - tlj sf mar., merc. sauf le soir de mai à sept., jeudi midi hors sais. - fermé fin déc.-déb. janv. - 15 € déj. - 28/40 €.* Deux restaurants en un : l'été, salle rétro et plats actuels relevés d'épices ; l'hiver, cadre régional avec cheminée où l'on rôtit les viandes. Cuisine rustique.

BOIRE UN VERRE

Bon à savoir – Dinan possède des atouts simples mais néanmoins séduisants. Sa petite « rue de la soif » *(r. de la Cordonnerie)* est flanquée d'une dizaine de bars accolés, ouverts tard le soir. « Au Vieux Port » est une vieille et belle maison, de même que « La Licorne » et le « Saut de la Puce », fréquentés par une clientèle plus jeune.

Rue de la Cordonnerie – La rue de la Cordonnerie est un lieu idéal pour étancher sa soif. Elle regroupe en effet pas moins de 8 bars aux styles bien différents.

À la Truye qui file – *14 r. de la Cordonnerie - ✆ 02 96 39 72 29 - hiver : tlj sf lun. 11h-1h, dim. 17h30-1h ; été : tlj 11h-2h, dim. 17h30-2h ; j. fériés 17h30-1h.* Au 15e s., une truie fila la laine avec sa quenouille en place de Grève, numéro considéré à l'époque comme un acte de sorcellerie : la truie et son dresseur furent donc brûlés vif. En hommage « à la truye qui file », une dizaine de bars en France portent aujourd'hui ce nom. L'un d'entre eux se trouve à Dinan. Il arrive souvent au patron, dit Nounours, un ancien musicien professionnel, de filer des sons tendres en souvenir de cette « grasse bébête ».

Le Bistrot d'en bas – *20 r. Haute-Voie - ✆ 02 96 85 44 00 - tlj sf lun. 11h-15h, 18h-1h, dim. 18h-1h - fermé 1 sem. fin sept., 1 sem. déb. juin, dim. midi et lun.* Cette maison propose une belle gamme de vins au verre dont, entre autres, de nombreux crus du Languedoc-Roussillon. Il est possible de les accompagner de diverses tartines de charcuterie, de fromage ou de légumes, à déguster dans un joli décor (fresques, boiseries, ardoises, miroirs…) ou sur la terrasse installée côté rue piétonne.

ACHATS

Rue Jerzual – *R. Jerzual.* C'est la rue des artistes et des artisans : sculpteur, ébéniste, maroquinier…

Loc Maria - les Gavottes – *Rte de Dinard - ✆ 02 96 87 42 55 - www.locmaria.fr - 9h30-12h15, 14h-18h (vend. 17h) ; juil.-août tlj sf sam. apr.-midi - fermé dim. et j. fériés.* Cette adresse est le point de vente de l'entreprise les Gavottes, célébrissime maison qui concocte les fameuses crêpes dentelle de Dinan, biscuit croustillant roulé très fin, qui se déguste nature ou enrobé de chocolat, et dont la recette fut inventée par Marie-Catherine Cornic en 1886. Autres spécialités gourmandes : la galette et le palet de Pleyben, le véritable punch.

Les Puces Dinannaises – *Pl. St-Sauveur - ✆ 02 96 39 63 00.* À partir du 3e merc. de juin et jusqu'au 3e merc. de sept.

EN SOIRÉE

La vie culturelle et artistique de la ville de Dinan est assez intéressante avec le théâtre des Jacobins, et la pittoresque rue Jerzual *(voir ci-dessus).*

Théâtre des Jacobins – *R. de l'Horloge - ✆ 02 96 87 03 11 - theatredesjacobins@cc-codi.fr - accueil : mar.-jeu. 10h-12h30, 14h30-18h30, vend.-sam. 14h30-18h30 - fermé août, lun. et j. fériés - 20 €, prix moyen (-25 ans 14 €, prix moyen).* Valeurs sûres et jeunes talents se succèdent sur les planches de cette scène dont la programmation marie avec bonheur théâtre, concert, danse, art du cirque nouveau, humour et spectacles jeune public.

ACTIVITÉS

Communauté de Communes de Dinan – *34 r. Bertrand-Robidou - ✆ 02 96 87 14 14 - randonnées d'avr.-août - se renseigner.* Chaque été, la communauté de communes de Dinan organise des randonnées qui vous permettront de découvrir la nature environnante : la Rance, le bocage, les forêts, les oiseaux de printemps, etc.

Fruits, fleurs, parfums – *Pl. de la Mairie - 22 100 Quévert - ✆ 02 96 85 81 80 - mairie.quevert@ville-quevert.fr.* La place de la Mairie de Quévert est le point de départ de randonnées à thèmes : les rosiers, les roches, les arbres fruitiers… Pour les conditions de visite, se renseigner à la Communauté de communes de Dinan.

St-Valay Équitation – *St-Valay - 22 100 Taden - ✆ 02 96 39 22 08 - tlj sf lun. 8h30-19h.* Outre les stages et les cours d'équitation, ses moniteurs encadrent des promenades à l'heure, à la journée ou à la demi-journée, le long de la Rance et vers Lancieux.

AGENDA

Rencontres internationales de la harpe celtique – *✆ 02 96 87 36 69 - www.harpe-celtique.com.* Cité-phare de la harpe celtique, Dinan accueille chaque année, en juillet, ce festival qui propose notamment des concerts aux quatre coins de la ville, et des ateliers de découverte destinés aux enfants…

Fête des remparts – *Juil. années paires - 12 € (TR 8 € ; -12 ans gratuit) - Pass 2 jours 20 €.* Travail des artisans, défilés de gentes dames et de beaux damoiseaux, marchés et combats de chevaliers forment l'essentiel des animations assurées par plusieurs milliers de figurants costumés.

Cancale

★

5 285 Cancalais – Ille-et-Vilaine (35)

NOS ADRESSES PAGE 196

S'INFORMER

Office du tourisme de Cancale – *44 r. du Port - 35 260 Cancale - ✆ 02 99 89 63 72 - www.ville-cancale.fr - juil.-août : 9h-19h, dim. 10h-13h ; avr.-juin et sept. : lun.-sam. 9h-12h30, 14h-18h30 ; reste de l'année : tlj sf dim. 9h-12h30, 14h-18h - fermé 25 déc. et 1er janv.*

SE REPÉRER

Carte de microrégion B1 (p. 148) – *carte Michelin Départements 309 K2.* Pour bien apprécier le **site★**, il faut arriver à Cancale par la route touristique à sens unique, qui s'embranche à droite sur la D 76 en venant de Rennes (82 km au sud), à 2,5 km après le carrefour des Portes-Rouges.

À NE PAS MANQUER

Le sentier des douaniers et le panorama de la pointe du Grouin.

ORGANISER SON TEMPS

On peut passer tout son temps à la plage ou sur le sentier qui serpente le long de la falaise jusqu'à Rothéneuf.

AVEC LES ENFANTS

Les huîtres de la Ferme marine.

Qui ne connaît pas les huîtres plates de ce centre ostréicole réputé ? Comme l'a longtemps vanté le bandeau de son cachet postal, ce port de pêche possède panoramas, plages et parcs à huîtres : autant dire tout ce que recherche l'estivant en quête de vacances réussies.

Se promener Plan de ville

Église Saint-Méen

✆ 02 99 89 63 72 - ouverte à la visite juil.-août.

Dans la tour de l'église St-Méen, 189 marches mènent à la plate-forme supérieure, munie d'une table d'orientation : superbe **vue★** sur la baie du Mont-St-Michel, Granville et, par temps clair, sur les îles Chausey.

UNE HUÎTRE RÉPUTÉE

On ne pratique plus à Cancale que l'« élevage » de jeunes huîtres venues d'Auray, une maladie mystérieuse ayant, vers 1920, décimé les bancs de la baie qui fournissaient le naissain. Maintenant, on s'efforce de le recréer localement : il se développe dans des parcs de pleine mer, donnant une huître plate appelée belon. Son goût typé est dû à la richesse en plancton de la baie du Mont-St-Michel. La côte est ici quadrillée par les parcs ostréicoles : quelque 360 ha de découpages géométriques, qui participent au paysage.

SE LOGER

- Chatellier (Hôtel Le)............. 1
- Duguay Trouin........................ 3
- Manoir des Douets Fleuris (Chambre d'hôte Le).......... 5
- Motte Jean (Auberge de la)...................... 7
- Pastourelle (Chambre d'hôte La).......... 9
- Pointe du Grouin (Hôtel)..... 11
- Victor Hugo (Hôtel Le)......... 13

SE RESTAURER

- Cancalaise (Crêperie La) 4
- Coquillage (Le)........................ 7
- Marché aux Huîtres (Le)....... 10
- Pied d'Cheval (Au)................ 13
- Port (Crêperie du).................. 16
- Surcouf.. 19
- Troquet (Le)............................ 20

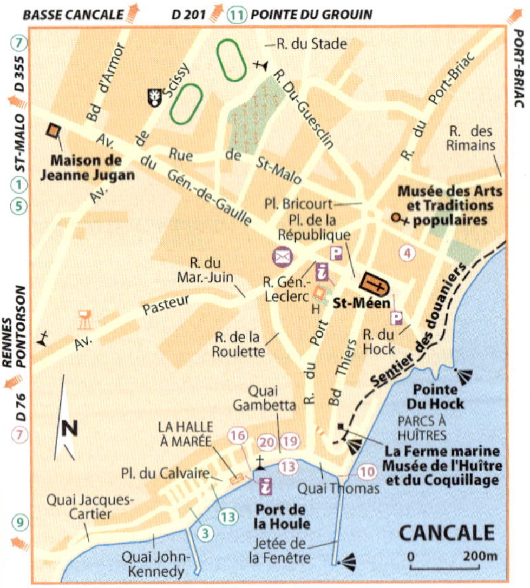

Musée des Arts et Traditions populaires

℘ 02 99 89 71 26 - ♿ - juil.-août : 10h-12h, 14h30-18h30 ; mai, juin et sept. : vend.-lun. 14h30-18h30 - possibilité de visite guidée juil.-août 10h30-12h - fermé oct.-avr. - 3,50 € (enf. 1,75 €), 2,50 € la visite guidée.

Installé dans l'ancienne église St-Méen (1714), il est consacré aux arts et traditions du pays cancalais : pêche, ostréiculture, agriculture (pomme de terre), vie des Cancalaises, coiffes et costumes, mobilier. Il évoque aussi la vie de Jeanne Jugan *(voir page suivante)* et présente l'École de navigation des Rimains, que la cité abrite depuis plus d'un siècle.

★ Port de la Houle

Les allées et venues des tombereaux chargés d'huîtres, les marchands, le retour des bateaux de pêche à marée haute contribuent à donner au port une animation particulière.

Il est bordé par un quartier pittoresque adossé à la falaise, aux ruelles étroites, où vivaient les marins-pêcheurs. Un chemin, le Vaubaudet ou Val du Baudet, le reliait au bourg de Cancale, le quartier haut où habitaient les « terriens » et les commerçants.

La Ferme marine - Musée de l'Huître et du Coquillage

℘ 02 99 89 69 99 - visite guidée (1h) de déb. juil. à mi-sept. : 11h, 15h et 17h ; de mi-fév. à fin juin et de mi-sept. à fin oct. : tlj sf w.-end 15h - fermé 1er janv., 1er Mai, 25 déc. - 6,80 € (enf. 3,50 €).

Au cœur d'une entreprise ostréicole, ce musée explique l'évolution des techniques de culture de l'huître, ainsi que le métier de l'ostréiculteur à travers les âges. Belle collection de coquillages (plus de 1 500, venus du monde entier).

★ Sentier des douaniers

Cet ancien chemin de ronde s'embranche dans le bas de la rue du Port, après quelques marches. Dès le **monument aux morts**, on profite d'une vue étendue sur la baie du Mont-St-Michel et le mont Dol. Un peu plus loin, la **pointe du Hock** révèle une jolie **vue★** sur le rocher de Cancale ; à droite et en contrebas, au pied de la falaise, s'étendent les parcs à huîtres. De part et d'autre de la pointe du Hock, le sentier surplombe les grèves. En suivant la côte jusqu'à Port-Mer, vue splendide sur la pointe de la Chaîne, face au rocher de Cancale. Le sentier *(7 km depuis Cancale)* rejoint la pointe du Grouin *(voir ci-dessous)*.

Maison de Jeanne Jugan

69 av. du Gén.-de-Gaulle - ☏ 02 99 89 62 73 - se renseigner au presbytère - gratuit.
La fondatrice de la congrégation des **Petites Sœurs des pauvres** est née dans cette maison. Placée comme domestique à St-Servan chez une vieille demoiselle, **Jeanne Jugan** (1792-1879) acheta une masure pour accueillir des vieillards avec l'aide de trois amies. Lors d'aménagements routiers, la modeste bâtisse a été démontée puis reconstruite un peu en retrait. Son intérieur est resté à l'identique.

Itinéraire conseillé Carte de microrégion

★★★ LA CÔTE D'ÉMERAUDE : DE CANCALE À SAINT-MALO

23 km – environ 5h. Quittez Cancale par la rue du Stade puis par la D 201.
La route qui longe la Côte d'Émeraude est l'une des plus touristiques de France. Elle ne borde pas la mer sur tout son parcours, mais offre des excursions vers les sites côtiers, dont les vues et les panoramas révèlent le caractère de ce rivage très découpé.

★★ Pointe du Grouin B1

Laissez la voiture sur l'aire de stationnement et suivez, à droite du sémaphore, un sentier qui conduit directement à la pointe.
La pointe est souvent très ventée. Le **panorama** s'étend du cap Fréhel à Granville, en passant par la baie du Mont-St-Michel. Au large, on distingue les îles Chausey. Un sentier permet d'aller, à marée basse, explorer une grotte creusée dans la falaise (hauteur 10 m, profondeur 30 m).
L'île des Landes, située en face de la pointe du Grouin, constitue une réserve ornithologique et botanique, où nichent de nombreux oiseaux : tadornes de Belon, cormorans huppés, grands cormorans, goélands…
La route, en corniche jusqu'au Verger, suit la côte, en offrant de belles vues.

HISTOIRE DE BATEAU

La bisquine trouverait son origine, au début du 19e s., dans le golfe de Gascogne. Arrivée en Bretagne Nord et en Normandie, ses formes sont adaptées aux conditions maritimes de la baie du Mont-St-Michel, à savoir une extraordinaire amplitude de marée, donnant parfois des vents et des courants violents et imprévisibles. Au tournant du 20e s., ce bateau, à la fois puissant et rapide, fait la fortune de la région, et notamment celle de Cancale et de Granville, à la fois chantiers navals et ports de pêche.
La **bisquine cancalaise** se distingue de celle de Granville, grâce à sa coque noire et non blanche. D'une longueur de 18 m environ et doté d'une très grande voilure, ce type de bateau servait à draguer les huîtres et participait également, au 19e s., à quelques compétitions. La rivalité entre les ports breton et normand donnait en effet lieu à des régates passionnées dans la baie du Mont-St-Michel.

Chapelle Notre-Dame-du-Verger B1

Prenez à droite vers la plage.

Cette chapelle est vénérée par les marins de Cancale (pardon le 15 août). Reconstruite au 19e s., elle abrite de nombreuses maquettes de navires : bisquines, sloops, goélettes et trois-mâts.

La Guimorais B1

La plage des Chevrets s'allonge entre la pointe du Meinga et la presqu'île Bénard.

La route contourne le havre de Rothéneuf, fermé par une passe étroite. Cette étendue d'eau se vide presque complètement à marée basse. Remarquez sur la droite le **château du Lupin**, élégante demeure construite au 17e s. par un riche armateur de St-Malo.

Rothéneuf B1 *(voir St-Malo, p. 162)* **et le Minihic** B1 *(voir St-Malo, p. 155)*

Paramé B1 *(voir St-Malo, p. 160)*

★★★ **Saint-Malo** B1 *(voir p. 150)*

NOS ADRESSES À CANCALE

HÉBERGEMENT

BUDGET MOYEN

Hôtel le Victor-Hugo – *20 r. Victor-Hugo - ✆ 02 99 89 92 81 - www.le-victor-hugo.com - fermé 12 nov.-mars - ⊭ - 5 ch. 45/55 € - ☕ 6 €.* Nombre d'habitués fréquentent cette ancienne maison de pêcheurs dont ils apprécient le calme et la situation au cœur du pittoresque quartier qui borde le port de la Houle. Chambres au confort simple, pas très grandes, mais bien entretenues.

Chambre d'hôte La Pastourelle – *Les Nielles - 35 350 St-Méloir-des-Ondes - ✆ 02 99 89 10 09 - www.baie-saintmichel.com/hebergements/pastourelle.php - fermé 15 déc.-15 janv. - P ⊭ - 5 ch. 55/77 € ☕ - rest. 27 €.* Cette belle longère tapissée de vigne vierge borde la route côtière de la célèbre baie du Mont-St-Michel. Les chambres, spacieuses et insonorisées, offrent un pimpant décor immaculé et de jolies salles de bains. Au rez-de-chaussée, le salon et la salle à manger marient avec bonheur poutres anciennes et vieilles pierres. Ravissant jardinet. Table d'hôte sur réservation.

POUR SE FAIRE PLAISIR

Auberge de la Motte Jean – *2 km par D 355 - ✆ 02 99 89 41 99 - www.hotelpointedugrouin.com - fermé 1er déc.-31 janv. - P - 13 ch. 65/78 € - ☕ 8 €.* Ancien corps de ferme isolé dans la campagne cancalaise. Grand calme, jardin soigné avec étang. Chambres personnalisées garnies de meubles anciens. Accueil « sur mesure ».

Duguay Trouin – *11 quai Duguay-Trouin - ✆ 02 23 15 12 07 - www.hotelduguaytrouin.com - ♿ - 7 ch. 85/105 € - ☕ 8 €.* On vous reçoit avec simplicité et gentillesse dans cet hôtel du port de pêche entièrement rénové. Les chambres sont sobrement marines (quelques malles-postes), côté baie ou rochers.

Hôtel Le Chatellier – *Quatrevais 1 km par D 355 - ✆ 02 99 89 81 84 - www.hotellechatellier.com - fermé déc. et janv. - ♿ 🅿 - 13 ch. 67/85 € - ☕ 8,50 €.* Belle demeure bretonne au charme familial préservé, avec de coquettes chambres de style « campagnard chic », mansardées à l'étage; certaines donnent sur le jardin.

Chambre d'hôte Le Manoir des Douets Fleuris – *1,5 km par D 365 - ✆ 02 23 15 13 81 - www.manoirdesdouetsfleuris.com - fermé janv. - 🅿 - 10 ch. 79/160 € - ☕ 12 €.* Manoir du 17e s. avec son jardin et sa mare où barbotent les oiseaux. Chambres personnalisées, dont une suite avec ciel de lit et cheminée en granit. Âtre monumental au salon.

Hôtel Pointe du Grouin – *✆ 02 99 89 60 55 - www.hotelpointedugrouin.com - ouvert 1er avril-15 nov. - 🅿 - 16 ch. 85/120 € - ☕ 9 € - rest. 24/77 €.* Il règne comme un délicieux air de bout du monde autour de cette demeure bretonne perchée sur une falaise, face aux îles et au Mont-St-Michel. Agréables chambres campagnardes. Panorama exceptionnel sur le large depuis les tables proches des baies vitrées.

RESTAURATION

PREMIER PRIX

Crêperie du Port – *1 pl. du Calvaire (sur le port) - ✆ 02 99 89 60 66 - creperie-du-port@wanadoo.fr - fermé 15 nov.-15 déc. et mar. sf vac. scol. - ♿.* Ambiance marine dans cette crêperie agrémentée de tableaux, d'affiches, de maquettes et d'un plafond décoré d'une fresque. Tout le monde apprécie sa terrasse installée en toutes saisons face au port.

Le Marché aux Huîtres – *Au bout du quai Thomas sur le port de Cancale.* « Du producteur au consommateur » : face aux parcs et à la baie du Mont-St-Michel, assis sur le muret au bout du quai, en plein air, vous dégusterez les huîtres toutes fraîches des ostréiculteurs. Ils en assurent l'ouverture et la vente à emporter toute l'année.

BUDGET MOYEN

Au Pied d'Cheval – *10 quai Gambetta - ✆ 02 99 89 76 95 - www.au-pied-de-cheval.com - fermé de mi-nov. à mars et mar. sf juil.-août - 15 €.* Tenue par un conchyliculteur local, cette adresse est entièrement dédiée à la dégustation des huîtres et des fruits de mer élevés dans la baie du Mont-St-Michel. Petites salles à manger rustiques et volontairement simples; celle de l'étage offre une jolie vue sur la mer.

Crêperie La Cancalaise – *3 r. Vallée-Porçon (près de l'église) - ✆ 02 99 89 71 22 - lacancalaise@wanadoo.fr - fermé 1 sem. en mars, 1 sem. en juin, 3 sem. fin nov., le soir sf vend. et sam. et sf juil.-août - ♿ - 15 € bc.* Cette vénérable demeure bretonne jouit d'une excellente réputation. L'accueil y est sympathique, le cadre rustique plaisant, et crêpes et galettes, copieusement garnies de produits « cent pour cent » terroir, sont tout simplement savoureuses.

Surcouf – *7 quai Gambetta - ✆ 02 99 89 61 75 - fermé déc., janv., mar. et merc. - ♿ - 17/44 €.* Un joli petit bistrot marin qui sort du lot, parmi la foule d'adresses bordant le port de Cancale : vue sur la jetée (plus étendue à l'étage) et goûteuse cuisine de la mer.

POUR SE FAIRE PLAISIR

Le Troquet – *19 quai Gambetta - ✆ 02 99 89 99 42 - tlj sf jeu. et vend. hors août - fermé mi-nov.-fin janv. - 20 € déj. - 39/65 €.* Un sympathique petit bistro à dénicher parmi les nombreuses enseignes qui bordent le quai. Poissons et crustacés de premier choix, dont les fameuses huîtres de Cancale.

Le Coquillage – *Rte du Mont-St-Michel, 6,5 km par D 76, D 155 et voie secondaire - ✆ 02 99 89 25 25 - www.maisons-de-bricourt.com - ♿ - 29/60 €.* Séduisant bistrot dont la cuisine de la mer influencée par Olivier Rœllinger (un menu reprend ses créations) est servie dans une salle panoramique ou en terrasse sous les pins.

ACHATS

Les Petits Fruits de la Baie – *5 r. des Clossets - 35 350 St-Méloir-des-Ondes - ✆ 02 99 89 10 06 - www.pfb@cegetel.net - mai-oct. : tlj sf dim. 8h-12h, 15h30-18h30 - fermé de mi-oct. à mi-déc. et j. fériés.* Ce domaine agricole est devenu une exploitation spécialisée dans les fruits rouges (fraises, framboises, cassis, groseilles) et les kiwis. Boutique de vente des produits de la ferme : fruits – récoltés sur place, leur qualité et leur fraîcheur sont garanties – miel et confitures maison. Possibilité de cueillette.

ACTIVITÉS

École de voile – *Port-Mer - ✆ 02 99 89 90 22 - http://perso.wanadoo.fr/ecoledevoileportmer - tlj mars.-nov.* Optimist, catamaran KL 13.5, Hobie cat 16 max ou planche à voile Formula : une équipe jeune et dynamique vous initiera à tous ces supports depuis la plage de Port-Mer. Location possible de ces matériels et de bateaux à moteur; point passion plage. Balades en mer d'une demi-journée sur un bateau traditionnel.

Dol-de-Bretagne

★

4 760 Dolois – Ille-et-Vilaine (35)

NOS ADRESSES PAGE 202

S'INFORMER

Office du tourisme de Dol – *5 pl. de la Cathédrale - 35 120 Dol-de-Bretagne - www.pays-de-dol.com - juil.-août : 9h30-19h ; juin et sept. : 10h-12h30, 14h-18h, sam. 10h-12h30, dim. 14h30-18h ; reste de l'année : tlj sf dim. 10h-12h30, 14h-18h, sam. 10h-12h30, lun. 14h-18h - fermé 1er janv., 1er Mai, 1er nov., 25 déc.*

SE REPÉRER

Carte de microrégion B2 (p. 148) – *carte Michelin Départements 309 L3.* Traversée par la N 176, Dol se trouve à l'intérieur des terres, à mi-chemin du Mont-St-Michel et de St-Malo. Rennes est à 70 km plus au sud.

À NE PAS MANQUER

La cathédrale St-Samson et la vue du mont Dol.

ORGANISER SON TEMPS

Soyez sur le mont Dol au coucher du soleil pour admirer le panorama sous sa plus belle lumière.

AVEC LES ENFANTS

Visitez le Médiévalys pour découvrir l'histoire des cathédrales, allez voir ensuite les maquettes reproduisant les monuments de la région à Petit-Mont-St-Michel, puis plongez-vous dans la vie rurale d'autrefois au musée de la Paysannerie à Baguer-Morvan.

Ancienne cité épiscopale de Bretagne, Dol est située sur le bord d'une falaise que le flot venait encore battre au 10e s. Aujourd'hui, son sommet offre une vue dégagée de la région, de Cancale jusqu'au Mont-St-Michel. À mi-chemin de cette merveille et de St-Malo, la ville propose aux visiteurs de passage un patrimoine architectural de grande qualité.

Se promener Plan de ville

★★ Cathédrale Saint-Samson

Ce très vaste édifice de style gothique, qui porte le nom du premier évêque de Dol, mort en 565, fut bâti aux 12e et 13e s. puis complété jusqu'au 16e s. Il donne une idée de l'importance qu'avait alors l'évêché de Dol. À l'extérieur, côté sud, voyez le **grand porche★** (14e s.) et le petit porche (13e s.). Au nord, la cathédrale offre l'aspect d'une forteresse.

Intérieur – Le vaisseau atteint 100 m de long. Dans le chœur, on admire la **verrière★★** à médaillons du 13e s. qui a été restaurée, les 80 stalles (14e s.) et le trône épiscopal (16e s.) en bois sculpté. Dans le croisillon gauche, on remarque le tombeau de l'évêque Thomas James, gouverneur du château St-Ange à Rome, exécuté par les Florentins Antoine et Jean Juste (16e s.). Dans le bas-côté nord, Christ aux outrages.

SE LOGER

Baillage (Chambre d'hôte Le)...... 2
Croix Gaillot (Chambre d'hôte La)...... 4
Ferme de la Haute Lande (Chambre d'hôte)............ 7
Golf & Country Club......... 11
Grand Hôtel de la Gare.......................... 10
Mesnil des Bois (Le).......... 12

SE RESTAURER

Cour Verte (Auberge de la).................. 1
Food Shop............................ 2

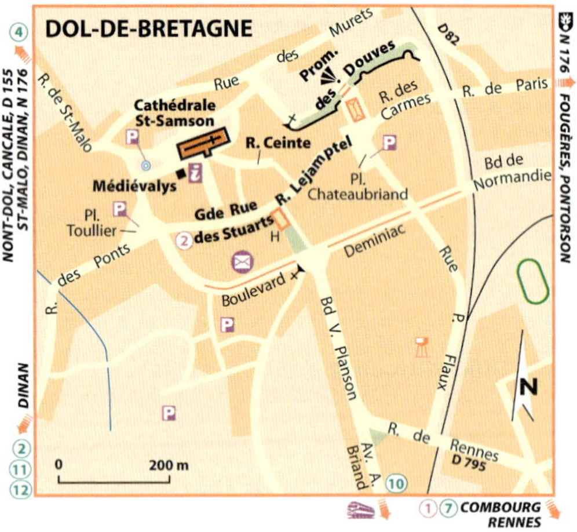

★ Médiévalys

☏ 02 99 48 35 30 - ♿ - juil.-août : 10h-20h ; reste de l'année : 10h-19h - 7,50 € (enf. 4,90 €).

Cette exposition, dans l'ancien palais épiscopal, fait revivre l'histoire des cathédrales à l'aide d'une scénographie sobre ; on ne peut parler de muséographie puisqu'aucune collection n'est présentée. Symbolique de l'élévation, techniques et vocabulaire de la construction, maquettes, corps de métiers, vitraux et sculptures sont évoqués.

Promenade des Douves

Appelé aussi promenade Jules-Revert, ce jardin public, hélas peu entretenu, longe la douve des remparts nord. On y voit la grosse tour des Carmes, l'une des 12 tours de défense. De là, belle **vue★** sur le mont Dol et le « marais ».

Maisons anciennes

Au cœur de la cité médiévale subsistent de belles maisons à colombages, anciens hôtels particuliers et commerces.

Grande-Rue-des-Stuarts – Au n° 17, « les Petits Palets » (11e et 12e s.) présentent une belle arcature romane ; au n° 27, maison de la Guillotière (13e s.) ; au n° 33, demeure de 1617 à belles lucarnes ; au n° 18, le logis de la Croix verte et du donjon est une ancienne auberge des Templiers avec cave voûtée (12e s.) ; au n° 32, charmante cour « es Chartier et Hostel es Pledran » (16e s.).

Rue Le-Jamptel – Au n° 31, « la Grisardière » (12e ou 13e s.) ; au n° 27, maison à piliers (15e s.).

Rue Ceinte – Au n° 1, dans la portion de rue jadis de la Poissonnerie, vieille maison de marchand (15e s.) avec étal de granit, de même qu'au n° 4, « la Grabottais » ; au n° 16, manoir du Grand Chantre (1668).

LE MARAIS DE DOL

On appelle ainsi le terrain gagné sur les marais et la mer, dans la baie du Mont-St-Michel. Il s'étend sur 15 000 ha, depuis l'embouchure du Couesnon jusqu'au voisinage de Cancale. Grâce au travail d'assèchement accompli durant des siècles, il se présente aujourd'hui comme une plaine de polyculture.

À proximité Carte de microrégion

★ Mont Dol B2

Quittez Dol-de-Bretagne en direction de Cancale, 2 km.

La légende raconte que dans son combat avec Satan, **saint Michel** perça un trou dans le roc du mont Dol et y précipita son ennemi. Mais le diable réapparut sur le Mont-St-Michel. Le bond que fit alors l'archange pour l'atteindre nécessita une détente si vigoureuse que l'empreinte de son pied resta imprimée dans la roche !

Dans la réalité, cette éminence granitique (65 m) domine une vaste plaine, faisant figure de petite montagne. Enroulé à son pied, le bourg abrite une **église** dont la nef conserve un bel ensemble de fresques des 12e et 14e s. retraçant la vie du Christ.

Une route mène au sommet du mont, où sont dispersés un moulin (crêperie), un premier belvédère à gauche, qui regarde vers l'arrière-pays, et une tour en haut de laquelle vous aurez le **panorama★** le plus étendu sur : au nord, les îles Chausey, Cancale et la pointe du Grouin ; au nord-est, le Mont-St-Michel, Avranches, Granville ; du calvaire, au sud, à la lisière du marais, Dol et sa cathédrale et, à l'arrière-plan, les hauteurs d'Hédé ; enfin, à ses pieds, le bocage du marais de Dol.

Petit-Mont-Saint-Michel

11 km à l'est par la D 80 (direction St-Broladre) et rte à droite vers St-Marcan - 02 99 80 22 15 - juil.-août : 10h-18h30 - 5 € (-5 ans gratuit).

Dans un enclos à flanc de colline sont présentés des monuments de la région au 1/50 : église de Pontorson, Mont-St-Michel, château de Fougères… Jeux pour enfants.

Le Vivier-sur-Mer et Cherrueix *(voir Le Mont-St-Michel, p. 212)*

Itinéraire conseillé Carte de microrégion

AU PAYS DE DOL-DE-BRETAGNE

Itinéraire de 30 km – environ 2h30. Quittez Dol par la D 795. Laissez la route d'Epiniac à gauche ; 600 m après, tournez à gauche, puis prenez un chemin goudronné, à droite.

Menhir de Champ-Dolent B2

C'est l'un des plus beaux menhirs de Bretagne (9,50 m de haut, 8,70 m de circonférence). Il provient du filon granitique de Bonnemain situé 5 km au sud. L'appellation Champ-Dolent – champ de douleur – évoque un combat légendaire qui se serait livré ici.

Faites demi-tour et reprenez la D 795 vers Combourg.

Baguer-Morvan B2

Le **musée de la Paysannerie** retrace plus d'un siècle de vie paysanne : reconstitution d'intérieurs, présentation de matériel agricole, véhicules hippomobiles, outils d'autrefois, vieilles reproductions de scènes agricoles. Dégustation de cidre en fin de visite. *02 99 48 04 04 - ♿ - de mi-juin à mi-sept. : 10h-19h, sam. 14h-19h - 5 € (enf. 3 €).*

Prenez la D 119 jusqu'au Tronchet.

Le Tronchet B2

Dans le village, voyez le **cloître de l'abbaye N.-D.-du-Tronchet**, construit au 17e s.sur les ruines d'un couvent bénédictin du 12e s. Au milieu trône un houx géant vieux de trois cents ans.

Suivez les panneaux « Forêt du Mesnil » pour sortir du village par la D 9, puis ceux indiquant « La Maison des fées ». Garez-vous sur le parking, puis faites 300 m à pied.

La Maison des fées – Il s'agit d'une allée mégalithique couverte de huit grandes dalles. Les sculptures de seins et de colliers sur les vestiges de la chambre funéraire symbolisent le culte de la déesse-mère et sont à l'origine de son nom actuel.

Revenez au Tronchet, et suivez la D 9 puis la D 10.

Epiniac B2

Dans le bas-côté gauche de l'**église**, l'autel présente une Dormition de la Vierge, haut-relief polychrome du 16e s.

Prenez la D 85 vers le sud et tournez à gauche sur la D 285.

Broualan B2

Au centre du village, près d'un remarquable petit calvaire, se dresse l'église du 15e s., agrandie au 16e s. Son chevet est orné de contreforts à pinacles et de belles fenêtres flamboyantes. À l'intérieur, de nombreux autels de granit, des crédences ouvragées, un tabernacle du maître-autel soutenu par des anges et une pietà polychrome du 16e s.

Par La Boussac, regagnez Dol.

NOS ADRESSES À DOL-DE-BRETAGNE

HÉBERGEMENT

PREMIER PRIX

Grand Hôtel de la Gare *– 21 av. Aristide-Briand - ✆ 02 99 48 00 44 - hoteldelagaredoldebretagne@orange.fr - fermé 8-21 mars et 18-24 oct. - 13 ch. 32/47 € - ☕ 6 €.* L'enseigne est explicite quant à la situation géographique de cet hôtel tout juste rénové, qui fait aussi bar-PMU. Les chambres, pas très grandes mais plaisamment colorées, bénéficient d'une bonne insonorisation ; certaines permettent l'accueil de familles. Très belle salle des petits-déjeuners.

BUDGET MOYEN

Chambre d'hôte Ferme de la Haute Lande *– 3 km de Dol-de-Bretagne rte de Rennes, puis dir. Epiniac et rte secondaire à gauche - ✆ 02 99 48 07 02 - www.lahautelande.fr - fermé 1 sem. en hiver - P ⊭ - 3 ch. 50 € ☕ - 1 gîte.* Jouissant d'une situation parfaitement isolée, cette ferme en pierre qui poursuit par ailleurs son activité laitière est l'adresse idéale pour se mettre au vert. Vous y dormirez dans des chambres sobres et nettes, desservies par un bel escalier en bois datant du 17e s.

Chambre d'hôte La Croix Gaillot *– 35 120 Cherrueix - 8 km rte de Cherrueix par D 82 puis dir. Baguer-Pican par D 85 - ✆ 02 99 48 90 44 - www.la-croix-galliot.fr - fermé janv. - P ⊭ - 5 ch. 44/49 € ☕.* À 3 km de la plage de Cherrueix – réputée pour la pratique du char à voile –, ancienne ferme céréalière disposant de chambres confortables, au calme, et d'un salon qui s'ouvre sur le jardin. Deux gîtes et six emplacements de camping sont aussi disponibles.

POUR SE FAIRE PLAISIR

Chambre d'hôte Le Baillage – *Le Baillage - 35 540 Le Tronchet - à 10 km au sud-ouest par D 676 et D 119 - ✆ 02 99 58 17 98 - www.lebaillage.com - P - 5 ch. 75/85 € ☕*. Au milieu d'un jardin et d'un parc arboré où la nature n'a jamais perdu ses droits, cette belle demeure de caractère associe décoration cossue avec poutres et pierres apparentes. Chambres confortables, aux salles de bains élégantes, et suite familiale mansardée, avec coins salon et hall privé. Repos garanti.

Golf & Country Club – *Domaine Saint-Yvieux - 35 540 Le Tronchet - 11 km au sud-ouest par D 119 puis D 75 - ✆ 02 99 58 98 99 - www.saintmalogolf.com - fermé 20 nov.-1er mars - 29 ch. - 88/145 € - ☕ 11 € - rest. 22 € déj. - 29/42 €*. Au sein d'un golf, cet ancien prieuré du 19e s. abrite de grandes chambres dans des tons clairs, disposant d'une loggia ou d'une miniterrasse. Le restaurant donne sur l'étang et offre une vue panoramique sur les greens. Cuisine traditionnelle.

UNE FOLIE

Le Mesnil des Bois – *35 540 Le Tronchet - 11 km au sud-ouest par les D 119 et D 75, puis 2 km au sud-ouest de Le Tronchet par les D 9 et D 3 - ✆ 02 99 58 97 12 - www.le-mesnil-des-bois.com - fermé mi nov.-fin fév. - 5 ch. - 95/120 € ☕*. Cette belle ferme-manoir (16e s.) isolée dans la campagne, en lisière de forêt, appartenait aux descendants du corsaire Surcouf. Jolies chambres aux meubles anciens.

RESTAURATION

BUDGET MOYEN

Auberge de la Cour Verte – *Rte de Rennes - ✆ 02 99 48 41 41 - www.auberge-de-la-cour-verte.com - fermé lun. - ♿ P - formule déj. 10 € - 18/24 €*. Ce restaurant aménagé dans une ferme de 1640 doit sa réputation à ses viandes grillées. Salle à manger d'une authentique rusticité, animée par le spectacle de la cheminée en pierre devant laquelle officie le patron. La carte propose également des spécialités belges et des crêpes.

Food Shop – *43 Grande-Rue-des-Stuarts - ✆ 02 99 48 01 54 - www.foodshop.com - fermé dim. et lun. - 10 € déj. - 19/25 €*. Dans ce bistrot contemporain orné de magnifiques photos culinaires, la cuisine est axée sur l'huile d'olive et les épices avec des plats ensoleillés et exotiques, en pays de beurre salé. L'endroit est convivial, l'accueil sympathique et le patron plein d'humour.

ACHATS

La chèvrerie du désert – 👪 *« Le désert », 35540 Plerguer - ✆ 02 99 58 92 14 - 9 km à l'ouest de Dol par D 676 - juil.-août : 11h-18h30 - avr.-juin et sept. : 14h30-18h30 sf mar., dim. et j. fériés 11h-18h30 - ♿ P - 6 € (enf. 5 €)*. Boutique et goûter à la ferme. Ferme pédagogique et récréative. Élevage de chèvres, ânes du Poitou, moutons d'Ouessant, cochons du Vietnam, vaches jersiaises… Les enfants peuvent rejoindre les chèvres naines dans leur enclos. Traite des bêtes à 17h30.

Le Mont-Saint-Michel

★★★

72 Montois – Manche (50)

NOS ADRESSES PAGE 213

S'INFORMER

Office du tourisme du Mont-St-Michel – *Corps de garde des Bourgeois - 50 170 Le Mont-St-Michel - ✆ 02 33 60 14 30 - www.ot-montsaintmichel.com - juil.-août : 9h-19h ; de mi-avr. à fin juin et sept. : 9h-12h30, 14h-18h30, dim. 9h-12h30, 14h-18h ; reste de l'année : se renseigner - fermé 1er janv., 25 déc.*

SE REPÉRER

Carte de microrégion C1 (p. 148) – *carte Michelin Départements 303 C8*. Le Mont se situe à l'extrême nord de la D 976, qui naît à Pontorson, 10 km au sud. De là, la N 175 file au nord-est vers Avranches (21 km). Dol-de-Bretagne se situe 20 km à l'ouest par la N 176.

SE GARER

Les parkings publics *(payants : 4 € la journée par voiture)* s'étirent sur près de 2 km de digues. Si vous arrivez tôt, vous serez plus près du Mont (4 à 500 m). En cas de grande marée (2 fois par jour, 1 semaine sur deux), les parkings sont envahis par la mer ; on se gare alors le long de la route d'accès.

À NE PAS MANQUER

Le panorama sur la baie depuis les remparts et l'abbaye.

ORGANISER SON TEMPS

Renseignez-vous sur les horaires de marée, pour observer l'arrivée ou la fuite de la mer depuis les remparts.

AVEC LES ENFANTS

Découvrez la baie et les moules en Mytili-mobile au départ du Vivier-sur-Mer.

Pourquoi le Mont-St-Michel fascine-t-il autant ? Certainement parce que, au-delà de la beauté de son architecture et de la richesse de son histoire, un mystère s'en dégage, lié au rythme des marées, à la tombée du jour, au cri des mouettes rieuses, au sable mélangé à l'herbu… On ne peut aimer le Mont-St-Michel sans prendre la mesure de l'immensité sauvage qui l'entoure. Le rocher et la baie ne font qu'un. C'est la raison pour laquelle l'un comme l'autre sont classés comme « sites du Patrimoine mondial » par l'Unesco.

Se promener

LE BOURG Plan de la ville

Défenses avancées

La porte de l'Avancée donne accès à une première cour fortifiée. À gauche, le **corps de garde des Bourgeois** (16e s.) est actuellement le siège de l'office

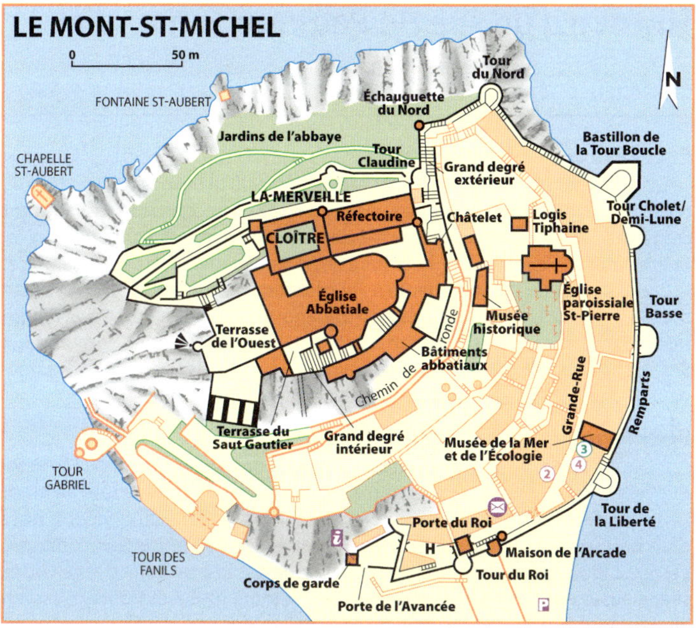

SE LOGER	SE RESTAURER	
St-Pierre (Auberge) ③	Mère Poulard (La) ②	Sirène (La) ④

de tourisme ; à droite, les « michelettes », bombardes anglaises (machines de guerre lançant des boulets) prises au cours d'une attaque militaire pendant la guerre de Cent Ans. Après une seconde porte et une seconde cour fortifiée, la **porte du Roi** (15e s.) possède encore ses mâchicoulis et sa herse. On l'appelle ainsi parce qu'y était logé le contingent symbolique que le roi entretenait au Mont, pour rappeler ses droits. On débouche enfin dans la Grande-Rue. La jolie maison de l'Arcade, à droite, servait de caserne aux soldats de l'abbé.

★ Grande-Rue

Étroite et en montée, la Grande-Rue est bordée de maisons anciennes (15e-16e s.) dont plusieurs ont gardé leur nom d'antan : le **Logis Saint-Étienne**, le **Vieux Logis**, la **Sirène**, la **Truie-qui-file**. Coupée de marches à son sommet, elle est extrêmement animée, et encombrée pendant la saison estivale : les étalages de marchands de souvenirs l'envahissent, ni plus ni moins d'ailleurs qu'à l'époque des plus fervents pèlerinages, au Moyen Âge.

★★ Remparts

13e-15e s. La promenade sur le chemin de ronde offre de belles **vues** sur la baie, particulièrement depuis la tour nord : on distingue le rocher de Tombelaine, sur lequel Philippe Auguste avait fait bâtir des fortifications.

Musée de la Mer et de l'Écologie

✆ 02 33 60 23 34 - juil.-août : 9h-19h ; reste de l'année : 9h30-18h30 - fermé janv.-fév. et 11 Nov.-20 déc. - 9 € (-25 ans gratuit) ; 18 € (-25 ans gratuit) billet combiné avec les 4 musées.

Histoire d'un site du Patrimoine mondial

CAPRICIEUSE GÉOGRAPHIE

Entre Bretagne et Normandie

Le Mont-St-Michel est un îlot granitique d'environ 900 m de tour et 80 m de haut, relié au continent par une digue construite en 1877. Le site est le plus souvent cerné par d'immenses bancs de sable, dont les mouvements, suite aux marées, ont maintes fois déplacé l'embouchure des rivières côtières : la Sée, la Sélune et le Couesnon. Celui-ci, jadis orienté au nord-ouest à partir de Pontorson, constituait la frontière entre les duchés de Normandie et de Bretagne, ce que déploraient les Bretons : « Le Couesnon a fait folie. Cy est le Mont en Normandie. » Ses divagations menaçant digues et polders, il fut canalisé en 1863, fixant définitivement la ligne de partage entre les deux régions.

Pour repousser le sable

Annoncé depuis des lustres, le grand projet de désensablement du Mont-St-Michel est enfin engagé. Très complexe, il a pour priorité de rendre au Mont son caractère maritime. Dans un premier temps, le Couesnon va être doté d'un barrage pour repousser plus efficacement le sable (travaux commencés en 2006). Ensuite, le parking sera éloigné sur la côte avec des navettes silencieuses pour assurer les liaisons jusqu'au Mont (prévues pour 2010 selon le planning). Enfin, la digue doit être partiellement remplacée par un pont-passerelle dont la mise en service marquerait la fin du projet en 2012… Ces grands chantiers s'échelonnent sur plusieurs années mais n'empêcheront pas l'accès au Mont.

Pour plus d'informations, vous pouvez consulter le site *www.projetmont-saintmichel.fr.*

L'ÎLOT SACRÉ

La fondation

L'archange saint Michel étant apparu trois fois en songe à Aubert, évêque d'Avranches, ce dernier fonda sur le mont Tombe un oratoire. Celui-ci fut remplacé par une abbaye carolingienne au début du 8e s.

Les premiers pèlerinages

Peu de temps après la fondation du sanctuaire, les fidèles affluent au Mont, même pendant la guerre de Cent Ans. Les Anglais, alors maîtres de la région, accordent, moyennant finances, des sauf-conduits aux fidèles. On voit ainsi arriver pêle-mêle des nobles, des riches bourgeois et des gueux, qui vivent d'aumônes pendant leur voyage et sont hébergés gratuitement par les moines à l'aumônerie. L'hôtellerie comme le commerce des « souvenirs » sont déjà florissants au Moyen Âge. Les pèlerins, appelés « miquelots », achètent des insignes portant l'effigie de saint Michel et des ampoules de plomb qu'ils remplissent du sable de la grève. Ils prennent aussi des risques : la traversée de la baie n'allait pas sans enlisements ou noyades. C'est pourquoi le Mont fut également dénommé St-Michel-au-Péril-de-la-Mer.

De l'abbaye à la prison

Au 17e s., les mauristes, religieux de St-Maur, sont chargés de réformer le monastère. En matière architecturale, ils font œuvre décevante, se contentant de tailler et de rogner dans les bâtiments. La transformation de l'abbaye en prison ajoute encore aux déprédations. « Bastille » provinciale avant la Révolution, le Mont devient, en 1811, une prison pour les condamnés de droit commun et pour quelques détenus politiques, comme Barbès, Blanqui et Raspail.

Le retour des religieux

En 1874, l'abbaye et les remparts sont confiés au service des Monuments historiques. Ce n'est qu'en 1969 que le site retrouvera en partie sa vocation d'origine avec l'installation de quelques religieux, qui assurent depuis cette date une présence spirituelle permanente.

LES ÉTAPES DE LA CONSTRUCTION

Apporter des blocs de granit, parfois des îles Chausey ou de Bretagne, et les hisser à pied d'œuvre ne fut pas une petite affaire. L'arête du sommet étant fort étroite, on dut chercher appui sur les flancs du rocher.

11e-12e s.

Une église est bâtie (1017-1144) au sommet du rocher. L'édifice carolingien antérieur est utilisé comme crypte (N.-D.-sous-Terre) pour soutenir la plate-forme où s'élèvent les trois dernières travées de la nef romane.

13e-16e s.

Édification de l'abbaye gothique *(entrée à l'est)*. Les bâtiments conventuels sont élevés sur le flanc ouest du Mont et de part et d'autre de la nef. Sont également construits à cette époque :
– au nord, les magnifiques bâtiments de la Merveille (1211-1228) affectés aux moines, aux pèlerins et à la réception des hôtes de marque ;
– au sud, les bâtiments abbatiaux (13e-15e s.) consacrés à l'administration, au logement de l'abbé et à la garnison ;
– à l'est, le châtelet et les défenses avancées (14e s.) qui protègent l'entrée.
Le chœur roman de l'église, qui s'était écroulé, est rebâti (1446-1521) sur une nouvelle crypte. Plus magnifique encore, il est de style gothique flamboyant.

18e-19e s.

En 1780, les trois dernières travées de la nef sont démolies, ainsi que la façade romane. En 1897, on édifie le clocher actuel : surmonté d'une belle flèche que termine le *Saint Michel* de Frémiet, il culmine à 157 m.

LE MONT CÔTÉ GASTRONOMIE : L'OMELETTE DE LA MÈRE POULARD

Née en 1851 à Nevers, Annette Boutiaut, femme de chambre de son état, accompagne la famille d'Édouard Corroyer (1837-1904), élève de Viollet-le-Duc et architecte chargé de la restauration de l'abbaye. Elle se marie avec Victor Poulard, fils du boulanger local, et ils prennent en gérance l'hôtel-restaurant de Saint-Michel Tête d'Or. Vers 1875, touristes et pèlerins accèdent encore au Mont à pied ou à cheval, selon la marée.
Annette sait qu'une bonne aubergiste ne doit pas se laisser prendre au dépourvu. Elle a donc toujours des œufs en réserve et, pour faire patienter ses hôtes, elle leur bat une omelette. Son accueil et la qualité de sa cuisine font grandir sa notoriété. Elle disparaît en 1931 et les critiques gastronomiques s'interrogent encore : est-ce parce que les jaunes d'œufs sont battus séparément des blancs, qui eux, sont montés en neige, que son omelette est si mousseuse ?

Visite audioguidée présentant avec des films l'environnement naturel du Mont, les mécanismes des marées et les dangers de la baie, ainsi que le phénomène d'ensablement. Collection de 250 **maquettes** anciennes de bateaux.

Église paroissiale Saint-Pierre

Datant du 11e s., elle a été très remaniée. L'abside enjambe une ruelle menant au cimetière. L'église abrite du mobilier provenant de l'abbaye. Dans la chapelle du bas-côté droit : statue de saint Michel recouverte d'argent ; et dans la chapelle à droite de l'autel : statues de la Vierge à l'Enfant (15e s.) et de sainte Anne.

Logis Tiphaine

02 33 60 23 34 - juil.-août : 9h-19h ; reste de l'année : 9h30-18h30 - fermé janv.-fév. et 11 Nov.-20 déc. - 9 € (-25 ans gratuit) ; 18 € (-25 ans gratuit) billet combiné avec les 4 musées.

Pendant qu'il allait combattre en Espagne, Du Guesclin, qui fut capitaine du Mont, aurait fait loger ici sa femme Tiphaine Raguenel, jolie Dinannaise cultivée et connue pour ses dons d'astrologue. Le logis, meublé du 15e au 19e s. et très restauré au 19e s., s'organise sur trois étages (une pièce et un jardinet par étage).

Musée historique

02 33 60 07 01 - juil.-août : 9h-19h ; reste de l'année : 9h30-17h30 - fermé de mi-nov. à mi-déc. et janv. - 9 € (-26 ans gratuit), 18 € billet combiné avec les 3 autres musées.

Il retrace les 1 000 ans d'histoire du Mont à travers un court son et lumière et des vitrines d'objets de collection (armes, peintures, sceaux et cachets, coffres de corsaire). La visite se termine dans les cachots de la prison.

★★★ ABBAYE

Petite **astuce** pour accéder à l'abbaye en évitant d'emprunter la rue principale, très vite bondée : au lieu de franchir la porte de l'Avancée qui donne accès au Mont, suivez la muraille à gauche en direction de la tour des Fanils. Passez sous le porche et suivez la voie qui serpente jusqu'au chemin de ronde. Ce dernier vous mènera au pied des marches de l'abbaye.

02 33 89 80 00 - www.monuments-nationaux.fr - mai-août : 9h-19h (dernière entrée 1h av. la fermeture) ; reste de l'année : 9h30-18h - fermé 1er janv., 1er Mai, 25 déc. - 8,50 € (-25 ans gratuit), 1er dim. du mois (nov.-mars) gratuit. Accès à l'abbaye gratuit pour participer à l'office, mais les visites sont alors interdites : tlj sf lun. 12h-12h15.

La visite s'effectue à travers un dédale de couloirs et d'escaliers, par étage et non par bâtiment ou par époque.

Défenses avancées

On atteint le Grand Degré, escalier qui conduit à l'abbaye. Une porte pivotante pouvait l'obstruer. En haut et à droite s'ouvre l'entrée des jardins, puis s'amorce l'escalier des remparts.

On passe sous l'arche d'une ancienne porte pour pénétrer dans une cour fortifiée que domine le **châtelet**. Il se compose de deux hautes tours, en forme de bombardes dressées sur leur culasse et reliées par des mâchicoulis. Même dans cet ouvrage militaire, on retrouve le souci d'art du constructeur : la muraille est bâtie en assises alternées de granit rose et gris, d'un heureux effet. De là part un escalier couvert d'une voûte en berceau surbaissé, peu éclairé : ce passage abrupt est appelé l'**escalier du Gouffre**.

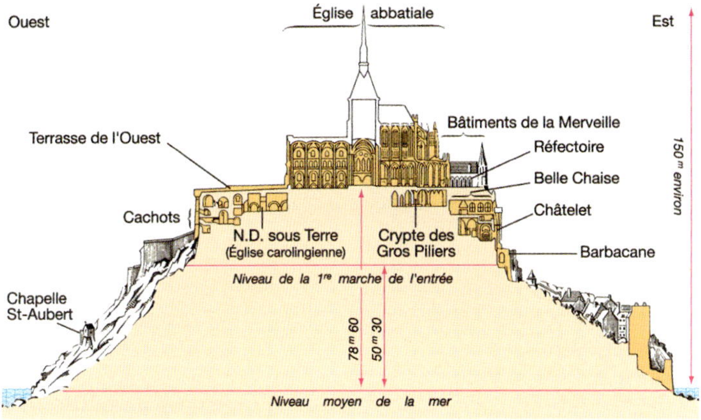

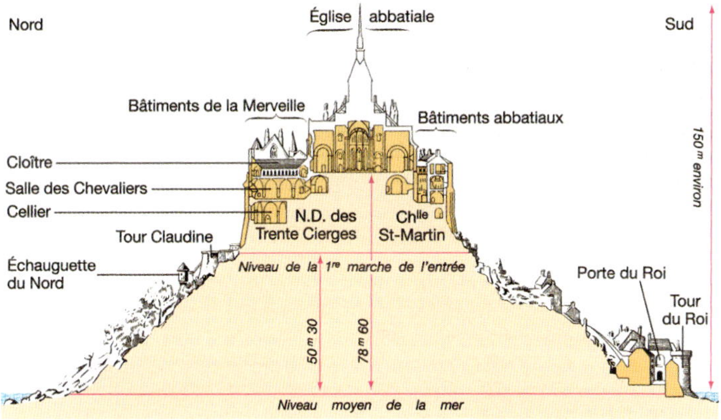

Salle des gardes ou Porterie

C'était la plaque tournante de l'abbaye. Les pèlerins indigents étaient dirigés, en passant par la cour de la Merveille, vers l'aumônerie. Les visiteurs de l'abbé et les fidèles se rendant à l'église empruntaient l'escalier abbatial.

Escalier abbatial (ou Grand Degré)

Cet imposant escalier se développe entre les bâtiments abbatiaux à gauche, et l'église à droite. Il était défendu par un pont fortifié (15e s.). L'escalier aboutit, devant le portail sud de l'église, à une terrasse appelée le **« Saut Gautier »**, nom d'un prisonnier qui, de là, se serait jeté dans le vide. C'est également de ce point que partent les visites. La plate-forme de l'Ouest est une vaste terrasse créée par l'arasement des trois dernières travées de l'église : la **vue★** s'étend sur la baie du Mont-St-Michel.

★★ Église

Le **chevet**, avec ses contreforts, arcs-boutants, clochetons, balustrades, est un chef-d'œuvre de grâce et de légèreté. À l'intérieur, le contraste entre la nef romane, sévère et sombre, et le chœur gothique, élégant et lumineux, est saisissant.

★★★ Merveille

Ce nom désigne les superbes bâtiments gothiques qui occupent la face nord. La partie est de ces constructions (1211-1218) comprend, de bas en haut, l'aumônerie, la salle des Hôtes et le réfectoire ; dans la partie ouest (1218-1228) leur correspondent : le cellier, la salle des Chevaliers et le cloître.

Extérieurement, la Merveille a l'aspect puissant d'une forteresse, tout en accusant, par la noblesse et la pureté de ses lignes, sa destination religieuse.

À l'intérieur, on se rend compte de l'évolution accomplie par le style gothique. Depuis les salles basses qui expriment une simplicité presque romane jusqu'au cloître, chef-d'œuvre de finesse, de légèreté et de goût, en passant par l'élégance de la salle des Hôtes, la majesté de la salle des Chevaliers et la luminosité mystérieuse du réfectoire.

★★★ Cloître

Il est comme suspendu entre mer et ciel. Dans son espace clos, les arcades des galeries sont soutenues par de ravissantes colonnettes, disposées en quinconce pour accentuer l'impression de légèreté. Leur ornementation comporte des **sculptures** remarquablement fouillées, dans un décor de feuillage orné çà et là de formes humaines et d'animaux. On y découvre également des motifs poétiques illustrant l'art sacré. La teinte même des divers matériaux employés ajoute à l'harmonie de l'ensemble. À droite de l'entrée, le *lavatorium* (lavabo) évoque la célébration du « lavement des pieds » qui se renouvelait tous les jeudis à l'abbaye.

★★ Réfectoire

L'impression est étonnante : il règne une belle lumière diffuse qui, à l'évidence, ne peut provenir des deux baies percées dans le mur du fond ; l'acoustique y est remarquable. En avançant, on découvre l'artifice de l'architecte : pour éclairer la salle sans affaiblir la muraille soumise à la forte pression de la charpente, il a ménagé des **ouvertures** très étroites et très hautes au fond d'embrasures. Une voûte lambrissée coiffe l'ensemble.

Ancienne abbaye romane

Ses voûtes d'ogives marquent la transition entre le roman et le gothique. On visite le **promenoir des moines**. Une partie du dortoir subsiste.

Grande roue

Elle rappelle l'époque où l'abbaye faisait office de prison. Mue par cinq ou six prisonniers qui marchaient à l'intérieur, cette roue servait à faire monter provisions et matériaux.

Tel un mirage : le Mont-Saint-Michel en sa baie.
M. Gaspar / MICHELIN

Cryptes

Des trois cryptes qui supportent les croisillons et le chœur de l'église abbatiale, la plus émouvante est **Notre-Dame-sous-Terre** *(accès possible uniquement lors des visites guidées)*. L'édifice carolingien, qui s'élève à l'endroit même où saint Aubert avait officié, est un simple rectangle de 8 m sur 9 m, divisé en deux petites nefs par deux arcades retombant sur un pilier central. Le lieu est saisissant, tant par le silence absolu qui y règne que par le souvenir des événements survenus il y a plus d'un millénaire.

En revanche, la plus impressionnante est la **crypte des Gros-Piliers★** (15e s.), merveille de force et de grâce, avec ses dix piliers de 5 m de tour, dont le granit provient des îles Chausey.

★ Salle des Hôtes

L'abbé y accueillait les rois (Saint Louis, Louis XI, François Ier) et les visiteurs de marque. L'élégante salle (35 m de longueur) aux voûtes gothiques présente deux nefs séparées par de fines colonnes. Lors des fastueuses réceptions, cette salle était divisée en deux par un grand rideau de tapisseries. Une partie servait de cuisine (deux cheminées) et l'autre de salle à manger (cheminée d'ambiance).

★ Salle des Chevaliers

Ce nom fait peut-être allusion à l'ordre militaire de Saint-Michel, qui fut fondé en 1469 par Louis XI, et dont l'abbaye était le siège. Majestueuse et très vaste (26 m sur 18), la pièce est divisée en quatre vaisseaux par trois rangs de robustes colonnes. Chauffée par deux grandes cheminées, c'était le *scriptorium* où travaillaient les moines : travaux d'enluminure, copie de manuscrits, étude des textes religieux ou profanes.

Cellier

Il est divisé en trois par deux lignes de piliers carrés qui soutiennent des voûtes d'arêtes. C'était le magasin d'approvisionnement.

Aumônerie

Cette salle gothique, partagée en deux par une rangée de colonnes, a conservé ses voûtes romanes.

★ Jardins de l'abbaye

Fermés à la visite en hiver et les jours de trop mauvais temps.

Ils permettent d'apercevoir la façade occidentale du Mont ainsi que la chapelle St-Aubert.

À proximité Carte de microrégion

★★ BAIE DU MONT-SAINT-MICHEL

Environ 100 km de côte bordent cette baie, inscrite depuis 1979 par l'Unesco dans la liste du Patrimoine mondial naturel et culturel. Les îles, les falaises, les plages et les dunes forment une succession de zones riches d'une faune et d'une flore très variées. Le parcours du littoral réserve des **vues★** étonnantes sur le Mont et ménage d'agréables promenades entre les polders et les herbus.

Attention aux imprudents ! La baie enregistre le record de France des **marées** avec une amplitude de 14 m. L'eau avance à la vitesse d'un homme marchant d'un bon pas et les courants peuvent parfois créer des phénomènes d'encerclement.

Saint-Marcan B2

21 km à l'ouest. À Pontorson, prenez la N 176, puis la sortie pour la D 89, direction St-Marcan.

Le télégraphe de Chappe – *02 99 48 53 53 - visite guidée (1h30) mai-sept. : merc.-dim. 10h-12h30, 14h-18h30 - 3 € (8-12 ans 1 €).* Ce télégraphe permettait de transmettre des messages de Paris à Brest en 20mn. Visite du musée et manipulation du mécanisme reconstitué.

Cherrueix B1

À 27 km à l'ouest sur la D 82.

Le vent est très apprécié à Cherrueix, même si les moulins alignés en bord de mer ont presque tous perdu leurs ailes. Le spectacle est désormais assuré par les amateurs de char à voile qui profitent des magnifiques étendues de sable.

Une Fête de l'ail *(juillet)* et de nombreux points de vente témoignent de l'intérêt pour cette culture.

Le Vivier-sur-Mer B1

À 35 km à l'ouest sur la D 155.

Les kilomètres de piquets que l'on aperçoit dans la baie, ainsi que les curieux bateaux à roues en aluminium, ne laissent aucun doute sur l'activité locale : la mytiliculture sur bouchots. Pour en savoir plus sur la moule ou sur les richesses naturelles de la baie, rendez-vous à la **Maison de la baie** qui propose une exposition permanente. *02 99 48 84 38 - www.maison-baie.com - juil.-août : 9h-12h30, 14h-18h30 ; avr.-juin : tlj sf dim. 9h-12h30, 14-17h ; reste de l'année : tlj sf dim. et j. fériés 9h-12h30, 14h-17h30 - possibilité de visite guidée (1h30) - fermé vac. de Noël - 3 € (-12 ans gratuit).*

Au départ de la Maison de la baie, il est possible de découvrir la baie et les bouchots grâce à la **Mytili-mobile**. *Visite guidée en petit train (2h) - réserv. obligatoire.*

Pour visiter le reste de la baie, reportez-vous au Guide Vert Normandie-Cotentin.

NOS ADRESSES AU MONT-SAINT-MICHEL

VISITE

Balades-découverte – *02 99 48 84 38.* La Maison de la baie organise différentes sorties dont les balades-découverte : visites guidées et commentées de 8 km *(4 à 5h - réserv. obligatoire - 12,50 € (6-12 ans 9,50 €).* Prévoir coupe-vent, coupe-faim et eau, bottes et vêtements chauds en hiver.

Visites de nuit – En été, des éclairages subtils illuminent le Mont et il est possible de parcourir l'abbaye en nocturne – *Rens. au service des visites au 02 33 89 80 00 - tlj sf dim. (dernière entrée 1h av. la fermeture) 19h-22h30.*

HÉBERGEMENT

PREMIER PRIX

Hôtel La Tour Brette – *8 r. Couesnon - 50 170 Pontorson - 02 33 60 10 69 - www.latourbrette.com - fermé 14-22 mars, 1er-20 déc. et merc. sf juil.-août - 10 ch. 37/43 € - 7 € - rest. 11/33 €.* Ce petit hôtel central doit son nom à la tour qui jadis protégeait la Normandie des assauts du duché de Bretagne. Chambres pas très grandes mais fraîchement rénovées. Au restaurant, cadre simple et longue carte traditionnelle.

BUDGET MOYEN

Chambre d'hôte Mme Gillet Hélène – *3 Le Val-St-Revert - 35610 Roz-sur-Couesnon - 15 km au sud-ouest du Mont-St-Michel rte de St-Malo par la côte D 797 - 02 99 80 27 85 - - 4 ch. 45/50 €.* Cette maison familiale (17e s.) dominant la baie offre une belle vue sur le Mont-St-Michel et la campagne environnante. Vous apprécierez le charme de ses chambres aux tapisseries rénovées. Trois d'entre elles regardent vers la mer ; une autre, lumineuse et dotée d'une terrasse, s'ouvre sur le jardin.

Hôtel Le Bretagne – *R. Couesnon - 50 170 Pontorson - 2,5 km au sud du Mont-St-Michel dir. Pontorson par D 976 - 02 33 60 10 55 - www.lebretagnepontorson.com - fermé 15 janv.-fin fév. - 12 ch. 59 € - 7 € - rest. 12,90/24,90 €.* Maison de style régional. Admirez les jolies boiseries du 18e s., la cheminée en marbre gris et le radiateur chauffe-plats (très original) dans la première petite salle… Bar feutré très « british » et chambres spacieuses agréablement meublées.

POUR SE FAIRE PLAISIR

Hôtel les Vieilles Digues – *Rte du Mont-St-Michel - 50 170 Beauvoir - 3 km au sud du Mont-St-Michel dir. Pontorson - 02 33 58 55 30 - www.bnb-normandy.com - fermé déc.-janv. - P - 5 ch. 65/70 €.* Cette jolie maison en pierre abrite de grandes chambres aménagées avec soin et garnies d'un beau mobilier ; celle avec vue sur le Mont-St-Michel est bien sûr très demandée. Plaisante salle des petits-déjeuners agrémentée de colombages. Jardin paysager.

UNE FOLIE

Auberge St-Pierre – *50 116 Le Mont-St-Michel - 02 33 60 14 03 - www.auberge-saint-pierre.fr - 21 ch. 110/163 € - 14 € - rest. formule déj. 19 € - 23/62 €.* La demeure à pans de bois du 15e s. abrite le restaurant et de petites chambres correctement tenues. À l'annexe, elles sont plus grandes et ménagent des échappées sur la mer. Brasserie côté rue, salle à manger à l'étage ou terrasse adossée aux remparts.

RESTAURATION

PREMIER PRIX

La Gourmandise – *21 rte du Mont-St-Michel - 50 170 Beauvoir - 4 km au sud du Mont-St-Michel - ✆ 02 33 58 42 83 - fermé nov.-mars et mar. sf juil.-août - P - 7,80/16 € - 4 ch. 40 €.* Maison bretonne transformée en crêperie dont la présence anime cette toute petite localité. Décor simple, éclairé par de larges baies vitrées. La longue carte propose essentiellement des crêpes et des galettes.

BUDGET MOYEN

Auberge de la Baie – *La Rive - 50 170 Ardevon - 3 km au sud-est du Mont-St-Michel dir. Avranches par D 275 - ✆ 02 33 68 26 70 - www.aubergedelabaie.fr - avr.-nov. : ouv. tlj ; nov.-avr. : fermé le merc. - 15/26,50 € - 31 ch. 45/55 € - ☕ 6,50 €.* Placé en bordure de départementale, cet hôtel-restaurant est une étape bienvenue pour qui veut échapper, le temps d'un week-end ou d'un repas, à l'effervescence touristique du Mont-St-Michel. À la carte : plats traditionnels et régionaux (agneau de prés-salés, fruits de mer), associés à un petit choix de galettes.

La Sirène – *Grande-Rue - 50 116 Le Mont-St-Michel - ✆ 02 33 60 08 60 - aubergesaintpierre@wanadoo.fr - fermé janv.- formule 9 € bc, 12,50/20 €.* Cette maison du 14e s. au long passé d'auberge abrite désormais une crêperie à laquelle on accède par un escalier en colimaçon. L'aspect des fenêtres, qui ressemblent à des vitraux avec leurs carreaux de verre dépoli sertis d'étain, confirme l'authenticité des lieux.

Pré-Salé – *Rest. de l'hôtel Mercure - 2 km au sud du Mont-St-Michel par D 976 - ✆ 02 33 60 14 18 - www.le-mont-saint-michel.com - fermé 12 nov.-6 fév. - 19/49 €.* Bordant le Couesnon à l'amorce de la digue, l'hôtel Mercure vous invite dans sa lumineuse salle à manger récemment rénovée, aux tables bien espacées. Dégustez-y les fameuses viandes des prés-salés de la baie du Mont-St-Michel.

UNE FOLIE

La Mère Poulard – *Grande-Rue - 50 116 Le Mont-St-Michel - ✆ 02 33 89 68 68 - www.mere-poulard.com - formule déj. 39 € - 45/65 € - 27 ch. 140/280 € - ☕ 15 €.* La Mère Poulard ne met pas tous ses œufs dans le même panier : sur la carte, d'appétissantes recettes régionales côtoient la célébrissime omelette. Chaleureuses chambres bénéficiant, pour certaines, d'une vue panoramique.

ACHATS

Brasserie de la Baie – *6 rte de Roche-Torin - 50 220 Courtils - ✆ 02 33 60 37 65 - www.brasseriedelabaie.com - de mai à fin sept. : tlj sf lun. 15h30-19h ; hors sais. : sam. apr.-midi, dim. apr.-midi - fermé janv., 1er janv. et 25 déc.* Quatre sortes de bières sortent des cuves de cette petite brasserie artisanale implantée à deux pas de la Maison de la Baie : une blonde bien plaisante, une ambrée de caractère, une brune hivernale aromatisée à l'hydromel et une blanche estivale bien rafraîchissante. Dégustation et vente sur place.

ACTIVITÉS

Randonnées

Atouts Baie – *6 r. de la Métairie - 50 170 Boucey - ✆ 02 33 60 68 00 - www.mont-saint-michel-voyages.com - réserv. : ✆ 06 86 90 95 01 de 9h à 18h - 150 € forfait Balade en Calèche de 3h pour 9 pers. - -10 ans 8 € : promenade à* *pied en baie*. Agence proposant des promenades et traversées de la baie à pied, accompagnées d'un guide passionné de nature, ainsi que des balades en calèche au gré des polders et des herbus. Location de vélos. Visite virtuelle du rocher et de l'abbaye du Mont-St-Michel pour des groupes de personnes à mobilité réduite.

La Tanière (centre équestre) – *La Grève - 50170 Moidrey - ✆ 02 33 58 13 53 ou 06 30 50 59 21 - www.randobaie.com*. Posté sur la route du Mont-St-Michel après l'hippodrome, ce centre équestre s'est presque fait une spécialité des randonnées à cheval dans la baie. À raison de 2h de promenade, d'une journée entière, d'un week-end ou même d'une semaine, vous aurez l'occasion d'apercevoir les paysages et l'abbaye d'un autre œil.

Chemins de la Baie du Mont-St-Michel – *34 r. de l'Ortillon - 50530 Genêts - ✆ 02 33 89 80 88 - www.cheminsdelabaie.com - avr.-oct. : tlj 9h-12h30, 13h30-18h - fermé les w.-ends et j. fériés de nov. à mars - 10 € traversée commentée aller-retour à pied (-12 ans 6 €)*. Cette société, installée dans un local construit entièrement en bois, propose des traversées de la baie du Mont-St-Michel, traditionnelles ou commentées, ainsi que des randonnées à thème autour du littoral, de la faune et du patrimoine. Boutique nature et randonnée (livres, cartes postales, objets décoratifs).

Didier Lavadoux – *36 Grande-Rue - 50530 Genêts - ✆ 02 33 70 84 19 - www.traversee-baie.com - réserv. conseillée - 10 € traversée commentée, formule guide privée personnalisée sur devis (-12 ans 5 €)*. Vingt ans d'expérience et toujours la même passion. Ce guide, naturaliste chevronné (diplômé d'État), connaît la baie comme personne et vous invite à partager son attachement en organisant des traversées – commentées – du site. Durée des promenades variable *(2 ou 5h)*, à choisir selon votre endurance…

ULM

Découverte de la baie du Mont-St-Michel en ULM – *Aérodrome du Val St-Père - 50300 Avranches - ✆ 02 33 48 67 48 ou 06 07 54 91 92 - www.ulm-mont-saint-michel.com - 35/150 €*. Il est possible de s'offrir des sensations inoubliables en ULM au-dessus de la baie du Mont-St-Michel à partir de l'aérodrome du Val-St-Père : survol global de la baie, vol à l'aplomb du mont (combinable avec un survol de Cancale ou de Granville) ou le « must », un vol au lever du soleil.

Pays de Saint-Brieuc et Trégor 3

Carte Michelin Départements 309 – Côtes-d'Armor (22) et Morbihan (56)

Les reliefs étonnants de la Côte de Granit rose.
Office du tourisme de Perros-Guirec

A
B
MANCHE
Les Sept-Îles
Ploumanach
Sémaphore
Trégastel-Plage
Sentier des douaniers
Côte de Granit Rose
Menhir de St-Uzec
Pleumeur-Bodou
Île Milliau
Pnte de Bihit
Trébeurden
Pnte de Séhar
Lannion
Locquirec
St-Michel-en-Grève
Kerfons
Tonquédec
Rosanbo
Perros-Guirec
Port-Blanc
Le Gouffre
St-Gonéry
Tréguier
La Roche-Derrien
La Roche-Jagu
Runan
Pontrieux
Pnte de l'Arcouest
Kerdalo
Paimpol
Abbe de Beauport
Ste-Barbe
Craca
Port-Lazo
Lanleff
Kermaria-an-Iskuit
Île de Bréhat
Paon
Pnte de Guilben
Vallée du Léguer
Ménez-Bré
302
Guingamp
Grâces
Belle-Isle-en-Terre
Loc-Envel
Gurunhuel
Châtelaudre
Plougonver
La Chapelle-Neuve
Bourbriac
Avaugour
N.-D.-de-Restudo
Manoir de Toul-an-Gollet
Plourac'h
Callac
Bulat-Pestivien
Quintin
Étang de Kerné Uhel
N.-D.-du-Guiaudet
Lanrivain
Gorges du Corong
Musée rural de l'Éducation
Gorges de Toul Goulic
Kergrist-Moëlou
St-Nicolas-du-Pélem
Carhaix-Plouguer
Canal de Nantes à Brest
Rostrenen
Gorges du Daoulas
Beau-Rivage
Lac de Guerlédan
Montagnes Noires
Glomel
Étang du Corong
Écluse de Bon-Repos
Mûr-de-Bretagne
318
Roc de Toullaëron
La Trinité-Langonnet
Forêt de Quénécan
Anse de Sordan
N.-D.-du-Langonnet
Ellé
Scorff
MORBIHAN
Ste-Barbe
Le Faouët
Pontivy
Trieux
MORLAIX
QUIMPER
LORIENT
1
2
3
4
N 12
N 164
D 788
D 21
D 786
D 767
D 6
D 70A
D 20
D 33
D 11
D 74
D 22
D 8
D 787
D 9
D 7
D 54
D 764
D 20
D 87
D 50
D 31
D 790
D 3
D 1
D 769
D 18
D 768
D 15B

PAYS DE ST-BRIEUC ET TRÉGOR
CAP FRÉHEL ★★★ Vaut le voyage
Tréguier ★★ Mérite un détour
Lannion ★ Intéressant
Guingamp À voir
Itinéraire conseillé avec ville de départ
0 10 km
Pointe de Bilfot
Côte du Goëlo
Pointe de Minard
Plage Bonaparte
Le Palus-Plage
St-Quay-Portrieux
Étables-s-Mer
Binic
Zoo-Parc de Tregomeur
Les Rosaires
Martin-Plage
Pointe du Roselier
Promenade de la Guette
Pointe de Pléneuf
Baie de St-Brieuc
St-Brieuc
Hillion
Maison de la baie
La Briqueterie
Morieux
Le Val-André
Erquy
Cap d'Erquy
CÔTE D'ÉMERAUDE
Pléhérel-Plage
CAP FRÉHEL
Fort la Latte
Sables d'Or-les-Pins
Bienassis
St-Cast-le-Guildo
St-Jacut-de-la-Mer
Plancoët
Château de la Hunaudaye
St-Esprit-des-Bois-en-Plédéliac
Lamballe
Jugon-les-Lacs
DINAN
CÔTES-D'ARMOR
Moncontour
Village des automates
Langast
Rance
St-Thélo
N.-D. de Querrien
Merdrignac
Loudéac
La Chèze
St-Méen-le-Grand
RENNES
ILLE-ET-VILAINE
D 786
D 34A
D 24
D 36
N12
D 700
D 765
D 791
D 13
D 794
D 768
D 16
N 176
N 12
D 792
D 6
D 793
D 7
N 164
D 778
D 166
C
D
1
2
3
4

Saint-Brieuc

★

46 437 Briochins – Côtes-d'Armor (22)

NOS ADRESSES PAGE 225

S'INFORMER

Office du tourisme de St-Brieuc – *7 r. St-Gouéno - BP 4435 - ✆ 08 25 00 22 22 - www.baiedesaintbrieuc.com - juil.-août : 9h30-19h, j. fériés 10h-13h ; reste de l'année : 9h30-12h30, 13h30-18h ; j. fériés 10h-13h - fermé 1er janv., 1er Mai.*

Office de tourisme du pays de Quintin – *6 pl. 1830 - 22 800 Quintin - ✆ 02 96 74 01 51 - www.tourisme-quintin-communaute.fr - juil.-août : 9h30-12h30, 14h-18h, j. fériés 10h-13h ; 2e quinz. de juin et 1re quinz. de sept. : lun. 9h30-12h, 14h-18h ; reste de l'année : tlj sf dim. et j. fériés 9h30-12h, 14h-17h.* Il propose des visites guidées *(en saison jeu. à 15h)*, des animations pour enfants *(merc. 14h30, réserv. obligatoire)* et des visites multisensorielles, « Quintin au doigt et à l'oreille » *(jeu. à 15h30)*. Originales, les visites nocturnes estivales où, muni d'une lampe à pétrole, vous vous laissez guider à travers les ruelles et les venelles (en saison, mar. à 21h).

SE REPÉRER

Carte de microrégion C2-3 (p. 218-219) – *carte Michelin Départements 309 F3.* St-Brieuc occupe un site bien abrité au fond de la baie qui porte son nom. Elle est traversée par la N 12, qui vient de Dinan (60 km à l'est) et court jusqu'à Brest (145 km à l'ouest) en passant par Guingamp (35 km) et Morlaix (90 km). La D 786 longe la côte de part et d'autre de la ville, desservant les plages et les stations balnéaires de la Côte d'Émeraude et de celle du Goëlo.

À NE PAS MANQUER

La cathédrale St-Étienne au cœur du quartier historique, et l'exceptionnel panorama sur la baie de St-Brieuc depuis la pointe du Roselier.

ORGANISER SON TEMPS

Entre ses plages à « l'ancienne » et son patrimoine urbain, St-Brieuc peut vous retenir une journée.

AVEC LES ENFANTS

Promenez-vous au milieu de la « Galerie des oiseaux » à la Maison de la baie, marchez dans les pas de Jean Fêdébric à la Briqueterie et, surtout, visitez le zoo à Tregomeur, pour vous transporter le temps d'une promenade en Asie du Sud-Est.

Blottie au fond de la baie qui porte son nom, St-Brieuc est une ville jeune et accueillante, fière de ses belles maisons à pans de bois. La mer, située à seulement 3 km, en fait une station balnéaire prisée des amateurs de voile et de glisse, et les plages dominées par les falaises offrent joies de la baignade et promenade les cheveux au vent. Les Briochins savent également faire résonner chaque année le cœur de leur ville d'une ferveur musicale grâce au festival Art' Rock.

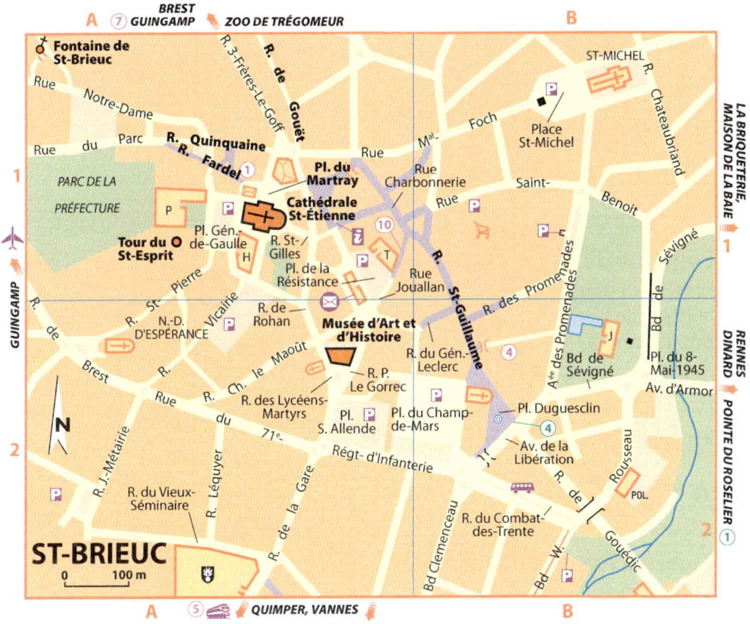

SE LOGER	SE RESTAURER	
Château de Bonabry (Chambre d'hôte)........ 1	Chaudron (Le)........ 1	Ô Saveurs........ 5
Duguesclin (Hôtel Le)........ 4	Koadenn (Le)........ 4	Pesked (Aux)........ 7
		Thé Sucré Salé (Salon de)........ 10

Se promener

La ville des écrivains Villiers de L'Isle-Adam (1838-1889) et Louis Guilloux (1899-1980) recèle encore un quartier historique qui mérite d'être arpenté pour ses vieilles demeures et ses monuments anciens.

★ Cathédrale Saint-Étienne A1

9h-19h, possibilité de visite guidée sur réserv. auprès de l'office de tourisme - 02 96 33 32 50.

Cet édifice du 13e s., détruit et reconstruit au 14e s., malmené par les Ligueurs au 16e s., fut restauré aux 18e et 19e s. Son allure massive d'église-forteresse surprend quand on la contemple pour la première fois. La façade austère est encadrée par deux grosses tours à meurtrières ou à mâchicoulis, épaulées par de robustes contreforts. Les bras du transept, très saillants, sont protégés par des tours à poivrière.

La nef a été remaniée au 18e s. Remarquez la finesse du triforium, au-dessus des grandes arcades, avec ses balustrades à quadrilobes et à arcs trilobés. Dans le bas-côté droit, **autel baroque** de la chapelle du Saint-Sacrement, en bois sculpté, exécuté par Yves Corlay vers 1745.

Le bras droit du transept présente une belle verrière du 15e s. et, dans la petite chapelle repose le tombeau de saint Guillaume, mort en 1234. Notez le Chemin de croix de Saupique, œuvre rennaise de 1958, en granit.

★ Maisons anciennes A1

Le quartier au nord de la cathédrale a conservé de belles demeures des 15e et 16e s. à pans de bois et encorbellement. Il faut contempler la place du Martray, la rue Fardel *(à l'angle de la place au Lin, maison du Ribeault ; au n° 15, maison dite « hôtel des Ducs de Bretagne » ; puis nos 17, 19, 27, 29, 31, 32 et 34)*, la rue Quinquaine *(n° 9)* et la rue de Gouët *(nos 6, 16 et 22)*.

Tour du Saint-Esprit A1

Cette belle construction Renaissance (15e s.) rehausse un manoir du 16e s.

Fontaine de Saint-Brieuc A1

Protégée par un joli porche du 15e s., cette fontaine est adossée au chevet de la chapelle N.-D.-de-la-Fontaine. En ce lieu se serait installé le moine gallois Brieuc, au 5e s., lors de l'évangélisation de cette région.

★ Tertre Aubé

Ce terre-plein, aménagé en jardin, offre une belle **vue★** sur la vallée du Gouët, le port du Légué et la baie de St-Brieuc.

À voir aussi

Musée d'Art et d'Histoire A2

Cours Francis-Renaud, r. des Lycéens-Martyrs - ☏ 02 96 62 55 20 - ♿ - expos permanentes : 10h-12h, 13h30-18h, dim. et j. fériés 13h30-18h, expos temporaires : 10h-18h - fermé lun., 1er janv., 1er Mai et 25 déc. - gratuit.

Il retrace l'histoire et le développement du département des Côtes-du-Nord (aujourd'hui Côtes-d'Armor) au cours du 19e s. Plusieurs thèmes : baie de St-Brieuc, tradition de la lande, drapiers et toiliers, relations villageoises.

À proximité Carte de microrégion

La Briqueterie C3

▶ *À 5 km à l'est. Sur la N 12, prenez la sortie « Langueux centre » et dir. « Site Boutdeville-École d'horticulture St-Ilan ». ☏ 02 96 63 36 66 - juil.-août : lun.-vend. 10h30-18h30, w.-end et j. fériés 13h30-18h30 ; juin et sept. : merc., vend.-dim. 14h-18h ; oct.-mai : merc., vend. et dim. 14h-18h, possibilité de visite guidée juil.-août : vend. à 14h et 16h - fermé 5 sem. à partir du 28 déc. - 4 € (6-12 ans 2,50 €).*

L'ancienne briqueterie de St-Ilan présente les différentes activités économiques de la baie de St-Brieuc au 19e s. Elle rappelle aussi l'épopée du petit train des Côtes-d'Armor avec la reconstitution grandeur nature d'un quai de gare et une grande maquette de train animée. Exposition sur l'histoire du bâtiment avec son four Hoffmann (1870) restauré. Un livret de découverte destiné aux 8-12 ans, *Sur la piste de Jean Fêdébric*, est remis gratuitement à l'entrée.

Hillion C2

▶ *À 10 km à l'est. Sur la N 12, prenez la sortie vers Yffiniac ; gagnez Hillion par la D 80 et suivez le fléchage de la Maison de la baie.*

La **maison de la baie**, centre d'accueil et de découverte du milieu marin, pour petits et grands, présente des expositions sur l'environnement et l'écologie de la baie. Elle organise également des sorties découverte et d'initiation à l'ornithologie ou au milieu naturel. *Nombreuses sorties nature en été : tlj sf w.-end ; reste de l'année : se renseigner - ☏ 02 96 32 27 98.*

★ Zoo-Parc de Tregomeur C2

À 16 km à l'ouest de St-Brieuc. Prenez la voie express N 12 vers Morlaix. Sortez pour prendre la D 6 vers Paimpol puis suivez les panneaux jusqu'à Tregomeur. 02 96 79 01 07 - www.zoo-tregomeur.com - avr.-sept. : 10h-19h (fermeture de la billetterie 1h30 av. la fermeture) ; oct.-mars : merc., w.-end, j. fériés et vac. de Noël : 13h-17h30 ; vac. scol. Toussaint et de fév. : 10h30-17h30 - fermé 1er janv. et 25 déc. - 13,30 € (3-12 ans 9,30 €).

Installé dans un vallon, parcouru de ruisseaux serpentant autour de petites îles, ce zoo propose une agréable promenade au son des chants d'oiseaux. Tout ici a été conçu autour du thème de l'Asie du Sud-Est. Les bâtiments en bois rappellent la Thaïlande ou l'Indonésie, tandis que la végétation donne la préférence aux bambous et autres plantes exotiques.

Le visiteur suit un circuit qui mène de la cage du tigre à des animaux moins connus comme quelques espèces de lémuriens, des binturongs, des chameaux de Bactriane, des chevaux de Przewalski, des gibbons, une grue de Manchourie… La plupart de ces animaux originaires d'Asie sont peu représentés dans d'autres zoos.

L'ensemble du site a été aménagé pour plaire aux enfants qui termineront leur visite dans le parc de jeux.

Quintin B3

À 20 km au sud-ouest de St-Brieuc, au carrefour de la D 7 et de la D 790.

Cette « petite cité de caractère », connue jadis pour ses toiles de lin, conserve une atmosphère typique des villes de Bretagne intérieure.

Maisons anciennes – De **belles demeures** des 16e et 17e s. bordent la place 1830, la rue au Lait *(nos 12 et 13)* et la Grande-Rue *(nos 37 et 43)*. La place du Martray, l'hôtel du Martray, l'hôtel de ville et la maison sise au n° 1 sont du 18e s.

Basilique – Reconstruite à l'emplacement de l'ancienne collégiale en 1887, elle conserve, avec les reliques de saint Thurian, un morceau de la ceinture de la Vierge, rapporté de Jérusalem au 13e s. par un seigneur de Quintin (Geoffroy Botrel ou Botherel).

On peut également y voir une statue couronnée de N.-D.-de-Délivrance, vénérée plus particulièrement par les femmes qui attendent un enfant. Remarquez les bénitiers faits de coquilles provenant de Java.

Au chevet de la basilique se dresse la Porte-Neuve, du 15e s., vestige des remparts qui ceinturaient la ville.

Château – *Accès par la place 1830 - 02 96 74 94 79/04 63 - www.chateaudequintin.fr - - visite guidée (1h) juil.-août : 10h30-12h, 14h-18h (dernière entrée 30mn av. la fermeture) ; juin et sept. : 14h-17h30 ; 1er-5 janv., 5-31 mai et 28 nov.-31 déc. : dim. et vac. scol. 14h-17h - 5 € (8-12 ans 2,50 €).* Cet édifice se compose

LE COMMERCE DES TOILES

Bien que son nom dérive de *kistinn*, « pays des châtaignes », Quintin doit davantage sa renommée aux toiles qu'à ces fruits farineux. Les tisserands firent en effet la fortune de la ville avec leurs fines toiles de lin, qui servaient à la confection de bonnets et de cols. Aux 17e et 18e s., ils étendirent leur savoir-faire aux toiles dites « de Bretagne » (chanvre et lin), exportées alors jusqu'en Amérique. Le déclin de cette activité vint avec la Révolution. Mais cette période de prospérité explique l'intéressant patrimoine architectural que la cité conserve encore.

d'un vieux château construit au 17e s. et d'un château du 18e s., flanqué d'une aile basse que l'on découvre sitôt la porte d'entrée franchie. Il appartient depuis l'origine à la même famille.
Les propriétaires actuels font visiter leurs appartements privés meublés et décorés. Les cuisines renferment un objet rare. Il s'agit d'un fourneau en granit du 18e s., utilisé pour faire cuire doucement les plats en sauce et les potages, d'où son nom de « potager ».
Une exposition insolite est présentée dans le château : une collection de **pots de chambre** et d'urinaux comptant plus de 630 pièces de toutes provenances : vases de nuit, chaises percées en porcelaine, en métal, en pierre, etc.
Musée-atelier du Tisserand et des Toiles – *1 r. des Degrés - ✆ 02 90 03 24 02 - juin-sept. : mar.-sam. 11h-12h30, 14h-17h, dim. 10h-13h ; reste de l'année sur réserv. - 3 € (-12 ans gratuit).* Déjà tissées au Moyen Âge, les toiles de lin surnommées les « Quintin » ont connu un grand développement de 1650 à 1830. Cette maison de tisserand reconstituée présente leur histoire. Démonstration par une tisserande-fileuse.
Menhir de Roche-Longue – *800 m. Empruntez la route qui s'embranche après le calvaire, puis longe l'étang.* En haut de la montée, dans un champ à gauche, se dresse ce menhir de 7,40 m.

Itinéraire conseillé Carte de microrégion

DES PLAGES À L'ANCIENNE C2

Itinéraire de 25 km – environ 2h. Quittez St-Brieuc au nord par le port du Légué, puis prenez à droite en longeant le quai rive gauche et gagnez la D 24.
Sur la droite, dans la verdure, se profile la tour ruinée de Cesson ; au cours de la montée, belle vue sur la pointe des Guettes au fond de la baie et sur la côte jusqu'au cap d'Erquy à l'est.

★ Pointe du Roselier C2

En empruntant le sentier à droite de la longue-vue, on peut faire le tour de la pointe. De belles **vues★** se développent sur St-Quay-Portrieux et la côte à l'ouest ; le chemin passe à proximité d'un ancien four à rougir les boulets, puis longe la clôture d'une villa. La vue se porte alors sur la pointe de Cesson et, derrière, sur le fond de la baie de St-Brieuc, puis les bouchots à moules de la pointe des Guettes et la côte vers le Val-André. Des sentiers à flanc de falaise ramènent au point de départ.
Faites demi-tour et, à 2 km, tournez à droite.

Martin-Plage C2

Cette jolie plage s'étire entre la pointe du Roselier et le rocher des Tablettes.
La route s'élève ensuite rapidement et, à Ville-Fontaine, prenez à droite une agréable route qui descend entre des talus boisés.

Plage des Rosaires C2

La plage est encadrée de falaises boisées, hautes de près de 100 m. La **vue** embrasse toute la baie de St-Brieuc, de la pointe de St-Quay au cap d'Erquy.
Regagnez St-Brieuc par la route directe.

NOS ADRESSES À SAINT-BRIEUC

HÉBERGEMENT

Saint-Brieuc

BUDGET MOYEN

Hôtel Le Duguesclin – *2 pl. Duguesclin - ✆ 02 96 33 11 58 - www.bestwesternle-duguesclin.com - 33 ch. 64/108 € - ☕ 10 € - rest. 13/32 €.* Cette adresse vaut par sa situation dans le quartier piétonnier, près de deux parkings publics. Chambres rénovées, à choisir plutôt côté place. Au restaurant, petits plats traditionnels, fruits de mer et choucroute maison. Terrasse.

POUR SE FAIRE PLAISIR

Chambre d'hôte Château de Bonabry – *22 120 Hillion - ✆ 02 96 32 21 06 - www.bonabry.fr.st - fermé nov.-avr. - P - 4 ch. 100/140 € ☕.* Le temps semble s'être arrêté dans ce noble château maritime. Ses suites, avec lits à baldaquin, tableaux de famille et cheminée, ouvrent sur le parc dont les allées vont à la plage. À voir : le colombier et la chapelle restés intacts.

Quintin

BUDGET MOYEN

Hôtel du Commerce – *2 r. Rochonen - ✆ 02 96 74 94 67 - www.hotelducommerce-quintin.com - fermé dim. soir, vend. soir et lun. hors sais. - 11 ch. 69/80 € ☕ - rest. 15/45 €.* Une restauration habile a doté cette demeure du 19e s. de tout le confort moderne, en préservant la rusticité du lieu. Chambres personnalisées. Restaurant aux tons boisés.

RESTAURATION

PREMIER PRIX

Salon de Thé Sucré Salé – *6 r. Jouallan - ✆ 02 96 68 34 22 - fermé 3 sem. août, 1 sem. fév. dim. et lun. - ♿ - 11,80/13,80 €.* Pour savourer tartes salées et gourmandises sucrées, poussez la porte de cet accueillant salon de thé situé dans une rue piétonne. La jolie vitrine montre d'appétissantes pâtisseries maison et des boîtes à thé.

Le Chaudron – *19 r. Fardel - ✆ 02 96 33 01 72 - http://lechaudron.info - fermé lun. sf juil.-août et jeu. soir en juil.-août - 11,50/18 €.* C'est dans une rue pavée du vieux St-Brieuc que se trouve cette vénérable maison à colombages. Fondues, raclettes, pierrades et grillades comptent parmi les spécialités de ce restaurant aux allures de taverne. Intérieur d'esprit savoyard et belle terrasse.

Le Koadenn – *9 r. St-Guillaume - ✆ 02 96 61 93 77 - lekoadenn@hotmail.fr - fermé dim. - 15 €.* Cette ancienne écurie avec ses poutres et pierres apparentes s'avère être le cocon « cosy » dont vous rêviez, surtout si un bon feu y crépite. Dans l'assiette, les crêpes sont toujours servies bien chaudes et copieusement garnies d'ingrédients de premier choix.

BUDGET MOYEN

Aux Pesked – *59 r. Légué - ✆ 02 96 33 34 65 - www.auxpesked.com - fermé 27 avr.-4 mai, 31 août-14 sept., 2-18 janv., sam. midi, dim. soir et lun. - P - formule déj. 19 € - 23/63 €.* Avec la vallée du Gouët pour paysage, ce chaleureux restaurant contemporain propose une fine carte actuelle du marché, et mettant à l'honneur les *pesked* (poissons en breton).

Ô Saveurs – *10 r. J.-Ferry - ✆ 02 96 94 05 37 - www.osaveurs-restaurant.com - fermé 2 sem. en août, en janv., sam. midi, mar. soir et dim. - 15/51 €.* Derrière la gare, ce restaurant affiche un cadre sobre, tout de noir et blanc, en parfait accord avec les mets proposés. Carte de saison. Accueil et service charmants.

ACHATS

Marchés – Les marchés et les foires de St-Brieuc sont très courus, notamment la foire de la St-Michel et la foire-exposition en septembre. Marché animé au centre-ville tous les mercredis et samedis matin, le dimanche à la Croix St-Lambert. Marché sur le port du Légué les jeudis matin d'été. Marché artisanal à la mi-août près de la cathédrale St-Étienne.

La Duchesse de Rohan – *2 r. St-Gouéno - ✆ 02 96 33 36 27 - mar. (pdt vac. scol.) jeu. et vend. 9h-13h, 15h-19h15 ; merc. et sam. 8h30-13h, 15h-19h15 ; dim. 8h30-13h - fermé sept.* Au cœur du vieux St-Brieuc, une pâtisserie réputée, entre autres, pour son *kouing-amann* (gâteau régional mariant pâte à pain, beurre et sucre). À déguster sur place ou à emporter.

BOIRE UN VERRE

Rollais – *26 r. du Gén.-Leclerc - ✆ 02 96 61 23 03 - tlj sf dim. 10h-0h - fermé 2 sem. en août.* Tenu de père en fils depuis 1912, ce bar à vin est une adresse mythique. Dans une lettre affichée dans la salle du fond, l'écrivain Louis Guilloux a écrit : « Avec deux œufs frais que tu gobes le matin, tu peux t'envoyer trente vins blanc sans être dérangé. » Trente, c'est le nombre exact de vins au verre chez Rollais. Soirées littéraire et philosophique, concerts d'accordéon.

ACTIVITÉS

Aéro-club de St-Brieuc-Armor – *Aéroport de St-Brieuc - Le Plessis - 22 440 Trémuson - ✆ 02 96 94 97 04 - acsba.nuxtit.net - tlj 9h30-19h, plus vol de nuit - baptême de l'air : 23 €/pers.* Cet aéro-club propose des baptêmes de l'air et des promenades.

Centre municipal de Voile de St-Brieuc – *27 bd de Cornouaille - 22 190 Plérin - ✆ 02 96 74 51 59 - www.cmvsb.com - hors sais. : tlj sf dim. 9h-12h, 14h-18h ; été : tlj sf dim. 9h-12h, 14h-19h - fermé 20 déc.-5 janv. - 162 € trimestre catamaran, cotisation et licence sportive (-18 ans 135 € : trimestre planche ou catamaran cotisation et licence sportive).* École de voile mettant à votre disposition dériveurs, catamarans, planches à voile, kayaks et canoës.

Aquabaie – *R. Pierre-de-Coubertin - 22 440 Ploufragan - ✆ 02 96 75 67 56 - www.cabri22.com - juil.-août : 10h-20h (mar. et jeu. 22h), sam. 14h-20h, dim. 9h-19h ; reste de l'année : tlj horaires variables selon calendrier scolaire - 4,40 € (-16 ans 3,25 €).* Piscine olympique aux murs et au fond amovibles, bassins d'amusement intérieurs et extérieurs, fosse de plongée de 5 m, hammam, sauna, salles de fitness et de squash.

Saint-Brieuc Équitation – *Chemin du Petit-Pré - 22 440 Ploufragan - ✆ 02 96 94 19 19 - st.brieuc.equitation.free.fr - 9h-19h - fermé dernière sem. août, jeu. sf vac. scol.* Dans une zone de loisirs près de St-Brieuc, poney club, cours d'équitation, stages de perfectionnement, randonnées à la journée et balades dans la réserve naturelle depuis la grève des Courses. Point de rendez-vous au centre équestre.

AGENDA

Festival Art'Rock – « Le » moment fort de la vie culturelle briochine, avec de nombreux concerts et animations en centre-ville. *1er w.-end de juin - ✆ 02 96 68 18 40 - www.artrock.org.*

Le Val-André

★

3 695 habitants – Côtes-d'Armor (22)

NOS ADRESSES PAGE 230

S'INFORMER

Office du tourisme du Val-André – *1 r. Winston-Churchill - BP 125 - 22 370 Pléneuf-Val-André - ✆ 02 96 72 20 55 - www.val-andre.org - juil.-août : lun.-sam. 9h-13h, 14h-19h, dim. et j. fériés 10h30-12h30, 15h30-18h ; de mi-avr. à fin juin et sept. : lun.-sam. 9h-12h30, 14h30-18h, dim. et j. fériés 10h30-12h30, 15h30-18h ; oct.-mars : tlj sf dim. 9h-12h30, 14h-17h30.*

L'office de tourisme propose en saison 2 visites thématiques correspondant aux quartiers qui composent la station : « **La grande pêche au port de Dahouët** » *(promenade sur le quai des terre-neuvas à la découverte de maisons d'armateurs et visite de l'atelier du patrimoine maritime)* et « **Le patrimoine balnéaire du Val-André** » – *4 € (7-14 ans 3 €) - programme disponible à l'office de tourisme.*

SE REPÉRER

Carte de microrégion C2 (p. 218-219) – *carte Michelin Départements 309 G3.*

À une vingtaine de kilomètres au nord-est de St-Brieuc, le Val-André annonce la Côte d'Émeraude, qui s'étend jusqu'à la pointe du Grouin. Toute cette côte est desservie par la D 786.

À NE PAS MANQUER

Poussez vos pas jusqu'à la pointe de Pléneuf et sur la promenade de la Guette pour admirer la baie de St-Brieuc.

ORGANISER SON TEMPS

Deux jours suffisent largement pour profiter de cette station, de ses plages, de ses activités nautiques et de ses alentours.

Station balnéaire réputée, nichée entre la baie de St-Brieuc et la Côte d'Émeraude, Pléneuf-Val-André – son nom officiel – possède l'une des plus belles plages de sable fin de la côte nord de la Bretagne. Elle offre aussi la possibilité de belles balades le long du littoral.

DES PLAISIRS CENTRÉS SUR LA MER

Trois sites constituent cette jolie station :

- le **Val-André**, avec sa magnifique plage de sable fin créée en 1880 ;
- **Dahouët**, l'ancien port où étaient amarrés les bâteaux des terre-neuvas, maintenant aménagé en port de plaisance ;
- **Pléneuf**, fondée au 5e s., aujourd'hui devenue le centre administratif.

La mer est au centre des loisirs offerts aux vacanciers : les multiples sports nautiques, les sorties en mer et les manifestations nautiques qui ponctuent l'année en témoignent. Pour varier les plaisirs, d'agréables randonnées de quelques heures sont possibles aux alentours. En été, les soirées jazz et le marché sont des rendez-vous très courus. *Voir Nos adresses au Val-André, p. 230.*

Se promener Carte de microrégion

★ Pointe de Pléneuf C2

15mn à pied AR. Depuis le parking du port de Piégu démarre un sentier aménagé au pied de la falaise. Gravir l'escalier qui conduit à la rue de la Corniche.

Cette promenade mène à un petit belvédère où l'on trouve un banc de repos, face à l'**îlot du Verdelet**, réserve ornithologique qu'il est possible de rejoindre à pied lors de certaines grandes marées *(se renseigner au poste des sauveteurs, sur la digue ou à l'office de tourisme)*. En contournant la pointe de Pléneuf, le « chemin de douaniers » permet de gagner la grève des Vallées *(30mn à pied)* et celle de la Ville-Berneuf *(45mn)*. Cette très belle promenade en corniche révèle des **vues★★** superbes sur le Val-André et la baie de St-Brieuc.

★ Promenade de la Guette C2

1h à pied AR. À l'extrémité sud-ouest de la digue, à l'angle de la rue des Sablons, deux flèches indiquent le chemin de la Guette, le corps de garde et la batterie.

Contournant l'anse du Pissot, escalier d'accès à la plage, on longe le corps de garde. Une **vue★** immense se découvre sur la baie de St-Brieuc. Au niveau de la statue de N.-D.-de-la-Garde, on descend vers **Dahouët**, port de pêche et de plaisance niché dans un joli site, à l'embouchure de la Flora. En 1509, les marins de ce port furent les premiers à pêcher à Terre-Neuve, île découverte seulement douze ans plus tôt par l'Italien Jean Cabot.

Suivez le quai des Terre-Neuvas et prenez, face à l'étang de Dahouët (plan d'eau aménagé en jardin nautique), le sentier du Mocquelet pour rentrer par les hauteurs.

Itinéraire conseillé Carte de microrégion

★★★ LA CÔTE D'ÉMERAUDE : DU VAL-ANDRÉ AU CAP FRÉHEL CD2

Itinéraire de 34 km – environ 2h30. Longez la côte vers l'est.

La route touristique, serpentant dans la lande, offre des **vues★★** remarquables sur la mer, les falaises et les grèves blondes. Elle traverse un paysage de pinèdes.

De Pléneuf-Val-André, prendre la D 786 sur 4 km en direction d'Erquy.

Château de Bienassis D2

02 96 72 22 03 - visite guidée (1h) de mi-juin à mi-sept. : 10h30-12h30, 14h-18h30, dim. 14h-18h30 - fermé j. fériés - 5 € (-12 ans 3 €).

La plage d'Erquy, sur la Côte d'Émeraude.
Office du tourisme d'Erquy

Le mur crénelé témoigne de l'enceinte du 15e s. Les tours d'angle et les tourelles datent du 17e s. Au rez-de-chaussée, on contemple des porcelaines de Chine, du Japon et de Bayeux, ainsi que des meubles. La façade sur jardin a conservé deux tours du 15e s.
Reprenez la D 786.

Erquy D2

Au 19e s., certains historiens estimaient qu'Erquy se situait à l'emplacement de l'ancienne *Reginea* gallo-romaine. Bien que cela soit probablement faux, les habitants d'Erquy ont gardé leur nom charmant de « Régineens ». Dans un joli site de falaises, cet actif port de pêche côtière continue à prendre de l'extension.

Remarquez, en bordure de la route d'accès au cap, un petit corps de garde, vestige des défenses de Vauban, ainsi qu'un curieux et rarissime « **four à boulets** » (il en existe un autre au fort La Latte) qui permettait aux batteries de canons de tirer à… boulets rouges sur les navires anglais au 17e s.

★ Cap d'Erquy D2

30mn à pied AR.

Au terminus de la route, la vue s'étend sur la plage de Caroual, la grève des Vallées, la pointe de Pléneuf et l'îlot Verdelet ; au loin se dessinent la baie de St-Brieuc, la pointe de l'Arcouest et l'île de Bréhat.

Parmi les nombreuses plages, la plus belle est celle de Caroual, au sud d'Erquy. Elle se distingue non seulement par sa vue sur la baie et le cap d'Erquy, mais aussi par une configuration qui assure aux enfants une sécurité totale.
Sortez d'Erquy par le nord-est, puis traversez les Hôpitaux.

★ Sables-d'Or-les-Pins D2

La station fut créée en 1922, au bord de la grève de Minieu. Avec ses villas, ses hôtels anglo-normands et son cachet très « in », elle connut un succès immédiat, surtout auprès des vedettes de l'époque. La Manche y apparaît à travers les fûts sombres des pins. Son immense **plage**★ de sable fin, l'une des plus belles de Bretagne, regarde un ensemble d'îlots, en particulier celui de St-Michel, coiffé d'une chapelle.
Faites demi-tour et, à la sortie d'Erquy, prenez la direction du cap Fréhel par la D 34.

Pléhérel-Plage D2

La plage se trouve sur la droite, après les bois de conifères. Belle vue sur le cap Fréhel.
Prenez la D 34A.

★★★ Cap Fréhel D2 *Voir p. 176*

NOS ADRESSES AU VAL-ANDRÉ

VISITE

Randonnées

Le **Syndicat des caps** organise des sorties sur les chemins et les landes du cap d'Erquy. L'association gère aussi le site du cap Fréhel et les sentiers de huit communes de la Côte d'Émeraude. Programme disponible auprès des commerces locaux et des offices de tourisme (Pléneuf-Val-André, Cap Fréhel) – *✆ 02 96 41 50 83 - de mi-juin à mi-sept. et pdt vac. scol. - à partir de 6 €/1/2 j. (6-12 ans 3 €).*

HÉBERGEMENT

BUDGET MOYEN

Hôtel de France – *4 r. Pasteur - 22 370 Pléneuf-Val-André - ✆ 02 96 72 22 52 - www.pleneuf-hoteldefrance.com - fermé 15 janv.-15 fév., 1er-15 nov., dim. soir et lun. hors sais. - 18 ch. 49/63 € - ☕ 7 € - rest. 20/35 €.* Au centre de Pléneuf, cet établissement centenaire (exploité de père en fils depuis 1906 !) s'est offert une seconde jeunesse : réfection complète du restaurant, nouvelle terrasse installée dans la cour intérieure et jolies chambres à thème (nuptiale, plage, mauresque, etc.).

Chambre d'hôte La Crinière Manoir de la Ville Gourio – *22 400 Morieux - RN 12 Rennes-St-Brieuc, sortie St-René-Pléneuf-Val-André, puis dir. Val-André par D 786 à 5 km - ✆ 02 96 32 72 60 - www.lacriniere.fr - fermé de mi-déc. à mi-janv. - 4 ch. 58/84 € - ☕ 9 € - repas 13 €.* Au milieu d'un golf de 9 trous, manoir breton du 17e s. où le confort d'aujourd'hui cohabite à merveille avec l'atmosphère d'hier. Les chambres soignées et dotées de meubles d'époque, profitent toutes de la vue sur le jardin et les greens. Pour la détente : restaurant, discothèque, club house, golf, sentiers de randonnées pédestres.

Chambre d'hôte Villa Marguerite – *34 r. des Garennes - 22 370 Pléneuf-Val-André - ✆ 02 96 72 85 88 ou 06 08 04 08 07 - www.villa-marguerite.fr - fermé de mi-nov. à fin mars sf sur réserv. hors sais. - 💳̸ - réserv. obligatoire hors sais. - 4 ch. 60/65 € ☕.* Charmante villa au style balnéaire typique du 19e s. au cœur d'un plaisant jardin, dans le centre de la station. Les chambres, à la fois sobres et coquettes, dominent la baie de St-Brieuc ; trois d'entre elles bénéficient d'un balcon. La salle des petits-déjeuners est agrémentée de jolis meubles chinés.

POUR SE FAIRE PLAISIR

Grand Hôtel du Val-André – *R. de l'Amiral-Charner - ✆ 02 96 72 20 56 - www.grand-hotel-val-andre.fr - fermé 2 janv.-13 fév. - P - 39 ch. 84/104 € - ☕ 9,50 € - rest. 29/50 €.* Un hôtel de bord de mer typique avec sa façade 1900. Les chambres, d'un confort moderne, bénéficient d'une belle vue dégagée, tout comme le vaste restaurant panoramique. Ce lieu est idéal pour les vacances, notamment en formule demi-pension.

Sables-d'Or-les-Pins

BUDGET MOYEN

Hôtel du Manoir St-Michel – *À la Carquois - 22 240 Sables-d'Or-les-Pins - 1,5 km à l'est par D 34 - ✆ 02 96 41 48 87 - www.hotel-bretagne.de - fermé 28 sept.-2 avr. - P - 20 ch. 47/118 € - ☕ 6 €.* Ancien manoir aux murs de grès rose agrémenté d'un grand jardin en surplomb de la mer et d'un plan d'eau où s'ébattent des canards. Chambres un peu désuètes, mais néanmoins accueillantes. Duplex pour les familles et prix attractifs hors saison.

POUR SE FAIRE PLAISIR

Hôtel du Manoir de la Salle – *R. du Lac - 22 240 Sables-d'Or-les-Pins - 1 km au sud-ouest par D 34 - ✆ 02 96 72 38 29 - www.manoirdelasalle.com - fermé oct.-mars - P - 14 ch. 70/120 € - ☕ 8,50 €.* Cette demeure bretonne du 16e s. et ses trois dépendances sont entièrement rénovées. La salle des petits-déjeuners a préservé son cachet d'origine : pierres de taille, belle cheminée et poutres apparentes. Les chambres, quant à elles, sont modernes et fonctionnelles.

RESTAURATION

POUR SE FAIRE PLAISIR

Au Biniou – *121 r. Clemenceau - ✆ 02 96 72 24 35 - fermé fév., mar. soir et merc. sf juil.-août - 25/32 €.* Dans une petite maison du centre-ville du Val André, ce restaurant sert dans ses petites salles une cuisine goûteuse qui met en scène produits de la mer et recettes du cru, revisitées par le chef… Un premier menu à prix doux.

Erquy

BUDGET MOYEN

Saint-Aubin – *22 430 Erquy - ✆ 02 96 72 13 22 - www.relais-saint-aubin.fr - fermé 10 fév.-1er mars, 2-10 oct., merc. du 13 nov. au 1er mars, mar. hors sais. et lun. - 17/57 €.* Cette demeure campagnarde en pierre du pays, datant du 17e s., abrite une belle salle à manger rustique. Aux beaux jours, profitez de la terrasse et du ravissant jardin fleuri.

La Cassolette – *6 r. de la Saline - 22 430 Erquy - ✆ 02 96 72 13 08 - www.delangle-lacassolette.fr - fermé 15 nov.-vac. de fév. - 19/43 €.* Si vous venez pendant la saison des coquilles St-Jacques, vous aurez le plaisir de déguster ici un menu entièrement consacré à cet exquis coquillage. Durant le reste de l'année, les autres mets sont tout aussi réussis, car ils sont toujours réalisés avec des produits locaux de première fraîcheur. Le cadre est agréable, et l'ambiance cosy.

ACHATS

Marché – *Mar. mat. à Pléneuf ; vend. mat. au Val-André.*

EN SOIRÉE

Casino du Val-André – *1 cours Winston-Churchill - 22 370 Pléneuf-Val-André - ✆ 02 96 72 85 06 - www.partouche.com - 10h-3h (sam. 4h).* Il est ouvert tous les jours à partir de 10h.

ACTIVITÉS

Sports nautiques – *✆ 02 96 72 95 28.* Planche et char à voile, catamaran, dériveur, aviron et kayak : ce centre nautique accueille moussaillons et vieux loups de mer pour la pratique de sports toniques.

Golf Blue Green Pléneuf-Val-André – *R. de la Plage-des-Vallées - 22 370 Pléneuf-Val-André - ✆ 02 96 63 01 12 - www.bluegreen.com - hiver : 9h-18h ; printemps 8h-20h ; haute sais. : 7h-21h - fermé 1er janv. et 25 déc. - 33/55 €.* Splendide links de 18 trous qui s'étend sur 63 ha en bordure de littoral. Le trou n° 11 est mondialement connu pour son dénivelé de 40 m et son magnifique panorama qui englobe le cap Erquy et l'île de Bréhat ! Attention, ce parcours est particulièrement technique. Quant à sa difficulté, elle varie en fonction de l'intensité des vents dominants.

La Pauline – *« Une chaloupe pour Dahouët », quai des Terre-Neuvas - 22 370 Pléneuf-Val-André - ✆ 02 96 63 10 99 - été : tlj suivant horaires de marée, se renseigner par téléphone.* Ce magnifique « lougre flambart » de Dahouët à coque noire et voile rouge vous emmènera sur les flots de la baie de St-Brieuc.

AGENDA

Manifestations de qualité tout au long de l'année : concerts classiques et de jazz, soirées théâtrales, régates, tournois de golf, de tennis, fête de la mer et les rues en fête. Le festival de musiques latines Val Latina a lieu en avant-saison.

Saint-Quay-Portrieux

★

3 091 Quinocéens – Côtes-d'Armor (22)

NOS ADRESSES PAGE 235

S'INFORMER

Office du tourisme de St-Quay-Portrieux – *17 bis r. Jeanne d'Arc - 22 410 Saint-Quay-Portrieux - ✆ 02 96 70 40 64 - www.saintquayportrieux.com - juil.-août : 9h-19h, dim. 10h30-12h30, 15h30-18h ; reste de l'année : tlj sf dim. et j. fériés 9h-12h30, 14h-18h30.*

Office du tourisme d'Étables-sur-Mer – *9 r. République - 22 680 Étables-sur-Mer - ✆ 02 96 70 65 41 - www.toruisme@etables-sur-mer.com - juil.-août : tlj sf lun. ou dim. 9h-13h, 14h-18h30, sam. 9h-12h30.*

SE REPÉRER

Carte de microrégion C2 (p. 218-219) – *carte Michelin Départements 309 F3.* Depuis St-Brieuc (21 km au sud-est) ou Paimpol (25 km au nord-ouest), on gagne St-Quay par la D 786, ou par la D 9 si l'on vient de Guingamp (26 km au sud-ouest).

À NE PAS MANQUER

La visite de la chapelle de Kermaria-an-Iskuit pour ses fresques de la danse macabre et la Fête de la coquille St-Jacques en avril.

ORGANISER SON TEMPS

Pour profiter des plages, des activités nautiques et des balades, prévoyez 2 jours dans la capitale de la coquille St-Jacques.

St-Quay-Portrieux est une station balnéaire très appréciée pour ses trois belles plages : le Casino, le Châtelet et la Comtesse, abritées par une frange rocheuse appelée « roches de St-Quay ». Les gourmands lui trouvent également un autre attrait : la coquille St-Jacques. Ce mollusque fait en effet partie des spécialités du cru et est fêté durant tout un week-end au mois d'avril.

Se promener

Ports

Le port d'échouage, situé à Portrieux, armait autrefois pour Terre-Neuve. Une flottille de pêche l'anime aujourd'hui (maquereaux, lieus, bars et, surtout, de novembre à avril, coquilles St-Jacques et crustacés). Et un nouveau port en eau profonde a été inauguré en 1990. Une liaison est assurée avec les îles Anglo-Normandes pendant la saison estivale ; possibilité d'excursions en bateau pour l'île de Bréhat.

Chemin de ronde

1h30 à pied AR, à parcourir de préférence à marée haute.

Le sentier des douaniers part du port de Portrieux, au-delà de la mairie. Il longe la plage de la Comtesse, qui profite des marées pour se parer de cristaux d'ilménite noire. Il passe ensuite devant le sémaphore, offrant une belle **vue★** sur la baie de St-Brieuc. Il gagne la terrasse surplombant la plage du Châtelet *(table d'orientation)*, contourne la piscine d'eau de mer avant de déboucher près du casino. On peut poursuivre cette promenade jusqu'à la grève St-Marc *(environ 2h AR en plus)*.

À proximité Carte de microrégion

Étables-sur-Mer C2

À 3,5 km au sud.

Situé sur un plateau, le bourg domine la station familiale, à laquelle il est relié par une avenue bordée de villas. Les deux plages de sable fin, des Godelins et du Moulin, qui font la renommée d'Étables-sur-Mer, sont séparées par la pointe du Vau Burel. Beau parc municipal. La **chapelle N.-D.-de-l'Espérance**, construite après l'épidémie de choléra de 1850, se dresse sur la falaise d'Étables. Elle est ornée de vitraux (1972) aux belles tonalités de bleu signés Jean Michau et d'une tapisserie de Toffoli représentant la Vierge et l'Enfant.

Le Palus-Plage C2

À 7 km au nord par la D 786.

Tout près de cette belle anse bordée de petites falaises verdoyantes, à gauche de la plage, des marches taillées dans le roc conduisent à un sentier en corniche : jolies **vues** sur la baie de St-Brieuc.

Binic C2

À 7,5 km au sud.

Le port de ce charmant centre balnéaire abritait autrefois, en hiver, des goélettes armées pour la pêche à la morue. De nos jours, la plaisance a pris la relève.

Le **musée** évoque la vie des anciens Binicains (collection de coiffes, costumes bretons, objets se rapportant à la vie maritime, métiers). *02 96 73 37 95 - ♿ - juil.-août : 14h30-18h ; de Pâques à sept. : tlj sf mar. 14h30-18h - 3,50 € (6-12 ans 1,50 €).*

La **jetée Penthièvre** ferme l'avant-port. On y accède par les quais Jean-Bart et Surcouf. Du belvédère, à l'entrée du môle, jolie vue : d'un côté, sur la plage aux cabines surélevées, dominée par une butte couronnée de pins ; de l'autre côté, sur le port.

★ Chapelle de Kermaria-an-Iskuit B2

À 11,5 km au nord-ouest par la D 786, puis à gauche, par la D 21 jusqu'à Kermaria - 02 96 20 35 78 - 10h-12h, 14h-18h, possibilité de visite guidée sur demande - en cas de fermeture, s'adresser à Mme Cojean.

La « maison de Marie qui conserve et rend la santé » est un but de pèlerinage fréquenté : un grand **pardon** s'y déroule le 3e dimanche de septembre. Au-dessus du porche sud de cette ancienne chapelle seigneuriale se trouve une salle des archives, clôturée par un petit balcon, qui servit de salle de justice au 16e s. Des **fresques★** (vers 1500) décorent les murs au-dessus des arcades. Celles figurant la danse macabre ont, paraît-il, inspiré le compositeur Camille Saint-Saëns. La Mort y figure sous les apparences de squelettes ou de cadavres. Ils dansent et entraînent une malheureuse ronde de vivants, du pape au laboureur. En France, on connaît sept représentations murales de danse macabre.

À voir aussi, dans le chœur, cinq **bas-reliefs★** en albâtre représentant des scènes de la vie de la Vierge, et, dans le transept, N.-D.-de-Kermaria-an-Iskuit (16e s.), Vierge allaitant, mais l'Enfant Jésus esquisse un geste de refus !

Plage Bonaparte C2

À 13 km au nord.

De cette plage, au fond de l'anse Cochat, que l'on atteint par un tunnel creusé dans la falaise, les aviateurs abattus sur le sol français réembarquaient en 1944 pour l'Angleterre. Une stèle rappelle ce souvenir : on peut l'atteindre à pied en empruntant l'escalier à droite du parking de la plage, puis par le sentier qui escalade la falaise. Du terre-plein, belle **vue** sur la baie de St-Brieuc et le cap Fréhel, l'anse de Port-Moguer à droite, la pointe de Minard à gauche.

Lanleff B2

À 23 km au nord-ouest en quittant St-Quay-Portrieux par la D 786. À Plouha, prenez la D 21 en direction de Kermaria. À la sortie de Pléhédel, prenez à gauche.

Dans le bourg, en retrait de la route, se dresse le **temple★**. Ce curieux édifice circulaire, aujourd'hui en ruine, est une ancienne chapelle ou un baptistère bâti au 11e s. par les templiers sur le modèle du Saint-Sépulcre de Jérusalem. Douze arcades en plein cintre font communiquer la rotonde avec un bas-côté tournant. Sur les chapiteaux à la facture naïve alternent petits personnages, animaux, dessins géométriques et feuillages.

NOS ADRESSES À SAINT-QUAY-PORTRIEUX

VISITES

Visite du Port d'Armor – *✆ 02 96 70 40 64 - merc. 16h - 3,50 € (10-15 ans 2,30 €).* Visite du port de pêche, présentation des bateaux et du matériel, fonctionnement de la criée et évocation de l'histoire de la coquille St-Jacques.

Visite « Sur les traces des peintres » au Portrieux – *✆ 02 96 70 40 64 - jeu. 10h - 3,30 € (10-15 ans 2,50 €).* Plongée dans le passé de Portrieux au temps des impressionnistes (Eugène Boudin, Berthe Morisot, Paul Signac).

HÉBERGEMENT

BUDGET MOYEN

Hôtel Gerbot d'Avoine – *Bd du Littoral - ✆ 02 96 70 40 09 - gerbotdavoine@wanadoo.fr - fermé 3 janv.-7 fév. et 12 nov.-15 déc. - P - 20 ch. 50 € - ☕ 9,50 € - rest. 22/42 €.* On cultive l'atmosphère des stations balnéaires d'antan dans cette amusante maison au charme agréablement désuet, nichée dans un jardin non loin de la mer. Les chambres sont rafraîchies ; certaines donnent sur la Manche. Produits de la mer au restaurant.

UNE FOLIE

Ker Moor – *13 r. Prés.-Le-Sénécal - ✆ 02 96 70 52 22 - www.ker-moor.com - ouv. de mi-mars à mi-déc. - P - 27 ch. 104/159 € - ☕ 12 €.* Cette villa centenaire d'inspiration mauresque est perchée au sommet d'une petite falaise. Les chambres disposent de balcons avec vue sur le large.

ACTIVITÉS

Saint-Quay port d'Armor – *Capitainerie, espace Éric-Tabarly - ✆ 02 96 70 81 30 - www.port-armor.com - hors sais : tlj sf dim. 8h-12h, 14h-18h ; en été : tlj 8h-12h, 14h-20h.* Seul port en eau profonde de Bretagne Nord, d'une capacité de 1 030 anneaux et accessible 24h/24, il peut accueillir jusqu'à une centaine de bateaux visiteurs. Possibilité de partir pêcher tous les matins de 7h30 à 11h à bord d'un chalutier *(réservation auprès de l'office de tourisme).* Liaisons maritimes avec l'île de Bréhat en été, les mardis et jeudis.

Le Vieux Gréement – *Espl. du Port-d'Armor - ✆ 02 96 70 93 34 - www.snsqp.fr - renseignements et réserv. : sport Nautique au ✆ 02 96 70 93 34.* Le Saint-Quay vous propose un programme à la carte : sorties à la demi-journée, à la journée, au w.-end ou à la semaine *(individuel, groupe ou famille).* L'occasion de découvrir la voile traditionnelle et la culture maritime. Au choix : naviguer en baie de St-Brieuc, vous aventurer dans l'archipel de Bréhat ou partir en croisière dans les Îles Anglo-Normandes à bord d'un langoustier.

AGENDA

Fête de la coquille St-Jacques – *Avr. : dernier w.-end.* Expositions, dégustations, démonstrations de secours en mer par la SNSM, balades en mer, concerts… Cette fête a lieu tous les trois ans. Prochaine en 2012. Programme à l'office de tourisme.

Paimpol

★

7 788 Paimpolais – Côtes-d'Armor (22)

NOS ADRESSES PAGE 240

S'INFORMER

Office du tourisme de Paimpol – *Pl. de la République - 22 500 Paimpol - ✆ 02 96 20 83 16 - www.paimpol-goelo.com - juil.-août : 9h30-19h30, dim. 10h-13h30 ; sept.-juin : tlj sf dim. 9h30-12h30, 14h30-18h, sam. 9h30-12h30, 14h30-18h30 - fermé 1er janv., 1er Mai, 25 et 31 déc.*

Office du tourisme de Pontrieux – *Maison de la Tour Eiffel - place Le Trocquer - ✆ 02 96 95 14 03 - www.pontrieux.com - juin-sept. : 10h30-12h30, 14h-18h30, sam. 10h30-12h30, 14h-18h ; oct.-mai : 10h30-12h30, 14h-18h, sam. 10h30-12h30 - fermé de mi-oct. à mi-nov., mar. et dim., j. fériés.*

SE REPÉRER

Carte de microrégion B1 (p. 218-219) – *carte Michelin Départements 309 D2*. Paimpol est à 15 km à l'est de Tréguier. Pour rejoindre St-Brieuc (près de 50 km au sud), vous pouvez passer dans les terres ou prendre la D 786 qui longe la côte. Cette dernière est nettement plus jolie.

SE GARER

Évitez le centre-ville le mardi matin, jour de marché. Vous trouverez des parkings publics dans tout le centre, dont un place de la République (face à l'office de tourisme) et un autour du rond-point du Goëlo, tout proche.

À NE PAS MANQUER

L'ensemble des points de vue de la côte du Goëlo et la vision de Bréhat depuis la pointe de l'Arcouest.

ORGANISER SON TEMPS

Si vous allez en excursion à l'île de Bréhat, pensez aux horaires.

AVEC LES ENFANTS

Offrez-vous une croisière en barque électrique à Pontrieux ou un tour dans le train à vapeur du Trieux.

Le roman « Pêcheur d'Islande » de Pierre Loti a donné à cette ville la célébrité littéraire. « La Paimpolaise » du chansonnier Théodore Botrel lui a valu la popularité. La falaise dont parle la chanson s'élève vers la pointe de Guilben, au cœur de l'anse de Paimpol, qui s'inscrit dans la côte du Goëlo, connue pour ses falaises, ses criques perdues et ses nombreux points de vue.

Se promener

La vie a bien changé depuis les pêcheurs d'Islande évoqués par Pierre Loti : la grande pêche (pêche à la morue) a fait place à la pêche côtière et à la navigation de plaisance. L'ostréiculture est devenue une des richesses de la région, et Paimpol est connu comme marché de primeurs. Si la ville doit une bonne part de son charme et de son animation au port, les bateaux de plaisance ont depuis longtemps remplacé les goélettes. Tout proche, le cœur de la cité, réservé aux piétons, invite à la flânerie.

Place du Martray

C'est la plus belle, car elle conserve des demeures du 16e s. Remarquez, à l'angle de la rue de l'Église, la maison à tourelle d'angle carrée où descendait Loti ; c'est ici qu'il a situé la maison de Gaud, héroïne de son roman.

Square Théodore-Botrel

Il abrite un clocher isolé (18e s.), vestige de l'ancienne église, et un monument en souvenir du poète-chansonnier.

Musée de la Mer

R. de Labenne - ✆ 02 96 22 02 19 - www.museemerpaimpol.com - de mi-juin à fin août : 10h30-12h30, 14h-18h30 ; avr.-juin et sept. : 14h-18h - 4,70 € (10-18 ans 2 €).

Il évoque les activités maritimes de Paimpol, de la période islandaise à nos jours : maquettes, photos, instruments de navigation…

À proximité Carte La côte du Goëlo

Tour de Kerroc'h

À 2 km au nord, en direction de la pointe de l'Arcouest.

La tour se dresse dans un joli site boisé. De la première plate-forme, belle **vue★** sur la baie de Paimpol.

Ploubazlanec

À 3 km au nord, en direction de la pointe de l'Arcouest.

Au cimetière, on voit le mur où se succèdent, sur des plaques, les noms des hommes perdus en mer, principalement lors des campagnes de pêche en Islande : 117 goélettes et environ 2 000 marins disparurent entre 1852 et 1935.

★★ Pointe de l'Arcouest

5 km au nord.

La descente à la cale de l'Arcouest offre des **vues**, remarquables à marée haute, sur la baie et sur Bréhat. Un monument à la mémoire de Frédéric et Irène Joliot-Curie, qui venaient souvent en Arcouest, est érigé à gauche de la route : deux blocs identiques de granit rose, dont les faces se regardant sont polies, se dressent côte à côte. Embarcadère pour l'**île de Bréhat★★** *(voir p. 242)*.

Loguivy-de-la-Mer

5 km au nord.

Ce port de pêche a gardé son cachet d'antan. À marée basse, les barques s'y échouent encore. Du promontoire, belle vue sur l'embouchure du Trieux et sur Bréhat.

★ Pontrieux

17 km au sud-ouest.

Cette petite ville de fond d'estuaire offre de bien agréables surprises. La maison de la **Tour Eiffel** (appellation humoristique), du 16e s., ne passe pas inaperçue avec ses colombages bleus. Mais le trésor de la ville se trouve sur les rives du Trieux où s'alignent une cinquantaine de **lavoirs★** superbement restaurés.

Une **promenade en barque** électrique permet de découvrir ce rare patrimoine *(voir Nos adresses à Paimpol, p. 241)*. Mais la découverte de la ville ne s'arrête pas là. Après avoir flâné dans le centre et découvert ses artisans, une petite halte s'impose au port où vous attendent un club nautique, le petit port de plaisance et le fameux train à vapeur (La Vapeur du Trieux, *voir Nos adresses à Paimpol, p. 241*).

Itinéraire conseillé Carte La côte du Goëlo

★ LA CÔTE DU GOËLO

Itinéraire de 60 km – environ 4h.
Prenez la D 786 (dir. St-Quay-Portrieux) et, à la sortie de Paimpol, tournez à gauche.

Pointe de Guilben

C'est la falaise chantée par Théodore Botrel. Belle vue sur la côte.
Après Kérity, une rue à gauche mène à l'abbaye de Beauport.

★ Abbaye de Beauport

02 96 55 18 58 - www.abbaye-beauport.com - de mi-juin à mi-sept. : 10h-19h ; reste de l'année : 10h-12h, 14h-17h, possibilité de visite guidée (1h) - fermé 1er janv., 25 déc. - 5,50 € (-18 ans 3 €).
Cette abbaye, fondée au 13e s. par des chanoines de l'ordre de Prémontré, a constitué un important foyer spirituel et économique dans le diocèse de St-Brieuc. De l'église élevée au 13e s., il reste la façade, la nef à ciel ouvert, le bas-côté nord et le bras gauche du transept. La longue salle capitulaire à abside polygonale est un beau témoignage de l'art gothique anglo-normand, dans la tradition du Mont-St-Michel.
On visite le cloître et le vaste réfectoire (élégante entrée) qui s'ouvre sur la mer, ainsi que la cour basse, le bâtiment au Duc, hôtellerie destinée à l'accueil des pèlerins, le cellier situé sous le réfectoire, et l'aumônerie où les moines recevaient l'impôt sur le sel et les grains. Le Conservatoire du littoral a établi un programme de sauvegarde et d'animation sur l'ensemble du domaine abbatial, dont il s'est rendu propriétaire.
Regagnez la route de St-Quay-Portrieux, tournez à gauche et, après l'étang, tournez encore à gauche dans une route en montée.

Sainte-Barbe

À 250 m après la chapelle, laissez la voiture et empruntez un sentier à gauche qui mène à une table d'orientation.
On voit l'anse de Paimpol avec ses îles proches, la zone ostréicole, Port-Lazo et le phare de Mez de Goëlo.
Gagnez Plouézec où l'on prend à gauche et, dans St-Riom, tournez une nouvelle fois à gauche, direction « Moulin de Craca ». Garez-vous sur le parking à 100 m du moulin.

Moulin à vent de Craca

02 96 22 72 92 - de mi-juin à fin août : merc. et dim. 17h-18h - gratuit.
Ce moulin, restauré, produit encore de la farine. Il jouit d'un beau **panorama**★ sur la baie de Paimpol, St-Riom et Bréhat.
Revenez sur la route principale et prenez à gauche la direction de Port-Lazo.

Port-Lazo

Au terminus de la route, vue sur l'anse de Paimpol.

Revenez à St-Riom et prenez à gauche.

★ Pointe de Bilfot

De la table d'orientation, la **vue** s'étend de l'île de Bréhat, au nord, au cap Fréhel, à l'est. Entre le petit phare de Mez de Goëlo, tout proche, et celui plus lointain du Paon à Bréhat, la baie est hérissée de rochers. Une stèle célèbre le cinquantième anniversaire de l'opération Fahrenheit : en novembre 1942, un commando britannique de onze hommes débarqua et attaqua le sémaphore occupé par les Allemands.

Faites demi-tour et prenez à gauche la D 54C à l'entrée de Plouézec.

★ Pointe de Minard

La **vue** s'étend ici sur la baie de St-Brieuc, le cap d'Erquy, l'anse de Paimpol et l'île de Bréhat.

Après un parcours pittoresque en bordure du littoral, on atteint Le Questel ; à la sortie de ce hameau, prenez deux fois à gauche. Après un crochet par Pors-Pin, revenez au premier carrefour et obliquez à gauche.

Dans un paysage aride, la route suit le bord de la falaise, puis débouche sur un vaste parking-belvédère : **vue**★ sur le site de Bréhec-en-Plouha, la pointe de la Tour, les roches de St-Quay et, en face, du Val-André à Erquy.

Bréhec-en-Plouha

Ce petit port se love au fond d'une anse, fermée par les pointes de la Tour à droite et Berjule à gauche. C'est ici qu'abordèrent, au 5e s., saint Brieuc et les premiers émigrants venus de Grande-Bretagne.

Remontez le verdoyant vallon du ruisseau de Kergolo.

Lanloup

L'église (15e et 16e s.) possède un intéressant porche sud flanqué de contreforts à niches, avec saint Loup et saint Gilles au fronton. Dans le cimetière, tombe du compositeur Guy Ropartz (1864-1955) dont la famille habite encore actuellement le manoir.

Regagnez Paimpol par Plouézec.

NOS ADRESSES À PAIMPOL

HÉBERGEMENT

PREMIER PRIX

Hôtel Berthelot – *1 r. du Port - 22 500 Paimpol - ✆ 02 96 20 88 66 - www.paimpol-gœlo.com - 12 ch. 32/45 € - ☕ 5,50 €.* Optez pour cet hôtel récemment rénové et impeccablement tenu. Sept chambres avec douches et wc; les autres seulement pourvues d'un cabinet de toilette. Fenêtres à double vitrage. Prix tout doux et accueil charmant.

BUDGET MOYEN

Hôtel L'Origano – *7 bis r. du Quai - 22 500 Paimpol - ✆ 02 96 22 05 49 - fermé 15 nov.-Pâques - 9 ch. 48/60 € - ☕ 6 €.* La maîtresse des lieux, née dans cette jolie maison bretonne, l'a transformée en hôtel avec beaucoup de goût. Les chambres sont charmantes et toutes différentes (certaines mansardées); l'une des plus grandes dispose d'une cheminée et d'un jardin privatif. Expositions de peintures.

Hôtel Goëlo – *Quai Duguay-Trouin - 22 500 Paimpol - ✆ 02 96 20 82 74 - www.legœlo.com - fermé 4-10 fév. et 19 nov.-2 déc. - 32 ch. 51/75 € - ☕ 7 €.* Bâtiment récent ancré sur les quais du port de plaisance. Presque toutes les chambres, petites mais confortables, ont bénéficié d'une rénovation (tons chauds et mobilier neuf).

POUR SE FAIRE PLAISIR

Chambre d'hôte La Maison des Îles – *29 rte de la Vieille-Côte, à la pointe de l'Arcouest - 22 620 Ploubazlanec - 3 km au nord-est de Ploubazlanec par D 789, à la pointe de l'Arcouest - ✆ 02 96 55 87 01 - fermé du 15 nov. à déb. déc. et 5 janv.-7 fév. - 4 ch. et 1 gîte 75 € ☕ - repas 25 €.* À deux pas de l'embarcadère, cette demeure en pierres apparentes a retrouvé une seconde jeunesse suite à une importante restauration intérieure. Décoration essentiellement contemporaine, émaillée dans les chambres de quelques meubles familiaux. Spécialités de l'océan à la table d'hôte, sur réservation.

RESTAURATION

PREMIER PRIX

Crêperie Morel – *11 pl. du Martray - 22 500 Paimpol - ✆ 02 96 20 86 34 - fermé dim. et lun. hors sais.; tlj sf dim. l'été - 8/25 €.* L'hospitalité chaleureuse des patrons vous donnera envie de revenir dans cette crêperie située à deux pas du port de plaisance. Attrayant cadre rustique. Aux beaux jours, le couvert est dressé à l'extérieur.

POUR SE FAIRE PLAISIR

Marne – *30 r. de la Marne - 22 500 Paimpol - ✆ 02 96 20 82 16 - www.marne-paimpol.monsite.wanadoo.fr - fermé 15-27 fév., 3-18 oct., dim. soir et lun. - 29/60 € - 10 ch. 58/78 € - ☕ 9 €.* Le décor de ce restaurant proche de la gare ne possède pas une grande personnalité, mais les tables bénéficient d'une belle mise en place et, surtout, vous dégusterez ici une cuisine au goût du jour soignée, élaborée uniquement à base de produits frais. Intéressante carte des vins.

La Cotriade – *16 quai Armand-Dayot - 22 500 Paimpol - ✆ 02 96 20 81 08 - natalietvincent@yahoo.fr - fermé 10-26 fév., 26 juin-14 juil., 23-30 oct., 23-29 déc., vend. soir, sam. midi et lun. - 25/64 €.* Lumineuse salle à manger agrémentée de marines, terrasse dressée à même le port, accueil charmant et goûteuse cuisine de la mer mitonnée en fonction des arrivages.

BOIRE UN VERRE

Le Lutin Bleu – *9 r. Romsey - 22 500 Paimpol - ✆ 02 96 20 41 43 - tlj sf dim. et lun. hors sais. 9h30-12h15, 14h30-19h30.* Sur les étagères, les confiseries traditionnelles (dragées, pâtes de fruits, chocolats, etc.) côtoient les spécialités locales : caramels au beurre salé, galets en pâte d'amandes et truffes de caramel. Petit salon de thé (boissons uniquement).

ACHATS

Bon à savoir – Ne manquez pas le marché du mardi matin, dans le centre-ville : alimentation, produits régionaux, artisanat local… Il y règne un joyeux brouhaha dans une odeur de crêpes et au son des binious.

La halle aux poissons où se passait autrefois la criée a été transformée en un lieu d'exposition sous le nom de La Halle.

Établissement Le Mée – *1 chemin Traou-Hoat - 3 km au nord de Paimpol par D 789, puis dir. du port départemental de Pors Even - 22620 Ploubazlanec - ✆ 02 96 55 82 28 - 8h30-12h, 13h30-18h – fermé dim. et j. fériés.* Huîtres, moules.

Viviers Dauphin – *3 r. Port-Pors-Even - 3 km au nord de Paimpol par D 789, puis dir. du port départemental de Pors-Even - 22 620 Ploubazlanec - ✆ 02 96 55 83 44 - 8h-12h, 14h-18h, sam. 8h-12h - fermé dim.* Vente au détail d'huîtres, moules, coquillages et crustacés (homard, langouste).

ACTIVITÉS

La Vapeur du Trieux – *Renseignements et réservations : gare de Paimpol - av. du Gén.-de-Gaulle - 22 500 Paimpol - ✆ 0 892 391 427 (0,34 €/mn) - www.vapeurdutrieux.com - 26 mai-26 sept. : 1 ou 2 dép./j (sf certains lun. et mar.) - 22 € AR (enf. 11 €).* Excursion en train à vapeur de Paimpol à Pontrieux *(4h30 AR)*. La vieille dame un peu suffocante (elle a près de 80 ans) ahane le long de l'estuaire du Trieux que l'on ne peut découvrir par la route. Une halte-dégustation vous est proposée sur l'un des trajets (cidre et crêpes).

Promenade en barque – *Pontrieux - ✆ 02 96 95 14 03 - visite commentée (20mn) de mi-juin à mi-sept. : 11h30-18h - 3 € (enf. 2 €) - nocturne lun., merc., vend. et dim. de la tombée de la nuit à minuit - 3,50 €.*

AGENDA

Escales de nuit et les Jeudis de Beauport – Spectacle *(merc. et dim. à 22h)* et concerts *(jeu. à 21h)* dans le cadre superbe de l'abbaye de Beauport. *Réservations au ✆ 02 96 55 18 58.*

Île de Bréhat

★★

421 Bréhatins – Côtes-d'Armor (22)

NOS ADRESSES PAGE 245

S'INFORMER

Syndicat d'initiative de Bréhat – *Le Bourg - 22 870 Île-de-Bréhat - ✆ 02 96 20 04 15 - juil.-août : 10h-17h, dim. 10h-13h ; avr.-juin et sept. : tlj sf merc. et dim. 10h-12h30, 14h-16h30 ; reste de l'année : tlj sf mar., merc. et dim. 10h-12h30, 14h-16h30 ; vac. scol. : tlj sf merc. et w.-end 10h-12h30, 14h-16h30 - fermé 1er janv., 1er Mai, 25 déc.*

SE REPÉRER

Carte de microrégion B1 (p. 218-219) – *carte Michelin Départements 309 D1*. Longue de 3,5 km et large de 1,5 km, Bréhat fait face à la pointe de l'Arcouest, au nord de Paimpol. Elle est constituée de deux îles, réunies au 18e s. par un pont dû à Vauban. Très découpée, sa côte est entourée de 86 îlots et récifs. Ses paysages sont sauvages au nord, plus souriants dans la partie sud.

À NE PAS MANQUER

Les côtes déchiquetées, Le Bourg, le phare du Paon.

ORGANISER SON TEMPS

Bréhat vit au rythme des bateaux qui la desservent quotidiennement. L'affluence des nouveaux arrivants du matin coïncide avec le marché du Bourg. Une fois vos courses faites, vous pouvez alterner les longues balades avec de délassants bains de mer. Si vous restez uniquement le temps d'un week-end, n'hésitez pas à programmer le tour de l'île en bateau.

AVEC LES ENFANTS

Le tour de l'île en bateau ou les balades de Kérano en compagnie de comédiens et de conteurs.

La Bretagne a son paradis, cette petite île aux rochers roses, tellement agréable à parcourir à pied ou à vélo puisque les automobiles y sont interdites. En été, ces attraits valent à Bréhat un afflux touristique parfois trop important. Mieux vaut choisir le printemps pour visiter celle que l'on nomme aussi « l'île aux fleurs »…

Se promener Carte de l'île de Bréhat

SUR L'ÎLE

C'est dans l'anse de **Port-Clos** qu'accostent les vedettes.

Dès le débarcadère, vous trouverez des loueurs de vélos (un moyen de transport à privilégier plutôt hors saison pour avoir les quelques voies cyclables tout à vous).

UNE ÎLE AU CŒUR DE L'HISTOIRE
Au Moyen Âge, un château fort fut édifié face à l'île Lavrec, puis détruit en 1409 par les Anglais. À cette occasion, ceux-ci pendirent des Bréhatins aux ailes du moulin de Crec'h ar Pot, dans l'île nord. Pendant les guerres de Religion, en 1591, le moulin de Crec'h Tarek, dans l'île sud, servit également de gibet.
Jusqu'au 19e s., Bréhat servit de refuge à de nombreux corsaires. Au siècle suivant, les amoureux de calme et de nature prirent le relais, et notamment les comédiens Madeleine Renaud et Jean-Louis Barrault.

Bois de la Citadelle
Planté de résineux, ce fort, construit sous Napoléon III, domine la falaise. Il accueille aujourd'hui un atelier de verrerie *(visitable)*.
De l'abri du canot de sauvetage, en contrebas, belle **vue★** sur le chenal du Kerpont, avec son impressionnant chaos à marée basse, et sur l'île Béniguet.

Grève du Guerzido
Un joli coin avec ses plages de galets roses et ses îlots colonisés par les pins et les oiseaux marins. École de voile *(voir Nos adresses sur l'île de Bréhat, p. 245)*.

Le Bourg
Le village s'ordonne autour d'une placette ronde, bordée de platanes. L'**église** des 12e et 18e s. présente un curieux clocher et abrite la maquette de la dernière frégate de Bréhat, celle de l'amiral Cornic. Elle accueille également un beau retable et la tombe de la famille d'un fameux corsaire.

Chapelle Saint-Michel
Ce sont 39 marches qui vous mèneront à cette chapelle bâtie sur un tertre rocheux de 26 m d'où l'on domine toute l'île. Depuis cet amer, vaste **panorama★** sur l'île sud, le chenal du Kerpont et l'île Béniguet, l'étang de Birlot et son moulin à marée, la baie de la Corderie et l'île nord. À l'ouest, on distingue au large le sillon de Talbert.

Croix de Maudez
Érigée en 1788, face à la mer, en pleine lande, elle évoque le souvenir du moine Maudez qui vint fonder un monastère sur une île voisine, en 570. La **vue★** est belle sur l'île Béniguet au sud, l'île Maudez au nord et les récifs.

UN MICROCLIMAT BIENFAISANT
À Bréhat, le climat est doux : 6 °C de moyenne en hiver. Ces températures permettent à une nature généreuse de se développer, plus particulièrement dans le sud de l'île. On y trouve des figuiers, des eucalyptus, des murets fleuris de mimosa, et des jardins aux énormes massifs d'agapanthes ou d'hortensias.
À l'opposé, en remontant vers le nord, on découvre des vaches paissant dans les prés, des moutons dans la lande, et enfin des paysages sauvages et arides, balayés par des vents forts et salés qui empêchent la végétation de croître. Une austérité loin de l'évocation du nom celtique de Bréhat, *Breiz Coat*, qui signifie « Bretagne des Bois » ! Il lui aurait été donné par un moine irlandais qui débarqua à l'île Lavrec, toute proche, en 470.

La Corderie

Fermée par le pont ar Prat, appelé aussi « pont Vauban », cette immense baie, bordée de belles villas, sépare les deux îles. En continuant vers le nord et en dépassant Ar Lenn, atteignez la **chaise de Renan**, une roche ainsi appelée, car l'auteur de l'*Histoire des origines du christianisme*, Ernest Renan (1823-1892), s'y serait assis.

Les phares de l'île nord

Construit en pleine terre, le phare du **Rosédo** date de 1862. À la pointe extrême de l'île, le phare du **Paon**★ (l'origine du mot est *penn*, qui signifie extrémité), détruit en 1944, et rebâti cinq ans plus tard, en porphyre rouge. De la plate-forme dallée, on domine une côte déchiquetée, la plus sauvage de l'île.

Saint-Riom

Ce village de la côte nord-est de Bréhat était autrefois voué aux lépreux, comme tout le nord de l'île. Il est aujourd'hui en ruine.

EXCURSIONS EN BATEAU

★★ Tour de l'île

S'adresser aux vedettes de Bréhat, voir Nos adresses sur l'île de Bréhat, ci-contre.

Cette intéressante promenade permet d'apprécier la variété des côtes, la beauté des rochers et des falaises du nord, le charme plus méditerranéen du rivage oriental, la couleur changeante des flots parfois très bleus. Vous serez aussi plus à même d'observer l'avifaune, notamment sur le littoral nord où goélands marins, cormorans, sternes caugeks et fous de Bassan gravelots ont élu domicile.

★ Estuaire du Trieux

S'adresser aux vedettes de Bréhat, voir Nos adresses sur l'île de Bréhat.
La rivière du Trieux offre des rives tantôt abruptes, rocheuses et boisées, tantôt basses et cultivées. Admirez le joli site de Lézardrieux et son pont suspendu. La promenade mène ensuite au pied du château de la Roche-Jagu *(voir Tréguier, p. 249)* que l'on atteint par un sentier assez escarpé en sous-bois.

NOS ADRESSES SUR L'ÎLE DE BRÉHAT

VISITE

Accès

Vedettes de Bréhat – *☏ 02 96 55 79 50 - www.vedettesdebrehat.com.* Liaison régulière 10mn, dép. pointe de l'Arcouest.

Croisières

Tour de l'île et remontée du Trieux – Toute l'année *(15 pers. minimum).* Excursion pour la journée, mai-sept. : dép. de Binic, St-Quay-Portrieux, Erquy au Pléneuf-Val-André ; remontée de la rivière du Trieux *(4h)* jusqu'au château de la Roche-Jagu : dép. de la pointe de l'Arcouest. **Vedettes de Bréhat** – *☏ 02 96 55 79 50 - www.vedettesdebrehat.com - 18 € (4-11 ans 12,50 €).*

Transports

Dès le débarcadère ou dans le Bourg, il est possible de louer des vélos dont certains sont équipés de sièges pour les enfants. Cependant, en saison, la bicyclette reste déconseillée tant les chemins sont encombrés par les nombreux visiteurs qui se pressent dans l'île. Ajoutons que de nombreux sentiers sont interdits aux cyclistes et qu'il est aisé de parcourir à pied cette île de 3,5 km de long.

HÉBERGEMENT

POUR SE FAIRE PLAISIR

Hôtel La Vieille Auberge – *Au Bourg - ☏ 02 96 20 00 24 - www.brehat-vieilleauberge.eu - fermé nov.-Pâques - 14 ch. 77/109 € - ☕ 9,70 € - rest. : formule déj. 17,50 € ; 27/42 €.* Une ravissante maison ancienne aux belles pierres apparentes abrite ce plaisant hôtel-restaurant tenu par une famille bréhatine. Avec un peu de chance, en vous attablant dans sa cour fleurie, vous goûterez aux doux rayons du soleil d'ici…

RESTAURATION

PREMIER PRIX

Les Pêcheurs – *Le Bourg - ☏ 02 96 20 00 14 - fermé 4 janv.-7 fév. - 11,50/20,50 €.* Menu express à 13,50 € ou choucroute de la mer et couscous du pêcheur à 18,80 €.

Enez Vriard – *Le Bourg - ☏ 02 96 20 08 05 - 12,50/23 € - 5 ch. 40/60 €.* Seul restaurant de l'île ouvert toute l'année. Plats simples et chambres standard à l'étage ou dans une maison attenante.

ACTIVITÉS

Centre nautique Les Albatros – *Plage de Guerzido - ☏ 02 96 20 07 24 ou 06 77 98 00 42 - www.les-albatros.com - avr.-nov.* Optimist, dériveur, catamaran, planche à voile, kayak et plongée (situation exceptionnelle sur l'île des fleurs et des rochers roses).

Balades de Kérano – *Le Birlot - ☏ 02 96 20 06 75 ou 06 63 56 23 36 - www.kerano.com - 10h-18h - fermé déb. nov.-fin mars - 12/25 € - sur réservation.* En vous joignant à un groupe, une équipe de comédiens et conteurs vous fait découvrir l'île au gré de ses légendes.

Tréguier

★★

2 676 Trégorrois – Côtes-d'Armor (22)

NOS ADRESSES PAGE 253

S'INFORMER

Office du tourisme de Tréguier – *67 r. Ernest-Renan - 22 220 Tréguier - ✆ 02 96 92 22 33 - www.tregor-cotedesajoncs-tourisme.com - juil.-août : 9h-19h, dim. 10h-13h, 14h-18h, j. fériés 10h-13h ; reste de l'année : mar.-sam. 10h-13h, 14h-18h.*

SE REPÉRER

Carte de microrégion B1 (p. 218-219) – *carte Michelin Départements 309 C2.* À la verticale nord de Guingamp (30 km par la D 8), Tréguier se situe à mi-chemin entre Lannion (20 km à l'ouest) et Paimpol (16 km à l'est), sur la D 786.

À NE PAS MANQUER

Le cloître de la cathédrale St-Tugdual à Tréguier, le parc du château de la Roche-Jagu, et les merveilleux jardins de Kerdalo.

ORGANISER SON TEMPS

La région de Tréguier, riche en presqu'îles et en recoins cachés, mérite deux jours d'exploration.

Lové au fond d'un estuaire des Côtes-d'Armor, Tréguier étage au flanc d'une colline sa cathédrale, ses ruelles et ses maisons à pans de bois. L'ancienne cité épiscopale forme un ensemble très séduisant, à quelques encablures d'une côte particulièrement belle et riche en patrimoine culturel, comme en excursions.

Se promener Plan de la ville

Port

Ce magnifique plan d'eau est suffisamment profond pour recevoir des caboteurs de fort tonnage. Il réserve une place importante à la navigation de plaisance.

Laissez la voiture sur le parking du port et pénétrez dans la ville par la rue Ernest-Renan, bordée de hautes maisons à colombages. Les deux tours carrées encadraient autrefois la porte de la ville.

Maison de Renan

✆ 02 96 92 45 63 - juil.-août : 10h-12h, 14h-18h ; avr.-juin et sept. : tlj sf sam. 10h-12h, 14h-18h, dim. 14h-18h - fermé oct.-mars - 3 € (enf. 2,50 €).

Cette maison à colombages (16e s.) abrite des souvenirs et des documents concernant l'écrivain Ernest Renan (1823-1892). On voit sa chambre natale, une reconstitution de son cabinet de travail et de sa bibliothèque au Collège de France, ainsi que les deux pièces où, enfant, il aimait se retirer pour travailler. Après avoir fait des études au séminaire, Renan eut une grave crise religieuse à 22 ans.

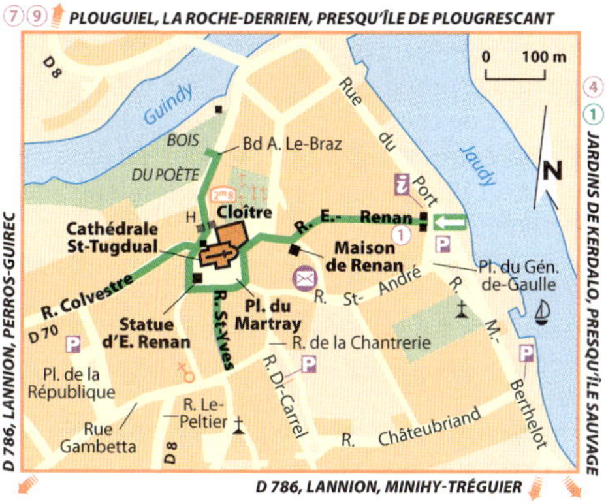

TRÉGUIER

SE LOGER

Manoir de Troézel Vras (Chambre d'hôte)........ 1

SE RESTAURER

Crustacé (Le)........ 9

J.-P. Moulinet (La poissonnerie)........ 1

Moulin à Mer (Crêperie du)........ 4

Pesked (Café)........ 7

Son ouvrage *Histoire des origines du christianisme* (1863-1882) eut une grande répercussion dans l'Europe du 19e s. pour son interprétation rationaliste de Jésus.

★★ Cathédrale Saint-Tugdual

☎ 02 96 92 30 51 - juin-sept. : 8h-19h ; reste de l'année : 9h-12h, 14h-18h - possibilité de visite guidée organisée par la SPREV - gratuit.

Ce monument porte le nom du premier évêque qui occupa, au 6e s., l'un des sièges épiscopaux les plus importants de la Bretagne médiévale. Moine originaire du pays de Galles, il avait fui les Pictes et les Saxons pour fonder un monastère dans la région. C'est pour l'honorer que les Trégorrois ont construit l'une des plus belles cathédrales bretonnes (14e-15e s.). Dans ses *Souvenirs d'enfance et de jeunesse*, Renan la qualifie de « paradoxe architectural » et de « chef-d'œuvre de légèreté, fol essai pour réaliser en granit un idéal impossible ».

Trois tours reposent sur le transept. Celle du croisillon sud (18e s.) s'élève à 63 m et s'ouvre par le « porche des Cloches » (1438), surmonté d'une belle **fenêtre★** flamboyante. Inachevée, la tour du Sanctuaire, de style gothique, occupe la croisée. La tour Hastings, romane, est le seul témoin de la cathédrale du 12e s.

Entrez par le porche de la façade ouest.

Avec ses arcades gothiques élégamment travaillées dans le granit, la **nef** paraît lumineuse. Une frise, sculptée en tuffeau plus tendre, court sous le triforium. Les voûtes nervurées « à la Tudor » sont éclairées par des fenêtres hautes. Les vitraux de Hubert de Ste-Marie, maître verrier de Quintin, illustrent des thèmes bibliques (scènes de l'Ancien Testament à gauche, au nord, et de l'Évangile à droite, au sud).

Faites le tour par le bas-côté gauche.

Le **tombeau de saint Yves**, saint patron des avocats, date de 1890 : il reproduit le monument érigé au 15e s. par le duc de Bretagne Jean V – le gisant de Jean V, sculpté en 1945, se trouve dans la chapelle du Duc.

Le bras gauche du transept est limité par la tour Hastings. Les beaux arcs romans partent d'un lourd pilier accolé de colonnes aux chapiteaux sculptés. En dessous apparaissent les portes de la sacristie et du cloître. Dans le déambulatoire, la 3e chapelle abrite un Christ du 13e s., en bois, dit « de Trémel ». Le chœur contient 46 **stalles★** Renaissance aux miséricordes sculptées.

Le bras droit du transept est magistralement éclairé par la **Grande Verrière★** :

la vigne mystique se mêle aux fondateurs des sept évêchés bretons, aux saints du terroir et aux métiers bretons. Un intéressant **groupe en bois** du 15e s., *Saint Yves entre le riche et le pauvre*, se trouve près du porche sud. Dans le bas-côté droit, remarquez les **enfeus** sculptés de chevaliers en armures, du 15e s.

Trésor – *Dans la sacristie*. Il présente, entre autres, le reliquaire du chef de saint Yves. Cette châsse en bronze doré du 19e s. s'appuie au mur de fondation de la tour Hastings, que certains estiment du 11e s. *✆ 02 96 92 30 51 - juin-sept. : 10h-18h sf pdt les offices - 4 € billet combiné avec le cloître.*

Cloître★ – Adossé à l'évêché, il forme un bel ensemble du 15e s. encadrant une croix de calvaire. Derrière ses 40 arcades flamboyantes en granit de l'île Grande et de Pluzumet, des voûtes à charpente boisée et sablière abritent des gisants (15e-17e s.) et des personnages sculptés. Sous l'Ancien Régime, les galeries étaient louées à des marchands ambulants à l'occasion des foires. Pendant l'été, les « Vendredis de l'imaginaire breton » sont organisés dans l'enceinte du cloître (contes, animations et lectures).

Place du Martray

Au cœur de la ville, sur cette place ombragée bordée de maisons anciennes, se dresse la **statue** d'Ernest Renan, par Jean Boucher. Cet hommage rendu au chantre de la religion « rationnelle » indigna tellement les catholiques qu'ils commandèrent une œuvre représentative de leur sentiment : le *Calvaire de la protestation*, œuvre du sculpteur Yves Hernot. Inaugurée en 1904, elle se dresse encore dans le jardin public de la rue Marcellin-Berthelot.

Rue Saint-Yves

Un petit tour dans cette rue piétonnière permet de voir **la Psalette** édifiée en 1447. C'est dans cette demeure que les petits chanteurs de la cathédrale répétaient.

Monument aux morts

Sur le flanc gauche de la cathédrale.

C'est une œuvre sobre et émouvante, due au sculpteur breton **F. Renaud**, représentant la douleur d'une Bretonne en cape de deuil.

Presque en face, la **rue Colvestre** recèle de belles maisons anciennes, plus particulièrement la maison du duc Jean V, l'hôtel de Kermorvan et l'hôtel de Coetivy.

Revenez sur vos pas et descendez, en passant sous l'ancien évêché, vers le bois du Poète.

Bois du Poète

Dominant le **Guindy**, il constitue une agréable promenade au cours de laquelle on découvre le monument funéraire de l'écrivain **Anatole Le Braz**.

À proximité Carte de microrégion

★★ Jardins de Kerdalo B1

▷ À l'est. Dans le bourg de Trédarzec, prenez la D 20 vers Kerbors puis la première à gauche, et tournez deux fois à gauche - ✆ 02 96 92 35 94 - avr.-juin et sept. : lun. et sam. 14h-18h ; juil.-août : tlj sf dim. 14h-18h - 8 € (10-18 ans 4 €).

Créés par Peter Wolkonsky à partir de 1965, ces jardins botaniques imaginés dans un univers romantique font partie d'un domaine vallonné de 18 ha en bordure du Jaudy. Les sentiers serpentent au milieu des arbres majestueux, des bosquets et des massifs parfumés.

Le château de La Roche-Jagu.
R. Mattès / MICHELIN

Terrasses fleuries, gazon délicatement bordé d'une dentelle de galets, grotte italienne, pagode chinoise… : c'est un enchantement pour la vue et l'odorat ! Des cascades dégringolent jusqu'au Trieux en contrebas. Charmant **point de vue★** sur le port de Tréguier.

Minihy-Tréguier Plan Tréguier

1 km au sud. Prenez la direction de La Roche-Derrien et, à la sortie de l'agglomération, tournez à gauche.

Minihy-Tréguier, village natal de saint Yves, est le but du **pardon** du 3e dimanche de mai, dit « pardon des pauvres ». On dit « aller à St-Yves ».

L'église (15e s.) est bâtie sur l'emplacement de l'ancienne chapelle du manoir de Ker-Martin où naquit et mourut **Yves Helouri** (1253-1303) ; elle abrite une toile peinte où figure, en latin, son testament. Au cimetière, face au porche ouest, un petit monument du 13e s. est percé d'une arcade sous laquelle les pèlerins passent agenouillés. Dénommé « **tombeau de saint Yves** », c'est sans doute l'autel de la chapelle primitive.

La Roche-Derrien B1

5 km au sud-ouest par la D 8.

Cette ancienne place stratégique a été le théâtre d'une importante bataille pendant la guerre de Succession de Bretagne en 1347. Elle a longtemps dû sa prospérité au négoce du lin et est aujourd'hui une agréable villégiature de la vallée du Jaudy (kayak).

Église – Elle doit son plan inhabituel à l'ajout d'une grande chapelle par le seigneur Roland de Kersaliou en 1376. Un vitrail de 1927 illustre la célèbre bataille où Charles de Blois fut fait prisonnier.

★ Château de La Roche-Jagu B1

13 km au sud-est par les D 786 et D 787 - ✆ 02 96 95 62 35 - juil.-août : 10h-19h ; de Pâques à fin juin et sept.-oct. : 10h-12h, 14h-18h ; vac. de Noël et de fév. : 14h-17h - possibilité de visite guidée juil.-août avec spectacles mai.-sept. - château 4 € (enf. 3 €), parc gratuit.

Cet élégant château, construit au début du 15e s. au sommet des pentes abruptes et boisées qui forment la rive gauche du Trieux, constituait un parfait point de vue pour surveiller les allées et venues sur la rivière.
Sa façade ouest a gardé les corbeaux qui supportaient le chemin de ronde. De belles cheminées, très ouvragées, surmontent l'édifice.
Au cours de la visite, on parcourt les nombreuses salles aux plafonds à la française, la petite chapelle et ses deux oratoires. On admire particulièrement le travail exceptionnel réalisé par les compagnons charpentiers : on se promène dans les combles au milieu d'une véritable forêt de poutres et de piliers, mise en valeur par un bel éclairage.
Le chemin de ronde couvert qui subsiste sur la façade est permet de découvrir le magnifique **site★** du Trieux.
Le parc★ – Après la terrible tempête de 1987, un parc contemporain de 30 ha a été créé par l'architecte-paysagiste Bertrand Paulet; les paysages de Bretagne mais aussi un bois de camélias, une palmeraie et les vestiges de bassins de ruissage (travail du lin) invitent à d'agréables promenades. Ces jardins ont obtenu en 2005 le label national Jardin Remarquable.

Runan B2

13 km au sud par la D 8.
Situé sur un plateau du Trégorrois, Runan possède une importante **église★** qui appartint aux Templiers, puis aux hospitaliers de St-Jean-de-Jérusalem. Élevée aux 14e et 15e s., elle est richement décorée.
Son côté sud présente quatre pignons, constellés d'armoiries martelées. Le pignon du porche est orné d'un linteau sculpté figurant l'Annonciation et la Descente de croix; les douze apôtres superposés, en se réunissant, forment une clef de voûte.
À l'intérieur, les voûtes lambrissées reposent sur des sablières polychromes : à gauche de la nef, les signes du zodiaque; à droite, des animaux. Datant du milieu du 15e s., le **retable**, situé dans la chapelle des fonts baptismaux, présente des personnages d'une rare élégance, taillés dans la pierre bleutée de Tournai. *Visite sur demande auprès de M. Yvon Le Bianic - ✆ 02 96 95 00 17 - juil.-août : 9h-19h.*

Itinéraires conseillés Carte Environs de Tréguier

PRESQU'ÎLE DE PLOUGRESCANT

Itinéraire 1 de 37 km – environ 2h. Quittez Tréguier au nord et, dans Plouguiel, tournez à droite.

La Roche-Jaune

Dans ce petit port sur le Jaudy, les ostréiculteurs élèvent et affinent des huîtres creuses, dites fines du Trégor.

★ Chapelle Saint-Gonéry

✆ 02 96 92 27 54 - visite guidée sur demande à l'association Art, Culture et Patrimoine - de mi-juin à mi-sept. et vac. scol. : 15h-18h - 2,50 € (enf. 1,50 €).
La chapelle est surmontée d'une flèche en plomb, de 1612, curieusement inclinée sur une tour du 10e s.
À l'intérieur, sur les voûtes en bois peint sont représentés des épisodes de l'Ancien et du Nouveau Testament; ces **peintures** de la fin du 15e s., restaurées au 18e s. puis au 19e s., sont très intéressantes.

L'armoire aux reliques★ (16e s.) est située dans la chapelle à droite du chœur. Ce meuble à baldaquin est orné de panneaux : ils représentent saint Jean et un calice d'où s'échappe un serpent, sainte Marie-Madeleine et son pot d'onguents parfumés, saint Gonéry et sainte Barbe portant sa tour.

Dans la chapelle de gauche, on découvre le **mausolée★** d'un évêque de Tréguier (16e s.) dont le gisant repose sur une imposante dalle moulurée. Il est supporté par quatre lions, allusion aux armes des Halegoët qui portaient « d'azur à lion morné d'or ».

Pors-Hir

Ce petit port est bâti entre de gros rochers, près d'une anse. La route suit la côte dans un beau site; les maisons s'adossent à d'énormes rochers ou se faufilent entre de hauts blocs rocheux.

La **pointe du Château** est la pointe extrême de cette presqu'île : belles vues sur les îles d'Er, le phare des Héaux et les Sept-Îles.

Le Gouffre★ est une profonde entaille dans un chaos de rochers, où la mer déferle avec violence *(15mn à pied AR).*

Faites demi-tour : la route longe des lagunes, puis prenez trois fois à droite.

Du Roudour, on peut gagner l'**anse de Pors Scaff**, hérissée d'îlots rocheux, puis rejoindre **Buguélès**, centre balnéaire frangé d'îlots habités.

Port-Blanc

Ce petit port de pêche est aussi un lieu de séjour balnéaire. Sous les dunes de la grande plage, des dalles funéraires, actuellement recouvertes, laissent présumer l'existence d'une nécropole.

Gagnez l'esplanade en bordure de mer, tournez à gauche avant un groupe de maisons bâties sur des rochers (parking). Dans l'angle gauche, empruntez un chemin en montée que prolonge un escalier de 35 marches.

La **chapelle N.-D.-de-Port-Blanc** (16e s.) est couverte d'un toit qui descend jusqu'à terre.

Regagnez Tréguier en passant par Penvénan.

PRESQU'ÎLE SAUVAGE

Itinéraire 2 de 49 km – environ 3h. Quittez Tréguier en direction de Paimpol.

Lézardrieux

La ville est bâtie sur la rive gauche du Trieux qu'enjambe un pont suspendu. L'église du 18e s. possède un élégant clocher pignon flanqué de deux tourelles et coiffé d'un clocheton percé d'arcades, recevant les cloches. Ce type de clocher se retrouve pratiquement dans toute la presqu'île.

Prenez au nord la D 20 vers le sillon de Talbert. Longez le port de plaisance créé sur le Trieux. À 3 km, tournez à droite. Une route en descente mène à l'estuaire.

Ancien moulin à marée

Un bassin en amont retenait les eaux actionnant ce moulin, aujourd'hui ruiné.

Reprenez la direction du sillon de Talbert et tournez à droite.

Phare du Bodic

Ce petit phare commande l'entrée du Trieux. Un sentier, à gauche de cette construction, mène, à travers champs, vers une plate-forme d'où la **vue★** porte sur l'embouchure du Trieux et l'île à Bois au premier plan, l'archipel bréhatin au large.

La route passe ensuite à proximité de la baie de Pommelin, traverse Lanmodez et Larmor-Pleubian.

Sillon de Talbert

Longue de 3 km, cette étroite langue, entourée de récifs, est formée de sable et de galets déposés par les courants du Trieux et du Jaudy. On y ramasse le goémon (la cueillette annuelle est de 8 000 à 10 000 t d'algues) qui est ensuite séché sur place avant d'être traité dans une usine proche du sillon de Talbert.

Revenez à Larmor-Pleubian et prenez à droite vers la plage de Pors-Rand.

Table d'orientation de Créac'h Maout

Située en avant d'un monument commémoratif et de l'ancien sémaphore. Vaste **panorama★** sur la pointe de l'Arcouest, Bréhat, le sillon de Talbert, le phare des Héaux (1839), d'une hauteur de 56 m et d'une portée moyenne de 35 km, la pointe du Château et l'embouchure du Jaudy.

Par St-Antoine, gagnez Pleubian. Peu avant Pleubian, tournez à droite.

De la **plage de Kermagen**, on aperçoit la pointe du Château et les îles d'Er, toutes proches.

Pleubian

Sur le flanc gauche de l'église au clocher typique, se dresse une belle **chaire★** du 16e s. surmontée d'une croix. De forme ronde, elle présente une frise sculptée.

Dans Pleubian, prenez la direction de Kerbors par la côte. La route passe à proximité de l'allée couverte de Men-ar-Rompet, en partie enfouie dans la végétation, et de l'île à la Poule. Dans Kerbors, tournez à droite avant l'église.

Bellevue

Sur la rive du Jaudy, le regard se perd à droite sur l'embouchure de la rivière, à gauche sur la vallée et le site de Tréguier, dominé par les tours de la cathédrale. En face s'étage la Roche-Jaune. Sur le cours de la rivière, notez les élevages de truites et de saumons : l'aquaculture est une nouvelle ressource de cette région.

La route serpente ensuite parmi les champs de primeurs avant de redescendre vers la vallée du Jaudy et Tréguier.

NOS ADRESSES À TRÉGUIER

HÉBERGEMENT

POUR SE FAIRE PLAISIR

Chambre d'hôte Manoir de Troézel Vras – *22 610 Kerbors - 9 km au nord-est de Tréguier rte de Paimpol, dir. Pleumeur-Gautier puis Kerbors - ✆ 02 96 22 89 68 - http://troezel-vras.com - fermé 15 oct.-fin mars - P - 5 ch. 78 € - rest. 21 €.* Terre cuite au sol, murs travaillés à la chaux, gravures d'inspiration régionale, armoires anciennes et mobilier plus récent : voici planté le décor savamment éclectique, et très réussi, de ces jolies chambres aménagées dans un manoir du 17e s. Une adresse de charme.

RESTAURATION

PREMIER PRIX

Crêperie du Moulin à Mer – *1 r. du Moulin-à-Mer - 22 740 Lézardrieux - 11 km à l'est de Tréguier par D 20, rte de Lanmodez, 2,5 km après le port de Lézardrieux - ✆ 02 96 20 19 49 - nicoleseite@cegetel.net - Pâques à mi-sept. et vac. scol. tlj ; hors sais. : sam. soir et dim. - P - 10/20 €.* Ce manoir du 17e s., inscrit aux Bâtiments de France, abrite une crêperie vivement recommandée par les gens de la région. Sa salle rustique a conservé ses poutres d'origine et sa grande cheminée en granit. Choix important à la carte. À noter : les toilettes valent le coup d'œil.

La Poissonnerie J.-P.-Moulinet – *2 r. Renan - ✆ 02 96 92 30 27 - 6,50/38 €.* Adresse originale et sympathique que cette petite poissonnerie centrale qui, outre son activité traditionnelle, propose des dégustations de fruits de mer dans deux salles égayées de fresques marines *(ouv. juil.-sept.)*. Un menu Petit Mousse a même été prévu pour les enfants.

Café Pesked – *21 r. du Port - 22 220 Plouguiel - ✆ 02 96 92 01 82 - fermé sept.-Pâques (sf le soir en fin de sem. et vac. scol.), mar. midi et lun. de Pâques à sept. - ♿ - 8,70/13 €.* La façade blanche de cette petite maison bretonne contraste avec le bleu du port où s'affairent les ostréiculteurs. Vous y dégusterez huîtres, moules, soupe de poissons et truites fumées dans une ambiance « café » simple et sympathique. Beau choix de rhums parfumés.

BUDGET MOYEN

Le Crustacé – *2 r. de la Poste - 22 710 Penvénan, à 8 km à l'ouest de Tréguier - ✆ 02 96 92 67 46 - fermé lun. en juil.-août, dim. soir, mar. soir et merc. de sept. à juin. - 17/62 €.* En face de l'église, petit restaurant familial où l'on cultive le sens de l'accueil dans une salle rustique, simple et bien tenue. Cuisine traditionnelle et produits de la mer.

AGENDA

Pèlerinage – Tous les ans a lieu dans la petite île St-Gildas, au large de Port-Blanc, le **pardon aux chevaux** ou pardon de St-Gildas. Selon les marées, le pèlerinage a lieu fin mai ou début juin - *✆ 02 96 92 67 59.*

Pardon des pauvres – *voir Minihy-Tréguier, p. 249.*

Lannion

★

19 459 Lannionnais – Côtes-d'Armor (22)

NOS ADRESSES PAGE 258

S'INFORMER

Office du tourisme de Lannion – *2 quai d'Aiguillon - 22 300 Lannion - 02 96 46 41 00 - www.ot-lannion.fr - juil.-août : 9h-19h, dim. et j. fériés 10h-13h ; reste de l'année : tlj sf dim. 9h30-12h30, 14h-18h - fermé 1er janv., 15 août, 25 déc.*

Toute l'année, l'office de tourisme organise des visites guidées de la ville historique et des balades nocturnes en été *(3 €)*, ainsi que des visites audio-guidées, des jeux de piste et des circuits de promenade *(gratuit) - se rens. à l'office de tourisme.*

SE REPÉRER

Carte de microrégion A1 (p. 218-219) – *carte Michelin Départements 309 B2.*
La ville est coupée par la D 786 qui relie Morlaix (38 km à l'ouest) et Paimpol (35 km à l'est), en passant par Tréguier (18 km à l'est).

SE GARER

Le parking de la gare est payant, mais l'immense parking des Ursulines, proche du centre, est gratuit toute l'année.

À NE PAS MANQUER

Les remarquables maisons médiévales du centre-ville ; l'église de Brélévenez pour sa Mise au tombeau, le jubé de la chapelle de Kerfons et la pointe de Séhar pour le panorama sur la baie de Lannion.

ORGANISER SON TEMPS

Promenez-vous et déjeunez dans le vieux Lannion, avant de vous consacrer aux alentours l'après-midi. Pour ceux qui aiment les marchés, Lannion accueille chaque jeudi matin le plus important des Côtes-d'Armor.

Capitale du Trégor, Lannion est une cité active qui s'est spécialisée depuis les années 1960 dans les télécommunications et la téléphonie, d'où la présence du Cnet, Centre national d'études des télécommunications, au nord de la ville. L'élégant cachet de son vieux quartier baigné par le Léguer rappelle que la ville est longtemps restée une petite cité. C'est ce contraste entre modernité et « vieille Bretagne » qui en fait un agréable point de départ pour rayonner dans les environs.

Se promener

VISITE DE LA VILLE Plan de la ville

★ Maisons anciennes

À colombages, à encorbellement ou recouvertes d'ardoise, les façades des maisons des 15e et 16e s. sont remarquables. On les découvre principalement place

SE LOGER

Manoir du Launay (Chambre d'hôte) .... ①

Hortensias (Aux) .... ②

SE RESTAURER

Sarrazine (Crêperie La) .... ②

Tire-Bouchon (Le) .... ④

du Gén.-Leclerc *(nos 23, 29, 31, 33)*, rue des Chapeliers *(nos 1 à 9)*, rue Geoffroy-de-Pont-Blanc *(nos 1 et 3)* et rue Cie-Roger-de-Barbé *(nos 1 et 7)*. À l'angle de cette dernière rue, à gauche, une croix de granit a été scellée dans le mur à l'endroit où s'illustra le chevalier de Pont-Blanc, défenseur héroïque de la ville lors de la guerre de Succession. Plus loin au n° 19 de la rue Jean-Savidan, le couvent des Ursulines (17e s.) accueille **l'Imagerie**, dédiée à la photographie.

★ Église de Brélévenez

Escalier dit « de la Trinité » de 140 marches - 10h-18h - possibilité de visite guidée en juil.-août - 0,20 €.

Édifiée sur la colline par les Templiers au 12e s., elle fut remaniée à l'époque gothique. Avant d'entrer dans l'église, il faut voir la curieuse **abside romane** aux colonnes rondes engagées ornées de chapiteaux sculptés et décorée de modillons. Le clocher à flèche de granit est du 15e s. Sa terrasse offre une jolie vue sur la ville et la vallée. Sous le chœur, une crypte romane remaniée au 18e s. abrite une superbe **Mise au tombeau★**. Les personnages, en pierre polychrome, sont grandeur nature (18e s.).

Itinéraires conseillés

CHAPELLES ET CHÂTEAUX Carte Environs de Lannion

Itinéraire 1 de 50 km – environ 3h. Quittez Lannion par la D 11 (rte de Plouaret). 1,5 km après Ploubezre, à un embranchement où se dressent cinq croix de granit, prenez à gauche et, à 1,2 km, encore à gauche.

★ Chapelle de Kerfons

02 96 47 15 51 - www.ploubezre.fr - de mi-juin à mi-sept. : tlj sf mar. 10h30-12h, 14h-18h30 - possibilité de visite guidée (30mn) - 2 € (-15 ans gratuit).

Entourée de châtaigniers, elle fut bâtie aux 15e et 16e s. Une corniche à modillons court sur le flanc droit et un clocheton décoré d'atlantes coiffe le pignon du bras droit du transept. Elle renferme un très beau **jubé★** en bois, sculpté à la fin du 15e s.

Faites demi-tour, puis prenez à gauche la D 31B.

La route descend bientôt en lacet dans la vallée du Léguer. Sitôt franchie la rivière aux eaux rapides et bruyantes, les ruines du château se dressent sur la gauche.

★ Château de Tonquédec

02 96 54 60 70 - juin-sept. : 10h-19h ; avr.-juin : 14h-18h ; oct. : w.-end et vac. de la Toussaint : 14h-17h30 - 5 € (enf. 2 €).

Élevé au début du 13e s., il a été démantelé sur ordre de Jean IV en 1395. Reconstruit au début du 15e s., il fut à nouveau démantelé sur ordre de Richelieu en 1622.

On pénètre dans une première cour fortifiée, puis, par une poterne, dans la deuxième cour. Un escalier de pierre *(70 marches)* conduit à la plate-forme du donjon aux murs de près de 4 m d'épaisseur : la vue permet de découvrir le

plan du château et révèle la nature du pays trégorrois, vaste plateau horizontal coupé de profondes vallées en pente raide, pratiquement inhabitées.
Faites demi-tour et revenez à la D 11, prenez à gauche la route de Plouaret où vous tournerez encore à gauche. À 1 km, prenez de nouveau à gauche.

Château de Kergrist

℘ 02 96 38 91 44 - visite guidée de l'intérieur (30mn) à partir de 15 pers. de Pâques à fin oct. : 11h-18h30 - 5 € (jardin), 10 € (visite guidée + jardin).
Un de ses principaux attraits réside dans la variété de ses façades. Gothique au nord, avec ses lucarnes à hauts gâbles flamboyants, le corps de logis a été bâti aux 14e et 15e s. Il présente à l'opposé une façade du 18e s., tandis que les ailes en retour, qui lui sont antérieures, sont classiques sur les jardins. Ces derniers, tracés à la française, s'allongent jusqu'à la terrasse qui surplombe un parc anglais et les bois. Salon de thé, expositions d'artistes et d'artisans.
Revenez à la route de Plouaret où vous tournerez à gauche. À 2,2 km, prenez à gauche.

Chapelle des Sept-Saints

Noyée dans la verdure, la chapelle des Sept-Saints (18e s.) est en partie édifiée sur un imposant dolmen. On y vénère les Sept Dormants d'Éphèse, culte venu d'Asie Mineure : selon la légende, sept jeunes chrétiens, emmurés vivants dans une caverne au 3e s., se sont réveillés au bout de deux siècles. Chaque année, un pèlerinage islamo-chrétien se déroule dans cette chapelle bretonne.
On accède à la crypte située sous le mégalithe, de l'extérieur, par une petite porte pratiquée dans le bras droit du transept.
Par Pluzunet et Bardérou, gagnez la route de Lannion où vous prendrez à gauche. Dépassez Caouënnec et continuez vers Lannion. Dans Buhulien, prenez à gauche la direction de Ploubezre. 100 m après la ferme de Pont-Keriel, tournez à gauche dans un chemin non revêtu qui s'enfonce dans le bois.

Château de Coatfrec

Il reste de belles ruines de cette imposante demeure du 16e s.
Gagnez Ploubezre où vous tournerez à droite pour revenir à Lannion.

PAYSAGES MARITIMES

Itinéraire 2 de 32 km – environ 2h. Quittez Lannion par le quai du Maréchal-Foch pour rejoindre la D 88.

Loguivy-lès-Lannion

Ce faubourg de Lannion s'étage à flanc de colline dans un cadre agréable. L'**église**, nichée dans un théâtre de verdure sur les bords du Léguer, date du 15e s. Un curieux escalier extérieur mène au clocher-mur construit en 1570. Dans la chapelle à droite du chœur, remarquez le **retable** de l'Adoration des mages en bois sculpté, du 17e s. Des bergers en costumes bretons y jouent du biniou et de la bombarde.
Dans le cimetière, sous des ifs plusieurs fois centenaires, **fontaine** en granit (1577).
Au-delà de Ploulec'h, la D 88 s'élève en direction du Yaudet.

Le Yaudet

Dans un site superbe de hautes falaises, ce hameau fut un siège épiscopal aux premiers siècles de notre ère, avant d'être détruit par les Danois vers 848. Il possède encore des vestiges de murs romains et une **chapelle**, dont le maître-autel affiche une curieuse Trinité : au-dessus de l'autel, la Vierge est couchée

avec l'Enfant Jésus à ses côtés, Dieu le Père est assis dans l'alcôve, au pied du lit, et en haut apparaît la colombe du Saint-Esprit.
Du parking, le sentier du Corps de Garde mène à une plate-forme : jolie **vue** sur le Léguer.
Revenez au centre du Yaudet et tournez à droite. Dans Christ, prenez à droite vers Locquémeau.

Locquémeau

Le bourg domine la plage et le port de pêche. On y accède par la route en corniche qui s'embranche à gauche à l'entrée de la localité. Une école de voile et la récolte du goémon animent les lieux.
Pointe de Séhar★ – Laissez la voiture près du port de Locquémeau et gagnez la pointe. **Vue★** à l'ouest jusqu'à la pointe de Primel et, à l'est, jusqu'à Trébeurden.

Trédrez

Saint Yves fut recteur de Trédrez de 1284 à 1292. Les environs sont riches en calvaires, manoirs et fontaines. L'**église Notre-Dame**, achevée en 1500, comporte un clocher-mur caractéristique de la région. Remarquez les fonts baptismaux en granit du 14e s. dont le baldaquin (1540) polychrome est un beau travail de sculpture sur bois.
Quittez Trédrez vers Kerbiriou et suivez la route qui mène à la pointe de Beg-ar-Forn.
On découvre, peu avant le parking, une belle vue sur la baie et la Lieue de Grève.
Faites demi-tour et, au 2e carrefour, tournez à droite vers St-Michel-en-Grève.

Saint-Michel-en-Grève *(voir Côte des Bruyères, p. 350)*

À la sortie de St-Michel-en-Grève, en direction de Lannion, prenez à droite.

Ploumilliau

L'**église** du 17e s. possède, dans le bras droit du transept, treize **panneaux** en bois sculpté polychrome retraçant des épisodes de la vie du Christ. Sur le mur face à la porte de la sacristie, on découvre une curieuse représentation de l'Ankou (la Mort) que l'on retrouve si fréquemment dans les légendes bretonnes.
Rejoignez la route Morlaix-Lannion au nord et tournez à droite pour rentrer à Lannion.

NOS ADRESSES À LANNION

HÉBERGEMENT

BUDGET MOYEN

Aux Hortensias – *Rte de Perros-Guirec - ✆ 02 96 48 75 39 - www.hotelauxhortensias-lannion.com -* ♿ 🅿 *- 16 ch. 50/70 € - ☕ 7,50 €.* Ce petit hôtel récent propose, en plus d'un accueil sympathique, des chambres fonctionnelles et des studios équipés d'une cuisinette, très pratique pour les longs séjours. Situé sur la commune de Lannion, il est en réalité plus proche de la station balnéaire de Perros-Guirec, seulement à 5 km.

POUR SE FAIRE PLAISIR

Chambre d'hôte Manoir du Launay – *Chemin de Ker-Ar-Faout par D 21 rte de Pleumeur-Bodou - ✆ 02 96 47 21 24 - www.manoirdulaunay.com -* 🅿 *-85/115 € ☕.* L'origine de ce superbe petit manoir remonte au 17e s. Il a été entièrement reconstruit après la Seconde Guerre mondiale avec des matériaux d'origine. L'intérieur, très bien rénové, offre un cadre des plus agréables : beaux meubles chinés, cheminées préservées, chambres personnalisées par de jolies couleurs et de multiples détails, salles de bains contemporaines. Une adresse pétrie de charme!

RESTAURATION

BUDGET MOYEN

Crêperie La Sarrazine – *13 r. Jeanne-d'Arc - ✆ 02 96 37 06 48 - alicia.huet@wanadoo.fr - fermé merc. midi - 15/30 €.* Les habitués affectionnent l'atmosphère familiale de ce petit restaurant qui sert des crêpes traditionnelles dans sa salle à manger aux murs de pierres apparentes ou, à la belle saison, dans le jardin situé derrière la maison.

Le Tire-Bouchon – *8 r. Keriavily - ✆ 02 96 37 10 43 - fermé 1 sem. fin juin, 2 sem. fin oct., 1 sem. à Noël, lun. midi, sam. midi et dim. - ♿ - 18 €.* Une adresse qui se targue de ne proposer « ni frites, ni ketchup »… Vous y dégusterez une goûteuse cuisine traditionnelle et les spécialités maison que sont le bar breton, les ormeaux frais ou la poêlée de St-Jacques. Décor chaleureux, miniterrasse-trottoir, service charmant et ambiance conviviale.

ACHATS

Le Fournil d'Hubert – *16 pl. du Gén.-Leclerc - ✆ 02 97 37 60 65 - www.pain-tregor.fr - tlj sf lun. 7h30-13h, 14h30-19h30, dim. 7h30-13h.* Sous le regard des clients, M. Bonnier pétrit, façonne et cuit ses pains au feu de bois « comme autrefois » : pains spéciaux, viennoiseries pur beurre et les incontournables *far* et *kouign-amann*. En décor, une collection d'objets anciens, notamment des banques de vente du 19e s.

Distillerie Warenghen – *Rte de Guingamp - ✆ 02 96 37 00 08 - www.distillerie-warenghem.com - tlj sf dim. 10h-12h, 15h-18h, sam. 10h-12h, lun. 15h-18h - fermé 1er sept.-15 juin et j. fériés.* Longtemps spécialisée dans la fabrication de crèmes et de liqueurs, cette entreprise centenaire s'est orientée depuis 1994 vers de nouveaux produits : un whisky breton (visite guidée de la distillerie, de l'orge malté au whisky vieilli) et toute une gamme de bières. Boutique aménagée au sein de l'usine.

ACTIVITÉS

Kayak - Base Nautique – *R. St-Christophe - ✆ 02 96 37 43 90 - www.ville-lannion.fr - tlj 9h-17h30; été ouv. tlj; sur réserv. en hors sais. - fermé certains w.-ends - 7,50 € tarif minimun location horaire.* Des stages en mer *(en baie de Lannion)* ou en rivière *(sur le Léguer)* sont organisés en juil.-août. Rafting et nage en eau vive.

Golf de St-Samson – *Rte de Kérénoc - 22 560 Pleumeur-Bodou - ✆ 02 96 23 87 34 - www.golfhotel-saint-samson.com - 7h30-20h - fermé janv. - 30/48 € le greenfee.* À 9 km de Lannion, agréable parcours de 18 trous sur 57 ha de lande et de pins. De certains points, vue panoramique sur la Côte de Granit rose.

AGENDA

Lannion s'anime chaque été avec le Festival Vocce Humana, les Estivales photographiques et les Tardives (festival de contes, musiques et danses). Marché régional tous les jeudis.

Perros-Guirec

★

7 369 Perrosiens – Côtes-d'Armor (22)

NOS ADRESSES PAGE 264

S'INFORMER

Office du tourisme de Perros-Guirec – *21 pl. de l'Hôtel-de-Ville - 22 700 Perros-Guirec - 02 96 23 21 15 - www.perros-guirec.com - juil.-août : 9h-19h30, dim. 10h-12h30, 16h-19h ; sept.-juin : tlj sf dim. 9h-12h30, 14h-18h30 - fermé 1er janv., 25 et 31 déc.*

SE REPÉRER

Carte de microrégion A1 (p. 218-219) – *carte Michelin Départements 309 B2.*
Perros-Guirec est accessible depuis Guingamp par la D 767 (45 km au sud-est) puis la D 788 à partir de Lannion (13 km au sud). Tréguier est à 20 km à l'est par la D 6.

SE GARER

Non seulement vous trouverez facilement à vous garer dans le centre-ville de Perros-Guirec, mais en plus le stationnement est gratuit.

À NE PAS MANQUER

Le sentier des douaniers à marée haute pour observer le fracas des vagues sur les falaises, et les rochers de granit rose de Ploumanach.

ORGANISER SON TEMPS

Renseignez-vous sur les horaires des vedettes en partance pour les Sept-Îles.

Bâti en amphithéâtre sur les falaises littorales, « Perros » domine le bassin à flot où se trouvent les ports de pêche et de plaisance. Cette situation géographique est à l'origine de son nom, qui signifie « tête de colline » en breton. Il faut donc descendre vers la mer pour profiter de ses deux plages, Trestraou et Trestignel, dont le sable fin et la douceur climatique ont depuis longtemps conquis un public familial.

Se promener Plan de la ville

Église Saint-Jacques B

02 96 23 21 64 - avr.-oct. : 9h-12h, 14h-18h ; janv.-mars : 9h-12h, 14h-17h, possibilité de visite guidée sur réserv. - fermé dim. et j. fériés - gratuit.

Au puissant clocher du 14e s., coiffé en 1669 d'un dôme surmonté d'une flèche, est accolé un porche présentant une fine arcature trilobée. La **nef romane**★ est un vestige de la première chapelle élevée en ce lieu : de massives colonnes, cylindriques à gauche, à colonnettes engagées à droite, supportent les chapiteaux historiés ou ornés de motifs géométriques. Remarquez la poutre de gloire, le bénitier en granit (12e s.) décoré de petits personnages et les nombreuses statues anciennes. Un petit porche en plein cintre s'ouvre sur le flanc droit.

SE LOGER

- Ferme de l'Étang (Chambre d'hôte La) 1
- Hermitage (Hôtel) 4
- Levant (Hôtel Le) 7

SE RESTAURER

- Clarté (La) 1
- Crémaillère (La) 4
- Gulf Stream (Hôtel restaurant Le) 7

Table d'orientation B

Vue★ sur la pointe du Château, la plage de Trestrignel, Port-Blanc, Trélevern, Trévou, l'île Tomé, les Sept-Îles et, en contrebas, les rochers.

Pointe du Château B

De ce belvédère escarpé se révèle une jolie **vue★** sur le site de Perros-Guirec, les Sept-Îles, l'île Tomé et la côte jusqu'à Port-L'Épine.

Musée de Cire - Chouannerie bretonne B

51 bd du Linkin - ✆ 02 96 91 23 45 - juil.-août : 9h30-18h30 ; avr.-juin et sept. : 10h-12h15, 14h-18h, possibilité de visite guidée - 3 € (-14 ans 1,50 €).

Il reproduit des scènes historiques qui mettent en scène divers personnages, de La Chalotais à Auguste Renan. Collection de coiffes de basse Bretagne.

À proximité

La Clarté Plan de la ville A en dir.

3 km à l'ouest.

La jolie **chapelle N.-D.-de-la-Clarté★**, de granit rose, se trouve à 200 m en retrait du boulevard. Au 16e s., le seigneur de Barac'h, dont le navire se trouvait en danger dans les parages, aurait fait vœu d'élever une chapelle à Notre-Dame à l'endroit de la côte qui sortirait le premier du brouillard. Le portail sud s'agrémente de sculptures en bas-relief : au linteau, Annonciation et pietà. La nef, à la belle élévation, comprend trois travées ; choux, rosaces et feuillages sculptés la décorent. Remarquez aussi le bénitier du 15e s. orné de trois têtes de Maures et le Chemin de croix de Maurice Denis (1931). Par la rue du Tertre, qui s'ouvre sur le flanc gauche de la chapelle, gagnez le sommet pour profiter de la **vue★**.

★ Sémaphore Plan de Ploumanach

3,5 km à l'ouest.

Du belvédère aménagé en bordure de la route, la **vue★** s'étend en avant sur les rochers de Ploumanach ; au large sur les Sept-Îles ; en arrière sur les plages de Perros-Guirec et sur la côte de Port-Blanc.

★★ Sentier des douaniers Plan de Ploumanach

1h45 jusqu'à Ploumanach, 3h jusqu'à Trégastel. Cette promenade magnifique (l'appareil photo est indispensable) est à faire de préférence le matin et à marée haute dans le sens est-ouest, en fin d'après-midi dans l'autre sens.

Peut-être le plus beau sentier de la côte bretonne en dehors des périodes de forte affluence. À partir de la plage de Trestraou, on suit le bord de la falaise jusqu'à Porz Rolland où l'aspect de la côte change complètement. On serpente parmi d'extraordinaires **rochers** *(voir « Rochers » ci-dessous)* pour atteindre la pointe de Squewel, le phare de Ploumanach (Men-Ruz) et la Maison du littoral.

★★ Ploumanach Plan de Ploumanach

À 5,5 km de Perros-Guirec.

À hauteur de cette station balnéaire, qui est aussi un petit port de pêche, la Côte de Granit rose est particulièrement belle.

Rochers★★ – *De Porz Rolland à Porz ar Mor, par le sentier des douaniers (voir ci-dessus).* C'est, en quelque sorte, une réserve où l'on maintient l'originalité du site rocheux. Le point le plus intéressant est la pointe de Squewel, constituée d'innombrables rochers séparés par des anses. On découvre des rochers aux formes curieuses où l'on reconnaît la « Tortue », le « Lapin », etc.

Maison du littoral – *02 96 91 62 77 - ♿ - de mi-juin à mi-sept. : tlj sf dim. 10h-13h, 14h-18h ; le reste de l'année et vac. scol. : tlj sf w.-end 14h-17h - fermé j. fériés - gratuit.*

Elle présente diverses expositions destinées à faire comprendre la formation du granit ainsi que les méthodes d'exploitation de cette pierre, d'hier à aujourd'hui.
Plage St-Guirec – Le sentier qui longe la plage et l'hôtel St-Guirec passe entre de superbes **rochers★★** de granit rose : la « Tête de Mort », le « Sabot Renversé », le « Pied ». À l'extrémité gauche de la plage, sur un rocher baigné par la mer à marée haute, s'élève l'**oratoire** dédié à saint Guirec, qui débarqua ici au 6e s. Dans son oratoire, la statue du saint en granit a remplacé l'effigie primitive en bois, qui avait souffert d'une tradition peu respectueuse : les jeunes filles désirant se marier venaient planter une épingle à chignon dans le nez de l'apôtre. On ne connaît pas précisément les résultats, mais la tradition reste vivace, comme en témoigne le visage mutilé du pauvre saint Guirec. En face, l'île de Costaérès et son château *(privé)*.
Vallée des Traouïero – *Comptez une demi-journée. Bonnes chaussures recommandées*. Derrière les moulins à marée qui ferment le port, le Petit et le Grand Traouïero sont deux vallées sauvages encore hantées de nombreuses légendes. La végétation y est très dense et les sentiers s'aventurent au milieu d'impressionnants rochers de granit.

Excursion Carte de microrégion

★★ LES SEPT-ÎLES A1

Cet archipel a été déclaré **réserve ornithologique** en 1912. *Un service de vedettes, partant de la gare maritime de Trestraou, permet de faire le* **tour des îles**.
Accès direct aux îles – *02 96 91 10 00 - www.armor-decouverte.fr - avr.-sept. : 8h30-18h30 - découverte des Sept-Îles 16 € (enf. 10 €) et excursions animées par la LPO (Ligue pour la protection des oiseaux) ; juil.-août : pêche en mer, dép. 8h30.* Quatre compagnies disposent d'une centrale de réservation à la gare maritime de Trestraou. Elles proposent des visites guidées de l'archipel des Sept-Îles, la plus grande réserve naturelle d'oiseaux marins en France (23 000 couples). Une escale à l'île aux Moines et la vue sur la Côte de Granit rose et ses chaos granitiques, sont au programme de ces excursions. *Avr.-sept., vac. scol., fév.-nov. (durée 2h30). Excursions vers l'île de Bréhat (dép. de Perros-Guirec avr.-sept. : 2-3 fois/sem.).*

Île Rouzic A1

Débarquement interdit.
Le bateau s'approche de cette île, appelée aussi île aux Oiseaux. Sur la face nord, de février à septembre, réside une impressionnante **colonie★** de fous de Bassan : environ 12 000 couples que l'on peut observer depuis la station ornithologique de l'île Grande, grâce à une liaison vidéo télécommandée. On peut voir également des guillemots, des pingouins torda, des goélands bruns, argentés ou marins, des cormorans huppés, des macareux, des mouettes tridactyles, des huîtriers pies et quelques fulmars. Ils se reproduisent sur l'île en mars et la quittent fin juillet. Autre intérêt : la présence d'une colonie de phoques gris (une trentaine d'individus).
Le bateau longe ensuite les **îles de Malban** et de **Bono**.

Île aux Moines A1

L'escale *(45mn environ)* permet de découvrir la poudrière, le **phare** (portée de 40 km) d'où se développe un beau panorama sur l'archipel et la côte, puis le fort, en partie ruiné, construit par Vauban à l'extrême pointe de l'île et, en contrebas, l'ancien monastère avec sa minuscule chapelle.
Au retour, on peut admirer du large l'extraordinaire chaos de rochers granitiques roses de la pointe de Ploumanach. *N'est plus accessible au public.*

NOS ADRESSES À PERROS-GUIREC

HÉBERGEMENT

BUDGET MOYEN

Chambre d'hôte La Ferme de l'Étang – *Le Launay - 22660 Trélévern - ☎ 02 96 91 70 44 - fermé oct.-Pâques - P - 3 ch. 55 €.* Les canards s'ébattent dans l'étang ou se prélassent sur la pelouse devant les hôtes, qui apprécient le charme rustique de cette longère du 19e s., son calme, son vaste salon, sa collection de poupées et ses chambres non-fumeurs.

Hôtel Hermitage – *20 r. Frères-Le-Montréer - ☎ 02 96 23 21 22 - www.hotelhermitage-22.com - ouvert 1er avril-30 sept. - P - 23 ch. 52/62 € - 7 € - rest. 23 €.* Un grand hôtel du centre-ville, dans un jardin arboré. Chambres assez petites, mais de bonne tenue. Les habitués viennent ici autant pour le cadre que pour l'ambiance familiale.

Hôtel Le Levant – *91 r. E.-Renan - ☎ 02 96 23 20 15 - www.le-levant.fr - 19 ch. 55/78 € - 8 € - rest. 19/38 €.* Cet hôtel récent convient à une clientèle d'affaires. Les chambres petites, fonctionnelles, toutes dotées de balcon ou de terrasse, regardent le port de plaisance. La salle à manger au décor marin jouit d'une jolie vue sur les mâts. Carte traditionnelle de la mer.

Hôtel du Parc – *174 pl. St-Guirec - 22700 Ploumanach - ☎ 02 96 91 40 80 - www.hotelduparc.com - fermé 11 nov.-20 déc., sam. midi et dim. soir sauf vac. scol. - P - 10 ch. 49/55 € - 8 € - rest. 15/37 €.* Au centre du village, avec la plage et les célèbres rochers tout proches, une maison familiale en granit rose dotée d'un beau jardin. Chambres petites, mais bien tenues. Produits de la mer servis sur les grandes terrasses ou dans un cadre marin. Coin crêperie.

RESTAURATION

BUDGET MOYEN

La Crémaillère – *13 pl. de l'Église - ☎ 02 96 23 22 08 - lacremaillere488@orange.fr - fermé lun. midi tte l'année sf j. fériés et merc. sf vac. scol. - ♿ - formule déj. 15,50 € - 19,20/48 €.* Accueillante maison régionale du 19e s. nichée au cœur de la station. Le chef y concocte une cuisine traditionnelle ensoleillée, assortie de grillades. Pierres apparentes et mobilier en fer forgé dans la salle à manger, également pourvue d'une mezzanine un peu plus feutrée.

Hôtel-restaurant Le Gulf Stream – *26 r. des Sept-Îles - ☎ 02 96 23 21 86 - www.gulf-stream-hotel-bretagne.com - fermé 15 nov.-15 déc. et 4 janv.-5 fév. - P - 25 € - 11 ch. 50/70 € - 8 €.* Il règne une délicieuse atmosphère 1900 dans cette plaisante maison à la façade tapissée de lierre. Les spécialités iodées sont à savourer en même temps que la vue imprenable sur la baie des Sept-Îles. La plupart des chambres, simples et récemment rafraîchies, donnent sur la mer.

POUR SE FAIRE PLAISIR

La Clarté – *24 r. Gabriel-Vicaire à La Clarté - ☎ 02 96 49 05 96 - www.la-clarte.com - fermé 15 déc.-5 fév., dim. soir sf juil.-août, merc. sf le midi d'avr. à sept. et lun. - ♿ P - 27/74 €.* Cette jolie maison de granit rose, prisée par la clientèle locale, affiche fièrement son nouveau décor élégant et actuel, dans des tons lumineux. Appétissants menus de la mer.

ACHATS

Marché – Il se tient pl. du Marché *(vend. mat.)* et à la Clarté, face à la chapelle *(dim. mat).*

EN SOIRÉE

Casino – *Plage de Trestraou - ✆ 02 96 49 80 80 - www.casino-perros-guirec.com - tlj 10h-3h, w.-end et juil.-août : 10h-4h.* Établissement moderne et chaleureux, face à la plage du Trestraou : 98 machines à sous, une boule, une roulette et un black-jack *(ouverts uniquement le soir).*

ACTIVITÉS

Bon à savoir – Seule station littorale de Bretagne à avoir obtenu le Label Kid, récompensant la qualité de l'accueil réservé aux plus jeunes, Perros-Guirec compte un centre nautique, un espace multisports dédié à la glisse et 3 clubs de plage pour les enfants à partir de 3 ans.

Perros-Plongée – *1 bd Aristide-Briand - ✆ 02 96 23 22 13 - www.perros-plongee.fr - sais. : tlj sf lun. 9h30-12h30, 14h-19h30 (hors-sais. : 14h30-19h), dim. 10h-12h30.* Des moniteurs diplômés d'État vous emmènent plonger en bateau.

Surf – *2 r. Mar.-Joffre - ✆ 02 96 23 18 38 - www.7islandsurfclub.com - fermé déc.-janv.* Initiation ou compétitions à la plage de Trestraou (cours individuels ou collectifs).

Centre Nautique – *Plage de Trestraou - ✆ 02 96 49 81 21 - www.perros-guirec.com - 9h-19h - fermé de mi-déc. à mi-janv. - 23 € Balade en mer sur vieux gréement ou sur goelette moderne (-12 ans 16 €).* Une équipe dynamique anime ce club implanté au bout de la plage de Trestraou. Cours et location de catamaran, de dériveur, de planche et de kayak, sorties en mer sur un voilier traditionnel ou sur une goélette. Deux accompagnateurs sont spécialement formés à encadrer les personnes à mobilité réduite. Accueil des enfants à partir de 4 ans.

L'« Argentilez » – *✆ 02 96 49 81 21 - 22/44 € (1/2 j/j).* Jadis, ce flambart ramassait du goémon, aujourd'hui il vous promènera le long de la côte de Granit rose le temps d'une journée ou d'une demi-journée.

Promenades et randonnées à pied – Un large éventail de circuits de randonnée part de Perros-Guirec, suivant la côte et ses chaos de granit rose, s'enfonçant dans les différents quartiers de la ville ou la vallée de Traouïero. Promenades à pied sur plus de 40 km de parcours balisés, mais aussi à cheval ou en VTT pour découvrir chemins et petites routes.

Le « Sant C'hireg » – *25 r. de Kerreult - 22 700 Perros-Guirec - ✆ 02 96 23 22 11 ou 06 85 92 60 61 - www.santguirec.com - horaires variables selon les marées, se renseigner - 38 €/j (-12 ans 24 €/j), 1/2 j possible.* Réplique d'un langoustier camarétois des années 1920 qui vous emmène visiter l'archipel des Sept-Îles. Participation aux manœuvres. Animation par un biologiste de la mer. Prévoir son pique-nique.

Côte de Granit rose

★★

Côtes-d'Armor (22)

NOS ADRESSES PAGE 269

S'INFORMER

Office du tourisme de Perros-Guirec – *21 pl. de l'Hôtel-de-Ville - 22700 Perros-Guirec - 02 96 23 21 15 - www.perros-guirec.com - juil.-août : 9h-19h30, dim. 10h-12h30, 16h-19h ; sept.-juin : tlj sf dim. 9h-12h30, 14h-18h30 - fermé 1er janv., 25 et 31 déc.*

Office du tourisme de Trégastel-Plage – *5 pl. Ste-Anne - 22730 Trégastel - 02 96 15 38 38 - www.ville-tregastel.fr - juil.-août : 9h30-13h, 14h-19h, dim. et j. fériés 10h-12h30 ; avr.-juin et sept. : tlj sf dim. 9h30-12h, 14h-18h, j. fériés 10h-12h ; reste de l'année : tlj sf dim. 9h30-12h, 14h-17h30, sam. 9h30-12h - fermé 1er janv., 1er Mai, 25 déc.*

SE REPÉRER

Carte de microrégion A1 (p. 218-219) – *carte Michelin Départements 309 A/B2.* Même si l'usage lui adjoint parfois toute la côte, de la pointe de l'Arcouest à l'est (nord de Paimpol) à Trébeurden à l'ouest, la Côte de Granit rose correspond *stricto sensu* à la partie du littoral qui va de Ploumanach à l'île Grande, entre Perros-Guirec à l'est, et Trébeurden à l'ouest.

À NE PAS MANQUER

Les blocs de granit rose qui jalonnent le sentier des douaniers, surtout à la hauteur de Ploumanach et sur l'île Renote, à Trégastel.

ORGANISER SON TEMPS

Comptez entre 3 et 4h (AR) de marche pour suivre le sentier des douaniers entre Perros-Guirec et Trégastel.

AVEC LES ENFANTS

Évadez-vous au Planétarium de Bretagne, découvrez la Cité des télécoms et soignez les oiseaux à la station ornithologique d'île Grande.

Il y a quelque chose de magique tout au long de cette côte. La couleur bien sûr, mais surtout la forme érodée, surprenante, multiple et parfois amusante, des rochers de granit qui émergent le long des grèves, des criques et des îlots composant ce rivage inoubliable. De nombreux sentiers permettent de les approcher : affûtez votre œil et laissez-vous enchanter !

Itinéraire conseillé Carte Côte de Granit rose

DE PERROS-GUIREC À TRÉBEURDEN

Itinéraire de 27 km – environ 6h. Quittez Perros-Guirec vers l'ouest.

En 1887, **Joseph Le Bihan** quitte Paris, où il était maître d'hôtel, pour s'installer à Trestraou (une plage de Perros-Guirec conserve l'appellation du lieu-dit).

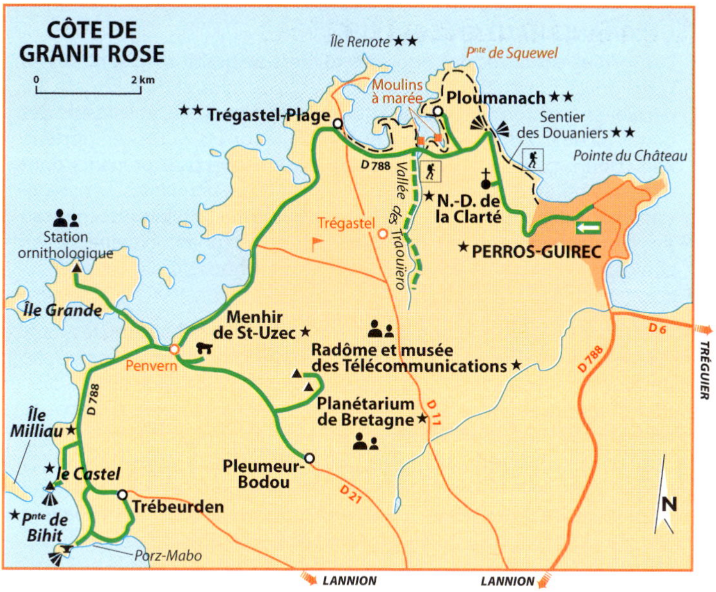

Il y reçoit bientôt toutes les personnalités de l'époque : hommes politiques, artistes, écrivains… À l'exemple de la Côte d'Émeraude, la Côte de Granit rose devient à la mode.

★ Chapelle Notre-Dame-de-la-Clarté *(voir Perros-Guirec, p. 261)* et ★★ Ploumanach *(voir Perros-Guirec, p. 262)*

★★ Trégastel-Plage *(voir p. 270)*

La D 788 passe en bord de mer. Le regard se porte sur une côte étrange, parsemée de nombreux îlots et récifs.

Au hameau de Penvern, après le café du Menhir, prenez à gauche vers Pleumeur-Bodou.

★ Menhir de Saint-Uzec

Ce beau menhir est surmonté d'une croix ; des instruments de la Passion entourent l'effigie d'une femme en prière.

Par la chaussée en contrebas du menhir, gagnez la route de Pleumeur-Bodou, tournez à gauche et, 400 m plus loin, prenez encore à gauche.

Pleumeur-Bodou

Ce village est connu pour son impressionnant radôme de 64 m de diamètre auprès duquel s'est ouvert le Parc scientifique du Trégor.

Cité des télécoms★ – *☎ 02 96 46 63 80 - www.cite-telecoms.com - ♿ - juil.-août : 10h-19h ; avr.-juin et sept. : 10h-18h, w.-end 14h-18h ; vac. d'hiver : tlj sf sam. 10h-18h, dim. 14h-18h - fermé janv., 25 déc. - 7 € (enf. 5,60 €).* Inauguré en 1962, le Centre des télécommunications de Pleumeur-Bodou est le lieu historique de la première liaison transatlantique, par le satellite **Telstar**, entre la France et les États-Unis, le 11 juillet 1962. Outre le radôme et le musée, le site est occupé par une quinzaine d'antennes géantes qui communiquent avec les cinq continents.

UN GRANIT HAUT EN COULEUR

Les formes curieuses des énormes rochers de granit rose sont dues à l'érosion. Le granit est composé de quartz, de mica et de feldspath. Ce dernier se transforme en kaolin, qui est lessivé par l'eau, et le résidu des grains de quartz donne le sable que les pluies ou les vagues emportent. Peu à peu, la pierre se façonne et présente des aspects surprenants, dont des empilements à l'équilibre hardi et des pierres branlantes. Les imaginations locales ont doté ces rochers de noms des plus typiques : chapeau de Napoléon, gnome, sorcière, tête de mort, éléphant, baleine, bélier, cheval, fauteuil, parapluie, sentinelle, tire-bouchon, etc.

Installé dans un gigantesque bâtiment en forme d'aile delta, le **musée** retrace un siècle et demi d'inventions, de progrès et de technologies. Sept espaces thématiques présentent cette évolution de plus en plus rapide : navire câblier *Agamemnon*, fusée *Ariane*, écran de l'AFP informant des derniers événements dans le monde, images de Météosat.

Le musée distribue des plaquettes ludiques pour les 5-8 ans et les 9-12 ans. Au-delà, les enfants doivent suivre un jeu de piste et résoudre des énigmes.

Planétarium de Bretagne★ – *02 96 15 80 30 - www.planetarium-bretagne.fr - - séances d'astronomie (50mn), se renseigner pour les h - fermé sam. (sept.-juin), janv., 24-25 et 31 déc. - 7 € (enf. 5,60 €).* Sous une coupole de 20 m de diamètre, un simulateur émet l'image d'un ciel étoilé. Le spectateur est ensuite transporté en divers points de l'espace et du temps (différents thèmes sont abordés suivant les séances).

Retournez à Penvern pour accéder ensuite à l'île Grande.

Île Grande

La côte nord y est violemment exposée à la houle du large, tandis que l'intérieur offre un paysage de landes, bordées de nombreuses grèves à l'est et au sud. Son granit bleuté a servi à des chantiers aussi divers que le viaduc de Morlaix, le boulevard Haussmann à Paris, des bâtiments de Londres ou d'Anvers.

L'île possède également des vestiges mégalithiques, en particulier une allée couverte au nord-est du village.

Station ornithologique – *02 96 91 91 40 - www.lpo.fr - juil.-août : 10h-13h, 14h30-19h, w.-end et j. fériés 14h30-19h ; juin : 14h-18h - fermé 1er janv. - 2,50 € (-12 ans 1,50 €).* Centre de soins pour oiseaux marins, elle présente une exposition sur les espèces d'oiseaux de l'archipel des Sept-Îles (guillemots, macareux, pingouins torda…). À l'étage, la vie des fous de Bassan est retransmise en direct par un système vidéo à faisceau hertzien. Dès l'entrée, les petits se voient remettre un carnet d'exploration et doivent répondre à une série de questions posées par Breiz'neg, le lutin.

Revenez à la route de corniche qui, à gauche, mène à Trébeurden.

Trébeurden

Cette station balnéaire a récemment défrayé la chronique avec son nouveau port de plaisance, d'une taille imposante. Elle recèle plusieurs plages, bien exposées au sud. Les deux principales sont séparées par la presqu'île rocheuse du Castel : la plage de Pors-Terme est à droite de celle de Trozoul, qui constitue le port. La plage de Tresmeur est beaucoup plus vaste et très fréquentée.

Le Castel★ – *30mn à pied. Emprunter l'un des sentiers qui part du parking aménagé sur l'isthme séparant les plages de Trozoul et de Tresmeur.* De cet amas rocheux, le promeneur peut contempler une **vue★** étendue sur la côte et les îles Milliau, Molène, Grande et Losquet.

★ Île Milliau

Accès à pied à marée basse à partir du Castel (voir ci-contre). Se renseigner sur les heures à l'office du tourisme de Trébeurden. Gîtes d'étape dans les anciennes fermes du 16e s.

Cette petite île verdoyante de 23 ha surprend par la richesse de sa flore qui ne compte pas moins de 280 espèces botaniques. Elle fut offerte par Maurice Brunau-Varilla, magnat de la presse, à sa belle mais exigeante maîtresse : Lucie U.-Lalès, dite **Mme Jourdan**. Celle-ci régna sur ce petit royaume de 1911 à 1942. Belle vue panoramique depuis les ruines de la maison « d'Aristide Briand », dressée à l'extrémité nord-ouest (l'homme politique, amant de la propriétaire, y séjourna de 1919 à 1932).

★ Pointe de Bihit

La route de Porz-Mabo domine la plage de Tresmeur et procure des vues sur les îles. Prenez le chemin sur la droite.

De la table d'orientation, une **vue★** panoramique dévoile la côte, de l'île de Batz et Roscoff à l'île Grande, en passant par le phare des Triagoz en mer.

La route, qui a effectué un quart de cercle, descend vers **Porz-Mabo** à la vaste plage de sable fin.

NOS ADRESSES SUR LA CÔTE DE GRANIT ROSE

Voyez aussi Nos adresses à Perros-Guirec et Trégastel-Plage.

HÉBERGEMENT

BUDGET MOYEN

Hôtel Toëno – *Rte de Trégastel - 22 560 Trébeurden - ✆ 02 96 23 68 78 - www.hoteltoeno.com - P - 17 ch. 57/97 € - ☕ 9 €.* Construction récente dont les chambres, lumineuses et fonctionnelles, sont sobrement décorées et équipées de balcons ou terrasses ; certaines ont vue sur la Manche.

RESTAURATION

POUR SE FAIRE PLAISIR

Le Quellen – *18 corniche Goas Treiz - 22 560 Trébeurden - ✆ 02 96 15 43 18 - www.le-quellen.com - tlj sf mar. midi, dim. soir et lun. (juil.-août : ouv. lun. midi) - fermé 2e et 3e sem. de mars, mi-nov.-déb. déc. - 26/65 € - hôtel : 6 ch. 41/68 € - ☕ 7 €.* Sur la traversée de Trébeurden, ce restaurant sert une cuisine traditionnelle dans un cadre néorustique lumineux. Collection de moulins à café en salle. Chambres fonctionnelles.

ACTIVITÉS

Sorties en mer sur vieux gréement – *✆ 02 96 49 81 21 - tlj mat. ou apr. midi (selon les j., se renseigner) - 49 €/j et 23 €/1/2 j.* Jadis, l'*Argentilez* ramassait du goémon, aujourd'hui il vous promènera le long de la côte de Granit rose, le temps d'une journée ou d'une demi-journée.

Trégastel-Plage

★★

2 377 Trégastellois – Côtes-d'Armor (22)

NOS ADRESSES PAGE 272

S'INFORMER

Office du tourisme de Trégastel-Plage – *5 pl. Ste-Anne - 22 730 Trégastel - 02 96 15 38 38 - www.ville-tregastel.fr - juil.-août : 9h30-13h, 14h-19h, dim. et j. fériés 10h-12h30 ; avr.-juin et sept. : tlj sf dim. 9h30-12h, 14h-18h, j. fériés 10h-12h ; reste de l'année : tlj sf dim. 9h30-12h, 14h-17h30, sam. 9h30-12h - fermé 1er janv., 1er Mai, 25 déc.*

SE REPÉRER

Carte de microrégion A1 (p. 218-219) – *Carte Michelin Départements 309 B2.*
À 13 km au nord de Lannion par la D 11, Trégastel-Plage touche la commune de Perros-Guirec.

À NE PAS MANQUER

Le sentier de la grève Blanche et le tour de l'île Renote pour ses rochers de granit rose.

ORGANISER SON TEMPS

Les balades alentour et les plages familiales de Trégastel vous retiendront au moins une journée.

AVEC LES ENFANTS

Découvrez l'aquafaune bretonne à l'aquarium marin.

Station balnéaire de la Côte de Granit rose, Trégastel séduit, tout comme sa voisine Ploumanach, par la beauté et l'étrangeté de ses rochers. Véritable merveille naturelle, ces derniers font tout le charme de la destination. Les marcheurs apprécieront plus particulièrement le sentier de l'île Renote.

Se promener Plan de la ville

Aquarium marin

02 96 23 48 58 - www.aquarium-tregastel.com - juil.-août : 10h-19h ; avr.-juin 14h-18h ; reste de l'année : se renseigner - fermé 1er janv., 25 déc. - 7 € (-26 ans 5 €).

Il est installé sous un amas d'énormes rochers surnommés les « Tortues », dans des grottes qui, au 19e s., abritaient une église. Ses 28 aquariums de 300 à 14 000 litres d'eau de mer présentent la faune des fonds sous-marins bretons (homard, coquette, bar, raie, congre…). Une maquette du littoral de Trégastel (30 m²) se couvre et se découvre au rythme des marées ; une exposition et une vidéo expliquent ce phénomène naturel, particulièrement impressionnant en Bretagne Nord.

À la sortie, un escalier de 28 marches conduit à une statue – naïve et étonnante – du « Père éternel » : belle vue sur le chaos de **rochers★★** de Trégastel et la Côte de Granit rose.

TRÉGASTEL-PLAGE

SE LOGER

Résidence d'Arvor (Hôtel de La)..................... ④

SE RESTAURER

Iroise (Crêperie L')............. ⑤

Triagoz (Les)......................... ⑨

Plage de Coz-Porz

Cette plage de sable fin est bordée de rochers aux noms évocateurs. En dépassant sa jetée, à sa pointe nord, on gagne une grève où se dressent, à droite, la « **Tête de Mort** » et le « **Tas de Crêpes** », qui semble feuilleté : c'est un bon exemple d'érosion par le vent. Un banc de sable permet l'accès d'un chaos de rochers où l'on reconnaît le « **Dé** ».

★ Grève Blanche

1h à pied.

À partir de Coz-Porz, le sentier part à gauche et contourne en corniche un promontoire d'où l'on découvre la grève Blanche, l'île aux Lapins et les îles des Triagoz. Il passe ensuite au pied d'un rocher appelé le « **Tire-bouchon** », puis atteint la grève dominée par le « **Roi Gradlon** », qui a vaguement la forme d'une tête couronnée.

Table d'orientation

On bénéficie d'une **vue★** circulaire sur la côte et – fait plutôt rare – sur l'arrière-pays avec les bourgs de La Clarté, Pleumeur-Bodou et son radôme, Trébeurden.

★★ Île Renote

Un isthme sablonneux *(praticable en voiture)* relie Trégastel à cette île, devenue presqu'île. Constituée d'énormes blocs de granit, de landes et de pins, elle est réservée aux piétons.

Laissant sur la gauche la plage de Touldrez, le promeneur arrive près du Gouffre, au milieu de rochers : cette cavité est accessible seulement à marée basse.

En avançant parmi les rochers jusqu'à l'extrémité de la presqu'île, on découvre de magnifiques points de vue sur le large et les Sept-Îles au nord ; à l'est, la côte de Ploumanach ; au sud, la baie de Ste-Anne.

Trégastel-Bourg

3 km au sud vers Lannion.

L'église paroissiale remonte au 13e s. À droite du porche sud, un ossuaire (17e s.) est orné de balustres et coiffé d'une tourelle à dôme. Au fond de la nef, un curieux bénitier (14e s.) servait jadis de mesure à grain.

Un écrivain oublié, **Charles Le Goffic**, auteur de *L'Âme bretonne*, est enterré dans le cimetière.

Vallée des Traouïero *(voir Ploumanach, à Perros-Guirec, p. 262).*

NOS ADRESSES À TRÉGASTEL-PLAGE

HÉBERGEMENT

BUDGET MOYEN

Hôtel de La Résidence d'Arvor – *52 rte des Traouïéros - ✆ 02 96 15 31 90 - www.residencedarvor.com -* P - *9 ch. 47/59 €*. Plusieurs formules d'hébergement au choix : chambres récemment rénovées, simples ou dotées d'une kitchenette, et une maison meublée (idéal pour les longs séjours familiaux) ; toutes sont pratiques, agréables et fort bien tenues. Cuisine équipée à disposition des résidents, wifi.

RESTAURATION

PREMIER PRIX

Crêperie L'Iroise – *29 r. Charles-le-Goffic - ✆ 02 96 15 93 23 - raymond.drolez@wanadoo.fr - fermé de mi-nov. à fin janv. et jeu. hors vac. scol. - 10/14 €.* Outre les traditionnelles crêpes, cette adresse propose des recettes maison plus originales et des plats de moules midi et soir. Quelques objets évoquant la mer (belle maquette de voilier) décorent la salle où domine le bois brut. Accueil charmant.

POUR SE FAIRE PLAISIR

Les Triagoz – *Forum de Trégastel, plage du Coz-Pors - ✆ 02 96 15 34 10 - fermé mar. et merc. midi sf juil.-août - ♿ - formule déj. 15 € - 26/98 €.* Sur la terrasse au bord de la plage, face aux célèbres rochers, ou dans la salle aux larges baies vitrées, vous serez parfaitement installé pour admirer le coucher de soleil. Menus aux accents marins, bien sûr…

ACTIVITÉS

Les « Découvertes nature » – *Bd du Coz-Pors - ✆ 02 96 15 38 38 - www.ville-tregastel.fr - horaires variables selon calendrier - 5/7 €.* Parce que la côte de Granit rose ne dévoile ses charmes qu'aux randonneurs, on empruntera le sentier des douaniers, longeant le littoral, pour apprécier pleinement le paysage. Découverte de l'estran (la zone dégagée par marée basse) et des rochers sculptés par le vent, en compagnie d'un spécialiste du milieu marin.

Belle-Isle-en-Terre

1 050 Bellilois – Côtes-d'Armor (22)

NOS ADRESSES PAGE 279

S'INFORMER

Office du tourisme de Belle-Isle-en-Terre – *15 r. Crech-Ugen - 22 810 Belle-Isle-en-Terre - 02 96 43 01 71 - www.ot-belle-isle-en-terre.com - de mi juil. à mi-août : 10h-12h30, 14h-17h30, dim. 10h-13h ; de mi-août à fin sept. : tlj sf dim. 10h-12h30, 14h-17h30 ; reste de l'année : tlj sf w.-end 10h-12h30.*

SE REPÉRER

Carte de microrégion A2 (p. 218-219) – *Carte Michelin Départements 309 B3.* À 18 km à l'ouest de Guingamp, au croisement de la N 12 et de la D 33.

À NE PAS MANQUER

Le jubé de l'église de Loc-Envel.

ORGANISER SON TEMPS

Comptez une journée en voiture ou en vélo pour découvrir tout le patrimoine du pays de Belle-Isle-en-Terre.

AVEC LES ENFANTS

Se balader sur le sentier de découverte du site de l'ancien barrage de Kernansquillec.

Comme l'indique le nom de ce vieux bourg, nous sommes ici au plus près de la Bretagne intérieure, belle région de forêts, de collines et de ravins. L'endroit est propice à la promenade, à la pêche et à la pratique du canoë-kayak. À ces attraits s'ajoutent ceux des chapelles et des églises, tapies à l'écart des grandes routes.

Se promener

Centre régional d'initiation à la rivière

02 96 43 08 39 - www.educatif.eau-et-rivieres.asso.fr - réservation obligatoire - 3 € (-8 ans gratuit).

Le centre, installé dans le château de la « reine du nickel » au centre du bourg, propose des balades à thèmes *(3h)* durant les vacances scolaires : le

UNE BRETONNE, FEMME DU ROI DU NICKEL

La folle vie d'aventure de **Marie-Louise Manach** (1869-1949) mériterait d'être contée. Enfant du pays partie travailler à St-Brieuc puis à Paris, elle épousa un marchand de primeurs et déménagea avec lui à Londres. Veuve, elle rencontra au Savoy l'infant d'Espagne, Antoine d'Orléans, dont elle devint la maîtresse. Ce n'est qu'en 1922 qu'elle épousa sir Robert Mond, roi du nickel. Elle se fit ensuite construire, en 1939, le **château** que l'on voit dans le bourg. Son mausolée se trouve dans le cimetière de **la chapelle de Locmaria** *(voir p. 274).*

réveil des animaux, le saumon, les plantes médicinales et gastronomiques... L'aquarium de poissons de rivière de la source à la mer, très bien conçu pour les enfants, devrait rouvrir.

Locmaria

1 km au nord du bourg, fléchée depuis le centre de Belle-Isle.

La chapelle de Locmaria est dotée d'un beau **jubé★** du 16e s. en bois polychrome, soutenu par quatre colonnes torsadées et ornées de feuilles de vigne et de raisins. Sous les colonnes pendent sept anges portant des banderoles. Côté autel, la décoration est d'inspiration celtique. Côté nef, le jubé présente les apôtres.

Fontaine de Pendréo

Visible de la route, sur la gauche en redescendant de Locmaria au centre du bourg.

Elle se trouve sur les hauteurs de la colline boisée qui surplombe le Léguer. On y accède par un escalier de 110 marches *(attention, moussues et glissantes)*. Jusque dans les années 1920, les mères y portaient leurs enfants souffrant de la coqueluche, pour passer sur leur front un peu de cette eau censée les guérir.

À proximité Carte de microrégion

Loc-Envel A2

À 4 km au sud. Prenez la D 33 en direction de Callac et, peu après, tournez à droite dans une route sinueuse.

De style gothique flamboyant, l'**église** de Loc-Envel s'élève sur un tertre dominant le village. À droite du clocher-porche, remarquez les trois petites ouvertures en arc de cercle par lesquelles les lépreux pouvaient assister aux offices. En entrant, on est frappé par le magnifique **jubé★** flamboyant et la riche ornementation de la **voûte★** lambrissée : sablières et entraits sculptés, blochets d'angle polychromes figurant les évangélistes.

Plougonver A3

À 7,5 km au sud par la D 33.

L'**église St-Pierre** abrite un intéressant baptistère à deux cuves (fin 15e s.) ornées de visages humains. Admirez le Christ aux outrages en bois polychrome (16e-17e s.), dont la raideur cadavérique est accentuée par des côtes saillantes. Un aigle-lutrin du 19e s. serre dans ses griffes un serpent représentant Satan.

En sortant, voyez l'imposante **mairie** néoclassique. Construit en 1855 pour un notaire, l'édifice a servi de presbytère avant d'échoir à la République. Le pas de porte présente encore, gravé, le monogramme du Christ.

★ Ménez-Bré A2

À 9 km au nord-est. Empruntez la D 712, route de Guingamp. 2,5 km après Louargat, prenez à gauche le chemin en forte montée (18 %).

Sur ce sommet isolé (alt. 302 m), la chapelle St-Hervé offre un beau **panorama★** sur le plateau du Trégorrois : au nord, le plateau s'abaisse lentement vers la mer ; au sud, on aperçoit les collines et les vallées de la Cornouaille ; au sud-ouest se détachent les monts d'Arrée.

Gurunhuel B2

À 9 km au sud-est par la D 22.

C'est un beau **calvaire** du 16e s. constitué de trois colonnes. Au centre figure le Christ en croix entre saint Jean et la Vierge, deux anges recueillant le sang de ses mains clouées. À sa droite, l'âme du bon larron est recueillie par un ange ; à sa gauche, un démon se charge du mauvais larron. Au pied de la croix se trouve un Christ aux outrages avec saint Pierre et saint Paul. De l'autre côté du calvaire sont visibles une pietà et l'archange saint Michel terrassant le dragon.

La chapelle Saint-Fiacre

À 4 km par la D 31 en direction de Pont-Melvez, 4e route à droite.

Notez à son chevet la représentation de la vouivre, ancienne déesse des eaux et, pour certains, la fée Morgane. À l'intérieur de l'édifice, la nef et les transepts datent du 15e s., le chœur remonte au 16e s. et le clocher-mur, au 18e s. Vous verrez aussi une cheminée du 17e s. Elle permettait aux nécessiteux de se réchauffer en hiver, lors des veillées.

La vallée du Léguer A2

À 10 km au nord-ouest par la D 33, route de Guingamp. Accès fléché depuis Belle-Isle-en-Terre, Trégrom et Plounévez-Moëdec.

La vallée du Léguer renaît. En 1995, pour des raisons de sécurité, les pouvoirs publics décidaient de démanteler le **barrage hydroélectrique de Kernansquillec** qui, depuis 1920, fermait la vallée sur une largeur de 110 m et une hauteur de 15 m. Aujourd'hui, la nature a déjà repris ses droits et les parcelles anciennement immergées font place à des prairies.

L'ancien site industriel de la papeterie accueille désormais des expositions temporaires et des projets culturels. Les bâtiments ont été démantibulés mais il reste des machines. Des panneaux expliquent leur fonctionnement et les différentes opérations nécessaires à la fabrication du papier.

Un **sentier d'interprétation** *(4 km, 1h30 AR, pensez aux chaussures de marche)*, balisé par 14 petits plots explicatifs, longe le Léguer.

Le **livret d'interprétation** disponible à l'office du tourisme de Belle-Isle-en-Terre *(2,30 €)* permet aux enfants de se transformer en enquêteurs et de comprendre l'histoire de la vallée à travers le paysage.

La Chapelle-Neuve A3

À 12 km au sud-ouest par la D 33.

Trois tours accolées et fortifiées composent le chevet (16e s.) de **l'église N.-D.-de-Pitié**. Chacune est percée d'une meurtrière, sans doute pour défendre l'entrée du souterrain (aujourd'hui comblé), situé dans la crypte. Ce chemin secret conduisait au manoir des seigneurs de Kerméno tout proche. À l'intérieur, on peut admirer un beau **retable** en bois du 16e s. et des statues en bois polychrome de saint Nicolas (16e s.) et de saint Maudez (17e s.).

Guingamp

8 008 Guingampais – Côtes-d'Armor (22)

NOS ADRESSES PAGE 279

S'INFORMER

Office de tourisme – *Pl. du Champ-au-Roy - 22 202 Guingamp - ✆ 02 96 43 73 89 - www.ot-guingamp.org - juil.-août : 10h-12h30, 14h-18h, dim. 10h-12h30 ; juin et sept. : tlj sf dim. et lun. 10h15-12h, 14h15-18h ; oct.-nov. et mars-mai : mar., jeu. et sam. 10h15-12h, 14h15-18h, vend. 10h15-12h, 14h15-17h30 ; reste de l'année : mar., vend., sam. 10h15-12h, 14h-17h30.*

SE REPÉRER

Carte de microrégion B2 (p. 218-219) – *Carte Michelin Départements 309 D3.* Entre Morlaix et St-Brieuc, Guingamp est un carrefour routier desservant tout le nord du département. Elle est coupée par la N 12 qui relie St-Brieuc (32 km à l'est) à Morlaix (52 km à l'ouest). La côte la plus proche (environ 30 km) est celle du Goëlo, entre Paimpol et St-Quay-Portrieux.

SE GARER

La ville, traversée du sud au nord par le Trieux, s'est principalement développée sur la rive droite. Vous trouverez des parkings publics partout dans le centre et autour de la gare toute proche.

À NE PAS MANQUER

Si vous êtes dans les parages en juillet, le Grand Pardon mérite le détour. Attardez-vous sur les côtés de la basilique N.-D.-de-Bon-Secours : l'un est gothique, l'autre Renaissance.

ORGANISER SON TEMPS

La visite de Guingamp peut s'effectuer en une matinée, mais vous resterez plusieurs jours si vous désirez explorer les vallées environnantes.

Au carrefour de l'Armor et de l'Argoat, Guingamp s'impose comme l'une des rares villes bretonnes, à la fois importantes et proches de la côte, à ne pas se nicher au fond d'une ria. Cette ville active, tournée vers les services et l'agro-industrie, a su mettre en valeur un patrimoine architectural étonnant, qui couvre les périodes médiévale, Renaissance et classique.

Se promener Plan de la ville

Guingamp vient du breton *guen gamp*, autrement dit « camp blanc » dans le sens de « camp favorable ». Cette appellation évoque l'emplacement privilégié de la ville, cuvette au doux climat marin, dans laquelle il fait bon flâner.

★ Basilique Notre-Dame-de-Bon-Secours B

Édifice gothique du 14e s. (vestiges romans à la croisée). Au 16e s., sa tour sud s'effondre et le côté droit de sa nef est abattu. Pour la reconstruction, la ville interroge plusieurs architectes. Un vieux maître présente un projet gothique ; le jeune Le Moal soumet des plans où prévaut le style Renaissance, encore peu connu en Bretagne à cette époque. Contre toute attente, il remporte la palme. L'église est donc gothique du côté gauche, Renaissance du côté droit.

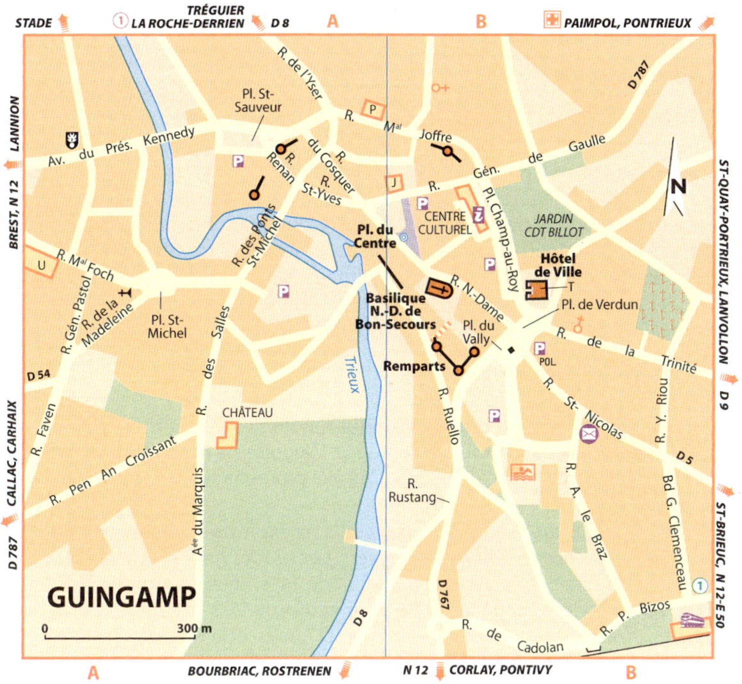

SE LOGER	SE RESTAURER
Arrivée (Hôtel de l')........ 1	Boissière (La)........ 1

À l'intérieur, le grand nombre de piliers surprend. Dans la partie haute de la nef, le triforium présente une arcature trilobée avec balustrade à quadrilobes ; dans la partie basse, la décoration Renaissance est du plus bel effet.

Place du Centre AB

Sur cette place, on peut voir la populaire fontaine Renaissance, dite la « **Plomée** » en raison de ses deux vasques en plomb surmontant une vasque en granit. Des maisons anciennes à colombages sont visibles aux n°s 31, 33, 35, 39, 48 et à l'angle des rues St-Yves et du Cosquer.

Hôtel de ville B

☎ 02 96 40 64 40 - www.ville-guingamp.fr - tlj sf dim. 8h30-12h, 13h30-17h30, sam. 8h30-12h - fermé j. fériés.

Cet ancien hôtel-Dieu (1699) fut autrefois le monastère des Augustines. On voit le cloître, l'escalier monumental et la belle chapelle de style italien (1709) qui, en saison, abrite des expositions. On peut y admirer des toiles de **Paul Sérusier** et de l'école de Pont-Aven.

Remparts B

Sur la place du Vally sont visibles les vestiges du château fort élevé par Jean de Beuves entre 1438 et 1442. Des parties des fortifications qui enserraient la ville subsistent non loin de la rue du Maréchal-Joffre et de la place St-Sauveur.

À proximité Carte de microrégion

Grâces B2

À 3,5 km à l'ouest. Quittez Guingamp par la D 54. À 2 km, tournez à droite.
Au centre du village s'élève l'importante église **Notre-Dame**. À l'origine, ce fut une chapelle de pèlerinage, probablement fondée par la reine Anne. Élevée au 16e s., elle fut légèrement modifiée au 17e s. et restaurée au 19e s. Au sud, les quatre pignons de son unique bas-côté lui donnent un profil en dents de scie. À l'intérieur, dans la nef, remarquez les entraits et les magnifiques **sablières★** (poutres horizontales) sculptées : satires de l'ivrognerie, scènes de chasse, monstres, et émouvante Sainte Face encadrée d'angelots. *Pl. des Cordeliers - ✆ 02 96 40 21 21 - en cas de fermeture, s'adresser à la mairie.*

Châtelaudren B2

À 16 km à l'est par la N 12.
Au fond de la vallée du Leff – aux truites renommées –, cette cité recèle de charmantes maisons, autour de l'église St-Malgoire. Le plan d'eau, aménagé sur les anciennes fortifications, se prête à la promenade, au camping et à la pêche.
Chapelle N.-D.-du-Tertre★ – *À pied par la venelle Notre-Dame, ou en voiture à partir de la place des Sapeurs-Pompiers, par les rues Aribart et Notre-Dame.*
Perchée sur une butte, la chapelle (début du 14e s. agrandie aux 16e et 17e s.) n'est pas de style homogène. Les **96 panneaux★** du 15e s. décorant la voûte du chœur, ensemble rare en France, évoquent l'Ancien et le Nouveau Testament. Au maître-autel, beau **retable★** en bois doré (1650)

Itinéraire conseillé Carte de microrégion

VALLÉE DU TRIEUX B2-3

Itinéraire de 39 km – environ 2h. Quittez Guingamp par la D 8 en direction de Rostrenen.

Bourbriac B3

L'**église** est dominée par son clocher, haut de 64 m. Du premier édifice subsiste une crypte (10e ou 11e s.). De l'église romane, il reste le carré du transept. En 1535, on bâtit la tour ouest, qui illustre l'évolution des styles : le grand porche voûté d'ogives et tout l'étage inférieur sont de tradition flamboyante ; le reste de la tour est Renaissance. Et la flèche a été refaite en 1869 ! À l'intérieur, le sarcophage de saint Briac, invoqué pour la guérison des épileptiques, est d'époque mérovingienne.
Prenez la direction de Plésidy, puis celle de St-Péver.
À 2 km, sur la gauche, en contrebas de la route, remarquez le **manoir de Toul-an-Gollet**, charmante demeure du 15e s. en granit. Une tourelle coiffée en poivrière et des fenêtres à meneaux agrémentent la façade.
Reprenez la route vers St-Péver et, avant le pont sur le Trieux, prenez une petite route à droite.

Chapelle Notre-Dame-de-Restudo B3

Cet édifice des 14e et 15e s. a conservé dans la nef et le chœur, séparés par un imposant arc ogival, des traces de fresques du 14e s. On reconnaît la Cène et des scènes de chevalerie. Un **pardon** a lieu le 30 juin, en l'honneur de saint Éloi.

Faites demi-tour et reprenez la D 767 vers Guingamp, dans la vallée du Trieux. À 2 km, tournez à droite vers Avaugour.

Chapelle d'Avaugour B3

Elle s'élève dans un joli site et abrite un beau sacraire (meuble) en bois sculpté du 16e s.

Rentrez à Guingamp par la D 767.

NOS ADRESSES À GUINGAMP

HÉBERGEMENT

BUDGET MOYEN

Hôtel de l'Arrivée – *19 bd Clemenceau - ✆ 02 96 40 04 57 - www.hotel-arrivee.com* - ♿ - *28 ch. 56/95 € - ☕ 8 €.* L'enseigne évoque la proximité de la gare ferrovière. À l'arrivée ou au départ de Guingamp, cet hôtel s'avère pratique avec ses chambres sans ampleur mais bien rénovées.

RESTAURATION

BUDGET MOYEN

La Boissière – *90 r. Yser - ✆ 02 96 21 06 35 - www.restaurant-la-boissiere.com - fermé 1er-14 mars, 17 août-6 sept., sam. midi, dim. soir et lun.* - 🅿 - *formule déj. 13 € - 16/60 €.* Maison de maître centenaire nichée dans son parc. Deux plaisantes salles à manger bourgeoises servent de cadre à une cuisine traditionnelle qui évolue au gré des saisons.

AGENDA

Le Grand Pardon – Dédié à la Vierge noire, patronne de la basilique, il réunit en juillet des milliers de pèlerins. La procession se déroule la nuit, aux flambeaux. Après la procession, des feux de joie sont allumés sur la place du Centre, en présence de l'évêque qui préside la cérémonie.

Festival de la St-Loup – *Rens. à l'office de tourisme.* Le festival réunit place du Vally un millier d'enfants de toute la Bretagne pour le *Bugale Breizh*, grand rassemblement de danses bretonnes, le 1er dim. de juil. Le festival reprend durant une semaine, autour du 15 août.

Rostrenen

3 397 Rostrenois – Côtes-d'Armor (22)

NOS ADRESSES PAGE 282

S'INFORMER

Office du tourisme du Kreiz Breizh – *6 r. Abbé-Gibert - 22 100 Rostrenen - ☎ 02 96 29 02 72 - www.tourismekreizbreizh.com - juil.-août : 10h-12h30, 14h-18h, dim. 10h-12h30 ; avr.-juin : tlj sf lun. et dim. 10h-12h30, 14h-17h30, sam. 10h-12h30 ; reste de l'année : tlj sf lun. et w.-end 10h-12h30 - fermé 1er janv., 1er et 11 Nov., 25 déc.*

SE REPÉRER

Carte de microrégion A4 (p. 218-219) – *Carte Michelin Départements 309 C5.* En pleine Bretagne intérieure, Rostrenen est un carrefour routier situé sur la N 164, reliant Carhaix-Plouguer (21 km à l'ouest) à Mûr-de-Bretagne (29 km à l'est).

À NE PAS MANQUER

Le cours tumultueux du Blavet dans les gorges de Toul Goulic.

ORGANISER SON TEMPS

Une demi-journée pour profiter des balades aux alentours du bourg est amplement suffisante.

AVEC LES ENFANTS

Retrouvez l'odeur de l'encre et de la craie d'une salle de classe d'antan au musée rural de l'Éducation.

Haut lieu de danse et de musique populaire, comme de marchés, Rostrenen est une ancienne bourgade très plaisante, située sur le flanc d'une colline du pays fisel. C'est d'ailleurs à ce monticule que la ville doit son nom, puisque « roz » signifie « colline » en breton. Vous ne trouverez pas meilleur point de départ pour arpenter la Bretagne intérieure ! Le canal de Nantes à Brest, tout proche, complètera idéalement votre programme de randonnées.

Se promener

Église Notre-Dame-du-Roncier

C'est l'ancienne chapelle du château, incendié pendant la Ligue en 1572. Construite au 14e s., remaniée aux 18e et 19e s., elle possède un beau porche faisant la transition entre le gothique et la Renaissance. Près de l'église, intéressante fontaine sacrée du 17e s. **Pardon** le 15 août.

Itinéraires conseillés Carte de microrégion

PAYS FISEL AB 3-4

Itinéraire 1 *de 45 km – environ 3h. Quittez Rostrenen par la D 790 au nord-est en direction de St-Brieuc.*

Saint-Nicolas-du-Pélem B3

Longez le flanc gauche de l'église pour découvrir la **fontaine** St-Nicolas, du 17e s., adossée à une maison. Dans l'**église** (15e et 16e s.) à chevet plat, remarquez deux beaux vitraux de 1470 illustrant la Passion.

Prenez au nord vers Lanrivain (D 5) et suivez « Musée-école de Bothoa ».

Musée rural de l'Éducation B3

Bothoa - St-Nicolas-du-Pélem - ✆ 02 96 29 73 95 - www.musee-ecole-bothoa.blogspot.com - visite guidée (1h30) mai-juin : dim. 14h-18h ; 1er juil.-15 sept., vac. de Pâques et de la Toussaint : tlj sf lun. 14h-18h - 4 € (6-14 ans 2 €).

Quoi de plus normal que de reconstituer une école rurale des années 1930 dans une ancienne école. Pupitres de bois cirés, plumes, encre violette… À l'angle de la cour se trouve la maison de fonction de la première institutrice qui habita les lieux de 1931 à 1947. Une seconde classe présente une exposition permanente sur l'école de Bothoa (photos de classe…). Expositions temporaires. En été, dictée le mardi à 15h.

Lanrivain B3

Le cimetière garde un ossuaire (15e s.) à arcades tréflées ; à droite de l'église, le calvaire (16e s.) est animé de personnages de grandes dimensions, en granit de Kersanton.

Chapelle N.-D.-du-Guiaudet – *1,5 km au nord sur la route de Bourbriac. À l'entrée du hameau du Guiaudet, prenez à droite une allée marquée par deux piliers de granit.* Bâtie à la fin du 17e s., la chapelle abrite, au-dessus du maître-autel, une sculpture représentant la Vierge couchée qui tient l'Enfant Jésus dans ses bras. Dans le clocher, un carillon de 16 cloches sonne deux cantiques dédiés à Notre-Dame.

Revenez sur vos pas, prenez à droite la D 87 vers Trémargat et, après 1,5 km, tournez à gauche.

★ Gorges de Toul Goulic B3

15mn à pied AR.

Au fond du parking dominant la vallée boisée du Blavet, prenez le sentier raviné et en forte descente qui conduit sous bois au milieu de la perte du Blavet. La rivière, encore abondante à l'origine de la perte *(côté nord)*, a entièrement disparu ici et gronde sous des chaos de roches énormes.

Faites demi-tour et tournez à gauche vers Trémargat.

Kergrist-Moëlou A3

Sur ce site planté de beaux ifs séculaires se dresse le **calvaire** (1578) regroupant sur sa base une centaine de personnages en granit de Kersanton ; mutilés pendant la Révolution, ils ont été replacés sans ordre.

Par St-Lubin au sud, regagnez Rostrenen.

CANAL DE NANTES À BREST

Pour en savoir plus sur le canal de Nantes à Brest, voir p. 455.

Itinéraire 2 de 20 km – environ 1h30. Quittez Rostrenen à l'ouest par la N 164 en direction de Carhaix-Plouguer et, à 4 km, tournez à gauche vers Gourin.

La route atteint le canal, construit de 1823 à 1834, au bief de partage, à l'altitude de 184 m. À droite du pont, il est conseillé d'emprunter le chemin de halage qui conduit à la tranchée du canal : il permet de découvrir une partie de l'escalier de 44 écluses rattrapant, en 17 km, jusqu'à Port-de-Carhaix, une dénivellation de 120 m.

Poursuivez jusqu'à la sortie de Glomel pour prendre à droite la route de Paule et, à 1,8 km, tournez encore à droite.
On arrive sur les bords du canal, dans un très joli **site★**, à hauteur de l'ancienne maison de l'éclusier de St-Péran. Agréable promenade sur le chemin de halage.
Continuez jusqu'au grand axe routier Brest-Rennes où vous tournez à droite pour regagner Rostrenen.

NOS ADRESSES À ROSTRENEN

RESTAURATION

POUR SE FAIRE PLAISIR

L'Éventail des Saveurs – *3 pl Bourg-Coz - ✆ 02 96 29 10 71 - leventail-des-saveurs@wanadoo.fr - fermé 26 juin-18 juil., mar. soir de sept. à mai, dim. soir, merc. et lun. - 28/48 €.* Un bel éventail de savoureuses recettes régionales actualisées et, côté décor, une palette de couleurs vives assurent le succès de ce charmant restaurant.

AGENDA

Au mois d'août, le **festival Fisel**, organisé par le cercle celtique local met le pays fisel à l'honneur : concours de danse, de musique, stages d'initiation et tournois de « gouren ».

Lac de Guerlédan

★★

Côtes-d'Armor (22) et Morbihan (56)

NOS ADRESSES PAGE 287

S'INFORMER

Office du tourisme de Guerlédan – *1 pl. de l'Église - 22 530 Mûr-de-Bretagne - ✆ 02 96 28 51 41 - www.guerledan.fr - juil.-août : 10h-12h30, 14h-18h30, dim. 10h30-12h30 ; Pâques-juin et sept. : tlj sf dim. 10h-12h30, 14h-17h30, j. fériés 10h30-12h30 ; oct.-Pâques : tlj sf dim. 10h-12h30, 14h-17h, sam. 10h-12h30.*

Office du tourisme du pays du Centre Bretagne – *1 r. St-Joseph - 22 600 Loudéac - ✆ 02 96 28 25 17 - www.centrebretagne.com - juil.-août : 9h30-12h30, 13h30-18h30 (sam. 17h) ; reste de l'année : 9h-12h30, 13h30-18h, sam. 10h-12h - fermé dim. et j. fériés, 24-31 déc.*

SE REPÉRER

Carte de microrégion B4 (p. 218-219) – *Carte Michelin Départements 309 D5.*
Au bord de la forêt de Quénécan, le lac s'ouvre juste à l'ouest de Mûr-de-Bretagne *(3 km)*, au sud de la route de Rostrenen *(18 km à l'ouest par la N 164)*. Pontivy est 10 km plus au sud par la D 767.

À NE PAS MANQUER

Le plafond peint de la chapelle Ste-Suzanne à Mûr-de-Bretagne, et le spectacle des eaux vives dans les gorges du Daoulas.

LAC DE GUERLÉDAN

ORGANISER SON TEMPS

Pensez à réserver un hébergement quelques semaines à l'avance pour les bords du lac, car les places en gîte sont chères en été. Pendant les vacances de Pâques, faites une halte à Loudéac le dimanche matin, pour assister aux courses.

AVEC LES ENFANTS

Plongez dans le passé sidérurgique de la région en visitant le village incroyablement conservé des Forges-des-Salles. Louez ensuite un pédalo pour faire un tour sur le lac avant de partir à la découverte des toiles de St-Thélo à l'âge d'or du lin.

Le lac de Guerlédan étend ses rives sinueuses et boisées au cœur de la pittoresque Argoat. Magnifique plan d'eau formé par la retenue du Blavet, il constitue l'un des plus beaux sites de la Bretagne intérieure. Pêche, voile et motonautisme sont au programme, à l'instar de ce qui est proposé sur le littoral. Mais l'endroit offre en plus la possibilité de belles excursions en forêt de Quénécan ou vers les gorges du Daoulas.

Itinéraires conseillés

TOUR DU LAC Carte Lac de Guerlédan

Itinéraire de 44 km au départ de Mûr-de-Bretagne – environ 3h30.

Gwern signifie « aulne » en breton. La région était donc bien humide avant que le lac artificiel n'envahisse les lieux. Serpent d'eau de 12 km, ce dernier recouvre l'ancienne vallée des ardoisiers depuis les années 1920. Aux 18e et 19e s., l'extraction de l'ardoise comptait en effet parmi les principales activités

économiques du secteur. Une bonne partie des carrières se trouve aujourd'hui au-dessous du niveau des eaux.

Mûr-de-Bretagne

Au nord du bourg, dans un très joli cadre de verdure qui inspira Corot, s'élève la **chapelle Ste-Suzanne** avec son élégant clocher-porche (1760) . À l'intérieur se trouve un remarquable **plafond peint★** du 18e s.

Dans le bourg, qui compte parmi les plus animés de la Bretagne intérieure, une route mène au **rond-point du Lac** d'où la **vue★** est superbe.

Prenez la D 35 au sud-ouest. Après avoir franchi les deux ponts enjambant le canal et le Blavet, tournez à droite.

Saint-Aignan

Dans l'**église** (12e s.), à gauche du chœur, on voit une très belle représentation en bois sculpté de l'Arbre de Jessé et, à droite, de même facture, une Trinité entourée des évangélistes.

À la sortie du village, sur la gauche, l'**Électrothèque** évoque la construction du barrage de Guerlédan, ainsi que l'histoire de l'électricité. Possibilité de faire fonctionner certains appareils. *☏ 02 97 27 51 39 - de mi-juin à mi-sept. : 9h30-12h30, 14h30-18h30, dim. et j. fériés 14h30-18h ; reste de l'année : sur demande préalable - possibilité de visite guidée (1h15) - 3,50 € (enf. 1,80 €).*

Suivez la D 31, direction « Barrage de Guerlédan ».

Barrage de Guerlédan

Un rond-point belvédère domine ce barrage haut de 45 m, long de 206 m à la crête et épais de 33 m à la base. Sa retenue de 55 millions de m^3 se développe sur 12 km dans les gorges du Blavet. N'hésitez pas à vous y arrêter : la **vue★** est magnifique.

Faites demi-tour, puis tournez à droite. À l'entrée de la forêt de Quénécan, prenez à droite.

Anse de Sordan

Agréable crique dans un joli site paisible où s'abritent de nombreux bateaux de plaisance. Possibilité de prendre un verre face au lac, au restaurant-bar.

Les Forges-des-Salles

☏ 02 96 24 90 12 - ♿ - juil.-août : 14h-18h30 ; de Pâques à la Toussaint et sept.-oct : w.-end et j. fériés 14h-18h30 - possibilité de visite guidée (1h) - 5 € (enf. 3 €).

Niché au fond d'un vallon boisé, le hameau des Forges est un ancien site sidérurgique des 18e et 19e s. témoignant d'un passé industriel révolu.

Le lac de Guerlédan recouvre d'anciennes ardoisières.
G. Targat / MICHELIN

Depuis la cessation de l'exploitation du minerai de fer en 1880, cet ensemble de constructions n'a pas été modifié.

Certains logements ont été réaménagés selon leur fonction d'origine : l'école, le bureau de paye, la cantine, la chapelle, une petite forge et la menuiserie.

À l'est du château, berceau des Rohan, s'étend un jardin d'agrément en terrasses, le **Thabor** : très belle vue sur les cours d'eau de la vallée.

Forêt de Quénécan

Située sur un plateau très accidenté dominant la vallée, cette forêt s'étend sur 2 500 ha. De belles futaies de hêtres et d'épicéas entourent l'étang du Fourneau et Les Forges-des-Salles.

Le GR 37 passe à proximité des Forges-des-Salles et traverse en diagonale la forêt, offrant de belles possibilités de balades.

Poursuivez en direction de Ste-Brigitte.

Ce petit détour permet de profiter de belles échappées sur l'étang des Salles.

Par Les Forges-des-Salles, regagnez le grand carrefour et prenez à gauche. Laissez la voiture au parc de stationnement avant le pont, à gauche.

Écluse de Bon-Repos

Située sur le Blavet, elle forme un charmant tableau, avec le vieux pont à corbeaux, l'ancienne maison de l'éclusier et le déversoir.

Franchissez le pont et, sur la droite, empruntez l'ancien chemin de halage.

Abbaye de Bon-Repos

☏ 02 96 24 82 20 - de mi-juin à mi-sept. : 11h-19h ; de déb. mars à mi-juin et de mi-sept. à fin oct. : 14h-18h - possibilité de visite guidée en juil.-août - 3,50 € (enf. 2 €).

Pillée et ruinée sous la Révolution, cette abbaye cistercienne fondée au 12e s. tomba en désuétude complète. Elle a été sauvée de justesse par une équipe d'artisans et de bénévoles passionnés qui s'attachent à lui rendre sa beauté et sa grandeur passée. La visite permet de découvrir les bâtiments conventuels et la vaste église.

Gagnez la N 164, tournez à gauche vers Gouarec et, sitôt franchi le pont, prenez à droite vers les gorges du Daoulas.

★ Gorges du Daoulas

Les eaux rapides du Daoulas coulent dans une vallée étroite et sinueuse, aux versants tapissés d'ajoncs, de genêts et de bruyères. C'est une véritable cluse, sciée par la rivière dans une bande de schiste et de quartzite pour rejoindre

le Blavet – devenu le canal de Nantes à Brest. Les bancs de roches sont redressés presque verticalement ; quelques-uns se terminent en de curieuses aiguilles et en lames tranchantes.
À 2 km, faites demi-tour dans un chemin précédant deux maisons au lieu-dit Toulrodez. Sur la N 164 vers Loudéac, parcourez 5 km et prenez à droite.
Après une descente dans un boqueteau de pins, on apprécie la **vue★** qui s'ouvre sur le lac de Guerlédan.

Beau-Rivage

Ce village, qui possède une plage, est un petit havre pour la plaisance et le ski nautique *(voir Nos adresses autour du lac de Guerlédan, ci-contre).*
Gagnez Caurel et tournez à droite vers Loudéac. À 3,5 km, prenez à droite pour rejoindre Mûr-de-Bretagne.

LOUDÉAC ET SES ENVIRONS Carte de microrégion

Loudéac C4

À 21 km à l'est de Mûr-de-Bretagne par la D 35 puis à droite par la N 164.
Au cœur de la Bretagne intérieure, cette petite ville a su tirer parti de son environnement boisé et de ses rivières poissonneuses pour développer un tourisme « vert ». Randonnées à pied ou à cheval, vélo ou pêche à la mouche comptent ainsi parmi ses atouts.
Loudéac est aussi connue pour ses courses de chevaux. Au Moyen Âge, la maison de Rohan possédait ici un haras d'une centaine de têtes. Aujourd'hui, la ville possède le deuxième **hippodrome** de l'Ouest et la région offre de belles randonnées à cheval. *✆ 02 96 28 30 47 - ♿ - tlj sf w.-end 9h-12h, 14h-17h - possibilité de visite guidée (30mn) sur demande - fermé j. fériés (sf lun. de Pâques) - gratuit.Rte de Pontivy -*
Courses de chevaux – Elles ont lieu le dim. 15 j. av. Pâques, dim. et lun. de Pâques, et dim. suivant.

À proximité de Loudéac

Notre-Dame de Querrien – *À 11 km à l'est de Loudéac par la N 164, puis la D 14 sur la gauche après la forêt de Loudéac.* Lieu d'une apparition de la Sainte Vierge à une petite bergère au 17e s., le village accueille un pèlerinage annuel.
La Chèze – *10 km au sud-est de Loudéac par la D 778.* Le **Musée régional** s'adresse aux amoureux des vieux métiers. On y découvre une machine à imprimer (1930) en état de marche. *✆ 02 96 26 63 16 - ♿ - juil.-août : tlj sf lun. 10h-12h, 14h-18h, dim. 14h-18h - fermé j. fériés - 3,60 € (-12 ans 2 €).* Le musée accueille une antenne de l'office du tourisme de Loudéac (hébergement, loisirs, culture).
Saint-Thélo★ – *11 km au nord-ouest de Loudéac par la D 41 puis après Trévé prendre à gauche la D 69.* Cette agréable petite commune a connu une certaine prospérité grâce au travail et au commerce du lin. La **Maison des toiles★**, aménagée dans une ancienne maison de négociant (18e s.), présente cette activité autrefois très répandue dans la région. Une exposition animée retrace l'histoire des célèbres « Toiles Bretagne », qui débuta au 17e s., à l'âge d'or du lin. Elle décrit l'évolution de la petite fleur bleue, de la graine à la toile.
Demandez à l'entrée la carte-jeu pour les enfants. *✆ 02 96 56 38 26 - ♿ - juil.-août : 10h30-13h, 14h-18h30 ; avr.-juin et sept. : tlj sf lun. 14h-18h - reste de l'année : se renseigner - fermé janv.-mars, 1er janv., 1er et 11 Nov., 25 déc. - 3,70 € (enf. 1,50 €).*

NOS ADRESSES AUTOUR DU LAC DE GUERLÉDAN

VISITE

Balades patrimoine – *Proposées en saison par l'office du tourisme - se renseigner au 02 96 28 51 41.* Journées de découverte tout public du pays de Guerlédan - *2 € (enf. 1 €).*

HÉBERGEMENT

Lac de Guerlédan

PREMIER PRIX

Camping Nautic International – *22 530 Caurel - 2 km au sud-ouest, au lieu-dit Beau-Rivage - 02 96 28 57 94 - www.campingnautic.fr - 15 mai-25 sept. - réserv. conseillée - 120 empl. 22,80 €.* Ce camping proche du lac est attrayant pour son parc locatif de mobile homes.

Loudéac

BUDGET MOYEN

Hôtel des Voyageurs – *10 r. Cadélac - 02 96 28 00 47 - www.hoteldesvoyageurs.fr - 30 ch. 44/85 € - 8 € - rest. 14,50/39 €.* Hôtel aux chambres actuelles dotées d'un mobilier cérusé et cédées à prix souriant. Un double vitrage efficace atténue la rumeur de la rue commerçante. Ambiance brasserie chic dans une ample salle à manger au cadre classico-moderne ; choix traditionnel.

RESTAURATION

POUR SE FAIRE PLAISIR

Le Beau Rivage – *Au Lac - lieu-dit Beau-Rivage - 22 530 Caurel - 2 km au sud-ouest de Caurel - 02 96 28 52 15 - www.le-beau-rivage.net - fermé 1er-15 mars, dim. soir et lun. sf en juil.-août - formule déj. 21 € - 28,50/65 € - 3 ch. - 58 € - 8,50 €.* Cette maison récente ouvre les larges baies de sa salle à manger sur le lac ; terrasse panoramique. Outre la très jolie vue, vous pourrez y goûter une cuisine classique. Chambres sobrement décorées.

ACTIVITÉS

Ski Club de Guerlédan – *Beau-Rivage - 22 530 Caurel - 06 09 38 03 26 - lemoy.guerledan@wanadoo.fr - juil.-août : 9h30-12h30, 14h30-19h, mai-juin et sept. : w.-end seult - fermé oct.-avr.* Ski nautique, wake board. Encadrement diplômé d'État. Possibilité de stages avec hébergement en mobile home.

Baignade – *22570 Gouarec - 02 96 24 86 15.* Que ce soit à Beau-Rivage ou à l'anse de Sordan, la baignade n'est pas surveillée.

Pédalos – *22 530 Mûr-de-Bretagne.* Des bases de pédalos se trouvent à Beau-Rivage, à l'anse de Sordan et au rond-point du Lac à Mûr-de-Bretagne.

Base de loisirs de Guerlédan – *22 530 Mûr-de-Bretagne - 02 96 67 12 22 - www.base-plein-air-guerledan.com.* Canoë-kayak, voile, escalade, course d'orientation, tir à l'arc : activités encadrées par des moniteurs diplômés. Location de vélos. Randos pédestres-VTT-vélo : nombreux circuits très bien balisés ; guides en vente *(2,30 €)* dans les points informations.

AGENDA

L'Association des compagnons de l'**abbaye de Bon-Repos** œuvre activement au renouveau de ce site historique. Les campagnes de restauration s'accompagnent d'une programmation culturelle de qualité et d'un important spectacle son et lumière *(août). 02 96 24 82 20 - www.bon-repos.com.*

Lamballe

11 037 Lamballais – Côtes-d'Armor (22)

NOS ADRESSES PAGE 293

S'INFORMER

Office du tourisme de Lamballe – *Pl. du Champ-de-Foire - 22 400 Lamballe - 02 96 31 05 38 - www.lamballe-tourisme.com - juil.-août : 10h-18h ; sept.-juin : 10h-12h, 13h30-17h30, lun. 13h30-17h30 - fermé j. fériés.*

Office du tourisme de Moncontour – *4 pl. de la Carrière - 22 510 Moncontour - 02 96 73 49 57 - www.tourisme-moncontour.com - juil.-août : 10h-12h30, 14h-18h ; reste de l'année : tlj sf lun., merc. et dim. 10h-12h30, 14h-17h - fermé j. fériés, 8-23 nov., 1 sem. en fév., 1 sem. en avr.*

SE REPÉRER

Carte de microrégion C3 (p. 218-219) – *Carte Michelin Départements 309 G4.* Lamballe se trouve à 20 km à l'est de St-Brieuc par la N 12, et à 12 km du Val-André *(au nord)* par la D 791.

À NE PAS MANQUER

Le haras national est un incontournable de la région, surtout pendant les concours hippiques du mois d'août. Quant au château de la Hunaudaye, il offre l'occasion d'un voyage au temps des chevaliers.

ORGANISER SON TEMPS

De mi-juillet à fin août, les spectacles organisés au haras sont l'occasion d'y faire étape pour découvrir la région.

AVEC LES ENFANTS

Visitez la Ferme d'antan de St-Esprit-des-Bois-en-Plédéliac pour appréhender la vie rurale en Bretagne au début du 20e s., allez au château de la Hunaudaye, offrez-vous une promenade en canoë à Jugon-les-Lacs et laissez-vous porter par la poésie du Village des automates à St-Glen.

Bâtie sur le flanc d'une colline couronnée par la collégiale Notre-Dame, Lamballe est l'ancienne capitale du duché de Penthièvre. Bénéficiant d'une certaine proximité avec la Côte d'Émeraude, elle reste néanmoins à l'écart des grands flux touristiques et constitue, de ce fait, une halte idéale pour les amateurs de calme et d'authenticité.

Se promener Plan de la ville

Collégiale Notre-Dame B

De style gothique, elle présente des parties romanes. À l'intérieur, on verra un intéressant jubé en bois sculpté, de style gothique flamboyant. Sur le flanc droit de la collégiale, une terrasse a été construite au 19e s. Elle offre une jolie vue sur la ville et la vallée du Gouessant. À gauche de la collégiale, une très belle promenade ombragée a été aménagée à l'emplacement du château.

Place du Martray A

Cette petite place triangulaire est bordée de maisons anciennes à pans de bois ; parmi elles, la **maison du Bourreau**, du 15e s.

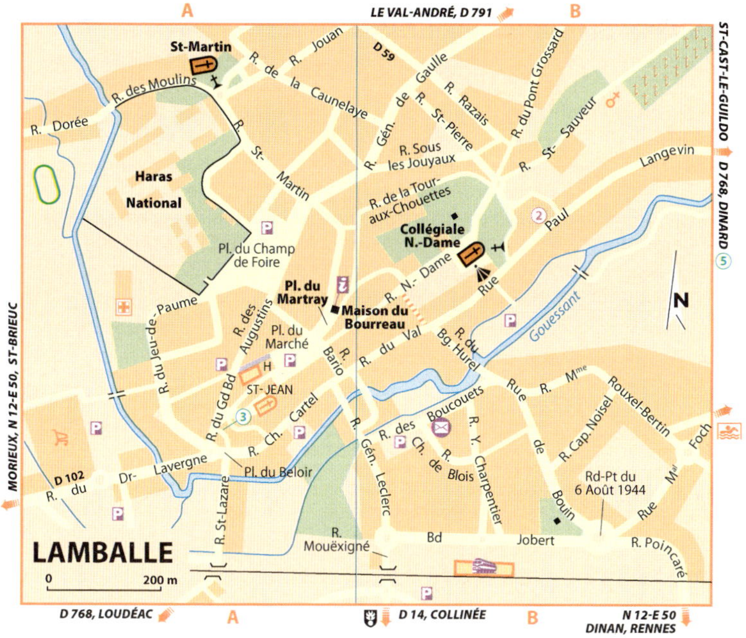

SE LOGER		SE RESTAURER	
Lion d'Or (Hôtel du)	3	Connétable (Le)	2
Manoir des Portes	5		

Musée du Pays de Lamballe – *Au RdC de la maison du Bourreau - pl. du Martray - ✆ 02 96 34 77 63 - juin-sept. : tlj sf lun. et dim. 10h-12h, 14h30-18h - possibilité de visite guidée - 2 € (enf. 1 €).* Ce musée des arts et traditions populaires expose poteries de Lamballe, gravures, coiffes et pièces de costumes de la région.

Musée Mathurin-Méheut – *Au 1er étage de la maison du Bourreau - pl. du Martray - ✆ 02 96 31 19 99 - juin-sept. : 10h-12h, 14h30-18h ; avr. : 10h-12h, 14h30-17h ; mai et oct.-déc. : merc., vend. et sam. 14h30-17h - fermé dim. et j. fériés - 3 € (enf. 1 €).* Exposition thématique des œuvres de Mathurin Méheut (1882-1958), peintre natif de Lamballe, dont l'œuvre constitue un témoignage incomparable de la vie quotidienne en Bretagne.

★ Haras national A

Pl. du Champ-de-Foire - ✆ 02 96 50 06 98 - ♿ - visite guidée (1h) juil.-août : 10h-17h ; reste de l'année : tlj sf lun. à 15h - fermé 1er Mai - 5,50 € (enf. 3 €).

Ce haras fondé en 1825 héberge une soixantaine d'étalons (races de trait ou de sang). De début mars à la mi-juillet, ces étalons sont répartis dans les stations de monte des Côtes-d'Armor et du Nord-Finistère. Un concours hippique a lieu en août, à l'issue duquel est présenté un **carrousel** des attelages.

Au cours de la visite, on découvre les écuries et leurs hôtes, la forge, la remise des voitures hippomobiles, la sellerie d'honneur, le manège et la cour d'honneur.

LA FIN TRAGIQUE D'UN NOM

Les Lamballe étaient l'une des plus puissantes familles de l'Ancien Régime. En 1767, le prince de Lamballe (c'est le titre qui a été donné à l'héritier du duché de Penthièvre) mène à 20 ans une vie si dissolue que son père, dans l'espoir de l'amender, le marie à une gentille princesse piémontaise de 17 ans. L'héritier ne se range pas et meurt, épuisé, trois mois après.

En 1770, Marie-Antoinette épouse le futur Louis XVI. Elle prend en amitié la jeune veuve. Quand éclate la tragédie révolutionnaire, la **princesse de Lamballe** reste courageusement auprès de la reine. Elle la précède d'un an dans la mort : lors des massacres de septembre 1792, des émeutiers lui coupent la tête qu'ils promènent au bout d'une pique.

Église Saint-Martin A

Ancien prieuré de l'abbaye de Marmoutier, cet édifice (15e-18e s.) comporte sur le flanc droit un porche original des 11e et 12e s., surmonté d'un auvent de bois datant de 1519. Beau clocher dont la flèche est du 18e s.

À proximité Carte de microrégion

Saint-Esprit-des-Bois-en-Plédéliac D3

À 17 km à l'est. Quittez Lamballe par la D 14 puis prenez la N 12 sur 1 km avant de rejoindre la D 55.

La **Ferme d'antan** offre l'occasion de visiter une exploitation, ses dépendances et son outillage. La pièce commune d'habitation a conservé le mobilier traditionnel breton. Un film illustre la vie quotidienne paysanne au début du 20e s. *02 96 34 80 77 - www.ferme-dantan22.com - juil.-août : 10h-18h, dim. et lun. 14h-18h (dernière entrée 1h av. la fermeture) ; juin : tlj sf dim. 10h-18h, lun. 14h-18h ; vac. de la Toussaint (zone A) : 14h-18h ; sept.-oct. et avr.-mai : tlj sf dim. et lun. 14h-18h - 4,50 € (enf. 2,50 €).*

★ Village des automates C3

À 13 km au sud de Lamballe par la D 14 puis prenez à droite la D 25, **à St-Glen** *- 02 96 42 68 81 - de Pâques à la Toussaint : dim. et j. fériés (sf 25 déc. et 1er janv.) et vac. scol. : tlj sf lun. 14h-18h - 4 € (2-12 ans 3 €).*

Petit monde magique créé par un couple de passionnés de jouets anciens, bricoleurs poétiques et nostalgiques de leur enfance. Les vitrines s'illuminent et c'est tout un village qui s'anime en musique. Les scènes, colorées, pleines de tendresse et d'humour, permettent de découvrir, ou de redécouvrir, en famille, la vie dans les campagnes d'autrefois.

★ Château de la Hunaudaye D3

À 15 km à l'est de Lamballe, par la D 28 en direction de Pléven et la D 28E à droite - 02 96 34 82 10 - www.la-hunaudaye.com - visite guidée (1h) de mi-juin à mi-sept. : 10h30-18h30 ; vac. de la Toussaint (zone A) : 14h30-18h ; de mi-sept. à déb. nov. : merc. et dim. 14h30-18h ; de déb. avr. à mi-juin : dim. 14h30-18h - spectacles, ateliers pour enf., expositions et conférences en sais. visites en LSF sur RV (2-3 j. av.) - 5 € (enf. 3,50 €) hte sais., 3 € (enf. 2 €) basse sais.

Cette ancienne forteresse s'élève dans un cadre boisé, à l'orée des forêts de St-Aubin et de la Hunaudaye. Construit en 1220, le château fut agrandi au 14e s. et embelli au début du 17e s. Il fut démantelé puis incendié sous la Révolution.

Son plan dessine un pentagone irrégulier dont chaque angle est occupé par une tour. Deux d'entre elles, les plus petites, appartiennent à la première construction; les trois autres furent édifiées aux 14e et 15e s. Un pont remplaçant l'ancien pont-levis donne accès à une grande porte en plein cintre surmontée d'un blason.
Après les vestiges des cuisines, on gagne la **tour de la Glacière** (15e s.), qui doit son nom à son orientation au nord. Un escalier à vis permet d'admirer l'élégante construction et les cheminées.
Le **logis seigneurial** (15e-16e s.) était un imposant manoir, orné d'un magnifique escalier Renaissance.
Le **donjon seigneurial** (15e s.) est desservi par un escalier à vis de 73 marches. Remarquez les cheminées monumentales et les canonnières percées dans les murs pour assurer la défense.
L'été, de nombreux ateliers pédagogiques sont proposés aux enfants *(coût inclus dans la visite). Se renseigner.*

MONCONTOUR ET L'HISTOIRE

Cette petite cité de caractère a conservé un petit centre historique digne de sa prospérité passée, et cela en dépit des aléas de l'histoire. Acquise aux Ligueurs sous le règne d'Henri IV, elle subit en effet l'attaque de l'armée royale qui la reprend en 1590. Un an plus tard, le 4 août 1591, François de La Noüe, dit **Bras-de-Fer**, meurt après avoir été grièvement blessé au service du roi lors du siège de Lamballe.
Plus tard, sous la Révolution, Moncontour se trouve au cœur d'un pays particulièrement agité par la chouannerie. C'est entre ses murs, en 1795, que l'un des chefs chouans, Boishardy, signa une trêve avec Hoche, avant d'être tué peu de temps après dans une embuscade. Sa tête fut promenée au bout d'une pique dans les rues de la cité.

★ Moncontour C3

À 16 km au sud-ouest par la D 768.
Cette petite cité bâtie au 11e s. sur un promontoire rocheux a perdu une partie de ses remparts en 1626, sur ordre de Richelieu. Elle ne manque pour autant ni d'allure ni de charme. Les portes taillées dans les courtines invitent à parcourir les pittoresques ruelles qui montent vers l'église.
Maison de la chouannerie et de la Révolution – Installée dans le même bâtiment que l'office de tourisme, cette maison illustre les heures dramatiques que connut Moncontour pendant cette période *(voir encadré* ci-dessus). *Juin-sept. : 10h30-12h30, 14h-18h.*
Église Saint-Mathurin – Édifiée au 16e s., profondément remaniée au 18e s., elle abrite de remarquables **vitraux★** du 16e s. : dans le bas-côté gauche, on découvre des épisodes de la vie de saint Yves, sainte Barbe et saint Jean-Baptiste; dans le bas-côté droit, l'Arbre de Jessé et saint Mathurin. Derrière le maître-autel en marbre (1768), la verrière, restaurée, évoque des scènes de l'enfance du Christ.
Théâtre du Costume – *13 r. du Dr-Sagory - ✆ 02 96 73 49 57 - de mi-juin à mi-sept. : 14h-18h; mai : w.-end 14h-18h - 3 € (enf. 1 €).* Madame Morel, costumière de théâtre passionnée, offre ici une saisissante illustration de l'histoire de France, des chevaliers du Moyen Âge à la mode 1900.

Morieux C2

À 18 km au nord-ouest par la N 12, puis à St-René prenez à droite la D 786.

L'église **St-Gobrien★**, l'une des plus anciennes des Côtes-d'Armor, abrite de remarquables **fresques** du 11e s., et surtout des 13e et 14e s. Exceptionnellement bien conservées, elles couvrent plus de 200 m^2 de murs. Remarquez le très beau Christ au-dessus de l'arc triomphal séparant la nef du chœur. *✆ 02 96 32 78 35 - en été : lun.-sam. 9h-12h, lun. et jeu. également 14h-17h30.*

Jugon-les-Lacs D3

À 21 km au sud-est par la N 12, puis la N 176 en direction de Dinan.

Le bourg s'adosse à la digue qui retient les eaux de la Rosette et de la Rieule, formant le grand lac de Jugon. L'église, en partie reconstruite au 19e s., conserve un porche du 12e s. ainsi que la porte du bras droit du transept à sculptures stylisées. Dans la rue du Château, l'ancien **hôtel Sevoy** (1634) est bâti sur le roc.

Langast C4

À 28 km au sud-ouest par la D 768, puis prenez à gauche la D 22.

Église St-Gal – De récentes découvertes donnent un intérêt nouveau à cet édifice dont l'origine remonterait aux 4e et 5e s. On peut admirer la maçonnerie en arêtes de poisson, de beaux vitraux du 16e s., dont une maîtresse vitre de 1508, mais aussi et surtout de très rares **fresques★** (9e-11e s.), peuplées d'étranges créatures qui suscitent encore bien des interrogations.

NOS ADRESSES À LAMBALLE

HÉBERGEMENT

BUDGET MOYEN

Hôtel du Lion d'Or – *3 r. du Lion-d'Or - ✆ 02 96 31 20 36 - www.leliondor-lamballe.com - fermé 23 déc.-6 janv. - 17 ch. 51/59 € - ☕ 8 €.* Cet hôtel familial s'est rajeuni. Maintenant, ses chambres, assez petites mais bien tenues, ont été repeintes en blanc pour plus de luminosité. Une formule buffet est proposée pour le petit-déjeuner.

Manoir des Portes – *À La Poterie, à 3,5 km à l'est - ✆ 02 96 31 13 62 - www.manoirdesportes.com - fermé 22 déc.- 5 janv. - 15 ch. 57/100 € - rest. menu 18/24 €.* Proche d'un centre équestre, ce manoir du 16e s. ouvre sur un agréable jardin fleuri, orné d'un verger et d'un potager. Les chambres, assez cosy, vous assurent des nuits paisibles. Dans une ambiance rustique (poutres, pierres, cheminée), vous sera servi un menu unique aux saveurs traditionnelles. Le manoir abrite également un centre équestre *(voir ci-contre)*.

RESTAURATION

Lamballe

BUDGET MOYEN

Le Connétable – *9 r. Paul-Langevin - ✆ 02 96 31 03 50 - www.leconnetable-lamballe.com - fermé 2 sem. en janv., 2 sem. en oct., dim. soir et lun. - 15/28 €.* Rien ne laisse deviner que cette demeure abritait jadis une forge. La salle, habilement redécorée dans des harmonies de brun-rouge, marie avec bonheur le moderne à l'ancien. Le service et l'accueil sont aimables. À table, on peut apprécier une cuisine élaborée avec les produits du marché et du terroir.

Moncontour

BUDGET MOYEN

Le Chaudron Magique – *1 pl. de la Carrière - ✆ 02 96 73 40 34 - www.lechaudron-magique.com - fermé sept. :1 sem. ; hiver : dim. et lun. ; été : dim. - 12,50 € déj. - 20/30 €.* Dans l'esprit médiéval de la cité, ce restaurant propose quelques spécialités venues du fond des âges, comme la joue de bœuf ou l'andouillette à la ficelle. Les vendredi et samedi soir *(et tlj en été)*, serveurs et clients revêtent un costume d'époque pour un repas original et convivial.

ACTIVITÉS

La Poterie Équitation – *Manoir des Portes - ✆ 02 96 31 92 92 - www.lapoterieequitation.com - tlj 9h-18h.* Ce centre équestre propose des stages pour adultes et enfants : initiation, préparation à la compétition, promenade, poney club à partir de 3 ans et montoir à cheval pour handicapés. Possibilité d'hébergement.

Centre nautique – *22270 Jugon-les-Lacs - ✆ 02 96 31 64 58 - centre-nautique-jugon@wanadoo.fr - été : 9h-19h (hiver : 17h) - fermé déb. déc.-1er mars.* La base nautique accueille de nombreuses activités sportives : catamaran, aviron, canoë, pédalo, VTT, équitation, tennis…

AGENDA

Fête des mille sabots – *Au parc équestre le dernier dim. de sept. - rens. à l'office de tourisme.* Grande fête du cheval réunissant néophytes et professionnels du monde hippique : parades d'éleveurs, défilés déguisés, spectacles…

FINISTÈRE NORD
OCÉANOPOLIS ★★★ Vaut le voyage
Le Folgoët ★★ Mérite un détour
Morlaix ★ Intéressant
Trémazan À voir
Itinéraire conseillé avec ville de départ
Route touristique
MANCHE
CÔTE SAUVAGE
ROCHERS
ÎLE D'OUESSANT
Pnte de Pern
Lampaul
Stiff
Île Molène
Le Conquet
Pnte de St-Mathieu
Lanildut
Trémazan
Kergroadès
Kerloas
Les Abers et l'Iroise
Gouesnou
Brest
OCÉANOPOLIS
Dunes de Ste-Marguerite
Phare de l'Île-Vierge
Meneham
Brignogan-Plages
Goulven
Le Folgoët
St-Jaoua
Plougastel-Daoulas
Presqu'île de Plougastel
Pont de l'Iroise
Landerneau
La Roche-Maurice
Daoulas
Pencran
La Martyre
Bodilis
Kerjean
Kérouzéré
St-Pol-de-Léon
Île de Batz
Roscoff
Carantec
Pnte de Diben
Pnte de Primel
Baie de Morlaix
Château du Taureau
Lampaul-Guimiliau
Guimiliau
St-Thégonnec
Commana
Sizun
Roc Trévezel
Morlaix
Primel-Trégastel
Plougasnou
Gd Cairn de Barnenez
St-Jean-du-Doigt
Côte des Bruyères
Lieue de Grève
Plestin-les-Grèves
St-Michel-en-Grève
Rosanbo
Lannion
Perros-Guirec
Trégastel-Plage
GUINGAMP
Belle-Isle-en-Terre
Guerlesquin
Plougonven
Le Cloître-St-Thégonnec
CÔTES-D'ARMOR
ENCLOS PAROISSIAUX
PARC NATUREL RÉGIONAL D'ARMORIQUE
Huelgoat
St-Herbot
Carhaix-Plouguer
Gorges du Corong
PONTIVY
Canal de Nantes à Brest
FINISTÈRE
Pleyben
Pen-ar-Hoat
Quimerch
Ménez-Hom
QUIMPER
Crozon
Cap de la Chèvre
Pnte de Dinan
Pnte de Penhir
Presqu'île de Crozon
Aulne
10km

Finistère Nord 4

Carte Michelin Départements 308 et 309 –
Finistère (29) et Côtes-d'Armor (22)

Brest

★

144 548 Brestois (agglomération : 210 055 habitants) – Finistère (29)

NOS ADRESSES PAGE 304

S'INFORMER

Office du tourisme de Brest – *1 pl. de la Liberté - 29 200 Brest - ✆ 02 98 44 24 96 - www.brest-metropole-tourisme.fr - juil.-août : 9h30-19h, dim. 10h-12h, j. fériés 10h-18h ; reste de l'année : tlj sf dim. et j. fériés 9h30-18h.*

SE REPÉRER

Carte de microrégion B2 (p. 294) – *carte Michelin Départements 308 E4.* Brest est la plus septentrionale des cités bretonnes. Capitale du Finistère Nord, elle jouit d'une position privilégiée face à sa rade, véritable mer intérieure dont la profondeur n'est jamais inférieure à 10 mètres. Seuls quelques kilomètres à vol d'oiseau la séparent de la presqu'île de Crozon.

SE GARER

Si vous voulez découvrir sereinement la ville de Brest, oubliez la voiture. Garez-vous vers le port de commerce *(15mn à pied du centre-ville)*, le stationnement y est gratuit. Vous trouverez également quelques places non tarifées au parking de la tour Tanguy, en bas de la rue du Siam. Mais, si vous craignez pour votre véhicule, mieux vaut opter pour les parkings payants longue durée du centre-ville.

À NE PAS MANQUER

Le quartier de Recouvrance pour son parfum d'antan, le musée des Beaux-Arts pour le fonds de l'école de Pont-Aven.

ORGANISER SON TEMPS

Pensez à réserver à l'avance pour la visite de la base navale et de l'arsenal.

AVEC LES ENFANTS

Ne manquez surtout pas la visite d'Océanopolis pour tout apprendre avec eux de la vie océane. Vous pouvez aussi aller admirer en famille les modèles réduits du musée de la Marine.

La majestueuse rade de Brest en dit long sur le mariage de la cité avec la mer : son port, consacré à la Marine nationale pendant des siècles, accueille aussi ferries et paquebots de croisière. Capitale de l'océanographie, ses instituts attirent 60 % des chercheurs de cette discipline, et son complexe Océanopolis accueille de nombreux touristes. Une belle revanche pour cette ville, qui avait été presque totalement détruite pendant la Seconde Guerre mondiale.

Découvrir Plan de la ville

★★★ Océanopolis B2 en dir.

Accès depuis le centre-ville : suivre la direction du port de plaisance du Moulin-Blanc ; en bus : ligne 7. Visite libre, compter au moins une demi-journée - ✆ 02 98 34

Une cité navale

SOUS LE FRACAS DES CANONS

Les appétits anglais

En 1341, pendant la guerre de Succession, **Montfort** confie Brest à ses alliés anglais. Devenu duc de Bretagne, il tente en vain de chasser les intrus… En 1397, le roi Charles VI obtient une faveur du souverain d'Angleterre, dont il vient d'épouser la fille : Brest est restitué au duc.

Une fête funeste

Le 10 août 1512, la flotte anglaise attaque Brest. En ce jour de la Saint-Laurent, 300 invités dansent sur la *Belle Cordelière*, cadeau d'Anne de Bretagne à son duché. Pris dans le combat contre le *Régent*, principal navire de la marine ennemie, le vaisseau prend feu. Et son commandant, **Hervé de Primauguet**, crie à l'équipage et aux invités, pour les exhorter à bien mourir : « Nous allons fêter saint Laurent qui périt par le feu ! » Les deux nefs sautent ensemble…

La flotte du Grand Siècle

Secrétaire d'État à la Marine à partir de 1669, **Colbert** fait de Brest la capitale navale du royaume. Pour s'assurer de bons équipages, il crée l'Inscription maritime, qui subsiste encore, et installe un collège de gardes-marine, des écoles de canonnage, d'hydrographie et de génie. Brest hérite d'une flotte magnifique : les vaisseaux atteignent 5 000 t et portent jusqu'à 120 gros canons. Duquesne améliore l'arsenal, entoure la ville de remparts et organise la défense du goulet. En 1694, Vauban complète ces travaux.

Capitaine courage

En 1799, un capitaine britannique parie qu'aucune frégate française ne pourra résister à son *Québec*. **Du Couëdic**, qui commande *La Surveillante*, relève le gant et rencontre l'Anglais à hauteur d'Ouessant. Le *Québec* brûle et saute avec son parieur. Quant à Du Couëdic, avec deux balles dans la tête, une dans le ventre et le bras fracassé, il refuse de quitter la dunette : « Laissez donc, il y a deux heures que je suis mort ! » Remorqué à Brest, son navire reçoit un accueil triomphal.

Sous les bombardements

En juin 1940, à l'annonce de l'arrivée des Allemands, la Marine française évacue le port, détruisant ponts et installations. Les forces d'occupation construisent à Laninon un abri bétonné pour les sous-marins, véritable menace pour les Alliés naviguant entre l'Amérique et la Grande-Bretagne. Cette situation vaut à Brest quatre ans de bombardements. En septembre 1944, quand les Américains pénètrent dans la ville après 43 jours de siège, elle n'est plus que ruines.

COQUES ET VOILES

En 1999, le *Charles-de-Gaulle*, premier porte-avions nucléaire français, sort des chantiers navals pour prendre la relève du fameux *Clemenceau*. Mais Brest doit surtout sa réputation au **rassemblement de vieux navires**, qui attire, tous les quatre ans, une foule considérable. En 2008, ce rendez-vous des vieux gréements a encore remporté un vif succès : quelque 2 000 bateaux ont paradé dans la rade, offrant aux visiteurs le spectacle inoubliable d'une forêt de mâts et de cordages, entourée d'une myriade de voiles multicolores et de coques, de toutes tailles et de formes variées. Prochaine édition en 2012 !

40 40 - www.oceanopolis.com - ♿ - juil.-août : 9h-19h ; mai-juin et sept. : 9h-18h ; avr. 10h-18h ; reste de l'année : 10h-17h - possibilité de visite guidée (2h) dim. 11h et 13h - fermé 4-15 janv., 1er janv., 25 déc. - 16,20 € (enf. 11 €).

Vaste bâtiment aux allures de crabe géant, Océanopolis, installé à proximité du port de plaisance, est une superbe vitrine de la vie dans les océans. Il s'est considérablement développé en l'an 2000 : au pavillon tempéré, entièrement rénové, sont venus s'adjoindre un pavillon tropical et un pavillon polaire. Dans ce lieu « vivant », qui abrite 10 000 animaux de 1 000 espèces différentes, des aquariums géants reconstituent, de façon spectaculaire, la diversité propre à chaque milieu naturel. À la beauté de ces décors sous-marins, soumis aux houles et aux marées recréées, s'ajoute la richesse de l'information dispensée. Bornes interactives, maquettes, films et animations mettent à la portée de chacun l'histoire des océans, et leur gestion par l'homme.

TONNERRE DE BREST !

Cette exclamation évoque le bruit des canons qui tonnaient autrefois lors de l'évasion d'un bagnard. Aujourd'hui, ceux-ci n'annoncent que le départ d'une régate.

Pavillon tempéré – Un « engin de plongée » simule la descente vers une base sous-marine, au large des **côtes de Bretagne**. Chaque aquarium présente un milieu caractéristique : fonds de pêche du plateau continental, vasière des langoustines, paroi rocheuse, forêt de laminaires livrées à l'ondulation des algues, tombant rocheux où passent le saint-pierre et la roussette… À ne pas manquer : la chorégraphie des poissons de banc, la beauté de l'aquarium à méduses et le **bassin des phoques veaux marins** (300 m³). L'étoile de mer et l'oursin sont les pensionnaires d'un **mini-laboratoire★** : on peut les manipuler, sous l'œil attentif d'un animateur. Une salle multimédia permet de comprendre la genèse des vagues et des courants. Un **film en 3D** présente l'écosystème breton sous un jour insolite.

Pavillon tropical – Dans un décor de palmiers évoquant la Polynésie française, on accède au **bassin des requins** (1 000 m³) où évoluent plusieurs espèces : pointe noire, taureau, requin nourrice, zèbre. L'exposition consacrée à ce prédateur fait la chasse aux idées reçues. Le requin est une proie… pour l'homme, car ses ailerons sont très prisés sur le marché asiatique. La traque de l'animal menace même l'existence de certaines espèces ! Une exposition a trait aux atolls. Dans les aquariums chatoient les poissons de la Grande Barrière de corail de l'océan Indien et des Caraïbes. Le parcours s'achève dans une **mangrove★** et dans une forêt tropicale.

Pour les gourmands : le self Atlantic Express offre une vue imprenable sur la rade ; le restaurant Vent d'Ouest donne sur le bassin des phoques.

Pavillon polaire – Un spectacle multimédia introduit à l'histoire de l'Arctique et de l'Antarctique. Le **bassin des manchots★** accueille 40 animaux facétieux – royaux, papous et gorfous sauteurs – sur la neige et des falaises. Le **bassin des phoques** (1 000 m³) recrée une banquise où s'ébrouent trois espèces : barbus, annelés et phoques du Groënland. Autre attraction inédite : un aquarium à krill présente ces minuscules crevettes, premier lien de la chaîne alimentaire des océans. La **station de recherche Concordia**, en forme d'igloo géant, explique la formation des glaces et leur intérêt pour comprendre l'histoire du climat. À voir encore : les maquettes (éléphants de mer, orques…) et, surtout, le film tourné en Antarctique sur la vie sous-marine dans les glaces.

SE LOGER

- Châtaigneraie (Chambre d'hôte La)..... 1
- Goulet (Camping Le)..... 4
- Paix (Hôtel La)..... 7
- Pointe-St-Mathieu (Hostellerie de la)..... 10
- Questel (Hôtel Du)..... 13

SE RESTAURER

- Amour de Pomme de terre..... 1
- Fleur de Sel..... 7
- Ma Petite Folie..... 10
- Moderne (Crêperie)..... 13

Se promener Plan de la ville

LE CENTRE-VILLE AB1-2

Itinéraire de 1h.

Éloquent témoignage de l'urbanisme d'après-guerre, avec son plan géométrique en damier, le centre s'ordonne autour de la **rue de Siam** où rien ne subsiste de la ruelle évoquée par Jacques Prévert dans l'un de ses plus célèbres poèmes, *Barbara*. Le nom de cette petite artère fait allusion aux trois ambassadeurs du roi de Siam qui débarquèrent à Brest le 18 juin 1686 pour se rendre à la cour de Louis XIV avec leur suite. Leur passage éblouit tellement les habitants qu'ils rebaptisèrent la voie en leur honneur. On peut faire un

détour jusqu'à l'**église St-Louis**, inspirée en 1957 par les conceptions architecturales de Le Corbusier : clocher de ciment, édifice de pierres brutes. Au nord, la place de la Liberté est dominée par le vaste centre culturel du **Quartz** *(voir Nos adresses à Brest, p. 306)*.

★ Musée des Beaux-Arts B2

02 98 00 87 96 - tlj sf lun. 10h-12h, 14h-18h, dim. 14h-18h - fermé 1er janv., 1er Mai, dim. de Pâques, dim. de Pentecôte, 1er et 11 Nov. - 4 € (-18 ans gratuit), gratuit 1er dim. du mois.

Ses collections recèlent un grand nombre de toiles illustrant le courant symboliste, surtout l'école de Pont-Aven : *Bord de mer en Bretagne* d'Émile Bernard, *Les Blés verts au Pouldu* de Paul Sérusier, *Jour de septembre* de Maurice Denis. Les tableaux des 17e et 18e s. appartiennent aux écoles italienne, française et hollandaise, dont *Le Port de Brest* (1774) par Van Blarenberghe. À voir encore : les *Deux perroquets* de Manet, diverses marines et des œuvres orientalistes.

Château A2

Unique témoin de l'histoire du vieux Brest, il apparaît au 11e s. sur un site déjà fortifié par les Romains. À cette époque, Vauban modernise le système de défense, avec la transformation des terrasses à canons. Le château, qui a été restauré après la dernière guerre, abrite notamment la préfecture maritime.

Musée national de la Marine★ – *02 98 22 12 39 - www.musee-marine.fr - avr.-oct. : 10h-18h30 ; reste de l'année : 13h30-18h30 - fermé janv., 1er Mai, 25 déc. - 5 € (-26 ans gratuit).* Annexe du musée de la Marine à Paris, il présente l'histoire de l'arsenal et l'apogée de la marine à voile au 18e s. : précieux **modèles réduits** de navires, instruments de navigation, tableaux, maquettes… Il évoque aussi le bagne de Brest, construit au 18e s. et qui fut évacué en 1858. Au pied de la terrasse sont exposés un sous-marin de poche S622 et une embarcation de *boat people*, recueillie en mer de Chine par le navire-école *Jeanne d'Arc* en 1988. La visite est jalonnée de majestueuses **figures de proue**. Elles furent sculptées par des artisans anonymes ou par des artistes réputés comme Antoine Coysevox, portraitiste de Louis XIV.

Cours Dajot AB2

Sur les remparts, cette promenade, édifiée en 1769 par des forçats, porte le nom de l'ingénieur qui établit les plans. La **tour Rose**, construite par l'American Battle Monuments, commémore l'accueil des Brestois aux Américains lors de la Grande Guerre. Détruite en 1941, rebâtie à l'identique en 1958, elle bénéficie toujours de l'extraterritorialité.

Le château de Brest veille sur le port.
R. Mattès / MICHELIN

Vue sur la rade★★ – Ouverte sur l'Océan par un goulet de 1,5 km, la rade est vaste (150 km^2) et profonde (12 à 20 m sur de grandes étendues). Cela explique l'importance militaire qu'elle conserve depuis deux mille ans. Depuis la table d'orientation située à l'est du cours, la vue se déploie de l'embouchure de l'Elorn à la pointe de Portzic.

Au premier plan s'étend le port de commerce. En face, sur la rive sud de la rade, l'**École navale** est installée à Lanvéoc. À côté, en direction de l'ouest, l'**île Longue** abrite la base des sous-marins nucléaires. Au-delà, on distingue la presqu'île de Crozon, qui s'achève par la pointe des Espagnols. En face, sur la rive de Brest, se trouvent le fort du Portzic et la rade-abri, située en avant du château. La rade est délimitée par des digues et sert de mouillage à la flotte de guerre française.

Port de commerce B2

À voir du cours Dajot.

En 1861, l'embouchure de la Penfeld ne suffisait plus aux marines militaire et marchande. On créa donc ce port, dont le trafic commercial avoisine aujourd'hui les 2 000 000 t par an. C'est aussi un centre de réparation navale, qui abrite la plus grande forme de radoub du monde (420 m de long, 80 m de large). Elle peut notamment accueillir des plates-formes pétrolières de forage (plus de 500 000 t).

LE QUARTIER DE RECOUVRANCE A2 en dir.

Itinéraire d'environ 1h30. Empruntez le pont de Recouvrance, qui part du bas de la rue de Siam et permet de traverser la Penfeld, au nord du château.

Une promenade dans ce quartier épargné par les bombardements de 1944 donne une idée de l'ambiance du Brest d'avant-guerre. Il regorge en effet de témoignages du passé, comme l'**église St-Sauveur**, la **rue St-Malo** ou la **maison de la Fontaine** du 18e s., aujourd'hui lieu d'expositions temporaires *(18 r. de l'Église - tlj sf dim. et j. fériés 14h30-17h30).*

Visite guidée proposée par l'office de tourisme en hiver *(4,50 €)*. Il est aussi possible de se balader en suivant le parcours balisé par les « Voiles touristiques ».

Pont de Recouvrance A2

Inauguré en 1954, c'est le plus important pont-levant d'Europe (87 m de portée). Il enjambe la rivière Penfeld, au-dessus de la partie la plus ancienne de l'arsenal. Il atteint sa position haute en 2mn 30s. En amont du pont, sur la rive est, se trouve un canon de 380 mm, provenant du cuirassé *Richelieu*.

Tour Tanguy A2

Située face au château, sur l'autre rive de la Penfeld, l'ancienne bastille de Quilbignon (14e s.) domine l'arsenal.

Le **musée du Vieux Brest** est consacré à la cité d'autrefois, dont rien ou presque n'a subsisté depuis la dernière guerre : collection d'armoiries, plans de la ville, dioramas, maquettes. *Squ. Pierre-Péron - ✆ 02 98 00 88 60 - juin-sept. : 10h-12h, 14h-19h ; reste de l'année : merc. et jeu. 14h-17h, w.-end, j. fériés et vac. scol. (zone A) 14h-18h - fermé 1er janv., 1er Mai, 25 déc. - gratuit.*

Jardin des Explorateurs A2

Sur les bords de la Penfeld, du même côté que la tour Tanguy. Accès par la rue de l'Église.

Traditionnel dans un port qui devait acclimater des plantes exotiques, ce petit jardin tout en longueur rappelle les principales expéditions (Bougainville, Commerson, La Billardière, Raoul) et présente des variétés plus connues sous d'autres latitudes : palmiers, fougères arborescentes, lin de Nouvelle-Zélande, anémone du Japon... La passerelle offre une belle vue sur le château et l'arsenal. Face à l'entrée du jardin se trouve la « maison de la Fontaine ».

★ Base navale et arsenal A2 en dir.

En 1631, Richelieu décide la création du port de Brest. Un demi-siècle plus tard, Colbert développe ses installations sur les rives de la Penfeld, dont l'estuaire encaissé et sinueux protège parfaitement des tempêtes les petits navires de l'époque. Puis, de 1740 à 1790, Choquet de Lindu entreprend la construction d'un véritable arsenal. Et, à la fin du 19e s., une digue est érigée, délimitant une vaste rade-abri.

Sur cette longue **jetée**, deux épis permettent l'accostage des grandes unités. Les **bassins** 8 et 9 sont de dimensions suffisantes (environ 320 m sur 50 m) pour accueillir les plus grands vaisseaux de la flotte française. Le **quai de l'Armement** est utilisé pour la maintenance des navires. Le **quai des Flottilles** concentre la majeure partie des unités de combat de la flotte de l'Atlantique.

La visite de l'arsenal – *✆ 02 98 22 06 12 - visite guidée (1h30) juil.-août : 13h45-15h30 ; 2e quinz. de juin et 1re quinz. de sept. : 14h30 et 15h - gratuit - les appareils photo et les animaux sont interdits - visites susceptibles d'être suspendues en raison de l'application du plan Vigipirate. Pièce d'identité exigée pour les ressortissants des États membres de l'Union européenne et de l'Otan (pour les ressortissants d'autres pays, sur demande 3 sem. av.).* On y découvre la base sous-marine construite en cinq cents jours par les Allemands pendant la Seconde Guerre mondiale (65 859 m^2). Malgré 10 impacts de bombes de 6 t au cours du bombardement du 5 août 1944, l'ensemble est resté intact. Dans ses alvéoles, on répare aujourd'hui les navires de faible tonnage. En fonction des disponibilités à quai, vous pourrez éventuellement voir un bâtiment de guerre de la Marine nationale.

À voir aussi Plan de la ville

Mémorial des Finistériens A2 en dir.

Allée de Bir-Hakeim. Quittez le centre-ville à l'ouest par le pont de Recouvrance en direction du Conquet ; le fort Montbarey se trouve sur la droite, dès que l'on rejoint la D 789 - ✆ 02 98 05 39 46 - tlj sf w.-end 9h-12h, 14h-18h - possibilité de visite guidée (1h30) - fermé j. fériés - 5 € (9-16 ans 3 €).

Le fort Montbarey, construit en 1784 sous Louis XVI, porte le nom d'un de ses ministres. Aujourd'hui, il commémore le souvenir du Finistère sous l'Occupation : matériel militaire, exposition sur les évasions vers la Grande-Bretagne, wagon de la déportation, photos de Brest en ruine en 1944… Dans la crypte se déroule la liste des Finistériens « morts pendant et à cause de la guerre », du 3 septembre 1939 au 19 décembre 1946 (date du retour des volontaires de la lutte contre le Japon).

★★ **Conservatoire botanique national du vallon du Stang-Alar** B1 en dir.
À l'est de la ville par la r. Jean-Jaurès, puis par la rte de Quimper - ✆ 02 98 02 46 00 - ♿ - jardin : 9h-18h - pavillon d'accueil et serres tropicales juil.-sept. : dim.-jeu. 14h-17h30 ; reste de l'année : merc. et dim. 14h-17h - 4,50 € (10-16 ans 3 €), jardin gratuit.
Ce prestigieux conservatoire botanique se voue aux plantes menacées d'extinction : il assure leur conservation et tente de les réintroduire dans leur milieu naturel. C'est ainsi qu'il a sauvegardé le *Ruizia cordata*, arbuste des zones tropicales sèches dont il ne subsistait que peu de spécimens à La Réunion.
Vous pourrez également admirer la spectaculaire floraison du géranium de Madère, originaire des îles subtropicales. Son **parc paysager** (22 ha) recèle en outre des plantes ornementales courantes : magnifiques magnolias, nombreux camélias. Les **serres** (1 000 m^2) se répartissent quant à elles en divers milieux exotiques : l'étage montagnard tropical, les îles subtropicales, les zones tropicales sèches et les forêts tropicales humides.

Itinéraires conseillés

PRESQU'ÎLE DE PLOUGASTEL

Itinéraire de 56 km - environ une demi-journée. Quittez Brest à l'est par la N 165 en direction de Quimper. On laisse sur la gauche la route menant au **Relecq-Kerhuon**, station située sur la rive droite de l'Elorn.

Les ponts sur l'Elorn

Le **pont Albert-Louppe** *(interdit aux voitures)*, inauguré en 1930 par le président Doumergue, franchit l'estuaire de l'Elorn, qu'il domine de 42 m. Long de 880 m, il compte trois arches de 186 m. Quatre statues du sculpteur Quillivic veillent à ses extrémités. Depuis l'inauguration du pont de l'Iroise, l'ouvrage est réservé aux cyclistes et piétons, qui peuvent ainsi profiter de la très belle **vue**★ sur la vallée de l'Elorn et la rade de Brest.
Le **pont de l'Iroise**★, ouvrage des architectes Le Friant et Terzian, s'enorgueillit d'un record du monde : la portée par nappe axiale, avec une travée centrale de 400 m. Contrairement au pont de Normandie, les haubans des deux immenses pylônes sont fixés sur le terre-plein central et non sur la chaussée. Inauguré en 1994, ce pont assure la continuité routière entre Brest et Quimper. Il est le premier maillon, côté français, du grand axe de trafic international E 60 qui reliera Brest à la mer Noire (*via* la Suisse, l'Autriche et la Hongrie).
1 km après le pont, tournez à droite vers Plougastel-Daoulas. Suite de l'excursion décrite à Plougastel-Daoulas *(voir p. 365).*

À LA DÉCOUVERTE DES POINTES

Itinéraire de 56 km – environ 2h. Quittez Brest à l'ouest par le pont de Recouvrance pour gagner la route de la Corniche. Continuez tout droit aux Quatre-Pompes. À l'entrée de Cosquer, tournez à gauche.

Sainte-Anne-du-Portzic

Au fond de l'anse de Ste-Anne, en bordure de plage, une courte promenade sur le sentier côtier offre de belles vues. Une montée conduit à la pointe du Diable, face au goulet.

Lové dans ce site extraordinaire, qui domine l'entrée de la rade, le **technopôle Brest-Iroise** rassemble des établissements d'enseignement supérieur, des entreprises et des centres de recherche comme l'Institut français pour l'exploitation de la mer (Ifremer). Autres points forts : les biotechnologies, l'agroalimentaire, les télécommunications et l'informatique.

Gagnez la D 789.

La route longe la plage de Trez-Hir (vue sur l'anse de Bertheaume), puis traverse Plougonvelin.

Fort de Bertheaume

✆ 02 98 48 26 41 - juil.-août : 10h30-19h ; juin : w.-end 14h30-18h30 - 2 € (-11 ans gratuit).

Fortifié par Vauban, à l'entrée du goulet de Brest, cet ouvrage défensif est l'occasion d'une promenade sur le sentier côtier.

★★ Site de la pointe Saint-Mathieu *(voir p. 315)*

Au retour, à 300 m de St-Mathieu vers Plougonvelin, on remarque sur la gauche, près d'une maison, deux **stèles** gauloises surmontées d'une croix et appelées le Gibet des Moines.

Voir Les Abers et l'Iroise, p. 315, pour la suite de l'itinéraire, à savoir la pointe des Renards et Le Conquet que l'on gagne par la corniche. Ensuite, regagnez Brest par la D 789.

NOS ADRESSES À BREST

TRANSPORTS

Bus – *33 av. Georges-Clemenceau - ✆ 02 98 80 30 30 - www.bibus.fr - le ticket à l'unité (1,25 €), valable 1h, s'achète auprès du conducteur ; le ticket journée (3,40 €) s'achète auprès du conducteur ou au point d'accueil bibus.*

Liaisons avec les îles

Avec Ouessant – *contact@pennarbed.fr - liaisons maritimes assurées tlj, tte l'année - réserv. obligatoire à la compagnie Penn Ar Bed - ✆ 02 98 80 80 80 - 33 € (4-16 ans 19,70 €).*

Avec Molène – *contact@pennarbed.fr - liaisons maritimes assurées tlj, tte l'année - réserv. obligatoire à la compagnie Penn Ar Bed - ✆ 02 98 80 80 80 - 23,50 € (4-16 ans 15 €).*

Avec Sein – *contact@pennarbed.fr - liaisons maritimes assurées tlj, tte l'année au dép. d'Audierne de déb. juin à mi-sept. : dim. dép de Brest 8h ; dép. de Sein 17h - 23,40/30,70 € (enf. 14,20/18,50 €).*

Liaisons aériennes SAS Finist'air – *Aérodrome de Brest - 29490 Guipavas - ✆ 02 98 84 64 87 - www.finistair.fr - dép. de Brest : 8h30 et 16h45 ; dép. d'Ouessant : 9h et 17h15 - fermé 1er janv. et 25 déc. - 65 €.*

HÉBERGEMENT

PREMIER PRIX

Camping Le Goulet – *Au lieu-dit : Lanhouarnec - 6 km à l'ouest par D 789 rte du Conquet puis à gauche rte de Ste-Anne-du-Portzic - ✆ 02 98 45 86 84 - www.campingdugoulet.com - permanent - ♿ - réserv.*

conseillée - 155 empl. 24,52 €. Entre campagne et océan, ce camping permet de sillonner les environs de Brest en toute simplicité. Partie réservée aux tentes bien tenue ; locations de cottages et de mobile homes. Le lieu inclut un espace aquatique avec « balnéo », une salle de jeux et un snack.

Chambre d'hôte La Châtaigneraie – *Keraveloc - 29490 Guipavas - ✆ 02 98 41 52 68 - http://perso.wanadoo.fr/la-chataigneraie - P ⊭ - 3 ch. 55 €* ☕. Cette grande demeure des années 1970 perchée sur les hauteurs du Stang-Alar jouit par beau temps d'une vue étendue sur la rade de Brest. Ses chambres, spacieuses et de bon confort, profitent de la tranquillité du parc. Cuisine équipée, salon-bibliothèque, salle de jeux et piscine couverte (chauffée de mai à sept.).

Hôtel Du Questel – *120 r. F.-Thomas - ✆ 02 98 45 99 20 - www.hotel-du-questel.fr - P - 36 ch. 49/55 € - ☕ 8 €.* Un hôtel flambant neuf très pratique, car situé à proximité de la rocade Nord (mais au calme), chambres fonctionnelles bien tenues, prix tout doux et, sur demande, petit service snack.

BUDGET MOYEN

Hôtel La Paix – *32 r. Algésiras - ✆ 02 98 80 12 97 - www.hoteldelapaix-brest.com - fermé 19 déc.-3 janv. - 29 ch. 88/140 € - ☕ 11 €.* Ce petit hôtel du centre-ville a été entièrement redécoré dans un style moderne épuré. Belles chambres neuves, bien équipées et insonorisées. Copieux buffet au petit-déjeuner.

Hostellerie de la Pointe St-Mathieu – *29217 La Pointe St-Mathieu.Voir Nos adresses dans Les Abers et l'Iroise, p. 318.*

RESTAURATION

PREMIER PRIX

Amour de Pomme de Terre – *23 r. des Halles-St-Louis - ✆ 02 98 43 48 51 - www.amourdepommedeterre.fr - fermé 1er janv. et 25 déc. - ♿ - formule déj. 7,50 € - 10/14 €.* Ici, la pomme de terre se décline sous toutes les formes dans cette petite salle souvent bondée où la convivialité est de rigueur. Également sur la carte : pierrades, grillades, recettes savoyardes, périgourdines et bretonnes.

Crêperie Moderne – *34 r. Algésiras - ✆ 02 98 44 44 36 - fermé dim. midi - ♿ - 8/16 €.* Si la longévité est un gage de qualité, cette maison-là décroche la palme Fondée en 1922, elle continue de faire courir les Brestois qui la fréquentent avec assiduité, ne se lassant pas d'admirer la dextérité des crêpières sur leurs douze *biligs*.

BUDGET MOYEN

Ma Petite Folie – *R. Eugène Bere - ✆ 02 98 42 44 42 - formule déj. 16 € - 22/28 €.* Ponts inférieur et supérieur aménagés en salles à manger, décor nautique, terrasse les pieds dans l'eau et belle cuisine de la mer : un second souffle pour ce langoustier de 1952.

POUR SE FAIRE PLAISIR

Fleur de Sel – *15 bis r. de Lyon - ✆ 02 98 44 38 65 - lafleurdesel@wanadoo.fr - fermé 1er-22 août, 1er-10 janv., sam. midi, lun. midi et dim. - formule déj. 22 € - 30/42 €.* Le chef prépare une savoureuse cuisine inventive sublimant les produits du terroir, les herbes et les saveurs… Intérieur moderne épuré et accueil charmant.

ACHATS

Marchés – Tlj le mat., aux Halles St-Martin et aux Halles St-Louis ; mar. et vend. le mat. aux Halles du Pilier Rouge.

EN SOIRÉE

Le Quartz – *2-4 av. Georges-Clemenceau - ✆ 02 98 33 70 70 -www.lequartz.com - fermé lun. et j. fériés.* Ce centre culturel polyvalent (danse, théâtre, concerts…) réunit chaque année plus de 300 000 amateurs pour des manifestations de renommée nationale et internationale.

ACTIVITÉS

Loisirs nautiques

Les Crocodiles de l'Elorn – *Port du Moulin-Blanc - ✆ 02 98 41 73 81 - www.crocos.org - hors vac. scol. : mar., jeu. et vend. 14h-17h, merc. et sam. 9h30-12h et 13h30-17h30 ; vac. scol. : tlj sf sam. mat. et dim. 9h30-12h, 14h-17h30 - 125 € stage de planche à voile.* Les Crocodiles de l'Elorn ont été élus premier club de Windsurf de l'année 2008. Avec un encadrement par des moniteurs diplômés, stages permettant d'acquérir les bases dès 7 ans, perfectionnement et initiation à la compétition.

Station Nautique Rade de Brest – *Centre nautique de Brest - port du Moulin-Blanc - ✆ 02 98 34 64 64 - www.brest-metropole-tourisme.fr - tlj sf dim. apr.-midi 8h45-12h15, 13h45-17h30 - fermé vac. de Noël.* Activités nautiques variées, pour tous âges et niveaux : catamaran, planche, kayak, aviron, plongée, etc. Location de supports.

Promenades en mer

Sopab « La Recouvrance » – *✆ 02 98 33 95 40 - www.larecouvrance.com - 9h-18h ; billetterie 9h30-12h, 14h-18h30 - 85 € (sortie journée).* Véritable réplique d'un navire militaire du siècle dernier, cette aviso-goélette de 42 m de long embarque pour des croisières ou pour des sorties à la journée – *croisière de 2 à 6 j. (dates fixes) avr.-oct.* Découverte de différentes zones maritimes : Brest à La Trinité *via* les îles de Bretagne Sud, en mer d'Iroise, de Concarneau à Brest en 2 j.

Compagnie des Vedettes armoricaines – *Port de commerce - 1er bassin - ✆ 02 98 44 44 04 - avr.-oct. : vers les îles de Molène et d'Ouessant - départ : Le Conquet, Brest, Camaret et Lanildut (promenades en mer, dép. Le Conquet en été) - achat et réservation en ligne.*

Compagnie maritime Penn Ar Bed – *Port de Commerce 1er éperon - ✆ 02 98 80 80 80 - www.pennarbed.fr - liaisons assurées tlj, tte l'année.* Départ quotidien de Brest et du Conquet vers Molène et Ouessant et d'Audierne-Esquibien vers Sein. Traversée de la Rade en été : Brest-Camaret - dép. supplémentaires en sais., réservation obligatoire.

AGENDA

Les « Jeudis du port » – *Juil.-août - jeu. 19h30-minuit.* Animations de rues et concerts gratuits sur le port de commerce.

Les Abers et l'Iroise

★★

Finistère (29)

NOS ADRESSES PAGE 317

S'INFORMER

Office du tourisme de Saint-Renan – *Pl. du Vieux-Marché - 29 290 Saint-Renan - ✆ 02 98 84 23 78 - juil.-août : 9h-12h30, 14h-18h30 ; sept.-juin : mar.-vend. 9h-12h30, 14h-18h, sam. 9h-12h.*

Office du tourisme du Conquet – *Parc Beauséjour - 29 217 Le Conquet - ✆ 02 98 89 11 31 - juil.-août : 9h30-12h30, 14h-19h, dim. et j. fériés 9h30-12h30 ; avr.-juin et sept. : mar.-sam. 9h30-12h30, 14h-18h ; reste de l'année : mar.-sam. 9h30-12h30.*

Pays d'Iroise – *BP 10 078 - 29 290 Saint-Renan - ✆ 02 98 84 41 15 - www.vacances-en-iroise.com.*

SE REPÉRER

Carte de microrégion AB1-2 (p. 294) – *carte Michelin Départements 308 C/E-2/4.* La « Côte des Légendes » s'étend environ de Brignogan-Plages, au nord, à Lampaul-Ploudalmézeau, à l'ouest. Au-delà, on pénètre dans le pays d'Iroise qui fait face à Ouessant et à Molène.

À NE PAS MANQUER

La balade sur les dunes de Ste-Marguerite, la vue époustouflante sur la côte depuis le phare de l'île Vierge et la basilique du Folgoët pour ses formes atypiques et son jubé sculpté dans le granit.

ORGANISER SON TEMPS

Privilégiez un départ le matin, afin de profiter des marchés locaux et de la vie sociale. Si vous êtes dans la région à la fin de l'été, faites le détour pour voir le grand pardon du 1er dimanche de septembre à la basilique du Folgoët.

AVEC LES ENFANTS

Les jardins du château de Kergroadès à dos d'âne.

La côte nord-ouest du Finistère, de Brignogan à la pointe St-Mathieu, offre le spectacle magnifique d'un littoral sauvage, encore intact par endroits, souvent rude, entaillé par de profonds abers où se nichent ports de pêche ou de plaisance. Elle plaira aux amoureux de panoramas romantiques, de sentiers côtiers et d'odeur de goémon brûlé.

LES ABERS, DES VALLÉES FLUVIALES

Les abers se distinguent des estuaires par le fait qu'ils ont été creusés en amont, par une petite rivière, et non par un fleuve côtier. En aval, leur sillon est moins profond et leurs pentes sont moins raides. On n'y trouve pas de ports importants en tête d'estuaire, comme Morlaix ou Dinan, car leur cours d'eau n'est pas assez puissant pour frayer un chenal dans l'embouchure. En revanche, ils subissent, comme les estuaires, le mouvement des marées et, à marée basse, se découvrent de grandes étendues de vase.

Itinéraires conseillés Carte Les Abers et l'Iroise

Si vous partez de Brest, vous traverserez d'abord l'intérieur des terres, riche en chapelles et autres monuments, et vous rejoindrez la côte à Brignogan-Plages.

DE BREST À BRIGNOGAN-PLAGES PAR LES TERRES

Itinéraire 1 50 km – Comptez 4h avec la visite de la basilique de Folgoët et celle du musée du Léon.
Quittez Brest au nord par la D 788 vers Roscoff.

Gouesnou

De style gothique et Renaissance, l'**église** (17e s.) présente un chevet polygonal surmonté de trois frontons élancés. À l'ouest, en contrebas de l'église, une fontaine Renaissance, dotée d'un autel, est ornée de la statue de saint Gouesnou. *Visite guidée (1h) juil.-août : mar., merc. et jeu. 14h-18h - gratuit.*
Prenez la direction de Lannilis (D 13) et, dans Bourg-Blanc, prenez à droite la D 38 en direction de Plouvien.

Chapelle Saint-Jaoua

Au centre d'un vaste enclos ombragé, cette chapelle (début 16e s.) abrite le tombeau avec gisant de saint Jaoua. Les lambris polychromes viennent d'être restaurés.

Plouvien

Dans l'**église paroissiale**, tombeau (1555) en granit de Kersanton : le gisant est soutenu par seize religieux figés dans des attitudes de prière, de lecture ou de méditation. *Quittez Plouvien à l'est par la route de Lesneven.*

Saint-Jean-Balanant

La **chapelle** du 15e s. était une fondation des chevaliers de St-Jean-de-Jérusalem dépendant de la commanderie de la Feuillée, dans les monts d'Arrée. Au tympan, le bas-relief représente le baptême du Christ. *La clef est disponible à la maison derrière la chapelle.*
À droite de la chapelle, une fontaine et ses bancs.
Continuez en direction de Lesneven et, au quatrième carrefour, tournez à droite vers Locmaria.

Chapelle de Locmaria

Précédée d'une **croix★** à deux traverses ornée de personnages, cette chapelle des 16e et 17e s. possède un clocher-porche carré.
Par Le Drennec, gagnez Le Folgoët.

★★ Le Folgoët

Basilique★★ – La basilique a une forme en équerre inhabituelle : du chœur se détache la chapelle de la Croix dont le mur oriental prolonge le chevet plat. Cette chapelle a un beau **porche★** orné des statues des apôtres. La fontaine de Salaün, où viennent boire les pèlerins, se trouve contre le mur du chevet, à l'extérieur de l'édifice *(faites le tour de l'église)*. Elle est alimentée par la source située sous l'autel.
À l'intérieur de l'édifice, on verra un chef-d'œuvre de l'art breton du 15e s. : le **jubé★★**, admirablement sculpté dans le granit. De belles roses du 19e s. ornent la chapelle de la Croix et l'abside. La statue de N.-D.-du-Folgoët date du 15e s.

L'ORIGINE DE LA BASILIQUE DE FOLGOËT

Au milieu du 14e s., un pauvre innocent nommé Salaün vit dans un bois, près d'une source située aux environs de Lesneven. Il ne connaît que quelques mots qu'il murmure sans cesse : « *Itron Gwerc'hez Vari* » (Dame Vierge Marie). Après sa mort, un lys pousse sur sa tombe; le pistil dessine en lettres d'or : « Ave Maria ». En creusant la terre, on s'aperçoit que la plante sort de la bouche de Salaün.

On se trouve alors en pleine guerre de Succession. Le prétendant Montfort fait le vœu, s'il triomphe, d'élever à la Vierge une somptueuse chapelle. Après sa victoire d'Auray, il fait bâtir l'édifice : l'autel sera placé au-dessus de la source où buvait le fol. Les travaux sont terminés en 1423. La chapelle est saccagée à la Révolution. Pour la sauver de la pioche des démolisseurs, douze paysans se cotisent et l'achètent. Rendue au culte à la Restauration, elle a été peu à peu remise en état.

Musée du Folgoët – À gauche en sortant de la basilique, le **manoir du Doyenné** (15e s.) forme un bel ensemble avec l'église et l'auberge des pèlerins. Cette dernière abrite un **musée** groupant des statues (15e-17e s.), des archives, un mobilier qui servit à la reine Anne lors de ses deux pèlerinages au Folgoët et une maquette de la basilique. *℘ 02 98 21 11 18 - www.les-amis-du-folgoet.com - ♿ - de mi-juin à mi-sept. : 10h-12h30, 14h30-18h30, dim. et j. fériés 14h30-18h30 - 3 € (-14 ans gratuit).*

Dirigez-vous vers le nord-est en direction de Lesneven.

Lesneven

Fondée au 5e s. par le chef breton Even, Lesneven conserve de vieilles maisons en granit des 15e et 16e s.

Le **musée du Léon**, installé dans l'ancienne chapelle du couvent des Ursulines (début 18e s.), donne un bon aperçu de l'histoire de la région. On y remarque l'ordonnance signée par Louis XIV autorisant l'installation des ursulines. *℘ 02 98 21 17 18 - ♿ - juil.-août : tlj sf mar. 14h-18h - 2,50 € (enf. 1 €).*

Prenez la D 770 jusqu'à Brignogan-Plages.

★★ DE LA « CÔTE DES LÉGENDES » AU PAYS D'IROISE

Itinéraire 2 170 km – comptez une journée.

★ Brignogan-Plages *(voir p. 320)*

De Brignogan-Plages, prenez la D 770 vers Le Folgoët, tournez à droite vers le Croazou et poursuivez jusqu'à Meneham.

★ Meneham

℘ 02 98 83 95 63.

Situé sur la côte derrière d'impressionnants blocs de granit, ce hameau de goémoniers a été restauré et témoigne de ce que fut l'habitat traditionnel de ces travailleurs de la mer. En 1685, un corps de garde dissimulé dans les rochers avait été construit pour surveiller la côte. Plus tard s'y ajoutèrent quelques maisons abritant des douaniers. Ces derniers cédèrent au fil des années leur place aux goémoniers qui ramassaient les algues aux alentours. En 1975, le site est classé et, en 1989, la commune de Kerlouan en fait l'acquisition pour le réhabiliter.

Les maisons, de nouveau couvertes de toits de chaume ou d'ardoise, ont trouvé une nouvelle vocation comme auberge, gîte d'étape, échoppes pour des artisans et espaces muséographiques (Maison du site, Maison du pays pagan) évoquant le mode de vie des goémoniers-cultivateurs.

De Meneham, revenez à Kerlouan et prenez la D 10 jusqu'à Plouguerneau.

Plouguerneau

L'**église** renferme, à gauche en entrant, près du baptistère, une intéressante collection de statuettes en bois du 17e s. appelées « les petits saints ». Autrefois promenées en procession, ces statuettes résultent d'un vœu fait par les habitants qui avaient échappé à la peste.

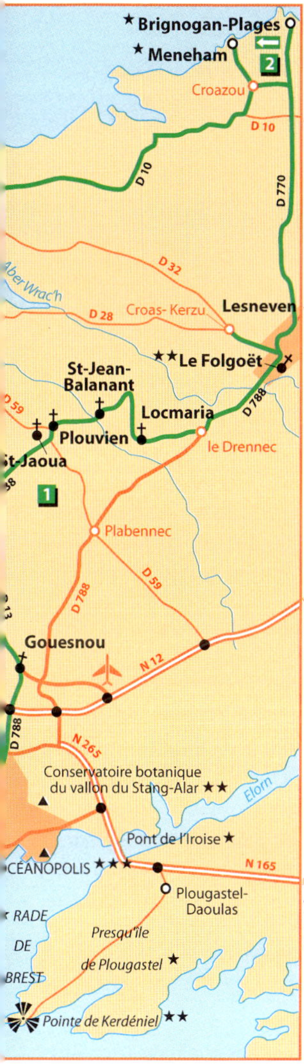

Par la D 32, prenez la direction de St-Michel.
À la sortie du village sur la droite, le petit **écomusée des Goémoniers** explique les techniques du métier à travers les âges ainsi que l'utilisation du goémon aujourd'hui dans de nombreux produits que l'on utilise quotidiennement, du flan au produit de beauté. *Rte de Kerveogan - ✆ 02 98 37 13 35 - www.ecomusee-plouguerneau.fr - ♿ - avr.-oct. : 14h-18h - possibilité de visite guidée (1h20) sur demande préalable - fermé mar. - 4 € (-12 ans 3 €). Prenez au nord la D 32.*

Ruines d'Iliz-Koz

✆ 02 98 04 71 84 - de mi-juin à mi-sept. : tlj sf lun. (sf si j. fériés) 14h30-18h30 ; reste de l'année : dim. et j. fériés 14h-17h - 3 € (-10 ans gratuit).

L'église médiévale avait disparu sous le sable au début du 18e s. lors de grandes tempêtes. Les habitants des environs s'étaient alors servi de ses pierres comme d'une carrière, faisant totalement disparaître le lieu. Des fouilles entreprises dans les années 1970 ont mis au jour les ruines de l'église, du cimetière et du presbytère de l'ancienne paroisse de Tremenac'h. L'ensemble découvert se présente comme un témoin exceptionnel de l'art funéraire en Bretagne à la fin du Moyen Âge. Un petit **musée** explique l'histoire du site et expose quelques vestiges trouvés lors des fouilles.

Tout près, belle **plage** de sable fin dans les rochers.

★ Phare de l'île Vierge

✆ 02 98 37 13 35 - www.ecomusee.plouguerneau.fr - visite guidée (30mn) sur demande au ✆ 02 98 04 74 94 avr.-sept. : 10h-16h, suivant les marées - 2,50 € (enf. 2 €). Si vous avez le temps, nous vous conseillons de partir de l'Aber-Wrac'h car la remontée de l'aber est particulièrement spectaculaire.

Ce remarquable phare en pierre est le plus haut de France (82,50 m). Du sommet *(397 marches)*, on découvre un vaste **panorama★** sur la côte finistérienne.

Suivez la côte jusqu'à la plage de St-Cava d'où l'on peut atteindre à pied à marée basse le phare de l'Aber-Wrac'h.

Phare de l'île Wrac'h

Plutôt un feu qu'un phare, ce gardien de l'aber du même nom se trouve dans un site remarquable offrant des panoramas de tous côtés, entre autres sur le phare de l'île Vierge. On ne peut s'y rendre qu'à marée basse et c'est l'occasion d'une très belle promenade. *(Comptez 1h AR.)*

Revenez à Plouguerneau et prenez la direction de Lannilis (D 13).
À 2 km, l'ancien tracé de la route forme un belvédère (petit calvaire) et offre une belle **vue★** sur l'Aber-Wrac'h.
Dans Lannilis, tournez à droite.

L'Aber-Wrac'h

Avec son important centre de voile, c'est un port de plaisance très fréquenté. Une école d'apprentissage maritime, dont le bâtiment surplombe le bourg, anime ce lieu de séjour balnéaire. La route en corniche longe la baie des Anges (ruines du couvent de N.-D.-des-Anges).
Prenez à droite vers les dunes de Ste-Marguerite, puis encore à droite vers le fort Cézon.
De la plate-forme aménagée en bout de route, **vue** sur l'estuaire et, perchées sur une île, les ruines du fort Cézon qui en commandait l'entrée, ainsi que sur le phare de l'île Vierge.
Faites demi-tour et, à la sortie de Poulloc, tournez à droite vers les dunes.

Dunes de Sainte-Marguerite

Des sentiers pédestres permettent de découvrir de belles vues. Sur les dunes sèche le goémon qui, après deux ou trois jours d'exposition au soleil, est expédié vers les usines de traitement.
Gagnez la chapelle de Brouënnou où vous tournerez à gauche vers le passage St-Pabu. Par Landéda, rejoignez Lannilis et empruntez la D 28 vers Ploudalmézeau.

Aber Benoît

Après avoir franchi cet aber, la route le longe pendant quelques kilomètres et permet d'en apprécier la belle situation.
À 5 km de Tréglonou, tournez à droite vers St-Pabu que vous traverserez et suivez le fléchage du camping pour gagner les dunes de Corn-ar-Gazel.

Dunes de Corn-ar-Gazel

Elles offrent une belle **vue** sur la presqu'île de Ste-Marguerite, l'aber Benoît et son chapelet d'îlots.
Des chemins escaladent les dunes de Corn-ar-Gazel et conduisent aux immenses plages de sable blanc, comme celle des Trois-Moutons et sa base de chars à voile.
Faites demi-tour et suivez à droite la route qui serpente dans les dunes et offre de belles échappées sur la côte.

Le phare de l'île Vierge.
Office municipal du tourisme de Saint-Renan

Lampaul-Ploudalmézeau

L'**église** de ce modeste village est un témoin de la Renaissance en Bretagne : voyez le porche nord, un magnifique **clocher-porche★** coiffé d'un dôme surmonté de trois lanternons.

Portsall

Ce petit port est établi dans une anse très fermée. Au large, sur une chaîne d'écueils – les roches de Portsall –, le pétrolier *Amoco Cadiz* vint s'échouer en 1978. Sur le môle, l'une de ses deux énormes ancres (20 t) perpétue le souvenir du naufrage.

Kersaint

À la sortie du village, sur la gauche en direction d'Argenton, se dressent les ruines du **château de Trémazan** (13e s.). Attention ! Ces ruines sont très dangereuses. Un belvédère permet cependant d'admirer la majesté du lieu.

Trémazan

Du parc de stationnement, au-delà du village, une immense **vue★** se dégage sur l'île Verte, les roches de Portsall et le phare de Corn Carhai.

★ Route touristique

Tracée en corniche, elle permet de découvrir une côte frangée de rochers d'où se détache la **pointe de Landunvez**, en dents de scie. La route traverse de petites stations balnéaires : Argenton, **Porspoder** où aurait débarqué au 6e s. saint Budoc, évêque de Dol-de-Bretagne, puis Melon. On s'arrêtera à la **chapelle St-Samson** pour admirer le site et les perspectives sur la mer d'Iroise.
À l'entrée de Lanildut, tournez à droite.

Aber Ildut

C'est au niveau de l'aber Ildut qu'est fixée la séparation théorique entre la Manche et l'Atlantique. Commandant l'étroit goulet de l'**aber Ildut**, le **rocher du Crapaud** offre de belles vues sur le port et l'aber, accessibles aux bateaux quelle que soit la marée. La rive nord est boisée ; au sud s'étendent dunes et plages.

Du parking du rocher, on rallie le sentier littoral qui remonte vers Melon.

Lanildut★ est le premier port goémonier d'Europe et, de mai à octobre, on peut y voir les bateaux décharger leur récolte dans les camions. Il faut se promener dans le quartier de **Rumorvan** qui regroupe de belles **maisons** (17e et 18e s.) de capitaines.
La route longe l'aber jusqu'à Brélès où la D 27, puis la D 268 à gauche, mènent à Kergroadès.

Château de Kergroadès

✆ 02 98 32 43 93 - visite guidée (1h) juil.-août : 11h, 12h, 14h-18h, dim. 14h-18h ; juin et sept. : jeu. 14h30 ; reste de l'année : sur demande préalable - visite spéciale enf. vend. 15h30 - 4 € (6-16 ans 2,50 €), +1 € pour le jeu de maillet ; 4,50 € billet combiné avec le jardin des simples.

Cette demeure de granit, construite au début du 17e s. par François III de Kergroadès, écuyer d'Henri IV, a l'allure d'une forteresse moyenâgeuse mâtinée d'influence Renaissance. Sa cour d'honneur, fermée par une galerie crénelée, est entourée par un sévère corps de logis flanqué de deux tours rondes.

Dans le **parc**, où croissent rhododendrons, hortensias et camélias, des promenades à dos d'âne sont organisées certains jours pour les enfants. Pendant l'été, des visites nocturnes illuminées aux chandelles vous sont également proposées dans le parc et dans le château.

Revenez à Brélès et, par la D 28, rejoignez Plouarzel. Traversez le bourg en direction de St-Renan et, environ 1 km après la sortie, tournez à droite vers le menhir de Kerloas.

★ Menhir de Kerloas

Du haut de ses 9,50 m et de ses quelque 5 000 ans d'âge, le plus haut menhir de France encore debout fait forte impression. Surnommé « Le Bossu » *(An Tor)* à cause de ses deux bosses, il a naturellement inspiré bien des légendes. Une curieuse tradition du 19e s. attirait les jeunes époux qui venaient nus se frotter sur ses bosses : le mari pour avoir des héritiers mâles, la femme pour avoir autorité dans la maison.

Poursuivez la D 5 jusqu'à St-Renan.

RICHE GOÉMON

Toute cette côte basse et rocheuse, semée d'îlots, recèle en abondance du goémon de diverses variétés. Autrefois les goémoniers récoltaient les algues à marée basse à l'aide de grands râteaux, les mettaient à sécher sur la plage puis les brûlaient pour en faire des pains de soude. Aujourd'hui, les laminaires sont récoltées directement par des bateaux équipés du skoubidou qui les déchargent à Lanildut sur les camions qui les transportent jusqu'aux usines de traitement de la région. Là, elles sont transformées entre autres en nourriture pour le bétail ou en engrais.

Saint-Renan

Fondée vers l'an 500 par saint Ronan, ermite irlandais, cette petite ville a gardé de son passé de cour de justice ducale, puis royale, et de pays de foires, quelques belles façades à pans de bois et un marché réputé *(voir « Nos adresses dans les Abers et l'Iroise », p. 319)*.

Des panneaux en lave émaillée disséminés dans l'ensemble de la ville racontent son riche passé, tout comme le **musée d'Histoire locale** qui présente des costumes, coiffes et mobilier du Léon. Ce dernier retrace également l'histoire de la mine d'étain qui avait été découverte en 1957 et fut exploitée une quinzaine d'années, laissant dans les alentours des carrières transformées en lacs. *16 r. St-Mathieu - ✆ 02 98 32 44 94 - juil.-août : 15h-18h ; mi-juin à mi-sept., vac. de Pâques et de fév. : mar.-vend. 15h-18h, sam. 10h30-12h, 15h-18h - fermé dim. et j. fériés - 2 €.*

Revenez à Plouarzel et prenez la VC 4 vers Trézien.
Impossible de manquer, au passage, le **parc éolien** aménagé en 2000 ; il est composé de grandes éoliennes de 60 m de haut avec d'impressionnants rotors de 47 m de diamètre. Panneau explicatif sur place.
Continuez vers Trézien qu'il faut traverser.

Phare de Trézien

Visite juil.-août tlj 14h30-18h - billet combiné avec phare de la pointe St-Mathieu et musée 4 €.
Bâti en 1894, ce phare, haut de 37 m, a une portée moyenne de 35 km.
Continuez en direction de la grève de Porsmoguer. Tournez à droite.
La route longe la station du **Cross Corsen** (Centre régional opérationnel de surveillance et de sauvetage installé sur la pointe de Corsen). Elle rejoint ensuite une maison en ruine sur la falaise.
Le *Cross Corsen,* bateau du même nom, a pour mission le sauvetage en mer, la surveillance de la navigation, la diffusion d'informations concernant la sécurité des navires et la surveillance des pollutions en mer.

Pointe de Corsen

Cette falaise, haute de 50 m, est le point situé le plus à l'ouest de la France continentale. **Vue** intéressante sur la côte et les îles.
Par la grève de Porsmoguer, gagnez Ploumoguer où vous prendrez vers Le Conquet. À 5 km, tournez à droite vers la pointe de Kermorvan.

Pointe de Kermorvan

En son centre, elle se réduit à un isthme d'où l'on découvre une jolie **vue★** : à droite, la belle plage des Blancs Sablons ; à gauche, le site du Conquet. La passerelle du Croaë permet aux piétons de gagner la pointe ; à son extrémité, à gauche de l'entrée du phare, le chaos rocheux forme un remarquable belvédère.

★ Le Conquet

Dans un joli site, ce petit port de pêche est un point d'embarquement pour les îles d'Ouessant *(voir p. 323)* et de Molène. On peut y voir quelques maisons anciennes en suivant le parcours touristique ponctué de panneaux en lave émaillée.

La corniche du Port, les chemins piétonniers qui bordent le littoral et la pointe de Kermorvan sont des promenades agréables qui offrent de belles vues sur le port, le chenal du Four et, au large, l'archipel d'Ouessant et les nombreux phares.
Poursuivez par la D 85 jusqu'à la pointe St-Mathieu.

★★ Site de la pointe Saint-Mathieu

Cette pointe battue par les flots fut habitée depuis des temps lointains. Sur ce très beau site, on trouve un ensemble de bâtiments intéressants : l'ancienne abbaye, un phare, un musée, un sémaphore occupé par l'armée, un monument aux marins morts en mer représentant une femme en coiffe de deuil et, enfin, un cénotaphe dédié aux morts en mer lors de combats. Vous aurez une superbe vue aérienne de cet ensemble en montant au sommet du phare.

Le **phare**, haut de 37 m et élevé en 1835, a une portée de 50 km. Une fois gravies les 163 marches, on est récompensé par le superbe **panorama**★★. De gauche à droite : l'entrée du goulet de Brest, la presqu'île de Crozon, la pointe du Raz, l'île de Sein, l'île de Beniguet, Molène et Ouessant. Derrière Beniguet, on distingue parfois le phare de la Jument, situé à 30 km *✆ 02 98 89 00 17 - www.vacances-en-iroise.com - visite guidée (20mn) au sommet juil.-août : 10h-19h30 ; mai-juin : w.-end et j. fériés 14h-18h30 ; reste de l'année : tlj sf mar. 14h-18h30 (sf 2e quinz. de sept.) - fermé nov.-avr. - 3 € (-4 ans gratuit) billet combiné avec le musée.*

L'abbaye, aujourd'hui en ruine, avait été construite par des bénédictins à partir du 11e s. Selon la légende elle abritait comme relique la tête de saint Mathieu, rapportée d'Égypte par des marins du pays. On y reconnaît le chœur (13e s.) flanqué d'une tour carrée, la nef, aux piliers ronds ou octogonaux. Les moines, qui avaient le droit de bris (ramassage des bois rapportés par la mer), entretenaient un fanal sur la tour aujourd'hui tronquée.

Le **musée**, à côté du phare, raconte l'histoire du site et de ses monuments à travers des archives, un film et la maquette de l'abbaye.

Le **cénotaphe** a été aménagé dans un fortin érigé sous le Second Empire. Dans la crypte sont rassemblées les photos des marins disparus en mer pendant les guerres. *✆ 02 98 89 00 17 - www.vacanceseniroise.com - juin-sept 10h-18h30 - reste de l'année les w.-ends, j fériés et vac. scol.*

L'itinéraire s'arrête ici, mais vous pouvez rallier Brest par la D 85 et la D 789 et visiter en chemin le fort de Bertheaume et Ste-Anne-du-Portzic.

NOS ADRESSES DANS LES ABERS ET L'IROISE

HÉBERGEMENT

BUDGET MOYEN

Chambre d'hôte Saint-Alphonse – *Rte de Plouguernau - 29870 Lannilis - 02 98 04 14 13 - guitecreach@yahoo.fr - P - 3 ch. 43/50 €* . Les chambres sont aménagées dans une dépendance attenante à la maison des propriétaires. Variant en confort et en taille, elles sont cependant toutes pratiques et dotées de meubles de famille ou chinés ici et là. Les hôtes vous reçoivent chez eux à l'heure du petit-déjeuner. Jardin arboré et fleuri.

Chambre d'hôte Le Clos d'Ildut – *13 rte de Mézancou - 29840 Lanildut - 02 98 04 43 02 - http://leclosdildut.free.fr - fermé 15 nov.-Pâques - P - 2 ch. 55 €* . Au cœur d'un grand jardin tranquille, une demeure ancienne au sol d'ardoise et à la décoration délicate. Chambres de styles différents, dont une dans une dépendance.

Chambre d'hôte Gwalarn – *4 Hent-Kergaradoc - 29840 Lanildut - 02 98 04 38 41 - www.hebergement-nature-bretagne.com - - 4 ch., 1 gîte et 2 cabanes 55/65 €* . À côté de la belle longère 1800 abritant 4 chambres coquettes d'inspiration marine, a été construit un joli gîte en bois, où sont aménagées des chambres spacieuses et zen, ainsi que deux cabanes dans les arbres. La vue sur les environs est superbe depuis le jardin paysager. Un sauna et des massages chinois sont accessibles aux clients.

POUR SE FAIRE PLAISIR

Chambre d'hôte Auberge de Bel Air – *Rte de l'Aber Ildut - 29810 Brélès - 02 98 04 36 01 ou 06 68 85 26 6 5 - www.aubergedebelair.ovh.org - fermé 10 j. en oct., dim. soir et lun. - P - 3 ch. 64/68 € - rest. 14/39 €.* Redonner son éclat originel à cette demeure alors qu'elle n'était que ruines constitue un tour de force… On l'apprécie d'autant plus quand on goûte au confort des chambres superbement aménagées, ou que l'on savoure les bons petits plats préparés par un véritable chef. Stages de cuisine organisés au gré des saisons.

La Vinotière – *1 r. Lieutenant-Jourden - 29217 Le Conquet - 02 98 89 17 79 - www.lavinotiere.fr - - 10 ch. 60/125 € - 9 €.* Dans cette belle demeure du 16e s., en plein centre du Conquet, un magnifique escalier de pierre mène aux chambres tout confort, décorées dans un style design.

Auberge de Keralloret – *29880 Guissény Sud - 3 km par D 10 et rte secondaire - 02 98 25 60 37 - www.keralloret.com - fermé 5-30 janv. - P - 11 ch. 60/80 € - 10 € - rest. 20/35 €.* Goûtez au charme et à la tranquillité de cette vieille ferme joliment rénovée. Le décor contemporain des chambres, réparties dans plusieurs maisons de granit, s'inspire de la région. Au restaurant, cuisine traditionnelle et chaleureuse atmosphère rustique.

Chambre d'hôte La Demeure Océane – *20 r. Bar-Al-Lan - 29830 Portsall - 02 98 48 04 15 - www.demeure-oceane.fr - ouv. mars-oct. - - 7 ch. 60/70 €.* Les chambres, très agréables, ont pour la plupart une vue donnant sur le port en contrebas. L'accueil est chaleureux. Le petit déjeuner est servi dans la salle à manger en bow-window.

UNE FOLIE

Hostellerie de la Pointe St-Mathieu – *29 217 La Pointe-de-St-Mathieu - ✆ 02 98 89 00 19 - saintmathieu.hotel@wanadoo.fr - fermé fév. - 24 ch. 120/170 € - ☕ 10 € - rest. 33/65 €.* Cet hôtel-restaurant, voisin du phare et des ruines de l'abbaye, occupe une maison ancienne agrandie d'une aile récente où de confortables chambres, élégamment décorées de façon design, donnent sur la campagne ou la mer. Son restaurant est réputé et vous vous régalerez dans sa salle à manger voûtée.

Folgoët

BUDGET MOYEN

Hôtel Le Week-end – *Pont-du-Châtel - 29 260 Lesneven - 4 km au nord-est du Folgoët par D 110 et rte de Tréflez - ✆ 02 98 25 40 57 - www.hotelrestaurantweekend.com - P - 13 ch. 45/60 € - ☕ 7 € - rest. 16/30 € (fermé dim. soir et lun. midi).* Un peu perdu dans un lieu-dit bordé par une rivière, cet hôtel-restaurant abrite des chambres simples et très bien tenues, ainsi qu'un salon-bibliothèque idéal pour une pause au calme.

RESTAURATION

PREMIER PRIX

Crêperie à la ferme Manoir de Trouzilit – *Rte de Ploudalmézeau - 29 870 Tréglonou - ✆ 02 98 04 01 20 - www.manoir-trouzilit.com - fermé du lun. au jeu. hors sais. ; ouv. tlj juil.-août - ♿ P - 14 € - 5 ch. 50 € ☕.* L'adresse mérite le détour pour son emplacement : la crêperie est aménagée dans un grand manoir veillant sur un domaine de 30 ha (centre équestre, nombreuses activités de loisirs, gîtes dont un pour personnes à mobilité réduite). La salle à manger est réchauffée par deux imposantes cheminées ; beau choix de galettes (150 variétés).

Auberge de Meneham – *29 217 Kerlouan - ✆ 02 98 83 90 26 - aubergedemeneham.com - fermé le soir hors sais. sf w. end - P - 12/25 €.* Dans le hameau restauré de Meneham, cette auberge au décor cosy, sous son toit de chaume, propose une cuisine raffinée et originale. Possibilité d'une restauration rapide l'été, sur les tables à l'extérieur.

BUDGET MOYEN

Ferme de Keringar – *Lochrist - 29 217 Le Conquet - ✆ 02 98 89 09 59 - www.keringar.com - ♿ P - 19,50/22 € - 14 ch. 75 €.* Ce domaine de 4 ha est le lieu idéal pour un séjour en famille. Ses chambres sont spacieuses et décorées avec goût, la cuisine exalte les produits du terroir et de la pêche locale. Quant à la ferme pédagogique, elle fait le bonheur des enfants. Tout cela à 500 m de la plage.

Le Chenal – *13 r. du Port - 29 840 Porspoder - ✆ 02 98 89 54 36 - www.lechenal.fr - fermé lun.-merc. sf vac. scol. - ☕̸ - 15/30 €.* Merveilleusement situé au bord de la mer, ce restaurant composé de salles spacieuses et de vastes terrasses est idéal pour les repas en famille. Les enfants peuvent s'amuser dehors sous le regard des parents. Côté carte, la variété est au rendez-vous, tant du point de vue des plats que des prix.

POUR SE FAIRE PLAISIR

Relais du Vieux Port – *1 quai du Drellac'h - 29 217 Le Conquet - ✆ 02 98 89 15 91 - fermé 4 janv.-4 fév. - 26 € - 7 ch. 49/65 € - ☕ 8 €.* Maison du 15e s. Côté restaurant : crêpes, poissons, coquillages et fruits de mer *(sur réservation)*, servis dans un décor d'inspiration marine mariant la pierre et le bois. Côté hôtel : réveil assuré par les mouettes, dans cinq chambres portant le nom d'îles bretonnes et jouissant de la vue sur le port.

ACHATS

Marché Hebdomadaire de St-Renan – *Pl. du Vieux-Marché - 29 290 Saint-Renan - le sam. tte l'année.* Chaque samedi, des centaines de producteurs et d'intermédiaires prennent possession du quartier médiéval pour vendre les spécialités locales (*kig ha farz* et son sac de toile, saucisse de Molène...) et les produits courants. Étape incontournable : « **La Veuve Pochard** », taverne installée dans une bâtisse du 15e s.

ACTIVITÉS

Centre de voile de l'Aber-Wrac'h – *4 port de l'Aber-Wrac'h - 29 870 Landéda - ✆ 02 98 04 90 64 - www.cvl-aberwrach.fr - tlj sf dim. hors sais. 9h-12h30, 14h-17h30 (jusqu'à 20h15 en été) - fermé vac. scol. de Noël - 15/33 €/1/2 j d'activités.* Découvrez la région des Abers par la mer grâce à ce centre de voile : balade sportive ou promenade familiale en naviguant, avec ou sans moniteur, à bord de catamarans, de dériveurs, de petits bateaux de croisière ou en kayaks de mer... Tout dépend de vos envies.

Centre Hippocampe Evasion – *Bd de la Mer - 29 217 Plougonvelin.* Les animateurs de ce centre proposent des sorties de plongée sous-marine et des balades palmées, pour les adultes et les enfants.

Compagnie maritime Penn Ar Bed – *✆ 02 98 80 80 80 - www.pennarbed.fr.* En été, liaisons vers les îles de Molène et Ouessant *(voir p. 323)* au départ de Lanildut.

AGENDA

Folgoët

Le pardon de la Saint Christophe – *Dernier dim. de juil.* Bénédiction des voitures.

Le grand pardon – Quelques milliers de personnes assistent, début septembre, au **grand pardon**. La veille du 1er dimanche de septembre à partir de 18h et le jour même se déroulent les cérémonies.

Brignogan-Plages

★

838 Brignoganais – Finistère (29)

NOS ADRESSES À PAGE 322

S'INFORMER

Office du tourisme de Brignogan – *7 av. du Gén.-de-Gaulle - 29 890 Brignogan-Plages - ✆ 02 98 83 41 08 - www.ot-brignogan-plage.fr - juil.-août : lun.-sam. 9h30-13h, 16h-19h, dim. et j. fériés 9h30-13h ; reste de l'année : tlj sf dim. et merc. 10h30-12h30, 13h30-16h, sam. 10h30-12h30 - fermé j. fériés.*

Office du tourisme de Plouescat – *8 r. de la Mairie - 29 430 Plouescat - ✆ 02 98 69 62 18 - www.tourisme-plouescat.com - juil.-août : 9h-13h, 14h-18h, dim. et j. fériés 10h-12h (13 juil.-23 août tlj 9h-18h30) ; avr.-juin : tlj sf dim. 9h-12h30, 13h30-17h30 ; reste de l'année : mar.-sam. 9h-12h30, 13h30-17h.*

SE REPÉRER

Carte de microrégion B1 (p. 294) – *carte Michelin Départements 308 F3.*
Brignogan-Plages est à 11 km du Folgoët par la D 770, soit 30 km au nord de Brest, et à 23 km à l'ouest de St-Pol-de-Léon par la D 10. Sans véritable centre, la station dispose de plusieurs plages dispersées.

À NE PAS MANQUER

Une balade jusqu'à la pointe de Pontusval, en particulier pour voir le menhir de Men Marz.

ORGANISER SON TEMPS

Une paire d'heures suffit à faire le tour de Brignogan. Prévoyez des chaussures de marche pour arpenter les falaises.

En 1936, à l'occasion des premiers congés payés, Brignogan s'est vu adjoindre le substantif « Plages ». Une façon de valoriser, à juste titre, sa vocation de station balnéaire. Joliment située au fond de l'anse de Pontusval, elle intercale plages de sable fin et amoncellements de rochers gigantesques aux formes parfois curieuses.

Se promener

Jadis, la côte était habitée par des paysans-pêcheurs très pauvres. On raconte qu'ils jouaient les naufrageurs en allumant des fanaux sur les dunes, afin de tromper les vaisseaux croisant au large, et qu'ils pillaient ensuite les bateaux échoués.

Plages

Les baigneurs ont le choix entre les plages du Garo et du Lividic à l'est, du Crapaud, du Petit Nice, des Chardons Bleus et du Phare à l'ouest.

Pointe de Pontusval

D'énormes blocs granitiques se dressent au ras des maisons ou dans les champs. Avec plus de 8 m de haut, le **menhir christianisé** (surmonté d'une croix) de **Men Marz**, qui signifie « pierre du prodige », compte parmi les plus hauts menhirs de Bretagne.

Plage et phare de Pontusval.
K. Wagenhaüser / imagebroker/Age fotostock

Chapelle Pol

Cette chapelle du 19e s. forme un charmant ensemble avec le calvaire et la petite tour de guet, construite sur deux rochers.

À proximité Carte de microrégion

Église de Goulven B1

À 7,5 km au sud-est. Prenez la direction de la plage du Lividic; longez par la côte l'anse de Goulven. Dans Plounéour-Trez, tournez à gauche aussitôt après l'église.

Bâtie aux 15e et 16e s., l'église de Goulven possède un **clocher★** Renaissance qui compte parmi les plus beaux de Bretagne. À l'intérieur, on découvre un monumental bénitier Renaissance et la tribune d'orgues (16e s.), qui est un ancien jubé transformé. Le maître-autel en granit de Kersanton est précédé d'un petit autel, décoré de six panneaux illustrant les miracles de saint Goulven. En été, deux belles bannières brodées du 17e s. sont exposées dans le chœur.

Keremma

À10,5 km au sud-est, route de Plouescat.

Maison des dunes – *À l'est de la ville par la r. Jean-Jaurès, puis par la rte de Quimper - ✆ 02 98 61 69 69 - www.maisondesdunes.org - juil.-août : 10h-18h ; reste de l'année : se renseigner - fermé w.-end et j. fériés - 4,20 € (-12 ans gratuit).* Implanté sur l'un des plus grands cordons dunaires de Bretagne, ce centre d'interprétation apprend à connaître ce milieu fragile pour mieux le protéger : sentier pédagogique *(accès libre)*, muséographie et animations en saison.

La Maison des dunes organise des sorties nature et ornithologiques en été et, toute l'année, des randonnées pédestres accompagnées.

Plouescat

À18 km à l'est par la D 10 qui longe la côte.

Cette petite station balnéaire abrite des **halles** de la fin du 15e s. *(pl. du Gén.-de-Gaulle)*, mais elle est surtout connue pour ses **plages**, tantôt étendues, tantôt circonscrites à des criques. Certaines sont de sable fin, comme Porsmeur ou la baie du Kernic, idéale pour le char à voile et le kite-surf. D'autres présentent un aspect plus rocheux comme Menfig et Poulfoën, les plus courues.

La plage de Porsmeur propose aux personnes à mobilité réduite des « fauteuils hippocampes » permettant un déplacement sur le sable et dans la mer.

NOS ADRESSES À BRIGNOGAN-PLAGES

HÉBERGEMENT

POUR SE FAIRE PLAISIR

Hôtel Castel Régis – *Prom. du Garo - ✆ 02 98 83 40 22 - www.castelregis.com - fermé 1er oct.-30 avr. - P - 22 ch. 78/115 € - ☕ 10 €.* L'emplacement enchanteur dans un grand jardin bordant l'anse de Pontusval est l'atout majeur de cet hôtel composé de plusieurs pavillons. Chambres au sobre décor marin.

Chambre d'hôte La Terre du Pont – *La Terre-du-Pont - ✆ 02 98 83 58 49 ou 06 32 26 85 56 - www.terredupont.com - ouv. Pâques-nov. - ✗ - réserv. obligatoire - 4 ch. 65/95 € ☕.* À proximité du grand menhir Men Marz, cette très belle chaumière du 15e s., entièrement rénovée, est entourée d'un joli jardin. Les chambres d'hôte sont bien aménagées et joliment décorées.

AGENDA

Courses hippiques – En août sur l'hippodrome marin de la baie du Kernic.

Île d'Ouessant

★★★

857 Ouessantins – Finistère (29)

NOS ADRESSES PAGE 328

S'INFORMER

Office du tourisme de Lampaul – *Bourg de Lampaul - pl. de l'Église - 29 942 Ouessant - 02 98 48 85 83 - www.ot-ouessant.fr - juil.-août : 9h-12h30, 13h30-18h30, dim. et j. fériés 9h30-12h30 ; sept.-juin : 10h-12h, 14h-18h, dim. et j. fériés 10h-12h - fermé 1er janv. et 25 déc.*

SE REPÉRER

Carte de microrégion A1 (p. 294) – *carte Michelin Départements 308 A4.* Ouessant se rallie depuis Brest ou Le Conquet. Lampaul, le seul village de l'île, est logé au fond d'une crique bien protégée de la houle. Les autres bourgs sont disséminés sur l'île et reliés au village par de petites routes.

À NE PAS MANQUER

Allez flâner sur la côte sauvage en faisant escale à l'écomusée de l'île, pour la description du mode de vie ouessantin ; visitez le Centre d'interprétation des phares et balises du phare du Créac'h.

ORGANISER SON TEMPS

Choisissez les marées hautes pour vous aventurer sur les côtes : le spectacle y est exceptionnel. Mieux vaut donc programmer votre séjour sur l'île pendant les grandes marées !

AVEC LES ENFANTS

Visitez le hameau de **Niou Uhella** pour ses deux habitations traditionnelles avec mobilier en bois d'épaves.

Bout de terre le plus occidental de la Bretagne, donc de France métropolitaine, Ouessant est un vrai « finistère ». Pour mériter cette île située au point de rencontre de l'Atlantique et de la Manche, il faut traverser une mer souvent houleuse, d'où l'adage : « Qui voit Ouessant voit son sang. » Vous découvrirez alors le caractère de cette contrée, protégée depuis 1969 par le Parc naturel régional d'Armorique.

Découvrir

L'excursion en bateau à Ouessant est du plus haut intérêt : elle permet de voir le goulet de Brest, la pointe St-Mathieu, le chenal du Four et, à gauche, le fameux écueil des Pierres-Noires, les îles de Beniguet et Molène et le passage du Fromveur.

MOLÈNE Carte de microrégion

Souvent juste aperçue lors de la traversée vers Ouessant, la petite île (800 m x 1,2 km) doit sa réputation à l'habileté et au courage de ses marins. C'est à pied que l'on découvre le village et le sentier côtier ; excepté à côté du port, les plages sont couvertes de gros galets et la baignade est dangereuse à cause des courants. Les musées, très modestes, rappellent le dur travail des goémoniers, le courage des sauveteurs aux temps héroïques des canots à rame, et un drame qui a fortement marqué l'île : le naufrage du paquebot anglais *Drummond Castle*, le 16 juin 1896 *(voir p. 83)*.

OUESSANT Carte de l'île

L'arrivée à Ouessant se fait dans la baie du Stiff, protégée par une grande jetée en béton. Du débarcadère, vous pouvez gagner le bourg de Lampaul *(à 4 km)*, qui regroupe tous les commerces, soit par une navette, soit en louant un vélo au port.

Des routes au départ de Lampaul mènent ensuite aux sites les plus remarquables de l'île. De nombreux chemins et sentiers permettent de la parcourir en tous sens, rejoignant de belles falaises ou d'agréables criques.

Lampaul

La capitale de l'île se distingue par ses maisons anciennes très bien entretenues, aux volets peints en bleu ou vert, couleurs traditionnelles de l'île. Son église (1860) arbore un clocher offert par la Couronne britannique en remerciement aux Ouessantins qui se dévouèrent lors du naufrage du *Drummond Castle*, en 1896. Le port exigu, uniquement utilisable à marée haute et par mer calme, regarde vers l'ouest. À proximité s'étend la vaste plage de sable de Corz.

★★★ Côte sauvage

Quittez Lampaul à l'ouest par une rue en montée. À 500 m, tournez à droite.

Écomusée de l'île d'Ouessant – *02 98 48 86 37 - www.parc-naturel-armorique.fr - juin-août : 11h-18h ; reste de l'année : 11h-17h, possibilité de visite guidée sur réservation - 3,50 € (8-14 ans 2,20 €), 1,20 € (8-14 ans 1 €) pour la visite guidée.*

Au hameau de **Niou Uhella**, deux habitations traditionnelles, aménagées par le Parc naturel régional d'Armorique, retracent la vie ouessantine à

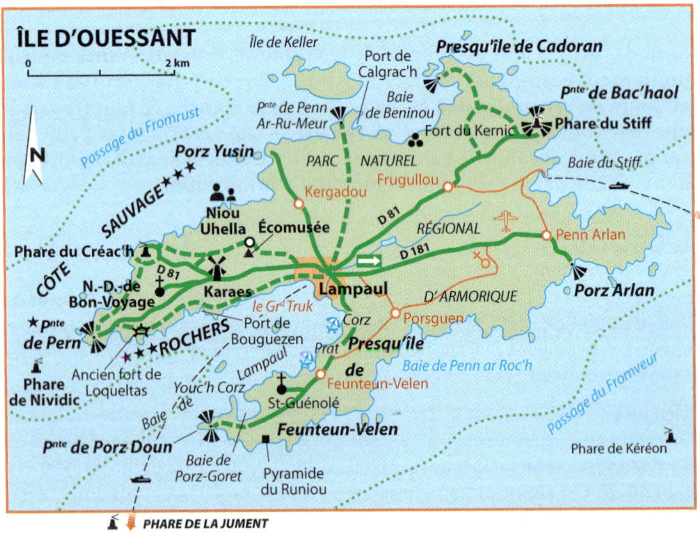

Une sentinelle en mer

Longue de 7 km, large de 4 km, Ouessant domine la mer de 60 m en sa partie la plus élevée. Son nom vient de cette altitude, puisqu'au 4e s. l'île s'appelait *Ouxisamé*, superlatif du *ux* gaulois, haut, c'est-à-dire la très haute. De la même façon, Ouessant s'écrit en breton Enez Eusa (*enez* : île), ce qui signifie « l'île la plus haute ».

COURANTS, RÉCIFS ET TEMPÊTES

Dans les annales maritimes, l'île est connue pour les difficultés de navigation qu'offrent ses parages, à cause de la brume fréquente, des innombrables récifs et des courants violents. Les plus connus sont le **Fromrust**, au nord-ouest, et le **Fromveur**. Chanté par Henri Queffélec, celui-ci est la ramification du Gulf Stream, au sud-est, et c'est l'un des plus rapides d'Europe (13 km/h).

En hiver, le vent règne en maître et pousse, sur les côtes rocheuses et déchiquetées, les flots qui déferlent rageusement. Le brouillard se mêle aux lugubres avertissements des sirènes et aux mugissements du vent. Ces tempêtes peuvent se prolonger dix jours. L'été ramène le calme et une atmosphère plus sereine, analogue à celle des côtes de Bretagne. On réalise alors plus facilement combien le climat de l'île est doux.

ÉLEVEURS ET PÊCHEURS

Les femmes et les retraités de la marine constituent l'essentiel de la population dont les activités principales restent l'élevage et la culture vivrière. Bon nombre d'hommes travaillent sur le continent (région brestoise) ou en mer : pêche hauturière, lointaine ou côtière et plates-formes pétrolières.

Dans les enclos fort bien entretenus d'Ouessant, poussent légumes et pommes de terre. Les céréales, cultivées sur de plus grandes parcelles, servent à l'alimentation des volailles et bêtes d'élevage : des **moutons**, pour l'essentiel. Ils broutent une herbe maigre, mais chargée de sel, qui leur donne une chair aussi appréciée que les prés-salés de la baie du Mont-St-Michel. De février, avant les agnelages, à septembre, ils sont attachés deux par deux à un piquet. Le reste de l'année, ils vivent en liberté. Le premier jeudi de février donne lieu à une **grande foire** où chaque propriétaire vient reconnaître ses bêtes grâce aux entailles pratiquées aux oreilles, et acquitte un droit modeste avant de les emmener. Enfin, la culture des algues et l'élevage des moules tendent à développer une aquaculture très prometteuse.

LA PROTECTION DU MILIEU NATUREL

Depuis 1988, Ouessant est classé Réserve de la biosphère de la mer d'Iroise par l'Unesco. L'île a en effet conservé une très vaste zone naturelle propice à l'observation de la flore et des oiseaux migrateurs. Sur les 500 plantes recensées, certaines sont protégées comme l'isoete, une petite fougère, la centaurée maritime ou l'ophioglosse du Portugal. Côté oiseaux, Ouessant accueille chaque année 400 espèces, dont le rare crave à bec rouge, des oiseaux sibériens, tels le pipit richard ou le pouillot à grands sourcils, et aussi les incontournables goélands, les fulmars, les cormorans huppés ou les huîtriers pie.

La création officielle du **Parc naturel marin de l'Iroise** date du 2 octobre 2007. Ce parc couvre 3 550 km^2 essentiellement marins. Dans son périmètre se trouvent les îles d'Ouessant, de Molène et de Sein. Le but de ce parc est avant tout de protéger le milieu naturel et de mettre en valeur la vie dans les îles.

travers diverses collections (costumes, outils agraires et domestiques, géologie de l'île). L'une de ces maisons comporte un mobilier typique d'Ouessant. Il est fabriqué avec du bois provenant d'épaves et peint en bleu, symbole de la protection de la Vierge.

Poursuivez en direction de la côte.

Le moulin de Karaes – C'est le dernier moulin en bois de l'île. Bien campé sur sa base cylindrique en pierre, il servait à moudre grossièrement le seigle avec lequel les Ouessantins confectionnaient leur pain au début du 20e s.

Phare de Créac'h – Il indique, avec le phare britannique de Lands End, l'entrée de la Manche. Le feu est constitué de quatre lampes offrant une puissance lumineuse de 20 millions de candelas et une portée moyenne dépassant 60 km. Dans l'ancienne salle des machines, le **Centre d'interprétation des phares et balises**, présentant turbine, lentilles, lampes et réflecteurs, relate la fonction et la vie de gardien. Il retrace l'histoire de ces tours à feu depuis l'Antiquité jusqu'à nos jours – à l'origine, l'éclairage des phares consistait à faire brûler du charbon, du bois ou de l'huile dans un récipient placé au sommet d'une tour. *℘ 02 98 48 80 70 - avr.-sept. et vac. scol. : 11h-18h ; reste de l'année : tlj sf lun. 13h30-17h30 - fermé 1er janv., 25 déc. - 4,30 € (8-14 ans 2,80 €).*

Non loin du phare se trouve la seule station permanente d'observation des oiseaux migrateurs en France : le **Centre d'étude du milieu d'Ouessant** (CEMO) - *℘ 02 98 48 82 65 - www.cemo-ouessant.fr.* En juillet-août et durant les vacances de Pâques, il propose des sorties-nature thématiques : oiseaux marins, évolution du paysage et flore de la côte nord, faune et flore de la côte sud, algues et animaux du bord de mer, oiseaux migrateurs du littoral *(2h) - 4 € (enf. 2,50 €) - également des sorties-nature et des sorties-marées spéciales enf.*

LE RAIL D'OUESSANT

En 1978, l'échouage dans cette zone de l'*Amocco Cadiz*, un pétrolier libérien chargé de 227 000 t de brut, provoqua sur le littoral breton la plus grande marée noire jamais enregistrée. Suite à cette catastrophe, il fut décidé de mettre en place une réglementation du trafic maritime obligeant les navires à passer sur une autoroute de la mer, appelée le « rail d'Ouessant ».

En partie modifié à la suite du naufage de l'*Erika* (1999), ce rail comporte deux voies de navigation : l'une pour les bateaux qui montent vers la Manche, l'autre pour ceux qui en descendent, ces deux voies ne se croisant pas. Chaque jour, 150 à 200 bateaux, dont au moins huit transportent des produits jugés dangereux, passent au large d'Ouessant.

Les paysages sauvages de l'île d'Ouessant.
Office du tourisme d'Ouessant

Contournez le phare par la droite afin de découvrir la côte.
Extraordinairement déchiquetés et continuellement battus par les flots, cette côte et ses **rochers★★★** offrent un spectacle hors du commun. Une passerelle située en avant du phare permettait autrefois d'accéder à la pointe du Créac'h, où se trouvait la sirène de brume. Les cargos et les pétroliers animent l'horizon ; des centaines de bateaux empruntent chaque jour le « rail d'Ouessant », surveillé nuit et jour par des patrouilleurs de la Marine nationale *(voir encadré ci-contre).*
Faites demi-tour, puis prenez à droite vers la pointe de Pern.
Chapelle N.-D.-de-Bon-Voyage – Située près de la pointe de Pern, cette chapelle appelée aussi St-Gildas, en souvenir de ce saint venu de Grande-Bretagne au 5e s., a été édifiée vers la fin du 19e s. Les gens d'Ouessant y viennent tous les ans, en pèlerinage, le 1er ou le 2e dimanche de septembre, jour du pardon de l'île.
Pointe de Pern★ – Extrémité ouest de l'île, elle se prolonge par des rochers et récifs sur lesquels vient écumer la houle.
Au large, le petit **phare de Nividic** fonctionne automatiquement, de même que celui de la Jument, au sud-ouest de l'île.

Crique de Porz Yusin

Quittez Lampaul au nord par la rue qui passe devant la centrale électrique alimentant l'île.
On traverse plusieurs hameaux, aux maisons blanches et volets colorés, entourées de jardinets, avant d'arriver au joli site rocheux de Porz Yusin, un des rares abris de la côte nord.

Presqu'île de Feunteun-Velen

Dans Lampaul, empruntez la rue qui longe le cimetière.
On passe à proximité du petit port de Lampaul. Derrière sa jetée, les barques des pêcheurs viennent trouver un abri sûr. La route contourne la baie profonde de Lampaul, bordée par les **plages** de Corz et du Prat. En son milieu se dressent les rochers du Grand Truk et Youc'h Corz. Puis on descend doucement vers la pointe de Porz Doun. Sur la gauche, la pyramide blanche du Runiou sert d'amer pour la navigation, c'est-à-dire de point de repère.
Pointe de l'extrême sud de l'île, la **pointe de Porz Doun** est bordée par des falaises. Elle offre une belle **vue** sur Lampaul, la pointe de Pern et le phare de la Jument. Ce dernier, construit de 1904 à 1912, culmine à 42 m et abrite une corne de brume.

Phare du Stiff

Quittez Lampaul par la rue qui longe le flanc gauche de l'église.

La route atteint doucement le point culminant de l'île, 60 m à la **pointe de Bac'haol**. Le phare, construit par Vauban en 1695, comprend deux tours accolées; l'une abrite l'escalier à vis *(126 marches)*, l'autre, trois petites chambres superposées. Le feu porte à environ 50 km grâce à une lampe de 1 000 W halogène donnant une puissance de 600 000 candelas. Du sommet, un vaste **panorama★★** se développe sur les îles et le continent, du phare de l'île Vierge à la pointe du Raz.

À proximité du phare se dresse la nouvelle tour-radar (à 140 m de hauteur), équipée pour surveiller la route maritime passant au large de l'île.

Des sentiers mènent à la pointe de la **presqu'île de Cadoran** d'où l'on jouit d'une jolie vue sur la baie de Beninou et sur l'île de Keller, propice à la nidification des oiseaux. Une petite colonie de phoques évolue parfois sur la presqu'île.

DICTONS

« Qui voit Ouessant voit son sang », dit le proverbe, allusion aux naufrages qui ont fait, dans le passé, la mauvaise réputation de l'île. Ses sœurs bretonnes ne sont guère mieux loties. On dit ainsi : « Qui voit Molène voit sa peine », « Qui voit Groix voit sa croix » et « Qui voit Sein voit sa fin ». Reste une île, moins difficile d'accès, et plus immédiatement séductrice : « Qui voit Belle-Île voit son île ».

Crique de Porz Arlan

Quittez Lampaul par la rue qui longe le cimetière, puis tournez à gauche.

La route laisse sur la droite la chapelle N.-D.-d'Espérance (1863) et, sur la gauche, l'aérodrome. Elle oblique sur la droite pour atteindre Porz Arlan. Dans cette crique charmante se sont nichés une minuscule plage de sable et un petit port abrité par une jetée. Belle **vue** sur la côte rocheuse, le Fromveur et le phare de Kéréon et, derrière, sur l'île de Bannec.

NOS ADRESSES À L'ÎLE D'OUESSANT

TRANSPORTS

En bateau – Compagnie maritime Penn Ar Bed – *29229 Brest - ✆ 02 98 80 81 61 - www.pennarbed.fr - liaisons maritimes assurées tlj, tte l'année - 19 € tarif semaine hors sais. d'oct. (-12 ans 18 €, oct.-mai).* Départ toute l'année de Brest et de Conquet vers Molène et Ouessant. Liaison estivale au départ de Lanildut et Camaret. Réserv. obligatoire. Rens. au *✆ 02 98 80 80 80.*

Liaisons aériennes – *Finist'air - Aérodrome de Brest - 29490 Guipavas - ✆ 02 98 84 64 87 - www.info@finistair.fr - dép. d'Ouessant : 9h et 17h15 - fermé 1er janv., 25 déc. - 65 € A, 93 € forfait « séjour » AR.*

VISITE

Vous pouvez faire appel aux services d'Ondine Morin, une native de l'île aux talents de conteuse qui vous emmènera sur les chemins d'Ouessant. Visite du bourg, du site néolithique de Mez Notariou et des sites remarquables de l'île. Sa dernière trouvaille ? Vous faire parcourir l'île à la tombée de la nuit, à la découverte des phares, bouées et balises. *✆ 06 07 06 29 02 - www.kalon-eusa.com - environ 10 €/pers.*

HÉBERGEMENT

PREMIER PRIX

Le Keo – *29 242 Ouessant - ✆ 06 17 88 59 57 - www.leleo.com - fermé janv.-fév. - 5 ch. 40 € - ☕ 5 € - rest. crêperie 10 €.* À la fois crêperie-salon de thé, boutique déco présentant le travail de créateurs d'inspiration celtique et bouquiniste, cette grande maison au cœur du bourg de Lampaul recèle aussi 5 chambres simples et douillettes se partageant 3 salles de bains. Les petits-déjeuners et le thé de l'après-midi se prennent dans la vénérable salle aux murs recouverts de boiseries 1900 et de livres à la disposition des visiteurs.

BUDGET MOYEN

Le Roc'h Ar Mor – *Au bourg de Lampaul - 29 242 Ouessant - ✆ 02 98 48 80 19 - www.rocharmor.com - fermé 15 nov.-15 déc. et 3 janv.-10 fév. - ♿ - 15 ch. 55/87 € - ☕ 10 € - rest. formule déj. 15 € - 22/30 €.* Le dernier hôtel avant l'Amérique ! Ambiance familiale et chambres sobres parfois dotées d'un balcon tourné vers la baie de Lampaul. Bar-brasserie complété par une terrasse panoramique et salle feutrée où l'on propose un menu unique aux résidents.

RESTAURATION

PREMIER PRIX

Crêperie Ti A Dreuz – *À Lampaul, bas du bourg - 29 242 Ouessant - ✆ 02 98 48 83 01 - ouv. vac. scol., d'avr. à fin sept., et fermé dim. soir et lun. sf juil.-août - 2/7,50 €.* Vieille maison à la façade inclinée, où vous dégusterez des crêpes tout en vous laissant conter l'histoire des assiettes de faïence qui ornent le buffet de sa salle à manger… La seconde salle ouvre sur un joli jardin fleuri. L'établissement est entièrement non-fumeurs.

Hôtel Le Fromveur – *À Lampaul - 29 242 Ouessant - ✆ 02 98 48 81 30 - fermé de mi-nov. à mi-déc. et janv. - ♿ - 12/34 € - 15 ch. 46/52 € - ☕ 6 €.* Un petit hôtel familial, aux chambres simples, mais correctes. Menus copieux et accueil aimable.

BUDGET MOYEN

Ty Korn – *Au bourg - 29242 Ouessant - ✆ 02 98 48 87 33 - fermé 3 sem. en janv. et 2 sem. en nov. - formule déj. 15 € - 18/29 €.* La meilleure adresse de l'île : accueil, ambiance et qualité, tout y est. Amusante déco en proue de bateau, avec la mer des deux côtés (peinte à la fresque par beau temps et par tempête). Carte courte, mais qui garantit la fraîcheur des produits tributaires de la marée. Spécialité de fruits de mer et poissons de ligne.

ACTIVITÉS

Voile et Kayak de mer – *29 242 Lampaul - ✆ 06 78 78 50 79 - www.cnkornog-ouessant.com - tlj sf dim. 9h-12h, 14h-17h.* Installé au port de Lampaul, ce centre nautique propose stages et location aux adeptes de voile, de planche à voile, de kayak de mer…

AGENDA

Salon du Livre insulaire – *4e week-end d'août.* Rencontres, conférences, animations. Renseignements : Association CALI, village de Toulalan - BP 10 - 29242 Ouessant - ✆ 06 81 85 41 71 - www.livre-insulaire.fr.

Pardon de l'île – *1er ou 2e dim. de sept.*

Roscoff

★

3 705 Roscovites – Finistère (29)

NOS ADRESSES PAGE 333

S'INFORMER

Office du tourisme de Roscoff – *Quai d'Auxerre - 29 680 Roscoff - ✆ 02 98 61 12 13 - www.roscoff-tourisme.com - juil.-août : 9h15-12h30, 13h30-19h, dim. et j. fériés 10h-12h30, 14h30-19h ; reste de l'année : tlj sf dim. 9h15-12h, 14h-17h - fermé 1er janv., 1er Mai, 25 déc.*

SE REPÉRER

Carte de microrégion C1 (p. 294) – *carte Michelin Départements 308 H2.* Roscoff est située à 25 km au nord de la baie de Morlaix (empruntez la D 58) et à 25 km également de Landivisiau par la D 69.

À NE PAS MANQUER

Admirez le clocher de l'église N.-D.-de-Croaz-Batz, magnifiquement ouvragé, puis flânez parmi les 3 000 plantes australes du Jardin exotique en profitant de la vue panoramique sur la baie de Morlaix.

ORGANISER SON TEMPS

Prévoyez la visite de l'île de Batz l'après-midi, pour ne pas manquer le jardin Georges-Delaselle, ou passez-y la journée en profitant alors de ses nombreuses plages.

AVEC LES ENFANTS

Le circuit d'interprétation proposé par l'office du tourisme, « Têtes en l'air sur les pas de Lilas », est un jeu de piste à travers la ville.

Roscoff est à la fois une agréable station balnéaire dotée d'un charmant cœur historique, un port actif avec des liaisons vers Plymouth et Cork, et un grand centre médical dont les établissements de cure utilisent l'eau de mer et les algues, selon les méthodes de la thalassothérapie.

Se promener Plan de la ville

Maisons anciennes 1

Roscoff recèle de belles demeures en granit des 16e et 17e s. : place Lacaze-Duthiers et rue Amiral-Réveillère. Dans cette dernière, remarquez la maison dite de Marie Stuart, à l'élégante façade ornée d'accolades.

★ Église Notre-Dame-de-Croaz-Batz 1

Cette église gothique (1545), remarquable pour son superbe **clocher★** Renaissance, fut financée par les armateurs et les marchands de la ville. Les murs extérieurs et la tour présentent, de ce fait, des caravelles sculptées en ex-voto. À l'intérieur, sur le retable de l'autel du Sacré-Cœur *(bas-côté droit)*, remarquez quatre bas-reliefs en **albâtre★** du 16e s., dus à l'atelier de Nottingham : ils représentent la Flagellation, la Crucifixion, l'Ascension et la Pentecôte.

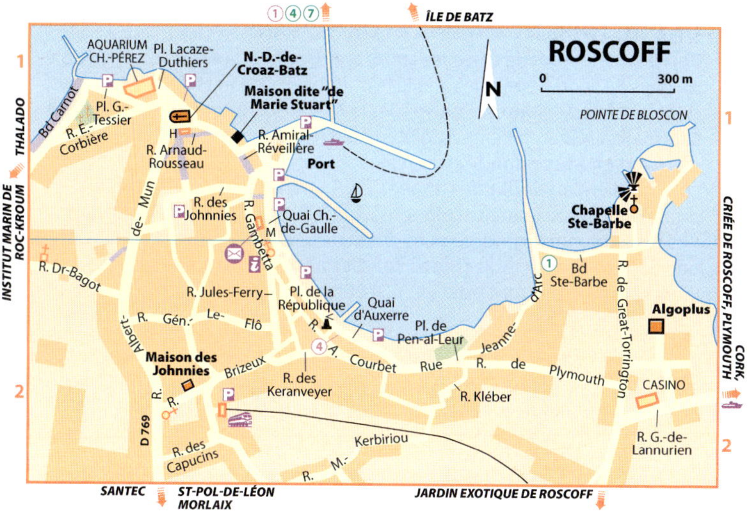

SE LOGER		SE RESTAURER	
Bellevue (Hôtel Le)	1	Cassonade (La)	1
Grand Hôtel	4	Écume des Jours (L')	4
Ti Va Zadou (Chambre d'hôte)	7		

Le **retable** du maître-autel (17e s.) à six colonnes torses est richement décoré de statues des évangélistes, d'angelots et de pampres. Dans l'enclos se trouvent deux **chapelles-ossuaires**.

Aquarium Charles-Pérez 1

Fermé pour travaux.

L'aquarium de l'observatoire océanologique fait partie du Centre national de la recherche scientifique de l'université Pierre-et-Marie-Curie. Ses 34 petits aquariums présentent des espèces de poissons et d'invertébrés de la Manche.

Chapelle Sainte-Barbe 1

S'y rendre de préférence à marée haute. Contournez le port de pêche et laissez la voiture au parking sur la gauche.

POUR SE REFAIRE UNE SANTÉ

La douceur du climat et la pureté de l'eau ont favorisé dès la fin du 19e s. l'ouverture de centres de cures, à commencer par le sanatorium de la marquise de Kergariou, destiné aux enfants tuberculeux. Un centre de thalassothérapie s'ouvre en 1899. En parallèle se développe la recherche scientifique avec l'implantation dès 1872 d'un centre de biologie marine, toujours actif. Sous l'impulsion de ces deux secteurs, des entreprises de récolte et de traitement des algues à destination des industries cosmétiques et agroalimentaires se sont installées au 20e s., faisant de Roscoff l'un des grands centres de production d'algues du Finistère Nord.

UNE HISTOIRE DE MARINS ET DE PAYSANS

Port d'armateurs et de corsaires au 16e s., Roscoff est la vitrine commerciale du pays de Léon, celle par laquelle transitent les produits de l'arrière-pays, dont les fameux oignons, cultivés dès le 17e s. pour nourrir les équipages et commercialisés au 19e s. en Angleterre par les « Johnnies ». La construction d'un port en eau profonde et la création d'une relation maritime transmanche régulière au début des années 1970 ouvrent de nouveaux marchés pour l'agriculture léonaise : oignons, choux-fleurs, artichauts. En parallèle, Roscoff a toujours conservé sa tradition de pêche et demeure aujourd'hui un important port crabier (lotte, sole et turbot en sus). Cela dit, le port de Bloscon voit avant tout transiter 650 000 passagers par an.

Au milieu d'un joli jardin, trône la minuscule chapelle dédiée à sainte Barbe, dont les murs blancs servent encore d'amer aux marins. Belle **vue** sur la ville, le port, l'île de Batz, la pointe de Primel et le port en eau profonde de Bloscon.

★ Jardin exotique de Roscoff 2 en dir.

✆ 02 98 61 29 19 - www.jardinexotiqueroscoff.com - juil.-août : 10h-19h ; avr.-juin et sept.-oct. : 10h30-12h30, 14h-18h ; nov. et mars : 14h-17h - fermé déc.-fév. - 5 € (12-18 ans 2 €).

Cet extraordinaire jardin, qui a obtenu le label « Jardin Remarquable », s'enroule autour du rocher de Roch-Hievec. Trois mille espèces de plantes subtropicales fleurissent et fructifient ici (entre autres, protéacées d'Afrique du Sud, eucalyptus, espèces d'Australie, du Chili et de Nouvelle-Zélande). Un escalier conduit au sommet du rocher (18 m), d'où l'on domine toute la baie de Morlaix, Roscoff, Carantec et le château du Taureau.

Maison des Johnnies et de l'oignon rosé 2

4 r. Brizeux - ✆ 02 98 61 25 48 - ♿ - de mi-juin à mi-sept. : lun.-vend. à 11h, 15h 17h, dim. à 15h et 17h ; vac. scol. ttes zones : lun., mar., jeu., vend. ; hors vac. scol. : mar. à 11h et jeu. à 15h - 4 € (-10 ans gratuit).

Les Johnnies sont les Roscovites qui, au début du 19e s., partaient pendant cinq à neuf mois en Grande-Bretagne vendre leurs oignons. D'abord à pied puis sur leurs vélos, chargés de tresses d'oignons, ils sillonnaient les rues en faisant du porte-à-porte. Photos et témoignages retracent l'histoire de ces hommes passionnés et aventureux. Cultivé à Roscoff depuis le 17e s., l'oignon rosé doit obtenir prochainement son appellation d'origine contrôlée (AOC).

Découvrir Carte de microrégion

ÎLE DE BATZ CB 1

▶ À 2 km du continent, l'île de Batz (prononcez Ba) est accessible par un étroit bras de mer où règnent de violents courants. Le bateau *(15mn de traversée depuis Roscoff)* accoste dans la baie de Kernoc'h, autour de laquelle se concentrent le bourg et la station de sauvetage, très moderne.

Longue de 4 km, large de 1 km, l'île est entourée au nord par une ceinture de récifs, mais elle possède aussi quelque vingt **plages** de sable fin et jouit d'un climat très doux. Hors du bourg, les arbres se font rares à Batz, qui compte encore une trentaine d'exploitations agricoles, spécialisées dans les primeurs.

Église

Au centre du bourg, elle a été construite en 1873. Son chœur abrite une statue en bois (17e s.) de saint Pol Aurélien, mort dans l'île en 573. Dans le bras gauche du transept, un tissu oriental appelé « étole de saint Pol » (8e s.) aurait appartenu à ce saint.

Phare

À l'ouest de l'île. 210 marches.

Haut de 44 m, il se dresse au point le plus élevé de l'île (23 m).

Trou du Serpent

Au-delà du phare, gagnez la maison en ruine sur la dune et prenez le sentier à droite.

Une roche allongée, à quelques mètres de la côte, marque le lieu où saint Pol Aurélien aurait précipité dans les flots, à l'aide de son étole, le dragon qui ravageait l'île.

Chapelle Sainte-Anne

À l'est de l'île.

Cette chapelle romane ruinée se dresse à l'emplacement du monastère fondé par saint Pol Aurélien.

Jardin Georges-Delaselle

À l'est de l'île - ✆ 02 98 61 75 65 - juil.-août : 13h-18h30 ; avr.-juin et sept.-oct. : tlj sf mar.14h-18h - 4,50 € (enf. 2 €).

Discrètement ceinturé de pins maritimes, ce beau jardin colonial fut créé en 1897 par Georges Delaselle, un amoureux de l'île. Planté de palmiers, il recèle quelque 1 500 espèces de plantes, pour la plupart originaires de l'hémisphère sud. Des sculptures contemporaines ponctuent la visite du jardin, qui appartient aujourd'hui au Conservatoire du littoral.

NOS ADRESSES À ROSCOFF

VISITE

« Têtes en l'air sur les pas de Lilas » – *Circuit d'1h30 environ - gratuit*. Livret-jeu d'accompagnement dans la découverte du patrimoine pour les 7-10 ans.

Thalado-Centre de Découverte des Algues – Pour en savoir plus sur les algues, passez dans ce centre afin de faire une sortie-terrain - *www.algopole.fr.*

HÉBERGEMENT

Roscoff

BUDGET MOYEN

Hôtel Le Bellevue – *Bd Ste-Barbe - ✆ 02 98 61 23 38 - www.hotel-bellevue-roscoff.fr - ouv. de mi-mars à mi-nov. et du 25 déc. au 3 janv. - 18 ch. 60/80 € - ☕ 8 €.* Échappée sur la mer depuis la salle du petit déjeuner et de la plupart des chambres (un peu exiguës, simples et bien tenues. Les autres regardent un patio fleuri. Bar-pub attenant.

Île de Batz

BUDGET MOYEN

Grand Hôtel – *29253 Île-de-Batz - ✆ 02 98 61 78 06 - www.grand-hotel-morvan.com - fermé déc.-janv. - 35 ch. 57/126 € - ☕ 6 € - rest. 12/25 €.* Fruits de mer et recettes familiales se plaisent dans ce cadre : la perspective offerte par la terrasse est un vrai régal, et la salle à manger au mobilier breton a du cachet. Les chambres sont certes très simples, mais la vue et le calme qu'elles offrent valent le déplacement

Chambre d'hôte Ti Va Zadou – *Au bourg - 29 253 Île-de-Batz - ✆ 02 98 61 76 91 - fermé 15 nov.-1er fév. - ⊭ - 65 € ☕.* Gaieté et art de vivre règnent en maîtres dans cette demeure en pierre aux volets bleus, dont l'enseigne signifie : « la maison de mes pères ». Les chambres, coquettement décorées, jouissent d'une belle vue sur le port et un chapelet d'îlots. Location de vélos.

RESTAURATION

Roscoff

POUR SE FAIRE PLAISIR

L'Écume des Jours – *Quai d'Auxerre - ✆ 02 98 61 22 83 - www.ecume-roscoff.com - fermé 15 déc.-31 janv., merc. hors sais., merc. midi en juil.-août et mar. - formule déj. 21 € - 31/51 €.* La salle principale de cette ex-maison d'armateur (16e s.) a conservé son caractère et ses deux cheminées. Terrasse face au port et cuisine régionale soignée.

Île de Batz

PREMIER PRIX

La Cassonade – *Au débarcadère - 29 253 Île-de-Batz - ✆ 02 98 61 75 25 - la.cassonade@wanadoo.fr - fermé janv., mars sf vac. scol. et mar. en juin - ♿ - 10/24 €.* La cassonade est la spécialité sucrée, à base de pommes, de cette chaleureuse crêperie située près du débarcadère. Autre recette maison : la pomme de terre « bio » cuite au four, garnie de charcuterie et salade. Terrasse d'été au port et lumineuse salle à manger.

ACHATS

La Maison du kouign-amann – *18 r. Armand-Rousseau - ✆ 02 98 69 71 61 - sais. : 8h-19h ; hors sais. : tlj sf merc. 8h45-12h30 et 14h-19h - fermé déb. déc.-Pâques sf vac. scol.* La première chose que l'on voit en pénétrant dans ce lieu est la profusion de spécialités bretonnes, toutes plus appétissantes les unes que les autres. Le *kouign-amann* tire bien sûr avantage de sa notoriété, mais vous apprécierez tout autant le far et les gâteaux bretons nature ou aux pommes.

EN SOIRÉE

Casino Roscoff Loisirs – *Port de Bloscon - ✆ 02 98 69 75 84 - www.groupetranchant.com - 10h à 2h du mat. (3h le w.-end et j. fériés).* Espace aéré, décoration chaleureuse et confort ouaté vous attendent dans ce casino pourvu d'un restaurant, d'un bar « lounge », de 90 machines à sous, d'une table de roulette anglaise, d'une de black-jack et d'une de Texas Hold'em poker.

ACTIVITÉS

Piscine – *r. Victor-Hugo - ✆ 02 98 29 20 20 - www.thalasso.com - lun.-vend. : 12h30-15h, 17h-19h45 ; sam. : 12h30-15h, 17h-19h15 ; dim. : 9h30-12h, 15h-19h15.* Piscine d'eau de mer chauffée (avec Jacuzzi et hammam).

Institut Marin Rockroum – *r. Victor-Hugo - ✆ 02 98 29 20 00 - www.thalasso.com - fermé 3 sem. en déc.* Berceau de la thalassothérapie au 19e s., Roscoff dispose toujours d'un établissement posté entre les plages de Rockroum et St-Luc, qui perpétue la tradition établie par le docteur Bagot. Le temps d'une journée ou d'un week-end, vous pourrez découvrir l'enveloppement d'algues ou les soins par douches et jets mais surtout la spécialité du centre : le massage « palper-rouler ».

Centre nautique de Roscoff – *Quai Charles-de-Gaulle - ✆ 02 98 69 72 79 - www.roscoff-nautique.*

com - tlj sf dim. 8h30-12h, 13h30-16h (18h30 sais.) - 141 € navigation en voile légère (catamaran, déclic, caravelle) - 6 ans 105 € : stage jardin des mers, découverte ludique du milieu marin tout au long de la semaine. Outre les activités nautiques de voile et de kayak, ce club initie et forme à la croisière côtière et hauturière. Pour l'une, le stage dure une semaine et mène à Paimpol ou vers les îles Anglo-normandes. Pour l'autre, les destinations deviennent plus lointaines (Maroc, Portugal, Irlande) et plus longues *(15 jours ou davantage).*

Centre de Glisse de Santec – *585 r. de Theven-Braz - 29 250 Santec - ✆ 02 98 29 40 78 - www.revesdemer.com - été : 9h-19h.* Accueil niché à l'abri d'une dune, ce petit club propose, en plus du char à voile, des cours de surf, de kayak, bodyboard, waveski, ainsi que des stages de découverte des activités à la semaine.

Char à voile – *Enez Siek - Le Dossen - 29 250 Santec - ✆ 02 98 29 40 78.* Pour un stage de char à voile.

Saint-Pol-de-Léon

★

7 068 Saint-Politains – Finistère (29)

NOS ADRESSES PAGE 339

S'INFORMER

Office de tourisme de St-Pol-de-Léon – *Pl. de l'Évêché - 29 250 Saint-Pol-de-Léon - ✆ 02 98 69 05 69 - www.saintpoldeleon.fr - juil.-août : 9h-12h, 14h-19h, lun. et sam. 9h-12h-14h-18h, dim. et j. fériés 10h-12h ; reste de l'année : tlj sf dim. et j. fériés 9h-12h, 14h-17h30 (juin et sept. 18h).*

SE REPÉRER

Carte de microrégion C1 (p. 294) – *carte Michelin Départements 308 H2.* Juste avant Roscoff, St-Pol-de-Léon est accessible depuis Morlaix (20 km au sud-est) par la D 58. Landivisiau est à 23 km au sud.

À NE PAS MANQUER

L'ancienne cathédrale et la chapelle du Kreisker.

ORGANISER SON TEMPS

Une journée suffit à arpenter la ville et ses environs.

AVEC LES ENFANTS

Participez à une chasse au trésor au château de Kerjean et découvrez la vie rurale d'autrefois à la Ferme-musée du Léon.

Avec son ancienne cathédrale, ses clochers et ses belles maisons anciennes, celle dont Mérimée disait au 19e s. : « Toute la ville est une immense église », règne toujours sur le Léon. Quelques excursions en dehors de ses murs vous dévoileront les manoirs et les paysages policés de ce pays, sévère mais attachant, depuis toujours consacré à la culture légumière.

ST-POL-DE-LÉON

SE LOGER

Coz-Milin Mme Moysan (Chambre d'hôte)............................... 2

SE RESTAURER

Pomme d'Api (Auberge La)............... 6

Se promener Plan de la ville

★ Chapelle du Kreisker

Son magnifique **clocher★★**, haut de 78 m, fait sa célébrité. Il est inspiré de la flèche de St-Pierre de Caen, mais l'édifice breton, réalisé dans le granit, surpasse son modèle. Vauban a dit son admiration en le désignant comme : « cette merveille d'équilibre et d'audace ». La partie haute, avec sa flèche, relève du style normand. Alors que la partie basse, avec le quadrillage de ses meneaux et la balustrade de son balcon en surplomb, témoigne du style perpendiculaire anglais.

À l'intérieur, l'église est couverte de berceaux de bois ; la seule voûte de pierre réunit les quatre énormes massifs qui soutiennent le clocher, dans le carré du transept.

On peut monter à la tour *(169 marches)*. De la plate-forme se dégage un très beau **panorama★★** sur la ville, l'île de Batz, la côte et les monts d'Arrée. *✆ 02 98 69 01 15 - juil.-août : 10h30-12h30, 14h-18h ; reste de l'année : 10h-18h, possibilité de monter à la tour en juil.-août - 1,50 €.*

Rue du Général-Leclerc

Une succession de belles maisons anciennes se présente des deux côtés de la rue. Tout d'abord, au n° 9, une façade en bois est habillée d'ardoise. Puis, au n° 12, une demeure Renaissance est ornée d'une tourelle en encorbellement. Enfin, au n° 30, une maison datant de 1680 s'orne d'un beau porche et de lucarnes ouvragées.

★ Ancienne cathédrale

Les fondations datent du 12e s. ; la nef, les collatéraux, la façade et les tours des 13e et 14e s. ; les chapelles latérales, le chœur et l'abside des 15e et 16e s. Les architectes se sont inspirés de la cathédrale de Coutances et ont employé du calcaire normand pour la nef ; le reste est en granit. La marque bretonne se retrouve dans les clochetons à la croisée du transept ainsi que dans les porches.

Du côté nord, entre l'église et les bâtiments de l'ancien évêché *(mairie)*, un jardin public permet de voir le mur du transept nord avec des éléments d'époque romane. Le flanc sud possède un beau porche ; au-dessus de la rosace, on aperçoit une sorte de chaire d'où étaient lues les sentences d'excommunication.
La **façade** est dominée par deux tours hautes de 50 m. De la terrasse qui surmonte le porche se donnait la bénédiction épiscopale. La petite porte, sous la tour de droite, était réservée aux lépreux.
Remarquez, à l'**intérieur**, un sarcophage roman qui sert de bénitier, un vitrail de 1560, la grande rosace du 15e s., les tombeaux d'évêques du Léon et deux retables du 17e s. Mais ce sont les **stalles★** (16e s.) sculptées du chœur qui retiennent l'attention. Au-dessus des enfeus contre le chœur, à droite dans le déambulatoire, 34 « boîtes à chef » en bois abritent des crânes exhumés de l'église ou du cimetière.

UN NOM DE PAYS
Le pays de Léon, territoire qui couvrait le nord du Finistère actuel jusqu'à Brest, avait pour capitale et évêché la ville de St-Pol-de-Léon, dont le premier évêque au 6e s. fut saint Paul, dit l'Aurélien. Il a donné son nom à la ville.

Maison prébendale
Datant du 16e s., c'est l'ancienne maison des chanoines du Léon. Un blason est le seul ornement de la façade.

Champ de la Rive en dir.
Accès par la rue de la Rive.
Agréable promenade ombragée. Par l'allée revêtue, à droite, gagner le haut du tertre couronné par un calvaire récent. De la table d'orientation, beau point de **vue** sur la baie de Morlaix.

Îlot Sainte-Anne en dir.
Accès par les rues de la Rive et Abbé-Tanguy.
Au cours de la descente, la **vue★** embrasse toute la baie de Morlaix, parsemée d'îlots. Une digue permet d'accéder au rocher Ste-Anne et au port de la Groux, réservé à la plaisance. Le rocher, aménagé avec des bancs de repos, constitue un remarquable belvédère.

À proximité Carte de microrégion

★ Château de Kérouzéré B1
8 km à l'ouest. Quittez St-Pol-de-Léon par la D 788 en direction de Lesneven, puis suivez la route de Plouescat. Dans Sibiril, tournez à droite vers Moguériec et, à 500 m, à gauche vers l'entrée du château - ✆ 02 98 29 96 05 - visite guidée (45mn à 1h) - de mi-juil. à fin août : 14h30, 16h et 17h30 ; 1re quinz. de juil. et 1re quinz. de sept. : merc. et dim. 17h ; de mi-mai à fin juin et de mi-sept. à fin oct. : merc. 17h - 4 € (10-18 ans 2 €).
Ce château féodal, en granit, est un intéressant témoignage de l'architecture militaire du début du 15e s. Il conserve trois puissantes tours d'angle à mâchicoulis. Le bel escalier dessert les étages où les vastes salles, les profondes embrasures des fenêtres bordées de bancs de pierre, le chemin de ronde et la tour du guetteur plongent le visiteur dans une atmosphère soldatesque.

Manoir de Tronjoly

À 10 km à l'ouest par la D 10. À la sortie de Cléder, prenez à droite ; deux piliers de granit marquent l'entrée de l'allée menant au château. 02 98 69 40 01 - extérieur (parc, chapelle et cour d'honneur) : 10h-18h, visite guidée de l'intérieur le dim. des Journées du patrimoine, se renseigner - gratuit.

Ce gracieux manoir, construit entre les 16e et 17e s., est orné de hautes lucarnes Renaissance. Une grosse tour carrée occupe l'un des angles de la cour d'honneur, qu'entourent le logis et une terrasse clôturée par une balustrade de pierre.

Berven

À 14 km au sud-ouest par la D 788.

La porte triomphale donnant accès à l'enclos paroissial est un bel exemple de l'art Renaissance, avec ses trois arcs en plein cintre et ses pilastres à chapiteaux.

La façade de la **chapelle Notre-Dame★** (16e s.) est surmontée d'une tour carrée que couronne un dôme à lanternons, orné de balustrades. Premier du genre en Bretagne (1573), il servit souvent de modèle. Un jubé de bois précède la très belle **clôture★** du chœur, décorée de colonnettes cannelées en granit sur le devant et en bois sur les côtés. Dans le chœur, les belles stalles datant du 17e s. comportent des accoudoirs en forme de cariatides ailées. *02 98 69 98 18 - 10h30-18h, possibilité de visite guidée sur demande à la mairie juil.-août.*

Ferme-musée du Léon – *À 200 m après la sortie de Berven en direction de Lesneven, sur la D 788, prenez la petite route à droite en direction de Quéran.* Dans les bâtiments d'une ferme familiale dont le mobilier usuel a été conservé, un musée d'outils agricoles fait revivre un siècle de la vie quotidienne à la campagne dans le Léon. *02 98 29 53 07 - mai-sept. : 10h-12h, 14h-19h, lun. 14h-19h ; oct.-avr. : w.-end et j. fériés 10h30-12h, 14h-19h - 4,50 € (enf. 2 €).*

★ Château de Kerjean B1

À 20 km au sud-ouest de St-Pol-de-Léon par la D 788 puis la D 30. 6 km au sud-ouest de Berven - 02 98 69 93 69 - www.chateau-de-kerjean.com - juil.-août : 10h-19h ; avr.-juin et sept.-oct. : tlj sf mar. 14h-18h, possibilité de visite guidée, se renseigner - fermé 1er janv., 1er et 11 Nov., 25 déc. - 5 € (-7 ans gratuit).

Mi-forteresse, mi-palais Renaissance, ce château s'élève au centre d'un vaste parc. Vers 1550, Louis Barbier hérita de son oncle, le richissime abbé de St-Mathieu, et fit construire ces bâtiments protégés par un fossé. Il fit également élever une enceinte fortifiée dont les murs atteignent 12 m d'épaisseur. L'accès au château ne pouvait alors s'effectuer qu'en empruntant les deux ponts levants.

La cour d'honneur est ornée d'un beau **puits** Renaissance, entouré de trois colonnes corinthiennes. L'aile des remises, à droite, abritait autrefois les réserves, une forge et les logements des domestiques. De nos jours, elle accueille un diaporama qui raconte l'histoire de Kerjean.

On ne sait quel événement entraîna la ruine d'une bonne partie du logis principal qui abritait les appartements des seigneurs. La partie conservée constitue un musée d'art breton présentant un beau **mobilier** des 17e et 18e s. : lits clos, bahuts, coffres à grains.

Les cuisines, vastes pièces de plus de 6 m de hauteur, ont conservé deux cheminées monumentales et une imposante batterie de cuivres.

Une large **terrasse** dallée, soutenue par huit arcades, relie le pavillon de l'Horloge à la chapelle ; une occasion d'avoir une belle vue d'ensemble sur la cour d'honneur et les bâtiments qui l'entourent. La **chapelle** est coiffée

d'une belle voûte en bois (1580) en forme de carène renversée, avec poutres et sablières sculptées.
Autour du château, le **parc** fait l'objet d'une ambitieuse campagne de restauration. Il est agrémenté d'une charmante **fontaine** Renaissance et d'un colombier de 9 m de diamètre.
Vivez Kerjean au fil des visites insolites, des chasses au trésor pour les enfants, ou encore des expositions, salons et conférences qui rythment l'année et dont la diversité des sujets invite à porter des regards différents sur le lieu.

NOS ADRESSES À SAINT-POL-DE-LÉON

HÉBERGEMENT

BUDGET MOYEN

Chambre d'hôte Coz-Milin Mme Moysan – *Coz-Milin - 29233 Cléder - ☏ 02 98 69 42 16 - www.gites-finistere.com/gites/cozmilin - - 2 ch. 55 €* . Cette demeure en pierre coiffée d'un beau toit d'ardoise est entourée d'un agréable jardin fleuri. Ses chambres *(réservées aux non-fumeurs)* mêlent avec brio l'ancien et le contemporain. Le rez-de-chaussée se partage entre un élégant salon et la salle des petits-déjeuners.

RESTAURATION

BUDGET MOYEN

Auberge La Pomme d'Api – *49 r. Verderel - ☏ 02 98 69 04 36 - yannick.lebeaudour@free.fr - fermé 12-30 nov., dim. soir et lun. sf juil.-août - formule déj. 17 € - 23/75 € bc.* Poutres, pierres et cheminée monumentale font le cachet rustique de cette maison bretonne du 16e s. Cuisine « terre-mer » mêlant produits du terroir, épices et saveurs exotiques.

AGENDA

La cité léonarde connaît, de janvier à septembre, une animation extraordinaire durant la saison des choux-fleurs, artichauts, oignons et pommes de terre. Il s'agit des productions traditionnelles du pays de Léon, connu pour son agriculture.

Baie de Morlaix

★★

Finistère (29)

NOS ADRESSES PAGE 347

S'INFORMER

Office du tourisme de Morlaix – *Pl. des Otages - 29 600 Morlaix - ✆ 02 98 62 14 94 - www.tourisme.morlaix.fr - juil.-août : 9h-19h, dim. et j. fériés 10h30-12h30, 15h-18h ; juin et sept. : tlj sf dim. 9h-12h30, 14h-18h30 ; reste de l'année : tlj sf dim. 9h-12h30, 14h-18h, j. fériés 10h-12h30 - fermé 1er janv., 1er Mai, 1er nov., 25 déc.*

Office du tourisme de Guerlesquin – *Pl. du Présidial - 29 650 Guerlesquin - ✆ 02 98 72 84 20 - www.guerlesquin.fr - juil.-août : lun.-merc. 10h-18h30, jeu.-dim. 10h-13h, 14h-18h30 ; reste de l'année : s'adresser à la mairie - pl. Martray - ✆ 02 98 72 81 79 - tlj sf dim. 8h30-12h, 13h30-18h, sam. 8h30-12h.*

SE REPÉRER

Carte de microrégion C1 (p. 294) – *carte Michelin Départements 308 H2*. La baie s'ouvre plein nord à partir de Morlaix, jusqu'à Plougasnou à l'est, et Roscoff à l'ouest. La ville de Morlaix est traversée au nord par la N 12, qui vient de Guingamp (57 km à l'est) et file vers Brest (58 km au sud-est en passant par Landivisiau). La rive gauche de la baie est longée par une route magnifique, la D 769, qui se transforme en D 73. On accède à la rive droite par la D 76.

À NE PAS MANQUER

La visite du vieux Morlaix pour ses maisons à lanterne ; la vue imprenable sur toute la baie de Morlaix depuis la pointe de Pen-al-Lann.

ORGANISER SON TEMPS

Comptez une journée pour le tour de la baie. Vous pouvez finir la journée sur les plages de Carantec.

AVEC LES ENFANTS

Partez sur les traces du loup au Cloître-St-Thégonnec, découvrez la vie rurale d'autrefois à l'écomusée de Plouigneau et partez en bateau découvrir le château du Taureau.

Cette baie est l'une des plus belles de France. Un site enchanteur qu'il faut découvrir lorsque le crépuscule d'été y jette ses derniers feux. Tout au fond de l'estuaire, à cheval sur le Léon et le Trégor, se niche Morlaix, ville active et discrètement touristique qui conserve un beau quartier ancien.

Se promener Plan de la ville

★ VIEUX MORLAIX AB 1-2

Avec la fin de la guerre de Cent Ans (1475) et la reprise du commerce avec les Anglais, Morlaix devint le grand port de commerce de la Manche. En outre, sa région produisait du lin, très recherché à cette époque. La ville prospère donc

et fait des envieux, tout particulièrement chez les voisins d'outre-Manche. Ainsi, certaines des demeures du Vieux Morlaix ont-elles connu le pillage anglais de 1522, qui a valu à Morlaix une devise plutôt originale. L'histoire raconte en effet que les soldats britanniques s'étant trop attardés dans les celliers, les Morlaisiens, revenus dans leur ville, leur ont taillé des croupières, à la suite de quoi ils ont ajouté à leurs armes un lion faisant face à un léopard anglais, avec la devise : « S'ils te mordent, mords-les ! »
Pour se protéger d'une nouvelle attaque, les Morlaisiens construisirent en 1542 le château du Taureau à l'entrée de la rade *(voir p. 346)*.

★ Viaduc A-B1

Cette impressionnante construction à double étage et quatorze arches mesure 58 m de haut sur 285 m de long. Elle permet aux trains de franchir la vallée, une fonction primordiale pour une cité commerciale qui a dû batailler ferme pour obtenir le passage de la voie ferrée au 19e s.

Rue Ange-de-Guernisac B1-2

Elle est bordée de belles maisons à encorbellement, à pans de bois : hôtel du Relais de France, au n° 13, et les demeures des nos 9, 6 et 5. Au passage, jetez un coup d'œil dans les venelles du Créou et au Son.

Grand'Rue B2

Réservée aux piétons.
Des demeures du 15e s. sont ornées de statuettes de saints et de grotesques ; certaines boutiques basses prennent jour par une large fenêtre, l'étal, en particulier aux nos 8 et 10. La plus connue de ces constructions d'époque porte le n° 9 : il s'agit de la **maison à pondalez** qui abrite un musée.
Musée de Morlaix - Site de la maison à pondalez★ – *02 98 88 68 88 - ♿ - juil.-août : 10h-12h30, 14h-18h30 ; reste de l'année : se renseigner - fermé hors sais. mar. et dim. - gratuit.* Complètement restaurée, cette ancienne maison à pondalez est une des rares rescapées de la ville. Les différentes pièces présentent l'organisation de ces maisons et l'évolution de la ville au cours des siècles. La salle du deuxième étage est dédiée à une exposition par roulement d'une ou plusieurs œuvres issues de la collection permanente du musée de Morlaix *(voir aussi le site du couvent des Jacobins, p. 342)*.

Maison « de la Reine-Anne » B2

9 r. du Mur - 02 98 88 23 26 - juin-août : tlj sf dim. 11h-18h ; 1re quinz. de sept. : tlj sf dim. 11h-18h30 ; mai-juin : tlj sf dim. 11h-18h, possibilité de visite guidée (20mn) - fermé oct.-avr., j. fériés - 1,60 €.
Cette maison de trois étages en encorbellement (16e s.) est certainement le plus bel exemple encore visible de « maison à *pondalez* » *(voir encadré ci-dessous)*. La façade est ornée de statues de saints et de grotesques. L'**intérieur★** a gardé son magnifique décor sculpté dont on ne peut manquer d'admirer la patine. On voit une cour close éclairée par des verrières. Dans l'un des angles, un très bel escalier à vis, colonne de 11 m faite d'une seule pièce, dessert les galeries des étages. Le pilier est orné de statues de saints, sculptées dans la

LA MAISON À LANTERNE

La « maison à lanterne », ou « à pondalez » (15e et 16e s.), est une exclusivité morlaisienne. Elle s'organise autour d'un grand espace central qui s'élève sur au moins trois niveaux, avec un escalier à vis en chêne orné d'un poteau d'angle sculpté et des galeries ou « ponts d'allée » desservant les étages.

SE LOGER

- Coat Amour (Chambre d'hôte de) 1
- Europe (Hôtel d') 3
- Manoir de Lanleya (Chambre d'hôte du) 5
- Manoir de Roch ar Brini (Chambre d'hôte) 7
- Puits de Jeanne (Auberge Le) 9

SE RESTAURER

- Ar Bilig 1
- Bains Douches (Les) 4
- Cabestan (Le) 6
- Grange de Coatélan (La) 10
- Hermine (Crêperie) 13
- Terrasse (La) 15

masse. Entre le 1er et le 2e étage, remarquez une belle sculpture représentant un acrobate sur un tonneau.

En continuant vers la rue Haute, un escalier sur la droite conduit vers le **square du Château** qui offre de belles **vues★** sur la ville et l'aqueduc.

Église Saint-Mathieu B2

Reconstruite en 1824, excepté la tour (16e s.), elle renferme, à gauche du maître-autel, une curieuse statue en bois de la **Vierge★**, datant peut-être du 14e s. Fermée, elle représente la Vierge allaitant l'Enfant Jésus ; ouverte, elle abrite une Sainte-Trinité.

★ Musée de Morlaix - Site du couvent des Jacobins B2

Pl. des Jacobins - ✆ 02 98 88 68 88 - ♿ - juil.-août : 10h-12h30, 14h-18h30 ; reste de l'année : se renseigner - fermé hors sais. mar. et dim. - gratuit.

Le lieu correspond à l'ancienne église des Jacobins, qui conserve au chevet une très belle **rosace★** du début du 15ᵉ s. Côté programmation, deux expositions temporaires par an alternent avec des présentations thématiques des collections permanentes *(voir aussi le site de la maison à pondalez, p. 341)*.

À proximité Carte de microrégion

Ploujean

À 4 km au nord-est par la D 76.

Au nord de Morlaix, la commune de Ploujean *(rive droite de la baie)* est la patrie du poète Tristan Corbière (1845-1875) et de Jean-Loup Chrétien, premier spationaute français (le 24 juin 1982).

★ Plougonven

À 11 km au sud-est par la D 9, route de Callac.

Situé au pied des monts d'Arrée, ce bourg conserve un **calvaire★★** élevé en 1554. La croix à deux branches porte, en haut, les statues de la Vierge et de saint Jean; au-dessous, deux gardes; de chaque côté, les croix des larrons. Au pied de la croix principale, Descente de croix. Sur la plate-forme et autour du socle, plusieurs scènes de la vie du Christ. L'**église** (1523) est coiffée d'un élégant clocher à balcon avec tourelle d'escalier; voyez aussi les gargouilles, véritable bestiaire où se reconnaissent chiens, lions et sangliers.

Manoir de Mézédern – *Sur la commune de Plougonven - ✆ 02 98 78 64 90 - visite guidée (1h) uniquement sur demande auprès de M. Meyer, juin-sept. : tlj sf lun. 14h-18h - 3 € (enf. gratuit).* Cet harmonieux ensemble des 15ᵉ et 16ᵉ s. est ordonné autour d'une cour intérieure autrefois complètement fermée. Ici, la demeure seigneuriale est située au-dessus de la grande porte cochère et piétonnière, d'où son nom de logis-porche. À l'intérieur, collections hétéroclites (ferronneries, serrures, costumes, vaisselle…) reflétant les passions des propriétaires des lieux. Dans le parc, chapelle du 17ᵉ s.

Plouigneau

À 12 km à l'est par la N 12.

Le village breton, écomusée de Plouigneau – *R. de la Gare - ✆ 02 98 79 85 80 - www.ecomusee.plouigneau.fr - ♿ - avr.-oct. : tlj sf sam. 10h-12h, 14h-18h, dim. 14h-18h - 4,60 € (13-18 ans 3,30 €).* Trois espaces – la maison d'habitation, le hangar des machines agricoles et la rue des métiers – retracent un siècle d'histoire d'un village du Trégor, de 1870 à 1970. Un tracteur américain de 1916, une épicerie des années 1950, l'atelier du sabotier où l'on fabrique encore des sabots, le bourrelier qui travaille le cuir, la forge et la reconstitution des intérieurs ruraux vous transporteront à travers le temps!

Le Cloître-Saint-Thégonnec C1

À 13 km au sud par Plourin-lès-Morlaix, puis la D 111.

Musée du Loup – *1 r. du Calvaire - ✆ 02 98 79 73 45 - www.museeduloup.fr - ♿ - juil.-août : 14h-18h ; de mi-fév. à fin juin et de déb. sept. à mi-déc. : dim. 14h-18h - 3,50 € (7-12 ans 2,50 €).* Dans l'ancienne école du bourg, le musée évoque les mœurs de cette espèce, la longue lutte des habitants de la région pour s'en débarrasser (la dernière prime allouée pour un loup tué dans les monts d'Arrée fut versée en 1885 à un habitant de la commune), et l'importance mythique d'un animal qui disparut de Bretagne au début du 20ᵉ s.

Le musée met à disposition des enfants un questionnaire à remplir après la visite et qui complète leur connaissance du loup.

Réserve des landes du Cragou – *✆ 02 98 79 71 98 - www.bretagne-vivante.asso.fr - juil.-août : sortie nature à la découverte des landes de Cragou (2h) lun. et vend. 15h-17h30, dép. du parking face au musée du Loup - 4 € (-12 ans gratuit). Se munir de vêtements appropriés à des sorties tous terrains et tous temps.* Les busards, dont le busard St-Martin, règnent sur ce territoire qui accueille de nombreux oiseaux et plantes rares (orchidées, fougères primitives…).

Guerlesquin C2

À 26 km à l'est de Morlaix par la N 12. À Plouégat-Moysan, prenez la D 42.
Cette petite cité de caractère est l'une des portes d'entrée du Parc naturel régional d'Armorique. Construite tout en longueur, elle concentre depuis des siècles ses activités commerciales autour de sa place principale. Encore aujourd'hui, la ville est connue pour son marché au cadran, celui aux bovins du lundi matin et celui des veaux du mardi après-midi *(se renseigner au ✆ 02 98 72 84 20)*. Elle perpétue en cela une longue tradition de lieu de **foires et de marchés**, dont elle a su tirer profit, comme en témoigne son riche patrimoine architectural.
Ne manquez pas la chapelle St-Jean (fin 17e s.), vestige du couvent des Dames Paulines, l'église St-Ténéran, qui a gardé son clocher du 16e s. (le reste a été reconstruit en 1859), l'ancienne prison seigneuriale (1640), dite « Le Présidial », de style Renaissance, les halles de granit de la fin du 19e s. et les nombreuses demeures de granit autour de la place du Martray, dont certaines datent du 16e s., comme la Maison de la Tourelle.

Itinéraires conseillés Carte Baie de Morlaix

★ DE MORLAIX À TÉRÉNEZ

Itinéraire 1 de 19 km vers le nord-est. Quittez Morlaix au nord par la D 76.
La route longe en corniche la rivière de Morlaix (port de plaisance et port sablier). Passé le pont, on gagne le petit port ostréicole de **Dourduff**, où s'abritent les bateaux des mareyeurs. On découvre ensuite la belle route bordée d'arbres de la vallée du Dourduff. Le parcours en bord de mer procure de belles **échappées★** sur la baie de Morlaix, le château du Taureau et la presqu'île abritant le cairn de Barnenez.

★ Grand Cairn de Barnenez

✆ 02 98 67 24 73 - mai-août : 10h-18h30 ; sept.-avr. : tlj sf lun. et j. fériés 10h-12h30, 14h-17h30 (dernière entrée 30mn av. la fermeture) - fermé 1er janv., 1er Mai, 1er et 11 Nov., 25 déc. - 5 € (-26 ans gratuit), gratuit 1er dim. du mois (nov.-mai).
Sur la presqu'île de Kernéléhen, prolongée par l'îlot de Stérec, cet imposant tumulus à gradins de pierres sèches, appelé **cairn**, domine la baie de Térénez et l'estuaire de la rivière de Morlaix. À la suite de fouilles (1955-1968), onze chambres funéraires furent découvertes sous des tables de pierre. Leurs entrées sont orientées au sud, précédées chacune d'un couloir de 7 à 12 m. D'après la couleur des pierres, on distingue deux étapes de construction. Le 1er cairn (4600 av. J.-C.) est en dolérite, roche verte du pays. Le 2e cairn, vers la pente, est plus jeune de deux siècles : il se reconnaît au granit clair, dont le gisement le plus proche se trouve dans l'île Stérec.
Faites demi-tour et tournez à gauche à la sortie de St-Gonven.

Térénez

Très agréable petit port typiquement breton. Centre de voile.

★★ DE MORLAIX À L'ÎLE CALLOT

Itinéraire 2 de 14 km. Quittez Morlaix par la D 73 en direction du nord.

La D 73 longe la rive gauche de la rivière de Morlaix. Deux points de **vue★** avant d'arriver à Carantec permettent de découvrir l'estuaire s'ouvrant au fur et à mesure sur la baie, parsemée d'écueils et d'îlots. Le spectacle est particulièrement superbe à marée basse.

Carantec

Située sur une presqu'île, entre l'estuaire de la Penzé et la rivière de Morlaix, Carantec est un centre balnéaire familial. Les plages les plus importantes sont celles de la grève Blanche et de la grève du Kélenn, la plus étendue. Elles sont agréablement protégées du noroît.

Son église moderne abrite dans l'abside une belle **croix de procession★** (1652) en argent.

Musée maritime – *8 r. Albert-Louppe - ✆ 02 98 67 00 43 - juil.-août : 10h-12h, 15h-18h30, jeu. et dim. 15h-18h ; 1re quinz. d'avr. : tlj sf jeu. et dim. 15h-18h ; reste de l'année : se renseigner, possibilité de visite guidée (1h30) - fermé sept.-déc. et j. fériés - 3 € (-12 ans 1,50 €).* La vie maritime régionale est évoquée ici : ostréiculture, flore et faune de la baie de Morlaix, ramassage du goémon.

« Chaise du Curé » – De cette plate-forme rocheuse, la **vue★** se développe, à gauche, sur la grève de Porspol et la grève Blanche ; en fond, sur St-Pol-de-Léon et Roscoff ; à droite, sur la pointe de Pen-al-Lann.

Pointe de Pen-al-Lann

1,5 km à l'est, plus 15mn à pied AR. Prenez la rue de Pen-al-Lann et laissez la voiture à un rond-point. Empruntez le sentier en descente qui conduit à travers pins à une éminence rocheuse.

La **vue★★** s'étend sur la côte depuis la pointe de Bloscon, à l'ouest, jusqu'à celle de Primel, à l'est. En face, le **château du Taureau** fut construit en 1542 pour protéger Morlaix des attaques des corsaires anglais.

Revenez à Carantec et poursuivez en direction du nord vers l'île Callot.

Île Callot

Une chaussée submersible, praticable cependant par les autos à mi-marée, relie le port de la grève Blanche à l'île (parc de stationnement à l'entrée). Faites attention à l'heure de la marée si vous ne souhaitez pas dormir sur l'île… 2h suffisent à visiter l'île.

Celle-ci est un excellent lieu de pêche et abrite les deux charmantes **plages** de Park an Iliz et de Park an Aod.

★★ EXCURSION AU CHÂTEAU DU TAUREAU

★ Le château du Taureau

La visite comprend le trajet en vedette et la visite du fort. Les départs en vedette se font à partir de Carantec (plage de Kelenn) : compter 2h dont 1h de visite ; à partir de Plougasnou (port du Diben) : compter 2h30 dont 1h de visite. Les horaires changent en fonction de la marée et la réservation est obligatoire. ✆ 02 98 62 29 73 - www.chateaudutaureau.com - visite guidée avr.-nov. : en fonction des marées, 3 départs de Carantec, Plougasnou et Roscoff, se renseigner - 13 €.

L'arrivée depuis la mer sur ce fort de granit doré au milieu des flots est impressionnante.

L'île de Louët et le fort du Taureau.
B. Brillion / MICHELIN

Un premier fort fut élevé ici en 1542 pour protéger Morlaix des attaques des Anglais attirés par ce riche port. Il fut remanié quelques années plus tard par Vauban à la demande de Louis XIV. Quand Colbert lance une politique protectionniste avec les Anglais, le fort perd sa raison d'être et devient une prison. En 1914, il est classé Monument historique, puis loué quelques années par Louise de Vilmorin avant d'être occupé par les Allemands pendant la Seconde Guerre mondiale, puis de devenir une école de voile. En 1996, sa restauration a commencé et a duré dix ans.
Sa visite laisse imaginer à quel point la vie à l'intérieur du fort devait être austère. On y verra les canons, les citernes pour l'eau douce et les pièces où vécurent militaires et prisonniers. Parmi les prisonniers illustres, citons Auguste Blanqui qui fut incarcéré la veille de la Commune et y passa 6 mois.
Des terrasses s'offrent de magnifiques **vues** sur l'ensemble de la baie de Morlaix et, au loin, sur les tours de la cathédrale de St-Pol-de-Léon.

NOS ADRESSES DANS LA BAIE DE MORLAIX

VISITES

« Le Léon à fer et à flots » – *☎ 02 98 62 07 52 - www.aferaflots.org - avr.-sept. sur réserv. - 24 € (4-11 ans 13 €).* Une journée complète de découverte guidée à pied, en train et en bateau de Morlaix, sa baie et les paysages du Léon, St-Pol-de-Léon, Roscoff…

HÉBERGEMENT

Morlaix

BUDGET MOYEN

Auberge Le Puits de Jeanne – *29 650 Plouegat-Moysan - ☎ 02 98 79 20 15 - www.lepuitsdejeanne.com - P - 6 ch. 60 € ☕ - rest. 24 € bc.* C'est dans cette ancienne étable (poutres et pierres apparentes) que vous dégusterez le Kig Ha Farz et le Bara Kig, fameuses spécialités locales servies sur des plateaux en bois. Soirées à thèmes. Chambres d'hôte harmonieusement décorées et gîtes installés dans une maison indépendante entièrement rénovée.

POUR SE FAIRE PLAISIR

Chambre d'hôte de Coat Amour – *Rte de Paris - ☎ 02 98 88 57 02 - www.gites-morlaix.com - P - 6 ch. 70/110 € ☕.* Sur les hauteurs de Morlaix, ce manoir du 19e s., ancienne possession du général Weygand, appartient aujourd'hui à un couple d'Anglais fort accueillant. Les chambres spacieuses, donnant sur le parc, sont décorées de meubles anciens. Table d'hôte certains soirs.

UNE FOLIE

Hôtel d'Europe – *1 r. Aiguillon - ✆ 02 98 62 11 99 - www.hotel-europe-com.fr - fermé 17 déc.-3 janv. - 59 ch. 110/250 € - ☕ 8,50 €.* De belles boiseries sculptées du 17e s. ornent le hall et l'imposant escalier de cet édifice bicentenaire. Préférez les chambres refaites, plus joliment décorées. Accueil aimable.

POUR SE FAIRE PLAISIR

Chambre d'hôte Manoir de Lanleya – *Au bourg de Lanleya - 29610 Plouigneau - ✆ 02 98 79 94 15 - www.manoir-lanleya.com - P - 5 ch. 71 € ☕.* Vu la remarquable restauration, on a du mal à croire que ce manoir du 16e s. fut sauvé in extremis de la ruine. Les chambres sont de véritables petits bijoux ; la plus réussie adopte le style Louis XV. Le jardin fleuri longé par une rivière est délicieux.

Chambre d'hôte Manoir de Roch ar Brini – *29600 Ploujean - ✆ 02 98 72 01 44 - www.brittanyguesthouse.com - 3 ch. 70/90 € ☕.* Ce manoir de 1870 entouré d'un parc arboré dispose de chambres personnalisées (dont deux grandes) auxquelles on accède par un bel escalier en pierre. Élégante salle à manger bourgeoise d'origine.

RESTAURATION

Morlaix

PREMIER PRIX

Ar Bilig – *6 r. au Fil - ✆ 02 98 88 50 51 - bernard.serra152@orange.fr - fermé dim. soir et lun. sf juil.-août - ♿ - 9 €.* Les habitués ne s'y trompent pas : on ne vient pas ici pour admirer le décor, mais pour faire bombance de crêpes copieusement garnies de produits recueillis quotidiennement dans une ferme voisine. Un régal.

BUDGET MOYEN

Crêperie Hermine – *35 r. Ange-de-Guernisac - ✆ 02 98 88 10 91 - www.restaurantmorlaix.com - fermé 5-14 avr., 20-30 sept., 1er-15 janv., dim. midi et merc. - formule déj. 15 €.* Poutres, tables en bois ciré et objets campagnards composent le décor de cette sympathique crêperie bordant une rue piétonne. Spécialités de galettes aux algues fraîches.

Les Bains Douches – *45 allée du Poan-Ben - ✆ 02 98 63 83 83 - fermé lun. soir, sam. midi et dim. - ♿ - formule déj. 11,50 € - 22/26 €.* Il vous faudra franchir la passerelle enjambant le Jarlot pour accéder à ce restaurant original, installé dans les murs des anciens bains municipaux (1904). Intérieur façon bistrot parisien, avec carrelages et verrière réchappés de l'ancienne structure. Plats traditionnels.

La Terrasse – *31 pl. des Otages - ✆ 02 98 88 20 25 - www.laterrasse-morlaix.com - fermé dim. - 13/30 €.* Dans le cadre prestigieux d'une vaste brasserie datant de 1885, en plein centre de Morlaix, les jeunes propriétaires proposent une cuisine de brasserie variée et inventive.

En dehors de Morlaix

BUDGET MOYEN

Le Cabestan – *Au port - 29660 Carantec - ✆ 02 98 67 01 87 - www.lecabestan.fr - fermé 5 janv.-6 fév., mar. sf le soir en juil.-août et lun. - 19/36 €.* On vient ici pour déguster des plats de type brasserie, orientés produits de la mer. Salle à manger d'esprit rustique et, à l'étage, beau panorama sur l'île Callot.

La Grange de Coatélan – *Coatélan - 29640 Plougonven - ☏ 02 98 72 60 16 - www. lagrangedecoatelan.com - ⊭ - 5 ch. 51/70 € ☕ - repas 22 €.* Cet ensemble du 18e s. composé de trois charmantes maisons de tisserands a beaucoup d'allure. Le restaurant, habillé de bois blond et agrémentée d'un bar en forme de coque de bateau, est très convivial. Les chambres, décorées avec goût, ouvrent sur la campagne.

BOIRE UN VERRE

Martin – *29 pl. des Otages - 29 600 Morlaix - ☏ 02 98 88 01 65 - tlj sf lun. 9h-12h30, 14h-19h30, dim. 9h-13h, 14h30-19h - fermé 1 sem. fin janv., 21-30 juin et 15 j. déb. sept.* Cette pâtisserie-salon de thé est reconnaissable à sa singulière façade et à ses deux anges datant de 1830. La famille Martin officie avec brio dans les gâteaux depuis quatre générations. La spécialité de la maison : la galette bretonne et le russe.

ACHATS

Morlaix

Rue Ange-de-Guernisac – *R. Ange-de-Guernisac.* C'est la rue des arts, des artistes et des artisans. Ici se succèdent peintre, céramiste, sculpteur, couturier, ébéniste…

En dehors de Morlaix

Domaine de Kervéguen – *29 620 Guimaëc - ☏ 02 98 67 50 02 - www. kerveguen.fr - juil.-août : tlj sf dim. et j. fériés 10h30-18h30 ; avr.-juin, sept. et vac. scol. : tlj sf dim. et j. fériés 14h30-18h ; oct.-mars (sf vac. scol.) : sam. 14h30-18h ou sur RV.* Ce producteur de cidre breton artisanal, élevé en fûts de chêne, vous ouvre sa cave *(visites gratuites)* et vous expose les secrets de son savoir-faire. Sa cuvée Prestige « Carpe Diem » est choisie par l'Élysée depuis 1997. Dégustation de cidre à l'ancienne, pommeau, fine.

EN SOIRÉE

Bon à savoir – Morlaix est la ville aux établissements centenaires, tels le « Café de l'Aurore », « La Cabane » et la pâtisserie « Martin ». À noter également, la brasserie « Coreff » (premier fabricant de bières bretonnes), et « La Maison des Vins » dans une belle maison à pendule du 16e s.

Tempo – *Quai de Tréguier - 29 600 Morlaix - ☏ 02 98 63 29 11 - tlj sf dim. et j. fériés 10h-1h, sam. 17h-1h.* Coloris vifs et métal composent le décor moderne de ce bar-restaurant situé sur le port de plaisance de Morlaix. Bon choix de vins au verre et de bières régionales, restauration (traditionnelle le soir, plats du jour et grillades à midi). Belle terrasse au bord de l'eau. Expositions mensuelles et soirées musicales.

AGENDA

Festival des arts dans la rue – *29 600 Morlaix - ☏ 02 98 46 19 46 - www.artdanslarue.com.* De mi-juil. à mi-août, merc. à partir de 19h30, un périmètre piétonnier est livré aux comédiens et au public pour un vaste théâtre convivial.

Côte des Bruyères

★

Finistère (29) Côtes-d'Armor (22)

NOS ADRESSES PAGE 354

S'INFORMER

Office du tourisme de Locquirec – *Pl. du Port - 29 241 Locquirec - ✆ 02 98 67 40 83 - www.tourisme.morlaix.fr - juil.-août : 9h30-18h30, dim. 10h30-12h30, 14h-17h ; reste de l'année : tlj sf dim. 9h-12h30, 14h-17h30 - fermé j. fériés.*

SE REPÉRER

Carte de microrégion C1 (p. 294) – *carte Michelin Départements 308 I/K 2/3.* La Côte des Bruyères s'étend de la baie de Plestin-les-Grèves, en baie de Lannion, jusqu'à la pointe de Diben, en bordure de la baie de Morlaix. On y accède à partir de Morlaix et de Lannion par la D 786 ou par la N 12 (sortie Plouégat-Moysan).

À NE PAS MANQUER

L'enclos paroissial de St-Jean-du-Doigt et la côte tourmentée de la corniche de l'Armorique.

ORGANISER SON TEMPS

Entre la visite des églises et l'exploration des criques, la Côte des Bruyères vous retiendra une bonne journée. Pensez à consulter les horaires des marées pour jouir du spectacle dans des sites comme la Lieue de Grève.

À l'écart des grandes voies de communication, cette partie tourmentée du littoral, à l'est de la baie de Morlaix, recèle des criques et de très belles plages, idéales pour la baignade en famille. Des sentiers sillonnent les falaises pour relier les pointes escarpées d'où vous aurez une vue splendide sur les baies environnantes et sur la Manche.

Itinéraire conseillé Carte Côte des Bruyères

DE SAINT-MICHEL-EN-GRÈVE À LA POINTE DE DIBEN

Itinéraire de 38 km – environ 4h.

Saint-Michel-en-Grève

Dédié à l'archange saint Michel, ce petit centre balnéaire possède une église joliment située au bord de la mer.
Prendre la D 786 en direction de l'ouest.

★ Lieue de Grève

Cette magnifique plage, longue de 4 km, occupe le fond de la plus grande baie des Côtes-d'Armor. À marée basse, elle se découvre sur près de 2 km. Des ruisseaux, où l'on pêche la truite, y rejoignent la mer par des vallons verdoyants. Nombreux sentiers piétonniers aux alentours.

La route, très pittoresque, suit la côte boisée et contourne la masse du Grand Rocher.

Montée au Grand Rocher★ – *45mn à pied AR. La route à gauche, juste avant le Grand Rocher, permet d'accéder à un parking.* Du belvédère haut de 80 m, très belle **vue★** sur la Lieue de Grève. À marée haute, et surtout en hiver par vent de nord-ouest, les rouleaux d'écume qui se succèdent sur la plage et déferlent contre le brise-lames protégeant la chaussée expriment de façon spectaculaire le fonctionnement du ressac.

Saint-Efflam

À côté de la chapelle St-Efflam, nichée dans la verdure, coule une fontaine surmontée d'un dôme massif. Sur la plage qui porte son nom, l'ermite Efflam, venu d'Irlande, débarqua en 470 avec ses sept compagnons.

Prenez à gauche vers Plestin.

Plestin-les-Grèves

L'**église** marie les styles gothique et Renaissance. Elle abrite le tombeau de l'ermite Efflam, qui s'installa ici, fonda un monastère et y mourut en 512. Son gisant est vêtu en roi (1576). Vitraux modernes d'un atelier de Quintin.

Revenez à la route côtière.

★ Corniche de l'Armorique

Entre St-Efflam et Locquirec, la route suit une côte accidentée. Après la pointe de Plestin, belle vue à marée haute sur l'anse de Locquirec et sa pointe. Le port de Toul-an-Hery se niche à l'embouchure du Douron. À l'est, on découvre le début de la Côte de Granit rose jusqu'à Trébeurden.

Locquirec

Lancée par l'écrivain Pierre Zaccone au 19e s., la station compte plusieurs plages très agréables. Sa jolie **église St-Jacques★** à clocher Renaissance conserve, au niveau du chœur et du transept, des voûtes lambrissées recouvertes de peintures du 18e s. Au maître-autel, **retable★** du 16e s. en haut-relief figurant des scènes de la Passion, de facture naïve.

Pointe de Locquirec★ – *30mn à pied AR.* Cette promenade, qui s'amorce près du chevet de l'église, fait le tour de la pointe : belles vues sur la baie de Lannion.

Après Moulin-de-la-Rive, prenez à droite la route de la corniche qui surplombe la mer.

Table d'orientation de Marc'h Sammet

Érigée sur une avancée rocheuse, elle offre de remarquables **vues★** : à l'est, sur les plages du Moulin de la Rive et des Sables Blancs, la pointe du Corbeau et ses rochers ; au nord, sur l'île de Losquet qui se signale par le pylône du Cnet. À l'ouest s'étend la plage de Poul Rodou *(accès : 800 m plus bas)*.

Gagnez Christ et tournez à droite. Suivez les panneaux directionnels menant à la route touristique.

Serpentant sur le plateau, cette route en corniche permet d'apprécier la côte, de la pointe de Trégastel à la pointe de Primel.

À la plage de St-Jean-du-Doigt, prenez à gauche.

★ Saint-Jean-du-Doigt

L'**enclos paroissial** s'ouvre par une porte triomphale du 16e s. À gauche, la haute **fontaine★** Renaissance (socle en pierre et vasques en plomb) est dominée par Dieu le Père bénissant le baptême de son Fils par saint Jean-Baptiste.

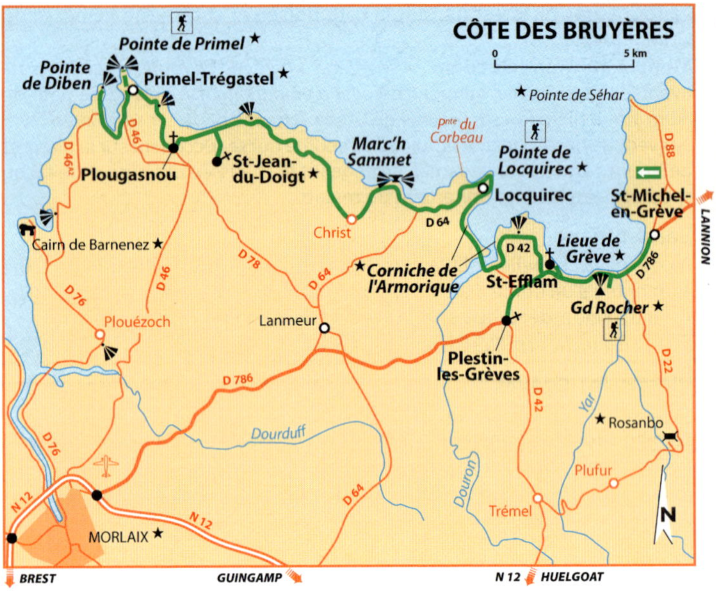

Église★ – Le doigt de saint Jean-Baptiste, apporté vers 1420 à la chapelle St-Mériadec qui s'élevait jadis en ce lieu, fit des miracles. Les pèlerins affluèrent… En 1440, on décida l'édification d'une grande église, réalisée en style flamboyant et achevée en 1513. À la base du clocher, adossés aux contreforts, se trouvent deux petits ossuaires ; celui de droite est gothique, l'autre, Renaissance.

Le **trésor★★** comprend plusieurs reliquaires, des calices, une croix processionnelle en argent doré et un tube en cristal (antérieur au 16e s.) renfermant la première phalange de l'index de saint Jean-Baptiste.

Plougasnou

Au centre de cette modeste bourgade, l'**église**, en majeure partie du 16e s., s'ouvre sur la place par un porche Renaissance.

À 300 m du bourg, par la rue au chevet de l'église, gagnez l'**oratoire N.-D.-de-Lorette**. Ce monument de granit (1611) présente un toit de pierre ; deux atlantes en gardent l'entrée.

De Plougasnou, on peut prendre le bateau et se rendre en excursion au fort du Taureau *(voir Baie de Morlaix, p. 346)*.

Passez devant le syndicat d'initiative et, au 3e carrefour, tournez à droite et traversez Ste-Barbe.

★ Primel-Trégastel

Sa plage de sable fin profite d'un beau site, près de rochers comparables à ceux de Ploumanach et de Trégastel.

★ Pointe de Primel

30mn à pied AR.

La pointe est un véritable chaos de **rochers** roses. Du mamelon central, le **panorama** s'étend de la baie de St-Pol-de-Léon à la côte de Trébeurden ; au large, on distingue le phare de l'île de Batz et l'île aux Moines (Sept-Îles).

Son extrémité est séparée du reste de la presqu'île par une crevasse, qui ne peut être franchie qu'à marée basse et dans le creux de laquelle se trouve une grotte.
À 1 km, tournez à droite ; la route passe à proximité de viviers. Dans le Diben, pittoresque village de pêcheurs, tournez à droite, direction Les Viviers-Le Port ; 100 m après, prenez en face, vers le port, la route qui mène à une digue. Un peu avant de parvenir à cet ouvrage d'art, prenez à gauche le sentier qui conduit à la pointe de Diben.

Pointe de Diben

Belle vue sur toute la baie et la pointe de Primel.

À proximité Carte Côte des Bruyères

★ Château de Rosanbo C1

À 8,5 km au sud de St-Michel-en-Grève par les D 786 et D 22 - ✆ 02 96 35 18 77 - visite guidée (45mn) juil.-août : 11h-18h30 ; avr.-juin et sept. : 14h-17h30 ; oct. : w.-end 14h-17h - 10 € (6-15 ans 7 €).
Le château s'élève sur les fondations d'un vieux castel du 14e s. dominant la vallée du Bô, d'où son nom breton qui signifie « rocher sur le Bô ».
L'édifice actuel englobe, à l'ouest, le manoir du 15e s. Agrandi au 17e s. (toits à la Mansart) et au 18e s., il a été restauré au 19e s. Les salles ouvertes au public sont meublées et décorées avec raffinement. Des documents d'archives ont permis la reconstitution des deux pièces les plus authentiques de la demeure : la salle à manger et le salon du 18e s.
La **bibliothèque**, qui donne sur une terrasse agrémentée d'un vaste bassin, est riche de plus de 8 000 volumes.
Un magnifique **jardin** à la française, œuvre d'Achille Duchêne, paysagiste de renom du 19e s., borde le flanc nord-est du château. Remarquez les **charmilles**, longues de près de 2 500 m, et les « salles de verdure » (petites clairières dans les bosquets) dont chacune avait sa fonction : manège d'équitation, aire d'entraînement, tennis…

Lanmeur

À 15 km à l'ouest de St-Michel-en-Grève par la D 786.
Cette petite localité du plateau trégorrois se situe au cœur de cultures maraîchères.
Son **église**, reconstruite en 1904, a conservé un clocher et une **crypte★** d'origine *(accès à gauche du maître-autel)*. Cette dernière, préromane, remonterait au 8e s. : c'est l'un des plus anciens monuments religieux de Bretagne. Huit piliers cylindriques massifs, dont deux portent un décor sculpté, soutiennent la voûte. Une fontaine jaillit à droite de l'entrée. À l'occasion de fouilles, deux figurines sculptées, datant probablement du 6e s., y ont été découvertes.
Dans l'enclos du cimetière, l'imposante **chapelle de Kernitron** comprend une nef et un transept du 12e s., ainsi qu'un chœur du 15e s.
Dans la chapelle face à l'entrée, vous verrez une statue de N.-D.-de-Kernitron *(pardon le 15 août)* et, à sa droite, au fond d'une petite chapelle, une étonnante statue de sainte Anne accompagnée de Marie.

NOS ADRESSES SUR LA CÔTE DES BRUYÈRES

HÉBERGEMENT

BUDGET MOYEN

Hôtel Les Panoramas – *Rte de la Corniche - 22 310 Plestin-les-Grèves - 5,5 km au nord de Plestin-les-Grèves par D 42 - ✆ 02 96 35 63 76 - www.lespanoramas.ifrance.com - fermé lun. en oct.-nov., Toussaint-Pâques - P - 13 ch. 51/58 € - ☕ 6 €.* Imposant bâtiment dont la façade colorée domine la plage de St-Efflam, à proximité des sentiers de la Côte des Bruyères. Les chambres, rénovées, sont fonctionnelles et sobres. Choisissez-les sans hésitation côté mer afin de jouir du panorama.

Chambre d'hôte La Métairie de la Porte Neuve – *R. de la Duchesse-Anne-de-Bretagne - 29 630 St-Jean-du-Doigt - à l'est de St-Jean-du-Doigt par D 79 - ✆ 02 98 67 82 31 - http://lametairie.aliosphere.com - fermé 1 sem. en nov. - ⊭ - réserv. obligatoire - 5 ch. 46 € ☕ - repas 15 €.* Originale association de meubles du 19e s. et de peintures abstraites contemporaines dans une métairie du 15e s. Mais le résultat s'avère plutôt harmonieux. Les chambres, à l'étage, disposent d'un confort assez rudimentaire compensé par une décoration colorée. Confitures et pain « bio » maison au petit-déjeuner.

UNE FOLIE

Grand Hôtel des Bains – *15 bis r. de l'Église - 29 241 Locquirec - ✆ 02 98 67 41 02 - www.grand-hotel-des-bains.com - fermé 5-30 janv. - P - 36 ch. 227 € - ☕ 14 € - rest. 27/36 €.* C'est ici que fut tourné le film de Michel Lang *L'Hôtel de la Plage*, en 1978… Dans un jardin au bord de la mer, derrière une façade du début du 20e s., son décor rénové et le luxe discret de ses chambres le classent résolument parmi les étapes de charme. À savourer sans modération !

RESTAURATION

PREMIER PRIX

La Presqu'Île – *7 pl. du Port - 29 241 Locquirec - ✆ 02 98 79 34 27 - fermé sam. hors sais. - ⊭ - 11,50 €.* Agréable terrasse sur le port pour des moules frites ou un menu de la mer plus élaboré.

Les Enclos paroissiaux

★★★

Finistère (29)

NOS ADRESSES PAGE 363

S'INFORMER

Office du tourisme de Landivisiau – *14 av. Foch - 29 400 Landivisiau - 02 98 68 33 33 - www.ot-paysdelandivisiau.com - juil.-août : lun.-vend. 9h-12h, 14h-18h, sam. 10h-12h, 14h-17h ; reste de l'année : lun.-vend. 9h-12h, 14h-17h ; fermé dim. et j. fériés.*

Office du tourisme du pays des rives d'Armorique – *9 pl. du Marché - 29 800 Landerneau - 02 98 85 13 09 - www.rives-armorique.fr - juil.-août : 10h-19h, dim. et j. fériés 10h-13h, 14h-18h ; reste de l'année : tlj sf dim. et lun. 10h-13h, 14h-18h.*

Voir aussi l'office du tourisme de Morlaix, p. 340.

SE REPÉRER

Carte de microrégion BC2 (p. 294) – *carte Michelin Départements 308 F/I 3/4.* Ce circuit, qui emprunte la vallée de l'Elorn et les contreforts des monts d'Arrée, permet de découvrir les enclos les plus représentatifs.

À NE PAS MANQUER

Les trois enclos emblématiques du circuit : St-Thégonnec, Guimiliau et Lampaul-Guimiliau, auxquels s'ajoutent ceux de La Roche-Maurice et de La Martyre.

ORGANISER SON TEMPS

Prévoyez au minimum une journée pour ce circuit, surtout si vous décidez d'aller vous promener dans les landes des monts d'Arrée.

AVEC LES ENFANTS

Visitez l'écomusée des Monts d'Arrée pour tout savoir du travail des meuniers.

Caractéristiques de basse Bretagne où ils sont d'une richesse incroyable, les enclos paroissiaux sont une réalisation originale de l'art breton. Très spectaculaires, ils séduisent par l'élégance des portes triomphales et des ossuaires, la profusion de détails des calvaires, la splendeur des retables et des décors polychromes des églises. Ils témoignent de la ferveur religieuse et de la prospérité des ports bretons du 15e au 17e s.

DES COMPOSITIONS ARCHITECTURALES UNIQUES

Les enclos paroissiaux sont les ensembles monumentaux les plus typiques que l'on rencontre dans les bourgs bretons. Autour de l'église, dans l'espace clos du cimetière, on retrouve généralement un ossuaire, un calvaire à personnages, une sacristie extérieure et, souvent, une porte monumentale dite « triomphale ».

voir la partie « Arts et culture » dans Comprendre la Bretagne, p. 61.

Itinéraire conseillé

Carte Les enclos paroissiaux

À 130 km au départ de Morlaix en prenant la N 12 vers l'ouest. Après 9 km environ, prenez à gauche la D 118.

★★ Saint-Thégonnec

Il est préférable d'entrer dans l'enclos par la place de l'Église, côté sud.

Porte triomphale★ – En plein cintre, elle est couronnée de lanternons superposés (1587).

Chapelle funéraire★ – Souvent appelée ossuaire, elle fut construite de 1676 à 1682. Dans la crypte, sous l'autel, **saint sépulcre★** à personnages sculptés dans le chêne et peints (1699-1702), œuvre du Breton Jacques Lespaignol. Au fond de l'ossuaire, le trésor comporte des pièces d'orfèvrerie, dont une croix processionnelle en vermeil (1610). *✆ 02 78 79 67 80 - juin-août : 9h-19h ; avr.-mai et sept. : 9h-18h - possibilité de visite guidée juil.-août 10h-13h, 15h-18h, dim. 15h-18h - se rens. auprès de Mme Leberre au ✆ 06 79 81 07 09 ; reste de l'année : sur demande auprès de Mme Urien au ✆ 02 98 79 40 26 - gratuit.*

L'ORGUEIL DE L'ENCLOS

Les habitants de St-Thégonnec, fortune faite dans l'élevage de chevaux et la manufacture de toile, ont initié l'implantation d'artisans spécialisés dans la réalisation d'ouvrages religieux. Pendant deux siècles, du 15e au début du 18e s., ils n'auront de cesse d'enrichir cet enclos pour en faire l'un des plus imposants de Bretagne.

Calvaire★★ – Il fut élevé en 1610. Sur le socle, des groupes de personnages figurent des scènes de la Passion. Au-dessous, une niche abrite la statue de saint Thégonnec avec le loup qu'il attela à sa charrette, après que son âne eut été dévoré par une meute. La légende dit que c'est cet attelage inhabituel qui charria les pierres nécessaires à la construction de l'église. La plate-forme est surmontée d'une croix à deux traverses portant des personnages et de deux croix plus simples pour les larrons. Remarquez les anges qui recueillent le sang s'écoulant des plaies du Christ.

Église★ – Le seul vestige de l'église d'origine est le clocher (1563) du pignon situé à gauche de la tour Renaissance couronnée d'un dôme. Au-dessus du porche, une statue de saint Thégonnec, moine originaire du pays de Galles qui s'installa en Armorique au 6e s. et légua son nom à la bourgade. Dans les niches des contreforts d'angle, des statues figurent l'Annonciation, saint Jean et saint Nicolas. Sous le porche, il reste quatre statues d'apôtres.

L'intérieur, en partie ravagé par un incendie en juin 1988, a été magnifiquement restauré. La **chaire★★** est l'un des chefs-d'œuvre (1683) de la sculpture bretonne. Les angles de la cuve sont ornés des vertus cardinales. Sur les quatre panneaux figurent les évangélistes. Sur le médaillon du dossier, Dieu donne à Moïse les Tables de la Loi.

L'abside et les deux bras du transept sont couverts de **boiseries★** des 17e et 18e s. ; celles du **retable du Rosaire★**, à gauche, représentent : au centre et en bas, la Vierge et l'Enfant remettant le rosaire à saint Dominique et à sainte Catherine ; au-dessus, la Vierge et saint Laurent présentant au Christ une âme délivrée des flammes du purgatoire. *✆ 02 98 79 67 80 - tlj sf offices 9h-18h - possibilité de visite guidée, se renseigner - gratuit.*

À 8 km au sud par la D 118 en direction de Ste-Brigitte.

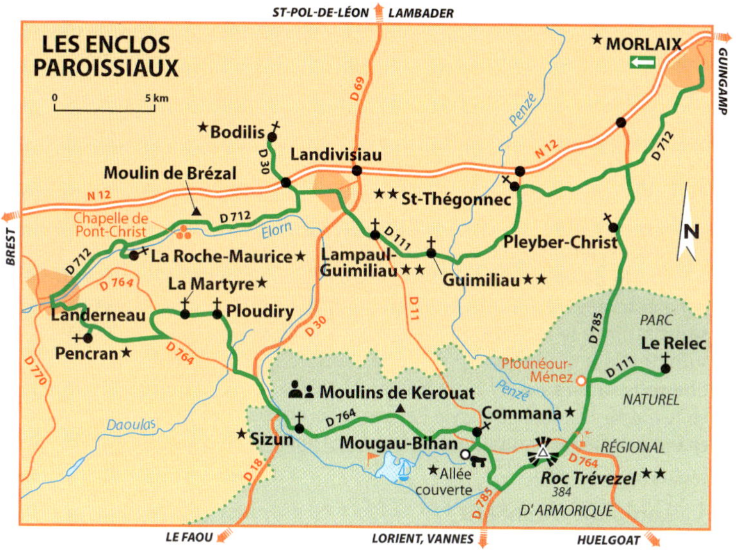

Le Kanndi du Fers

Accès libre et gratuit - visite guidée sur demande auprès du guide bénévole du conseil paroissial au ✆ 02 98 79 40 26.

Kanndis signifie « maisons du lavage » en breton. Le mot désigne les lavoirs dans lesquels on travaillait le lin à l'époque où la production de toiles était florissante dans le Léon (15e-18e s.). Ces petites buanderies, situées au bord des ruisseaux, étaient équipées de différentes auges, d'une cheminée et d'un aqueduc en granit, et l'on y blanchissait le fil. La région de Morlaix en comptait des centaines. Aujourd'hui, celle du Fers est l'une des dernières encore debout.

Reprenez la D 118 puis prendre la direction de Guimiliau.

★★ Guimiliau

Calvaire★★ – Il date de 1581-1588 et comprend plus de 200 personnages. Sous une grande croix portant la Vierge, saint Jean, saint Pierre et saint Yves, on remarque 17 scènes de la Passion, très expressives, et un motif illustrant l'histoire de **Catell-Gollet** – Catherine la perdue –, au-dessus de la Cène. Aux extrémités des contreforts se trouvent les évangélistes. Quant aux personnages de la frise, particulièrement nombreux et de facture naïve, ils composent, sans ordre chronologique, les épisodes de la vie de Jésus.

Église★ – Cet édifice du 16e s. a été reconstruit dans les styles gothique flamboyant et Renaissance au début du 17e s. Les voussures du **porche méridional★★** constituent une intéressante imagerie de la Bible et de l'Évangile. Au-dessus du fronton surmontant le porche, remarquez la statue de saint Miliau, patron du lieu. L'intérieur du porche offre un bel exemple de décoration fréquente en Bretagne :

SAINT MILIAU

Guimiliau a hérité son nom du breton *gwik*, bourg, et de Miliau, le saint patron local. Ce dernier, prince de Cornouaille, fut décapité par son frère au 6e s. Il est très souvent représenté avec un sceptre, l'épée dont il fut victime, et parfois même sa tête.

au-dessous des statues des apôtres, la frise est décorée de rosaces, de tresses et de scènes de l'Ancien Testament. On peut voir du côté gauche, près de la date 1606, la *Création de la femme*.
À l'intérieur, à gauche de l'entrée, se trouve un magnifique **baptistère★★** baroque, en chêne sculpté (1675). À la **tribune d'orgue**, trois **bas-reliefs★** du 17e s. : face au baptistère, le *Triomphe d'Alexandre* ; du côté de la nef, *David jouant de la harpe* et *Sainte Cécile à l'orgue*. La **chaire★** (1677) est ornée, aux angles, des statues de quatre sibylles. Le chœur, dont le vitrail central date de 1599, est fermé d'une balustrade du 17e s. On trouve de droite à gauche : le **retable de saint Joseph**, avec saint Yves, patron des avocats, entre le riche et le pauvre, et saint Hervé, accompagné de son loup ; le **retable de saint Miliau** ; le **retable du Rosaire aux quinze mystères** en médaillon, surmonté d'une Trinité.
Chapelle funéraire – *Pl. de la Mairie - 29400 Guimiliau - 9h-18h - possibilité de visite guidée juil.-août.* De style Renaissance, elle date de 1648. Remarquez la chaire extérieure pratiquée dans l'une des fenêtres.
Prenez la D 111 sur 3,5 km.

★★ Lampaul-Guimiliau

Récemment restauré, l'**enclos paroissial★** recèle une **porte triomphale** en plein cintre, surmontée de trois croix (1669). L'ancien ossuaire appelé **chapelle funéraire** (1667) est accolé à l'arc et possède des contreforts couronnés de lanternons. À l'intérieur, on peut voir l'autel de La Trinité, les statues de saint Roch, de saint Sébastien, de saint Pol et de son dragon. Plus ancien, le **calvaire** date du début du 16e s.
Église★★ – Saint Pol-Aurélien, premier évêque du Léon, trône sur son pignon. L'abside et la sacristie, ajoutée en 1679, forment un bel ensemble où se mêlent les styles gothique et classique. Sur le flanc droit, statues des douze apôtres. Notez aussi la tour-clocher du 16e s., dont la flèche a été tronquée par la foudre en 1809.
En entrant dans l'église, on remarque les entraits sculptés (restaurés), mais aussi et surtout la très belle **poutre de gloire★** du 16e s. qui traverse la nef ; elle porte un crucifix, entre les statues de la Vierge et de saint Jean. Les faces sont ornées de sculptures : côté nef, épisodes de la Passion ; côté chœur, notez la présence surprenante de douze sibylles (prêtresses d'Apollon qui auraient annoncé la venue d'un Sauveur), séparées par le groupe de l'Annonciation.

Au bas du bas-côté droit, observez le **baptistère★** (1651), et, plus haut, à droite du retable de saint Laurent (il tient le gril de son martyre), un curieux **bénitier** (17e s.) représentant deux diables se débattant dans l'eau bénite !
Mais ce qui frappe le plus dans l'église est certainement la présence de six **retables** dont les plus importants et les plus riches sont placés de chaque côté du chœur. Il faut prendre un peu de temps pour détailler les scènes de ces véritables livres illustrés.
À droite, l'**autel de saint Jean-Baptiste★** est décoré de bas-reliefs racontant la vie du prophète, fils de sainte Élisabeth. La plus belle scène représentée, sur la gauche, rappelle l'épisode de la Chute des anges (une scène inspirée de Rubens) que domine un saint Michel terrassant le dragon.

À gauche du chœur, l'**autel de la Passion★★** est orné d'un retable de fabrication flamande (16e s.) où l'on voit, dans les huit compartiments, des tableaux eucharistiques composés de personnages en haut-relief d'un réalisme saisissant de vie. Deux panneaux encadrent l'autel. Ils évoquent, à gauche la Nativité de la Vierge – scène rare en Bretagne – et à droite, le Martyre de saint Miliau : ce roi de Cornouaille eut la tête tranchée par son frère, jaloux du trône.

Les quatre autres retables sont dédiés respectivement à sainte Anne, saint Mathurin, sainte Marguerite et saint Laurent.

Dans le bas-côté gauche se tient une remarquable **pietà** du 16e s. dont les six personnages sont taillés dans un seul bloc de bois. Une vitrine abrite les bannières exhibées lors du pardon de Lampaul, en mai, et du pardon de Sainte-Anne, en août. Remarquez la bannière de velours du 17e s., brodée au fil d'argent.

À voir aussi : la touchante **Mise au tombeau★** (1676) en tuffeau polychrome, due à un sculpteur de la Marine, Anthoine (Antoine de Chavagnac) ; remarquez particulièrement l'expression du Christ. Le buffet d'orgue est du 17e s.

Maison du patrimoine – *✆ 02 98 68 76 67 - de mi-juin à mi-sept. : se renseigner - possibilité de visite guidée (1h) - gratuit.* Face à l'enclos, cette vieille demeure bretonne comporte un petit musée présentant des mannequins en costumes du pays et des meubles anciens. En haute saison, elle accueille également des expositions de sculptures et de photos.

Chapelle Ste-Anne – *Environ 3 km au sud.* Cette petite chapelle (17e s.) est dédiée à sainte Anne, avec pas moins de trois représentations bien différentes (dont une sainte Anne trinitaine restaurée en 2005). Elle accueille aussi un rare Christ en robe rouge sur la croix.

Prenez la D 11 sur 4 km.

Landivisiau

Église St-Thivisiau – *Tlj sf w.-end et célébrations 10h-18h.* Cette église moderne, de style gothique, conserve le clocher et le très beau **porche★**, en pierre de Kersanton, d'un édifice du 16e s.

Chapelle Ste-Anne – Ancien ossuaire du 17e s. bâti au centre du cimetière. Sa façade est ornée de six cariatides ; celle qui est située à gauche de la porte d'entrée figure l'Ankou (la Mort).

Lambader – *9h-19h.* À 8 km au nord de Landivisiau par la D 69, Lambader possède en sa **chapelle Notre-Dame** (15e s.) un très beau **jubé★** gothique flamboyant (1481), en bois, portant les statues de la Vierge et des apôtres.

De retour à Landivisiau, suivez la direction de Landerneau, puis tournez à droite (D 30), pour passer par l'échangeur de la Croix-des-Maltotiers.

Bodilis

L'**église★** (16e s.) est précédée d'un clocher flamboyant percé à la base de trois ouvertures. Sa toiture en forme de carène renversée, sa corniche richement décorée, ses contreforts ornés de niches lui confèrent une grande élégance. Un beau porche s'ouvre sur le côté droit. L'intérieur frappe par sa riche **décoration★** sculptée : sablières, entraits et têtes de blochets, retables dorés, statues anciennes. Le baldaquin des fonts baptismaux est en granit de Kersanton ; au revers du porche, Mise au tombeau polychrome en haut-relief.

Revenez sur la route de Landerneau (D 712) et prenez à droite.

Moulin de Brézal

En contrebas d'un étang, le moulin s'orne d'une porte flamboyante. De l'autre côté de la route se dressent les ruines de la chapelle de Pont-Christ (1533).

À 3,5 km en direction de Landerneau, tournez à gauche vers La Roche-Maurice.

★ La Roche-Maurice

Le village, situé à flanc de coteau et dominé par les ruines d'un château, possède un bel **enclos paroissial★**. Trois croix portant le Christ et les larrons en marquent l'entrée.

Église – Le **porche sud★** (16e s.) est finement sculpté de grappes de raisin et de statuettes de saints. À l'intérieur, le **jubé★** Renaissance est orné, côté nef, de 12 statues en ronde-bosse (9 apôtres, 3 papes) ; côté chœur, de figures de saints en bas-relief. Derrière le maître-autel, grand **vitrail★** (1539) illustrant la Passion et la Résurrection du Christ.

Ossuaire★ – C'est l'un des plus importants de Bretagne (1640). Au-dessus du bénitier extérieur, l'Ankou menace de petits personnages qui représentent différentes classes de la société : un paysan, une femme, un homme de loi, un évêque, saint Yves, un pauvre et un riche. Une inscription laconique l'accompagne : « Je vous tue tous. »

Continuez 5 km sur la D 712.

« CELA VA FAIRE DU BRUIT DANS LANDERNEAU »

Cette expression évoquait autrefois le charivari que faisaient les Landernéens aux veuves qui se remariaient. Aujourd'hui, ce joyeux vacarme a été remplacé par celui des visiteurs venus admirer le site d'exception que la petite ville portuaire occupe sur l'estuaire de l'Elorn. Cette rivière, riche en saumons et en truites, traverse l'ancienne capitale du Léon, toujours réputée pour ses marchés. Ce n'est sans doute pas un hasard si l'enseigne Leclerc y a ouvert son premier magasin en 1949.

Landerneau

Pont de Rohan★ – Le pont de Rohan (1510) est l'un des derniers ponts habités d'Europe. Il accueille notamment l'office de tourisme. Si l'on se place devant l'hôtel de ville *(un peu en amont sur la rive droite)*, on apprécie l'aspect pittoresque du pont, avec ses maisons à encorbellement aux façades recouvertes d'ardoise.

Maisons anciennes – Située à l'angle du pont de Rohan et du quai de Cornouaille, la **maison dite des Rohan** (1639) comporte un cadran solaire. D'autres demeures anciennes se blottissent sur la rive droite de l'Elorn. Dans le prolongement du pont, gagnez la place du Gén.-de-Gaulle *(pl. du Marché)* : au n° 9, la **maison dite de la Duchesse Anne** (1664) comporte une tourelle. À voir encore, en poursuivant dans la même direction : le n° 4 de la rue de la Fontaine-Blanche et le n° 5 de la rue du Commerce *(première à gauche sur la partie piétonne de la rue de la Fontaine-Blanche)*, une maison de 1667 avec tourelle et lucarnes ouvragées.

Église Saint-Houardon – Construit en pierre de Kersanton, le porche servit de modèle aux bâtisseurs des enclos paroissiaux de la vallée de l'Elorn.

Gagnez la rive gauche.

Église Saint-Thomas-de-Cantorbéry – Cet édifice du 16e s. possède un clocher-porche de 1607 à trois balcons superposés. En face de l'église a été construite en 1635 une **chapelle-ossuaire**, qui dépendait du sanctuaire.

Quittez Landerneau par le sud-est en direction de Pencran.

★ Pencran

Situé sur la rive gauche de l'Elorn, au versant d'une colline boisée, ce bourg possède un enclos paroissial du 16e s. Son nom en breton signifie « tête du bois ».

Porte triomphale – Ornée de trois lanternons, elle fut ajoutée au 17e s.
Calvaire★ – Cette grande croix à deux traverses, qu'encadrent les croix des larrons, s'élève dans le mur de clôture, à droite.
Église – Elle possède un élégant clocher à double balcon et un **porche★** (1553), dont les voussures sont parées d'anges adorateurs et musiciens. Aux piliers, des statuettes figurent des scènes de l'Ancien Testament; sous les riches dais sculptés, les statues des apôtres. Dans le chœur, à gauche du maître-autel, admirez la remarquable **Descente de croix** d'influence flamande (1517).
Quittez Pencran en direction de Kermaria puis à droite vers Le Queff pour rejoindre la D 35.

★ La Martyre

Cet **enclos paroissial★**, le plus ancien du Léon, s'ouvre par une porte triomphale surmontée d'une balustrade flamboyante et d'un petit calvaire. L'ossuaire (1619), adossé au porche et au clocher, est orné d'une curieuse cariatide et de motifs évoquant la Mort. L'église (14e-16e s.) possède, sur le flanc sud, un **porche★** historié (vers 1450), et son chœur est éclairé par un bel ensemble de **vitraux★** (16e s.) représentant la Passion, la Crucifixion et la Résurrection. Intéressantes sablières sculptées.
Poursuivez sur la D 35.

Ploudiry

Ce village, qui fut la plus vaste paroisse du Léon, possède un enclos intéressant. L'ossuaire (1635) présente une façade où la Mort frappe des hommes de toutes catégories sociales. Reconstruite au 19e s., l'église a conservé, au flanc sud, un **porche★** de 1665.
À 8 km par le Traon au sud, rejoignez la route D 764 qui mène à Sizun.

★ Sizun

Enclos paroissial★ – *Visites guidées organisées par la SPREV, se renseigner à l'office de tourisme - ✆ 02 98 68 88 40.* Les parties les plus intéressantes sont la triple **porte triomphale★** et la **chapelle-ossuaire★** à triple arcature, avec sa façade au décor hétéroclite. Ces deux monuments datent de 1585-1588. L'ossuaire abrite un musée consacré aux traditions locales.
L'**église** du 16e s., remaniée aux 17e et 18e s., est reliée par un passage à la sacristie, petit édifice isolé de la fin du 17e s. À l'intérieur, la voûte lambrissée offre une belle ornementation : sablière sculptée agrémentée, dans le transept et le chœur, d'anges présentant les instruments de la Passion, entraits en forme de caïmans. Le buffet d'orgue, le maître-autel et les retables sont du 17e s., de même que le baldaquin des fonts baptismaux. Le trésor d'**art religieux** est le plus important de Bretagne : ciboires, ostensoirs, reliquaires, statues…

Maison de la rivière

1 km à l'ouest de Sizun - ✆ 02 98 68 86 33 - www.maison-de-la-riviere.fr - juil.-août : 10h-18h ; reste de l'année : 10h-12h, 14h-17h30 (dernière entrée 30mn av. la fermeture) - 4 € (6-16 ans 2,50 €).
Installé dans le moulin de Vergraon, ce centre de découverte propose des expositions sur l'importance de l'eau, la vie des poissons et la pêche. Description du matériel : cannes, moulinets, étapes de la fabrication d'une mouche pour la pêche au saumon, aquariums et films.
Située au cœur du Parc naturel régional d'Armorique, la Maison de la rivière organise des balades accompagnées pour découvrir les monts d'Arrée, les sources de l'Elorn, le lac du Drennec ou la tourbière du Mougau…
Revenez sur Sizun pour prendre la D 764 en direction de Carhaix-Plouguer.

Moulins de Kerouat

✆ 02 98 68 87 76 - juil.-août : 11h-19h (dernière entrée 1h av. la fermeture) ; juin : 10h-18h, w.-end 14h-18h ; de mi-mars à fin mai et sept.-oct. : tlj sf sam. 10h-18h, dim. et j. fériés : 14h-18h ; vac. scol. : tlj sf w.-end et j. fériés 10h-17h - 4,50 € (enf. 2,10 €).

Propriété du Parc naturel régional d'Armorique, un village du 19e s. a été réhabilité sous la forme d'un **écomusée des Monts d'Arrée**. Il retrouve une seconde vie, avec ses deux moulins dont l'un remonte au 17e s., sa maison d'habitation, ses dépendances et son four à pain. On découvre ainsi le fonctionnement d'un moulin à eau, le travail du meunier, son mode de vie, ses objets familiers…

Continuez vers Carhaix-Plouguer. 1 km après Ty Douar, tournez à gauche.

★ Commana

Le village est bâti sur un mamelon isolé, au pied de la montagne d'Arrée. L'**église★** (16e-17e s.) recèle trois retables intéressants : celui de l'**autel Ste-Anne★★**, daté de 1682, est le plus remarquable. On peut voir, sur un pilier du transept, à droite, un Ecce homo en bois. Les fonts baptismaux sont ornés des statues des Vertus.

Mougau-Bihan

À la sortie de ce hameau, à droite, s'étire une **allée couverte★**, longue de 14 m. Certains supports sont gravés, à l'intérieur, de lances et de poignards.

Revenez à la D 764, prenez à droite. À 1 km, tournez à droite (D 11) ; arrivé à la route de Morlaix, tournez à gauche (D 785).

★★ Roc Trévezel *(voir Monts d'Arrée, p. 470)*

La route passe non loin de la tour-relais de Roc-Trédudon : au cours de la descente, belles **vues** sur le pays de Léon.

À Plounéour-Ménez, tournez à droite.

Le Relec

Dans ce vallon subsistent les ruines d'une abbaye cistercienne : bâtiments conventuels et église des 12e et 13e s. avec une façade du 18e s. Aujourd'hui, ce lieu revit à travers des manifestations artistiques, notamment musicales.

✆ 02 98 78 05 97 - mai-sept. : 10h-18h ; reste de l'année : merc.-dim. 10h-18h - randonnées-découverte juin-sept. 13h-19h - 2,50 € (-12 ans gratuit), 10 € (-12 ans gratuit) pour les randonnées-découverte.

Faites demi-tour, puis prenez à droite vers Morlaix.

Pleyber-Christ

Dans ce petit enclos paroissial, l'**église**, gothique et Renaissance, est précédée d'une porte triomphale élevée en 1921 et consacrée aux morts de la guerre de 1914-1918. À l'intérieur, de belles sablières et de remarquables poutres engoulées, ainsi que des stalles anciennes.

Continuez vers Ste-Sève. À 3,5 km, la D 712 à droite ramène à Morlaix.

NOS ADRESSES POUR LES ENCLOS PAROISSIAUX

HÉBERGEMENT

Saint-Thégonnec

BUDGET MOYEN

Chambre d'hôte Ar Presbital Koz – *18 r. Lividic, près de la maison de retraite Ste-Bernadette - ✆ 02 98 79 45 62 - ar.presbital.koz.free.fr - ⊭ P - 5 ch. 56 € ☕ - rest. 22 €.* Des chambres spacieuses et personnalisées ont été aménagées dans ce presbytère du 18e s., caché derrière un rideau de cyprès. À la belle saison, vous profiterez du jardin et du potager. Pensez à jeter un coup d'œil à la collection de canards rapportés du monde entier.

POUR SE FAIRE PLAISIR

Auberge St-Thégonnec – *✆ 02 98 79 61 18 - www.aubergesaintthegonnec.com - fermé 20 déc.-20 janv. - P - 19 ch. 85/110 € - ☕ 11 € - rest. 24/44 €.* Face à l'église et son célèbre enclos, maison en pierres de taille aux aménagements intérieurs contemporains. Chambres spacieuses s'ouvrant côté jardin. Au restaurant, cadre confortable et soigné, agrémenté de cuivres et tableaux (scènes et paysages bretons), et carte à l'accent bigouden.

Guimiliau

BUDGET MOYEN

Chambre d'hôte Ty-Dreux – *29 410 Loc-Eguiner-St-Thégonnec - 3,5 km au sud-est de Guimiliau par D 111, rte de Plouneour-Menez - ✆ 02 98 78 08 21 - www.gites-peche-saint-thegonnec.com - ⊭ - 5 ch. et 3 gîtes 49/59 € ☕ - repas 21 €.* En pleine campagne, ferme laitière dont l'enseigne signifie « la maison du tisserand », en référence au passé du lieu. Vous y dormirez dans des chambres rénovées, dont une familiale *(4 pers.)*. Petits-déjeuners devant une jolie cheminée du 18e s. Également, trois gîtes ruraux. Classé « gîte de pêche », l'établissement vous offre la possibilité de pratiquer la pêche à la truite *(sur la Penzé)* et au brochet *(lac de Brennilis)*.

Landivisiau

PREMIER PRIX

Hôtel de L'Avenue – *16 av. Coat-Meur - 29 400 Landivisiau - ✆ 02 98 68 11 67 - www.avenue-hotel-landivisiau.com - fermé 1re sem. janv., 1re sem. mai et fin sept. déb. oct. - P - 20 ch. 40/50 € - ☕ 7 € - rest. formule déj. 10,50 € - 12/13,40 €.* Au centre-ville, cet hôtel dispose de 20 chambres dont 12, en annexe, récemment rénovées *(3 ch. familiales)*. Le restaurant propose une cuisine traditionnelle et de terroir. À noter la situation à proximité du champ de foire où a lieu, chaque année, la traditionnelle foire aux chevaux du lundi de Pentecôte.

Sizun

BUDGET MOYEN

Hôtel des Voyageurs – *2 r. Argoat - ✆ 02 98 68 80 35 - hotelvoyag@aol.com - fermé 11 sept.-3 oct., vend. soir, sam. et dim. soir d'oct. à juin - P - 18 ch. 56 € - ☕ 7,50 € - rest. 15/27 €.* Près de l'église, une halte sans prétention : cet hôtel familial rénové est simple mais agréable. L'annexe propose quelques chambres plus petites et moins chères qui conviendront aux budgets serrés.

RESTAURATION

Saint-Thégonnec

BUDGET MOYEN

Crêperie Steredenn – *6 r. de la Gare - 29 410 St-Thégonnec - ✆ 02 98 79 43 34 - fermé janv., lun.*

et mar. (en saison) -15 €. On vient de toute la région pour déguster les délicieuses crêpes au blé noir ou au beurre salé, dans une ambiance chaleureuse, au coin du feu.

La Roche-Maurice

PREMIER PRIX

Crêperie Milin An Elorn – *29 800 La Roche-Maurice - ✆ 02 98 20 41 46 - vac. scol. : ouv. tlj sf lun. midi ; reste de l'année : vend.-dim., j. fériés et fêtes - P ⌧ - 2/8 €.* Arrêtez-vous dans cet ancien moulin au bord de l'eau, pour déguster, dans un cadre rustique fait de pierres apparentes et de bois, les traditionnelles galettes de blé noir arrosées de bon cidre breton. Également, bien sûr, crêpes au froment salées ou glacées et petite carte grill.

Landerneau

PREMIER PRIX

Crêperie Gwenn Ha Du – *16 r. des Boucheries - 29 800 Landerneau - ✆ 02 98 85 61 01 - 10,50 €.* Vous dégusterez les traditionnelles crêpes bretonnes dans un sympathique cadre rustique, tout simple : murs en pierre, tables de bois et chaises paillées.

ACHATS

Landerneau

Marchés – *Pl. du Gén.-de-Gaulle - les mar., vend. et sam. sf j. fériés.*

AGENDA

Sizun

Pardon – Le dernier dim. de juil., cette procession costumée attire une foule nombreuse jusqu'à la chapelle de Loc-Ildut *(3 km de Sizun)* qui a été construite au 15e s.

Presqu'île de Plougastel

★

Finistère (29)

NOS ADRESSES PAGE 367

S'INFORMER

Office du tourisme de Plougastel – *4 bis pl. du Calvaire - 29 470 Plougastel-Daoulas - ✆ 02 98 40 34 98 - juil.-août : 9h30-19h, dim. 10h-12h, j. fériés 10h-18h ; reste de l'année : tlj sf dim. et j. fériés 9h30-18h.*

SE REPÉRER

Carte de microrégion B2 (p. 294) – *carte Michelin Départements 308 E4.* Accédez à la presqu'île par la N 165, qui rejoint Brest (5 km à l'ouest). La D 29, qui traverse toute la presqu'île du sud-ouest au nord-est, mène à Landerneau (12 km au nord-est).

À NE PAS MANQUER

Le calvaire de Plougastel-Daoulas pour sa foule de personnages, l'ancienne abbaye de Daoulas et le circuit de la presqu'île pour les panoramas qu'il offre sur le goulet de Brest et la presqu'île de Crozon.

ORGANISER SON TEMPS
Essayez d'être à la pointe de Kerdéniel en fin de journée pour voir le soleil se coucher sur la rade de Brest.

Entre les rias Elorn et Daoulas, cette presqu'île plante sa dent de terre dans la rade de Brest. Le paysage y est bien plus découpé que dans le proche pays du Léon. À l'écart des grandes routes, c'est encore la campagne traditionnelle : un pays bocager où l'on rencontre peu de maisons, car tout ici paraît se cacher.

Se promener

PLOUGASTEL-DAOULAS

★★ Calvaire

Construit de 1602 à 1604 après la peste de 1598, il est plus harmonieux que celui de Guimiliau, mais les attitudes de ses 180 personnages semblent plus figées. Encadrant la grande croix à double traverse, les larrons (absents à Guimiliau) portent sur leur gibet un ange ou un démon. Dans le socle massif, un autel est creusé sous un portique, dominé par la haute statue de Jésus.
L'**église**, en granit et béton, est décorée dans les tons bleu, vert, orange et violet.

Musée du Patrimoine et de la Fraise

02 98 40 21 18 - www.musee-fraise.net - ♿ - juin-sept. : tlj sf lun.10h-12h30, 14h-18h, w.-end 14h-18h ; vac. scol. : tlj sf lun. 10h-12h30, 14h-17h30, dim. 14h-17h30 ; reste de l'année : merc.-vend. et dim. 14h-17h30 - fermé janv. - 4 € (12-18 ans 3 €).
Il relate l'histoire, les traditions et l'ethnologie locales. On y évoque plus particulièrement la culture du lin, celle de la fraise et l'activité maritime liée à l'exportation de ces cultures, ainsi que le dragage de la coquille St-Jacques en baie de Brest.

À proximité

Chapelle Saint-Jean Carte Presqu'île de Plougastel

À 4,5 km au nord-est. Prenez la D 29 en direction de Landerneau et, après avoir franchi la voie express Brest-Quimper, tournez à gauche, puis à droite.
Cette chapelle (15e et 17e s.) s'élève dans un **site★** charmant, au milieu de la verdure et au bord de l'Elorn.

LE « JARDIN DE BREST »
La presqu'île de Plougastel est surnommée « jardin de Brest » dans la région. Hors quelques hameaux groupés autour de simples chapelles, tout semble se dissimuler derrière les haies et les talus. Dans ce décor bucolique, de grandes surfaces vitrées protègent légumes et fleurs, rappelant que, depuis 1870, Plougastel-Daoulas doit sa renommée à la **fraise**. Aujourd'hui, la production baisse, mais la récolte de ces fruits, en mai et juin, suscite toujours une grande animation.

Daoulas Carte de microrégion B2

À 10 km à l'est par la N 165.

Ancienne abbaye★ – De l'an 500, date approximative de la fondation de l'abbaye, jusqu'au 10e s., les moines eurent un rôle prépondérant dans l'histoire de Daoulas. Après le passage dévastateur des Vikings, les chanoines de l'ordre de Saint-Augustin rebâtirent l'abbaye au 12e s., assurant à ces lieux une grande prospérité jusqu'à la Révolution. Domaine départemental depuis 1984, l'abbaye est aujourd'hui devenue un Centre culturel international d'expositions et de rencontres des civilisations. *21 r. de l'Église - 02 98 25 84 39 - www.abbaye-daoulas.com - - 10h30-18h30 (dernière entrée 1h av. la fermeture), possibilité de visite guidée (1h) w.-end 11h, 14, 16h - fermé 1er janv., 25 déc. - 6 € (10-18 ans 3 €).*

Son **cloître★** roman, bâti de 1167 à 1173, est le seul exemple de ce type encore visible en Bretagne. Sa décoration alterne dessins géométriques et motifs de feuillages. Au-dessus du cloître, un petit détour s'impose dans le **jardin médicinal★** qui s'étage sur deux grandes terrasses : il y en a pour tous les maux et, si certaines plantes comme l'œil-de-Dieu ou les larmes-de-Job ont de bonnes références, d'autres, comme la mandragore, doivent aux sorcières une bien mauvaise réputation. Un sentier mène à un frais vallon où se trouve une fontaine datant de 1550. En retrait se dresse l'**oratoire N.-D.-des-Fontaines**, élevé au 16e s. et enrichi au 19e s. de quelques vestiges de l'abbatiale.

Le bourg – Autrefois rattaché à l'abbaye voisine, le village conserve de son passé de nombreux témoignages artistiques, dont les maisons des 15e et 17e s. qui subsistent dans la rue de l'Église.

Enclos paroissial – À gauche se trouvent les anciens bâtiments abbatiaux. En face, légèrement à droite, un **porche★** du 16e s. tient lieu de clocher et ouvre sur le cimetière : son architecture et sa décoration, constituée de nombreuses statues et d'une remarquable vigne sculptée où foisonnent personnages et petits animaux, mêlent les styles gothique et Renaissance.

Ancienne abbatiale, l'**église** a gardé de l'époque de sa construction (12e s.) le portail ouest, la nef et le bas-côté gauche.

Itinéraire conseillé Carte Presqu'île de Plougastel

★ LA PRESQU'ÎLE

Circuit de 35 km – environ 3h. Quittez Plougastel-Daoulas par la rue à droite de l'église ; l'accès vers Kernisi est fléché.

★ Panorama de Kernisi

À l'entrée du hameau de Kernisi, laissez la voiture et gagnez le tertre rocheux.

On découvre Brest et son avant-port, une partie de la rade, l'estuaire de l'Elorn et le pont Albert-Louppe.
Faites demi-tour et, au deuxième grand carrefour, prenez à droite vers Langristin.
On dépasse la **chapelle Ste-Christine** (16e s.) et son petit calvaire (1587). Bonne vue sur Brest et la pointe des Espagnols depuis l'**anse du Caro**.
Remontez vers Plougastel-Daoulas et, à 3 km, tournez à droite.

★★ Pointe de Kerdéniel

15mn à pied AR. Laissez la voiture dans le bas de Kerdéniel, gagnez le groupe de maisons, tournez à droite, puis empruntez le chemin de gauche (accès fléché). Gagnez la plate-forme du blockhaus.
De gauche à droite, la vue porte sur la pointe Doubidy, la pointe de Lagonna, l'estuaire du Faou, l'embouchure de l'Aulne, le Ménez-Hom, l'île Longue, la côte nord de la presqu'île de Crozon jusqu'à la pointe des Espagnols, et le goulet de Brest.

Lauberlach

Dans une belle anse s'abrite ce petit port de pêche, devenu centre nautique. La route à droite mène à St-Adrien et sa chapelle (1549). On tourne ensuite à droite vers St-Guénolé. À Pennaster, on contourne le fond de l'anse de Lauberlach.
Au premier carrefour après St-Guénolé, tournez à droite, dans la montée encore à droite et immédiatement à gauche dans un chemin caillouteux.

★ Table d'orientation de Kéramenez

Panorama sur la presqu'île de Plougastel et la partie sud de la rade de Brest.
Regagnez Plougastel par le port de pêche de Tinduff, Lestraouen et Lanriwaz.

NOS ADRESSES DANS LA PRESQU'ÎLE DE PLOUGASTEL

HÉBERGEMENT

BUDGET MOYEN

Comfort Hôtel Kastel Roc'h – *29 470 Plougastel-Daoulas - à l'échangeur de la D 33A - ☏ 02 98 40 32 00 - fermé dim. soir de janv. à juin - (carte bancaire non acceptée) - 46 ch. 45/64 €.* La nouvelle direction, sympa et dynamique, offre à cet hôtel un brin « rétro » un souffle de fraîcheur bienvenu. Belles chambres au confort actuel avec salles de bains complètes. Côté restauration, formule grill assortie de quelques spécialités de la mer.

RESTAURATION

PREMIER PRIX

Kertanguy – *22 r. du Champ-de-Foire - 29 470 Plougastel-Daoulas - ☏ 02 98 40 33 48 - fermé 1 sem. en juin, 1 sem. en oct., 1 sem. déb. déc. - 12/18 €.* Un accueil chaleureux, une ambiance conviviale et surtout un choix de plus de 100 sortes de crêpes dans une salle à manger au décor typiquement breton. L'une des spécialités est bien sûr la crêpe aux fraises de Plougastel.

ACHATS

Marché – *Pl. du Calvaire - 29 470 Plougastel-Daoulas.* Tous les jeudis, marché alimentaire ; foire le dernier jeudi du mois.

AGENDA

Fête des fraises – Le 2e dimanche de juin, Plougastel célèbre la fraise blanche, découverte au Chili par le bien nommé Amédée François Frézier. Exposition au musée du Patrimoine, visite en car des lieux de production, défilé costumé et dégustation du fruit.

Vous connaissez
LeGuideVert
...Connaissez-vous
vraiment
MICHELIN ?
Données au 31/12/2008
MICHELIN
Une meilleure façon d'avancer

N°1 mondial des pneumatiques avec 17,1 % du marché

Une présence commerciale dans plus de 170 pays

Une implantation industrielle au cœur des marchés

68 sites industriels dans **19** pays ont produit en 2008 :

- **177** millions de pneus
- **16** millions de cartes et guides

Des équipes très internationales

Plus de **117 500** *employés* de toutes cultures sur tous les continents dont* **6 000** personnes employés dans les centres de R&D en Europe, aux Etats-Unis, en Asie.

*110 252 en équivalents temps plein

Le groupe Michelin en un coup d'œil

Michelin présent en compétition

A fin 2008

- **24h du Mans**
  11 années de victoires consécutives
- **Endurance 2008**
  • 5 victoires sur 5 épreuves en Le Mans Series
  • 10 victoires sur 10 épreuves en American Le Mans Series
- **Paris-Dakar**
  Depuis le début de l'épreuve, le groupe Michelin remporte toutes les catégories
- **Moto GP**
  26 titres de champion du monde des pilotes en catégorie reine
- **Trial**
  Tous les titres de champion du monde depuis 1981 (sauf 1992)

Michelin, implanté près de ses clients

68 sites de production dans 19 pays

- Algérie
- Allemagne
- Brésil
- Canada
- Chine
- Colombie
- Espagne
- Etats-Unis
- France
- Hongrie
- Italie
- Japon
- Mexique
- Pologne
- Roumanie
- Royaume-Uni
- Russie
- Serbie

Un centre de Technologies réparti sur 3 continents

- Amérique du Nord
- Asie
- Europe

2 plantations d'hévéa

- Brésil

Notre mission

Contribuer, de manière durable, au progrès de la mobilité des personnes et des biens en facilitant la liberté, la sécurité, l'efficacité et aussi le plaisir de se déplacer.

Michelin s'engage pour l'environnement

ichelin, 1er producteur ondial de pneus à asse résistance roulement, contribue la diminution de la nsommation de rburant et des missions de gaz r les véhicules.

Michelin développe, pour ses produits, les technologies les plus avancées afin de :

- diminuer la consommation de carburant, tout en améliorant les autres performances du pneumatique ;
- allonger la durée de vie pour réduire le nombre de pneus à traiter en fin de vie ;
- privilégier les matières premières à faible impact sur l'environnement.

Par ailleurs, à fin 2008, 99,5 % de la production de pneumatiques en tonnage est réalisé dans des usines certifiées ISO 14001*.
Michelin est engagé dans la mise en œuvre de filières de valorisation des pneus en fin de vie.

*certification environnementale

Tourisme camionnette

Poids lourd

Michelin
au service de la mobilité

Génie civil

Avion

Agricole

Deux roues

Distribution

Partenaire des constructeurs, à l'écoute des utilisateurs, présent en compétition et dans tous les circuits de distribution, Michelin ne cesse d'innover pour servir la mobilité d'aujourd'hui et inventer celle de demain.

Cartes et Guides

ViaMichelin,
des services d'aide au voyage

Michelin Lifestyle,
des accessoires pour vos déplacements

MICHELIN
joue l'équilibre des performances

- **Longévité des pneumatiques**
- **Economies de carburant**
- **Sécurité sur la route**

... les pneus MICHELIN vous offrent les meilleures performances, sans en sacrifier aucune.

Le pneu MICHELIN
un concentré de technologie

1 Bande de roulement
Une épaisse couche de gomme assure le contact avec le sol. Elle doit évacuer l'eau et durer très longtemps.

2 Armature de sommet
Cette double ou triple ceinture armée est à la fois souple verticalement et très rigide transversalement. Elle procure la puissance de guidage.

3 Flancs
Ils recouvrent et protègent la carcasse textile dont le rôle est de relier la bande de roulement du pneu à la jante.

4 Talons d'accrochage à la jante
Grâce aux tringles internes, ils serrent solidement le pneu à la jante pour les rendre solidaires.

5 Gomme intérieure d'étanchéité
Elle procure au pneu l'étanchéité qui maintient le gonflage à la bonne pression.

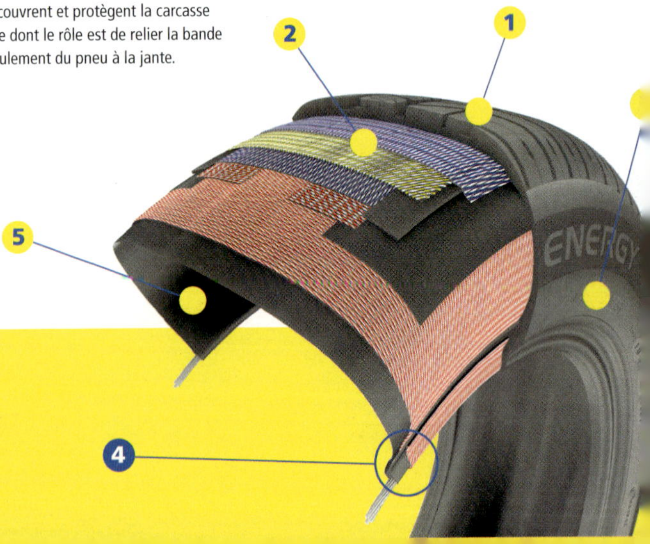

GV 176229

Finistère Sud 5

Carte Michelin Départements 308 – Finistère (29)

Le port du Guilvinec, en Cornouaille.

S. Sauvignier / MICHELIN

FINISTÈRE SUD
MORLAIX
A
B
1
2
3
Le Conquet
Brest
Océanopolis
Pont de l'Iroise
Pencran
D 789
N 165
Pnte de St-Mathieu
Pnte des Espagnols
Daoulas
Presqu'île de Plougastel
Camaret-s-Mer
Le Fret
Landévennec
D 335
D 8
Pont de Térénez
POINTE DE PENHIR
Crozon
D 791
Pointe de Dinan
D 308
D 887
Argol
Grandes Grottes
La Palue
St-Hernot
MÉNEZ-HOM
PRESQU'ÎLE DE CROZON
Ste-Marie-du-Ménez-Hom
Baie de Douarnenez
Cap de la Chèvre
Pnte de Beuzec
Pnte du Millier
Sentier des Plomarc'h
Pnte de Brézellec
Pnte du Van
Douarnenez
Locronan
Île de Sein
D 7
Goulien
Pont-Croix
Ploaré
D 765
Le Juch
D 784
PNTE DU RAZ
St-Tugen
Audierne
N. D.-de-Confort
Guengat
La Trinité
Pors-Poulhan
Plozévet
Cornouaille
Baie d'Audierne
D 40
Pouldreuzic
D 2
Plovan
Languidou
Languivoa
D 785
Maison de la baie d'Audierne
N.-D.-de-Tréminou
D 57
N.-D.-de-Tronoën
Pors-Carn
Kérazan
Penmarch
Phare d'Eckmühl
Guilvinec
PNTE DU RAZ ★★★ Vaut le voyage
Quimper ★★ Mérite un détour
Audierne ★ Intéressant
Bénodet À voir
Itinéraire conseillé avec ville de départ
0 10 km
OCÉAN ATLANTIQUE

FINISTÈRE SUD

Quimper

★★

64 902 Quimpérois (agglomération : 120 441 habitants) – Finistère (29)

NOS ADRESSES PAGE 382

S'INFORMER

Office du tourisme de Quimper – *Pl. de la Résistance - 29 000 Quimper - 02 98 53 04 05 - www.quimper-tourisme.com - juil.-août : 9h-19h, dim. 10h-12h45 ; avr.-juin et sept. : tlj sf dim. 9h30-12h30, 13h30-18h30, dim. et j. fériés de mi-juin à mi-sept. 10h-12h45 ; oct.-mars : 9h30-12h30, 13h30-18h - fermé j. fériés hors sais.*

SE REPÉRER

Carte de microrégion C2 (p. 370-371) – *carte Michelin Départements 308 G7.*
Quimper constitue le nœud routier du Finistère Sud. La ville est traversée par la N 165-E 60, qui vient de Lorient (68 km à l'est) et file à Brest (75 km au nord). La D 765 conduit au nord-ouest vers Douarnenez (23 km) et Audierne à l'ouest (45 km). La D 785 rejoint Pont-l'Abbé (19 km au sud).

SE GARER

Préférez les deux parkings gratuits proches du centre-ville : au nord, le parking de la Providence ; celui de la salle omnisports derrière la gare.

À NE PAS MANQUER

Après la visite de la cathédrale St-Corentin pour ses vitraux, offrez-vous le panorama sur l'Odet depuis le site du Stangala.

ORGANISER SON TEMPS

Prévoyez une journée pour admirer les belles demeures du vieux Quimper et visiter deux ou trois musées.

AVEC LES ENFANTS

Un tour au complexe nautique d'Aquarive les délassera et les récompensera de vous avoir suivi à travers la ville. Après-midi au Bonobo Parc.

Les flèches de la cathédrale St-Corentin jaillissent au cœur de Quimper, ancienne capitale de la Cornouaille. Elles protègent d'étroites venelles, bordées de maisons à colombages, et dont les noms évoquent les corporations du Moyen Âge. Mais il fait aussi bon flâner aux environs de la ville, notamment sur les bords de l'Odet, à mi-chemin entre la Bretagne intérieure et la mer.

Se promener

★ VIEUX QUIMPER Plan de la ville II

Itinéraire d'une journée.

Ce quartier, abritant entre autres des maisons Renaissance, s'étend face à la cathédrale, entre l'Odet et le Steir. Cet affluent, canalisé et couvert en amont de son confluent, offre une vaste zone piétonne.

★★ Cathédrale Saint-Corentin B4

✆ 02 98 95 06 19 - 8h30-12h, 13h30-18h30, dim. 9h30-12h, 14h-18h30 - possibilité de visite guidée juil.-août : tlj sf sam. 10h30-12h30, 14h30-18h30 ; hors sais. : sur demande - gratuit.

L'histoire de ce bel édifice débute au 13e s. avec la construction du chœur. Le transept et la nef sont ajoutés au 15e s. La première flèche brûle au 17e s. Deux flèches de granit la remplacent en 1854-1856, époque où l'on surélève les tours. Superbement restaurée, jusqu'à ses orgues et ses vitraux, la cathédrale a retrouvé la luminosité du style gothique flamboyant. Entre les flèches, on aperçoit la statue d'un personnage à cheval : le roi Gradlon.

Nef – Sur la droite, la rampe d'escalier de la chaire (1679) est ornée de bas-reliefs retraçant la vie de saint Corentin.

Chœur – Il présente une déviation accusée, qui a suscité bien des hypothèses : elle symboliserait la tête penchée du Christ sur la croix, ou serait due à l'instabilité du sol sur les rives de l'Odet… Plus probablement, les bâtisseurs de la cathédrale y ont intégré la chapelle de la Victoire : ce petit sanctuaire antérieur, décalé sur la gauche, a été rattaché au nouveau chœur.

À gauche du chœur, le décor d'une chapelle relate la légende de **saint Corentin**, premier évêque de Quimper (5e s.). Selon la légende, il se retira en ermite sur les pentes du Ménez-Hom. Il mangeait chaque jour une part du poisson qu'il trouvait dans la fontaine. Le lendemain, le poisson était miraculeusement entier…

Vitraux★★ – Ils garnissent les fenêtres hautes, principalement dans la nef et le transept où ils ont été restaurés au 19e s. On remarque une nette évolution entre les vitraux du chœur et ceux de la nef et du transept, respectivement exécutés au début et à la fin du 15e s. À cette époque, dessin et modelé atteignent une grande maîtrise. Aux couleurs basiques des premiers vitraux – rouge et bleu, gris et jaune d'argent – s'ajoutent des teintes vives et très nuancées : des bruns, des pourpres, des verts… Ils représentent des chanoines, des seigneurs et des châtelaines de Cornouaille, à genoux, entourés de leurs saints patrons.

Chapelles latérales – En faisant le tour de la cathédrale, longue de 92 m, on découvre des œuvres intéressantes, dont quatre **gisants** des 15e s. et 16e s. Première chapelle à gauche : le saint Jean-Baptiste en albâtre est une œuvre anglaise du 15e s. Première chapelle à droite : la Mise au tombeau du 18e s. est une réplique de celle de la cathédrale de Bourges.

POLYCHROMIE

Les églises romanes étaient peintes, à l'intérieur comme à l'extérieur. Prolongeant cette tradition, les maîtres d'œuvre du 15e s. parèrent les voûtes d'un flamboiement de couleurs, qui furent hélas effacées au 19e s., selon l'austère parti pris de l'époque. Grâce à une minutieuse restauration, parements et piliers de la cathédrale ont retrouvé leur décor polychrome.

★★ Musée des Beaux-Arts B3

40 pl. St-Corentin - ✆ 02 98 95 45 20 - www.musee-beauxarts.quimper.fr - ♿ - juil.-août : 10h-19h ; reste de l'année : tlj sf mar. 10h-12h, 14h-18h, possibilité de visite guidée - fermé dim. mat. nov.-mars, 1er janv., 1er Mai, 1er et 11 Nov., 25 déc. - 2,50 € (-12 ans gratuit).

Installé dans un palais à l'italienne construit en 1867 face à la cathédrale, ce musée a été créé grâce au legs de Jean-Marie de Silguy. Dons et achats sont venus étoffer le fonds. La façade du 19e s. cache un musée résolument moderne. Son architecture est tout en transparence : un éclairage subtil s'y conjugue avec la lumière naturelle, pour mettre en valeur la peinture du 14e s. à nos jours.

Écoles du Nord – Bel ensemble des 17e s. et 18e s. avec des œuvres de Jordaens, Van Mol, De Grebber, Rubens et son *Martyre de sainte Lucie* (vers 1620).

École italienne – Ensemble plus modeste, malgré la présence de Bartolo di Fredi ainsi que Guido Reni et Solimena.

École française – Belle collection des 18e et 19e s. comptant des peintures de Boucher, Fragonard, Chassériau, mais surtout la *Vue du château de Pierrefonds* de **Corot**, ainsi que la *Vue du port de Quimper* (1857) d'**Eugène Boudin**.

Peintures d'inspiration bretonne – La trentaine de toiles de l'**école de Pont-Aven** (1886-1984) est l'un des fleurons du musée : *L'Oie* de Paul Gauguin, *Jeune Bretonne à la cruche* de Paul Sérusier, Émile Schuffenecker avec *Côte rocheuse en Bretagne*, *Vue du port de Pont-Aven* de Maxime Maufra, ainsi que des œuvres d'Émile Bernard, Maurice Denis, Charles Filiger, Henry Moret, Georges Lacombe et Félix Vallotton. À voir aussi : la *Fuite du roi Gradlon* de Luminais, le **Pardon de Kergoat★** (1891) de **Jules Breton**, la *Noce en Bretagne* de Leleux et la *Veuve de l'île de Sein* de Renouf.

Peinture et sculpture en Bretagne – Des années 1930 à nos jours avec Gruber, Tal Coat, Bazaine pour la peinture, René Quillivic pour la sculpture.

Salle Max-Jacob – Cet écrivain et peintre (1876-1944) est né et a grandi à Quimper. Sa vie et son œuvre sont évoquées à travers des documents, des souvenirs, des dessins, des gouaches, dont beaucoup illustrent ses séjours bretons, ainsi qu'une série de portraits signés notamment Picasso et Cocteau. Ce fonds a été constitué en 1949.

Peintures de Jean-Julien Lemordant – Les 22 toiles réalisées, entre 1905 et 1907, par ce peintre malouin (1882-1968) pour la salle à manger de l'hôtel de l'Épée, forment une fresque de 47 m de long. L'artiste trouve son inspiration dans la presqu'île de Penmarc'h : le pardon, le vent, le goémon, le port et le phare (d'Eckmühl) imprègnent les toiles qui furent exposées au Salon d'automne à côté de celles des Fauves. L'hôtel de l'Épée était au début du 20e s. un lieu de rendez-vous de l'intelligentsia quimpéroise ; c'est aujourd'hui un café, situé au 14 r. du Parc, en bordure de l'Odet *(voir Nos adresses p. 374)*.

★ Musée départemental breton B4

1 r. du Roi-Gradlon - ✆ 02 98 95 21 60 - ♿ - juin-sept. : 9h-18h ; oct.-mai : tlj sf lun. 9h-12h, 14h-17h, dim. 14h-17h, possibilité de visite guidée (1h30) sur demande - 4 € (-18 ans gratuit).

Consacré à l'histoire et aux arts et traditions populaires du Finistère, il occupe l'ancien palais épiscopal, bâtiment construit du 16e au 19e s. qui jouxte la cathédrale.

Archéologie – Habitat et mode de vie dans une des cités gallo-romaines des Osismes : monnaies, mosaïque monumentale, vases et urnes funéraires, vaisselle d'argent, figurines de Vénus et de déesses-mères, etc. On voit ici deux des plus importants **bijoux d'or préhistoriques★** découverts en France : le collier de Tréglonou et la ceinture torsadée d'Irvillac.

Art ancien – Vitraux, orfèvrerie, statuaire sacrée : remarquez les mausolées aux gisants (16e et 17e s.) et les effigies en bois polychrome des saints.

Costumes – Des vêtements traditionnels (19e et 20e s.) sont exposés en parallèle avec des sculptures et des tableaux : on découvre l'influence exercée par ces modes sur les artistes, comme René Quillivic.

Sculptures de façades – Elles ornaient jadis des maisons des 15e et 16e s.

Mobilier – La présentation met en valeur les meubles du 17e s. aux années 1930 : coffres, armoires de mariage, lit clos…

Rue Élie-Fréron B3

Au nord de la place St-Corentin, cette rue abrite l'ancien hôtel Jacquelot de Boisrouvray, situé au n° 22 : une demeure du 17e s. avec ses hautes fenêtres encadrées de pans de bois et d'ardoise.

À voir aussi : le porche Renaissance du n° 20.

Gagnez ensuite la ravissante place au Beurre.

Rue du Sallé B3

C'était, au Moyen Âge, la rue des « lardiers, saucissiers et charcutiers », qui lui ont donné son nom. Au n° 10, l'ancienne **demeure des Mahault de Minuellou★** se remarque par la richesse de son décor, avec ses consoles Renaissance.

Par la rue des Boucheries, on rejoint à gauche la rue du Guéodet.

Rue du Guéodet B3

Un bâtiment attire rapidement l'attention du passant. C'est la curieuse maison des « Cariatides », également appelée maison des « Têtes » (16e s.). Des personnages en costume Henri II ornent le rez-de-chaussée : ce sont des Quimpérois qui s'illustrèrent durant la guerre de la Ligue, dans la bataille contre le maréchal d'Aumont. D'où leur visage réjoui !

★ Rue Kéréon A-B3

Cette artère, la plus belle de la ville, était celle des cordonniers, *kereon* en breton. Commerçante et animée, elle offre une charmante perspective sur la

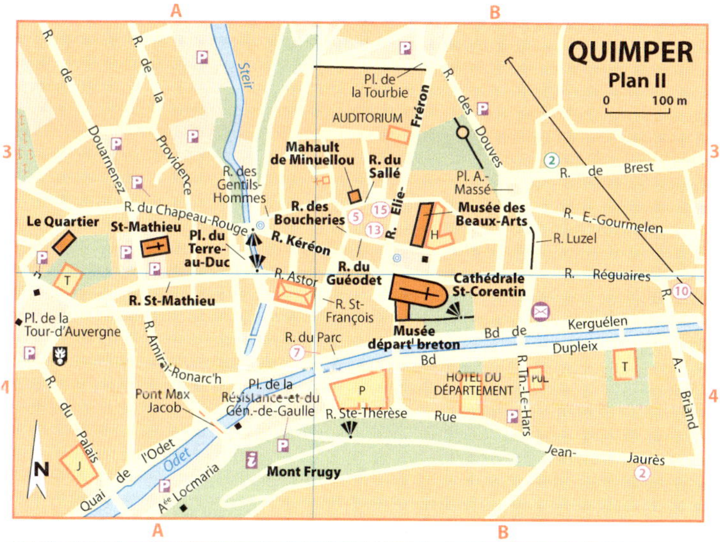

SE LOGER
Gradlon (Hôtel)........ 2

SE RESTAURER
Assiette (L')........ 2
Bistro à lire (Le)........ 5
Épée (Café de l')........ 7
Erwan........ 10
Guéodet (Crêperie du)........ 13
Krampouzerie (La)........ 15

cathédrale. La maison du n° 9, avec ses trois personnages sculptés, présente un décor polychrome rare à Quimper.

Place Terre-au-Duc A3

Au Moyen Âge, cette place appartenait au duc de Cornouaille, et non à l'évêque : c'était, en face de la cité épiscopale, le cœur de la ville laïque avec son tribunal, sa prison et son marché.

Par la **rue St-Mathieu**, on peut rejoindre l'église du même nom : reconstruite en 1898, elle a conservé, au centre du chœur, un beau vitrail de la Passion du 16e s.

Reprenez la rue St-Mathieu jusqu'à la place de la Tour-d'Auvergne.

Le Quartier A3-4

10 espl. François-Mitterrand - ✆ 02 98 55 55 77 - www.le-quartier.net - mar.-sam. 10h-12h, 13h-18h, dim. 14h-17h ; fermé lun. et 3 sem. entre chaque exposition - 1,50 €, gratuit le dim.

En face du théâtre de Cornouaille, ce **centre d'art contemporain** organise des expositions temporaires qui prennent place sur un espace de 450 m² et s'accompagnent de conférences, de débats et de soirées thématiques.

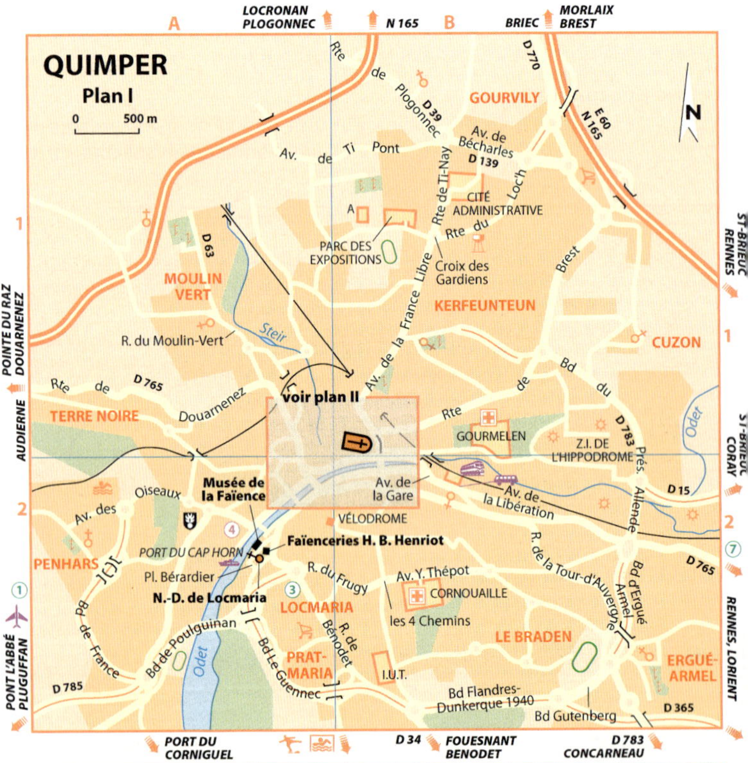

SE LOGER	Vallée du Jet (Chambre d'hôte La) ⑦
B and B (Hôtel) ③	SE RESTAURER
Manoir de Kérhuel (Hôtel du) ①	Fleur de Sel ④

Grands noms et signatures

PERSONNALITÉS HISTORIQUES

Le roi d'Ys

Souverain de légende, le roi Gradlon dut fuir la ville d'Ys, submergée par les flots. Il fit de Kemper la nouvelle capitale du comté de Cornouaille (le nom désigne un confluent, celui du Steir et de l'Odet). Jusqu'au 18e s., on célébrait une grande fête en son honneur. Un homme montait en croupe derrière le roi, lui présentait un verre, puis, après l'avoir bu à sa place, le jetait. Le spectateur qui pouvait l'attraper avant qu'il ne se brisât touchait cent écus d'or.

Célébrités du 18e s.

Au cours du 18e s., la ville connut plusieurs célébrités maritimes, dont l'explorateur Yves de Kerguelen (1734-1797) qui a laissé son nom à un groupe d'îles des mers australes. Mentionnons aussi René Madec (1738-1784) qui, embarqué comme mousse sur un vaisseau de la Compagnie des Indes, déserta et gagna Pondichéry, servit un rajah puis revint en France, immensément riche. Le roi l'anoblit et lui donna la croix de St-Louis avec un brevet de colonel. C'est *Le Nabab* d'Irène Frain. Durant la Révolution, la ville prit le nom de Montagne-sur-Odet, en référence aux Montagnards qui siégeaient à la Convention.

LA FAÏENCE DE QUIMPER

Une dynastie de faïenciers

En 1690, **Jean-Baptiste Bousquet**, faïencier venu de St-Zacharie, près de Marseille, s'installe dans le site prédestiné de Locmaria, faubourg de Quimper sur les rives de l'Odet : des potiers y travaillaient déjà à l'époque gallo-romaine. Imprégné du style de Moustiers, il crée la première faïencerie de Quimper. Son fils Pierre, qui lui succède en 1708, s'associe à un faïencier de Nevers, Pierre Belleveaux, puis à Pierre-Clément Caussy, d'origine rouennaise. Tous deux jouent un rôle important pour la faïence de Quimper. Belleveaux l'enrichit de formes, de couleurs – le fameux jaune – et de décors nivernais. Caussy ajoute le rouge de fer et quelque 300 poncifs (calques) de décors. En 1772, la faïencerie Porquier est fondée par François Éloury. Son directeur, **Alfred Beau** dans les années 1870, est l'auteur des « scènes » et des « légendes bretonnes ». Quant à la faïencerie Dumaine, **Jules Henriot** en prend la tête en 1891.

Signatures modernes

Dès 1920, des artistes se succèdent à Quimper et réalisent des pièces uniques. Sculpteur et céramiste, **René Quillivic** (1879-1969) crée des pièces surprenantes, dont les dessins sont influencés par la gravure sur bois. En 1922, sous la marque Odetta, apparaissent des pièces en grès, aux teintes sombres irisées d'émaux. Parmi les faïenciers, citons Georges Renaud, René Beauclair, Louis Garin, Paul Fouillen et Jacques Nam.

En 1923, le mouvement **Ar Seiz Breur** (« Les Sept Frères », allusion à sept héros bretons) est fondé par René-Yves Creston, Jeanne Malivel et Georges Robin. Il cherche à moderniser l'art populaire breton, en le mariant au style Art déco et au cubisme. Les faïences qu'ils réalisent sont remarquées dans les expositions de l'époque.

LE QUARTIER DE LOCMARIA Plan de la ville I

Le cœur historique de la faïencerie est le berceau de la ville : c'est ici que les légions romaines bâtirent *Aquilonia*, la cité originelle, et que fut établi le premier port. À l'époque, un pont de bois tournant permettait de changer de rive.

Église Notre-Dame-de-Locmaria A2

En bordure de l'Odet, cet édifice roman conserve, dans le bas-côté gauche, trois pierres tombales des 14e, 15e et 17e s. et sur la poutre de gloire, un Christ en robe.

Dans le bas-côté droit, une porte donne dans le jardin de l'ancien prieuré bénédictin (16e et 17e s.). Voyez deux arcs du 12e s. et la galerie du cloître (1669).

Musée de la Faïence A2

14 r. Jean-Baptiste-Bousquet. Ce musée est actuellement fermé, se renseigner auprès de l'office de tourisme pour connaître la date de réouverture.

Situé au bord de l'Odet, le musée est installé dans la maison Porquier, construite en 1797. Il retrace, sur trois siècles, l'histoire de la faïence à Quimper. Principalement centré sur l'évolution des formes et des couleurs, il permet de mieux appréhender ce métier et ses techniques de fabrication. Le musée illustre le mélange de différents styles : le rouen, avec ses décors essentiellement floraux, ses couleurs variées et denses ; le nevers, avec ses scènes bibliques ou mythologiques, ses camaïeux de bleu, ses deux jaunes et sa technique du décor au blanc fixe. On remarque pour le 20e s. les motifs complexes de Quillivic et de Mathurin Méheut, les lignes épurées de René Beauclair, et les pièces uniques de Giovanni Leonardi.

Faïenceries de Quimper H.B. Henriot A2

R. Haute - ✆ 02 98 90 09 36 ou 0 800 626 510 - www.hb-henriot.com - ♿ - visite guidée (60mn) : se renseigner - fermé 1er janv. et 25 déc. - 5 € (-14 ans 2,50 €).

Issue de la fusion entre H.B. et Henriot, cette maison tricentenaire a été rachetée en 1984 par Paul Janssens, un Américain d'origine hollandaise. Elle reste l'une des seules de France où les faïences sont décorées entièrement à la main, sans transfert ni décalcomanie : paysans bretons en costume traditionnel, oiseaux, coqs, motifs botaniques… Dans les ateliers, on découvre chaque étape de la fabrication, du pain d'argile à la cuisson. Quelques concessions ont été faites à la modernité : la pâte est désormais achetée à l'extérieur, et les fours fonctionnent à l'électricité.

Non loin de la faïencerie, sur la même rive, s'arrondit le **mont Frugy** (70 m).
Depuis la place de la Résistance, où se trouve l'office de tourisme, un chemin *(30mn à pied AR)* mène à son belvédère : belle **vue★** sur la ville.

Découvrir Carte Environs de Quimper

★★ DESCENTE DE L'ODET EN BATEAU

Avr.-sept. : jusqu'à 5 croisières/j. (2h30) - croisière-déjeuner tlj sf lun. - possibilité de faire escale à Bénodet, selon h. de marée, ou de prolonger l'excursion jusqu'aux îles de Glénan - renseignements à l'office du tourisme de Quimper ou aux « Vedettes de l'Odet » - ✆ 02 98 57 00 58.

L'Odet prend sa source à 40 km au nord-est de Quimper, au cœur des Montagnes Noires. À la sortie de la ville, la rivière s'élargit, puis se faufile dans une superbe vallée, où les bois et les parcs des châteaux forment un décor verdoyant.

★ Baie de Kérogan

À l'entrée de la baie, qui offre l'allure d'un lac, le port du **Corniguel** est une touche moderne dans le paysage.

★★ Les Vire-Court

Ici, l'Odet décrit des méandres entre de hautes falaises boisées. Plus au sud, le coude est si brusque qu'une flotte espagnole, remontant l'Odet au début du 17e s. pour s'emparer de Quimper, n'osa s'y risquer. Après avoir fait de l'eau à la fontaine « des Espagnols », comme on l'appelle depuis, la flotte rebroussa chemin. En aval de cette fontaine, sur la rive droite avant **Le Perennou**, on découvre les ruines de bains romains.

Au débouché des Vire-Court, deux rochers forment le Saut de la Pucelle. La légende rapporte qu'une jeune fille, poursuivie par un brigand, préféra se jeter dans l'Odet que de perdre son honneur… Un autre rocher porte le nom de Chaise de l'Évêque : il aurait été façonné en forme de siège par des anges, à l'usage d'un saint prélat de Quimper qui aimait se recueillir en ce lieu.

Itinéraires conseillés Carte Environs de Quimper

ENTRE JET ET ODET

Itinéraire 1 de 27 km – environ 2h30. Quittez Quimper par l'avenue de la Libération ; au premier grand rond-point, tournez à gauche en direction de Brest et, au deuxième, à droite vers Coray (D 15). À 700 m, prenez la direction d'Elliant.

La route emprunte la vallée du Jet, l'un des affluents majeurs de l'Odet. Cette rivière le rejoint juste avant son entrée dans Quimper.

Église d'Ergué-Gabéric

Le chœur de cet édifice (16e s.) renferme un vitrail de la Passion (1571) et un groupe de La Trinité du 17e s.

Prenez à droite de l'église vers la chapelle de Kerdévot.

Chapelle de Kerdévot

Niché dans un joli site ombragé, ce sanctuaire remonte au 15e s. À l'intérieur, on remarque une statue en bois polychrome (17e s.) dédiée à N.-D. Le **retable**★ flamand (fin 15e s.) retrace en six tableaux des épisodes de la vie de la Vierge.

02 98 66 68 00 - juil.-sept. : tlj sf lun. 14h30-18h30, merc. 15h30-18h30 ; juin : dim. et j. fériés 14h30-18h30, possibilité de visite guidée à partir de juil. - gratuit.

Prenez la voie longeant la chapelle à gauche, puis encore à gauche vers Quimper. À 3 km, tournez à droite vers le hameau de Lestonan. À la sortie de Quellénec, prenez à droite un chemin en partie revêtu qui conduit en 600 m au parking de Griffonès.

★ Site du Stangala

Traversez l'arboretum (chênes rouges d'Amérique, hêtres pourpres…), puis obliquez sur la gauche pour gagner, à travers bois, deux plates-formes rocheuses d'où l'on jouit d'une **vue** remarquable : l'escarpement domine ici de 70 m l'Odet, qui sinue entre des versants boisés.

En face, vers la droite, le hameau de Tréauzon s'accroche aux pentes. Au loin, à gauche de la tour-relais, on distingue le profil caractéristique de la montagne de Locronan et sa chapelle, au sommet. Au retour, on peut prendre à gauche un chemin en descente qui mène sur la rive de l'Odet *(30mn AR)*.

Pour regagner Quimper, prenez à droite en quittant le chemin étroit.

DE CALVAIRE EN CHAPELLE

Itinéraire 2 de 57 km – environ 3h. Quittez Quimper au nord par la rue des Douves. Peu après le cimetière situé à l'entrée de Kerfeunteun, tournez à droite.

Église de Kerfeunteun B1 (plan de la ville I)

Son fin clocher carré, à flèche de pierre, date des 16e et 17e s. mais le transept et le chœur ont été refaits. Au maître-autel, un beau vitrail du 16e s. représente un Arbre de Jessé, surmonté d'une Crucifixion.

Revenez sur l'avenue de la France-Libre. Au 2e rond-point, prenez la route de Plogonnec. La première à droite est le chemin de Ty Mamm Doué.

Chapelle de Ty Mamm Doué

Édifiée entre 1541 et 1592, Ty Mamm Doué (« Maison de la Mère de Dieu ») témoigne de l'introduction du style Renaissance en Bretagne. Notez, au sud,

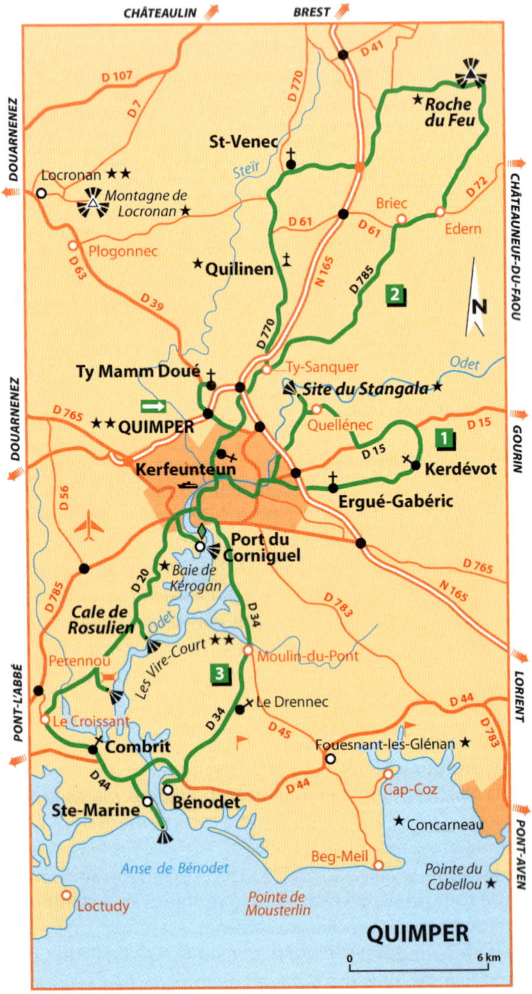

la porte gothique aux colonnettes torsadées ornées de nids d'abeille sur leur partie inférieure.
À l'intérieur : nef unique, chœur à chevet plat et mobilier du 19e s. Beaux vitraux des 19e et 20e s. : les paroissiens avaient posé pour celui du croisillon sud (1924) représentant une procession de pardon.
Revenez au rond-point, suivez la direction de Brest, ensuite tournez à gauche vers Briec (D 770) et, à Ty Sanquer, encore à gauche.

★ Calvaire de Quilinen

Isolée par un bouquet d'arbres, la **chapelle N.-D.-de-Quilinen** date de 1550, avec son étonnant calvaire. Sur deux bases triangulaires superposées, à pointes inversées, celui-ci surprend par son élégante rusticité.
Les statues s'affinent jusqu'au supplicié, dominant les deux larrons très rapprochés. Au revers de la croix apparaît le Christ ressuscité. *☏ 02 98 57 90 44 - visite guidée juil.-août : 14h-19h - en cas de fermeture, récupération de la clef à la mairie.*
Revenez à la grande route où vous tournez à droite et, à 5 km, prenez à droite vers la chapelle de St-Venec toute proche.

Chapelle de Saint-Venec

De style gothique, elle renferme le groupe en pierre de sainte Gwen et de ses triplés : saint Guénolé, saint Jacut et saint Venec. Sainte Blanche (sainte Gwen ici) possédait trois mamelles, une pour chacun de ses triplés ! Devant la chapelle, le calvaire (1556) sur base triangulaire a été réalisé par le même atelier que celui de Quilinen. De l'autre côté de la route se trouve une charmante fontaine du 16e s.
Suivez la route de la chapelle, passez sous le grand axe routier Quimper-Brest et tournez à gauche vers la chapelle N.-D.-des-Trois-Fontaines. Continuez jusqu'à la route de Gouézec où vous tournerez à droite.

★ La Roche du Feu

30mn à pied AR.
Du parking, un sentier mène au sommet (281 m) du site, appelé *Karreg an Tan* en breton : vaste **panorama★** sur les Montagnes Noires, le Ménez-Hom et la vallée de l'Aulne.
Regagnez Quimper par Edern et Briec.

LES RIVES DE L'ODET

Itinéraire 3 *de 48 km – environ 2h30. Quittez Quimper par le boulevard de Poulguinan en direction de Pont-l'Abbé. Après le rond-point, dans la montée, tournez à gauche.*

Port du Corniguel

Situé au fond de la baie de Kérogan, c'est le port de Quimper où transitent les vins, les bois et le sable. Belle vue sur l'Odet.
Reprenez la direction de Pont-l'Abbé, puis tournez à gauche vers Plomelin. Au carrefour suivant, prenez vers la cale de Rosulien.

Cale de Rosulien

Route non revêtue en fin de parcours. De la cale, belle vue sur l'entrée des **Vire-Court★★** *(voir p. 379).*
Revenez au carrefour, tournez à gauche. Après l'entrée du château de Perennou, tournez à gauche vers l'Odet (accès fléché).

Du parc de stationnement, un sentier *(15mn à pied AR)* mène sur les bords de l'Odet.
Avant le carrefour du Croissant, où l'on tourne à gauche vers Combrit, la route franchit l'anse profonde de Combrit, beau site à marée haute.

Combrit

L'**église** du 16e s. est surmontée par un clocher carré à dôme, flanqué de deux tourelles. Petit ossuaire (17e s.) contigu au porche sud.
Parc botanique de Cornouaille - Musée des Minéraux – *29120 Combrit - ☏ 02 98 56 44 93 - www.parcbotanique.com - juil.-août : 10h-19h ; reste de l'année : 10h-12h, 14h-19h - fermé 20 sept.-10 oct. et 15 nov.-15 mars - 6,50 € (enf. 3,50 €).*
Après avoir visité ce très beau parc de 4 ha, classé « jardin remarquable », qui compte parmi les premières collections botaniques de Bretagne, vous pourrez acheter des plants dans la pépinière installée à l'entrée du site et retrouver certaines des 3 500 variétés de plantes aperçues au jardin. L'endroit est féerique en mars, lorsque les 550 variétés de camélias et les 85 sortes de magnolias sont en pleine floraison !
À voir également, le jardin aquatique (4 000 m^2) et le musée des Minéraux
Prenez la direction de Bénodet, puis tournez à droite vers Ste-Marine.

Sainte-Marine

Cette petite station balnéaire, sur la rive droite de l'Odet, possède une belle plage de sable fin : vue sur Loctudy et la pointe de Lesconil, l'île aux Moutons et l'archipel des Glénan. Depuis le port de plaisance, belle vue sur Bénodet et l'Odet.

Bénodet *(voir p. 427)*

La route du retour *(D 34)* s'éloigne de la rive gauche de l'Odet et traverse **Le Drennec**. Devant la chapelle, en bordure de la route, charmante fontaine du 16e s. Une niche trilobée surmontée d'un gâble à crochets abrite une pietà.
Par Moulin-du-Pont, regagnez Quimper.

NOS ADRESSES À QUIMPER

VISITE

Quimper, qui porte le label Ville d'art et d'histoire, propose des visites-découverte *(1h30)* animées par des guides-conférenciers agréés par le ministère de la Culture et de la Communication. *L'été (15 juil.-30 août), visites nocturnes en musique et à thème (l'art religieux, les jardins de Quimper...) - 5,20 € (-12 ans gratuit) - programme disponible à l'office de tourisme.*
Le Pass Quimper – Ce passeport culturel *(10 €)* donne accès à quatre visites au choix pour découvrir la ville de Quimper.

TRANSPORTS

En bus –Le ticket à l'unité *(1 €)* permet un déplacement libre durant une période de 45 minutes, une seule correspondance est autorisée dans les 45 minutes qui suivent l'achat ; le ticket journée *(3 €, sous réserve de modification tarifaire)* s'achète auprès du conducteur du bus, des dépositaires ou du point accueil QUB *(2 quai de l'Odet - ☏ 02 98 95 26 27 - www.qub.fr.).*

HÉBERGEMENT

Quimper

BUDGET MOYEN

B and B – *131 r. de Bénodet - ✆ 08 92 78 80 85 - www.hotelbb.com - P - 72 ch. 45/55 € ☕ 6 €.* Relativement proche du centre-ville et d'un centre commercial, cet hôtel de chaîne est toutefois atypique. De construction moderne avec de grandes fenêtres, il offre des chambres spacieuses, bien équipées (vraies salles de bains, bureau, wifi) ; certaines d'entre elles sont bien adaptées pour recevoir les familles avec quatre ou cinq couchages. À noter également la qualité de l'accueil.

Hôtel Gradlon – *30 r. de Brest - ✆ 02 98 95 04 39 - www.hotel-gradlon.com - fermé 12 déc.-11 janv. - 20 ch. 82/160 € - ☕ 12 €.* Chambres personnalisées (styles Art déco, romantique…) donnant en majorité sur une courette fleurie, tout comme la véranda sous laquelle est servi le petit-déjeuner. Accueil familial.

En dehors de Quimper

PREMIER PRIX

Chambre d'hôte La Vallée du Jet – *Lieu-dit Kervren - 29 140 St-Yvi - ✆ 02 98 94 70 34 - www.gites-finistere.com/gites/kervren - ♿ P 🚭 - 5 ch. 47/65 € ☕.* Cette longère du 19e s. habilement restaurée domine la vallée du Jet. Elle dispose de chambres très calmes, plutôt sympathiques, possédant toutes une terrasse ouverte sur le parc paysager. La basse-cour et les moutons raviront les enfants. Également deux gîtes.

BUDGET MOYEN

Hôtel du Manoir de Kérhuel – *29 720 Plonéour-Lanvern - ✆ 02 98 82 60 57 - http://perso.wanadoo.fr/manoir-kerhuel - P - 25 ch. 95/105 € - ☕ 14 € - rest. 20/50 €.* Une longue allée bordée d'arbres centenaires mène à ce manoir du 15e s. s'élevant dans un joli parc fleuri. Ravissantes chambres propices au repos. Au restaurant, décor particulièrement soigné et cuisine mariant avec succès les saveurs de la mer et du terroir.

RESTAURATION

PREMIER PRIX

La Krampouzerie – *9 r. du Sallé - ✆ 02 98 95 13 08 - fermé dim. et lun. hors sais.* Installé dans la jolie petite salle aux tables de bois et carreaux bleus et blancs ou sur la terrasse, on se régale de spécialités inattendues : crêpes aux algues d'Ouessant, à la confiture d'oignons de Roscoff, au caramel et gingembre, et, pourquoi pas, au fromage de brebis basque et confiture de cerises noires. Les farines de blé noir et de froment sont biologiques. Accueil agréable.

Crêperie du Guéodet – *6 r. du Guéodet - ✆ 02 98 95 40 38 - fermé dim. et lun. sf vac. scol. - 7,50/15 €.* Minuscule crêperie très fréquentée par les Quimpérois qui apprécient ses galettes de farine biologique, son décor égayé de faïences et son atmosphère simple et conviviale. Si c'est complet, faites un tour dans le vieux Quimper avant de retenter votre chance.

Le Bistro à lire – *18 r. des Boucheries - ✆ 02 98 95 30 86 - bistroalire2@orange.fr - ♿ - 5,50/7,80 €.* Depuis 2001, cette librairie-restaurant, installée au cœur des rues piétonnes, allie goût des livres et plaisirs de la table. Un lieu atypique – polars et livres de cuisine ainsi que pour la jeunesse – qui organise tous les mois des animations autour d'auteurs de littérature policière. Arrêtez-vous quelques instants et vous pourrez, autour d'un verre, vous adonner à la lecture, dans un cadre coloré.

BUDGET MOYEN

Café de l'Épée – *14 r. du Parc - ✆ 02 98 95 28 97 - www.quimper-lepee.com - fermé 25 déc. - ♿ - 24/34 €.* Artistes de cinéma ou de théâtre, écrivains et hommes politiques ont fréquenté cette institution quimpéroise au décor branché. Plusieurs menus de fruits de mer, de poissons, de choucroutes et de viandes.

Erwan – *3 r. Aristide-Briand - ✆ 02 98 90 14 14 - erwan-restaurant.com - ♿ - formule déj. 11 € - 16/25 €.* Erwan, c'est le prénom du patron de ce sympathique restaurant situé à deux pas de la cathédrale St-Corentin. Mobilier de Bretagne et décor Breton avec des couleurs noire, orange et jaune. Côté restauration, cuisine bretonne, des petits plats simples puisés dans les cahiers de recettes de nos grands-mères.

Fleur de Sel – *1 quai Neuf - ✆ 02 98 55 04 71 - www.fleur-de-sel-quimper.com - fermé 24 déc.-2 janv., sam. midi et dim. - 22/37 € bc.* Dans un quartier pittoresque, des plats traditionnels dans une salle ouverte sur le cours de l'Odet, ou en plein air, au bord de l'eau.

L'Assiette – *5 bis r. J.-Jaurès - ✆ 02 98 53 03 65 - fermé 24 août-7 sept. et dim. - formule déj. 15 € - 24 €.* Sympathique adresse familiale entre gare et centre-ville. Décor mi-bistrot, mi-brasserie et tables joliment dressées. Recettes traditionnelles simples et fraîches.

ACHATS

Gastronomie

Biscuiterie Quimper-Styvel – *8 r. du Chanoine-Moreau - ✆ 02 98 53 10 13 - www.biscuiteriedelapointeduraz.com - sais. : 9h-19h ; hors sais. : tlj sf dim. 9h-12h30, 14h-18h.* Tous les produits de Bretagne se sont donné rendez-vous dans cette belle boutique de Locmaria où vous retrouverez conserves, liqueurs, bières et faïences mais surtout spécialités maison : gâteau breton, far, *kouign-amann* et crêpes dentelles. Vous assisterez à leur élaboration avant de les déguster tout frais sortis du four.

Manoir du Kinkiz – *75 chemin du Quinquis - ✆ 02 98 90 20 57 - www.kinkiz-terroir.com - tlj sf dim. 9h30-12h30, 14h-18h30 - fermé j. fériés.* Cette cidrerie familiale perpétue depuis cinq générations un savoir-faire issu d'une longue tradition. Sa production est régulièrement récompensée au Concours général agricole. Venez découvrir les chais et les produits. Au programme : visite des vergers, de la cave et dégustation gratuite (cidre, pommeau AOC et eaux-de-vie de cidre) pour ce médaillé du Concours général agricole de Paris 2008.

Distillerie Artisanale du Plessis – *77 chemin du Quinquis - ✆ 02 98 90 75 64 - www.kimkiz-terroir.com - tlj sf dim. 9h30-12h30, 14h-18h30 - fermé j. fériés.* Cette distillerie fabrique toujours, dans le respect des traditions : pommeau de Bretagne, cidre de Cornouaille, « lambig » ou fine de Bretagne, liqueurs, jus de pommes… mais innove aussi avec des créations comme les apéritifs aux algues. Ne manquez pas la visite du musée de l'Alambic, qui vous raconte trois siècles de distillation et se termine par une dégustation des produits élaborés sur place.

Artisanat

Faïencerie H.B. Henriot – *Locmaria - ✆ 02 98 90 09 36 - www.hb-henriot.com - ouv. tte l'année ; sur réserv. à certaines périodes, renseignements : ✆ 0 800 626 510 - fermé 1er janv., 25 déc. et j. fériés - 5 € - (-14 ans 2,50 €).* Cette faïencerie, fondée à la fin du 17e s. est un lieu de tradition et de création. Les ateliers ont ouvert leurs portes au public depuis plus de 70 ans. La visite guidée de l'entreprise H.B. Henriot *(35mn)* montre toutes les étapes de la fabrication : façonnage, émaillage, décoration à la main et cuisson. Boutique de vente.

EN SOIRÉE

Théâtre de Cornouaille Scène Nationale de Quimper – *1 espl. François-Mitterrand - ✆ 02 98 55 98 55 - www.theatre-cornouaille.fr - accueil : tlj sf dim. et lun. 14h-19h, sam. 11h-13h, 14h-18h - fermé 15 juil.-20 août - 8/24 €.* La scène nationale de Quimper est un lieu ouvert depuis 1998. Il propose de nombreux types de spectacles, comme du théatre, de la danse et de la musique (classique, traditionnelle, jazz, opéra).

ACTIVITÉS

Rivière

Club Canoë-kayak – *129 bd de Creac'h-Gwen - ✆ 02 98 53 19 99 - www.kayak-quimper.org - 9h-19h, dim. sur réserv. - fermé lun. (oct.-avr.) - à partir de 15 €.* Ce club organise des stages d'apprentissage et propose un service de location de kayaks *(navette gratuite pour le retour).* Une bonne idée pour découvrir la superbe vallée de l'Odet, en suivant son cours jusqu'à Bénodet.

Mer

Gouelia – *2 bis r. Haute - ✆ 02 98 65 10 00 - www.gouelia.com - tlj sf w.-end 9h-18h - à partir de 24,50 €.* Cette association organise des balades sur sa flottille de vieux gréements : *La Belle Angèle, Le Corentin* et le *Dalh Mad.* Départ de Concarneau et Douarnenez.

Parcs de loisirs

Bonobo Parc – *59 r. Prés.-Sadate - ✆ 02 98 53 09 59 - www.bonoboparc.com - juil.-août. et vac. scol : 10h-18h30, hors sais. : merc., w.-end et j. fériés 13h30-18h - 23 € (-12 ans 6,50 €).* Venez surmonter votre vertige à 10 m au-dessus du vide, 4 parcours dans les arbres et un total de 50 ateliers parmi lesquels la tyrolienne et le pont de singe garantissent des sensations à toute la famille.

Aquarive – *159 bd de Creac'h-Gwen - ✆ 02 98 52 00 15 - www.quimper-communaute.fr - horaires variables selon calendrier, se renseigner - fermé 10 j. en mars, 10 j. en sept., 25 déc. et 1er janv.* Complexe nautique avec un bassin à vagues, un toboggan de 60 m, des bains bouillonnants, solariums, saunas et hammam…

AGENDA

Festival de Cornouaille – *✆ 02 98 55 53 53 - www.festival-cornouaille.com.* Grand rendez-vous de la culture bretonne organisé en juillet, ce festival de musique et de traditions populaires draine sur 9 jours près de 300 000 visiteurs.

Les Jeudis de l'Évêché – *De mi-juin à mi-sept. jeu. 21h - 5 € (-12 ans gratuit).* Concerts : musiques et danses de Bretagne, dans les jardins de l'évêché, entre la cathédrale et les remparts.

Ménez-Hom

★★★

Finistère (29)

NOS ADRESSES PAGE 387

S'INFORMER

Office du tourisme de Camaret-sur-Mer – *15 quai Kléber - 29570 Camaret-sur-Mer - 02 98 27 93 60 - www.camaretsurmer-tourisme.fr - juil.-août : 9h15-12h30, 14h-19h, dim. et j. fériés 10h-12h ; reste de l'année : tlj sf dim. 9h15-12h, 14h-18h - fermé 1er janv., dim. de Pâques, 1er Mai, dim. de Pentecôte, 1er nov., 25 déc.*

Office du tourisme de Plomodiern – *Pl. de l'église - 29550 Plomodiern - 02 98 81 27 37 - juil.-août : lun.-sam. 9h30-12h30, 14h-19h, dim. 9h30-12h30 ; sept.-juin : lun.-sam. 9h45-12h30, 14h-17h30.*

Voir aussi l'office du tourisme de la Presqu'île de Crozon, p. 388.

SE REPÉRER

Carte de microrégion B1 (p. 370-371) – *carte Michelin Départements 308 F5.*
Entre Châteaulin et Crozon, le Ménez-Hom domine la D 887 et la D 83 reliant les deux bourgs. On y accède par une petite route *(2 km)* qui s'embranche 1,5 km avant la Chapelle-Ste-Marie, sur la gauche en venant de Crozon, l'inverse en venant de Châteaulin.

À NE PAS MANQUER

Le panorama depuis la table d'orientation du Ménez-Hom ainsi que les retables de la chapelle Ste-Marie-du-Ménez-Hom.

ORGANISER SON TEMPS

Privilégiez la matinée pour les activités physiques autour de cette « montagne », et le soir pour voir le coucher de soleil sur l'océan.

AVEC LES ENFANTS

Retournez sur les bancs de l'école au musée de l'École rurale de Bretagne, à Trégarvan, et poursuivez le roi Marc'h à travers le Ménez-Hom.

Sommet des Montagnes Noires dont il prolonge l'extrémité occidentale, le Ménez-Hom est l'un des plus hauts reliefs bretons, avec 330 m d'altitude. Il occupe une position clef à l'entrée de la presqu'île de Crozon, sur laquelle il offre une vue exceptionnelle. Pour profiter au mieux de ses panoramas, vous avez le choix entre les randonnées qui font le tour du mont ou, pour les plus aventureux, le parapente et l'ULM.

Se promener

★★★ Panorama

Menez signifiant « montagne », Ménez-Hom veut dire « montagne du lieu ». De fait, le mont domine la région, et sa table d'orientation permet de découvrir la baie de Douarnenez, limitée à gauche par la côte de Cornouaille jusqu'à la pointe du Van, et, à droite, par la côte de la presqu'île de Crozon jusqu'au cap de la Chèvre. Vers la droite, la vue s'étend sur la pointe de St-Mathieu, les Tas de Pois, la pointe de Penhir, Brest et sa rade : en avant de celle-ci, se détachent l'île Longue à gauche, l'île Ronde et la pointe de l'Armorique à droite ; l'estuaire commun de la rivière du Faou et de l'Aulne dont les vallées se séparent vers l'arrière. La vallée de l'Aulne, la plus proche, décrit un beau méandre que franchit le pont suspendu de Térénez.

Vers l'arrière : les monts d'Arrée, la montagne St-Michel et sa chapelle, le bassin de Châteaulin, les Montagnes Noires, la montagne de Locronan, Douarnenez et Tréboul. Les pentes orientées nord-est ont brûlé en juin 2006, perdant 300 ha de landes et de tourbières classées (le Ménez-Hom appartient au réseau Natura 2000).

Allez jusqu'à la borne IGN pour avoir un tour d'horizon complet. Vous apercevrez alors, dans la vallée de la Doufine, le bourg de Pont-de-Buis.

Sentier d'interprétation « Sur les pas du roi Marc'h » – Cet itinéraire en 54 étapes permet de découvrir le patrimoine du pays du Ménez-Hom Atlantique, à la suite d'un personnage légendaire : le roi Marc'h (« roi cheval » en breton), ancien roi de Cornouaille. Le carnet de route disponible *(1 €)* dans les offices de tourisme de la région fait le lien avec les panneaux présents sur les sites. *Départ : au sommet du Ménez-Hom ; arrivée : Locronan - ✆ 02 98 26 17 18 - www.menez-hom.com.*

À proximité Carte de microrégion

Chapelle Sainte-Marie-du-Ménez-Hom B1

✆ 02 98 81 27 37 - avr.-sept. : 10h-18h - gratuit.

Dans un petit enclos paroissial bâti en 1739, la chapelle conserve des **retables★**, assez chargés, formant un bel ensemble qui occupe tout le mur est. Le retable sud marque, par la souplesse et l'élégance de son exécution, une évolution surprenante de la statuaire bretonne.

Musée de l'École rurale en Bretagne C1

7 km au nord de Ste-Marie, à Trégarvan - ✆ 02 98 26 04 72 - juil.-août : 10h30-19h ; sept. : 14h-17h ; janv.-juin : tlj sf sam. 14h-17h ; reste de l'année : se renseigner - fermé 1er janv., 1er nov., 25 déc. - 4 € (-8 ans gratuit).

Créé par le Parc naturel régional d'Armorique, ce musée permet de découvrir une grande salle de classe du début du 20e s. et l'appartement de l'instituteur.

NOS ADRESSES AU MÉNEZ-HOM

ACTIVITÉS

ULM – *29 550 Plomodiern - ✆ 02 98 81 28 47.* Promenade, survol de la côte et baptême de l'air en ULM.

Parapente – *Breugnou - 29 550 Plomodiern - ✆ 02 98 81 50 27 ou 06 80 32 47 34 - www.vol-libre-menez-hom.com - 8h30-12h30, 18h jusqu'à la nuit selon météo - fermé oct.-mars.* Club Celtic de Vol Libre. École de parapente.

Presqu'île de Crozon

★★★

Finistère (29)

NOS ADRESSES PAGE 393

S'INFORMER

Office du tourisme de Crozon – *Bd de Pralognan - 29 160 Crozon - ✆ 02 98 27 07 92 - www.crozon.fr - juil.-août : 9h30-13h, 14h-19h, dim. 10h-13h ; reste de l'année : tlj sf dim. 9h30-12h, 14h-17h30, 9h30-12h, 14h-17h - fermé 1er Mai - 2e bureau pl. d'Ys - 29 160 Morgat - juin-août : 9h-13h, 15h-19h, dim. 15h-19h ; reste de l'année : tlj sf w.-end 9h-12h.*

Voir aussi Ménez-Hom et l'office du tourisme de Camaret-sur-Mer, p. 386.

SE REPÉRER

Carte de microrégion AB1 (p. 370-371) – *carte Michelin Départements 308 E5.* À l'ouest du Parc régional d'Armorique, la presqu'île est accessible par les D 791 et D 887. Elle dévoile d'extraordinaires panoramas : au nord, de l'autre côté du Goulet, sur les découpures de la rade de Brest ; au sud, depuis le cap de la Chèvre, sur la baie de Douarnenez. Entre les deux, se profilent les pointes déchiquetées de Penhir et de Dinan.

À NE PAS MANQUER

Les pointes et le retable de l'église de Crozon.

ORGANISER SON TEMPS

Entre balades sur les pointes et moments de détente à la plage, vos journées seront bien occupées. Notez que le vélo constitue un excellent moyen de locomotion, idéal pour éviter les bouchons estivaux.

AVEC LES ENFANTS

La visite des grandes grottes de Morgat.

La croix de la presqu'île de Crozon étend ses deux bras face au grand large, séparant la rade de Brest de la baie de Douarnenez. Nulle part ailleurs, si ce n'est à la venteuse pointe du Raz, la côte et la mer n'attei-

Ajoncs et bruyère colorent les falaises.
R. Mattès / MICHELIN

gnent à plus de sévère beauté. On y contemple avec fascination l'à-pic vertigineux des falaises, la coloration des rochers et la violence des lames qui se brisent éternellement sur les récifs.

Itinéraires conseillés Carte Presqu'île de Crozon

★★★ LES POINTES

Itinéraire 1 au départ de Crozon de 45 km – environ 2h30.

Crozon

Son existence est attestée dès le Moyen Âge puisque, en 1162, les documents parlent de Crozon sous la forme de *Crahaudon*, composé de *cravo* (lieu pierreux en celtique) et de *dunon* (colline fortifiée en gaulois).

Aujourd'hui, le bourg qui a vu naître Louis jouvet (1887-1951) est le rendez-vous des habitants et des touristes, surtout en été. L'**église**, moderne, renferme un **retable★** polychrome (1602). Il représente d'une manière naïve le martyre des 10000 soldats nouvellement convertis, qui furent crucifiés au mont Ararat, en Arménie, sous le règne de l'empereur Hadrien (117-138).

Quittez Crozon à l'ouest par la D 8 en direction de Camaret-sur-Mer.

★ Camaret-sur-Mer

Face au goulet de Brest, cette tranquille station balnéaire se situe à deux pas d'immenses falaises escarpées, couvertes d'une multitude de bruyères et d'ajoncs. Ses maisons peintes de couleurs gaies donnent sur le port et sur une digue naturelle, le « sillon », au bout de laquelle se dresse la tour Vauban.

La **tour Vauban★**, construite de 1693 à 1696 par l'illustre ingénieur, a retrouvé toute sa superbe avec son nouvel enduit rouge qui était celui d'origine et qui lui valut le nom de « tour dorée ». Elle est entourée d'une batterie prévue pour 11 canons et d'un fossé. Elle est inscrite au Patrimoine mondial de l'Unesco depuis 2008.

LE SOUS-MARIN DE FULTON

C'est dans la baie de Camaret que l'ingénieur américain **Fulton** tenta en 1801 de torpiller une frégate anglaise depuis son sous-marin expérimental (6h d'autonomie en plongée). Malheureusement, l'expérience échoua, le navire britannique ayant appareillé plus tôt que prévu.

« LA ROUTE DES FORTIFICATIONS »

La presqu'île de Crozon possède un patrimoine militaire remarquable. Près de 150 ouvrages y ont été élevés, notamment pour surveiller le goulet qui mène à la rade de Brest, haut lieu stratégique. On y trouve des ouvrages datant de la Préhistoire, comme l'éperon barré de Lostmarc'h, jusqu'aux réalisations du mur de l'Atlantique exécutées par les Allemands pendant la Seconde Guerre mondiale.

Mais la plupart ont été érigées au 17e s. sous Louis XIV lorsque Brest est devenu un important arsenal. Vauban fut alors chargé de la stratégie de défense et ordonna la construction de nombreux ouvrages dont la fameuse tour qui porte son nom à Camaret.

Les sites les plus remarquables se trouvent sur la pointe de Roscanvel qui donne sur le goulet, mais ils ne sont pas tous accessibles, car propriété de la Marine nationale. Il est plus facile de voir ceux établis sur la pointe des Espagnols ou sur la pointe de la Chèvre.

Pour vous aider à découvrir les fortifications, une brochure « La Route des fortifications » est disponible dans les offices de tourisme. Pour en savoir plus sur les fortifications, nous vous conseillons d'acheter « Le Guide des forts et fortifications de la presqu'île de Crozon » aux Éditions Buissonnières *(10 €)*. Sur place, des panneaux en lave émaillée montrent le plan des différents ouvrages.

À côté se trouve la **chapelle N.-D.-de-Rocamadour**, sanctuaire du 17e s. qui doit son origine aux pèlerinages de Rocamadour, en Quercy. Les fidèles, venus par mer des pays nordiques, faisaient escale à Camaret.

Dans le cimetière de Camaret repose le poète **Paul-Pierre Roux** (1861-1940), dit Saint-Pol Roux, Marseillais d'origine mais Camarétois d'adoption depuis son emménagement en 1907 au manoir des Boultous, entre Lagatjar et l'océan.

Enfin, ne manquez pas les **alignements de Lagatjar**, bel ensemble mégalithique (143 menhirs relevés au début du 20e s.) dont le nom signifie « œil de la poule ».

Un isthme bordé par la plage de Pen-Hat mène à la **pointe du Toulinguet**, coiffée d'un sémaphore de la Marine nationale, et d'où la vue porte au sud. La **tour du Toulinguet** est un bel exemple de l'architecture militaire du 19e s.

Revenez à l'entrée de Camaret et prenez à droite.

★★★ Pointe de Penhir

Un monument à la gloire des Bretons des Forces françaises libres a été érigé sur la falaise, à 150 m de la route. C'est la plus belle des quatre pointes de la presqu'île de Crozon, avec son à-pic de 70 m et son **panorama** : en contrebas, les trois formidables rochers isolés sont appelés les **Tas de Pois** ; à gauche, la pointe de Dinan, à droite, la pointe de St-Mathieu et celle du Toulinguet avec son petit phare ; en arrière, le Ménez-Hom ; par temps clair, on distingue la pointe du Raz et l'île de Sein à gauche, l'île d'Ouessant à droite.

Un sentier descend à gauche de la plate-forme. À mi-hauteur de la falaise, on domine une petite anse. Prenez le sentier, sur la gauche, qui s'élève vers une anfractuosité couverte d'un rocher, au-delà de laquelle il débouche dans la **Chambre verte**, au terre-plein gazonné. De là, vue très originale sur les Tas de Pois et la pointe de Penhir.

Reprenez la route de Camaret; à 1 500 m, une rue à droite vers Crozon permet d'éviter le bourg. Prenez ensuite vers Roscanvel une ancienne route stratégique.

La route franchit l'enceinte qui fermait la presqu'île de Roscanvel, en avant de **Quélern**; ces fortifications datent de Vauban et du Second Empire. On remarque bientôt le contraste qui oppose les deux versants de la presqu'île : à l'ouest, face au large, ce ne sont que lande et végétation rase, à l'est, des arbres et des prairies.

★★ Pointe des Espagnols

Au printemps 1594, une garnison d'Espagnols alliés de la Ligue entreprit la construction d'un fort pour contrôler le trafic maritime dans la rade de Brest. Six mois après leur arrivée, les troupes d'Henri IV les passèrent tous par les armes.

De la pointe, **panorama★★** sur le goulet dominé par le port et la ville de Brest, l'estuaire de l'Elorn, le pont Albert-Louppe, le pont de l'Iroise, la presqu'île de Plougastel et sur le fond de la rade. On y voit la tour et l'enceinte fortifiée du 19e s. appelée fortin de la Pointe des Espagnols.

Roscanvel

Dans l'église, beaux vitraux sombres d'Auguste Labouret et Chemin de croix en terre cuite de Claude Gruher. Remarquez les curieuses clôtures de jardin faites de haies de fuchsias. La route qui borde le fond de la rade offre de jolies vues sur l'île Longue, base de sous-marins nucléaires *(accès interdit)* et sur les deux îles de Trébéron et des Morts. On sort de l'enceinte de la presqu'île de Roscanvel, en traversant de nouveau les fortifications ruinées. Là, on peut s'arrêter devant le réduit de Roscanvel (19e s.), qui abrite aujourd'hui une école de voile.

500 m après St-Fiacre, prenez à gauche.

Le Fret

Ce petit port est relié à Brest par des services de bateaux.

Suivez ensuite la digue qui borde l'anse du Fret. À une bifurcation, laissez à gauche la route de Lanvéoc menant aux installations de l'École navale et tournez à droite pour regagner Crozon.

On profite d'une dernière vue sur la rade de Brest.

★★ VERS LA POINTE DE DINAN

Itinéraire 2 de 6 km – environ 2h. Quittez Crozon à l'ouest par la D 308.

Des landes arasées par le vent succèdent à des pinèdes.

★★ Pointe de Dinan

Laissez la voiture au parking et prenez le chemin à gauche pendant environ 500 m.

Du bord de la falaise, beau **panorama** : à gauche, le cap de la Chèvre, la côte de la Cornouaille et la pointe du Raz; à droite, la pointe de Penhir et les Tas de Pois. En longeant la falaise par la droite, on découvre le **« château » de Dinan**, énorme masse rocheuse reliée à la pointe par une arche naturelle.

En empruntant le sentier qui passe sur l'arche naturelle, on peut parcourir ce rocher ruiniforme *(30mn à pied AR en terrain rocailleux, se munir de chaussures non glissantes).*

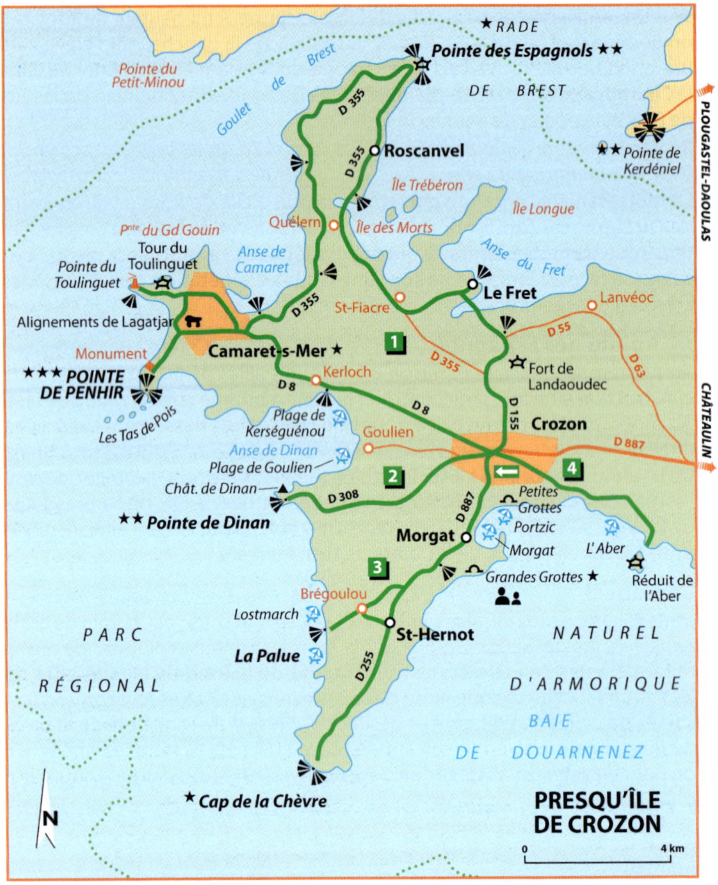

★ VERS LE CAP DE LA CHÈVRE

Itinéraire 3 *de 11 km – environ 2h. Quittez Crozon au sud-ouest par la D 887 en direction de Morgat.*

Morgat

Sa grande plage est encadrée, au sud par une pointe couverte de pins, Beg-ar-Gador, au nord par un éperon rocheux qui la sépare de la plage du Portzic. À Morgat, les amateurs de pêche sportive en mer ont la possibilité de pratiquer différentes pêches auxquelles se prête la faune locale.

Grandes grottes★ – *Port de Morgat : vedettes Rosmeur Croisières - ✆ 06 85 95 55 49 - visite guidée (40mn) avr.-sept. : dép. tte la journée selon les marées - 10 € (enf. 7 €).* La grotte Ste-Marine et la Chambre du Diable, percée d'une cheminée, sont situées au-delà de Beg-ar-Gador, les autres étant à l'opposé de la baie. La plus belle est la grotte de l'Autel (80 m de profondeur, 15 m de haut).

Petites grottes – Elles sont accessibles à pied à marée basse, au pied de l'éperon qui sépare les plages de Morgat et du Portzic.

La route traverse un paysage de landes rabougries, soumises aux vents du large. De petits hameaux semblent s'abriter dans les replis de terrain. Environ 500 m après **Brégoulou**, laissez la voiture sur le parc de stationnement : jolie vue sur les Tas de Pois et la pointe du Raz.

Plage de la Palue

Cette plage offre de belles vues sur cette côte rocheuse. Elle est splendide, mais les bains y sont interdits à cause de fortes lames.

Saint-Hernot

Dans l'ancienne école, la **Maison des minéraux** expose plus de 500 pièces qui témoignent des richesses géologiques de la presqu'île. On y découvre l'histoire géologique de cette partie du Massif armoricain. *✆ 02 98 27 19 73 - www.maison-des-mineraux.org - ♿ - juil.-août : 10h-18h ; reste de l'année : tlj sf sam. 10h-12h, 14h-17h, dim. 14h-17h - fermé 1er janv., 25 déc. - 4,80 € (8-18 ans 3 €).*

★ Cap de la Chèvre

De l'ancien poste d'observation allemand, on a une jolie vue sur le large et les pointes avancées du Finistère : de droite à gauche, la pointe de Penhir et les Tas de Pois, l'île de Sein, le cap Sizun et ses « finistères », la pointe du Van et la pointe du Raz qui limitent au sud la baie de Douarnenez. Un monument, représentant une aile d'avion plantée dans le sol, est dédié au personnel navigant de l'Aéronautique navale, décédé ou disparu lors d'un service aérien dans l'Atlantique et les régions nordiques.

DE CROZON À L'ÎLE DE L'ABER

Itinéraire 4 d'environ 4 km. De Crozon prenez la route de Postolennec et suivez la côte jusqu'au parking de l'île de l'Aber.

L'anse de Morgat est bordée de magnifiques plages, dont la **plage de l'Aber** vaste et sauvage. Au bout de cette plage se dresse l'île de l'Aber.

À marée basse on peut aller à pied à l'île, but d'une agréable promenade *(comptez 30mn aller-retour)*. Sur l'île on découvre le **réduit de l'Aber** construit en 1846. Cette île avait déjà été fortifiée précédemment par Vauban et fut réinvestie par les Allemands pendant la Seconde Guerre mondiale.

NOS ADRESSES À LA PRESQU'ÎLE DE CROZON

HÉBERGEMENT

PREMIER PRIX

Hôtel Le Styvel – *2 quai du Styvel 29 570 Camaret-sur-Mer - ✆ 02 98 27 92 74 - hotelstyvel@wanadoo.fr - P - 13 ch. 42/58 € - ☕ 7 € - rest. 13/45 €.* Ce petit hôtel familial né dans les années 1960 offre sur deux étages un univers frais et chaleureux. Les chambres, aux teintes pastel et au mobilier ancien, ouvrent presque toutes sur le port et la tour de Vauban. Le restaurant, joliment décoré, propose une carte traditionnelle.

BUDGET MOYEN

De la Presqu'île – *Pl. de l'Église - 29 160 Crozon - ✆ 02 98 27 29 29 - www.mutingourmand.fr - fermé 8-31 mars, 27 sept.-20 oct., dim. soir et lun. hors sais. - ♿ - 13 ch. 50/79 € - ☕ 10 €.* L'ex-mairie abrite désormais des chambres insonorisées et décorées avec goût dans un style qui panache des touches actuelles et l'esprit breton. Boutique de vins et produits régionaux.

Hostellerie de la Mer – *11 quai du Fret - 29 160 Le Fret - 5,5 km au nord de Crozon par D 155 et*

D 55 - ✆ 02 98 27 61 90 - www.hostelleriedelamer.com - fermé sam. et dim. en janv. - 25 ch. 47/110 € - ☕ 10 € - rest. formule déj. 19 € - 26/75 €. Agréable ambiance de pension familiale pour cet hôtel regardant la rade de Brest. Petites chambres simples mais bien tenues (certaines profitent de la vue). Au restaurant, mobilier breton, beau panorama et cuisine honorant les produits de la mer.

POUR SE FAIRE PLAISIR

Gîte d'étape Les Capucins – *29 570 Camaret-sur-Mer - ✆ 02 98 26 26 09/06 - www.sejour-en-bretagne.site.voila.fr - ♿ 🅿 - 6 ch. 98/104 €, 1/2 P seult.* Aménagé dans une ancienne ferme, ce gîte d'étape compte 6 chambres *(2 à 6 pers.)* simples et plaisantes. Sa situation en plein cœur du parc naturel d'Armorique en fait une adresse idéale pour découvrir la presqu'île de Crozon côté nature (balades sur le sentier côtier, activités variées et nombreuses).

RESTAURATION

BUDGET MOYEN

Ferme-auberge du Seillou – *Au Seillou - 29 590 Rosnoen - 20 km à l'est de Crozon par D 791 - ✆ 02 98 81 92 21 - www.fermeaubergeduseillou.com - fermé 3 sem. de fin sept. à déb. oct. - ♿ 🅿 - 16/21 € - 6 ch. 45/48 € ☕.* Vieilles pierres et bons produits de la ferme (viandes, cidre artisanal et spécialité de *kig-ha-farz*) entretiennent l'image de marque de cette maison nichée au milieu d'une exploitation agricole. Pimpantes chambres mansardées. Circuit pédestre à proximité.

Hôtel de France – *19 quai Gustave-Toudouze - 29570 Camaret-sur-Mer - ✆ 02 98 27 93 06 - www.hotel-france-camaret.com - fermé 2 nov.-Pâques - 20/45 €.* Les chambres, assez simples mais bien tenues et insonorisées, bénéficient du bon air marin ; celles sur l'arrière sont plus petites. Le restaurant, réparti sur deux étages, vous invite à déguster ses spécialités de fruits de mer avec le port en toile de fond.

POUR SE FAIRE PLAISIR

Le Mutin Gourmand – *Pl. de l'Église - 29 160 Crozon - ✆ 02 98 27 06 51 - www.mutingourmand.fr - fermé 8-31 mars, 27 sept.-20 oct., dim. soir et mar. midi hors sais., lundi sf le soir en saison - 26/73 €.* Décor contemporain, pierres apparentes, aquarelles et vivier de homards en cette accueillante maison bretonne. Cuisine régionale soignée ; vins du Languedoc et de la Loire.

ACHATS

La Biscuiterie de Camaret – *Rte de Crozon - 29 570 Camaret-sur-Mer - ✆ 02 98 27 88 08 - www.biscuiteriedecamaret.fr - été : 9h-19h, hors sais. 9h-12h30, 14h30-19h.* Votre visite de Camaret passera obligatoirement par cette boutique. Parmi les différents produits du terroir, le far aux pruneaux et le fameux *kouign-amann*, de fabrication maison, attireront particulièrement votre attention. Dégustation gratuite de cidre, galettes et autres spécialités.

ACTIVITÉS

Sortie en vieux gréement – *29570 Camaret-sur-Mer - juin-août : sur la* Belle Étoile *(dundee langoustier camarétois) - sorties j. ou 1/2 j et campagne de pêche au thon - ✆ 02 98 27 86 91.*

Sur le port – *29160 Crozon.* À Morgat, les amateurs de pêche sportive en mer ont la possibilité de pratiquer différentes pêches.

Promenades en bateau – *29570 Camaret-sur-Mer.* Se renseigner à l'office de tourisme - *15 quai Kléber - ✆ 02 98 27 93 60 - www.camaretsurmer-tourisme.fr.*

AGENDA

Le pardon de N.-D.-de-Rocamadour – À Camaret a lieu le 1er dim. de sept. un pardon, suivi de la bénédiction de la mer.

Le festival du Bout du Monde – Ce festival de musique qui attire de grandes vedettes a lieu vers le 10 août autour du fort de Landaoudec au nord de Crozon.

Landévennec

★

349 Landévenneciens – Finistère (29)

NOS ADRESSES PAGE 397

S'INFORMER

Syndicat d'initiative de Landévennec – *R. St-Guénolé - 29560 Landévennec - ✆ 02 98 27 78 46 - juil.-août : 10h-12h30, 15h-18h30 ; reste de l'année, s'adresser à la mairie ✆ 02 98 27 72 65.*

SE REPÉRER

Carte de microrégion B1 (p. 370-371) – *carte Michelin Départements 308 F5.* On y accède par la D 60 qui se greffe à la D 791 reliant Le Faou à Crozon. Une forte descente mène à la localité. Si vous venez de Daoulas (au nord de la presqu'île) *via* la D 770, à Hôpital-Camfrout, prenez la route en descente. Le belvédère aménagé sur la droite offre une belle **vue**★ sur le village, le méandre de l'Aulne avec l'île de Térénez et le cimetière des bateaux de guerre, la presqu'île de Landévennec et la rivière du Faou.

À NE PAS MANQUER

Le tour du bourg du Faou pour en admirer le site.

ORGANISER SON TEMPS

Une ou deux heures suffisent pour découvrir Landévennec. Il vous en faudra plus si vous souhaitez rayonner sur Crozon ou les monts d'Arrée.

AVEC LES ENFANTS

La démonstration des vieux métiers au musée d'Argol, complétée par celle des jeux bretons.

Petite station estivale entourée d'eau et de bois, Landévennec est campée sur une jolie presqu'île postée à l'embouchure de l'Aulne, aux portes de la presqu'île de Crozon. Ici, tout respire la douceur de vivre : n'y voit-on pas une végétation méditerranéenne et des camélias y fleurir jusqu'au cœur de l'hiver ?

Se promener

Nouvelle abbaye bénédictine Saint-Guénolé

Prenez à droite, à mi-pente, une allée bordée d'arbres et suivez la signalisation.
Très sobre, l'église renferme une statue de saint Guénolé en bois polychrome (15e s.). L'autel est constitué d'un bloc monolithe en granit rose. On peut assister aux offices.

Ruines de l'ancienne abbaye

Entrée 200 m plus bas à droite, au centre du bourg - ✆ 02 98 27 35 90 - www.musee-abbaye-landevennec.fr - juil.-août : 10h-19h ; avr.-juin et sept. : tlj sf sam. 10h-18h ; janv.-mars et oct.-nov. : dim. et j. fériés 10h-17h ; vac. de la Toussaint et de Noël : tlj sf sam. 10h-17h - possibilité de visite guidée (1h) - fermé 1er janv., 25 déc. - 4 € (enf. 3 €).
Fondée à la fin du 5e s. par saint Guénolé, et maintes fois remaniée, l'abbaye disparaît à la Révolution. Les ruines de l'église romane permettent d'en découvrir le plan : nef de six travées avec bas-côtés, transept et chœur à déambulatoire sur lequel s'ouvraient trois chapelles rayonnantes. À l'entrée du bras droit du transept, un monument carré serait le tombeau du roi Gradlon.
Un **musée** de conception très moderne expose les objets exhumés lors des fouilles, dont un sarcophage en bois antérieur au 10e s., ainsi que des maquettes situant les différentes étapes de construction de l'abbaye.

Église Notre-Dame

L'église Notre-Dame (17e s.) renferme d'intéressantes statues et des **tableaux★** classés du 17e s.

À proximité Carte de microrégion

Argol B1

▶ *À 6 km au sud-ouest de Landévennec par la D 60.*
Argol signifie en breton « en danger de périr ». Ce serait là en effet que Dahut, fille de Gradlon, disparut lors de l'engloutissement de la ville d'Ys.
Enclos paroissial – Église datant de 1576 avec un calvaire de 1593. L'arc de triomphe à l'entrée arbore une statue équestre de Gradlon.
Maison des vieux métiers vivants★ – *✆ 02 98 27 79 30 - www.argol.fr. - juil.-août : 14h-18h ; avr.-juin et sept. : mar., jeu. et dim. 14h-17h30 ; reste de l'année : se renseigner - 4 € (6-14 ans 2 €).* Des bénévoles présentent les métiers ruraux et maritimes d'autrefois : vannier, bourrelier, sabotier, scieur de long, fileuse, dentellière, fabricant de jouets… En été, des animations (cerclage de roues, fête de la moisson, battage au fléau, tonte des moutons, etc.) complètent la visite. Programme disponible sur demande.
Parc de jeux bretons – *À 200 m de la Maison des vieux métiers vivants - juil.-août : 14h-18h ; avr.-juin et sept. : mar., jeu. et dim. 14h-18h - gratuit.* Cette annexe du musée offre l'occasion de s'initier en famille aux jeux traditionnels : galoche, boulten, jeux de quilles ou de palets. Règles fournies sur place.

Pont de Térénez B1

À 9,5 km au sud par la D 60 puis à gauche par la D 791.

Lancé sur l'Aulne, cet élégant ouvrage a une travée centrale de 272 m. La vue est fort belle sur la vallée.

Le Faou C1

À 20 km à l'est par la D 60 puis à gauche par la D 791.

Le bourg, autrefois riche cité portuaire, occupe, à l'origine de l'estuaire du Faou, un **site★** qui prend beaucoup de caractère à marée haute (la ville est d'ailleurs classée « petite cité de caractère »).

Sa rue principale est bordée de belles maisons anciennes en granit dont les étages sont en encorbellement, et les façades, recouvertes d'ardoise. L'**église St-Sauveur** du 16e s., qui se dresse en bordure de la rivière, présente quant à elle un élégant clocher à dôme du 17e s., un double transept, un chevet à pans coupés et une cuve baptismale (16e s.) remarquablement sculptée. *Juin-sept. : lun.-vend. 10h-18h - on peut emprunter la clef au presbytère - ✆ 02 98 81 90 55.*

NOS ADRESSES À LANDÉVENNEC

ACHATS

Écomusée de l'Abeille – *Ferme Apicole de Térénez - 29 590 Rosnoen - ✆ 02 98 81 06 90 - www.ferme-apicole-de-terenez.com - 10h-19h.* Installé au bord d'une grève parmi des bosquets, un jeune couple d'apiculteurs vous présentera son métier et ses produits dans un bâtiment de pierre aménagé en boutique. Vous pourrez y voir du matériel professionnel et déguster du miel, du pain d'épice, de l'hydromel et des bonbons maison. Sont aussi récoltés du pollen, de la gelée royale et de la cire. Que du naturel !

La Cornouaille

★★

Finistère (29)

NOS ADRESSES PAGE 407

S'INFORMER

Office du tourisme d'Audierne – *8 r. Victor-Hugo - 29 770 Audierne - 02 98 70 12 20 - www.audierne-tourisme.com - juil.-août : 10h-13h, 14h-19h, dim. 10h-13h ; avr.-juin et sept. : 10h-12h30, 13h30-18h30 ; reste de l'année : tlj sf w.-end 10h-13h, 14h-18h.*

Voir aussi les offices du tourisme de Douarnenez (p. 413), Quimper (p. 372), Concarneau (p. 436) et Pont-Aven (p. 442).

SE REPÉRER

Carte de microrégion ABC 2-3 (p. 370-371) – *carte Michelin Départements 308 F/H 5/7.* La Cornouaille actuelle correspond approximativement au Finistère Sud. Elle s'étend de la pointe du Raz à l'Ellé (vers Quimperlé à l'est, à deux pas du Morbihan), et de la pointe de Penmarch aux Montagnes Noires. Quimper en est la ville principale. La Cornouaille historique s'étendait jusqu'à Landerneau et aux abords de Morlaix au nord.

À NE PAS MANQUER

Toutes les pointes, depuis celle du Millier au nord, jusqu'à Penmarch au sud, en passant par celle du Van et, bien sûr, celle du Raz. Arrêtez-vous également au calvaire de N.-D.-de-Tronoën.

ORGANISER SON TEMPS

Entre les plages, les petites églises, les randonnées et les sublimes panoramas, vous n'aurez pas trop d'une journée pour ce circuit en Cornouaille. Prévoyez un pique-nique sur les falaises et de bonnes chaussures pour les sentiers qui y donnent accès.

AVEC LES ENFANTS

Emmenez-les à la découverte de la faune marine à l'Aquashow d'Audierne, et comprenez avec eux la gestion des ressources aquatiques en visitant Haliotika au Guilvinec.

Royaume puis duché de Bretagne, la Cornouaille médiévale s'étendait très loin, au nord et à l'est de Quimper. La région que l'on découvre ici est celle du littoral, avec ses ports, ses larges baies et sa côte rocheuse.

LA ROUTE DU VENT SOLAIRE

De la pointe du Raz à la pointe de Penmarch, le long de la baie d'Audierne, la route qui suit le littoral a été surnommée « La route du vent solaire ». Balisée de panneaux de signalisation et de tables de lecture, elle vous fera découvrir, entre autres, les fours à goémon d'Esquibien, le menhir des Droits de l'Homme de Plozevet, les dunes, le site des surfeurs à la pointe de la Torche et le calvaire de Tronoën. Laissez-vous guider par les flèches et suivez le vent.

Quelques incursions dans l'arrière-pays révèlent également une campagne aux horizons tranquilles, parsemée de hameaux aux maisons blanches. Coups de cœur assurés !

Itinéraires conseillés Carte La Cornouaille

★★ VERS LES POINTES

Itinéraire 1 de 128 km – comptez une journée.

★★ Quimper *(voir p. 372)*
Quittez Quimper au nord-ouest par les rues de Locronan et de la Providence, puis la D 63.
On remonte l'agreste vallée du Steïr, aux pentes boisées, et on traverse une région vallonnée.

Plogonnec
L'**église** du 16e s., remaniée au 18e s. ,possède un beau clocher Renaissance et des vitraux du 16e s. figurant saint Edern et saint Théleau chevauchant chacun un cerf *(bas-côté gauche)*, la Transfiguration, la Passion et le Jugement dernier *(chœur)*.

★★ Locronan *(voir p. 410)*
La route de Douarnenez, laissant à gauche la forêt de Nevet, se dirige vers la mer.
À **Kerlaz,** un clocher ajouré coiffe l'église des 16e et 17e s.

★ Douarnenez *(voir p. 413)*
Quittez Douarnenez par Tréboul et gagnez Poullan-sur-Mer où vous tournerez à gauche, puis deux fois à droite.

Chapelle Notre-Dame-de-Kérinec
Dans un site boisé, cette chapelle (13e et 15e s.) présente un élégant chevet plat. Son fin clocher à flèche est la réplique fidèle de celui du 17e s., abattu par la foudre en 1958. Sous les frondaisons, remarquez la chaire ronde dont le pupitre de pierre est soutenu par un personnage ; une croix-calvaire se dresse au centre de la chaire.

Église Notre-Dame-de-Confort
Le chœur de cet édifice (16e s.) avec clocher à galeries (1736) possède de beaux **vitraux** (16e s.), dont un Arbre de Jessé, réalisés par un artiste quimpérois. Au-dessus de la dernière arcade de la nef, à gauche, est suspendue une roue à carillon garnie de douze clochettes. On la faisait jadis tourner en implorant la Vierge, pour donner le don de la parole aux enfants lents à parler.
À la sortie de Confort, vers Pont-Croix, tournez à droite, puis à gauche (D 307) en direction de Beuzec-Cap-Sizun et, une nouvelle fois, à droite.

★ Pointe du Millier
Ce site aride porte un petit phare. De la pointe *(15mn à pied AR)*, une **vue★** magnifique s'offre sur la baie de Douarnenez et le cap de la Chèvre.
À la sortie de Beuzec-Cap-Sizun, prenez à droite.

★ Pointe de Beuzec
Du rond-point aménagé en parking, **vue★** sur l'entrée de la baie de Douarnenez, la presqu'île de Crozon et, par temps clair, la pointe de St-Mathieu, au nord-ouest.

★ Réserve du cap Sizun

02 98 70 13 53 - tte l'année : 24h/24 - fermé oct.-mars - 2 € (enf. gratuit).

Ce site magnifique et sauvage, qui domine la mer de 70 m, abrite des milliers d'oiseaux de mer se rassemblant en colonies : guillemots de Troïl, cormorans huppés, goélands argentés, bruns et marins, les plus rares, mouettes tridactyles, pétrels fulmars, grands corbeaux et craves à bec rouge. Il est conseillé de visiter le site pendant la période de reproduction, au printemps. La nidification débute en mars et s'achève à la mi-juillet pour la plupart des oiseaux. Les adultes et les jeunes de l'année quittent peu à peu la réserve, jusqu'à la fin du mois d'août.

Pour un supplément de 3 € la demi-journée, nous vous conseillons de louer le « sac à falaise ». Il contient une paire de jumelles, une loupe, un livret de découverte et des fiches de reconnaissance pour la faune et la flore. De quoi passer de bons moments en famille.

Goulien

La Maison du vent – *Le Bourg - ℘ 02 98 70 04 09 - ♿ - juil.-août : 15h-18h - gratuit.* Depuis leur installation en 2000, les huit éoliennes de Goulien intriguent les visiteurs. Pour aller plus loin, la Maison du vent installée dans l'ancienne école du bourg propose un centre d'interprétation ludique et scientifique intitulé : « À l'école du vent. » Y sont abordés de façon pédagogique et artistique différents thèmes : la nature des vents et leurs effets, l'électricité, l'énergie éolienne, l'impact du vent sur la faune, la flore et les paysages…

★ Pointe de Brézellec

Laissez la voiture près de l'enclos des phares et des balises.

De la plate-forme rocheuse, **vue★** magnifique sur la côte découpée dont les falaises escarpées se développent sur une longueur exceptionnelle en Bretagne : au loin, la pointe de St-Mathieu ; en face, la presqu'île de Crozon ; à gauche, la pointe du Van et le phare de Tévennec.

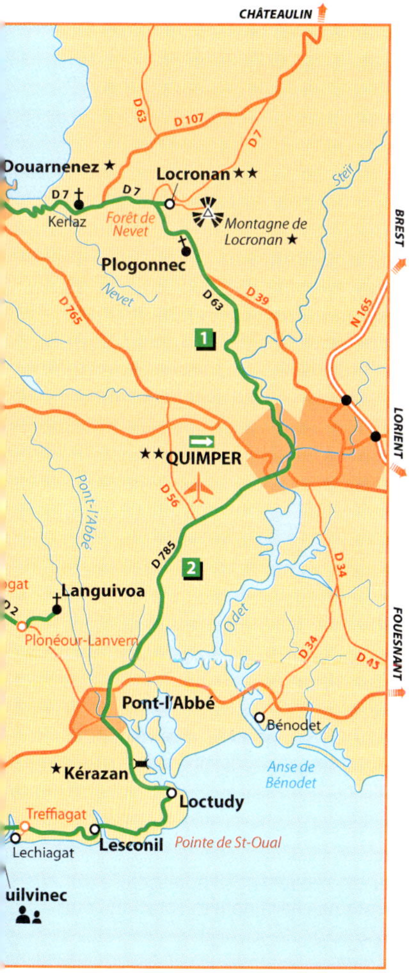

Faites demi-tour et prenez à droite vers la pointe du Van.

★★ Pointe du Van, baie des Trépassés, ★★★ pointe du Raz (voir p. 419)

Après la pointe du Raz, direction Audierne et, à 10 km, tournez à droite vers St-Tugen.

★ Saint-Tugen

La nef et l'imposante tour carrée de la **chapelle** de St-Tugen sont de style gothique flamboyant (16e s.), le transept et le chevet de style Renaissance (17e s.). Au flanc droit, le beau porche abrite six statues d'apôtres en granit de Kersanton et trois statues du 16e s. : le Christ, la Vierge et sainte Anne.

À l'intérieur, remarquez un curieux catafalque-cercueil flanqué aux extrémités des statues d'Adam et Ève.

★ Audierne

Ce port de pêche et de plaisance est situé sur l'estuaire du Goyen, dans un joli **site★**, au pied d'une colline boisée. Tout comme à Douarnenez ou à Guilvinec, vous trouverez dans les casiers des pêcheurs : de la sardine, de la langouste et de l'araignée.

Aquashow★ – *Rte du Goyen, en direction de Douarnenez - ℘ 02 98 70 03 03 -*

www.aquarium.fr - ♿ - avr.-nov. : 10h30-19h - possibilité de visite guidée - 10,80 € (-4 ans gratuit). Dans ce beau bâtiment de 5 000 m², donnant sur la rivière, 20 bassins accueillent la **faune aquatique bretonne** (130 espèces). Le cours du Goyen sert de fil conducteur à la présentation du biotope, du simple ruisseau d'eau douce jusqu'à la mer.

Certains animaux sont de taille impressionnante : congres de 2 m, homards de 6 kg, araignée japonaise de 1,50 m... Dans le **bassin tactile**, on peut effleurer les raies. Une exposition (photos, objets...) rend hommage à l'aventure en mer de Gérard d'Aboville et à la conserverie du Capitaine Cook. À voir encore : un spectacle en 3D sur le monde des requins, et la reconstitution d'une épave du 17e s. où s'accrochent mollusques et crustacés.

Le complexe comprend aussi une **volière**, où l'on assiste, sur des gradins, aux saisissantes prouesses des oiseaux pour attraper le poisson : plongeons de cormorans, piqués de faucons à 250 km/h.

★ Pont-Croix

Cette petite ville ancienne s'étage sur la rive droite du Goyen. De pittoresques ruelles pavées, bordées de vieilles maisons, descendent jusqu'au pont sur la rivière ; empruntez de préférence la Petite et la Grande-Rue-Chère.

Collégiale N.-D.-de-Roscudon★ – *9h-19h, possibilité de visite guidée sur demande à l'office du tourisme de Pont-Croix - gratuit, 1,50 € visite guidée.* Sur le flanc droit de N.-D.-de-Roscudon s'ouvre un élégant porche (fin 14e s.), coiffé de trois hauts gâbles finement ouvragés. La nef d'apparence romane remonte au début du 13e s. Le chœur a été agrandi en 1290, le transept aménagé en 1450 pour supporter le magnifique **clocher★**. Sa flèche haute de 67 m a servi de modèle pour celles de la cathédrale de Quimper.

L'intérieur présente un beau mobilier, dont une **Cène** du 17e s. en bois sculpté en haut-relief. Belle **verrière** (vers 1540) dans la chapelle du Rosaire, à droite du chœur.

Gagnez Plouhinec, où naquit en 1879 le sculpteur Quillivic puis, à Ty-Pic, prenez la route à droite.

Pors-Poulhan

Ce minuscule port est abrité par une jetée. Avant Plozévet, une belle **vue★** se dégage sur la baie d'Audierne et le phare d'Eckmühl, à l'extrémité de la pointe de Penmarch.

Plozévet

L'église gothique possède un porche du 15e s. Tout près, un **menhir** agrémenté d'une sculpture de Quillivic a été érigé en souvenir des morts de la guerre de 1914-1918. Il a été surnommé « Menhir des Droits de l'Homme ».

Poursuivez l'itinéraire sur 1 km vers le nord.

Chapelle de La Trinité

À la nef élevée au 14e s. fut adjoint au 16e s. le reste de l'édifice. À l'extérieur, deux murs du croisillon sud présentent une charmante décoration Louis XII. À l'intérieur, chapiteaux à décor floral.

Rejoignez la côte, suivez-la jusqu'à Penhors.

Penhors

Pour gagner la chapelle, prenez la direction de la plage.

Chapelle N.-D.-de-Penhors – Cette petite chapelle qui domine la baie d'Audierne a été édifiée à partir du 12e s. À l'intérieur beau retable de la Vierge à l'Enfant. Le 1er dimanche de septembre a lieu le grand **pardon** de N.-D.-de-Penhors, l'un des plus importants de Cornouaille.

Musée de l'Amiral – *02 98 51 52 52 - www.museedelamiral.com - - juil.-août : 10h-20h ; juin et sept. : tlj sf lun. 10h-12h, 14h-19h, w.-end 14h-19h ; reste de l'année : tlj sf lun. 10h-12h, 14h-17h30, w.-end 14h-17h30 - 5,60 € (5-15 ans 2,90 €).* Dans ce musée on découvre une belle collection de quelque 10 000 coquillages du monde entier, des poissons (dont un impressionnant requin-citron !), des minéraux de toutes les couleurs, des coraux, des fossiles et une présentation de 200 oiseaux de mer. Films.

À l'extérieur, face à l'océan, de l'aire de jeux pour les enfants : vue magnifique à droite sur la pointe du Raz, à gauche sur celles de la Torche et de Penmarch.

À marée basse, on peut aller de Penhors jusqu'à la pointe de la Torche *(20 km par la plage)*. Devant le musée de l'Amiral, départ d'un sentier de randonnée côtier balisé *(3 km)*.

De Penhors, vous pouvez aller visiter la Maison du pâté Henaff. Prenez la direction de Pouldreuzic, la maison est sur votre chemin mais vous pouvez poursuivre jusqu'à Pouldreuzic pour voir l'usine dominée par le château d'eau.

Pouldreuzic

En arrivant à Pouldreuzic, vous ne pouvez pas manquer le château d'eau décoré de la fameuse boîte de conserve jaune et bleu du pâté Hénaff. Cette petite bourgade est le fief de la fabrique Hénaff qui y a ouvert un musée.

La Maison du pâté Hénaff – *02 98 51 53 53 - www.henaff.fr - juil.-août : tlj sf dim. 10h-12h30, 14h-18h30, lun. et sam. 14h-18h30 ; fév., avr.-juin et sept. : mar.-vend. 10h-12h, 14h-17h, possibilité de visite guidée sur demande en basse sais., à 10h15, 14h15 et 16h15 en juil.-août - fermé janv., mars, oct.-déc. et j. fériés - 5,20 € (12-16 ans 2 €) - dégustation et vente.* En suivant la visite guidée, vous découvrirez le parcours de Jean Hénaff et de ses descendants. Jean Hénaff eut d'abord l'idée de mettre en conserve dès 1907 les petits pois qu'il cultivait, puis mit au point la recette du pâté qui le rendit célèbre. On y explique aussi comment se fait la conservation.

De Pouldreuzic, rejoignez Penhors et suivez les panneaux de la route du vent solaire, vous rejoignez Plovan et la presqu'île de Penmarch.

★ PRESQU'ÎLE DE PENMARCH

Itinéraire 2 de 70 km – comptez une demi-journée.

Jusqu'à la fin du 16e s., la presqu'île de Penmarch fut l'une des plus riches régions de Bretagne. La pêche à la « viande de carême » (la morue) faisait la fortune de ses 15 000 habitants, avant que le poisson ne déserte ses côtes, bien avant les montants compensatoires…

L'itinéraire se déroule en pays bigouden, que le costume de ses femmes, et surtout leur coiffe originale, a popularisé. C'est le pays du *Cheval d'orgueil*, le beau roman de Pierre Jakez Hélias : une terre au climat doux mais venteux, où les « pallues » sableuses de la baie d'Audierne semblent nier les rochers découpés qui la séparent de l'agréable coulée de l'Odet.

Plovan

La plage est belle, mais attention aux courants ! L'**église** (16e s.) présente un clocher ajouré flanqué d'une tourelle. Près de l'église, calvaire du 16e s.

Chapelle de Languidou

Proche de l'étang de Kergalan, cette chapelle (13e et 15e s.), que l'on appelle aussi chapelle de St-Guy n'est plus qu'une ruine de granit. Mais on peut encore admirer sa magnifique rosace.

De Plovan, vous pouvez faire un aller-retour pour aller voir la chapelle de Languivoa.

Chapelle de Languivoa

✆ 02 98 82 66 00 - juil.-août : 15h-18h ; reste de l'année : possibilité de visite guidée sur demande.

Cette chapelle (14e et 17e s.) a été entièrement restaurée. Le clocher-porche, découronné sous Louis XIV, domine la nef et l'entrée de style classique, avec ses colonnes doriques encastrées. Pardon le 15 août.

De Plovan, suivez la route du vent solaire jusqu'à la Maison de la baie d'Audierne.

Maison de la baie d'Audierne

✆ 02 98 87 65 07 - Visites en été 14h-18h ; pendant les vac. scol. merc. et jeu. 14h-18h ; le reste de l'année le merc. 14h-18h.

C'est le centre d'information et d'échanges du SIVU de la baie d'Audierne, un syndicat intercommunal qui s'occupe de la protection des 516 ha de dunes et marais littoraux appartenant au conservatoire du littoral. L'été, on y visite des expositions où l'on suit l'un des animateurs dans une promenade de découverte de ce milieu naturel.

★★ Calvaire et chapelle Notre-Dame-de-Tronoën

✆ 02 98 82 04 63 - de mi-juin à fin sept. : 10h-12h, 14h-18h, dim. 14h-18h ; avr.-mi-juin : 14h-18h, possibilité de visite guidée - gratuit.

Le calvaire et la chapelle se dressent en bordure de la baie d'Audierne, dans un paysage sauvage de dunes.

Calvaire★★ – (1450-1460). L'Enfance et la Passion du Christ se déroulent sur deux frises, à travers cent personnages doués d'une vie intense, et d'une originalité remarquable. Un examen attentif permet d'apprécier les détails, malgré les épreuves du temps. Les sujets sont traités en ronde-bosse ou en haut-relief, dans un granit grossier de Scaër, assez friable et propice au développement du lichen. Trois scènes, sur la partie nord, sont en granit de Kersanton : la Visitation, la Nativité et les Rois mages en costumes du 15e s. Le Christ et les larrons sont également sculptés dans un granit dur.

Chapelle – Bâtie au 15e s., elle présente un fin clocher ajouré, encadré de tourelles. Les portes s'ouvrent sur la façade sud agréablement décorée, face au calvaire.

Poursuivez la route en tournant deux fois à droite.

Pointe de la Torche

Ce paradis de « la glisse » rassemble les adeptes du surf et du funboard ; l'École de surf de Bretagne y est installée. Attention, les deux plages sont extrêmement dangereuses. Au sommet, tumulus avec important dolmen.

Plage de Pors-Carn

Cette vaste plage de sable fin, où aboutit le câble assurant la liaison téléphonique France-États-Unis, s'étend au fond de l'anse de la Torche.

Saint-Guénolé

Derrière le port, on rêve devant les fameux **rochers** sur lesquels déferle inlassablement la mer.

Détail du calvaire de Notre-Dame-de-Tronoën.
D.R.

Musée préhistorique finistérien★ – *À l'entrée de St-Guénolé - ✆ 02 98 58 60 35 - ♿ - juin-sept. : tlj sf sam. 10h30-12h30, 14h-18h, dim. et vac. scol. 14h-18h ; reste de l'année : possibilité de visite guidée (1h30) sur demande au ✆ 06 83 54 63 39 - 3,50 € (-7 ans gratuit), 4,50 € visite guidée.* Le musée présente une collection exceptionnelle de 3 000 pièces archéologiques ayant trait à l'histoire du Finistère et du peuplement de l'Ouest armoricain. Sur 300 m² d'exposition sont présentés des outils en pierre taillée ou polie (bifaces, grattoirs, lames en silex, haches polies, pointes de flèche), un ensemble de céramiques préhistoriques et protohistoriques ainsi que des poignards, des haches, des épées et des pointes de lance en bronze. Le musée présente également deux reconstitutions de nécropoles, l'une de la période gauloise de la Tène et l'autre du Haut Moyen Âge. Autour du bâtiment : dolmen, menhir, coffres à rainures, caveaux de l'Âge du Bronze ainsi que des stèles gauloises.

Chapelle Notre-Dame-de-la-Joie

Cette chapelle (15ᵉ s.) se dresse face à la mer, avec son calvaire du 16ᵉ s. orné d'une pietà. Un **pardon** s'y déroule le 15 août.

★ Phare d'Eckmühl

✆ 06 07 21 37 34 - avr.-sept. : 10h30-18h (dernière montée) ; fermé oct.-mars - 2 € (enf. 1 €), 4,50 € visite avec musée (ancien phare).

Ce phare fut construit en 1897 grâce à un don de la fille du maréchal Davout, prince d'Eckmühl. Les 307 marches du phare mènent au balcon : **panorama★★** sur la baie d'Audierne, qui se termine par la pointe du Raz et le phare de l'île de Sein, sur la côte de Concarneau, Beg-Meil et l'archipel de Glénan.

À gauche du phare, on atteint l'extrême pointe où se trouvent l'ancien phare – qui sert maintenant d'amer –, une chapelle fortifiée et le sémaphore. On peut y voir le *Papa Poydenot*, canot de sauvetage construit en 1900.

Kérity

Ce petit port de pêche se tourne de plus en plus vers la plaisance. L'église Ste-Thumette (1675) possède une élégante façade ornée de gâbles et flanquée d'une tourelle.

★ Penmarch

La commune de Penmarch englobe plusieurs villages : St-Guénolé, Kérity, Tréoultré et St-Pierre. À Penmarch même, la réhabilitation des dunes a été entreprise sur la belle plage du Steir, qu'avoisine un camping.

Église St-Nonna★ – *149 r. François-Merrien - 29760 Penmarch - ✆ 02 98 58 60 16 - visite guidée sur demande de mi-juin à mi-sept. : 10h-12h, 14h-18h - fermé dim.* Datant du 16e s., cette église est de style gothique flamboyant. Au chevet et sur les contreforts, de chaque côté du portail, sont sculptées en bas ou haut relief des barques et des caravelles : elles rappellent que la construction de l'édifice est due aux dons des armateurs. Dans le collatéral sud, tableau du *Vœu de Louis XIII*.

Par la route côtière, gagnez Guilvinec.

Guilvinec

Troisième port de pêche en France, mais au premier rang pour la pêche artisanale, Guilvinec offre le spectacle très vivant de ses quais, avec ses quelque 130 bateaux d'où l'on débarque la lotte, la raie, la langoustine, le merlu et la seiche… Il forme avec **Lechiagat**, où les bateaux de plaisance sont nombreux, un ensemble bien abrité par ses jetées.

Haliotika – *Terrasse panoramique de la Criée - ✆ 02 98 58 28 38 - www.haliotika.com - ♿ - de mi-avr. à mi-nov. : tlj sf w.-end 10h-12h30, 14h30-18h30 ; reste de l'année : se renseigner - fermé 1er janv., dim. et lun. de Pâques, 1er Mai, 1er nov., 25 déc. - 3 €.* Installé sur les quais, ce centre d'interprétation se consacre au monde de la pêche en mer. Maquettes et projections évoquent la vie à bord, le cheminement du poisson du filet à l'assiette, l'environnement économique du métier. Exposition ludique sur la gestion des ressources.

Pour compléter le panorama de la pêche locale, visitez la criée proche *(visite guidée possible, voir Nos adresses en Cornouaille, p. 409)*.

On y organise aussi la **visite du port** : chantiers de construction navale, réparation des filets, atelier de mareyage… En saison, des **ateliers** de découverte sont proposés aux enfants, ainsi que des ateliers de cuisine où l'on apprend à concocter des recettes à base de végétaux marins !

Entre Guilvinec et Lesconil, la **plage de Treffiagat** est agrémentée d'un parcours santé de 2 km.

Lesconil

Dans ce petit port très animé, qui dépend de Guilvinec, la flottille pratique la pêche au chalut. Elle rentre chaque soir vers 17h30 : un pittoresque retour à ne pas manquer.

Par Palue-du-Cosquer et Lodonnec, gagnez Loctudy.

Loctudy *(voir Pont-l'Abbé, p. 426)* et ★ manoir de Kerazan *(voir Pont-l'Abbé, p. 425)*

Pont-l'Abbé *(voir p. 424)*

Quittez Pont-l'Abbé par la rue du Pont-Neuf et regagnez Quimper.

NOS ADRESSES EN CORNOUAILLE

HÉBERGEMENT

PREMIER PRIX

Hôtel La Baie des Trépassés – *29 770 La Baie-des-Trépassés - 3 km de la pointe du Raz par D 784 - ✆ 02 98 70 61 34 - www.baiedestrepasses.com - fermé 12 nov.-14 fév. et lun. sf vac. scol. - P - 27 ch. 39/77 € - ☕ 11 € - rest. 24/58 €; menu express 18,50 €.* C'est l'emplacement de l'hôtel qui vaut le détour : bâti sur la plage à 3 km de la pointe du Raz, il offre une vue unique sur la baie des Trépassés, la pointe elle-même et, dans son prolongement, l'île de Sein. Chambres anciennes mais propres, bar-glacier, restaurant.

Chambre d'hôte An Tiez Bihan – *À Kerhuret - 29770 Plogoff - 2,5 km sur la D 784 en dir. de la pointe du Raz - ✆ 02 98 70 34 85 - ⊭ - 5 ch. 45 € ☕.* Cette ancienne ferme rénovée a conservé son plaisant style régional. Côté hébergement, plusieurs maisonnettes (jolies chambres simplement meublées) et un gîte. Côté table, restaurant installé dans la bâtisse principale où l'on se régale de produits de la mer. La maison possède un atelier de fumage du poisson (vente à emporter).

Chambre d'hôte Ferme de Kerguidy-Izella – *29 770 Plogoff - passer le bourg dir. pointe du Raz, puis 1re à gauche après le château d'eau - ✆ 02 98 70 35 60 - www.fermelebars.com - ♿ - 5 ch. 45 € ☕.* Les chambres simples et rustiques *(dont une pour handicapés)* occupent les anciennes dépendances de cette jolie ferme du 19e s. Produits régionaux servis au petit-déjeuner dans une salle dotée de meubles typiquement bretons. Accueil sympathique du propriétaire qui saura vous conter l'histoire de sa maison et de son village…

BUDGET MOYEN

Chambre d'hôte Kerantum – *Kerantum - 29 790 Mahalon - à 2,5 km au sud-ouest de Douarnenez par D 765 dir. d'Audierne - ✆ 02 98 74 51 93 ou 06 62 52 74 06 - www.gites-finistere.com/gites/kerantum - ⊭ - 3 ch. et 4 gîtes 48 € ☕.* Cette ancienne ferme isolée en pleine campagne est progressivement transformée en lieu d'hébergement : gîtes dans les dépendances et chambres d'hôte (très simples mais spacieuses) dans la maison principale. Cuisine équipée à disposition et agréable jardin.

Hôtel Sterenn – *Rte du phare-d'Eckmühl - 29 760 Penmarc'h - ✆ 02 98 58 60 36 - www.hotel-sterenn.com - fermé 15-30 nov. et 15-30 janv. - P - 16 ch. 50/98 € - ☕ 10 € - rest.15/38,50 €.* Grande bâtisse récente coiffée d'un toit d'ardoise, offrant une superbe échappée vers le large et la pointe de Penmarch. Alentour, la nature préservée de la Côte sauvage. Chambres sobres et nettes. Au restaurant, assiettes de fruits de mer et recettes du pays bigouden.

Chambre d'hôte du Manoir de Suguensou – *Rte Douarnenez - 29 770 Audierne - 2 km au nord d'Audierne par D 765 - ✆ 02 98 70 07 23 - www.manoirdesuguensou.com - fermé nov.-déc. - ⊭ - 4 ch. 55/65 € ☕.* Même si sa façade tannée par les embruns semble parfois accuser le poids des années, ce manoir du 19e s. a retrouvé une seconde jeunesse depuis la création de ses chambres d'hôte. Chaleureux intérieur, salon aux couleurs vives (belle cheminée en marbre d'origine) et jolies chambres donnant sur le jardin sauvage.

POUR SE FAIRE PLAISIR

Hôtel Breiz Armor – *29710 Pouldreuzic - ✆ 02 98 51 52 53 - fermé d'oct. à fin mars -36 ch. 71/128 € - ☕ 9 € - rest. 15/79 € (fermé janv.-fév. et vac. Toussaint).* Situé sur la plage de Penhors et sur le GR 34, cet ensemble moderne propose d'agréables chambres joliment décorées. À côté se trouve le musée de l'Amiral qui appartient aux propriétaires de l'hôtel.

RESTAURATION

PREMIER PRIX

L'Épi d'Or – *6 quai Jean-Jaurès - 29770 Audierne - ✆ 02 98 70 29 41 - fermé 13-30 nov. - 8/15 €.* Cette ancienne réserve à chaussures abrite aujourd'hui une sympathique crêperie. Le cadre est simple et convivial, avec pan de mur en pierre de pays, fausses poutres et tables en bois.

An Teuzar – *6 quai Pelletan - 29770 Audierne - ✆ 02 98 70 00 46 (pas de réserv. le soir en haute saison) - fermé dim. midi - 10/13 €.* C'est l'une des meilleures crêperies d'Audierne ! Dans une salle rappelant l'intérieur d'un bateau vous attend un large choix de trésors au froment ou au blé noir : la spécialité maison aux coquilles St-Jacques, fondue de poireaux et carottes à la crème fraîche, entre autres recettes originales, fait le bonheur de tous les gourmands.

BUDGET MOYEN

Restaurant Le Menhir – *Kerrest - Plage de Cante - 29143 Plozevet - ✆ 02 98 91 46 97 - fermé mar. soir et merc. - formule déj. 9,50 € - 19,50/38 €.* Il est situé sur la route du vent solaire près du menhir des Droits de l'Homme de Plozevet auquel il doit son nom. Ce restaurant, dont les grandes baies vitrées donnent sur la plage et la mer, propose une bonne cuisine traditionnelle.

POUR SE FAIRE PLAISIR

L'Iroise – *8 quai Camille-Pelletan - 29770 Audierne - ✆ 02 98 70 15 80 - www.restaurant-liroise.com - fermé lun. soir et mar. sf juil.-août - 25/59 €.* Une terrasse d'été tournée sur les quais et le port devance cette salle à manger égayée de tons pastel et dotée de murs de pierres apparentes. La cuisine est actuelle, avec des plats aux saveurs iodées.

ACHATS

Gastronomie

Conserverie Kerbriant – *Pen-Ar-Yeun - 29790 Beuzec-Cap-Sizun - ✆ 02 98 70 52 44 - www.kerbriant.fr - 8h30-12h, 14h-18h – fermé juin, w.-end, 20 déc.-15 janv. et j. fériés.* Soupe de poisson traditionnelle, bisque de homard, sauces cuisinées, filets de maquereaux, sardines… : vous pourrez assister à l'élaboration de toutes ces spécialités ou simplement les acheter dans cette petite conserverie artisanale. L'accueil y est convivial et la visite très pédagogique.

Biscuiterie de la Pointe-du-Raz – *Rte de la Pointe-du-Raz - 29770 Plogoff - ✆ 02 98 70 60 73 - www.biscuiteriedelapointeduraz.com - 15 juil.-15 août : 8h30 -20h ; reste de l'année : 9h-19h - fermé 1er janv. et 25 déc.* Une bonne odeur de biscuit flotte dans cette boutique accolée à son atelier de fabrication, d'où arrivent directement galettes feuilletées, palets dorés et madeleines moelleuses, le tout confectionné à partir de beurre de baratte. À l'occasion, il est possible de visiter l'usine et de déguster ces délicieuses spécialités typiquement bretonnes.

ACTIVITÉS

Sports nautiques

Centre Nautique Cap-Sizun – *Plage de Ste-Évette - 29 770 Esquibien - ✆ 02 98 70 21 69 - www.voile-capsizun.com - été : 9h-19h ; hors sais. : 9h-12h, 14h-17h - fermé 20 déc.-20 fév.* Le Centre nautique Cap Sizun est installé dans la baie d'Audierne, site protégé où les sports nautiques se pratiquent en toute sécurité. Les équipements à disposition sont variés : Optimist, catamaran, 420 Booxy, Laser, habitable First class 8 et planche à voile. On peut y pratiquer de la voile loisirs, de la voile sportive et de la voile école (stages pour petits – dès 4 ans – et grands).

Surfer à La Torche - École de surf de Bretagne « Beg an Torchen » – *Beg An Dorchen - La Torche - 29 120 Plomeur - ✆ 02 98 58 53 80 - www.twenty-nine.fr – 9h-19h.*

Plongée

Club des plongeurs du cap Sizun – *Port de Plaisance Ste-Évette - 29 770 Esquibien - ✆ 02 98 70 24 10 - www.audierne-plongee.fr - 9h-14h - fermé de déb. nov. à mi-mars.* Il organise des baptêmes et des stages *(fournir un certificat médical confirmant l'absence de contre-indication à la plongée).* Randonnée palmée et exploration à partir de 8 ans.

Pêche en mer

Haliotika - La Cité de la Pêche – *Le Port, terrasse panoramique - 29 730 Guilvinec - ✆ 02 98 58 28 38 - www.haliotika.com - déb. avr.-déb. nov. et vac. scol. : lun.-vend. 10h-12h30, 14h30-18h30 ; juil.-août : lun.-vend. 9h30-19h et sam.-dim. 15h-18h30 ; oct. : tlj 15h-18h - à partir de 5,50 € (enf. 3,50 €).* Pour partir toute une journée sur un chalutier, il faut être un lève-tôt et avoir le pied marin ; dép. entre 4h et 5h, retour vers 17h *(sur demande préalable 2 j. av., 2 pers. maxi par bateau - 40 € par pers.).* Vous pouvez également assister à la vente de poisson à partir de 16h30, si vous préférez rester à terre. Les visites de la criée sont accompagnées d'un guide du centre Haliotika, centre de découverte et d'interprétation de la pêche en mer.

Locronan

★★

800 Locronanais – Finistère (29)

NOS ADRESSES PAGE 412

S'INFORMER

Office du tourisme de Locronan – *Pl. de la Mairie - 29 180 Locronan - ✆ 02 98 91 70 14 - www.locronan.org - juil.-août : 10h-13h, 14h-19h, dim. et j. fériés 14h-18h ; avr.-juin : 10h-12h, 14h-18h ; sept. et vac. scol. : tlj sf w.-end 10h-12h, 14h-18h ; reste de l'année : lun. et merc. 10h-12h, 14h-17h, mar., jeu. et vend. 10h-12h.*

SE REPÉRER

Carte de microrégion B2 (p. 370-371) – *carte Michelin Départements 308 F6.* Locronan se trouve à 10 km à l'est de Douarnenez par la D 7, soit 17 km au nord-ouest de Quimper par la D 39.

SE GARER

L'été, la cité est envahie de touristes, de poussettes, et l'entrée du centre-bourg est interdite. Garez-vous sur le parking situé à l'entrée du village *(payant en saison).*

À NE PAS MANQUER

Les vieilles demeures de la place centrale de Locronan et l'intérieur de l'église St-Ronan.

ORGANISER SON TEMPS

Le mois de juillet est celui des Troménies. L'idéal est de pouvoir assister à l'une d'elles, spécialement la grande, qui a lieu tous les six ans (2013 pour la prochaine en date).

Jadis prospère grâce à l'industrie de la toile à voile, Locronan l'est encore aujourd'hui grâce au tourisme. Elle a en effet conservé sa belle place centrale, ses maisons Renaissance de granit, son vieux puits et sa vaste église, mais ce sont encore les pardons, appelés ici « troménies », qui attirent le plus de visiteurs. Ces jours-là, la « montagne de Locronan », qui domine la ville, offre un spectacle des plus originaux.

FERVEUR RELIGIEUSE

À Locronan, les pardons se nomment « troménies ». Lors de la petite troménie, la procession se rend au sommet de la montagne, reprenant la promenade que, selon la tradition, saint Ronan faisait tous les matins à jeun et pieds nus. La **grande troménie★★** a lieu tous les six ans (2007 pour la dernière en date, 2013 pour la prochaine), les 2e et 3e dimanches de juillet. Les pèlerins, portant les bannières, font le tour de la montagne (12 km) en s'arrêtant à douze stations. Ce circuit s'effectue aux limites de l'ancien prieuré bénédictin qui avait été construit à l'emplacement de la forêt sacrée, le « Nemeton », servant de temple naturel. Fondé au 11e s., c'était un lieu d'asile. De là viendrait le nom du pardon : Tro Minihy, ou « tour de l'asile », francisé en « troménie ».

La grande troménie de Locronan.
R. Mattès / MICHELIN

Se promener

★★ Place

Cadre de plusieurs films historiques (*Tess d'Uberville*, *Chouans*…), elle incarne la ville, classée Monument historique en 1936. D'élégantes demeures bordent les rues avoisinantes (Lann, Moal, St-Maurice).

Église Saint-Ronan et chapelle du Pénity★★ – *10h-18h30 - possibilité de visite guidée juil.-août : merc. 14h30 - s'adresser à l'office de tourisme - 2 € (-16 ans gratuit).* Ces deux édifices accolés communiquent. L'église, du 15e s., frappe par sa voûte en pierre. La décoration de sa **chaire★** (1707) retrace la vie de saint Ronan, ermite irlandais venu en Cornouaille vers le 5e s. Le beau **vitrail★** (15e s.) de l'abside évoque des scènes de la Passion.

La **chapelle du Pénity**, du 16e s., abrite quant à elle la dalle funéraire de saint Ronan (le gisant, du début du 16e s., est l'une des premières œuvres en granit de Kersanton). Notez la Descente de croix (16e s.) en pierre polychrome, à six personnages ; son soubassement est orné de deux beaux **bas-reliefs★** représentant les apparitions de Jésus ressuscité à Marie-Madeleine et aux disciples d'Emmaüs. En 2005, une campagne de restauration lui a restitué la voûte de l'entrée ouest ainsi que onze gargouilles, qui avaient été détruites par la foudre au 19e s. Pour avoir une bonne vue du chevet plat de l'église, avancez-vous dans le cimetière.

Chapelle Notre-Dame-de-Bonne-Nouvelle

À 300 m par la rue Moal, qui part de la place et descend à flanc de coteau.
Avec le calvaire et la fontaine (1698), cette chapelle du 16e s. compose un paysage typiquement breton.

Musée

Rte de Châteaulin - ✆ 02 98 91 70 14 - juil.-août : 10h-13h, 14h-19h, dim. et j. fériés 14h-18h ; avr.-juin : 10h-12h, 14h-18h ; sept. et vac. scol. : tlj sf w.-end 10h-12h, 14h-18h ; reste de l'année : lun. et merc. 10h-12h, 14h-17h, mar., jeu. et vend. 10h-12h - possibilité de visite guidée de l'atelier de tissage - 2 € (-12 ans gratuit).

Faïences de Quimper, grès, costumes du pays locronais, évocation des troménies, des anciens métiers, peintures et gravures contemporaines se rapportant à Locronan.

À proximité Carte de microrégion

★ Montagne de Locronan C2

À 2 km à l'est.

Du sommet (289 m) couronné par une **chapelle** qu'ornent des vitraux de Bazaine, beau **panorama★** sur la baie de Douarnenez ; à gauche, on distingue Douarnenez et la pointe du Leydé ; à droite, le cap de la Chèvre, la presqu'île de Crozon, le Ménez-Hom et les monts d'Arrée. *La chapelle est fermée en dehors des troménies. Se renseigner auprès de l'office de tourisme - ✆ 02 98 91 70 14.*

Sainte-Anne-la-Palud B2

À 8 km au nord-ouest par la D 63 puis à gauche par la D 61. Quittez Locronan par la D 63 en direction de Crozon. À la sortie de Plonévez-Porzay, prenez à gauche.

La **chapelle**, bâtie au 19e s., abrite une statue vénérée de sainte Anne, exécutée en 1548 en granit peint.

NOS ADRESSES À LOCRONAN

HÉBERGEMENT

BUDGET MOYEN

Hôtel Le Prieuré – *11 r. du Prieuré - ✆ 02 98 91 70 89 - www.hotel-le-prieure.com - fermé 11 Nov.-15 mars - P - 15 ch. 60/72 € - ☕ 8 € - rest. 19/47 € (ouv. tte l'année).* En visite touristique dans la petite cité ? Ce discret hôtel-restaurant familial propose des chambres rénovées sur l'avant et plus rustiques sur l'arrière. Cuisine traditionnelle et fruits de mer servis dans une salle à manger ornée de mobilier breton.

POUR SE FAIRE PLAISIR

Hôtel du Manoir de Moëllien – *29550 Plonévez-Porzay - 3 km au nord-ouest de Locronan, prendre la D 7 vers Douarnenez sur 1,5 km puis tournez à droite - ✆ 02 98 92 50 40 - www.moellien.com - fermé mi-nov.- fin mars - P - 18 ch. 72/145 € - ☕ 12 € - rest. 34 €.* Cette demeure du 17e s. isolée en pleine campagne vous hébergera dans ses dépendances. Ses chambres coquettes ouvrent leurs portes-fenêtres sur la nature et jouissent d'un calme remarquable. Seul le restaurant, agrémenté d'une cheminée, est dans le manoir.

RESTAURATION

PREMIER PRIX

Crêperie Breiz Izel – *Pl. de l'Église - ✆ 02 98 91 82 23 - ouv. tous les dim., tlj en période vac. scol. sf sam. - 💳̸ - 7,60/12,20 €.* On ne visite pas ce bourg, idéalement préservé, au pas de course… N'hésitez pas à faire étape dans cet ancien hôtel particulier du

Comptoir de la compagnie des Indes : vous apprécierez sa vieille cheminée, sa belle salle à manger et ses crêpes à prix sages.

AGENDA

Le pardon de la montagne de **Locronan**, l'un des plus pittoresques de Bretagne, attire une grande foule. La **petite troménie** *(2e dim. de juil.)* a lieu tous les ans. Quant à la **grande troménie**, elle ne survient que tous les 6 ans *(2e et 3e dim. de juil., la prochaine en 2013)*.

Lors du pardon de **Ste-Anne-la-Palud**, une grande procession aux flambeaux débute le sam. à 21h ; elle parcourt la dune au-dessus de la chapelle. Dim. et mar. : messe solennelle à 10h30, louange vespérale et grande procession sur la dune à 15h.

Douarnenez

★

15 608 Douarnenistes – Finistère (29)

NOS ADRESSES PAGE 417

S'INFORMER

Office du tourisme du pays de Douarnenez – *1 r. du Dr-Mével - 29 100 Douarnenez - 02 98 92 13 35 - www.douarnenez-tourisme.com - juil.-août : 10h-19h ; mars-juin et sept.-oct. : 10h-12h30, 14h-17h30, dim. 10h45-12h30 ; reste de l'année : tlj sf dim. 10h-12h30, 14h-17h30 - fermé 1er janv., 1er et 11 Nov., 25 déc.*

SE REPÉRER

Carte de microrégion B2 (p. 370-371) – *carte Michelin Départements 308 F6.*
Douarnenez est au fond de la baie qui sépare la presqu'île de Crozon du Cap Sizun. Vous y accédez facilement depuis Quimper (23 km au sud), par la D 765, ou par les D 39 puis D 7 si vous souhaitez profiter d'une belle vue sur la baie.

SE GARER

Évitez le centre-ville et optez plutôt pour le parking du port de plaisance *(pl. des 4-Frères-Kérivel)* ou pour celui du port-musée *(bd Camille-Réaud)*.

À NE PAS MANQUER

Les ports et les différents sentiers de randonnée comme ceux des Plomarc'h ou des Roches-Blanches.

ORGANISER SON TEMPS

Après la visite du Port-musée le matin, allez flâner sur les falaises et profitez de l'après-midi pour le farniente sur les plages.

AVEC LES ENFANTS

Inspectez les bateaux du Musée à flot et laissez-les naviguer sur les bateaux miniatures à partir de l'embarcadère de Treiz-Port-Rhû.

Au fond de la baie qui a pris son nom, Douarnenez est la « ville aux trois ports ». Celui du Rosmeur, le grand port sardinier, accueille tous les deux ans une grande fête maritime et conserve quelques-unes des façades colorées qui firent le bonheur d'artistes comme Renoir ou Boudin. Celui de Port-Rhû abrite le port-musée, avec sa collection de vieux gréements, qui évoque l'habileté des charpentiers de marine. Quant au port de plaisance, il se niche à Tréboul, près des plages.

Se promener Plan de la ville

« Le Chemin de la sardine » *(2h)* retrace en 17 étapes l'histoire sardinière de Douarnenez (chaque panneau donne des informations autonomes). Des clous en bronze frappés du poisson-symbole le jalonnent.
Il débute sur le belvédère des Plomarc'h, qui surplombe la baie et le port. La promenade va ensuite du port du Rosmeur et ses venelles au Port-Rhû et au front de mer face à l'île Tristan. Elle prend fin à l'ancienne mairie de Douarnenez.

Chapelle Saint-Michel 1

02 98 92 13 35 - juil.-août - se renseigner à l'office de tourisme.
Construite en 1663, elle abrite 52 panneaux peints de dom Michel Le Nobletz (1577-1652). Ils lui servirent à représenter la religion de façon très visuelle, lors de sa mission d'évangélisation en basse Bretagne.

Chapelle Sainte-Hélène 1

Sur sa façade, trois **bas-reliefs** représentent une barque de pêcheurs, un fou de Bassan et un banc de poissons, rappelant sans doute que des marins participèrent au financement de la construction de la chapelle. Achevée en 1755, elle comporte des éléments d'un premier sanctuaire de style gothique flamboyant : ainsi, deux vitraux situés au bas de la nef (16e s.).
Prenez la rue Hervé-Julien, en face de la chapelle.

★ Port du Rosmeur 1

La **rue Hervé-Julien** débouche sur une place minuscule, entourée de maisons de pêcheurs dont certaines possèdent des niches à statue.
La **rue Anatole-France** descend vers le port, jadis empli de chaloupes sardinières.
La **rue du Rosmeur** abritait des conserveries comme celle du Capitaine Cook, avec sa façade rose, qui a été transformée en immeuble d'habitation.

LA GLOIRE DE LA SARDINE

Ancien bourg de pêcheurs, Douarnenez se métamorphose à la fin du 19e s. avec l'apparition de la boîte de conserve. Les usines de poisson se multiplient, attirant une main-d'œuvre nombreuse. En vingt ans, la population double, un millier de chaloupes approvisionnent quelque 34 conserveries telle celle de Connétable, doyenne mondiale fondée en 1853 sous le nom de Chancerelle.
Le port de pêche était encore, il y a peu, le sixième de France en tonnage débarqué. Cette activité a connu de sérieuses difficultés, mais Douarnenez demeure toujours pour l'instant la capitale européenne de la conserverie de poisson.

DOUARNENEZ

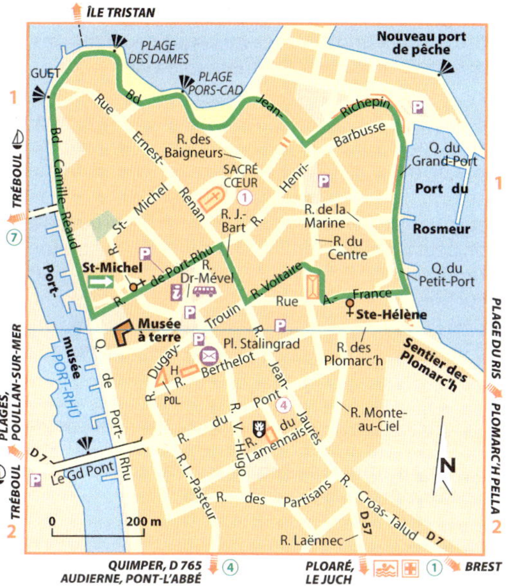

DOUARNENEZ

SE LOGER

Kerveoc'h (Auberge de)....(1)
Manoir de Kervent (Chambre d'hôte)..........(4)
Ty Mad (Hôtel)......................(7)

SE RESTAURER

Clos de Vallombreuse (Le)..........(1)
Tudal - Au Goûter Breton (Crêperie)..........(4)

★ Port de pêche 1

Construit en 1951 sur un terre-plein gagné sur la mer, à l'abri d'un môle de 741 m, il abrite une importante **criée** où l'on se trouve plongé dans l'univers des pêcheurs : débarquement du poisson à partir de 23h et vente dès 6h30. La jetée offre une large **vue★** sur la baie, que domine le Ménez-Hom.

Empruntez le boulevard Jean-Richepin pour rejoindre Port-Rhû.

Depuis le boulevard Jean-Richepin, une **vue★** superbe se déploie sur la baie de Douarnenez. La promenade côtoie la plage de Porscad, puis celle des Dames. Sur le boulevard Camille-Réaud, on contemple l'île Tristan. Là, une passerelle piétonne enjambe l'estuaire de Port-Rhû jusqu'à Tréboul.

À Port-Rhû, le Grand Pont, pont métallique haut de 24 m, conduit les automobilistes à Tréboul.

★★ Port-musée de Port-Rhû 1-2

Pl. de l'Enfer - ✆ 02 98 92 65 20 - www.port-musee.org - juil.-août : 10h-19h ; reste de l'année : tlj sf lun. 10h-12h30, 14h-18h - fermé 1er janv., 25 déc. - 6,20 € (enf. 3,80 €) musée à terre + à flot + expositions ; 4 € (enf. 2,50 €) musée à flot seul ; 5 € (enf. 3 €) musée à terre + expositions.

Ce lieu original, conservatoire vivant des activités maritimes, est né dans les années 1980, à l'initiative d'une poignée d'hommes passionnés.

Des dizaines de bateaux en voie de disparition – pêche, cabotage, plaisance… – furent alors collectés sur les côtes de France et d'Europe : autant de témoignages de la culture traditionnelle des gens de mer, vouée à une profonde mutation. Depuis 2006, le Port-musée montre un nouveau visage grâce à la rénovation et à la modernisation de ses infrastructures et de ses collections.

En été, sur le quai de Port-Rhû, des artisans et des « anciens » sont à l'œuvre, perpétuant les métiers traditionnels : gréeur, sculpteur de marine, tanneur de filets… *Programme des activités : se renseigner au Port-musée.*

Musée à terre★ – Dans une grande salle plongée dans la pénombre sont habilement éclairées et mises en valeur de belles embarcations primitives, depuis le bateau-panier vietnamien aux pirogues sculptées de Papouasie ou autres contrées lointaines.
À l'étage, on revient vers les embarcations à voile ou à rame des côtes bretonnes ou européennes. Un espace présente la survie en mer, la conserverie, etc. Un grand espace est dévolu à de très belles expositions temporaires comme celle sur les Boat People.
Musée à flot★ – Plusieurs bateaux amarrés dans le bassin se visitent : à partir d'estacades de bois, on peut monter à bord du grand langoustier breton *Notre-Dame de Rocamadour*, visiter sa salle des machines et sa glaciaire, puis visiter le remorqueur à vapeur britannique *St-Denys* à l'impressionnante machinerie, la gabare brestoise *Dieu Protège* et la barge londonnienne *Northdown*. Chaque bateau bénéficie d'une présentation qui allie le son et l'image.

Tréboul 1 en dir.

Ce quartier aux venelles ramassées abrite le **port de plaisance**, qui peut accueillir plus de 700 embarcations. Au-delà, on rejoint le cimetière marin, la **plage St-Jean**, puis la vaste **plage des Sables-Blancs**, qui occupe un très beau site près de la pointe de Leydé, en face de l'îlot du Coulinec.

À proximité Carte de microrégion

★ Sentier des Plomarc'h B2

À l'est – comptez 2h30 à pied AR. Accès par la rue des Plomarc'h, à l'est du plan.

Ce sentier, à flanc de pente, offre des **vues★** pittoresques sur Douarnenez. Après les maisonnettes de Plomarc'h Pella, un **site archéologique** comporte les vestiges d'un important bâtiment (34 m de long) où l'on produisait, à l'époque gallo-romaine (2e s. apr. J.-C.), des salaisons de poissons ainsi que du *garum* : une sauce relevée, issue de la macération des viscères et du sang des poissons, auxquels on ajoutait du sel et des herbes très odorantes. Le sentier rejoint ensuite la **plage du Ris★**.

Sur l'île Tristan

Ancrée à 300 m du rivage, cette île (450 m de long, 250 m de large) présente des côtes rocheuses et des falaises, des landes et des vergers où poussent le coing et la prune. On y découvre même un labyrinthe de bambous, planté au début du 20e s. Propriété du Conservatoire du littoral, l'île se visite avec un guide, à marée basse, ou lors des journées « portes ouvertes » organisées deux fois par an. *Renseignements à l'office de tourisme.*

★ Sentier des Roches-Blanches

Circuit de 6 km à l'ouest – comptez 2h30 à pied AR. Accès depuis Tréboul, à l'ouest du plan. De la plage des Sables-Blancs, prenez à gauche la route des Roches-Blanches. Laissez la voiture sur le parking, juste après le village de vacances.

Ce sentier côtier *(balisage rouge)* permet de contempler les falaises qui bordent le sud de la baie : très belle vue depuis la **pointe de Leydé★**.
Revenez à Tréboul par la route ou continuez vers Poullan-sur-Mer et Beuzec.

Église de Ploaré B2

Prenez la D 5, puis la rue Laennec.
r. Laënnec - ✆ 02 98 92 03 17 - juil.-août : 10h-12h.
Haute de 55 m, la **tour★** de l'église possède une flèche à crochets, cantonnée de quatre clochetons : deux gothiques et deux Renaissance. À l'intérieur, remarquez le retable sculpté du maître-autel et le groupe de bois peint du 17e s. représentant la Sainte-Trinité. Dans le **cimetière**, repose René Laennec (1781-1826), auteur de la méthode de l'auscultation en médecine.

Le Juch B2

À 8 km par la D 765. À 6 km, tournez à gauche vers Le Juch (prononcez le Juc).
Sur la route, très jolie **vue** sur la baie de Douarnenez, la presqu'île de Crozon et le Ménez-Hom.
Dans l'**église** des 16e-17e s., le vitrail (16e s.) du chevet représente des scènes de la Passion. Dans le bas-côté gauche, à droite de la porte de la sacristie, la statue de saint Michel terrasse un démon à forme humaine, appelé « Diable du Juch ». Un **pardon** a lieu le 15 août. *En cas de fermeture, s'adresser à Mme Pennanéac'h - 4 pl. de l'Église - ✆ 02 98 74 71 38.*

Église de Guengat B2

À 14 km par la D 765 et la route à gauche, à 11 km.
De style gothique, elle conserve dans le chœur des **vitraux★** du 16e s. où l'on reconnaît la Passion : à gauche, le Jugement dernier ; à droite, la Vierge entre saint Jean-Baptiste et saint Michel. À l'entrée du chœur, statue de sainte Barbe. Remarquez la frise sculptée à la voûte : lièvres, renards, sangliers, petits personnages et décor floral. Joli **calvaire** dans le cimetière.

NOS ADRESSES À DOUARNENEZ

HÉBERGEMENT

BUDGET MOYEN

Chambre d'hôte Manoir de Kervent – *6 chemin Kervent - Rte d'Audierne par D 765 puis à dr. apr. les feux suivre fléchage - ✆ 02 98 92 04 90 - www.gites-finistere.com - fermé nov.-janv. - P - 4 ch. 48/50 €* . En pleine campagne, demeure familiale abritant quatre chambres aux aménagements des plus classiques. Un copieux petit-déjeuner riche de saveurs bretonnes vous sera servi par la maîtresse de maison avant une visite (facultative) de la tonnellerie voisine.

Auberge de Kerveoc'h – *42 rte de Kerveoc'h par D 765 - ✆ 02 98 92 07 58 - www.auberge-kerveoch.com - P - 14 ch. 47/75 € - 8 € - rest. 24/45 €.* Les chambres de la ferme ont été refaites avec soin ; celles du petit manoir, plus anciennes, demeurent plaisantes et coquettes. Agréable jardin profitant du calme environnant. Courte carte élaborée selon le marché et cachet rustique très affirmé au restaurant.

Hôtel Ty Mad – *Plage St-Jean - 29 100 Tréboul près chapelle St-Jean - ✆ 02 98 74 00 53 - www.hoteltymad.com - ouvert 16 mars-9 nov. - P - 14 ch. 55/177 € - 12 € - rest. formule déj. 24 €.*

Le peintre quimpérois Max Jacob séjourna dans cette « bonne maison » *(ty mad)* dominant la plage St-Jean. Chambres personnalisées par du mobilier contemporain ou chiné. Menu du marché servi au dîner dans une véranda lumineuse et coquette ouvrant sur le jardin.

RESTAURATION

PREMIER PRIX

Crêperie Tudal - Au Goûter Breton – *36 r. Jean-Jaurès - ✆ 02 98 92 02 74 - www.augouterbreton.com - fermé 15-30 juin, lun. sf vac. scol. et dim. - ♿ - 9,50/19 €.* Tout le monde en parle… La clientèle s'y presse entre cheminée et fresque murale, attirée par le cadre chaleureux, l'ambiance jeune et bruyante et les originales spécialités de crêpes : aux sardines marinées, à la gelée de chouchen, etc. Wifi, internet gratuit.

BUDGET MOYEN

Le Clos de Vallombreuse – *7 r. d'Estienne-d'Orves - ✆ 02 98 92 63 64 - www.closvallombreuse.com - P - 20/58 €.* Cette maison de maître du début du 20e s. dominant la baie fut édifiée par un conserveur. Agréable jardin arboré. Chambres plaisantes diversement meublées. Élégant décor et produits de la mer font l'attrait du restaurant.

ACHATS

Jour de marché – *Pl. des Halles.* La place des Halles au cœur de la cité abrite les halles. Tous les matins sauf le dimanche s'y tient un agréable marché en plein air.

Conserverie la Pointe de Penmarc'h – *15 bd de la France-Libre - ✆ 02 98 11 07 07 - www.pointedepenmarch.com - tlj sf w.-end 10h-18h.* Tous les Bretons connaissent ses raviolis de poisson, son foie de lotte et ses filets de thon germon (le plus tendre) coupés et disposés à la main dans les conserves. Vous pourrez vous en procurer directement auprès de cette usine, fraîchement arrivée de Guilvinec où elle était localisée depuis 1920.

ACTIVITÉS

Sports

Voile et planche à voile – *Plage des Sables-Blancs - ✆ 02 98 74 33 33 - www.centre-nautique-douarnenez.fr - tlj sf dim. 10h-19h.* École de windsurf et Point Passion Plage.

Pour les Petits – *✆ 06 81 12 32 53.* En juil. et en août, ils peuvent naviguer sur des bateaux miniatures à propulsion électrique à partir de l'embarcadère du Treiz-Port-Rhû.

La Bécane – *42 av. de la Gare - ✆ 02 98 74 20 07 - http://pagesperso-orange.fr/dzbecane/bec.htm - tlj sf merc. hors sais. et dim. 9h-12h, 14h-18h (juil.-août : 9h-12h, 14h19h) - fermé oct.-avr. et j. fériés.* Une soixantaine de VTT et de vélo de tourisme en parfait état sont mis à votre disposition chez ce loueur situé à quelques minutes des plages du Tréboul, dans une impasse donnant sur l'une des principales rues de la commune.

Thalassotérapie

Thalasso Douarnenez – *Tréboul-Plage - ✆ 0 825 004 230 - www.thalasso.com - tlj 8h45-20h, dim. 9h30-12h30 - fermé 2 dernières sem. de déc. - à partir de 85 € la 1/2 j.* Ce centre propose des cures de plusieurs jours, des forfaits à la demi-journée ou des soins à la carte. Agréable piscine tournée vers la baie.

Pointe du Raz

★★★

Finistère (29)

NOS ADRESSES PAGE 421

S'INFORMER

Maison du site – *29 770 Plogoff - ✆ 02 98 70 67 18 - www.pointeduraz.com - juil.-août : 9h30-19h30 ; avr.-juin, sept. et vac. scol. : 10h30-18h - possibilité de visite guidée sur demande (2 j. av.) - projection de films et expositions gratuites sur la région - fermé 1er janv., 25 déc. - 4 € visite guidée.*

SE REPÉRER

Carte régionale A2 (p. 370-371) – carte Michelin Départements 308 C6. Carte de la cornouaille p. 174. La pointe se situe au bout de la D 784 qui vient d'Audierne (12 km au sud-est). La D 7 longe le nord de la Cornouaille pour rejoindre Douarnenez (30 km à l'est).

SE GARER

Le parking de 1 000 places est obligatoire et payant.

À NE PAS MANQUER

Le sentier côtier pour ses panoramas vertigineux.

ORGANISER SON TEMPS

Si le paysage de la pointe du Raz est toujours spectaculaire, il devient extraordinaire les jours de tempête et de grande marée.

AVEC LES ENFANTS

Suivez en famille le parcours d'interprétation du « Sentier des lutins », munis du livret et de la boussole !

À l'extrémité ouest de la Cornouaille, cet éperon rocheux s'enfonce dans le terrible raz de Sein que, selon l'adage, « Nul n'a passé sans peur ou sans douleur. » Voilà pourquoi il constitue un site d'exception, qui attire chaque année près d'un million de touristes. Classé « Grand Site de France », il canalise aujourd'hui ses visiteurs pour que chacun contemple au mieux le déchaînement des flots tout en respectant l'environnement. Une mesure nécessaire pour que la pointe du Raz demeure la « carte postale de Bretagne la plus vendue » !

Se promener Carte La Cornouaille (voir p. 400-401)

LE SITE

Trois sites sont regroupés sous l'appellation « Grand Site de France de la pointe du Raz » : la pointe du Raz, la baie des Trépassés et la pointe du Van.
Les très longs travaux de réhabilitation et de reconquête naturelle du site avaient pour but d'offrir des sentiers sûrs et agréables afin d'empêcher le

piétinement anarchique des landes. Ils se sont achevés par l'ouverture d'un vaste espace de commerces et de restaurants invisibles depuis la pointe : la Porte du cap Sizun.

À l'extrémité de la pointe du Raz, près de la statue de N.-D.-des-Naufragés, le **panorama★★** sur le large permet de distinguer l'île de Sein, au-delà de laquelle on aperçoit par temps clair le phare d'Ar Men ; au nord-ouest, on distingue, sur un îlot, le phare de Tévennec.

Le sentier qui fait le tour de la pointe du Raz suit le bord de gouffres vertigineux *(câble de sécurité)*. Le plus spectaculaire est l'**Enfer de Plogoff**, long éperon étroit, déchiqueté par les lames, qui domine les flots de plus de 70 m. Il se prolonge en mer par une chaîne de récifs dont le dernier porte le phare de la Vieille, ultime avancée dans le raz de Sein (un raz est un courant violent ou un passage resserré par un courant maritime rapide).

Le site est particulièrement impressionnant lorsque la mer est déchaînée. Le raz de Sein est particulièrement dangereux, et le **Sémaphore** *(propriété de la Marine nationale, ne se visite pas)* est là pour assurer la sécurité de la navigation.

« Le Sentier des lutins » est un circuit d'interprétation pour les 6-12 ans. Un coffret comprenant livret et boussole est remis au départ *(8 €/enf.)*.

De la pointe du Raz, on peut se rendre en voiture ou à pied à la pointe du Van toute proche en longeant la belle baie des Trépassés.

Baie des Trépassés

Plutôt qu'une allusion aux corps des naufragés amenés par les courants, le nom de la baie proviendrait d'une déformation de *boe an aon* (signifiant « baie du ruisseau ») en *boe an anaon* (signifiant « baie des âmes en peine »). Cette hypothèse s'appuie sur le fait que le ruisseau, qui débouche maintenant dans les marais voisins, s'écoulait jadis dans la baie.

On pense que celle-ci était le lieu d'embarquement des dépouilles des druides vers l'île de Sein, où ils étaient inhumés. Certains situent également la légendaire **ville d'Ys**, cité du roi Gradlon, engloutie par la mer, dans la petite vallée de la baie, occupée aujourd'hui par les marais. D'autres la localisent plutôt en baie de Douarnenez.

★★ Pointe du Van

À gauche du chemin s'élève la **chapelle St-They** (15e s.). Suivez, en restant toujours à gauche, la piste mal tracée qui contourne le cap *(1h à pied AR)*. Belle **vue★★** sur la pointe de Castelmeur derrière laquelle se profile la pointe de Brézellec ; en face, le cap de la Chèvre, la pointe de Penhir et les « Tas de Pois », la pointe de St-Mathieu ; au large de la pointe du Raz, l'île de Sein et le

Phare de la Vieille à la pointe du Raz.
Targat / Colorise

phare de la Vieille. Les touristes que la descente tenterait devront se montrer prudents. Le paysage devient plus sévère : murs de pierres sèches, lande rase, aucun arbre n'égaye l'extrémité du cap.

NOS ADRESSES À LA POINTE DU RAZ

ACCÈS

Parking – *Obligatoire à proximité de la Maison du site - 6 €/voiture pour la journée.*
Depuis le parking, comptez 25mn de marche sur un sentier pour rejoindre la pointe.

VISITE

Balades – La **Maison du site** organise des randonnées *(2h, 6 €/pers.)* et des sorties *(1h30)* avec guide. *« Raz-conte-moi la Pointe »* est une balade familiale pour découvrir la faune et la flore du site, son patrimoine historique, la vie dans les phares et sur l'île de Sein. *4 €/pers. - réserv. conseillée.*

HÉBERGEMENT ET RESTAURATION

Si vous cherchez une adresse où dormir ou vous restaurer, consultez *Nos adresses en Cornouaille, p. 407.* Vous y trouverez notamment l'établissement *La Baie des Trépassés*.

Île de Sein

238 Sénans – Finistère (29)

NOS ADRESSES PAGE 423

S'INFORMER
L'île de Sein ne possède pas d'office de tourisme mais la mairie dispense des renseignements par téléphone au *02 98 70 93 45*. Si vous disposez d'une connection Internet, rendez-vous sur le site *www.enezsun.com* qui fourmille de renseignements sur l'île.

SE REPÉRER
Carte de microrégion A2 (p. 370-371) – *carte Michelin Départements 308 B6*. Au sud de la mer d'Iroise, l'île de Sein est à seulement quelques milles nautiques du continent et de la Cornouaille. Entre l'île et la baie des Trépassés se trouve le redoutable raz de Sein.

À NE PAS MANQUER
La vision des « Causeurs » et la chapelle St-Corentin.

ORGANISER SON TEMPS
La journée suffit à faire le tour de l'île.

Au 17e s., Louis XIV reconnaissait lui-même que Sein subissait les colères de la mer et offrait peu de ressources à ses habitants. Aujourd'hui, l'île affronte toujours les embruns et les tempêtes, au large de la pointe du Raz. Découvrir son paysage nu, au cœur de récifs à fleur d'eau, c'est un peu partir au bout du monde…

Se promener

Port et bourg

Protégé par d'importantes digues, le village groupe des maisons blanches aux volets peints le long de ruelles étroites qui ont à peine 1 m de largeur, pour offrir moins de prise au vent. Sur le tertre proche de l'église, les deux menhirs fichés côte à côte sont appelés les « **Causeurs** ». Les commerces s'alignent le long des quais où se trouvent aussi les deux musées de l'île.

UN PAYS RUDE

« Vouloir imposer Sein ou Molène, déjà accablées de tous les impôts de la nature, ce serait vouloir imposer la mer, les tempêtes et les rochers », déclara Louis XIV. Ainsi, les habitants de Sein furent exemptés d'impôts locaux par Colbert. L'île inspira longtemps une terreur superstitieuse.

Au 18e s., ses habitants vivaient dans un isolement presque complet. Certains étaient pilleurs d'épaves. Aujourd'hui, ce sont des sauveteurs très actifs. Les hommes sont navigateurs ou pêcheurs, les femmes travaillent de minuscules jardins ou ramassent le goémon. Quelques-unes portent encore le *jibilinenn*, coiffe noire de deuil à longs pans, parure traditionnelle depuis l'épidémie de choléra de 1886.

COMPAGNONS DE LA LIBÉRATION

Au lendemain de l'appel du général de Gaulle, le 18 juin 1940, les 130 marins et pêcheurs de l'île de Sein gagnent l'Angleterre. Quand les Allemands arrivent à Sein, il n'y a plus que femmes, enfants et vieillards, maire et curé. Parmi les marins de l'île partis pour la Grande-Bretagne, 29 ont trouvé la mort sur les champs de bataille.

Non loin du phare, un monument portant l'inscription *Kentoc'h Mervel* (« plutôt mourir ») commémore cet épisode. En 1946, le général de Gaulle vint lui-même remettre à l'île la croix de la Libération.

« L'Abri du marin » – *Quai des Paimpolais - ✆ 02 98 70 90 35 - juil.-août : 10h-12h, 14h-18h ; juin et sept. : 10h30-12h, 14h-16h - fermé oct.-mars - 2,50 € (enf. 1,50 €).* Fondé au 19ᵉ s. par Jacques de Thézac, il avait pour fonction d'accueillir les marins. En leur offrant un hébergement dans les ports, on espérait les voir moins traîner dans les bars.

Il abrite maintenant un petit musée évoquant la vie d'autrefois à Sein, et l'île aujourd'hui. À l'étage, une autre partie commémore des événements survenus pendant la Seconde Guerre mondiale : le départ des Sénans pour l'Angleterre, l'action des Forces françaises navales libres, les campagnes auxquelles ont participé les Compagnons de la Libération.

Station de sauvetage en mer – *✆ 02 98 70 91 37 - juil.-août : 14h-18h ; sept. : 14h-16h ; le reste de l'année : se renseigner - 2 € (-15 ans gratuit).* Objets récupérés dans les nombreuses épaves alentour et longues listes de noms de sauveteurs rappellent le courage des bénévoles sortant à leurs risques et périls pour sauver les bateaux en détresse dans les parages.

Phare – À la pointe ouest de l'île, ce phare (49 m de haut) est équipé d'une lampe de 6 kW. Sa portée moyenne est de 55 km.

À gauche se trouve la minuscule **chapelle** dédiée à saint Corentin, l'évêque qui évangélisa les Celtes de cette région.

Au large s'élève le **phare d'Ar Men**, qui trône sur l'un des récifs de la chaussée de Sein, groupe d'écueils s'étirant au-delà de la pointe occidentale sur 20 km.

NOS ADRESSES SUR L'ÎLE DE SEIN

ACCÈS À L'ÎLE

Compagnie Penn ar Bed – *Juil.-août : ligne régulière, dép. Audierne-Esquibien 8h45, 11h30, 16h50 ; reste de l'année : dép. 9h30 - ✆ 02 98 70 70 70 - de mi-juil. à mi-sept. : dép. dim. de Brest 9h et de Camaret 9h30 - ✆ 02 98 80 80 80 (Brest) ou 02 98 27 88 22 (Camaret).*

HÉBERGEMENT

BUDGET MOYEN

Hôtel Ar Men – *Rte du Phare - 29 990 Île-de-Sein - ✆ 02 98 70 90 77 - www.hotel-armen.net - fermé 5 nov.-16 déc. et 4 janv.-6 fév. - 10 ch. 55/70 € - ☕ 7 € - rest. 20 €.* Cette séduisante maison rose est isolée, seule face à la mer. L'intérieur a été entièrement rénové et abrite des chambres simples, un agréable salon-bibliothèque et une salle à manger modeste où l'on sert une cuisine régionale. Les voyageurs en quête de silence et de tranquillité trouveront ici un charmant havre de paix.

RESTAURATION

BUDGET MOYEN

Chez Brigitte – *Quai des Paimpolais - 29990 Île-de-Sein - ✆ 02 98 70 91 83 - fermé oct. à déb. vac. de printemps - réserv. conseillée - formule déj. 19 €; 20/55 €.* Une toute petite salle aménagée à l'étage d'un bistrot où se retrouvent les pêcheurs. Décor sans façon, mais superbe vue sur la pointe du Raz. Un seul menu, composé uniquement de produits de la mer, et ragoût de homard sur commande.

Pont-l'Abbé

8 132 Pont-l'Abbistes – Finistère (29)

NOS ADRESSES PAGE 426

S'INFORMER

Office du tourisme de Pont-l'Abbé, Plobannalec-Lesconil – *11 pl. Gambetta - 29 120 Pont-l'Abbé - ✆ 02 98 82 37 99 - www.pontlabbe-lesconil.com - juil.-août : 9h30-12h30, 14h-19h, dim. 10h-12h30; avr.-juin et sept.-oct. : tlj sf dim. 9h30-12h30, 14h-18h30. Point infos à Plobannalec-Lesconil, Le Sémaphore, 4 r. Pierre-Loti - ✆ 02 98 87 86 99.*

SE REPÉRER

Carte de microrégion B3 (p. 370-371) – *carte Michelin Départements 308 F7.* Deux possibilités pour gagner Pont-l'Abbé : soit depuis Quimper par la D 785 (19 km au nord-est), soit depuis Bénodet et son beau pont de Cornouaille par la D 44 (12 km à l'est).

À NE PAS MANQUER

La visite du manoir de Kerazan pour sa décoration intérieure et la descente de l'Odet en bateau pour la beauté des paysages.

ORGANISER SON TEMPS

Après une petite flânerie dans le centre de Pont-l'Abbé, voyez les alentours et terminez la journée sur les quais de l'Île-Tudy.

La capitale du pays bigouden se loge au fond de l'estuaire de la rivière de Pont-l'Abbé. Très connue pour son costume et sa coiffe, la ville la plus bretonne de toutes, selon Maupassant, demeure spécialisée dans la broderie et la construction navale.

Se promener

La ville doit son nom au premier pont construit au 7e s. par les abbés de Loctudy entre le port et l'étang.

Église Notre-Dame-des-Carmes

Cette ancienne chapelle conventuelle (fin 14e s.) possède quelques curiosités : une belle verrière (15e s.) à rosace de 7,20 m de diamètre; des statues de la Vierge et de saint Jean (16e s.).

En sortant, tournez à droite pour voir le chevet plat coiffé d'un curieux clocher à dôme, peu commun en basse Bretagne.
Dans le jardin, situé sur le flanc gauche de l'église, le **monument aux Bigoudens**, œuvre du sculpteur F. Bazin (1931), se dresse dans un cadre de verdure, en bordure du quai.

Château

Cette forteresse (14e-18e s.) présente un gros donjon ovale et un corps de bâtiment.
À l'intérieur, le **Musée bigouden** *(commentaire enregistré dans chaque salle)* occupe les trois étages du donjon *(79 marches)* et présente des souvenirs de la région : lits clos, armoires à clous, coiffes et, surtout, de très beaux costumes. On admirera tout particulièrement les costumes de cérémonie richement brodés et les fameuses coiffes qui deviennent de plus en plus hautes entre 1880 et 1950. Une visite agréable. *☏ 02 98 66 09 03 - juil.-août : 10h-12h30, 14h-19h ; juin-sept. : 10h-12h30, 14h-18h30 ; avr.-mai : tlj sf lun. 14h-18h, en juil.-août animations (démonstrations de pose, amidonnage et repassage de coiffe) - fermé oct.-avr. - 3,50 €.*

Ancienne église de Lambour

En ruine, située sur la rive gauche, elle présente encore une belle façade (16e s.) et des travées de la nef (13e s.).

À proximité Carte de microrégion

Chapelle Notre-Dame-de-Tréminou B3

À 2 km à l'ouest par la r. Jean-Moulin.
Dans un enclos ombragé, cette chapelle des 14e et 16e s., restaurée, possède un clocher chevauchant la nef. Le pardon a lieu le 4e dimanche de septembre.

★ Manoir de Kerazan B3

À 3 km au sud, rte de Loctudy.
☏ 02 98 87 40 40 - www.kerazan.fr - de mi-juin à mi-sept. : 10h30-19h ; de déb. avr. à mi-juin et de mi-sept. à fin sept. : tlj sf lun. 14h-18h, possibilité de visite guidée - 6 € (7-15 ans 4 €).
Situé dans un grand parc planté de hautes futaies, le manoir se compose d'un corps de logis reconstruit au 18e s. et d'une aile en retour d'équerre du 16e s. Les salles, abondamment décorées et richement meublées, témoignent du cadre luxueux qu'avaient voulu créer les Astor.

UN VÉRITABLE SYMBOLE

Le costume bigouden, très original, n'est plus guère porté par les femmes. Il se composait d'une jupe relativement courte et d'un corsage qui dégageait bien le cou.
Le tout était magnifiquement brodé de motifs géométriques, de spirales et de cercles, dans les tons rouge, jaune et orange. Mais c'est encore la coiffe en tube qui reste l'élément le plus emblématique, avec ses 30 cm de hauteur.
Les rares occasions lors desquelles certaines Bigoudènes l'arborent encore sont les fêtes traditionnelles comme celle des Brodeuses, le 2e week-end de juillet, ou le pardon du dimanche suivant, le 15 juillet.

La demeure recèle des boiseries Louis XV, des panneaux peints par Théophile Deyrolle (1844-1923), une bibliothèque telle qu'elle avait été aménagée par le père de Joseph Astor, une collection de peintures et de dessins se rapportant à la Bretagne (du 16e au 20e s.), ainsi que de nombreuses œuvres d'**Alfred Beau** (1829-1907). Ce peintre céramiste s'associa à la faïencerie Porquier de Quimper (d'où le sigle PB) et réalisa un violoncelle en faïence polychrome grandeur nature (sa fabrication exigea une quinzaine d'essais de cuisson).

Loctudy B3

À 6 km au sud par la D 2.

Les Loctudystes habitent un petit port situé à l'embouchure de la rivière de Pont-l'Abbé : un centre balnéaire tranquille et familial, aux plages abritées. Le **port** de pêche artisanale a été créé en 1847. Tous les soirs *(sf w.-end)*, le débarquement de la pêche (principalement la « demoiselle de Loctudy », c'est-à-dire la langoustine) constitue un spectacle vivant et coloré. Des quais, jolie vue sur l'île Chevalier, dans l'estuaire de Pont-l'Abbé, et sur Île-Tudy et sa plage.

L'**église** du début du 12e s. a subi de nombreux remaniements mais son **intérieur★** a conservé la pureté du style roman : nef, chœur avec déambulatoire et chapelles rayonnantes. Remarquez les sculptures des chapiteaux et des bases des colonnes où petits personnages et animaux côtoient entrelacs, volutes et croix pattées. *1 r. de Poulpeye - ✆ 02 98 87 41 07 - juil.-août : 9h30-12h, 17h30-18h30, dim. 9h30-12h ; reste de l'année : 9h30-12h, 16h30-18h - visites guidées juil.-août : lun., jeu. et vend.*

Dans le cimetière, à gauche de l'allée menant à l'église, se dresse une **stèle gauloise** de 2 m de haut, surmontée d'une croix.

Promenades en bateau

Descente de l'Odet★★ *voir Quimper, p. 378.*

Île-Tudy – *La presqu'île est accessible par le CD 144 ou par la mer (passagers et cycles seulement), au dép. de Loctudy - plusieurs AR/j (sf w.-end sept.-juil.) - 2 € AR (enf. 1 €).* Bâti sur une presqu'île, malgré son nom, ce joli port de pêche est de vocation maritime antérieure à Loctudy.

NOS ADRESSES À PONT-L'ABBÉ

HÉBERGEMENT

BUDGET MOYEN

Hôtel de Bretagne – *24 pl. de la République - ✆ 02 98 87 17 22 - hoteldebretagne29@orange.fr - 18 ch. 57/67 € - ☕ 8 € - rest. 16/50 €.* Pimpante maison en pierre grise située en centre-ville, sur la place du Marché. Chambres de différentes tailles, fraîches et meublées simplement, et restaurant rustique aux tables fleuries, servant une sympathique cuisine de la mer. L'été, terrasse dressée dans la cour intérieure.

RESTAURATION

PREMIER PRIX

Crêperie Bigoudène – *33 r. du Gén.-de-Gaulle - ✆ 02 98 87 20 41 - creperie-bigoudene@wanadoo.fr - fermé 2e quinz. de janv. et 2e quinz. de nov., dim. et lun. sf vac. scol. - 9,60 € déj. - 8,60/16,80 €.* En sortant du château qui abrite le Musée bigouden, vous aurez à cœur d'approfondir votre connaissance de la région et de ses traditions : prenez place dans cette crêperie au cadre rustique, vous passerez ainsi des cours théoriques aux travaux pratiques !

Le port de Bénodet.
C. Warren / iTravelstock collection/Age fotostock

Bénodet

3 159 Bénodetois – Finistère (29)

NOS ADRESSES PAGE 429

S'INFORMER

Office du tourisme de Bénodet – *29 av. de la Mer - 29 950 Bénodet - ☎ 02 98 57 00 14 - www.benodet.fr - ♿ - de mi-juin à mi-sept. : 9h-19h, dim. et j. fériés 10h-18h ; de déb. avr. à mi-juin et de mi-sept. à fin oct. : 9h30-12h, 13h30-18h ; reste de l'année : 9h30-12h, 14h-17h - fermé dim. et j. fériés (sf en été).*

SE REPÉRER

Carte de microrégion C3 (p. 370-371) – *carte Michelin Départements 308 G7.*
À 17 km au sud de Quimper, entre Pont-l'Abbé et Concarneau, Bénodet se niche face à l'anse du même nom.

À NE PAS MANQUER

L'Odet en bateau et les panoramas de la route entre Beg-Meil et Fouesnant.

ORGANISER SON TEMPS

Prenez au moins une heure pour remonter l'Odet.

AVEC LES ENFANTS

Redécouvrez les premiers maillots de bain au musée du Bord de mer.

Sur la « Côte de Plaisance », idéalement située à l'entrée de l'estuaire de l'Odet, cette station balnéaire réunit tous les plaisirs d'un séjour estival : petit port, plages de sable blond, sports de plein air, voile, un casino et même un festival du film. Forte de ces atouts, Bénodet a été surnommée « Côte d'Azur bretonne ».

UN « GRAND MONSIEUR » DE LA VOILE

Nantais de naissance, **Éric Tabarly** (1931-1998) avait choisi Bénodet comme port d'attache. Avant de se perdre en mer le 13 juin 1998, il venait s'y reposer dans une longère qui avait vue sur l'Odet.

Il laisse le souvenir d'un marin à la fois passionné et tranquille, au palmarès impressionnant. Entre autres : transat en solitaire Plymouth-Newport (1964, 1976) ; course Sydney-Hobart (1967) ; transpacifique en solitaire Los Angeles-Tokyo (1969) ; record de la traversée de l'Atlantique (1980) ; transat Le Havre-Carthagène (1997) avec Yves Parlier.

Capitaine de vaisseau, Éric Tabarly était le « père » de cinq *Pen Duick*, dont le nom signifie « mésange à tête noire » en breton.

Voir Cité de la voile à Lorient, p. 534.

Se promener

Entre océan et estuaire, « Bénodet la balnéaire » offre un cadre idéal pour des vacances paisibles et familiales. Il n'existe pas de centre-ville à proprement parler, et l'essentiel de ses ressources tourne autour de la mer et des plages. La plus grande, celle du Trez, accueille les clubs pour petits et l'école de voile UCPA (location et cours de dériveur, catamaran, planche à voile). Il en existe aussi deux autres, plus calmes : celle du Coq (la mer, en se retirant, découvre un rocher qui rappellerait cet animal) et celle de la pointe St-Gilles, idéale pour le farniente.

Musée du Bord de mer

Espace J. Boissel - 29 av. de la Mer - 02 98 57 00 14 - juil.-août : 10h-13h, 14h-18h ; reste de l'année : tlj sf mar.-merc. 10h-13h, 14h-18h, possibilité de visite guidée sur demande - 4 € (5-12 ans 2 €).

Au travers d'affiches, de peintures, de photos, de films de régates et de maquettes de bateaux, ce musée replonge le visiteur à l'époque de la « belle plaisance », née en même temps que les bains de mer et le chemin de fer. Les costumes de bain, les jouets de plage et les bagages ayant servi lors de séjours dévoilent d'autres tranches de vie du bord de mer. Des objets de navigation d'Éric Tabarly complètent les collections.

L'ODET

Avec le mot breton *ben* signifiant « pointe », ce cours d'eau est à l'origine de l'étymologie de Bénodet.

★★ Remontée de l'Odet en bateau

Durée : 1h30 au départ de Bénodet.

voir Descente de l'Odet à Quimper, p. 378.

Point de vue sur l'Odet

Par l'av. de Kercréven.

Belle vue sur la rivière et le port de plaisance.

Pont de Cornouaille

1 km au nord-ouest par la D 44.

Cet ouvrage long de 610 m offre une belle **vue★** sur le port, Ste-Marine et l'estuaire, ainsi que sur l'amont de la rivière.

Itinéraire conseillé Carte de microrégion

DE BÉNODET À CONCARNEAU PAR LA CÔTE

Itinéraire de 40 km – comptez environ 3h. Quittez Bénodet à l'est par la D 44 vers Fouesnant et, à 2 km, tournez à droite.
Le vaste plan d'eau du **Letty**, abrité par une dune, est un terrain idéal pour les écoles de voile.
Revenez à la route de Fouesnant.

Le Perguet C3

Sur la droite de la chapelle Ste-Brigitte, construite au 12e s. et remaniée au 16e s., un escalier de pierre sur le toit permet d'accéder au clocher ajouré.
À 2,5 km, un embranchement, à droite, mène à la pointe de Mousterlin (voir Fouesnant-les-Glénan, p. 432). Faites demi-tour. À 2 km, prenez à droite et, à 4,5 km encore à droite.

Beg-Meil et Fouesnant *(voir Fouesnant-les-Glénan, p. 432)* C3

La route dévoile de jolies **vues★**, en particulier à marée haute. Elle longe la plage de sable fin de Kerleven, au fond de la baie de la Forêt. Après une forte descente (15 %), elle suit l'anse du Saint-Laurent, franchit celle de Saint-Jean et rejoint Concarneau.

NOS ADRESSES À BÉNODET

HÉBERGEMENT

BUDGET MOYEN

Hôtel Les Bains de Mer – *11 r. Kerguelen - ☏ 02 98 57 03 41 - www.lesbainsdemer.com - fermé janv. - P - 32 ch. 52/74 € - ☕ 8,50 € - rest. 13/55 €.* Après un bain de mer, installez-vous dans l'une des chambres sobrement décorées de cet accueillant hôtel situé au centre de la cité d'adoption d'Éric Tabarly. Table traditionnelle aux tons contrastés : murs verts et tentures prune, comme les sièges.

RESTAURATION

PREMIER PRIX

Crêperie La Misaine – *Quai Jacques-de-Thézac - 29 120 Combrit - 5 km à l'ouest de Bénodet par le pont de Cornouaille - ☏ 02 98 51 90 45 - fermé 15 oct.-27 mars sf vend.-dim. et vac. scol. - 8/14 €.* Cette petite maison de pierre bâtie à mi-chemin de la chapelle et du port de Ste-Marine offre une des meilleures vues sur l'estuaire de l'Odet et la station balnéaire de Bénodet. Les crêpes et la petite terrasse sont très appréciées.

ACHATS

Biscuiterie François Garrec – *Rte de Fouesnant - RD 44 entre Fouesnant et Bénodet - ☏ 02 98 57 17 17 - www.garrec.com - visite : tlj sf w.-end 9h-12h, 13h30-16h - boutique : 9h-18h30 ; été : 9h-19h30 – fermé dim., 1er janv. et 25 déc.* La préparation des crêpes et l'élaboration des gâteaux bretons n'auront plus de secrets pour vous après votre passage dans cette belle biscuiterie moderne. Toute la chaîne de fabrication artisanale se déroule sous vos yeux jusqu'au magasin où l'on retrouve les spécialités maison et d'autres produits bretons.

Brasserie Tri Martolod – *ZA de Keranguyon - ✆ 02 98 66 20 22 - vente sur place : 9h-12h, 14h-18h et sam. en été - fermé dim. et j. fériés.* Fût, bouteille ou cruchon : ces jeunes brasseurs bretons déclinent tous les contenants pour leur bière douce et légère (non filtrée, non pasteurisée et préparée en fermentation basse). Le bâtiment abrite une petite boutique où vous pourrez en faire provision. Possibilité de visiter la brasserie.

EN SOIRÉE

Bon à savoir – Station balnéaire bien paisible n'offrant pas d'attractions particulières, hormis le casino.

Casino de Bénodet – *Corniche de la Plage - ✆ 02 98 66 27 27 - casinobenodet@lucienbarriere.com - 10h-3h, sam. 10h-4h.* Nouveau décor pour ce casino qui compte 100 machines à sous, une salle de jeux traditionnels, un restaurant et un bar « lounge » ouverts tous les jours jusqu'à 3h du matin.

ACTIVITÉS

Un centre nautique UCPA est installé sur la plage du Trez, et des vedettes font découvrir la vallée de l'Odet et l'archipel de Glénan.

Promenades en mer

Les vedettes de l'Odet – *2 av. de l'Odet - embarcadère Vieux-Port - ✆ 0 825 800 801 - www.vedettes-odet.com - avr.-sept. : croisières commentées (2h30) à bord des « vedettes de l'Odet » (jusqu'à 10 croisières par j.) - possibilité d'escale à Quimper selon la marée - croisière-déjeuner tlj sf lun.* Il faut se lever tôt pour embarquer à bord de *La Bigoudène*. Mais une partie de pêche au large, en compagnie d'un vrai loup de mer, ferait presque oublier la fatigue. Avec un peu de chance, on rentrera à la maison avec une « godaille » conséquente et tout un tas d'exploits à raconter.

Vedettes Picot – *✆ 06 81 66 78 67 - bac piéton Bénodet-Ste-Marine « Le Picot » - cale St-Thomas - juil.-août : 10h-12h30, 14h-19h15, w.-end 14h-19h15 - 3 € AR (enf. ou vélo 2 €).*

Régates – *✆ 02 98 57 26 09.* Le Yacht Club de l'Odet organise des régates, dont celle des « Pieds gelés » à la fin du mois de décembre, celle de l'Obélix Trophy, le w.-end du 1er Mai et celle de La Belle Plaisance, le dernier w.-end de juin.

Thalassothérapie

Relais Thalasso – *Corniche de la Plage, face à la plage - ✆ 0 820 90 32 29 - www.thalasso-benodet.com - lun.-jeu. 9h-13h, 14h-20h ; vend. 9h-13h, 14h-21h, sam. 9h-13h, 14h-18h30, dim. 10h-13h, 15h-18h30 - fermé 1er janv. et 10-25 déc.* Discrètement établi face à la plage, à côté du casino, ce centre flambant neuf propose des soins à la carte, des pass et une formule week-end pour découvrir le bain bouillonnant ou l'enveloppement d'algues. Piscine et espace hydromarin accessibles au public.

Fouesnant-les-Glénan

★

9 716 Fouesnantais – Finistère (29)

NOS ADRESSES PAGE 434

S'INFORMER

Office du tourisme de Fouesnant – *Espace Kernévéleck - 29 170 Fouesnant-les-Glénan - ✆ 02 98 51 18 88 - www.tourisme-fouesnant.fr - juil.-août : 9h-19h, dim. 10h30-12h30, 17h-19h ; reste de l'année : tlj sf dim. 9h-12h, 14h-18h - fermé 1er janv., 1er Mai, 1er et 11 Nov., 25 déc.*

Office du tourisme de Beg-Meil – *La Cale - 29 170 Beg-Meil - ✆ 02 98 94 97 47 - antenne saisonnière juil.-août : lun.-sam. 9h30-12h30, 15h-19h, dim. 10h30-12h30 ; 1re quinz. de sept. : 9h30-12h30.*

SE REPÉRER

Carte de microrégion C3 (p. 370-371) – *carte Michelin Départements 308 H7.*
Calé au fond de la baie de la Forêt, Fouesnant se trouve entre Bénodet et Concarneau (sur la D 44), à une quinzaine de kilomètres au sud de Quimper par la D 34.

À NE PAS MANQUER

Une plongée dans les eaux limpides de « La Chambre » des Glénan ou une bonne marche le long des sentiers côtiers.

ORGANISER SON TEMPS

Pensez à vous renseigner sur les horaires des excursions vers les îles de Glénan. La traversée prend une heure.

AVEC LES ENFANTS

Inscrivez-les à l'école de voile, internationalement connue, et prévoyez, après leur cours, une croisière à vision sous-marine ou un tour aux Balneides.

Célèbre pour son cidre mais également pour sa coiffe, la plus grande station du Finistère est au centre d'une des régions les plus verdoyantes de Bretagne. C'est pourtant sa côte et, surtout, son centre nautique qui lui valent sa réputation. De Cap-Coz à la pointe de Mousterlin, d'immenses plages de sable blanc exposées au sud alternent avec les petites criques, tandis qu'à une heure de bateau l'archipel de Glénan offre évasion et dépaysement dans un décor paradisiaque.

LE NARCISSE DES GLÉNAN

L'archipel, havre privilégié pour les oiseaux marins, accueille une espèce botanique unique au monde, le narcisse des Glénan. Cette plante, découverte en 1803 par un pharmacien de Quimper, a une floraison éphémère (trois semaines) à la mi-avril. Elle forme alors, avec la jacinthe des bois, un magnifique tapis jaune et bleu. Protégée par une réserve naturelle, elle peut se découvrir lors de « sorties nature » en avril.

Voir Nos adresses à Fouesnant-les-Glénan, p. 435.

Se promener

FOUESNANT-LES-GLÉNAN

Fouesnant

Église Saint-Pierre – Construite au 12e s., elle a été remaniée au 18e s. À l'intérieur, les hauts piliers de granit sont ornés de beaux chapiteaux romans. Remarquez, dans le bras gauche du transept, une belle statue polychrome de sainte Anne.

À l'extérieur, voyez l'émouvante expression de la Fouesnantaise du monument aux morts.

Cap-Coz

À 2 km à l'est, sud-est.

Ce petit centre balnéaire est bâti sur une langue sablonneuse, entre les falaises de Beg-Meil et le chenal d'accès à Port-la-Forêt. Le sentier côtier qui conduit à la Roche-Percée est une agréable promenade dominant ou traversant des criques aux eaux limpides.

Beg-Meil

À 5,5 km au sud.

À l'entrée de la baie de la Forêt, face à Concarneau, Beg-Meil (pointe du Moulin) adosse ses plages, côté baie, à de petites anses rocheuses : plage des Oiseaux, plage de la Cale, plage de Kerveltrec. La cale de Beg-Meil accueille des vedettes d'excursion (*Voir Nos adresses à Fouesnant-les-Glénan, p. 434*) et quelques petits pêcheurs côtiers, qui vendent directement le produit de leur pêche.

À la **pointe de Beg-Meil**, au-delà du sémaphore, un grand menhir d'environ 7 m de hauteur a été couché par les Allemands pendant la dernière guerre.

Pointe de Mousterlin

À 6,5 km au sud-ouest.

Vue étendue sur le littoral, de la pointe de Lesconil, à droite, à la pointe de Trévignon, à gauche.

★ Îles de Glénan

Accès en bateau : avr.-sept., au départ de Beg-Meil, Bénodet, Concarneau ou Loctudy (1h de traversée). L'île St-Nicolas où vous allez débarquer est un site naturel classé et fragile. Une réserve naturelle a été créée pour l'exceptionnel narcisse mais

Kiosque de Bot-Conan.
Ville de Fouesnant

d'autres plantes sont protégées ; la cueillette des fleurs est donc interdite. Respectez le platelage au sol et la délimitation par des ganivelles (palissades en bois).

Cet archipel compte une douzaine d'îles principales, formant un cercle. En son centre, la mer plus calme et peu profonde est appelée « La Chambre » ; par beau temps, l'eau, extrêmement limpide, y prend les teintes émeraude ou turquoise d'un lagon.

Le bateau accoste à l'île **St-Nicolas** qui abrite quelques maisons, le Centre international de plongée, un gîte d'étape, un bar et un grand vivier à crustacés *(restauration possible, sur réservation)*.

Un sentier fait le tour de l'île et offre de belles vues sur la côte. Près de l'éolienne, principale source d'électricité de l'île, des fosses à goémon témoignent de l'activité de production de soude qui débuta au 19e s. Les plages de l'île surprennent par leur blancheur *(pensez à la crème solaire, forte réverbération)* qu'elles doivent à la décomposition d'une algue calcaire, le maërl.

Au nord, la petite **île Brunec** et, au sud, l'**île du Loch** avec sa cheminée, vestige d'une ancienne usine de traitement du goémon, sont des propriétés privées.

Certaines îles sont occupées par le Centre nautique des Glénan, première école de voile d'Europe, de renommée internationale : **Penfret**, avec son phare du même nom, **Cigogne**, avec les vestiges d'un fort du 18e s., **Bananec**, relié à St-Nicolas par un tombolo (banc de sable découvert à marée basse), et **Drenec**. L'**île Giautec** et les îlots inhabités sont autant de réserves protégées où se reproduisent goélands, sternes, huîtriers pie et cormorans.

À proximité Carte de microrégion

La Forêt-Fouesnant C3

À 3,5 km à l'est.

Station estivale dont les rivages boisés permettent de superbes randonnées. Le bourg possède un petit **enclos paroissial** et un calvaire du 16e s. original avec ses quatre pilastres d'angle.

Dans l'église bâtie en 1538, on remarque un baptistère sculpté (1628) abritant une piscine et une cuve taillées dans le même bloc de pierre. Toute la journée, fond musical de mélodies bretonnes et celtes.

Port-la-Forêt

À 5,5 km à l'est par la D 44.

Ce port de plaisance, construit entre la plage et le bourg, peut accueillir 800 bateaux. Des vedettes mènent aux îles de Glénan ou remontent l'Odet.

NOS ADRESSES À FOUESNANT-LES-GLÉNAN

ACCÈS AUX ÎLES DE GLÉNAN

Les Vedettes de l'Odet – *La Cale - Beg-Meil - 29 170 Fouesnant - ✆ 0 825 800 801 ou 02 98 50 72 12 - www.vedettes-odet.com.*

De Bénodet – *29 170 Fouesnant - ✆ 0 825 800 801 - www.vedettes-odet.com.* Les vedettes de l'Odet - *juil.-août : 9h30, 10h, 11h30 et 13h30 ; mai-juin et sept. : 10h et 13h30 ; avr. et oct. : merc. et jeu. 13h30 ; reste de l'année : sur demande - ✆ 02 98 57 00 58.*

De Beg-Meil – *29 170 Fouesnant.* S'adresser à l'OT de Fouesnant-les-Glénan - *✆ 02 98 51 18 88 - www.tourisme-fouesnant.fr.*

De Loctudy – *29 170 Fouesnant - ✆ 02 98 87 53 78 - www.loctudy.fr - sais. : 9h-12h, 14h-19h ; hors sais. : tlj sf merc. 9h-12h - fermé dim. et j. fériés.* En sais., 2 dép. par j. pour les îles des Glénan : mat. et apr.-midi ; 1 dép. par j. pour la remontée de la rivière Odet - *✆ 02 98 87 53 78 (office de tourisme).*

HÉBERGEMENT

BUDGET MOYEN

Hôtel L'Orée du Bois – *4 r. Kergoadig - 29 170 Fouesnant - ✆ 02 98 56 00 06 - www.hotel-oree-du-bois.fr.st - 15 ch. 36/65 € - ☕ 8 €.* Vous n'êtes pas en lisière de forêt mais à deux pas de l'église de Fouesnant… Accueil aimable et familial. Les chambres sont plutôt simples. Petit-déjeuner servi dans une salle au décor marin.

POUR SE FAIRE PLAISIR

Hôtel de la Pointe de Mousterlin – *29 170 Fouesnant - 6 km au sud-ouest de Fouesnant par D 145 et D 134 - ✆ 02 98 56 04 12 - www.mousterlinhotel.com - fermé fév., mar. midi, dim. soir et lun. de mi-oct. à mi-avr. - P - 42 ch. 78/152 € - ☕ 12 € - rest. 23/38 €.* Dans ses trois bâtiments, cet hôtel alterne chambres traditionnelles et modernes, vues sur mer et plage ou sur jardin. À vous de choisir en fonction de vos préférences… et des disponibilités. Une maison sympathique disposant en outre de nombreux équipements de loisirs.

RESTAURATION

PREMIER PRIX

L'Océan des Saveurs – *Le Moulin du Pont, 3 rte du Lendu - 29 170 Pleuven - 7 km au nord-est par D 45, route de Quimper - ✆ 02 98 54 74 24 - www.ocean-des-saveurs.com - fermé 2 sem. en fév., 1 sem. en juin, 2 sem. en sept., le lun. tte l'année et les mar. soir, merc. soir et sam. midi hors sais. - P - formules déj. 9 €, 12 €, 14,50 € ; menus 16/28 €.* Situé sur un axe important entre Quimper, Bénodet et Fouesnant, ce restaurant propose des menus adaptés à toutes les bourses et tous les palais. Cuisine du terroir (lotte, Saint-Jacques, lieu jaune), mais aussi pizzas et diverses formules à midi, les enfants ne sont pas oubliés ! En plus des deux jolies salles, une agréable terrasse abritée et exposée plein sud.

BUDGET MOYEN

Le Café du Port – *32 Corniche de la Cale, le Vieux Port - 29 940 La Forêt-Fouesnant - 3 km au nord de Fouesnant par D 44 - ✆ 02 98 56 96 67 - Pâques-sept. sf merc. et tlj juil.-août - 15/27,50 €.* Ce sympathique restaurant familial a jeté l'ancre il y a 40 ans sur le Vieux Port. On continue d'y déguster poissons et fruits de mer livrés quotidiennement par les pêcheurs du coin. Décor de style breton à l'intérieur et agréable terrasse pour les beaux jours.

POUR SE FAIRE PLAISIR

Pointe du Cap-Coz – *153 av. de la Pointe, à la plage du Cap-Coz - 29 170 Fouesnant - 2,5 km au sud-est de Fouesnant par rte secondaire - ✆ 02 98 56 01 63 - www.hotel-capcoz.com - fermé dim. soir et lun. midi du 15 sept. au 15 juin et merc. - 25/48 €.* Tout pour plaire, cette maison ! Une langue de sable blanc et la mer pour horizon, une cuisine bien ficelée à base de produits frais, des prix raisonnables, une salle à manger côté port et l'autre face à l'Océan… Quelques chambres simples, au calme.

ACTIVITÉS

Parc de loisirs

Les Balneides – *Allée de Loc-Hilaire - 29 170 Fouesnant - ✆ 02 98 56 18 19 - www.balneides.com - juil.-août : 10h-20h ; reste de l'année : tlj horaires variables selon calendrier scolaire (dernière entrée 30mn av. fermeture) - fermé 1 sem. en mars, 1 sem. en sept., dernière sem. de déc. et 1er Mai - 5,85 € (adulte).* Décor tropical pour ce centre aquatique disposant du plus long toboggan de Bretagne. Sauna, jacuzzi, modelages bien-être…

Randonnées

Les sentiers de randonnée – Les amateurs de randonnée pédestre apprécieront les 120 km de sentiers balisés. Outre un superbe sentier côtier panoramique, de nombreux chemins creux permettent de découvrir les charmes du bocage. *Se renseigner à l'office de tourisme - ✆ 02 98 51 18 88.*

Sorties « nature » – *29 170 Fouesnant-les-Glénan.* Des 'sorties nature' accompagnées sont organisées de déb. fév. à déb. nov. avec, de Pâques à fin août, des visites aux Glénan (découverte du narcisse en avr.). *S'adresser à l'office du tourisme de Fouesnant-les-Glénan - ✆ 02 98 51 18 88 - www.tourisme-fouesnant.fr.*

Nautisme

Centre nautique de Fouesnant – *1 chemin de Kersentic - 29 170 Fouesnant - ✆ 02 98 56 01 05 - http://asso.ffv.fr/cn-fouesnant.*

Capitaine Nemo – *Vieux Port - 29 950 Bénodet - ✆ 02 98 57 00 58 - www.vedettes-odet.com.* Au départ de Beg-Mail : découverte des fonds sous-marins de l'archipel des Glénan lors d'une croisière à vision sous-marine - *rens. et réserv. au ✆ 0 825 800 801.*

AGENDA

Festival « Place aux mômes » – En été, 8 concerts en plein air sont organisés dans la station. *Gratuit - s'adresser à l'OT de Fouesnant-les-Glénan - ✆ 02 98 51 18 88.*

Concarneau

★

19 953 Concarnois – Finistère (29)

NOS ADRESSES PAGE 440

S'INFORMER

Office du tourisme de Concarneau – *Quai d'Aiguillon - 29 900 Concarneau - 02 98 97 01 44 - www.tourismeconcarneau.fr - juil.-août : 9h-19h ; avr.-juin et 1re quinz. de sept. : 9h-12h30, 13h45-18h30, dim. 10h-13h ; reste de l'année : tlj sf dim. 9h-12h, 14h-18h - fermé 1er janv., 25 déc.*

SE REPÉRER

Carte de microrégion C3 (p. 370-371) – *carte Michelin Départements 308 H7.* Au sud-est de Quimper par la D 783, Concarneau occupe un site abrité, face à Beg-Meil.

SE GARER

Il est extrêmement difficile de circuler et de se garer dans le centre de Concarneau. Le mieux est donc de stationner dès que possible dans un parking public. Les plus proches du centre sont situés quai Carnot, quai d'Aiguillon et quai Péneroff. Le parking de la gare est gratuit mais non surveillé.

À NE PAS MANQUER

La ville close et les panoramas de la pointe du Cabellou.

ORGANISER SON TEMPS

Comptez une demi-journée pour visiter la ville close et ajoutez-en une autre pour la visite des ports.

AVEC LES ENFANTS

Le débarquement du poisson reste un spectacle fascinant, pour les petits comme pour les grands, et est d'autant plus instructif en compagnie d'un guide *(voir Nos adresses à Concarneau, p. 440).*

Grand port de pêche, Concarneau attire autant pour le spectacle de sa vie maritime que par la qualité de ses plages. Mais ce qui séduit le plus les visiteurs, c'est encore la vision de sa « ville close », enserrée dans des remparts de granit édifiés au Moyen Âge. Un petit bijou de fortification qui se parcourt à pied pour mieux se découvrir.

Se promener Plan de la ville

★★ LA VILLE CLOSE A

Comptez 2h pour visiter la ville close.

Ses ruelles occupent un îlot de forme irrégulière, long de 350 m et large de 100 m, relié à la terre par deux petits ponts que sépare un ouvrage fortifié. D'épais remparts, élevés au 14e s., reconstruits au 16e s. et complétés par Vauban au 17e s., en font le tour.

CONCARNEAU

SE LOGER

Ker Moor (Hôtel)............ ②

Manoir de Coat Canton (Chambre d'hôte Le).. ④

SE RESTAURER

Armande (Chez)........... ①

Porte au Vin (La)........... ③

Musée de la Pêche A

☏ 02 98 97 10 20 - ♿ - juil.-août : 9h30-20h ; reste de l'année : 10h-18h - fermé janv., 25 déc. - 6 € (-15 ans 4 €).

Situé dans l'ancien arsenal, le musée présente de façon certes un peu désuète mais très claire l'évolution de la pêche depuis les méthodes ancestrales jusqu'aux techniques les plus contemporaines.

Sa **collection★** de maquettes et de reconstitutions est impressionnante ! Complétée par quelques petits bateaux anciens, elle évoque les pêches traditionnelles ou modernes (baleine, morue, thon, sardine, hareng). On découvre aussi le *Commandant Garreau*, canot de sauvetage de 1894.

Par la tour du Major, on accède au musée à flot. À bord de l'*Hémérica*, un chalutier désarmé en 1981, on peut se faire une idée du métier difficile des marins.

Maison du patrimoine A

☏ 02 98 60 76 06 - juin-sept. : 9h15-19h15 ; reste de l'année : 9h45-18h, lun. et mar. 9h30-16h45.

Installée dans la maison du Gouverneur, à l'entrée de la ville close, cette construction à colombages du 17e s. est flanquée de la tour du même nom du 15e s. C'était autrefois la résidence des gouverneurs militaires de la ville. La maison héberge des salles pour des animations et des expositions temporaires.

Pendant les vacances scolaires et l'été, on accède aux fortifications depuis la belle salle voûtée de la tour.

Accès aux fortifications A

Suivez les plaques indicatrices. L'accès se fait par la Maison du patrimoine quand elle est ouverte. Sinon pour la 1re partie de la visite, montez les marches à gauche immédiatement après le pont et prenez le chemin de ronde - ☏ 02 98 50 39 17 - juin-sept. : 9h30-19h ; avr.-mai : 10h-12h30, 14h-18h ; vac. scol. (zone A) : 10h-17h - gratuit.

Par les meurtrières, vue sur l'arrière-port, sa flotte de pêche et la tour neuve.
Pour la 2e partie de la visite, revenir au point de départ (redescendre les marches).
Après avoir contourné l'esplanade du Petit-Château donnant sur le port de plaisance, on domine la passe qui relie les deux ports.
Rentrez plus avant dans la ville par la porte du Passage. Poursuivez tout droit et à gauche par la rue St-Guénolé.
De la place St-Guénolé, une courte ruelle à droite conduit à la **porte aux Vins**, ouverte dans les remparts ; en la franchissant, la vue s'ouvre sur les chalutiers amarrés dans le port et sur la criée.
La rue Vauban vous ramène à la sortie de la ville close.

LES PORTS A

Dans le **port de pêche**, le troisième de France pour le poisson frais, et le premier d'Europe pour le thon, la plupart des bateaux sont amarrés le long du quai Carnot, où l'on verra chalutiers et cargos.
Avec un peu de chance, on peut assister au déchargement des crustacés et des poissons vers 22h sous les néons. La vente a lieu vers 7h du matin, mais la criée est désormais automatisée : elle ne résonne plus des litanies du crieur…
L'embarcadère pour les excursions se trouve à hauteur du **port de plaisance**.
À gauche du quai de la Croix s'élève le laboratoire maritime du Muséum national d'histoire naturelle et du Collège de France, dont on peut visiter le **marinarium**. Une occasion pour ses scientifiques de présenter leur mission et l'incroyable biodiversité du monde marin, en particulier celle du littoral. Vous découvrirez également les difficultés liées à la gestion de ce merveilleux trésor.
La visite est rythmée par l'observation du plancton, la déambulation au milieu des quelques aquariums et la projection de films. *02 98 50 81 64 - www.mnhn.fr/mnhn/conc - ♿ - juil.-août : 10h-19h ; avr.-juin et sept. : 10h-12h, 14h-18h ; reste de l'année : 14h-18h, animations (1h) vac. scol. - fermé janv., 1er janv., 25 déc. - 5 € (6-14 ans 3 €).*
Dépassez l'ancien marché aux poissons où se tenait la criée, puis la chapelle N.-D.-de-Bon-Secours (15e s.) et un petit phare.
Longez ensuite le **port de la Croix** *(bd Bougainville)* que protège une jetée. Jolie vue en arrière sur la pointe du Cabellou et, en avant, sur la pointe de Beg-Meil. Au large, les îles de Glénan.

À proximité Plan de la ville

Beuzec-Conq A en dir.

À 1,5 km au nord. Par la rue Jules-Simon, traversez la D 783. Dans la rue de Stang, passez la grille d'entrée sur la gauche.
Le **manoir de Keriolet** (15e s.) fut transformé au 19e s. en un extraordinaire château d'inspiration médiévale par la richissime princesse russe Zenaïde Narischkine. Son compatriote, le prince Ioussoupov, l'un des assassins de Raspoutine, habita également le château durant quelques années. *02 98 97 36 50 - ♿ - visite guidée (1h) juin-sept. : 10h30-13h, 14h-18h, sam. 10h30-13h - 5 € (7-15 ans 3 €).*

Rosporden A en dir.

À 13 km au nord-est par la D 70.

Cette petite ville, au bord d'un étang formé par l'Aven, possède plusieurs conserveries. Mais elle est surtout réputée pour son hydromel, appelé *chouchen* en breton. Cette boisson alcoolisée, obtenue par fermentation du miel dans de l'eau, était déjà appréciée dans l'Antiquité.

Son **église** des 14e et 15e s., remaniée au 17e s., possède un beau **clocher★** carré. Quatre clochetons et quatre fenêtres à remplage enserrent la flèche octogonale. *02 98 59 21 65 - juil.-août : tlj sf dim. 10h-12h, 15h-18h - en cas de fermeture, possibilité de récupérer la clef au presbytère.*

Itinéraire conseillé Carte de microrégion

LA CÔTE VERS PONT-AVEN

Itinéraire de 45 km – comptez environ 2h.

Quittez Concarneau par le quai Carnot vers Lorient ; à 3 km, prenez à droite.

La route passe par le pont du Moros qui offre une très jolie **vue d'ensemble★** de Concarneau, de son port de pêche et de la baie ; sous le pont se trouve la petite île aux Canards.

★ Pointe du Cabellou C3

Contournez la pointe par la droite.

Belle **vue★** sur Concarneau et la ville close. Parmi les villas et les pins, la route longe la côte rocheuse et offre des vues sur la baie de la Forêt et les îles de Glénan.

Revenez à la route nationale et prenez vers Quimperlé. À Pont-Minaouët, tournez à droite et, à Kermao, encore à droite.

Traversez **Pouldohan** (belle plage et importante école de voile) et Pendruc.

Pointe de la Jument C3

15mn à pied AR.

On appréciera le site rocheux et la vue sur le Cabellou, la baie de la Forêt et Beg-Meil ; en face, la côte de Loctudy.

Gagnez la pointe de Trévignon par Lambell où vous prendrez à droite, vers Lanénos et Ruat.

Pointe de Trévignon C3

Elle porte à son extrémité un ancien fort. Un minuscule port de pêche et le bateau de sauvetage s'abritent sur la face ouest. Belle **vue★** à droite sur la baie de la Forêt et Beg-Meil, l'anse de Bénodet, à gauche sur les îles de Glénan et, plus près de la côte, l'île Verte et l'île Raguenès.

Suivez la route en bordure de la plage de Kersidan. Prenez ensuite à gauche vers Kercanic.

Kercanic C3

Ce hameau présente des fermettes typiques, couvertes de chaume.

Faites demi-tour pour tourner à gauche.

On traverse le charmant village de **Kerascoët**, aussi connu pour ses maisonnettes, afin de gagner Port-Manech. À Trémorvezen, tournez à droite après la chapelle.

La suite de l'itinéraire est décrite en sens inverse au départ de Pont-Aven (voir p. 444).

NOS ADRESSES À CONCARNEAU

VISITE

Concarneau, « Ville d'art et d'histoire », propose différentes visites-découverte (1h30) générales ou thématiques : sur les traces de Simenon, les peintres et Concarneau, l'architecture militaire. *Visite-découverte et atelier du patrimoine 4,80 € (enf. 2,60 €). Programme et rens. à l'office de tourisme.*

À l'assaut des remparts – *5 imp. de Verdun - 02 98 50 55 18 - www.alassautdesremparts.fr - visite guidée (2h), se renseigner - 5 € (6-12 ans 3 €).* Avec Simon Allain, ancien marin, montez à bord d'authentiques chalutiers de haute mer de retour de pêche, et assistez à la débarque des poissons puis à la vente sous criée. Possibilité de visiter des conserveries et la biscuiterie Traou Mad.

HÉBERGEMENT

PREMIER PRIX

Chambre d'hôte Le Manoir de Coat Canton – *Grand Bois - 29 140 Rosporden - 02 98 66 31 24 - P - 4 ch. 45 €* . Le manoir, dont la construction s'est échelonnée du 13e au 17e s., héberge seulement la réception. Les chambres ont été aménagées dans une ancienne longère restaurée; chacune affiche un style propre : médiéval, breton ou anglais.

UNE FOLIE

Hôtel Ker Moor – *37 r. des Sables-Blancs - 02 98 97 02 96 - www.hotel-kermor.com - P - 11 ch. 103/185 € - 12 €.* « Les pieds dans l'eau », villa 1900 cachant derrière sa discrète façade un décor résolument maritime avec lambris peints en blanc, gravures et photos à thème nautique et maquettes de bateaux. Toutes ses chambres ouvrent sur la mer; cinq ont une terrasse.

RESTAURATION

BUDGET MOYEN

La Porte au Vin – *9 pl. St-Guénolé (ville close) - 02 98 97 38 11 - laporte.auvin@orange.fr - fermé 5 nov.-1er avr. - - formule déj. 13,90 € - 24 €.* Dans la ville close, maison ancienne jouxtant la porte qui permettait autrefois la livraison du vin. Ses menus à prix doux sont servis dans un décor authentique de pierres, poutres, grandes cheminées, photos d'antan et tableaux régionaux.

Chez Armande – *15 bis av. du Dr-Nicolas - 02 98 97 00 76 - fermé 6-26 nov., mardi sf juil.-août et merc. - formule déj. 14 € - 18/43 €.* Une copieuse cuisine traditionnelle axée sur les produits de la mer vous attend dans cette maison située face à la ville close. Jolie salle à manger typiquement bretonne.

ACHATS

Bon à savoir – Situées dans la Ville Close, entre la rue Vauban et la rue de l'église en passant par la place et la rue St-Guénolé, les boutiques d'artisanat, de vêtements et de produits régionaux offrent un large choix de souvenirs. Bars, brasseries et restaurants traditionnels viendront ponctuer votre visite du quartier.

Gastronomie

Conserverie Gonidec - Les Mouettes d'Arvor – *Z.A. de Keramporiel - 02 98 97 07 09 - www.gonidec.com - tlj sf w.-end 9h-12h, 13h-18h - fermé j. fériés.*
En saison, sa petite boutique ouverte dans la Ville Close propose toute la gamme des « Mouettes d'Arvor » : sardines, thon blanc germon, maquereaux,

anchois, soupes et crèmes à toaster. Le reste de l'année, les habitués se fournissent directement au magasin de l'usine installée à l'entrée de Concarneau, usine que l'on peut visiter en été ou sur rendez-vous *(Simon Alain - ✆ 02 98 50 56 55)*.

Conserverie Courtin – *3 quai du Moros - ✆ 02 98 97 01 80 - www.conserverie-courtin.com - tlj sf dim. 9h-12h30, 14h-19h ; sam. 9h30-12h30, 15h-19h.* Véritable institution sur le port, cette conserverie centenaire est l'une des dernières à subsister encore. Réputée pour ses confits de St-Jacques, elle prépare aussi de façon artisanale soupes, sauces, rillettes, mousses, bisque et cotriade estampillée « La Concarnoise ». Visite commentée et dégustation gratuite.

La Maison du Kouign-Amann – *18 pl. St-Guénolé - ✆ 02 98 60 58 35 - www.kouignamann.com - juil.-août : 9h-23h30 ; avr.-sept. : 9h-19h.* Au cœur de la Ville Close, la famille Chazé prépare sous vos yeux le véritable *kouign-amann* au beurre frais de baratte (laboratoire au fond du magasin), et autres spécialités bretonnes (far aux pruneaux, gâteaux aux pommes). Des glaces maison complètent le savoir-faire familial.

Artisanat

La Maison du Sabot – *10 r. Vauban - ✆ 02 98 50 70 54 - avr.-sept. : tlj 10h-12h30, 14h-19h ; vac. de Toussaint et vac. de Noël : 14h-18h30.* Il est rare aujourd'hui de trouver les produits d'un véritable galochier. Ne manquez pas cette petite échoppe installée en saison face au musée de la Pêche, dans la Ville Close. Ses murs sont tapissés de sandales ou de sabots au dessus de cuir, spécialité de cet artisan.

ACTIVITÉS

Plages – Le boulevard Katherine-Wylie, tracé en corniche, longe la plage du Miné et offre de belles vues sur la baie, puis le boulevard Alfred-Guillou donne sur la plage de Cornouaille. Plus loin se trouve la plage des Sables-Blancs.

Promenades en mer – Quatre compagnies de promenades en mer proposent, d'avril à septembre : Gouelia, des journées de navigation à bord d'un voilier traditionnel - *✆ 02 98 65 10 00* ; Santa Maria, pêche au gros et promenades en mer - *✆ 06 62 88 00 87* ; Vedettes Glenn, promenades en mer - *✆ 02 98 97 10 31* ; Vedettes de l'Odet, croisière aux Glénan et sur l'Odet - *✆ 0 825 800 801*.

AGENDA

La fête des Filets bleus – *Av.-dernier dim. d'août - http://filetsbleus.free.fr.* Instaurée en 1905 pour venir en aide aux pêcheurs de sardines et à leurs familles, cette fête a pris un caractère folklorique avec de joyeux groupes costumés, des danses et des défilés. *✆ 02 98 97 09 09.*

Pont-Aven

★

2 953 Pontavenistes – Finistère (29)

NOS ADRESSES PAGE 445

S'INFORMER

Office du tourisme de Pont-Aven – *5 pl. de l'Hôtel-de-Ville - ✆ 02 98 06 04 70 - www.pontavend.com - juil.-août : 9h30-19h, dim. 10h-13h, 15h-18h ; reste de l'année : tlj sf dim. et j. fériés 10h-12h30, 14h-17h - fermé 1er janv., 1er Mai, 1er et 11 Nov., 25 déc., et lun. de nov. à mars (sf vac. scol.).*

SE REPÉRER

Carte de microrégion D3 (p. 370-371) – *carte Michelin Départements 308 I7.*
Pont-Aven se trouve presque à équidistance de Lorient (39 km à l'est) et de Quimper (34 km à l'ouest) par la N 165, ainsi que de Quimperlé (14 km à l'est) et Concarneau (12 km à l'ouest) par la D 783.

SE GARER

La cité adoptive de Gauguin est très fréquentée en été. Visez le grand parking un peu au-delà de la poste. Tentez aussi votre chance vers le port.

À NE PAS MANQUER

Le sentier de Bois d'Amour le long de l'Aven, le Christ en bois de la chapelle de Trémalo, qui inspira Gauguin, et le musée de Pont-Aven.

ORGANISER SON TEMPS

Après la visite du musée de Pont-Aven, allez vous perdre dans les campagnes alentour qui ont inspiré les peintres.

Ce bourg, niché au bord de l'Aven, fut le havre de Paul Gauguin, qui s'y lia avec des peintres comme Émile Bernard et Maurice Denis, attirés par la modicité des auberges et l'exceptionnelle lumière des lieux. Ainsi naquit l'école de Pont-Aven, courte aventure d'une dizaine d'années, de 1886 à 1894, qui fit connaître au monde entier ce discret village, essaimé aujourd'hui de galeries d'art.

Se promener

Rives de l'Aven

30mn à pied AR. Prenez, à droite du pont, la direction du port.

On longe l'Aven qui coule parmi les rochers et les vestiges des moulins. La promenade se poursuit pendant environ 800 m, dévoilant le beau plan d'eau formé par la rivière. Le **port**, où transitaient autrefois huîtres, vin, sel et céréales, est aujourd'hui réservé aux plaisanciers.

Sur la rive gauche du port, notez le rocher en forme de soulier géant, appelé « soulier de Gargantua ». Dans le square, en bordure du port, se dresse la statue de Théodore Botrel et, sur l'autre rive, parmi les frondaisons, la maison qu'il habita.

Sur les bords de l'Aven.
J.-P. Renais / MICHELIN

Promenade Xavier-Grall

Accès par la rue Émile-Bernard.

Aménagée le long de l'Aven, cette promenade porte le nom du poète-journaliste Xavier Grall (1930-1981) qui vécut ici pendant plusieurs années. Sur les rives s'échelonnaient jadis une dizaine de moulins. On découvre les biefs et les vannes qui assuraient la distribution de l'eau, ainsi que les **lavoirs** répartis de chaque côté de la rivière. Plusieurs passerelles enjambent l'Aven qui se faufile entre les chaos du Poche-Menu, amoncellement de rochers de granit.

Bois d'Amour

1h de balade.

Depuis la promenade Xavier-Grall, un **sentier★** suit les méandres de l'Aven. Il grimpe vers les hauteurs du bois, où se retrouvaient Gauguin et ses amis.

★ Chapelle de Trémalo

Accès par la rue Émile-Bernard, puis la D 24 (route de Quimper) à droite. Suivez ensuite la signalisation.

Cette chapelle rurale (début 16e s.) était l'un des buts de promenade favoris des peintres de Pont-Aven. Un pan du toit dissymétrique touche presque le sol. Le **Christ en bois** polychrome du 17e s. a inspiré une toile de Gauguin, exprimant une foi simple et rustique.

★ Musée de Pont-Aven

02 98 06 14 43 - ♿ - juil.-août : 10h-19h ; nov.-mars : 10h-12h30, 14h-18h, possibilité de visite guidée (1h30) - fermé janv. et 4 j. entre chaque exposition - 6 € (-18 ans gratuit).

Consacré à l'école de Pont-Aven, ce musée compte une toile de Gauguin, *Le Sabotier*, ainsi qu'un pastel *Les deux têtes de bretonnes* et quelques gravures du même artiste. Maurice Denis est présent avec *Feux de la Saint-Jean à Loctudy*, Émile Jourdan avec *La Chapelle de Lanriot*, Gustave Loiseau avec *Vue de Pont-Aven*, mais aussi Paul Sérusier, Charles Filiger, Émile Schuffenecker…

Des documents et un montage audiovisuel situent le mouvement de Pont-Aven dans l'environnement de jadis : la Fête des fleurs d'ajoncs, la pension Gloanec où logeaient les peintres…

GENÈSE DE L'ART MODERNE

Élève et ami de Pissarro, **Paul Gauguin** est encore un impressionniste, désireux d'inventer de nouvelles formes d'expression artistique, lorsqu'il arrive en 1886 à Pont-Aven. Il s'installe à l'auberge de Marie-Jeanne Gloanec, une pension peu chère, connue des artistes. Cette même année, sa rencontre avec **Émile Bernard** donne naissance au synthétisme, ou symbolisme pictural : « L'œuvre doit être expressive par elle-même et non par le sujet. » Cette aspiration est consacrée par deux tableaux d'avant-garde : *Les Bretonnes dans la prairie verte*, d'Émile Bernard, et *La Vision après le sermon*, de Gauguin. En 1889, ce dernier s'installe au Pouldu *(voir p. 449)* et décore la salle à manger de l'auberge de Marie Henry avec Meyer De Haan, Paul Sérusier et Charles Filiger. En 1895, Gauguin quitte la Bretagne pour les îles Marquises. Derrière lui, l'**école de Pont-Aven** a rallié une dizaine de peintres de toutes nationalités, tels Maurice Denis, Maxime Maufra, Wladyslaw Slewinski ou Roderic O'Connor. Malgré sa courte existence, ce mouvement annonce l'art moderne.

Les expositions temporaires présentent un artiste ou un groupe d'artistes ayant travaillé en Bretagne à la fin du 19e s., ainsi que des peintres contemporains. À côté du musée, dans l'ancien hôtel Julia, la restauration d'ateliers a permis de renouer avec l'accueil d'artistes à Pont-Aven.

À proximité

Nizon D3

▶ *À 3 km au nord-ouest. Quittez Pont-Aven par la D 24, route de Rosporden.*

La petite **église** (15e et 16e s.) renferme de splendides vitraux, œuvre du maître verrier Guével. Le calvaire qui s'élève sur la place a servi de modèle et inspiré *Le Christ vert* de Gauguin (1889).

Itinéraire conseillé Carte de microrégion

LA CÔTE VERS CONCARNEAU

▶ *Itinéraire de 45 km – comptez environ 2h. Quittez Pont-Aven à l'ouest par la D 783 puis, à 2,5 km, tournez à gauche sur la D 77.*

Névez D3

La **chapelle Ste-Barbe** (16e s.) abrite des statues anciennes en bois, ainsi qu'un maître-autel du 17e s.

Reprenez la D 77 direction Port-Manech puis tournez à gauche route de Kerdruc.

Kerdruc D3

Un moulin à marée (15e s.) voisine avec l'ancienne maison du meunier, au bord de l'Aven, dans le beau site du **Hénant**.

Ce petit port occupe un joli **site★** sur l'Aven, et conserve quelques maisons à toits de chaume.

Port-Manech D3

La plage se blottit en bordure de l'Aven et du Bélon, qui forment un double estuaire. À l'ouest, au bord de la mer, le hameau de **Kerascoët** garde un ensemble de maisons aux toits de chaume (16e s.).

Depuis la plage de Port-Manech, un sentier en corniche mène au port, offrant de belles vues sur la côte et les îles.
Prenez la direction de Kerangall.

Les jardins de Rospico D3
Névez-Port-Manech - ✆ 02 98 06 71 29 - www.jardins-rospico.com - ♿ - 16 juin-6 sept. : 11h-19h ; 22 mars-15 juin et 7 sept.-8 nov. : 14h-18h - 6 € (6-16 ans 2 €) - fermé sam. - boutique, jardinerie et salon de thé.
Conçu comme la toile fleurie d'un peintre dont le fil bleu serait l'hortensia, ce parc floral vallonné mêle des jardins d'inspiration anglaise et méditerranéenne, des plantes de milieux humides et des plantes vivaces. Plans d'eau et cascades ponctuent cette promenade parfumée.
La suite de l'itinéraire est décrite en sens inverse au départ de Concarneau (voir p. 439).

NOS ADRESSES À PONT-AVEN

HÉBERGEMENT

PREMIER PRIX

Chambre d'hôte Kermentec – *Kermentec - 1 km rte Quimper puis Chapelle de Trémalo - ✆ 02 98 06 07 60 - http://larour.veronique.free.fr - fermé déc.-janv. - 🚭 - 3 ch. 45 € ☕.* Nichée sur les hauteurs de Pont-Aven, cette petite maison bretonne couverte de vigne vierge vous propose trois chambres d'hôte *(non-fumeurs)* spacieuses et confortables. Le calme et la proximité du bourg en font une belle halte champêtre.

BUDGET MOYEN

Hôtel Les Ajoncs d'Or – *1 pl. de l'Hôtel-de-Ville - ✆ 02 98 06 02 06 - www.ajoncsdor-pontaven.com - fermé 19-26 oct., fév., dim. soir et lun. hors sais. - 20 ch. 56/85 € - ☕ 8 € - rest. 26/47 €.* Cette grande bâtisse du centre-ville propose des chambres aux couleurs printanières et une salle à manger joliment rénovée à l'ancienne. Cuisine inspirée par l'ambiance océane. Excellent accueil.

POUR SE FAIRE PLAISIR

Auberge Les Grandes Roches – *29910 Trégunc - 9 km à l'ouest de Pont-Aven par D 783 (rte de Concarneau) puis rte secondaire - ✆ 02 98 97 62 97 - www.hotel-lesgrandesroches.com - fermé 1er déc.-1er fév. - P - 17 ch. 85/135 € - ☕ 14 € - rest. 45 €.* Une vraie carte postale, ce superbe ensemble de fermes aménagées en hôtel dans un parc où se dressent dolmen et menhir ! Chambres douillettes du meilleur goût et restaurant au charme ravageur, dans lequel pierre et bois rivalisent de chaleur et de convivialité. Cuisine classique « côtière ».

UNE FOLIE

Ar Men Du – *Raguenès-Plage - 29920 Nevez - 4 km au sud par rte secondaire - ✆ 02 98 06 84 22 - www.men-du.com - fermé 1er-13 mars, 2 nov.-21 déc. et 2 janv.-1er mars - 14 ch. et 1 suite - 110/125 € - ☕ 13 € - rest. 28/75 € (fermé mar. et merc. midi).* Dans un site classé, grand ouvert sur l'océan, cette maison néobretonne vibre au rythme marin : décor des chambres façon clipper, vue sur les flots, calme bien appréciable. Restaurant et cuisine axés sur la mer; bon choix de vin au verre.

RESTAURATION

PREMIER PRIX

Le Talisman – *4 r. Paul-Sérusier - ✆ 02 98 06 02 58 - fermé dim. midi hors sais. et lun. - 12 €.* Si les générations se succèdent aux fourneaux depuis 1920, la bonne réputation de cette maison reste quant à elle intacte. Au menu, omelettes, salades et, bien sûr, crêpes salées au blé noir ou au froment, dont la fameuse Talisman et la galette aux pommes…

UNE FOLIE

Moulin de Rosmadec – *Près du pont (centre-ville) - ✆ 02 98 06 00 22 - www.moulinderosmadec.com - fermé vac. de fév. et 18-31 oct. - réserv. obligatoire - 35/76 € - 5 ch. 90 € - ☕ 12 € - Rest. : menus 53/85 €, carte 72/150 €.* Ce moulin-là est très couru, tant pour sa table soignée que pour ses quatre chambres régulièrement prises d'assaut par les touristes! Il faut dire que tout concourt par ailleurs au charme du lieu : le cadre parfaitement préservé et la qualité de l'accueil.

ACHATS

Galettes – Boîtes de fer ou emballage carton, il y a l'embarras du choix. Le mieux est de se rendre dans les boutiques Traou Mad *(10 pl. Paul-Gauguin)*, Penven *(1 quai Théodore-Botrel)* ou à la biscuiterie de l'Aven *(8 r. du Gén.-de-Gaulle)*.

AGENDA

La **Fête des fleurs d'ajonc**, créée en 1905 par Théodore Botrel, a toujours lieu chaque 1er dimanche d'août. Une occasion d'admirer la coiffe traditionnelle de Pont-Aven.

Quimperlé

★

10 725 Quimperlois – Finistère (29)

NOS ADRESSES PAGE 450

S'INFORMER

Office du tourisme de Quimperlé – *45 pl. St-Michel - 29 300 Quimperlé - ✆ 02 98 96 04 32 - www.quimperle-tourisme.com - juil.-août : 9h30-13h, 14h-19h, dim. 10h-12h30; reste de l'année : tlj sf dim. 9h30-12h30, 14h-18h - fermé j. fériés.*

SE REPÉRER

Carte de microrégion D3 (p. 370-371) – *carte Michelin Départements 308 J7.* Quimperlé signifie « au confluent de la rivière Ellé ». De fait, la cité s'est développée à la confluence de ce cours d'eau avec l'Isole. Les deux forment la Laïta, qui s'enfuit vers l'Océan (10 km au sud). Lorient se trouve à 20 km au sud-est par la N 165 (qui continue à l'ouest vers Concarneau et Quimper).

SE GARER
Le centre-ville comprend nombre de parkings publics; vous en trouverez notamment place St-Michel, face à l'office de tourisme.

À NE PAS MANQUER
L'abside et le retable de l'église Ste-Croix; la rue Dom-Morice pour ses très belles maisons médiévales, et la petite randonnée jusqu'aux Roches du Diable pour la descente sur l'Ellé.

ORGANISER SON TEMPS
Une demi-journée suffit pour visiter la ville et apercevoir les alentours.

AVEC LES ENFANTS
Découvrez le Manoir de Kernault en suivant les parcours dédiés aux enfants et observez grâce à une caméra infrarouge des centaines de chauves-souris dans le grenier de l'ancienne abbaye St-Maurice.

Au nord de la forêt de Carnoët que longe la Laïta, Quimperlé conserve des quais qui témoignent de l'importance de son ancien port, fréquenté aujourd'hui par les bateaux de plaisance. La ville a conservé bon nombre de ses maisons médiévales et jouit d'un emplacement idéal pour partir à la découverte des forêts mitoyennes et du littoral tout proche.

Se promener Plan de la ville

★★ Église Sainte-Croix
On est un peu perdu en arrivant dans cette église dont le plan circulaire s'inspire de celui du Saint-Sépulcre de Jérusalem. Élevée au 11e s., elle a dû être réédifiée (à l'exception de l'abside et de la crypte) en 1862, quand son clocher s'est effondré.

L'**abside**★★ *(chœur)*, avec ses arcatures, ses colonnes, ses chapiteaux et ses fenêtres, est un très bel exemple d'art roman en Bretagne. Voyez également, adossé à la façade, le **retable**★ Renaissance en pierre, partie d'un ancien jubé.

On aperçoit dans la première crypte (19e s.), une émouvante **Mise au tombeau** de 1500. De son côté, l'ancienne **crypte**★★, vestige de l'église primitive, possède de remarquables chapiteaux et deux tombeaux du 15e s. à gisants, dont celui de saint Gurloës que l'on invoquait pour guérir les maux de tête.

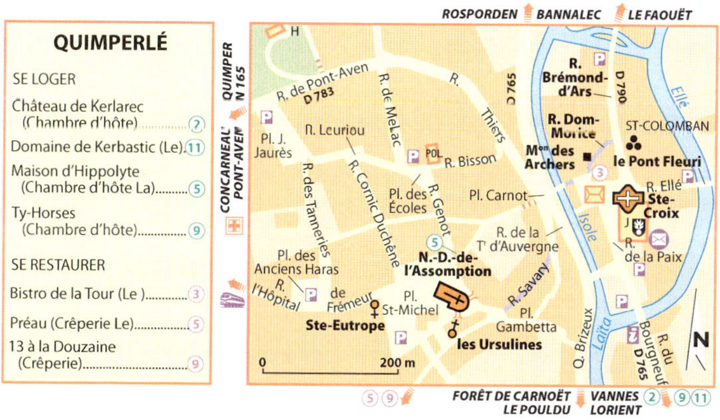

En sortant de l'église, avancez-vous dans la rue Ellé qui longe le flanc gauche et offre une jolie vue sur le chevet et le clocher.
Au bout de cette rue, le **Pont fleuri** (15e s.) donnait accès à l'une des trois portes de la ville fortifiée. Il a conservé son aspect en dos-d'âne et ses puissants éperons.
Revenez sur vos pas et tournez à droite rue Brémond-d'Ars.

Rue Brémond-d'Ars

On y voit les imposantes ruines de l'église St-Colomban, des maisons à colombages et des demeures du 17e s. *(nos 8, 10, 11 et 12)*. Au no 15 bis, remarquez le bel escalier du Présidial, ancien tribunal.

★ Rue Dom-Morice

C'est une ruelle étroite bordée de logis du 16e s. Au no 7, très belle **maison des Archers** de 1470, qui abrite d'intéressantes expositions temporaires. *✆ 02 98 96 04 32 - expositions temporaires, juil.-août : 10h-12h, 14h30-19h ; reste de l'année : 14h30-19h - fermé mar. - 1,80 € (enf. 1 €).*

Église Notre-Dame-de-l'Assomption

Connu aussi sous le nom de St-Michel, cet édifice des 13e et 15e s. domine la ville. Il est surmonté d'une grosse tour carrée.
Passez sous l'arcade, ouverte à droite dans l'un des contreforts de l'église, pour voir le beau porche sculpté de 1450. À l'intérieur, belle voûte en chêne.
En sortant, vous apercevez en face le clocher de Ste-Eutrope.

Chapelle Sainte-Eutrope (Hôpital Frémeur)

Cet ancien hospice date du 16e s. Il a succédé à une léproserie du 13e s. La longère a conservé sa structure médiévale.
Les portes ouvertes, les malades pouvaient entendre la messe célébrée dans la chapelle accolée.
Revenez pl. St-Michel et prenez la r. A.-Briand.

Chapelle des Ursulines

Ancien couvent du 17e s., de style jésuite à tendance baroque, il possède un magnifique plafond doré à la feuille d'or. La ville de Quimperlé y organise des expositions d'art contemporain.

À proximité Carte de microrégion

Manoir de Kernault D3

▶ *À Mellac, 5 km au nord-ouest par la D 765 - ✆ 02 98 71 90 60 - juil.-août : 10h-12h30, 14h-19h ; avr.-juin et sept.-oct. : tlj sf lun.-mar. 14h-18h ; fév.-mai et vac. scol. : 14h-18h - 4 € (-18 ans 2,50 €).*
Ce beau manoir du 15e s., entouré d'un parc de 30 ha, est remarquable pour son superbe **commun★** (16e s.) à pans de bois. Devenu centre culturel, il accueille d'intéressantes expositions temporaires, de nombreuses animations et des parcours adaptés aux enfants.

★ Roches du Diable D2-3

▶ *À 12 km au nord-est, plus de 30mn à pied AR. Quittez Quimperlé par la D 790 vers Le Faouët et, à 4,5 km, tournez à droite vers Locunolé que vous traverserez. La descente sur l'Ellé est fort belle. Franchissez le pont et tournez aussitôt à gauche vers Meslan ; à 400 m, laissez votre voiture à gauche.*
Un lacis de sentiers permet d'atteindre le sommet des roches d'où l'on domine, dans un à-pic impressionnant, les eaux torrentueuses de l'Ellé.

Itinéraires conseillés Carte de microrégion

DOMAINE DE CLOHARS-CARNOËT

Itinéraire 1 de 43 km – comptez environ 2h30.
Quittez Quimperlé au sud par le quai Brizeux.

Forêt de Carnoët D3

Bordée par la Laïta, cette forêt domaniale de 850 ha offre de jolis sites et d'agréables promenades *(certains chemins sont réservés aux piétons et aux cavaliers)*. Près de 120 ha de hêtres et de chênes ont été dévastés par l'ouragan d'octobre 1987. Ils sont aujourd'hui en cours de reconstitution.
À 500 m après Toulfoën, tournez à gauche vers le Rocher royal.
La route serpente dans la forêt avant d'atteindre la Laïta où l'on peut voir le **Rocher royal**, escarpement rocheux dominant la rivière, et les vestiges du château de Carnoët. Il serait, selon la légende, la demeure du comte de Commore, le « Barbe-Bleue » cornouaillais.
Revenez à la route du Pouldu, tournez à gauche et, à un grand carrefour, prenez encore à gauche.
Enjambant la Laïta, le **pont de St-Maurice** offre une belle **vue**★ sur les abrupts et les ombrages de la rivière.
Faites demi-tour et à 700 m tournez à droite.

Saint-Maurice D3

✆ 02 98 71 65 51 - www.clohars-carnoet.fr - de mi-juin à mi-sept. : 11h-19h ; avr. : tlj sf sam. 14h-18h (dernière entrée 1h av. la fermeture) - fermé 1er janv., 1er et 11 Nov., 25 déc. - 3 € (-16 ans 2 €).
Ce **site naturel**★ protégé, propriété du Conservatoire du littoral depuis 1991, est agréable et verdoyant. L'eau est partout : à droite, la Laïta, à gauche, un bel étang. Les ruines de l'abbaye St-Maurice (12e s.) sont progressivement restaurées. La salle capitulaire, du 13e s., est une des plus anciennes de Bretagne. Dans les salles de l'ancien logis de l'abbé, une exposition retrace l'histoire des lieux et l'expansion monastique en Bretagne au Moyen Âge.
Ne repartez pas sans avoir passé un moment dans le grenier aménagé en un **observatoire des chauves-souris**★. Grâce à une caméra infrarouge, les visiteurs peuvent suivre sans la déranger la vie d'une colonie de grands rhinolophes, espèce protégée qui habite les combles du logis. Une exposition bien documentée sur ces mammifères volants complète la visite.

Le Pouldu D3

Petit port situé à l'embouchure de la Laïta.
Maison Marie-Henry – *10 r. des Grands-Sables - ✆ 02 98 39 98 51 ou 06 03 91 12 72 - visite guidée (45mn, ttes les h) juin-nov. : 10h30-13h, 14h30-19h - 4 € (-18 ans 2,50 €).* L'auberge que Gauguin et certains membres de l'école de Pont-Aven ornèrent de peintures et d'images fait l'objet d'une reconstitution : mobilier et objets des années 1890. Des expositions temporaires évoquent ces peintres, leur influence sur les Nabis à Paris et sur d'autres artistes à l'étranger.
Chapelle N.-D.-de-la-Paix – Près de la plage des Grands-Sables, dans un enclos herbeux, la chapelle, dont l'entrée est marquée par un monument en hommage à Gauguin, a été sauvée de la ruine par un déplacement de 26 km. Rebâtie, elle présente des baies à meneaux en forme de flammes ou de lis avec des vitraux de Manessier et Le Moal. Sous la charpente boisée, on remarque une poutre de gloire au Christ en pagne blanc et une pietà.
Longez la plage des Grands-Sables, puis tournez à gauche vers Doëlan.

Doëlan D3

Ce petit port commande l'entrée d'un estuaire bien abrité où mouillent quelques petits bateaux de pêche et de plaisance. Rives verdoyantes et maisons bretonnes. Le site est des plus confidentiels.

Par Clohars-Carnoët, regagnez Quimperlé.

À LA DÉCOUVERTE DU BÉLON

Itinéraire 2 *de 37 km – comptez environ 1h30.*

Quittez Quimperlé au sud-ouest par la D 16 et, à Gare-de-la-Forêt, prenez à droite.

Moëlan-sur-Mer D3

Plusieurs petits ports. L'**église** recèle quatre beaux confessionnaux (18e s.).

Brigneau D3

Au sud-ouest, minuscule port de pêche où s'abritent des bateaux de plaisance. La route longe la côte ; on voit de-ci de-là quelques maisons à toits de chaume.

À Kergroës, tournez à gauche.

Kerfany-les-Pins D3

Sur l'estuaire du Bélon, ce petit séjour balnéaire offre un joli site et une plage de sable fin. Belle vue sur Port-Manech et l'estuaire de l'Aven.

Suivez la route en montée au-delà de la plage et, à Lanriot, tournez à gauche.

Bélon D3

Située sur la rive gauche du Bélon, cette localité est connue comme centre ostréicole *(voir Nos adresses à Quimperlé, ci-contre)*. À marée basse, remarquez les parcs à huîtres plates sur la rive droite.

Par Moëlan-sur-Mer, regagnez Quimperlé.

NOS ADRESSES À QUIMPERLÉ

HÉBERGEMENT

BUDGET MOYEN

Chambre d'hôte La Maison d'Hippolyte – *2 quai Surcouf - 02 98 39 09 11 ou 06 62 57 09 11 - www.lamaisondhippolyte.com* - P - *4 ch. 54 €* . Il règne une sympathique atmosphère d'artiste dans cette maison centenaire située sur les bords de la Laïta. Il faut dire que sa propriétaire, accueillante et passionnée par sa région, y organise des expositions au gré de ses découvertes. En hiver, soirées consacrées à la poésie. Chambres simples dotées d'un parquet d'époque.

Chambre d'hôte Ty-Horses – *Le Rouho - 56 520 Guidel - 7 km au sud-est de Quimperlé par D 765, rte de Lorient et rte de Locmaria - 02 97 65 97 37* - P - *4 ch. 55 €* . Cette bucolique demeure contemporaine à toit de chaume se compose de deux ailes dont une réservée aux hôtes. Les chambres, coquettement aménagées, se teintent chacune d'une couleur différente. Vous prendrez votre petit-déjeuner dans la véranda, face au spectacle des chevaux à l'exercice.

UNE FOLIE

Chambre d'hôte du Château de Kerlarec – *02 98 71 75 06 - www.chateau-de-kerlarec.com - P - 5 ch. 115/160 € - rest. 35/55 €.* On ne peut rester insensible au charme de ce château de 1830 dressé au milieu d'un parc agrémenté d'un bassin, d'une piscine et d'un tennis. À l'intérieur, tout exhale le raffinement cher au Second Empire : meubles anciens, objets d'art, souvenirs de voyage. La salle Jeanne d'Arc, en particulier, mérite une visite.

Le Domaine de Kerbastic – *Rte de Locmaria - 56 520 Guidel - 7 km au sud-est de Quimperlé par D 765, rte de Lorient et rte de Locmaria - 02 97 65 98 01 - www.domaine-de-kerbastic.com - fermé 30 nov.-14 fév. - 15 ch. 160/385 € - 17 € - rest. 37/52 €.* Cette magnifique propriété princière constitue un véritable écrin dédié à l'art. Des souvenirs d'hôtes illustres (Cocteau, Stravinski…) décorent les chambres personnalisées. Table traditionnelle dressée dans une salle à manger bourgeoise et raffinée.

RESTAURATION

PREMIER PRIX

Crêperie 13 à la Douzaine – *22 r. de Lannevain - 29 360 Clohars-Carnoët - 02 98 71 61 25 - en cours de changement - fermé dim. sf vac. scol. et lun. sf juil.-août -* P. Charmante adresse offrant un large choix de crêpes et de galettes faites à partir de farine « bio ». Parmi les plus copieuses, citons la St-Jacques, à la crème, au curry et aux champignons avec une larme de cognac… Salle à manger rustique et petite terrasse d'été. Boutique de produits régionaux.

Crêperie Le Préau – *3 r. des Plages - 29 350 Moëlan-sur-Mer - 02 98 96 50 91 - fermé 23 nov.-14 déc., lun. sf juil.-août, jeu. soir, dim. et merc. en hiver - 8/18 €.* Cette ancienne école voisine de l'église abrite une petite crêperie jaune et bleue. Les cartes de géographie, en bonne place sur les murs, réveilleront sans doute de vieux souvenirs d'enfance, encore ravivés par l'odeur des crêpes faites sous vos yeux.

POUR SE FAIRE PLAISIR

Le Bistro de la Tour – *2 r. Dom Morice - 02 98 39 29 58 - www.hotelvintage.com - fermé dim. midi en juil.-août, dim. soir hors sais., lun. sf le soir en juil.-août et sam. midi - formule déj. 22 € - 31/61 € bc.* Ce bistrot rétro et cossu (bibelots, tableaux, bouteilles) sert de généreux petits plats oscillant entre tradition et terroir. Belle carte des vins. Épicerie fine attenante.

ACHATS

Huîtrières du Château de Bélon – *Port de Bélon - 29 340 Riec-sur-Bélon - 02 98 06 90 58 - www.huitres-belon.com - tlj 10h30-14h, 15h-18h30.* Affaire familiale fondée en 1864 qui propose une visite guidée *(apr.-midi)*, depuis sa petite maison du port jusqu'à ses parcs à huîtres plates et creuses (si les marées le permettent). Dégustation face au Bélon et vente directe de bourriches.

ACTIVITÉS

Ferme équestre de Kersperche – *29 340 Riec-sur-Bélon - 02 98 06 50 22 - evelynerambaud@orange.fr - fermé sept. pour l'équitation.* Établie entre Riec et Moëlan, cette pension de chevaux propose des promenades sur réservation et organise sur sa propriété des parties de paintball.

Montagnes Noires et canal de Nantes à Brest

★★

Finistère (29) et Morbihan (56)

NOS ADRESSES PAGE 456

SE REPÉRER
Carte de microrégion CD 1-2 (p. 370-371) – *carte Michelin Départements 308 I/J5*. Les Montagnes Noires s'étendent sur une soixante de kilomètres d'est en ouest, au sud de Carhaix-Plouguer. Quimper se trouve à une quarantaine de kilomètres au sud-ouest, par la D 15.

À NE PAS MANQUER
Le panorama sur le toit de la Bretagne depuis le Roc de Toullaëron; les retables polychromes tout juste restaurés de la Chapelle N.-D.-du-Crann.

ORGANISER SON TEMPS
Le circuit proposé prend une demi-journée, mais se fait en voiture. Si vous souhaitez marcher, les randonnées, de toutes longueurs, ne manquent pas et rallongent ce temps : pensez juste à vos chaussures, au coupe-vent et éventuellement au pique-nique!

AVEC LES ENFANTS
La visite du parc et du château de Trévarez pour ses ordonnancements de massifs floraux.

Cette chaîne de grès armoricain et de schiste noirâtre compose avec les monts d'Arrée l'« épine dorsale de la péninsule ». Un peu moins haute que ces derniers (326 m contre 384 m), elle présente des crêtes plus étroites, des pentes peu accentuées et des landes moins étendues. Elle n'en offre pas moins de superbes buts d'excursion pour ceux qui souhaitent s'écarter un moment du littoral breton.

Itinéraires conseillés

UNE VIE MONTAGNARDE BRETONNE Carte Montagnes noires

Itinéraire de 85 km – comptez une demi-journée.
Le nom Montagnes Noires viendrait des grandes forêts de feuillus qui couvraient autrefois le massif. Le reboisement est en bonne voie, offrant de belles balades à l'écart de la côte et des embruns.

Carhaix-Plouguer *(voir p. 457)*
Quittez Carhaix à l'ouest en direction de Pleyben (N 164) et poursuivez sur la D 769 vers le sud.
La route s'engage dans la pittoresque vallée de l'Hyère.
À Port-de-Carhaix, après avoir franchi le canal de Nantes à Brest, tournez à droite.

À environ 1,5 km, remarquez sur la gauche le **calvaire de Kerbreudeur**, l'un des plus anciens de Bretagne (15e s.), dont les sculptures, bien qu'endommagées, sont encore expressives.

Saint-Hernin

Dans ce lieu où se serait fixé saint Hernin, moine venu d'Irlande, subsiste un enclos paroissial du 16e s.

Le **calvaire** très élancé est fort beau ; on reconnaît saint Michel terrassant le dragon de sa longue épée.

Regagnez à Moulin-Neuf la route de Carhaix à Gourin (D 769), et tournez à droite.

On aperçoit ici et là des ardoisières abandonnées.

Chapelle Saint-Hervé

Le chemin d'accès se détache sur la gauche.

Cet édifice du 16e s. au décor flamboyant et au clocheton ajouré reçoit chaque année le pardon de la Saint-Hervé.

Franchissez la ligne de faîte avant d'amorcer la descente sur Gourin.

Gourin fournissait des ardoises. C'est aujourd'hui un centre d'élevage de chevaux, de bovins et de volailles.

Poursuivez vers l'est.

La Trinité-Langonnet

L'**église**★ de style flamboyant possède une remarquable **charpente** (1568) à motifs Renaissance, qui témoigne d'une grande maîtrise artisanale et souligne l'élévation de la nef. Dans le chœur, remarquez les enfeus sculptés et les sablières. *En cas de fermeture, possibilité de récupérer la clef auprès de M. Rety, 3 r. Rozo.*

Revenez à Gourin en passant par Minetoul et, à la sortie de Gourin, prenez la D 301 vers le nord. Dirigez-vous à nouveau vers la crête des Montagnes Noires.

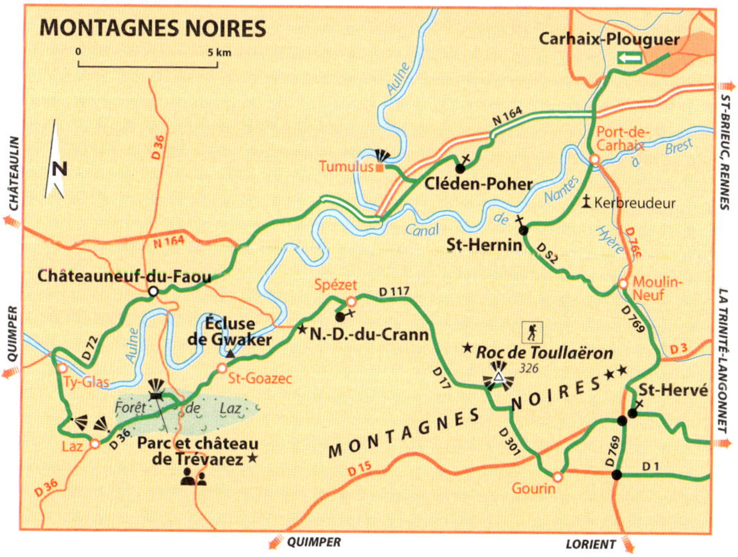

★ Roc de Toullaëron

30mn à pied AR. À 5 km de Gourin, après un virage, laissez la voiture et prenez à droite un chemin rocailleux (pique-nique interdit) qui s'élève dans un taillis de chênes ; à son extrémité, escaladez les blocs rocheux.

Depuis ce point culminant (326 m) des Montagnes Noires, on découvre par temps clair un immense **panorama★**. Vers l'ouest s'étale le bassin de Châteaulin dont le bocage semble une forêt. Vers le nord se dessinent les monts d'Arrée. Vers le sud, on voit le plateau breton s'incliner doucement vers l'Atlantique.

Gagnez Spézet et, à la sortie vers Châteauneuf-du-Faou, tournez à gauche.

★ Chapelle Notre-Dame-du-Crann

Rte de Roudouallec - ✆ 02 98 93 80 03 - possibilité de visite guidée de mi-mai à mi-sept. : 14h-17h30 ; reste de l'année : sur demande auprès de Mme Arlaux au ✆ 02 98 93 92 92.

Bâtie en 1532, cette chapelle possède une splendide série de **vitraux★★** du 16e s. On raconte qu'au 19e s. un amateur parisien voulut faire leur acquisition, mais que le curé demeura incorruptible ! Le programme le plus important *(12 panneaux)* orne le chœur et illustre la Passion.

Dans le bas-côté droit, légende de saint Éloi. Les retables polychromes du 16e s. viennent d'être restaurés.

Revenez à l'entrée de Spézet où vous tournerez à gauche et, à 2 km, encore à gauche. À l'entrée de St-Goazec, tournez à droite.

Écluse de Gwaker

C'est l'une des nombreuses écluses du canal de Nantes à Brest. Belle chute en fin de plan d'eau.

Traversez St-Goazec, puis prenez à droite vers Laz.

★ Parc et château de Trévarez

✆ 02 98 26 82 79 - www.trevarez.com - avr.-sept. : 13h-18h ; de mi-nov. à fin janv. : 13h30-18h30 - fermé 11 janv.-31 mars et de déb. oct. à mi-nov. - 4,50 € (-11 ans gratuit).

Ce parc de 85 ha s'ordonne autour d'un château Belle Époque (vers 1900), de style gothique. Des sentiers balisés à travers bois permettent d'agréables promenades au rythme des saisons : camélias *(particulièrement en avril)*, azalées et rhododendrons *(en mai)*, hortensias *(en juillet)*, et fuchsias fleurissent le parcours. Des fontaines, un jardin d'eau et un étang apportent une fraîcheur agréable. La terrasse du château offre une belle **vue** sur la vallée de l'Aulne et les monts d'Arrée.

La visite se termine agréablement dans les anciennes écuries, réaménagées en lieu de détente et d'expositions. Boutiques et « goûter breton » complètent la visite.

Dans Laz, tournez à droite vers Ty-Glas où, après avoir admiré les arêtes rocheuses et la vallée de l'Aulne, vous prendrez à droite vers Châteauneuf-du-Faou. La route franchit, puis longe l'Aulne.

Châteauneuf-du-Faou

Au penchant d'une colline qui domine l'Aulne, la ville attire les pêcheurs de saumons et de brochets.

Dans l'église, **Paul Sérusier** a décoré la chapelle des fonts baptismaux, entre 1914 et 1918. Il y a représenté des scènes du Nouveau Testament : l'Annonciation, le Baptême du Christ, la Crucifixion, la Résurrection et la Transfiguration.

Parcours « Sur les pas de Paul Sérusier » – *Visite libre d'environ 1h30 avec le fascicule gratuit disponible à la mairie ou à l'office de tourisme - ✆ 02 98 81 83 90 - www.chateauneuf-du-faou.com.* Marchez sur les pas du peintre Paul Sérusier (1864-1927), fondateur du groupe des Nabis, disciple et ami de Gauguin. Découvrez sa ville d'adoption et les paysages qu'il immortalisa en suivant le Circuit des chevalets.
Rejoignez la N 164.

Cléden-Poher

Ce village possède un bel **enclos paroissial★**, bâti pour l'essentiel au 16e s. L'église des 15e et 16e s. renferme d'intéressants retables. Une grande partie de la voûte conserve ses lambris peints en 1750. On remarque aussi la jolie charpente de l'ossuaire transformé en chapelle, un beau calvaire de 1575 représentant une pietà et la scène de la flagellation, et deux sacristies couvertes en carène.
Sur cette commune se trouve aussi la maison éclusière de Pont-Triffen *(voir ci-dessous dans Le canal de Nantes à Brest).*
Regagnez Carhaix-Plouguer.

LE CANAL DE NANTES À BREST

Il y a 73 km le long du canal de Kergoat à Châteaulin. Vous pouvez les parcourir à vélo *(7h)*, en bateau *(voir Nos adresses dans les Montagnes Noires, p. 457)* ou à pied *(comptez deux jours et demi).*
Construit au début du 19e s., ce canal répondait au départ à des motivations stratégiques. Il faut imaginer les voies terrestres de l'époque qui étaient surtout des chemins creux vite embourbés par temps de pluie. Or, pendant les guerres napoléoniennes, se posa le problème du ravitaillement de Brest et de la flotte coincée par le blocus anglais. La pose de la première pierre de l'écluse de Port-Launay eut lieu le 7 septembre 1811, mais l'écluse n'ouvrit qu'en 1826. Les différents tronçons se construisirent au fil du 19e s. et le canal de Nantes à Brest avec ses 360 km et ses 238 écluses ne fut vraiment terminé qu'en 1836.
Le canal devint vite un axe commercial très important pour le centre de la Bretagne. Les péniches transportaient les ardoises vers la mer et revenaient chargées de sable. Mais leur chargement était aussi composé de minerai, houille et fonte.
Un net coup de frein intervint avec la mise en service du chemin de fer, puis ce fut le coup fatal de la construction du barrage hydroélectrique de Guerlédan en 1923, qui coupa les relations entre Nantes et Brest. La voie d'eau fut abandonnée. En 1966, le département du Finistère en fit l'acquisition et décida de l'aménager dans un but touristique en créant le SMATAH (Syndicat mixte d'aménagement touristique de l'Aulne et de l'Hyères).
Aujourd'hui, les écluses ont toutes été remises en état, les chemins de halage nettoyés font de superbes parcours de randonnée pédestre, cycliste ou équestre. Les pêcheurs y trouvent de nombreux sites. Sur le canal même, on peut pratiquer le kayak ou louer des péniches pour des excursions (il faut manier les écluses soi-même).

Maisons éclusières et centres d'interprétation

Plusieurs maisons d'éclusiers ont été aménagées, que l'on découvre en suivant le chemin de halage à pied ou à vélo d'amont en aval :
Le Centre d'interprétation de la flore du canal dans la maison éclusière de Kergoat-St Hernin.

Le Centre d'interprétation de l'histoire du canal qui est installé dans la maison éclusière de Pont Triffen à Cléden-Poher.

Le Centre d'interprétation de la vie éclusière, dans la maison de Rosvéguen, à la limite entre les communes de Gouézec et Lennon. Le site est très beau et la maison éclusière a été restaurée pour abriter des expositions sur l'histoire de la vie batelière. Des films sur le canal et les travaux y sont projetés. À 200 m en suivant le chemin de halage, on peut voir l'épave d'un chaland qui s'est échoué ici en 1934.

Le centre d'interprétation de la faune du canal : écluse de l'Aulne-Châteaulin.

L'observatoire aquatique à Châteaulin *(voir p. 467)*.

Ces maisons sont ouvertes toute l'année et, pendant, l'été du lundi au vendredi. Des promenades sont proposées sur des thèmes se rattachant au canal. Pour connaître exactement le programme des animations, allez sur l'excellent site www.smatah.fr ou téléphonez au 02 98 73 40 31.

Nous vous conseillons de vous procurer le topoguide et les cartes au 1/50 000 couvrant l'ensemble du canal de Nantes à Brest dans sa partie Finistère *(3 €)*.

Pour la partie du canal en amont, voir Rostrenen, p. 280.

NOS ADRESSES DANS LES MONTAGNES NOIRES

HÉBERGEMENT

Bon à savoir – De par la grande variété d'activités possibles, la découverte du domaine de Koadig pourrait bien transformer une simple halte en séjour prolongé. Cavaliers en herbe et amoureux de la nature seront donc ravis d'apprendre l'existence de gîtes d'étape confortables, pouvant héberger jusqu'à 16 personnes.

PREMIER PRIX

Domaine de Koadig – *29 270 St-Hernin - 02 98 99 54 85 - www.ddleal.com - - 2 gîtes (6 et 10 pl.) 15 € - 5 € - repas 15 € - cheval au pré ou au box 5 €.* Si vous appréciez la nature, voici le lieu idéal pour une nuit ou un séjour. Situé au cœur des Montagnes Noires, ce vaste domaine vous propose, outre un gîte d'étape confortable, un environnement de rêve : parc animalier, élevage de pur-sang arabes et de moutons solognots, pistes de randonnée, étang pour pêcher la truite… Terrasse, four à pain à l'ancienne.

BUDGET MOYEN

Hôtel du Relais de Cornouaille – *Rte de Carhaix - 29 520 Châteauneuf-du-Faou - 02 98 81 75 36 - www.lerelaisdecornouaille.com - fermé oct. - P - 30 ch. 51/54 € - 7 € - rest. 16/38 €.* Installé dans deux maisons de village accolées, cet hôtel a peu à peu modernisé ses chambres, son salon et sa réception. Les menus généreux du restaurant, dont un spécial enfant, attirent une clientèle locale nombreuse.

RESTAURATION

BUDGET MOYEN

Le Bienvenue – *84 r. Nicolas-le-Grand - 56 110 Roudouallec - 9 km à l'ouest de Gourin rte de Quimper par D 1 - 02 97 34 50 01 - www.restaurant-hotels.com - fermé mar. soir et lun. sf juin-août - 20/72 €.* Hortensias et rhododendrons fleurissent les abords de ce restaurant situé sur la traversée du village. Dans une salle claire et soignée, vous goûterez une copieuse cuisine mettant en avant les produits de la région.

ACTIVITÉS

Aulne Loisirs Plaisance – *Pen-ar-Pont - 29520 Châteauneuf-du-Faou - ✆ 02 98 73 28 63 - www.aulneloisirs.com - 16 mars-15 nov. - fermé lun. hors sais.* Cette base fluviale propose des embarcations pour découvrir le canal de Nantes à Brest : vedettes *(50 places)*, bateaux sans permis, canoës ou kayaks. Locations de VTT.

Carhaix-Plouguer

7 648 carhaisiens – Finistère (29)

NOS ADRESSES PAGE 460

S'INFORMER

Office du tourisme de Carhaix – *R. Brizeux - 29270 Carhaix-Plouguer - ✆ 02 98 93 04 42 - www.poher.com - juil.-août : 9h-12h30, 13h30-19h, dim. et j. fériés 10h-13h ; juin et sept : tlj sf dim. 9h-12h, 14h-18h ; reste de l'année : tlj sf lun., dim. et j. fériés 10h-12h, 14h-17h30, jeu. 14h-17h30.*

SE REPÉRER

Carte de microrégion D1 (p. 370-371) – *carte Michelin Départements 308 J5.* Entre les monts d'Arrée et les Montagnes Noires, en pleine Bretagne intérieure, la ville occupe une position de carrefour.

À NE PAS MANQUER

Les gorges du Corong et surtout le festival des Vieilles Charrues en juillet.

ORGANISER SON TEMPS

Après une petite visite en ville, comptez une demi-journée pour découvrir le plateau du Huelgoat. Vous pouvez aussi piocher des idées dans le journal *Ar gazetenn*, publié le 10 de chaque mois par la municipalité.

Carhaix a planté sa flèche en pleine Armorique, entre les monts d'Arrée et les Montagnes Noires, dans une région d'élevage. Ville carrefour, la capitale du Poher a résisté au dépeuplement en créant le festival des Vieilles Charrues. Cet événement musical donne l'occasion de parcourir les alentours et de découvrir un peu mieux les recoins cachés de l'Argoat.

MODESTE ET BRETON

Tous les ans, le samedi précédant le 27 juin, Carhaix célèbre la fête Théophile-Malo Corret, plus connu sous le nom de **La Tour d'Auvergne**. Celui-ci, né en 1743, se distingue par son goût des armes et de la langue bretonne. Pendant la Révolution, les plus hauts grades sont proposés à ce capitaine en second de 46 ans, mais il les refuse. À 54 ans, en pleine retraite, il part comme simple soldat. Nouvelles actions d'éclat. Bonaparte lui offre un siège au Corps législatif, mais il ne peut vaincre sa modestie. Corret n'accepte qu'un sabre d'honneur et le titre de « Premier grenadier de la République » ! Il est tué en 1800 pendant la campagne du Rhin, à Oberhausen.

Se promener

Église Saint-Trémeur

Reconstruite au 19e s., elle conserve une imposante tour-porche du 16e s. Le tympan du portail est orné de la statue de saint Trémeur, dont la légende remonte au 6e s.

Maison du Sénéchal

R. Brizeux - ✆ 02 98 93 04 42 - www.poher.com - juil.-août : 9h-12h30, 13h30-19h, dim. et j. fériés 10h-13h ; juin et sept. : tlj sf dim. 9h-12h, 14h-18h ; oct.-mai : tlj sf lun., jeu. matin, dim. et j. fériés 10h-12h, 14h-17h30.

Une belle façade du 16e s. : le rez-de-chaussée en granit sculpté, les étages en encorbellement, le tout habillé d'ardoise et décoré de statuettes. Le syndicat d'initiative y est installé.

Itinéraire conseillé

PLATEAU DU HUELGOAT

Itinéraire de 80 km – comptez environ 4h.

Quittez Carhaix par les rues Oberhausen et des Abattoirs en direction de Plounévézel (D 54). À Croissant-Marie-Jaffré, tournez à droite puis, 3 km après avoir laissé Lesquern sur la gauche, prenez à nouveau à droite, dans un virage, un chemin non revêtu.

Chapelle Saint-Gildas

Un parcours en sous-bois y conduit. Clocher carré à flèche de pierre et grotesques au chevet (16e s.). À la droite de la chapelle se trouve le signal St-Gildas qui culmine à 238 m : vue sur les monts d'Arrée.

Revenez à la route initiale et tournez à droite. Prenez à gauche vers Plourac'h.

Église de Plourac'h

Ce sanctuaire Renaissance en forme de T a été élevé en grande partie aux 15e et 16e s. Le **porche** gothique abrite les statues des apôtres, surmontées de dais très ouvragés. Trois gâbles armoriés surmontent une belle porte Renaissance et les deux fenêtres qui l'encadrent. À l'intérieur, parmi les nombreuses statues, remarquez celles de saint Guénolé et de saint Nicodème en docteur de la loi, ainsi qu'une Descente de croix dont la Vierge est vêtue de la cape de deuil du pays.

Callac

Cette ville possède une station de haras devant laquelle est érigée la statue de bronze de l'étalon Naous. Né en 1935, ce formidable reproducteur fut l'étalon le plus réputé de Bretagne. Durant treize ans de bons et loyaux services, ce cheval de trait breton a donné naissance à quelque huit cents descendants directs.

Callac est également la « capitale » de l'épagneul breton, un chien d'arrêt très efficace.

Empruntez la route de Guingamp et, à 2 km, tournez à droite.

Bulat-Pestivien

Ce village conserve quelques manoirs (17e et 18e s.) dont on remarquera la qualité du matériau de construction et une belle **église**★ aux porches remarquables. Sa tour Renaissance, la première de cette période en Bretagne, a été surmontée d'une flèche au 19e s. La sacristie monumentale est ornée d'une frise macabre ; un curieux lutrin représente un paysan en costume vannetais. La belle table de 1583, à dessins géométriques, longue de 5 m, recevait les offrandes lors du **pardon**. Celui-ci a toujours lieu le dimanche qui suit le 8 septembre.

Descendez vers Burthulet par la route de Rostrenen.

Chapelle de Burthulet

Ce modeste édifice du 16e s. à clocher-mur apparaît dans un site mélancolique : nul doute que « le diable y soit mort de froid » ainsi que l'assure la légende.

Gagnez Ty-Bourg, où vous tournerez à droite.

Saint-Servais

Le romancier Anatole Le Braz naquit (1859-1926) dans cette commune. Imposante église du 16e s.

Suivez la direction de Locarn.

★ Sentier de découverte des landes de Locarn et des gorges du Corong

Départ du parking du Quélénec. Boucle de 8 km avec 12 stations balisées. Procurez-vous le livret de découverte (2,30 €) à la Maison du patrimoine.

Cette balade mène à travers landes, forêt et chaos rocheux. La rivière s'enfonce en effet dans la forêt de Duault, disparaît dans un amas rocheux pour en rejaillir en cascade. C'est l'occasion d'observer et de comprendre le patrimoine naturel. Pensez aux chaussures de marche et aux jumelles !

Locarn

Son **église** possède une remarquable verrière du 16e s., cinq panneaux d'un retable flamand de la même époque représentant des épisodes de la vie du Christ et une **roue à carillon**. Si Locarn en conserve une, vous pourrez aussi en voir dans les églises de St-Nicolas-du-Pélem, Lanniscat, Confort-en-Meilars et Kérien.

Trésor★ – *02 96 36 66 11 - - de mi-juin à mi-sept. : 14h-19h ; reste de l'année : tlj sf dim. et lun. 14h-17h30 - fermé de mi-déc. à mi-janv. - 4,50 € (enf. 3 €).* Il comprend un buste et un bras reliquaires de saint Hernin, exécutés au 15e s., une croix de procession de la fin du 16e s. et un calice du 17e s., le tout en vermeil. Il est conservé à la **Maison du patrimoine** qui détient aussi les clefs de l'édifice.

Maison du patrimoine – *Pl. du Centre - 02 96 36 66 11 - - de mi-juin à mi-sept. : 14h-19h ; reste de l'année : tlj sf dim. 14h-17h30, possibilité de visite guidée - fermé de mi-déc. à mi-janv. - 4,50 € (enf. 3 €).* Une exposition permanente permet de découvrir le paysage de landes, de tourbières mais aussi d'ardoisières de Locarn. À près de 200 m de fond, des centaines d'ardoisiers ont creusé et travaillé le schiste pendant des décennies, pour en extraire l'une des plus belles ardoises d'Europe jusqu'en 2000.

LA ROUE À CARILLON

Ce très curieux objet rituel, souvent appelé « roue de fortune », était un symbole religieux pour les Celtes, probablement lié au culte solaire. Plus tard, il fut annexé au culte chrétien pour ponctuer les cérémonies de joie (baptêmes, mariages, pardons).

Voir aussi, dans le chapitre Montagnes Noires et canal de Nantes à Brest, « Une vie montagnarde bretonne », p. 452, au sud-ouest de Carhaix-Plouguer.

À proximité

Abbaye Notre-Dame-de-Langonnet

À 31 km au sud-est de Carhaix-Plouguer, l'abbaye se situe sur la D 790 entre Le Faouët et Plouray - 02 97 23 93 08 - visite guidée sur demande - mai-sept. : tlj sf mar. 14h-18h (plus 15 juil.-17 août : 9h-12h) ; reste de l'année : se renseigner.

De l'abbaye fondée en 1136, il ne subsiste que la salle capitulaire du 13e s. L'ensemble architectural, tel qu'on le voit aujourd'hui, date du milieu du 18e s. Cloître du début du 20e s. Occupés par un haras en 1806, les bâtiments furent bien entretenus et purent en 1858 être réoccupés par les Spiritains. C'est désormais une maison de repos pour les missionnaires et un lieu de retraites spirituelles. Musée d'art africain.

NOS ADRESSES À CARHAIX-PLOUGUER

HÉBERGEMENT

BUDGET MOYEN

Hôtel Noz Vad – *12 bd de la République - 02 98 99 12 12 - www.nozvad.com - fermé 21 déc.-11 janv. - 44 ch. 51/95 € - 10 €.* Bel intérieur breton contemporain, réalisé par des artistes locaux : peintures, photos… Vous passerez une *noz vad* (bonne nuit) dans une chambre moderne et pratique.

RESTAURATION

PREMIER PRIX

La Ronde des Mets – *5 pl. de la Mairie - 02 98 93 01 50 - fermé 2 sem. déb. mars, 1 sem. de fin juil. à déb. août et 2 sem. entre sept. et oct. - 11,50/37 €.* Ce restaurant a un petit air rétro. Vous y dégusterez une goûteuse cuisine traditionnelle, confortablement attablé au milieu de tableaux peints par des artistes locaux.

ACHATS

Saveur et Gourmandise – *19 r. du Gén.-Lambert - 02 98 99 46 58 - saveuretgourmandise@wanadoo.fr - 10h-12h, 14h-19h – fermé dim., lun. et j. fériés.* Cette épicerie du centre regorge de produits régionaux d'ici ou d'ailleurs. Coin cadeaux pour la maison.

ACTIVITÉS

« Les Ânes sont dans le pré » – *Le Pellem - 02 98 99 44 21 - www.lasdlp.com - pour les tarifs se renseigner.* Cette structure propose des randonnées accompagnées d'ânes bâtés avec des explications sur le comportement de ces animaux, ainsi qu'une visite guidée de l'exploitation, ponctuée par un délicieux goûter.

AGENDA

Festival des Vieilles Charrues – *3e w.-end de juil. - 0 820 890 066 - www.vieillescharrues.asso.fr.* Chaque été, ce festival attire les stars de la scène internationale et de jeunes découvertes. Tout cela pendant trois jours, devant un public varié et de plus en plus nombreux chaque année.

Huelgoat

★★

1 622 Huelgoatains – Finistère (29)

NOS ADRESSES PAGE 464

S'INFORMER

Office du tourisme de Huelgoat – *18 pl. Aristide-Briand - 29 690 Huelgoat - ✆ 02 98 99 72 32 - www.tourismehuelgoat.fr - juil.-août : 10h-12h30, 13h30-18h30, dim. 10h-12h30, j. fériés 10h-12h30, 13h30-18h30 ; reste de l'année : tlj sf dim. 10h-12h, 14h-17h - fermé 1er janv., 1er Mai, 1er et 11 Nov., 25 déc.*

SE REPÉRER

Carte de microrégion D1 (p. 370-371) – *carte Michelin Départements 308 I4.* Au cœur d'une région boisée, à l'est des monts d'Arrée, Huelgoat se situe à une trentaine de kilomètres au sud de Morlaix. Au sud du bourg, la D 764 rejoint Carhaix-Plouguer (18 km au sud-est).

À NE PAS MANQUER

Les promenades qu'offre la région environnante, notamment celle du Fer-à-Cheval, qui serpente pour partie le long de la rivière d'Argent, et celle des Rochers, qui domine le lit de la même rivière.

ORGANISER SON TEMPS

Les différents sentiers forestiers peuvent vous occuper une bonne partie de la journée, surtout si vous pique-niquez.

À Huelgoat, forêt, lac, eaux vives et chaos de rochers s'ajustent depuis des millénaires pour former l'un des plus beaux sites de la Bretagne intérieure. La magie de ces combinaisons naturelles a suscité des légendes tenaces, dont témoignent encore le lit du roi Arthur, creusé dans la pierre, et les fées qui fréquentent la rivière du Fao. Peut-être les rencontrerez-vous au détour d'un chemin isolé ?

Se promener Plan de la ville

Le bourg

L'**église** du 16e s., au clocher moderne, se dresse en bordure de la grande place, au cœur de la cité. À l'intérieur, sablières (poutres horizontales) sculptées et, à gauche du chœur, groupe de saint Yves, patron de la paroisse, entre le pauvre et le riche.

Dominant Huelgoat, la chapelle Renaissance **N.-D.-des-Cieux** (clocher du 18e s.) conserve de curieux bas-reliefs peints figurant des scènes de la vie de la Vierge et de la Passion. Un **pardon** a lieu le 1er dimanche d'août.

Arboretum du Poerop et jardin de l'Argoat – *55 r. des Cieux - ✆ 02 98 99 95 90 - juil.-août : 10h-18h ; du 21 mai à fin juin : 10h-18h, dim. 14h-18h ; du 1er sept. au 20 nov. et du 20 mars au 20 mai : 10h-17h, dim. 14h-18h ; du 21 nov. au 19 mars : lun.-vend. 14h-17h, possibilité de visite guidée - 5 € (-16 ans gratuit), visite guidée 7 €.* **L'arboretum** présente 3 200 espèces d'arbres et d'arbustes regroupés en

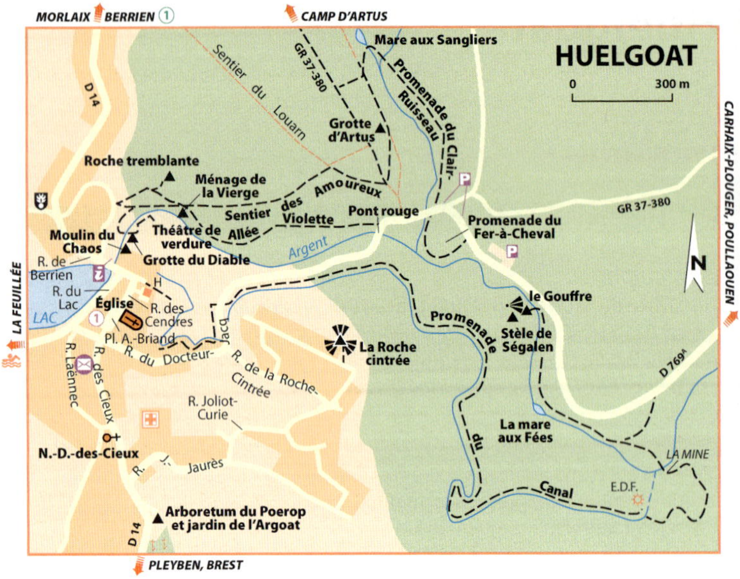

SE LOGER

Ferme de Porz Kloz (Studios, gîtes La).. 1

SE RESTAURER

Krampouez Breizh (Crêperie).. 1

collections géographiques et thématiques. La plupart des continents y sont représentés, jusqu'à l'Himalaya, au bush australien et à la cordillère des Andes. Jardin du Moyen Âge et de plantes médicinales, verger de variétés anciennes, bambouseraie, roseraie complètent la visite. Ferme et salon de thé en sus. Conçu à l'origine pour les résidents de la maison de retraite voisine, **le jardin de l'Argoat** regroupe de son côté un millier de plantes de toutes les régions du globe : lilas, eucalyptus, hydrangéas, iris, rosiers lianes et rhododendrons.

★★ Les Rochers

1h30 à pied. Dans la rue de Berrien, au bout du lac. Suivez le sentier fléché.

Chaos du Moulin – Le sentier s'enfonce immédiatement parmi un amoncellement de blocs granitiques dominant le lit de la rivière d'Argent, venue du lac de Huelgoat.

Grotte du Diable – *On y accède par une échelle de fer.* Sous les rochers… le bruit de la rivière.

Roche tremblante – *Sur la rive gauche de la rivière.* En s'adossant en un point très précis de cet énorme bloc de 100 t, on le fait osciller sur son arête de base !

En montant par le « sentier des Amoureux », il est possible de gagner la grotte d'Artus et la mare aux Sangliers (voir explications ci-contre dans la « Promenade du Clair-Ruisseau »).

Allée Violette – Longeant la rive gauche de la rivière, qui serpente sous bois, cette allée termine agréablement la promenade dans les rochers.

Au Pont rouge, on peut poursuivre en forêt (voir ci-dessous) ou regagner le centre-ville : tournez à droite dans la route venant de Carhaix, puis suivez la rue du Docteur-Jacq.

★ La forêt

Le breton *Uhel-Coat* se traduit par « le bois du haut ». D'une superficie de plus de 1 000 ha, la forêt de Huelgoat est accrochée au pied du versant sud de la chaîne des monts d'Arrée. Ses collines sont séparées par des vallées souvent profondes, qui recèlent des sites étranges et pittoresques, riches en contes et légendes. *(Fléchage et parkings permettent de découvrir les sites.)*

Promenade du Fer-à-Cheval et le gouffre – *30mn à pied. Après le Pont rouge, à droite, suivez la promenade du Fer-à-Cheval.* Flânerie dominant la rivière d'Argent. *Puis reprenez à droite la route de Carhaix pendant 300 m.* Un escalier de 39 marches mène au gouffre. La rivière d'Argent se perd dans une excavation profonde pour ne reparaître que 150 m plus loin. On peut gagner un belvédère *(15mn AR – accès difficile et manque de protection)* dominant le chaos du gouffre.

Cette promenade peut se poursuivre le long de la rivière – on passe près de la mare aux Fées – et se combiner avec la promenade du Canal. *Suivez le fléchage « La Mine », tournez à droite, au pont, sur la route non revêtue. À l'ancienne mine, montez par un sentier s'embranchant sur la droite jusqu'au collecteur de l'usine électrique. Une petite passerelle franchit le canal.*

Promenade du Canal – *3h à pied AR, au départ de la rue du Docteur-Jacq.* C'est pour l'exploitation des mines de plomb argentifère, déjà connues des Romains, qu'un lac de barrage et deux canaux ont été aménagés au 19e s. Les eaux étaient utilisées pour le lavage du minerai et comme force motrice d'un concasseur. La promenade emprunte la berge du canal supérieur. À son extrémité, il est possible de gagner le gouffre *(description de ce parcours donnée en sens inverse ci-dessus).*

Promenade du Clair-Ruisseau – *1h30 AR. Au parc de stationnement situé après le Pont rouge, prenez l'allée du Clair-Ruisseau.* Elle offre des vues sur le lit du ruisseau, encombré de rochers et d'arbres enchevêtrés. À gauche, un escalier *(25 marches)* descend à la **mare aux Sangliers**, petit bassin limpide dans un joli site de rochers où l'on croit reconnaître des têtes de sangliers, d'où le nom. Un ponceau rustique permet de franchir le ruisseau et de gagner l'allée de la Mare, que l'on prend à gauche.

Après l'impressionnant escalier *(218 marches)* qui peut conduire plus rapidement au **camp d'Artus**, on découvre, sur la droite, en contre-haut, l'entrée de la **grotte d'Artus**. *Poursuivez par le chemin en montée qui, en 800 m, mène au camp.* Des rochers en marquent l'entrée, qui était commandée par une motte artificielle. C'est un important exemple d'oppidum gaulois limité par deux enceintes. Malgré l'envahissement de la végétation, il est possible de faire le tour du camp par un sentier *(1 km environ)* qui suit la seconde enceinte elliptique, la seule qui soit assez bien conservée.

NOS ADRESSES À HUELGOAT

HÉBERGEMENT

UNE FOLIE

Studios, gîtes La Ferme de Porz Kloz – *Trédudon-le-Moine - 29690 Berrien - ✆ 02 98 99 61 65 - http://monsite.wanadoo.fr/porzkloz - fermé 15 nov.-Pâques sf w.-end sf sur réserv. - 🅿 - 4 ch. 354/474 €.* Le temps semble s'être arrêté dans cet ensemble de fermes du 17e s., jadis dépendances de l'abbaye de Relecq. Location 3 j. minimum.

RESTAURATION

PREMIER PRIX

Crêperie Krampouez Breizh – *Pl. Aristide-Briand - ✆ 02 98 99 80 10 - gaellethuillier29@orange.fr - fermé 2 sem. en mars, 2 sem. en oct. et merc. - ♿ - 10/16 €.* Dans une salle plutôt chaleureuse ornée d'une imposante cheminée sont servies galettes traditionnelles et recettes maison, telles que l'An Huelgoat (escargots et beurre d'ail) ou la Méli-Mélo (pommes et saucisses).

ACTIVITÉS

Ti Ar Gouren – *Imp. du Gouren - 29690 Berrien - ✆ 02 98 99 03 80 - www.tiargouren.fr - renseignements par tél.* Cette Maison de la lutte et des sports bretons promeut par des stages, des classes de découverte et des camps de vacances, l'intérêt pour le *gouren* (lutte bretonne) et les jeux traditionnels d'adresse.

Monts d'Arrée

★★

Finistère (29)

NOS ADRESSES PAGE 471

S'INFORMER

Parc naturel régional d'Armorique – *Rens. au siège du Parc, au Faou - ✆ 02 98 81 90 09 - www.parc-naturel-armorique.fr.*

SE REPÉRER

Carte de microrégion BC1 (p. 370-371) – *carte Michelin Départements 308 G/I 3/4.* Dans le prolongement de la presqu'île de Crozon, les monts d'Arrée s'étirent au nord-est jusqu'au roc Trévezel et à Huelgoat. La D 14 puis la D 21 les traversent de part en part.

À NE PAS MANQUER

Le panorama du roc Trévezel et les enclos paroissiaux de Pleyben et de Brasparts.

ORGANISER SON TEMPS

Réservez les activités nature quelques jours à l'avance en saison touristique.

AVEC LES ENFANTS

L'observatoire aquatique de Châteaulin ou une sortie nature sur la trace des castors dans la Réserve naturelle de la tourbière du Venec.

Frontière naturelle entre la Cornouaille et le Léon, autrement dit entre le Finistère Sud et le Finistère Nord, les monts d'Arrée sont les plus élevées des « montagnes bretonnes » avec pour points culminants à 384 m le roc Trévezel et le Tuchenn Gador (Signal de Toussaines). Les sommets de grès ou de granit ont été transformés par l'érosion en croupes arrondies appelées « menez » tandis que les quartzites ont donné des crêtes découpées en dents de scie baptisées « rocs » ou « roc'hs ». Arides, couverts de landes, souvent perdus dans la brume, ces reliefs peuvent donner une impression de haute montagne. Ils font partie du Parc naturel régional d'Armorique, l'un des premiers sites naturels protégés en France.

Se promener

PARC NATUREL RÉGIONAL D'ARMORIQUE Carte Parc d'Armorique

Inauguré en 1969, ce parc naturel englobe pas moins de 39 communes sur une superficie de 112 000 ha. On distingue quatre zones : les monts d'Arrée, la presqu'île de Crozon, l'Aulne maritime et les îles de la mer d'Iroise. Autant d'espaces maritimes littoraux ou de pleine mer, de landes, de tourbières et de presqu'île qui abritent des espèces animales et végétales propres à chaque milieu. Le Parc naturel régional d'Armorique concentre ainsi une incroyable diversité de paysages et d'écosystèmes.

Ses objectifs principaux sont : la sauvegarde des paysages, de la flore et de la faune ; la création d'activités propres à développer l'économie locale et la préservation des traditions rurales.

De très nombreux lieux d'expositions sont ouverts au public à travers un réseau de 20 équipements : Maison des artisans à Brasparts, écomusée des Monts d'Arrée à St-Rivoal et Commana, musée des Phares et Balises à Ouessant, musée de l'École rurale à Trégarvan, Maison des minéraux à Crozon, Maison

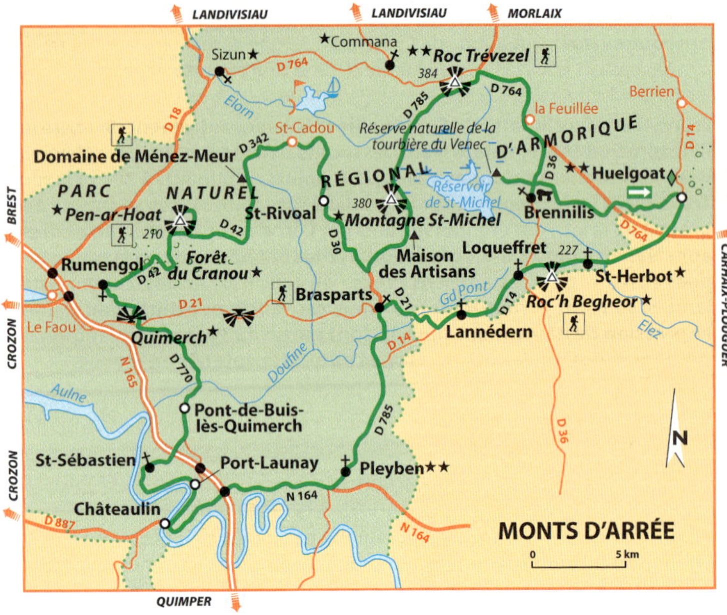

de la rivière à Sizun, musée du Loup au Cloître-St-Thégonnec…
N'hésitez pas à vous renseigner au siège du Parc, situé au Faou, (voir S'informer page ci-contre).

Itinéraire conseillé

À TRAVERS LA MONTAGNE Carte Monts d'Arrée

Itinéraire de 122 km – comptez une journée. Quittez Huelgoat au sud par la D 14 en direction de Pleyben sur 7,5 km.

★ Saint-Herbot

L'**église★** *(se renseigner au ✆ 02 98 86 90 07)*, de style gothique flamboyant, apparaît dans un cirque boisé. Au porche du flanc droit est accolé un petit ossuaire Renaissance. À l'intérieur, le **chœur** est entouré d'une belle **clôture★★** en chêne sculpté, surmontée d'une Crucifixion.
Les deux tables de pierre qui s'appuient contre la clôture étaient destinées à recevoir les touffes de crin prises à la queue des bovins et offertes par les paysans pendant le pardon : ce geste leur permettait d'obtenir la protection de saint Herbot, patron des bêtes à cornes. Voyez aussi les quinze stalles, richement décorées *(relevez les sièges)*.
Une croix-calvaire de 1575, en granit de Kersanton, s'élève au milieu de la place.
Continuez 4 km sur la D 14 pour rejoindre le site de Roc'h Begheor.

★ Roc'h Begheor

Un sentier parmi les ajoncs *(15mn à pied)* mène au sommet, qui culmine à 277 m : beau point de **vue★** sur les monts d'Arrée et les Montagnes Noires.
Reprenez la D 14 sur 4 km.

Lannédern

Petit **enclos** paroissial dont la croix à personnages présente, sur la traverse inférieure, saint Edern chevauchant un cerf. Dans l'**église**, on peut voir le tombeau du saint (14e s.) et six bas-reliefs polychromes (17e s.) retraçant sa vie.
Continuez en direction de Pleyben. À 1,5 km, prenez à droite la D 21 sur 4 km.

Brasparts

Planté au sommet d'une colline, ce bourg possède un intéressant **enclos** paroissial du 16e s. À l'intérieur de l'**église**, splendide **Vierge de pitié★** du 16e s.
Depuis Brasparts, suivez les sentiers de randonnée balisés du Méné (11 km) et de Gorre (16 km).
Prenez la D 785 au sud sur 9,5 km.

★★ Pleyben

La grande curiosité de cette localité où l'on produit d'excellentes galettes est son magnifique **enclos paroissial★★**, élevé du 15e au 17e s. Il démontre une grande maîtrise architecturale et artistique, d'autant plus impressionnante qu'elle s'appuie sur un matériau difficile à travailler : le granit.
Calvaire★★ – C'est le plus imposant de Bretagne. Construit en 1555 près du porche latéral de l'église, il fut déplacé en 1738 et prit l'aspect du monument actuel en 1743. Entre-temps, de nouveaux motifs vinrent l'enrichir : la Cène et le Lavement des pieds datent de 1650. L'énorme piédestal aux **portes triomphales** met en valeur les personnages de la plate-forme, qui se détachent sur le ciel en une très belle ordonnance.
Église★ – *02 98 26 60 11 - 9h-12h, 14h-19h, dim. 14h-19h, possibilité de visite guidée juil.-août.* Ce vaste édifice est dominé par deux clochers dont le plus remarquable est celui de droite. Il s'agit d'une **tour★★** Renaissance, couronnée par un dôme à lanternons. L'autre clocher, de style cornouaillais, porte une flèche gothique reliée à la tourelle d'angle par une galerie aérienne. À l'intérieur, la nef présente une **voûte★** lambrissée du 16e s. : ses nervures et sa remarquable **sablière** sont sculptées et peintes de sujets mythologiques ou sacrés. Au centre du chevet, **vitrail★** de la Passion, du 16e s. Sont également intéressants : la chaire, le buffet d'orgue, le groupe du Baptême du Christ *(au-dessus des fonts baptismaux)* et de nombreuses statues polychromes.
Chapelle funéraire – Cet ossuaire du 16e s. abrite des expositions.
Rejoignez la N 164 au sud-est, puis la D 887 sur 11 km.

Châteaulin

Située sur une boucle de l'Aulne, dans la vallée verdoyante et encaissée où coule la rivière canalisée, cette ville est le rendez-vous des pêcheurs en eau douce. En effet, la marée n'atteint pas Châteaulin : elle vient mourir en aval, à Port-Launay, où mouillent de nombreux bateaux de plaisance.
La meilleure saison pour venir lancer sa ligne à Châteaulin, grand centre de pêche au saumon, correspond aux mois de mars et avril, lorsque ces poissons, emblèmes de la ville, remontent la rivière pour frayer. Ils tentent alors l'escalade des petites chutes d'eau formées par le déversoir des écluses : en se plaçant en aval de celles-ci, vous pourrez toujours faire de belles prises !
Observatoire aquatique – *02 98 86 30 68 - www.smatah.fr - juil.-août : tlj sf w.-end 10h-17h - possibilité de visite guidée reste de l'année sur demande à M. Croguennec - gratuit.* Ce centre de découverte sur le canal de Nantes à Brest *(voir p. 455)* permet de se familiariser avec les principales espèces qui fréquentent les fleuves côtiers du Finistère, comme le saumon atlantique. En été, des randonnées sont organisées dans les monts d'Arrée.

Chapelle Notre-Dame – L'ancienne chapelle du château apparaît dans un enclos, près de maisons du 17e s. L'arc triomphal franchi, on découvre une croix-calvaire (15e s.) présentant une curieuse scène du Jugement dernier. Remaniée aux 17e et 18e s. et restaurée, la chapelle conserve des vestiges du 13e s. *(chapiteaux)*, ainsi que des retables du 17e s.

Empruntez la rive droite de l'Aulne.

Port-Launay, à Châteaulin sur l'Aulne, offre sur son quai de belles promenades.

Laissez à droite la route de Brest et longez l'Aulne vers le nord. Passez sous le viaduc ferroviaire et à un rond-point prenez à droite et 100 m plus loin à gauche.

Chapelle Saint-Sébastien

☏ 02 98 73 17 03 - 9h-18h - possibilité de visite guidée sur demande à la mairie - gratuit.

De l'**enclos** du 16e s. subsistent la porte triomphale, supportant saint Sébastien, et un beau calvaire à personnages où l'on reconnaît le saint transpercé de flèches. À l'intérieur, magnifiques **retables★** (17e s.) dans le chœur et le transept; à gauche, des panneaux retracent l'histoire de Lorette : petite ville italienne de la région des Marches où, de Nazareth, la maison de Marie aurait été transportée par des anges au 13e s.

Suivez la petite route qui enjambe la voie ferrée et la voie express Quimper-Brest, puis tournez à gauche sur la D 770.

Pont-de-Buis-lès-Quimerch

À la sortie de la localité, en contrebas de la route à gauche, se trouve une importante poudrerie qui a trois siècles d'existence.

Suivez la D 770 sur 4 km pour rejoindre Quimerch.

★ Quimerch

Depuis la table d'orientation, la **vue★** s'étend du Ménez-Hom jusqu'à la forêt du Cranou, la rade de Brest et la presqu'île de Plougastel.

Continuez la D 770 puis tournez à droite en direction de Rumengol.

Rumengol

Selon la légende, le roi Gradlon (5e s.) construisit ici une chapelle au lendemain de la disparition de la ville d'Ys. L'**église** date du 16e s., comme en témoignent son porche sud et sa magnifique façade en granit de Kersanton, mais elle a subi de notables transformations aux 17e et 18e s. Les deux **retables★** et leurs autels datent de 1686. Au milieu du bourg, au-delà du chevet de l'église, on aperçoit la fontaine miraculeuse de 1792, objet de dévotion lors des pardons. Ces derniers, consacrés à N.-D.-de-Tout-Remède, sont célèbres à travers toute la Bretagne. Le plus couru est celui du dimanche de La Trinité. Un autre a lieu le 15 août.

Prenez la D 42 sur 4 km vers l'est.

★ Forêt du Cranou

La D 42, route sinueuse, traverse cette forêt domaniale, qui s'étend sur plus de 600 ha. Elle présente de belles futaies de chênes et de hêtres, ainsi que des sous-bois d'ifs et de houx. Aires de pique-nique aménagées.

Continuez sur la D 42 ; à la sortie de la forêt du Cranou, tournez à droite sur 1,5 km. À l'entrée de Kerancuru, prenez à gauche pour gagner Pen-ar-Hoat-ar-Gorré. Dans ce hameau aux vieilles maisons de schiste, tournez à gauche vers Hanvec et, immédiatement de nouveau à gauche sur une petite route goudronnée en montée.

Les reliefs austères des Monts d'Arrée.
Pays Touristique du Centre Finistère

★ Pen-ar-Hoat

45mn à pied AR. Empruntez le chemin qui longe la ferme et appuyez à gauche en vous orientant sur la ligne des hauteurs ; après être passée entre de petits murs, la montée finit dans les ajoncs.

À 210 m d'altitude, le **panorama** se développe sur les montagnes couvertes de landes : au nord, les collines bordant l'Elorn ; à l'est, les hauteurs proches de l'Arrée ; au sud, la forêt du Cranou avec au loin les Montagnes Noires et le Ménez-Hom ; à l'ouest, la rade de Brest.

Revenez à Kerancuru où vous tournerez à gauche sur la D 42, puis à 3,5 km, encore à gauche sur la D 342 en direction de Sizun (voir p. 361).

Domaine de Ménez-Meur

✆ 02 98 68 81 71 - www.parc-naturel-armorique.fr - juil.-août : 10h-19h ; mai-juin et sept. : 10h-18h ; reste de l'année : merc., dim., j. fériés et vac. scol. 13h-17h - 3,30 € (enf. 2,20 €).

Ce domaine s'étend sur 420 ha dans un site vallonné. Un sentier de découverte *(environ 1h30)* serpente parmi les vastes enclos où vivent des espèces sauvages (loups, sangliers, daims, cerfs, aurochs…) et des animaux domestiques appartenant à des races menacées de disparition (vaches « pie noir » ou « nantaises », petits moutons d'Ouessant, porcs blancs de l'Ouest…).

La **Maison du cheval breton** présente des expositions sur la place de cet animal dans la vie rurale bretonne.

Reprenez la D 342, puis la D 130 jusqu'à St-Cadou et redescendez vers St-Rivoal à 5,5 km par la D 30.

Saint-Rivoal

À la sortie du village, sur la route du Faou, à gauche en contrebas, on découvre la **maison Cornec**, une fermette de 1702. Elle constitue l'un des éléments, disséminés dans le Parc d'Armorique, d'un musée en plein air consacré aux différents styles de la construction bretonne.

Cette petite maison de schiste, avec son bel escalier extérieur couvert, se compose d'une vaste pièce qui abritait d'un côté la famille, autour de la grande cheminée, et de l'autre les animaux domestiques. *✆ 02 98 81 40 99 - juil.-août :*

11h-19h ; juin : 14h-18h ; sept. : tlj sf sam. 14h-18h - possibilité de visite guidée (1h) - 1,50 € (enf. 1 €).
Prenez la D 30 vers Brasparts.
La route se déroule dans un paysage de collines, de vallées verdoyantes et boisées dont la fraîcheur contraste avec l'aridité des sommets rocheux et couverts de landes.
À 5,5 km, tournez à gauche sur la D 785 vers Morlaix.

Maison des artisans

✆ 02 98 81 46 69 - de déb. juil. à mi-sept. : 10h-19h30 ; avr.-juin, 2e quinz. de sept. et vac. scol. : 14h-18h30, w.-end 10h30-19h ; oct.-avr. : w.-end 10h30-19h - gratuit.
Propriété du Parc régional, elle est installée dans la ferme St-Michel et présente les créations de plus de deux cents artisans bretons : tournage sur bois, gravure, poterie, bijoux, verre, sculpture…
Poursuivez la D 785 sur 2 km en direction de Morlaix. Prenez un chemin qui s'ouvre à gauche de la route.

★ Montagne Saint-Michel

Au sommet (380 m) se dresse une petite chapelle dont le faîte atteint 391 m d'altitude : **panorama** sur les monts d'Arrée et les Montagnes Noires.
Au pied de la montagne, vers l'est, s'étend un vaste marais tourbeux appelé le **Yeun Elez**. La brume hivernale le rend si lugubre que la légende bretonne y situa le **Youdig**, ce gouffre formant l'entrée de l'enfer !
Au-delà, le lac créé par le barrage de St-Michel fait partie de la centrale thermique (gaz) des monts d'Arrée, à Brennilis. À droite du lac, sur la pointe rocheuse, un alignement mégalithique est appelé la « noce de pierre ».
Continuez 8 km sur la D 785 qui offre de belles vues sur le relief et la cuvette de Brennilis, tout en longeant le Signal de Toussaines *(Tuchenn Gador)*.

★★ Roc Trévezel

Cet escarpement rocheux (384 m) fait saillie sur la crête et occupe une situation pittoresque, dans un décor de véritables montagnes.
Prenez le sentier (30mn à pied AR) qui s'amorce à côté du panneau indicateur. Dirigez-vous vers la gauche ; traversez ensuite une petite lande en appuyant à droite et gagnez la pointe rocheuse la plus éloignée. Ici, le **panorama★★** est immense. Vers le nord, le plateau du Léon apparaît ; par temps clair, on distingue la flèche du Kreisker de St-Pol-de-Léon et, à l'est, la baie de Lannion.
À l'ouest, on voit le fond de la rade de Brest ; vers le sud, la montagne St-Michel et, au-delà, la ligne de forêts des Montagnes Noires.
Non loin de là, à Commana, les moulins de Kerouat ont été restaurés. Ils abritent l'**écomusée des Monts d'Arrée**, consacré à la vie rurale d'autrefois *(voir Les enclos paroissiaux, p. 362)*.
Reprenez la D 785 sur 1,5 km et à hauteur du pylône de Roc-Tredudon, prenez à droite la D 764 vers Huelgoat sur 6 km et encore à droite vers Brennilis.

Brennilis

Ce bourg possède une **église** du 15e s. coiffée d'un fin clocher ajouré.
Réserve naturelle du Venec – *✆ 02 98 79 71 98 - sortie nature (3h) à la découverte de la tourbière du Venec et de la rivière aux Castors - juil.-août : mar.-jeu. et sam. à 15h - les visites se font au dép. de la Maison de la réserve et des castors, sur la pl. de Brennilis - 4 € (-12 ans gratuit). Se munir de bottes et de vêtements appropriés à des sorties tout-terrain et tout temps.* Créée en 1993, sur 77 ha, cette réserve protège une zone essentiellement humide dont le centre se compose d'une tourbière à sphaignes (mousse des marais qui produit la tourbe). Dédié à la conservation et à l'étude scientifique, il n'est pas accessible au public.

Néanmoins, vous pourrez le découvrir à la **Maison des castors et de la Réserve naturelle du Venec**, ouverte en 2006 : son but consiste à présenter et mettre en valeur ce milieu très spécifique. Exposition sur la population de castors, la faune et la flore.

Un livret d'interprétation est fourni pour permettre au visiteur de mieux connaître ce milieu spécifique, mais le meilleur moyen de le découvrir est encore de suivre une sortie nature. *Du 8 juil. au 31 août : mar.-dim. 14h-18h - 2 € (-12 ans gratuit).*

Revenez à l'entrée de Brennilis et prenez à droite. À 100 m, à droite, un sentier fléché mène à une **allée couverte**, en partie enfouie sous un tumulus.

Continuez sur cette petite route qui ramène à Huelgoat.

NOS ADRESSES DANS LES MONTS D'ARRÉE

VISITES

Balades contées – *Association ADDES - Botcador - 29690 Botmeur - ✆ 02 98 99 66 58 - www.arree-randos.com - se renseigner pour les horaires.* Cette association propose des randonnées nature et des balades contées familiales tout au long de l'année sur les crêtes des monts d'Arrée au départ de Commana. Les thèmes sont amusants : sortie chercheurs d'or, rando marionnettes, rando des lutins, balade sous la lune… À noter que ces promenades sont accessibles aux personnes à mobilité réduite grâce à des joëlettes (fauteuils à une roue tout terrain).

RESTAURATION

Pleyben

BUDGET MOYEN

Auberge du Poisson Blanc – *Pont Coblant - 4,5 km au sud de Pleyben par ancienne rte de Quimper en dir. de Briec - ✆ 02 98 73 34 76 - fermé 3 sem. en nov., dim. soir, lun. soir hors sais. - réserv. conseillée - 14/32 € - 6 ch. 52 € - ☕ 6,50 €.* Même si la partie hébergement ne laisse pas de souvenir impérissable, il serait dommage de passer à côté de cet établissement abritant également un restaurant. On y sert des recettes du terroir comme la salade tiède d'andouille de Guéméné aux lentilles du pays. Plus dépaysant en Bretagne, un couscous est servi le jeudi.

ACHATS

Pleyben

Chatillon Chocolat SAS – *46 pl. Charles-de-Gaulle - ✆ 02 98 26 63 77 - www.chatillon-chocolat.com - tlj sf dim. 9h-12h30, 14h-18h30, et tlj de Pâques à fin sept.* Surtout ne quittez pas Pleyben sans avoir goûté les florentins : une spécialité en forme de palet, créée et produite par Michel Chatillon à partir de miel, d'amandes, de chocolat et d'orange. Cet artisan pâtissier fabrique également des chocolats fins et des biscuits typiquement bretons. Une visite gratuite de l'atelier de production, suivie d'une dégustation est proposée aux gourmands.

AGENDA

Châteaulin organise chaque année « **les Boucles de l'Aulne** », une course qui attire les vedettes internationales du sport cycliste. Les dates de la course sont fluctuantes - *Renseignements à la mairie de Châteaulin - ✆ 02 98 86 59 76.*

Pleyben

On afflue de loin pour assister au pardon célébré chaque 1er dimanche d'août.

Morbihan 6

Carte Michelin Départements 308 – Morbihan (56)

Le ravissant village de Saint-Cado sur les bords de la rivière d'Étel.

R. Mattès/MICHELIN

A
B
1
2
3
4
QUIMPER
Ploërdut
Guémené-s-Scorff
Ste-Barbe
Le Faouët
St-Fiacre
Kernascléden
Forêt de Pont Calleck
FINISTÈRE
Quimperlé
Plouay
Pont-Scorff
Pontivy
La Houssaye
Vallée du Blavet
St-Gildas
Bieuzy
St-Nicodème
Melrand
St-Nicolas-des-Eaux
Site de Castennec
Poul-Fetan
St-Adrien
Blavet
Baud
Locminé
MORBIHAN
Hennebont
Cité de la Voile Éric Tabarly
Lorient
Jardins du Chât. de Kerambar'h
Merlevenez
St-Hélène
Pnte du Verdon
Larmor-Plage
Port-Louis
Pnte de Mané Hellec
Rivière d'Étel
Champ des Martyrs
St-Degan
Ste-Anne-d'Aura
Chartreuse d'Auray
Pluneret
Port-Lay
Île de Groix
Pont-Lorois
St-Cado
Étel
Auray
Ste-Avoye
Trou de l'Enfer
Mégalithes
La Trinité-s-Mer
Cairn de Gavrinis
Plouharnel
Locmariaquer
OCÉAN
Carnac-Plage
Carnac
Pierres-Plates
Tumulus de Tumia
Pointe du Percho
Mané-er-Hroech
Pnte de Kerpenhir
Arzon
Presqu'île de Quiberon
Port-Navalo
Côte Sauvage
Cairn du Petit-Mont
ATLANTIQUE
Quiberon
Port du Crouesty
Presqu' de Rhuy
St-Gildas-de-Rhuys
POINTE DES POULAINS
Stêr-Vraz et Stêr-Ouen
Sauzon
Île de Houat
Citadelle Vauban
Port-Donnant
Côte "en dedans"
Les Grands Sables
Île de Hœdi
CÔTE SAUVAGE
Herlin
BELLE-ÎLE
Aiguilles de Port-Coton
Port-Goulphar
D 769
D 790
D 26
D 6
D 306
D 152
D 1
D 764
D 768
D 767
D 142
D 3
D 23
N 24
D 17
D 9
N 165
D 16
D 28
D 780
D 30
D 25

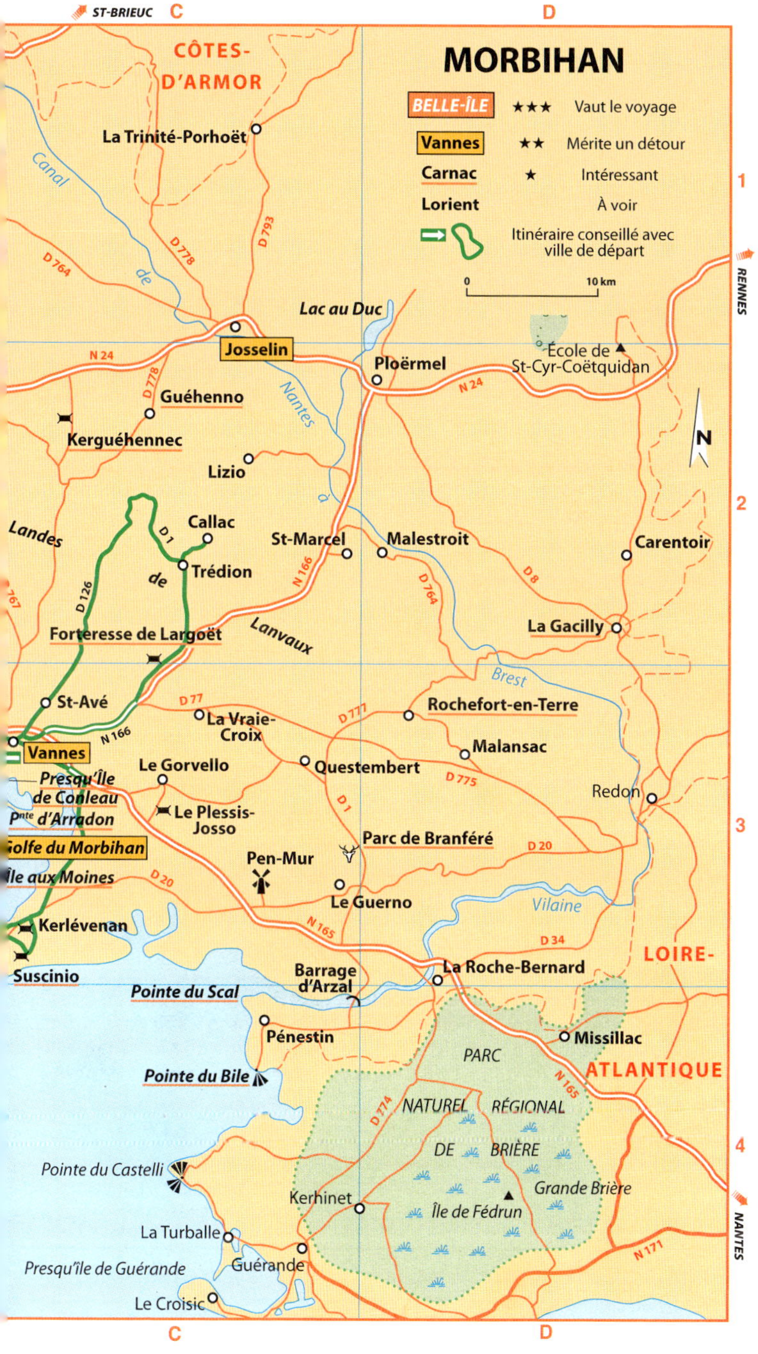
ST-BRIEUC
C
D
MORBIHAN
BELLE-ÎLE ★★★ Vaut le voyage
Vannes ★★ Mérite un détour
Carnac ★ Intéressant
Lorient À voir
Itinéraire conseillé avec ville de départ
0 10 km
CÔTES-D'ARMOR
La Trinité-Porhoët
Canal de Nantes à Brest
D 764
D 778
D 793
Lac au Duc
Josselin
N 24
Ploërmel
École de St-Cyr-Coëtquidan
Guéhenno
Kerguéhennec
Lizio
Landes de Lanvaux
Callac
D 1
Trédion
St-Marcel
Malestroit
N 166
D 764
D 8
Carentoir
D 126
Forteresse de Largoët
La Gacilly
St-Avé
D 77
La Vraie-Croix
D 777
Rochefort-en-Terre
Malansac
Vannes
Le Gorvello
Questembert
D 775
Redon
Presqu'Île de Conleau
Pte d'Arradon
Le Plessis-Josso
Golfe du Morbihan
Parc de Branféré
D 20
Pen-Mur
Île aux Moines
Le Guerno
Vilaine
Kerlévenan
N 165
D 34
LOIRE-ATLANTIQUE
Suscinio
Barrage d'Arzal
La Roche-Bernard
Pointe du Scal
Pénestin
Missillac
Pointe du Bile
PARC NATUREL RÉGIONAL DE BRIÈRE
D 774
Pointe du Castelli
Grande Brière
Kerhinet
Île de Fédrun
La Turballe
Presqu'île de Guérande
Guérande
N 171
Le Croisic
RENNES
NANTES
N
1
2
3
4

Vannes

★★

53 079 Vannetais – Morbihan (56)

NOS ADRESSES PAGE 482

S'INFORMER

Office du tourisme de Vannes - Golfe du Morbihan – *Quai Tabarly - 56 000 Vannes - 0 825 135 610 - www.tourisme-vannes.com - juil.-août : 9h-19h, dim. 10h-18h ; reste de l'année : tlj sf dim. 9h30-12h30, 13h30-18h.*

SE REPÉRER

Carte de microrégion C3 (p. 474-475) – *carte Michelin Département 308 O9.* Séparée de la mer par le golfe du Morbihan, Vannes est traversée par la N 165, qui vient de Nantes (112 km) et continue ensuite jusqu'à Brest.

SE GARER

Laisser votre véhicule près de la gare maritime ou place de la République, car il est très difficile de stationner dans le centre.

À NE PAS MANQUER

Les maisons anciennes du cœur historique, la Cohue et la vue depuis les remparts, le panorama qu'offre le donjon de la forteresse de Largoët, et la tranquillité de la presqu'île de Conleau.

ORGANISER SON TEMPS

Consacrez une journée à la découverte de la ville avant d'aborder ses environs et les rives du golfe du Morbihan.

AVEC LES ENFANTS

Une balade poétique au jardin aux Papillons ; et, à l'aquarium du Golfe, le poisson-scie et les piranhas attendent les plus téméraires !

Vannes, très visitée pour son riche patrimoine architectural et plébiscitée pour sa qualité de vie, conserve des remparts qui protègent encore une cité médiévale regroupée autour de la cathédrale. Il fait bon flâner au gré des rues étroites du centre ancien pour découvrir son patrimoine bien restauré. Bâtie en amphithéâtre au fond du golfe du Morbihan, elle constitue le point de départ idéal pour toute excursion vers la « petite mer » et ses îles.

Se promener Plan de la ville

★★ VIEILLE VILLE

Enfermée dans ses remparts et groupée autour de la cathédrale St-Pierre, la vieille ville a été aménagée en zone piétonne.

Partez de la place Gambetta.

Cette place en hémicycle (19e s.) encadre la **porte St-Vincent** qui donne accès à la vieille ville par la rue du même nom, bordée de beaux immeubles du 17e s. À l'entrée de la rue, l'hôtel Dondel fut le quartier général de Hoche en 1795.

LOINTAINES ORIGINES
Les Vénètes, une branche des Vénitiens de Vénétie, ont laissé leur nom à leur capitale. Mais, de leur temps – c'est-à-dire à l'époque gallo-romaine, – l'agglomération s'appelait *Darioritum. Ritum* veut dire « gué » (le gué de St-Patern, au nord-est de la ville, *voir p. 478*). La cité était un important lieu de convergence de voies romaines. L'empereur Probus la dota de fortifications au 3e s.

★ Remparts B1-2
De la promenade de la Garenne, la **vue★★** se développe sur le coin le plus pittoresque de Vannes : le ruisseau (la Marle) qui coule au pied des remparts élevés au 13e s. sur des vestiges gallo-romains et remaniés jusqu'au 17e s., les jardins à la française et la cathédrale à l'arrière-plan composent un tableau qui a tenté de nombreux peintres. Du petit pont conduisant à la porte Poterne, on domine de vieux **lavoirs★** ourlés d'une longue toiture. Au bout de la promenade, la rue F. Decker conduit à la **porte Prison** (15e s.). Au début de la rue St-Guenhaël, à gauche, la rue des Vierges et un passage donnent accès à une section des remparts qui offre une jolie vue sur les jardins.
Revenez sur vos pas.
La rue St-Guenhaël, bordée de maisons anciennes, conduit à la place St-Pierre.

★ La Cohue A-B1
La Cohue est le terme fréquemment employé en Bretagne pour désigner les halles, le lieu de commerce et de la justice. Au 13e s., la salle basse abritait une foule de petites échoppes, tandis que, dans la salle haute, siégeait la justice ducale. À partir de 1675, le parlement de Bretagne, exilé à Vannes, y tint ses séances. Il fut remplacé à la Révolution, et jusque dans les années 1950, par un théâtre.
Restauré avec élégance, ce bâtiment est devenu le **musée des Beaux-Arts** qui accueille de la statuaire religieuse, des peintures du 19e s. et des œuvres contemporaines. Dans la **galerie des Beaux-Arts** *(1er étage)*, la salle du Tribunal (1550), jadis siège de juridiction du présidial, comporte une belle charpente en chêne. Elle rassemble des œuvres de peintres régionaux des 19e et 20e s. (Jules Noël, Henri Moret, Flavien Peslin, Félix Bouchor), consacrées à la Bretagne.
✆ 02 97 01 63 00 - de mi-juin à fin sept. : 10h-18h ; reste de l'année : 13h30-18h - fermé j. fériés (sf 14 Juil. et 15 août) - 6 € en sais. (-12 ans gratuit), 4,20 € hors sais., billet combiné avec le musée d'Histoire et d'Archéologie en été.

★ Cathédrale Saint-Pierre B1
Elle fut érigée du 13e au 19e s. La tour gauche, surmontée d'une flèche moderne, est le seul souvenir de la construction d'origine. La chapelle en rotonde, qui fait saillie sur le mur de la nef, est traitée dans le style de la Renaissance italienne, ce qui est rare en Bretagne ; elle a été érigée en 1537.
Entrez dans l'église par le beau portail du transept (gothique flamboyant, avec niches Renaissance). À l'entrée, à gauche, un tableau évoque la mort de **saint Vincent Ferrier** en présence de la duchesse de Bretagne. Dans la 2e chapelle du bas-côté gauche se trouve son tombeau. La chapelle absidiale, ou chapelle du Saint-Sacrement, et les chapelles de la nef abritent des autels, retables, tombeaux, statues des 17e et 18e s. La nef (15e s.) a perdu une part de son caractère d'origine : les lourdes voûtes du 18e s. ont réduit son élévation tout en masquant la charpente lambrissée.

★ Place Henri-IV A-B1

Place aux jolies maisons à pignons (16e s.). Jetez un coup d'œil dans la rue des Chanoines. Prendre la rue St-Salomon bordée de vieilles demeures puis tourner dans la rue des Halles.

★ Musée d'Histoire et d'Archéologie A1

☏ 02 97 01 63 00 - de mi-mai à mi-juin : 13h30-18h ; de mi-juin à fin sept. : 10h-18h - 6 € billet combiné avec le musée des Beaux-Arts (-12 ans gratuit).

Le château Gaillard (15e s.) a abrité pendant quelque temps le parlement de Bretagne. Le musée est très riche en objets préhistoriques provenant, pour la plupart, des premières fouilles des mégalithes du Morbihan – Carnac, Locmariaquer, presqu'île de Rhuys – qui permirent de mettre au jour de très belles pièces.

Remarquable collection de **colliers**, de bracelets, de **haches** polies, d'épées et de curieux anneaux-disques. Une salle rassemble des objets d'art en tout genre, du 13e au 18e s. Au 2e étage, étonnant **cabinet de travail** du 17e s., dont les boiseries sont peintes sur le thème des « Pères du Désert ».

Maison de saint Vincent Ferrier B1

Au n° 17, place Valencia.

C'est dans cette maison, remaniée au 16e s., que Vincent Ferrier mourut en 1419. Bel exemple de maison à colombages, avec son rez-de-chaussée en pierre.

Maison de Vannes B1

Cette demeure médiévale est ornée de deux bustes en granit, aux visages hilares, connus sous le nom de « Vannes et sa femme ».

Place des Lices B1-2

Elle est ainsi nommée en raison des tournois et luttes bretonnes qui s'y déroulèrent en 1532, à l'occasion de la célébration de l'union entre la Bretagne et la France. Dans le bas de la place, une statue de saint Vincent Ferrier, nichée dans une maison à tourelle, rappelle qu'il discourut en ces lieux en 1418. Ce dominicain espagnol, grand prédicateur, est mort à Vannes l'année suivante.

Rejoignez la porte St-Vincent par la très commerçante rue St-Vincent.

AUTOUR DE LA VIEILLE VILLE

Quartier Saint-Patern B1

Ce quartier extra-muros est en fait le plus ancien de la ville puisqu'on y a retrouvé des vestiges du 1er s. ap. J.-C. correspondant à la ville gallo-romaine de *Darioritum* *(voir encadré, p. 477)*. Il porte le nom de saint Patern (5e s.), l'un des sept saints fondateurs de la Bretagne.

L'église actuelle (18e s.), édifiée sur l'emplacement d'églises antérieures, vient d'être entièrement restaurée. Les petites rues bordant l'édifice *(r. St-Patern et r. des Fontaines)* conservent de nombreuses maisons à pans de bois.

Promenade de la Garenne B1-2

Le parc de l'ancien château ducal de Vannes a été aménagé en promenade publique au 17e s. Dans la partie haute du jardin, le long du mur, à gauche du monument aux morts, une plaque de marbre rappelle l'exécution en 1795 de M. de Sombreuil, Mgr de Hercé et de 14 autres émigrés *(voir Quiberon, p. 511)*.

Hôtel de Limur A1

Cet édifice (fin 17e s.) présente un bel escalier en pierre.

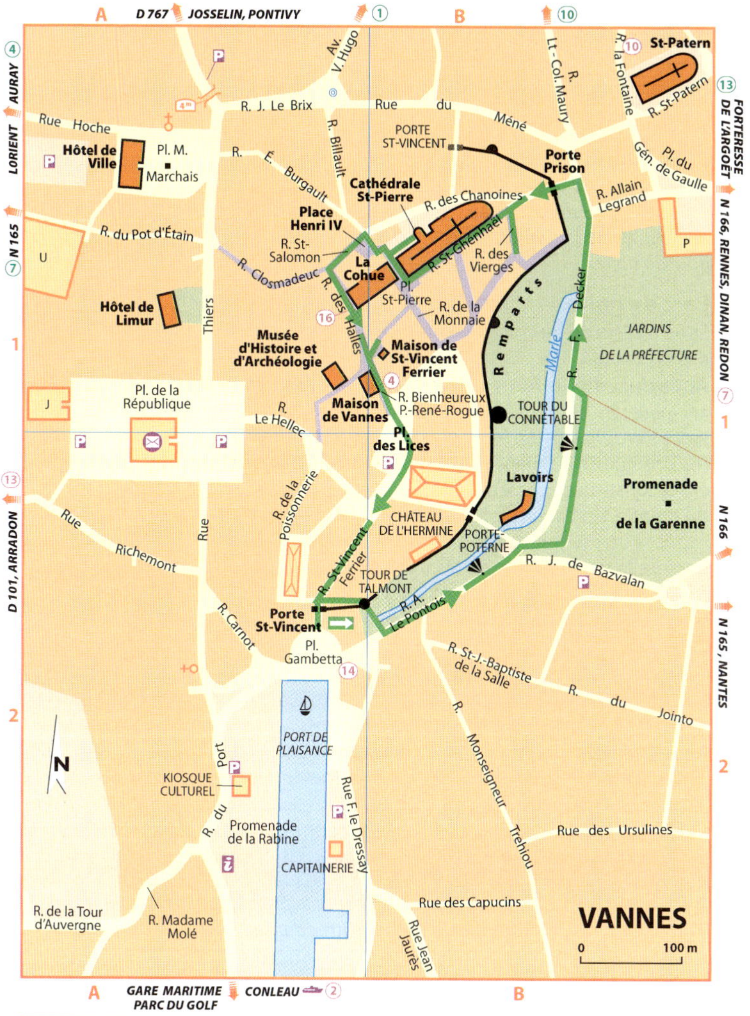

SE LOGER

France (Hôtel de) 1
Guerlan (Chambre d'hôte) 4
Kyriad Image Ste-Anne 7
Manche-Océan (Hôtel) 10
Marébaudière 13

SE RESTAURER

Conleau (Café de) 2
Côte et Saveurs 4
Dan Ewen (Crêperie) 7
Gavroche (Le) 10
Médaillon (Le) 13
Rive Gauche 14
Roscanvec 16

Hôtel de ville A1

De style néo-Renaissance, il fut édifié à la fin du 19e s. En face, la **statue** équestre du connétable de Richemont rappelle ce compagnon de Jeanne d'Arc qui conduisit l'armée française, victorieuse des Anglais, à la fin de la guerre de Cent Ans. Succédant à son frère, il devint duc de Bretagne en 1457 et mourut l'année suivante.

DU PORT DE PLAISANCE À CONLEAU

Le quartier fait l'objet d'un plan de réaménagement échelonné sur plusieurs années. Le quai Éric Tabarly accueille désormais des bâtiments aux lignes contemporaines, associant bois, verre et acier : le kiosque culturel *(espace d'exposition)*, l'office de tourisme et, de l'autre côté du bassin, la capitainerie dotée d'une belle terrasse à l'étage.

Vous pouvez suivre au sud la **promenade de la Rabine**, belle allée arborée qui longe la rive droite de la Marle *(comptez env. 15mn pour atteindre le parc du golfe)*.

Parc du golfe A2 en dir.

Situé à la sortie du port de plaisance, il est le point de départ des promenades en bateau.

Aquarium du Golfe★ – *0 810 406 901 - www.aquarium-du-golfe.com - juil.-août : 9h-19h (fermeture du guichet 30mn av. fermeture) ; avr.-juin, sept. et vac. scol. : 10h-12h, 14h-18h ; reste de l'année : 14h-18h - fermé 1er janv., 25 déc. - 10,30 € (-12 ans 7,20 €).* Dans plus de cinquante bassins où les milieux naturels ont été reconstitués évoluent un millier de poissons provenant de toutes les eaux du monde. Un bassin de 35 000 l recrée un récif corallien avec ses nombreuses espèces de poissons. Une grande fosse, que l'on peut découvrir depuis une passerelle transparente au ras de l'eau, présente les requins de récif, des tortues géantes et, spectacle exceptionnel, un énorme poisson-scie de 3 m.

Jardin aux Papillons – *0 810 406 901 - www.jardinauxpapillons.com - juil.-août : 10h-19h (fermeture du guichet 30mn av. fermeture) ; avr.-juin et sept. : 10h-12h, 14h-18h - fermé reste de l'année - 8,60 € (4-11 ans 6 €).* Le visiteur se promène librement au milieu d'une multitude de papillons vivants, dans un décor d'arbres tropicaux et d'arbustes fleuris. Dans les éclosoirs, il peut suivre les transformations successives de la chrysalide.

À proximité Carte de microrégion

★ Presqu'île de Conleau C3

À 5 km au sud, plus 30mn à pied. Sortez par la promenade de la Rabine au sud. Après avoir franchi l'estuaire du Vincin, entrez dans la presqu'île de Conleau.

Conleau – Depuis ce port bien situé à l'embouchure du Vincin, on peut s'embarquer pour l'île d'Arz. On atteint la plage : belle vue entre la pointe de Langle, à gauche, et la pointe de Kerguen, à droite, sur l'île de Boëdic.

Presqu'île de Séné

À 10 km au sud. Quittez Vannes par la rue Ferdinand-Le Dressay qui longe la rive gauche du port, puis tournez à gauche.

Séné – Anciennement connu pour ses bateaux de pêche typiques, à deux voiles, les sinagots (un des derniers exemplaires mouille dans le port), le bourg conserve sa vocation maritime.

À la sortie de Séné, tournez à droite en direction de Bellevue et Port-Anna.

Les anciens marais salants (près de 220 ha) sont devenus depuis peu un havre de paix pour les milliers d'oiseaux migrateurs ou non de la région.

La **réserve naturelle de Séné** (410 ha) a mis en place sept observatoires, dont quatre en accès libre *(suivre balisage rouge)*. Le sentier balisé en jaune est accessible seulement pendant les horaires d'ouverture.

Le **centre d'accueil** *(suivre les panneaux « Réserve naturelle »)* abrite des expositions et une boutique. *02 97 66 92 76 - www.reservedesene.com - juil.-août :*

10h-13h, 14h-19h ; avr.-juin : dim. et j. fériés 14h-19h (vac. de printemps 14h-19h) ; fév.-mars : dim. et j. fériés 14h-18h - fermé sept.-janv. - 4 € (-12 ans gratuit) - topo-guide de la réserve disponible au Centre nature - visite guidée et visites thématiques organisées toute la saison 2 €.

Port-Anna – Ce petit port, où se côtoient bateaux de pêche et de plaisance, commande l'étroit goulet qu'empruntent les bateaux ralliant Vannes.

Revenez dans Bellevue et prenez à droite vers l'embarcadère.

Embarcadère – Réservé aux marchandises destinées à l'île d'Arz. Du parc de stationnement, la **vue★** se développe sur la rivière de Vannes, la presqu'île de Conleau à gauche, Séné, sur la droite, au fond de l'anse.

Château du Plessis-Josso C3

À 15 km à l'est. Quittez Vannes par la N 165-E 60 en direction de Nantes ; 3 km après Theix, prenez à gauche la D 183 en direction de Sulniac. ☎ 02 97 43 16 16 - www.plessis-josso.com - visite guidée (45mn) juil.-août : 14h-19h ; Journées du patrimoine : sam. 14h-19h, dim. 10h30-12h, 14h-19h - fermé reste de l'année - 5 € (7-16 ans 3,05 €).

Ce charmant manoir fortifié, bâti dans un agréable cadre de verdure à proximité d'un étang, est le témoin de l'évolution de la vie dans les manoirs bretons. Il se compose de trois parties construites à des époques différentes : une maison forte du 14e s., un corps de logis avec tour d'escalier polygonale du 15e s. et un pavillon Louis XIII. Visitez la grande salle basse, la chambre d'apparat et les cuisines.

À 1,5 km du château *(continuez sur la D 183 en direction de Questembert)*, le village de **Le Gorvello** abrite une église du 16e s. construite par les hospitaliers de St-Jean-de-Jérusalem et une fontaine (16e s.) équipée sur le côté d'une vasque pour abreuver les animaux ou nettoyer les ustensiles des pèlerins du chemin de St-Jacques-de-Compostelle. Un éclairage nocturne met bien en valeur le village.

Grand-Champ

À 19 km au nord-ouest. Quittez Vannes par la rue Hoche et prenez la D 779.

L'**église** possède, dans la nef, deux panneaux en bois sculpté provenant de N.-D.-de-Burgo, chapelle ruinée joliment située dans un bois, à 2 km à l'est.

Itinéraire conseillé Carte de microrégion

LES LANDES DE LANVAUX

Itinéraire de 55 km – comptez environ 3h. Quittez Vannes par la rue du Maréchal-Leclerc et prenez la N 166 vers l'est. À 14 km, tournez à gauche vers la forteresse de Largoët.

★ Forteresse de Largoët C2

Il faut parcourir environ 800 m à pied pour rejoindre le site. ☎ 02 97 53 35 96 - http://forteresselargoet.free.fr - juin-sept. : 10h30-12h10, 14h20-18h30 ; mars-mai et 23-31 oct. : w.-end et j. fériés 14h-18h30 ; vac. scol. : 14h-18h30 - fermé mar. (sf juil.-août) - 4,50 € (-10 ans gratuit).

Également appelée « tours d'Elven », la forteresse appartenait au sire de Rieux, conseiller du duc François II, puis tuteur de sa fille Anne de Bretagne. Quand les troupes du roi de France Charles VIII envahirent la Bretagne en 1488, toutes les places fortes du maréchal, y compris celle de Largoët, furent incendiées. L'arrivée est assez spectaculaire. L'imposant ensemble fortifié (14e et 15e s.)

est en partie ruiné mais a conservé son châtelet d'entrée du 15e s. aux armes des Rieux, une tour *(à gauche)* très bien restaurée, ainsi qu'un impressionnant **donjon★** octogonal du 14e s., de plus de 45 m de haut *(escalier déconseillé aux personnes âgées et aux enfants)*. Ses murs ont 6 à 9 m d'épaisseur. La promenade sur la digue de l'étang permet de contempler les tours se reflétant dans l'eau, au milieu d'un beau cadre forestier.

À la sortie d'Elven, prenez à gauche la D 1.

Landes de Lanvaux C2

Cette longue crête schisteuse, inculte au siècle dernier, est devenue une belle région plantée d'arbres, riche de cultures variées et de pâturages. De nombreux monuments mégalithiques y ont été découverts.

Trédion C2

Si l'imposant château, très remanié au 19e s. et transformé en établissement hôtelier, ne se visite pas, on peut en revanche profiter de son beau **parc** paysager s'étendant sur 22 ha.

Prenez la D 133 au nord vers Callac.

Callac C2

Avant une bifurcation, sur la gauche de la route, est creusée une « grotte de Lourdes ». À sa gauche commence un sentier en pente raide qui gravit la colline. Ce Chemin de croix est bordé de stations composées de groupes en granit, de taille humaine. Du pied du calvaire, la vue s'étend sur les landes de Lanvaux. La descente s'effectue par un autre sentier qui passe à proximité de la chapelle.

Prenez le chemin de gauche. À sa rencontre avec la route de Plumelec, tournez à gauche et, 600 m plus loin, à droite. 2 km après, suivez la D 126 vers Vannes.

Saint-Avé C3

Un calvaire et une fontaine précèdent la **chapelle N.-D.-du-Loc** (15e s.). À l'intérieur, remarquez les sculptures des engoulants, ces gueules d'animaux ouvertes aux extrémités des pièces de bois. Au milieu de la nef, le calvaire à personnages est surmonté d'un dais en bois.

Poursuivez par la D 126 jusqu'à Vannes.

NOS ADRESSES À VANNES

VISITES

Vannes, qui porte le label Ville d'art et d'histoire, propose des visites-découverte animées par des guides-conférenciers agréés par le ministère de la Culture et de la Communication. *Renseignements au service Animation du Patrimoine, Les Lavoirs, 15 r. Porte Poterne - ✆ 02 97 01 64 00 - www.mairie-vannes.fr/decouvrirvannes - juil.-août : tlj sf dim. et j. fériés 10h30 et 14h30, balades nocturnes merc. et jeu. 22h ; avr.-juin et sept. : merc. et sam. 15h - 5 € (12-25 ans 3,50 €).*

HÉBERGEMENT

PREMIER PRIX

Chambre d'hôte Guerlan – *À Guerlan - 56400 Plougoumelen - ✆ 02 97 57 65 50 - www.armor-vacances.com/ledouaran - fermé 10 nov.-10 mars - ♿ P - 5 ch. 50 €* . Cette imposante bâtisse du 18e s. est un pied-à-terre pratique pour découvrir le golfe du Morbihan. Ses chambres allient l'ancien et le moderne; l'une d'elles est prévue pour les familles. Sur demande, visite de la ferme.

Hôtel Manche-Océan – *31 r. du Lt-Col.-Maury - ✆ 02 97 47 26 46 - www.manche-ocean.com - fermé 18 déc.-10 janv. - 41 ch. 61/95 € - ☕ 8,50 €.* Nouveaux atouts pour cet hôtel rénové de pied en cap : grandes chambres bien équipées (literie « king size », mobilier fonctionnel), bonne insonorisation et salle de séminaires.

Hôtel de France – *57 av. Victor-Hugo - ✆ 02 97 47 27 57 - www.hotelfrance-vannes.com - fermé 21 déc.-5 janv. - ♿ 🅿 - 30 ch. 58/81 € - ☕ 8 €.* On reconnaît aisément cet hôtel à sa façade de bois et de zinc. Chambres fraîches et fonctionnelles, rénovées il y a peu dans un plaisant style contemporain. Salon-véranda.

BUDGET MOYEN

Kyriad Image Ste-Anne – *8 pl. de la Libération - ✆ 02 97 63 27 36 - www.kyriad-vannes.fr - ♿ - 33 ch. 66/80 € - ☕ 8 € - rest. formule déj. 16 € - 21/30 €.* Cet établissement central recèle des chambres de bon confort, climatisées et bien insonorisées, ainsi qu'un bel espace séminaires flambant neuf. Chaleureux restaurant au décor breton et carte traditionnelle.

Marébaudière – *4 r. A.-Briand - ✆ 02 97 47 34 29 - www.marebaudiere.com - 14 ch. 76/94 € - ☕ 10 €.* À 5mn à pied des remparts, bâtisse régionale coiffée d'ardoise, aux chambres colorées (tons bleu, jaune et rouille), très pratiques et bien équipées. Tenue irréprochable.

RESTAURATION

PREMIER PRIX

Café de Conleau – *10 allée des Frères-Cadoret - ✆ 02 97 63 47 47 - www.le-roof.com - formule déj. 15 €.* Cette annexe du restaurant de l'hôtel Le Roof propose menu brasserie et tarifs allégés dans un cadre très agréable.

BUDGET MOYEN

Crêperie Dan Ewen – *3 pl. du Gén.-de-Gaulle - ✆ 02 97 42 44 34 - www.danewen.com - fermé fin sept.-déb. oct., 1 sem. en fév., dim. et lun. sf sais. - 9/16,50 € bc.* La tradition bretonne est cultivée avec passion dans cette belle maison à colombages proche de la préfecture : crêpes à l'ancienne, mobilier breton, musique celte… Un bastion culturel.

Le Gavroche – *17 r. de la Fontaine - ✆ 02 97 54 03 54 - www.restaurant-legavroche.com - fermé 25 juin-20 juil., 1er-20 nov., dim. - formule déj. 13,50 € - 15,50/25,50 €.* Dans une rue envahie par les restaurants de toutes nationalités, voici une adresse qui sort du lot. La cuisine mitonnée y est on ne peut plus traditionnelle : blanquette, foie gras maison, tête de veau, pied de porc… Terrasse d'été. Pousse-café offert.

Côte et Saveurs – *8 r. Bienheureux-Pierre-René-Rogues - ✆ 02 97 47 21 94 - www.cote-et-saveurs.com - fermé merc. sept.-mars - formule déj. 12 € - 19/30 €.* Un nom bien choisi pour ce restaurant qui vous fait parcourir le monde avec des spécialités exotiques tel le pavé d'autruche au poivre vert et fruits rouges. Il propose aussi une ardoise de suggestions concoctées selon le marché. Service soigné et cadre coloré.

Roscanvec – *17 r. des Halles - ✆ 02 97 47 15 96 - www.roscanvec.com - fermé dim. et lun. - 20/53 €.* Maison à colombages d'une pittoresque ruelle piétonne. Quelques tables au rez-de-chaussée offrent le coup d'œil sur la cuisine. Salle principale à l'étage. Carte inventive.

Le Médaillon – *10 r. Bouruet-Aubertot - 56610 Arradon - ☎ 02 97 44 77 28 - http://lemedaillon.chez-alice.fr - fermé 21-27 déc., dim. soir, mar. soir et merc. sf 14 Juil.-31 août - 16/35 €.* Aux portes du village, ancien bar converti en restaurant. Poutres et pierres apparentes agrémentent la sobre salle à manger. Terrasse d'été sous la tonnelle et jeux d'enfants.

Rive Gauche – *5 pl. Gambetta - ☎ 02 97 47 02 40 - - 15/20 €.* Petites tables en bois, nappes à carreaux, menus et carte des vins inscrits sur ardoise : ce bistrot installé au rez-de-chaussée d'une maison bourgeoise du port ne manque pas de charme. On y mange au coude à coude une cuisine du marché arrosée par de bons crus.

ACHATS

Cartron – *15 r. St-Vincent - ☎ 02 97 47 30 34 - mar.-vend. 9h-19h, dim. 8h-13h, 15h30-19h ; tlj en été.* Pâtisserie-salon de thé, où déguster les spécialités maison : le Tonkinois (meringue et chocolat), le Menhir de Carnac (praliné noisette enrobé de chocolat au lait)… Deux autres adresses en centre-ville (*28 r. du Méné* et *18 r. Hoche*).

Brasserie Mor Braz – *Zone St-Léonard Nord - 56450 Theix - ☎ 02 97 42 53 53 - www.morbraz.com - boutique : tlj sf dim. 9h-12h, 14h-19h ; visite tlj à partir de 16h.* Un couple de brasseurs bretons passionnés fabrique de la bière à l'eau de mer. Visite de la brasserie *(groupes sur RV)* et dégustation.

EN SOIRÉE

L'Océan – *4 pl. Gambetta - ☎ 02 97 47 22 81 - lemarinahotel@aol.com - 7h-1h.* Ce bar hôtel est situé face au petit port de Vannes. La terrasse est magnifique et donne sur la place Gambetta où les Vannetais se rassemblent le midi et le soir à la sortie du travail.

Le Master – *R. Gilles-Gahinet - parc du Golfe - ☎ 02 97 46 09 00 - vannes.lemasterbowling.fr - tlj sf lun. à partir de 14h.* Outre les 12 pistes de bowling et les 13 billards (français, pools, snookers), le Master propose soirées à thème (karaoké) et spectacles. Discothèque, bar et petite restauration.

ACTIVITÉS

La gare maritime de Vannes *(A2 en dir.)* est au niveau du parc du Golfe, à 15mn à pied du port de plaisance.

Navix – *Parc du Golfe - ☎ 0 825 132 100 (0,15 €/mn) - www.navix.fr - avr.-oct. : 9h-18h - tour du golfe : 18/29 € ; Belle-Île-en-Mer : 20/32 €.* Croisières dans le golfe du Morbihan, l'une des plus belles baies du monde. Déjeuner et dîner-croisière, croisières-découverte du golfe et des îles du large (Belle-Île et Houat).

Compagnie des îles – *☎ 0 825 134 100 - www.compagniedesiles.com.* Nombreuses propositions de croisière à la découverte du golfe et de ses îles.

Notre-Dame-de-Becquerel - Association Le Forban du Bono – *56400 Le Bono - ☎ 06 72 58 68 76 (messagerie) - sur réserv.* Envie d'une sortie sur un vieux gréement ? Le *Notre-Dame-de-Becquerel*, ce « forban » (bateau de pêche traditionnel), embarque 10 personnes *(sur réserv.)* pour une promenade autour des îles du golfe et dans la baie de Quiberon.

Centre équestre de Vannes-Ploeren – *Rte de Kerponsal - 56880 Ploeren - ☎ 02 97 40 00 06 ou 06 14 97 15 82 - www.equitation-ploeren.com - 9h-21h - fermé juin-sept.* Promenades à cheval ou en poney dans les forêts et sur les plages des alentours. Pendant l'été, le centre se transfère à Belle-Île *(voir p. 525)*.

Golfe du Morbihan

★★

Morbihan (56)

NOS ADRESSES PAGE 491

SE REPÉRER

Carte de microrégion BC3 (p. 474-475) – *carte Michelin Département 308 N/O9.* Le golfe du Morbihan débute au sud de Vannes et s'étend à l'ouest jusqu'à la rivière d'Auray. Les deux ports qui ferment le golfe, Port-Navalo et Locmariaquer, sont respectivement accessibles par la D 780 (35 km depuis Vannes) et par la voie rapide, la D 28 et la D 781 (32 km depuis Auray). Une myriade de routes en cul-de-sac dessert les bourgs qui bordent le golfe.

À NE PAS MANQUER

Une croisière en bateau dans le golfe et une excursion sur l'île de Gavrinis pour en admirer le cairn néolithique.

ORGANISER SON TEMPS

Si vous souhaitez visiter des sites, comme Gavrinis, accessibles par bateau, n'oubliez pas de réserver au moins la veille.

D'une largeur de 20 km, cette petite mer intérieure parsemée de soixante îles ou îlots est une destination recherchée pour la beauté de ses paysages. La lumière des couchers de soleil s'y fait particulièrement séduisante, surtout à marée basse. Barques de pêche, bateaux de plaisance et barges ostréicoles fréquentant Auray et le port de Vannes l'animent en permanence.

Découvrir Carte Golfe du Morbihan

★★★ TOUR DU GOLFE EN BATEAU

Départ : Locmariaquer, Auray, Le Bono, Larmor-Baden, Vannes ou Port-Navalo. Hors du golfe : depuis Port-Haliguen, sur la presqu'île de Quiberon. Excursion avec escale à l'île d'Arz et à l'île aux Moines : une demi-journée ou une journée. Sans escale : environ 3h.

LA PETITE MER

En breton, *Mor-bihan* signifie « petite mer », par opposition à *Mor-braz*, la « grande mer océane ». Ce vocable évoque le golfe du même nom, né au Tertiaire d'un affaissement de son bassin. La mer a alors recouvert 12 000 ha déjà modelés par l'érosion des cours d'eau, d'où ces découpures et ces estuaires, ces îles et ces îlots innombrables qui font aujourd'hui son originalité.

Attention : cette « petite mer » est soumise aux marées. Les eaux y pénètrent en bouillonnant par un étroit et dangereux goulet d'un kilomètre à peine, entre Port-Navalo et Locmariaquer.

C'est indiscutablement la meilleure façon de voir le golfe du Morbihan, à moins d'apprécier ses contours en avion. Une quarantaine d'îles sont des propriétés privées, habitées par des amateurs de solitude. Les deux plus grandes, Arz et l'île aux Moines, sont les seules communes du golfe.

Île d'Arz

Passages réguliers tte l'année - ✆ 02 53 46 56 56 - www.compagnie-du-golfe.fr - pour les horaires, se renseigner - juin-sept. : AR 7,50 € (enf. 4,10 €) ; reste de l'année : 7,10 € (enf. 3,70 €) - tour du golfe + escale avr.-sept. : 20 € (11-17 ans 15 €).
Habitée par les Îledarais, cette île (5 km) possède plusieurs **dolmens**, situés à la pointe de Pen Liouse. Un sentier côtier fait le tour de l'île, découpée de plages.

★ Île aux Moines

Accès en bateau, sans excursion dans le golfe : depuis Port-Blanc, à 11 km de Vannes par la D 101, puis la D 316 à gauche. Sur l'île, location de vélos. Dép. ttes les 30mn (passage 5mn) juil.-août : 7h-22h ; sept.-juin : 7h-19h30 - 4 €/AR (4-10 ans 2 €/AR), vélo 3 € - Izenah Croisières - ✆ 02 97 26 31 45 - www.izenah-croisieres.com.
Cet ancien fief de monastère est la plus grande (7 km de long) et la plus peuplée des îles du golfe. C'est un lieu de séjour balnéaire tranquille où poussent mimosas, camélias, palmiers, orangers et citronniers. Depuis le port du Lerio, on peut rejoindre le bourg de **Port-Miquel**, aux ruelles pittoresques. On découvre au nord de l'île, la pointe de Trech (curieux calvaire à paliers) donnant sur la pointe d'Arradon et le golfe ; au sud, les **dolmens** de Boglieux et Penhap ; à l'est, la pointe de Brouhel où la vue s'étend sur l'île d'Arz.

Itinéraires conseillés Carte Golfe du Morbihan

★ DE VANNES À LOCMARIAQUER

Itinéraire 1 de 49 km – comptez environ 3h30. Quittez Vannes (visite : une demi-journée) par la D 101 (ouest du plan). À 5 km, prenez à gauche vers la pointe d'Arradon. La route contourne Arradon.

★ Pointe d'Arradon

Prenez à gauche vers la cale de la Carrière.

La **vue★** sur le golfe du Morbihan est très caractéristique : on distingue, de gauche à droite : les îles de Logoden ; au loin, l'île d'Arz ; ensuite, l'île Holavre, rocheuse, et l'île aux Moines. Pour gagner la pointe, empruntez le sentier derrière l'hôtel, longeant les roches.

Faites demi-tour pour gagner le Moustoir où vous tournerez sur votre gauche pour prendre la D 316.

Au lieu-dit **Moulin de Pomper**, remarquez sur la gauche le vieux moulin à marée. La route longe bientôt l'anse de Kerdelan – à gauche, jolie vue sur le golfe et, au fond, l'île aux Moines – puis elle délaisse les marais de Pen-en-Toul, à droite.

Larmor-Baden

Cette charmante station balnéaire abrite un petit port doté d'un club de voile, et un important centre ostréicole.

C'est aussi, avec Port-Navalo, un point d'embarquement pour Gavrinis.

★★ Cairn de Gavrinis

02 97 57 19 38 - www.gavrinis.info - visite guidée (50mn) sur demande pour réserv. (la veille) juil.-août : 9h30-12h30, 13h30-19h ; avr.-juin et sept. : 9h30-12h30, 13h30-18h30 ; mai : 13h30-18h30, w.-end et j. fériés 9h30-12h30, 13h30-18h30 ; de déb. oct. à déb. nov. : 13h30-17h ; mars : tlj sf merc. 13h30-17h - fermé reste de l'année - « Circuit des mégalithes » juil.-sept. au dép. de 17h, avr.-juin au dép. de 16h30 - tarif bateau et visite 12 € (8-17 ans 5 €) ; visite guidée « Circuit des mégalithes » 15 € (8-17 ans 6 €).

Construit au néolithique sur l'île de Gavrinis, voici environ cinq mille ans, ce cairn est l'un des plus intéressants monuments mégalithiques de Bretagne. Constitué de pierres amoncelées sur une petite butte, il atteint 6 m de haut et 50 m de diamètre.

Une galerie couverte de 14 m de longueur, formée de 23 supports sur lesquels reposent neuf tables, mène à la chambre funéraire. Cette petite pièce (environ 2,50 m de côté) est recouverte d'une seule pierre de granit, reposant sur des supports ornés de dessins.

Sur l'île, de belles échappées s'offrent à gauche vers la rivière d'Auray.

Er Lanic

Un peu au sud de Gavrinis, ce petit îlot porte deux *cromlechs*, des cercles de menhirs. Disposés en forme de 8, ils sont à moitié immergés. En effet, depuis l'époque préhistorique, le niveau de la mer a monté, donnant naissance au golfe. À marée basse, une partie de ces menhirs réapparaît sur l'île *(réserve ornithologique, interdite d'accès).*

Depuis Larmor-Baden, rejoignez Baden par la D 316, puis la D 101 en direction du Bono. Avant de franchir le nouveau pont du Bono, prenez sur la gauche la route qui descend vers Kernours.

Le Bono

À la sortie de **Kernours**, dans un petit bois de pins à droite, un dolmen coudé évoque une allée couverte. Par la route, on peut continuer jusqu'à **Mané-Vehr**, petit port ostréicole d'où l'on jouit d'un beau point de vue sur la rivière d'Auray.

Remontez vers Le Bono.

Le nouveau pont offre une **vue★** irrésistible sur la rivière du Bono, le port et le village, avec son vieux pont suspendu (1840) et ses bateaux de plaisance. Remarquez les tas de tuiles chaulées qui servent à recueillir le naissain d'huîtres.

★ Auray *(voir p. 494)*

Sortez d'Auray par la D 28 en direction de La Trinité-sur-Mer. À 8 km, tournez à gauche dans la D 781.

Vous passez à proximité de célèbres monuments mégalithiques : ils composent l'ensemble mégalithique de Locmariaquer.

★★ Locmariaquer *(voir p. 500)*

★ PRESQU'ÎLE DE RHUYS

Itinéraire 2 de 79 km – comptez environ 4h. Quittez Vannes (visite : une demi-journée) par la N 165 vers Nantes. Après St-Léonard, prenez à droite la D 780.

Cette langue de terre et de sable (10 km de long, 2 km de large en moyenne) ferme au sud le golfe du Morbihan. Au niveau de St-Colombier, l'anse abrite une réserve ornithologique. De nombreuses pistes cyclables permettent une découverte originale de la presqu'île.

Château de Kerlévenan

02 97 26 46 79 - visite guidée du parc (1h) de déb. juil. à mi-sept. : tlj sf vend. 13h30-17h30 ; reste de l'année : possibilité de visite sur demande auprès de Mme Tascon - 2,30 €.

Ce château (18e s.) de style Louis XVI a été construit en tuffeau provenant de Touraine. Sa façade, aux lignes harmonieuses, rappelle le Petit Trianon à Versailles, avec ses quatre colonnes ioniques couronnées d'une galerie.

Dominant le golfe, le **parc** (30 ha) comporte deux petites « fabriques » à la mode du 18e s. : un pavillon chinois et une chapelle (temple à l'Amour à l'origine).

Sarzeau

Alain René **Lesage** (1668-1747) y est né. C'est l'auteur, entre autres, de *Gil Blas*, du *Diable boîteux* et de *Turcaret*. Sur la petite place, à droite de l'église, s'élèvent deux belles maisons Renaissance. La station dispose de longues **plages** orientées sud sur sa côte océane : Roaliguen, Kerfontaine et pointe de St-Jacques.

Du côté nord, en direction de Brillac, **le Logeo** est un joli port ostréicole lové dans l'anse du même nom, face à l'île Govéan.

Prenez la D 780, puis tournez à droite après le hameau du Net.

★ Tumulus de Tumiac

À 15mn à pied. Garez-vous au parking et prenez à droite un chemin de terre.

Ce tumulus (20 m de haut, 300 m de large) est également appelé « butte de César ». Selon la légende, c'est d'ici que l'empereur aurait suivi la bataille navale remportée par les Romains contre les Vénètes *(voir page suivante)*. Beau **panorama★**.

LE TRIOMPHE DE BRUTUS

Au 1er s. av. J.-C., les Vénètes formaient le peuple le plus puissant d'Armor, avec une flotte qui leur assurait la suprématie des côtes. Conquérant, César décida de rassembler à l'embouchure de la Loire un grand nombre de galères commandées par son lieutenant **Brutus**.

Des géologues affirment que le golfe du Morbihan n'existait pas encore lors de la guerre des Gaules, mais il est certain que le combat naval se déroula le long de la côte sud-est de la Bretagne, probablement devant Port-Navalo.

Aux 220 gros voiliers des Gaulois, les Romains opposèrent leurs grandes barques plates, marchant à l'aviron. Le triomphe de Brutus, inespéré, tint à plusieurs causes : une mer calme et sans vent favorisant des galères incapables de résister au mauvais temps et condamnant les voiliers vénètes à l'immobilité, mais aussi aux faux que les Romains avaient attachées à l'extrémité de longues perches, et qui leur permirent de sectionner les cordages des bateaux ennemis.

Après cette victoire, César occupa le pays vénète : tous les membres du Sénat furent mis à mort et le peuple fut vendu comme esclave.

Arzon

Dans l'**église** d'Arzon, deux vitraux rappellent le vœu fait par les marins à sainte Anne, en 1673, durant la guerre de Hollande : celui de rentrer entiers. Depuis, chaque lundi de Pentecôte, les hommes de mer prennent part à la procession de Ste-Anne d'Auray.

En bas du village de Béninze, à l'est du village, le très beau **moulin de Pen-Castel** a bénéficié d'une heureuse restauration.

Port-Navalo

La rade de ce petit port est fermée au sud par un promontoire portant un phare. C'est aussi une sympathique station balnéaire, avec sa plage aux allures de carte postale, nichée dans une crique.

Au phare de Port-Navalo débute une belle promenade *(2 km)* jusqu'au tombeau du Petit Mousse, noyé inconnu qui fut retrouvé en 1859 sur les rochers. Elle se poursuit jusqu'au Crouesty. Un autre sentier *(3 km)* aboutit au nord à la pointe de Kerners, offrant une très belle **vue★** sur le golfe du Morbihan.

Port du Crouesty

Ce port de plaisance, d'allure moderne, est un véritable complexe qui abrite un centre de thalassothérapie, et peut accueillir plus de 1 100 bateaux : agréable promenade le long du quai.

Cairn du Petit-Mont★ – *Au sud de Port-Crouesty, juil.-août : tlj 11h-18h30 ; avr.-juin et sept. : 14h30-18h30 sf merc. - 6 €.* Hissée sur un majestueux promontoire dominant la presqu'île, cette masse de pierres au volume impressionnant – plus de 10 000 m^3 – résulte d'une construction complexe s'étalant sur plus de 7 000 ans.

Le premier cairn (4 500 ans av. J.-C.) ne comprenait ni chambre ni couloir, à la différence du second (4000-3500 av. J.-C.), dont la chambre sépulcrale fut conçue autour d'une stèle-idole marquée au sol. Le troisième cairn (2700-2500 av. J.-C.) vint encercler les deux premiers.

Durant la Seconde Guerre mondiale, les Allemands détruisirent l'un des quatre dolmens pour y construire un bunker.

ABÉLARD OU LA SÉDUCTION MALHEUREUSE
Ce savant philosophe, chanoine de N.-D. de Paris, fut émasculé pour avoir séduit et épousé son élève Héloïse. Il se retira en cette abbaye de St-Gildas pour trouver la paix. Sa désillusion fut cruelle : « J'habite, écrit-il à Héloïse, un pays barbare dont la langue m'est inconnue et en horreur ; je n'ai de commerce qu'avec des peuples féroces ; mes promenades sont les bords inaccessibles d'une mer agitée ; mes moines n'ont d'autre règle que de n'en point avoir. Je voudrais que vous vissiez ma maison ; vous ne la prendriez jamais pour une abbaye ; les portes ne sont ornées que de pieds de biches, de loups, d'ours, de sangliers, de dépouilles hideuses de hiboux. J'éprouve, chaque jour, de nouveaux périls ; je crois, à tout moment, voir sur ma tête un glaive suspendu. » Ce ne fut pas le glaive qu'employèrent les moines, mais le poison. Abélard s'en tira par miracle et s'enfuit, en 1132, par un passage secret.

Musée des Arts, Métiers et Commerces

Rd-pt du Net, Largueven (sur D 780, près du croisement avec la D 198) - ✆ 02 97 53 68 25 - www.musee-arts-metiers.com - ♿ - juil.-août : 10h-12h, 14h-19h, dim. 14h-19h ; reste de l'année : tlj sf lun. 14h-19h - fermé 6 nov.-31 déc., 1er janv. - 5,50 € (-12 ans 3 €).
Il présente sur 900m² plus d'une soixantaine de métiers, dans des boutiques ou des ateliers reconstitués. Classe des années 1930 et expositions thématiques, dont une permanente consacrée aux costumes bretons.

Saint-Gildas-de-Rhuys

Ce village doit son origine au monastère fondé au 6e s. par saint Gildas. Parmi les abbés qui le gouvernèrent, le plus célèbre fut Abélard, au 12e s. *(voir encadré ci-dessus.)*
Église★ – *9h-19h - ✆ 06 61 85 44 06 - possibilité de visite guidée sur demande - gratuit.* Cette ancienne abbatiale (début du 11e s.) a été reconstruite en grande partie aux 16e et 17e s. Le chevet, particulièrement harmonieux, est orné de plusieurs sculptures dont l'une représente une scène de tournoi. Au bas de la nef, deux beaux chapiteaux sculptés servent de bénitier. Le **chœur★** roman est remarquable. Derrière le maître-autel baroque, on verra le tombeau de saint Gildas (11e s.). Dans le croisillon gauche se trouve le tombeau de saint Goustan (11e s.). Le déambulatoire abrite les pierres tombales des enfants de Bretagne (13e et 14e s.) et celles d'abbés et de chevaliers. Le **trésor★** comprend des châsses (14e et 18e s.), des reliquaires (15e s.), un chef de saint Gildas (16e s.) en argent rehaussé d'or, une mitre brodée, etc.

Manoir de Kerguet

Ne se visite pas.
Ancienne demeure (15e s.) des gouverneurs du château de Suscinio.

★ Château de Suscinio

À 3,5 km de Sarzeau par la D 198 - ✆ 02 97 41 91 91 - www.suscinio.info - avr.-sept. : 10h-19h ; oct. : 10h-12h, 14h-18h ; reste de l'année : se renseigner - possibilité de visite guidée (1h15) - fermé 1er janv., 24, 25 et 31 déc. - 7 € (-18 ans 2 €), gratuit Journées du patrimoine.
Résidence préférée des ducs de Bretagne, cet imposant château se dresse près de la mer. Édifié au 13e s. et remanié aux 14e et 15e s., il fut confisqué par François Ier. La Couronne de France en disposa ensuite pour ses favoris et

L'Île aux Moines.
B. Barbier/ Photononstop

favorites. Exploité comme carrière de pierres durant la Révolution, il ne conserve que six tours. Sa longue restauration s'est récemment achevée : après la toiture du logis ouest et de la tour Neuve, la partie est a été réhabilitée : la charpente en bois, assemblée de manière traditionnelle, a été couverte d'ardoises extraites des monts d'Arrée.

Visite – Les douves franchies, on pénètre dans la salle des gardes et dans la tour attenante où est présentée l'histoire du château et sa restauration. Aux étages supérieurs, les salles du logis d'entrée, restaurées, abritent un exceptionnel ensemble de **pavements★★** en céramique vernissée (13e et 14e s.) provenant d'une chapelle située hors de l'enceinte et disparue depuis. Par la variété et la qualité de leur décor, ils constituent un beau témoignage de l'art décoratif médiéval. Au deuxième étage, expositions temporaires. Remarquez l'imposant relief équestre d'Olivier de Clisson par Frémiet. La salle des cérémonies, dans laquelle s'ouvre une chapelle, donne accès à la courtine nord, ainsi qu'aux terrasses qui offrent un beau **panorama** sur la presqu'île et le proche océan. Sous les combles : présentations des grandes étapes de la restauration du site.

NOS ADRESSES DANS LE GOLFE DU MORBIHAN

Voir aussi Nos adresses à Auray (p. 498), Vannes (p. 482), La Trinité-sur-Mer (p. 503) et Carnac (p. 509).

HÉBERGEMENT

PREMIER PRIX

Auberge du Parc Fétan – *17 r. de Berder - 56870 Larmor-Baden - ✆ 02 97 57 04 38 - www.hotel-parcfetan.com - fermé 10 nov.-10 fév. - P - 25 ch. et 9 appart. 45/120 € ☕ 8 € - rest. 15/33 €.* Une route peu passante sépare cet hôtel d'une charmante anse dotée d'une petite plage. La majorité des chambres offre une vue sur le golfe du Morbihan et l'île aux Moines. Celles du 2e étage sont climatisées. Sur l'arrière, deux bâtiments indépendants abritent des appartements. Piscine chauffée d'avril à septembre.

BUDGET MOYEN

Hôtel Le Gavrinis – *Toulbroch - 56870 Baden - 2 km par rte de Vannes - ✆ 02 97 57 00 82 - www.gavrinis.com - fermé 8 janv.-12 fév. et 26 nov.-3 déc. - P - 18 ch. 55/130 € - ☕ 11 € - rest. 23/76 €.* Cette maison néo-bretonne entourée par un beau jardin abrite des chambres confortables et sobres ; certaines ont été rénovées avec goût. Tons pastel et lustres en bois flotté dans la salle de restaurant *(non-fumeurs)* ; belle terrasse fleurie.

Hôtel Glann Ar Mor – *27 r. des Fontaines, Port-Navalo - 56640 Arzon - dir. Arzon centre, 1 km après le bourg - ✆ 02 97 53 88 30 - www.glannarmor.fr - 9 ch. 62/78 € - ☕ 8 €.* Cette gentille maison est érigée à seulement quelques mètres du golfe. Son restaurant aux accents marins inclut une cave pouvant abriter plus de cent références de vins du vignoble français. Les chambres et les salles de bains ont été rénovées.

POUR SE FAIRE PLAISIR

Hôtel Le Crouesty – *Du Croisty (près du port) - 56640 Arzon - ✆ 02 97 53 87 91 - www.hotellecrouesty.com - fermé janv. - P - 26 ch. 69/105 € - ☕ 10 €.* Cet hôtel récent ancré à deux encablures du port éponyme abrite des chambres fonctionnelles. Aux beaux jours, vous pourrez prendre votre petit-déjeuner en terrasse. Lorsque le temps s'avère moins clément, le salon réchauffé par une cheminée et doté d'un piano est très apprécié de la clientèle.

Hôtel Les Trois Fontaines – *Rte d'Auray - 56740 Locmariaquer - ✆ 02 97 57 42 70 - www.hotel-troisfontaines.com - fermé 16 nov.-19 mars - P - 18 ch. 72/130 € - ☕ 11,50 €.* Avec sa façade avenante précédée d'un joli jardin, cet hôtel de construction récente est la bonne étape du coin. Ses chambres sont spacieuses et leur mobilier « bateau » en bois leur donne une petite touche marine, que l'on retrouve dans le salon.

RESTAURATION

PREMIER PRIX

La Rose des Vents – *5 r. St-Vincent - 56370 Sarzeau - ✆ 02 97 41 93 77 - www.larosedesvents-sarzeau.com - fermé lun. hors sais. - réserv. conseillée - 16/30 €.* Lorsqu'on pousse la lourde porte de cette maison de 1730, on ne peut soupçonner qu'à l'arrière se cache un divin jardin où est dressé le couvert en saison. Très bel intérieur rustique avec meubles et boiseries d'époque et petite cheminée. Mets traditionnels et crêpes.

Crêperie de Keroyal – *3 imp. Keroyal - 56400 Plougoumelen - ✆ 02 97 24 03 81 - www.creperie-keroyal.com - fermé lun. hors sais. et mar. - 10/18 €.* Cette ex-chaumière au décor rustique surplombe la ria du Sal. On s'y régale de galettes et de crêpes essentiellement préparées avec des produits bio. Jeux d'enfants.

BUDGET MOYEN

Le Boucanier – *3 r. du Gén.-de-Gaulle (à Port-Navalo) - 56640 Arzon - ✆ 02 97 53 89 22 - fermé 15 déc.-15 janv., mar. et merc. sf en été - 19/43 €.* En activité depuis plus de 25 ans, ce bistrot d'arrière-port offre une salle à manger au décor résolument marin (lambris sur les murs et coque de bateau en guise de bar). Grande terrasse couverte. La vue sur l'Océan est comprise dans l'addition.

Les Embruns – *R. du Commerce - 56780 Île-aux-Moines - ✆ 02 97 26 30 86 - lesembruns.iam@wanadoo.fr - fermé janv., fév., 1er-*

15 oct. et merc. - 19/26 €. Habitués et touristes se retrouvent dans ce bar-restaurant sans chichi du bourg. Pêchés dans la journée, les produits de la mer sont ici travaillés le plus simplement du monde pour régaler des convives impatients d'enfourcher de nouveau leurs vélos : d'autres trésors îliens attendent !

Le manoir de Kerbot – *Sur la D 780 en dir. de Sarzeau, 300 m après le château de Kerlévenan - ☏ 02 97 26 40 38 - www.kerbot.com - tlj sf lun. et mar. - 21/50 €.* Un parc de 5 ha entoure ce manoir du 18e s. Le restaurant est installé dans une salle spacieuse dotée d'une cheminée monumentale. Martial Berge (ex-Martinez) propose une cuisine raffinée où les produits frais et régionaux (poissons) sont privilégiés.

POUR SE FAIRE PLAISIR

Le Mur du Roy – *Chemin du Mur-du-Roy - 56 370 Penvins - 4 km au sud-ouest de Sarzeau par D 198 - ☏ 02 97 67 34 08 - www.lemurduroy.com - fermé lun. et mar. midi - 25/45 € - 10 ch. 52/86 € - ☕ 10 €.* Vous qui rêvez d'une maison au calme face à l'océan, celle-ci devrait vous plaire. Le confort est assez simple, mais la terrasse, le jardin et la salle à manger en véranda ont vraiment du charme. La cuisine soignée du patron est, elle aussi, tournée vers la mer. Quelques chambres sobres.

ACHATS

Marchés – *56640 Arzon.* Au port du Crouesty lun. mat. *(été)*. À Arzon mar. mat., à Port-Navalo Pâques-Toussaint vend. mat. À Sarzeau jeu. mat., ainsi qu'une foire le 3e dim. du mois.

ACTIVITÉS

Golf de Rhuys-Kerver – *Domaine de Kerver - 56 730 St-Gildas-de-Rhuys - ☏ 02 97 45 30 09 - www.formule-golf.com - hors sais. : 9h-18h ; 3 avr.-juin et sept.-oct. : 9h-18h30 ; sais. : 8h-20h - fermé 1er janv. et 25 déc. - de 35 €.* C'est au cri des oiseaux de la réserve ornithologique que vous effectuerez ce 18 trous aménagé sur 70 ha et où l'eau est omniprésente.

Location de kayak-Varec'h – *Bois-Bas - au sud-ouest de Vannes par D 101, au rd-pt « Moulin de Pomper », prendre à gauche dir. Bois-Bas - 56870 Baden - ☏ 02 97 57 16 16 ou 06 03 32 35 67 - bretagne-kayak.com - 9h-18h - fermé 25 déc. et 1er janv.* Accessible à tous. Location sans moniteur, toute l'année, de kayaks, de bateaux à moteur et de drakkars 8 places.

Miramar Crouesty - Resort Thalass – *Port-Crouesty - 56640 Arzon - ☏ 02 97 53 49 00 - www.miramarcrouesty.com - 9h-18h - fermé 4 janv.-1er fév.* Ce centre de thalassothérapie vous propose tous les soins dont vous pouvez rêver : massages, hydrothérapie, aromathérapie, algothérapie… piscine et espace dédié à la relaxation. Cures et formules à la journée. Et pendant que vous recouvrez équilibre et sérénité, des activités sont réservées aux enfants *(6-12 ans)* et une nursery est accessible sur demande. À l'hôtel Miramar Crouesty Resort Thalasso et Spa, confort et raffinement : les chambres, spacieuses, bénéficient d'une superbe vue sur l'océan.

Auray

★

12 420 Alriens ou Alréens – Morbihan (56)

NOS ADRESSES PAGE 498

S'INFORMER

Office du tourisme d'Auray – *20 r. du Lait - 56400 Auray - ✆ 02 97 24 09 75 - www.auray-tourisme.com - juil.-août : 9h-19h, dim. 9h-12h ; avr.-juin : tlj sf dim. 9h-12h, 14h-18h ; reste de l'année : tlj sf dim. 9h-12h, 14h-18h, sam. 9h-12h.*

Office du tourisme de Ste-Anne-d'Auray – *✆ 02 97 57 69 16 - juil.-août : 9h30-12h30, 13h30-18h30 ; reste de l'année : tlj sf w.-end et j. fériés 10h-12h, 14h-17h.*

SE REPÉRER

Carte de microrégion B3 (p. 474-475) – *carte Michelin Département 308 N9.*
Bâtie entre Vannes (19 km à l'est par la N 165) et Lorient (41 km à l'ouest), la ville d'Auray appartient déjà au golfe du Morbihan. Elle se trouve également sur la route de Quiberon (28 km au sud par la D 768).

À NE PAS MANQUER

La promenade du Loch et le quartier St-Goustan, en grande partie piétonnier, ainsi que le trésor de la basilique de Ste-Anne-d'Auray.

ORGANISER SON TEMPS

Consacrez votre journée à la visite des alentours, aux balades sur la rivière d'Auray ou sur le Crac'h ainsi qu'à la plage en saison, et réservez les soirées pour flâner dans les vieux quartiers qui bordent le port.

Au fond de sa ria qui prolonge le golfe du Morbihan, le port d'Auray – St-Goustan – invite à la flânerie : rues pavées, maisons à pans de bois et jardins clos composent un décor presque intemporel, au charme prenant. La ville, établie sur les hauteurs qui dominent la rivière Loch, offre un aspect plus contemporain et dynamique avec ses halles, ses nombreuses boutiques et ses terrasses.

Se promener Plan de la ville

Partez de l'office de tourisme installé dans la chapelle de la Congrégation.

★ Église Saint-Gildas

Pl. Gabriel Deshayes.

Cet édifice du 17e s. au porche Renaissance abrite un très beau **retable★** en pierre et marbre (1664) attribué à Olivier Martinet, ainsi qu'un gisant du Christ du 16e s. qui faisait autrefois partie d'une Mise au tombeau. On remarque les boiseries du 18e s. dans les chapelles latérales, ainsi qu'un élégant buffet d'orgue (1761) réalisé par le facteur d'orgues Waltrin, originaire d'Auray.

Chapelle du Saint-Esprit

Construite par l'ordre du Saint-Esprit aux 13e et 14e s., cette chapelle de plan rectangulaire faisait partie de l'importante maison hospitalière d'Auray.

UN CHOUAN CÉLÈBRE

Fils d'un cultivateur des environs d'Auray, **Georges Cadoudal** a 22 ans quand éclate la **chouannerie**, en 1793. Il s'y jette à corps perdu. Les Vendéens vaincus, il continue la lutte dans le Morbihan. Emprisonné à Brest, il s'évade, reprend sa guérilla et participe à l'affaire de Quiberon *(voir p. 511)*, dont il sort indemne. En 1796, il fait sa soumission à Hoche et repart en campagne trois ans plus tard. Bonaparte offre inutilement au rebelle la grâce et le grade de général. La lutte se termine en 1804 : à Paris, Cadoudal tente d'enlever le Premier consul ; il est arrêté, condamné à mort et guillotiné.

★ Promenade du Loch

En descendant vers le port par la rampe, on profite d'une très jolie **vue** sur le port, le quartier St-Goustan et la rivière de Loch que franchit un vieux pont de pierre.

★ Quartier Saint-Goustan

Le port occupe un site stratégique qui, au Moyen Âge, lui permit de s'enrichir grâce aux droits de passage que payaient les bateaux.

Amarrée le long du pont à arches en éperon sur le Loch, minutieusement reconstituée à partir d'une coque ancienne, la **goélette St-Sauveur** abrite un magasin de souvenirs. Remarquez à côté le pavillon d'En-bas, belle demeure du 16e s.

Des maisons du 15e s. subsistent sur la place St-Sauveur et dans les ruelles montantes, parfois entrecoupées de larges marches. Les pavés bombés datent de l'époque où St-Goustan était le troisième port breton.

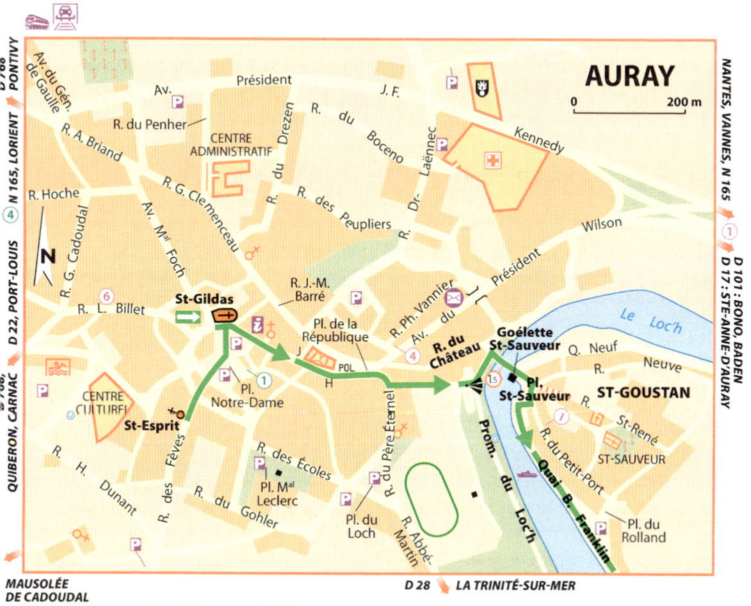

SE LOGER	SE RESTAURER	
Cadoudal (Hôtel Le) ①	Auberge (L') ①	Closerie de Kerdrain ⑥
Talvern (Chambre d'hôte) ④	Belle Bio (Crêperie La) ④	Frégate (Crêperie La) ⑦

Au n° 8 du quai Benjamin-Franklin, une plaque commémorative rappelle que l'illustre Américain logea ici en 1776. Son navire, le *Reprisal*, n'ayant pu remonter jusqu'à Nantes du fait de vents contraires, il débarqua en effet à Auray avant de se rendre à la cour de Versailles pour y négocier, en pleine guerre de l'Indépendance américaine, un traité avec la France.
On peut remonter vers la place de la République en empruntant la belle **rue du Château**, bordée de galeries d'art et de magasins d'antiquaires.

Mausolée de Cadoudal

Accès en voiture depuis la place du Loch, par la rue du Verger en suivant la direction du Reclus.
Le mausolée s'élève face à la maison familiale du général chouan *(voir encadré p. 495)*. C'est un petit édifice rond coiffé d'un dôme.

Itinéraire conseillé Carte de microrégion

LE PAYS ALRÉEN

Itinéraire de 23 km – comptez environ 3h. Quittez Auray par l'avenue du Gén.-de-Gaulle.

Chartreuse d'Auray B3

02 97 24 27 02 - avr.-août : 14h30-17h, vend. 14h30-18h - fermé mar. - gratuit.
Sur le champ de bataille où il triompha de Charles de Blois *(voir encadré ci-contre)*, Jean de Montfort, devenu le duc Jean IV, fit élever une chapelle et une collégiale transformée en chartreuse de 1482 à 1790.
La chapelle funéraire (début 19e s.) renferme les restes d'émigrés et de chouans fusillés après le débarquement de Quiberon, en 1795 : au centre, le mausolée en marbre blanc porte 953 noms.

Champ des Martyrs B3

Une chapelle en forme de temple grec, édifiée en 1828 selon les vœux de la duchesse d'Angoulême, s'élève à l'emplacement où furent exécutés les émigrés et les chouans *(voir encadré, p. 511)*.
Suivez la D 120 vers Ste-Anne-d'Auray.
La route longe le marais de Kerzo, à droite, où se déroula la bataille d'Auray, le 29 septembre 1364.
À 500 m, prenez à gauche la direction de St-Degan.

Saint-Degan B2

Dans le hameau dominant la vallée encaissée du Loch, l'**écomusée** met en valeur un ensemble de bâtiments de fermes des 17e et 18e s. comportant maisons d'habitation, cour, cave, four à pain…
Les intérieurs ont été reconstitués avec du mobilier et des objets usuels de la région au début du 20e s. Autour, verger conservatoire et plusieurs sentiers de randonnée.
02 97 57 66 00 - www.ecomusee-st-degan.fr - juil.-août : 10h-19h ; mars-juin, sept.-oct. et vac. scol. : tlj sf sam. 14h-17h30 - fermé j. fériés - 5 € (enf. 2,30 €).
Gagnez Brech et tournez à droite.

★ Sainte-Anne-d'Auray B3

En 1623, sainte Anne apparaît à un laboureur, Yves Nicolazic, et lui demande de relever une chapelle qui lui avait été autrefois consacrée, sur le terrain qu'occupe un de ses champs. Le 7 mars 1625, Yves déterre, à l'endroit indiqué,

LA BATAILLE D'AURAY
En 1364, la ville devint célèbre dans l'histoire bretonne pour la bataille qui se livra sous ses murs et qui mit fin à la guerre de Succession. Les troupes de Charles de Blois, secondé par **Du Guesclin**, fidèle au roi de France, occupent alors une mauvaise position dans une plaine marécageuse, au nord d'Auray. Cousin et rival de Charles, Jean de Montfort est allié aux Anglais, commandés par Chandos; ils bénéficient d'une situation dominante. Contre l'avis de Du Guesclin, Charles attaque et tombe sur le champ de bataille. Toutes les armes du connétable sont rompues. Il se défend en assommant ses adversaires à coups de gantelets de fer, mais finit par se rendre à l'injonction du chef anglais : « Cette journée n'est pas vôtre, Messire Bertrand. Une autre fois, vous serez plus heureux. »

une ancienne statue de sainte Anne. Depuis lors, pour commémorer cette découverte, le premier pardon de Ste-Anne-d'Auray a lieu à la même date *(voir Nos adresses à Auray, p. 498)*.

Basilique – Une première église fut élevée dès 1625. Elle a été remplacée à la fin du 19e s. par cette basilique, de style Renaissance.

Trésor de la basilique et galerie des statues★ – *☏ 02 97 57 68 80 - ♿ - juin-oct. : 14h-18h30, merc. 14h-18h30, 20h30-22h30; reste de l'année : tlj sf lun. 10h30-12h, 15h-18h, dim. 15h-18h - 3 € (enf. 2 €) billet combiné avec l'exposition temporaire (juin-oct.), 1 € billet simple (nov.-mai).* Situé dans le cloître, le trésor comporte des objets ayant trait au culte de sainte Anne. On y voit notamment une relique de la sainte, offerte par Anne d'Autriche en remerciement pour la naissance de Louis XIV, des pièces d'orfèvrerie, le manteau de l'ancienne statue et, dans une vitrine centrale, des ornements donnés par la reine. De nombreux **ex-voto** expriment la reconnaissance à sainte Anne, du bijou précieux aux simples chaussons d'enfant. Une galerie d'art breton renferme des statues anciennes du 15e au 19e s.

Scala Sancta – Lors des pardons, les pèlerins montent à genoux le double escalier de cette ancienne porte d'entrée du parvis.

Fontaine miraculeuse – Formée d'une piscine et d'une colonne ornée de vasques, elle est coiffée de la statue de sainte Anne.

Monument aux morts – Il fut élevé grâce à une souscription faite dans toute la Bretagne à la mémoire des 154 000 soldats et marins bretons morts pendant la Première Guerre mondiale. Il est devenu le Mémorial des victimes de guerre du 20e s. De l'autre côté de la route, un cimetière militaire franco-belge rassemble les restes de 1 338 soldats.

Historial de sainte Anne – *☏ 02 97 57 64 05 - ♿ - mars-oct. : 10h-19h; reste de l'année : se renseigner - possibilité de visite guidée (45mn) - 4 € (6-14 ans 1,50 €).* Des personnages de cire évoquent la vie de Yves Nicolazic et l'histoire du pèlerinage. Une scène rappelle la venue du pape Jean-Paul II en 1996.

Maison de Nicolazic – *☏ 02 97 57 68 80 - avr.-oct. : 10h-16h; reste de l'année : sur demande - gratuit.* C'est la maison où sainte Anne apparut à Yves Nicolazic (oratoire et meubles du pays d'Auray datant du 17e s.).

Monument du comte de Chambord – *En direction de Brech, sur la gauche à environ 500 m du bourg.* Ce monument fut érigé en 1891, à la mémoire du comte de Chambord (1820-1883), petit-fils de Charles X et prétendant légitimiste au trône de France, qui mit en péril la IIIe République naissante. Chaque année, pour la Saint-Michel, partisans et amis venaient en pèlerinage à Ste-Anne. Les représentations de Bayard, Du Guesclin, sainte Geneviève et sainte Jeanne d'Arc encadrent la statue du petit-fils de Charles X.

Rejoignez Pluneret par la D 17 au sud.

Pluneret B3

Dans le cimetière, en bordure de l'allée centrale, à droite, se trouvent les sépultures de Sophie Rostopchine, comtesse de Ségur, l'auteur bien connu de livres pour la jeunesse, et de son fils, Mgr Louis Gaston de Ségur.

Continuez la D 101 en direction du Bono et, à 2 km, tournez à gauche vers Ste-Avoye.

Sainte-Avoye B3

Au milieu de ce charmant village, se dresse une **chapelle** Renaissance qui comporte une belle **charpente★** en carène de bateau renversée. Admirez aussi son **jubé★**, en chêne sculpté et peint. Côté nef, il représente les apôtres. Côté chœur, les Vertus sont entourées de saint Fiacre et saint Laurent à gauche, et, à droite, de saint Yves entre le riche et le pauvre.

Reprenez vers Ste-Anne-d'Auray et tournez à gauche pour regagner Auray.

À proximité Carte de microrégion

Jardins du château de Kerambar'h B2

▶ *À Landaul. 16 km au nord-ouest par la N 165, sortie Landévant n° 36-1. ✆ 02 97 24 63 86 - ♿ - juil.-août : 10h-18h ; avr.-juin et sept.-oct. : 14h-18h - 6 € (8-17 ans 4 €).*

Ces jardins étaient conçus pour les services du château *(qui ne se visite pas)*. Sur plus de 3 ha, une promenade propose de découvrir l'art des jardins du Moyen Âge à la Renaissance : on visite successivement des enclos destinés à l'apothicaire (où poussent les « simples », les plantes médicinales), d'autres parterres pour le chapelain ou encore les cuisines.

NOS ADRESSES À AURAY

VISITES

Ville d'art – Visites-découverte pédestres (1h30) animées par un guide-conférencier - *Juil.-août - se renseigner à l'office de tourisme - ✆ 02 97 24 09 75.*

HÉBERGEMENT

PREMIER PRIX

Hôtel Le Cadoudal – *9 pl. Notre-Dame - ✆ 02 97 24 14 65 - www.hotellecadoudal-auray.com - fermé 15 j. en mars - 13 ch. 39/57 € - ☕ 7 € - rest. 6,80/8,80 €.* Hôtel sans prétention, mais d'excellente tenue et d'un accueil fort sympathique. Chambres simples équipées d'un double vitrage efficace et agréable salle des petits-déjeuners réchauffée d'une cheminée. Restauration rapide, servie en terrasse aux beaux jours.

BUDGET MOYEN

Chambre d'hôte Talvern – *Talvern - 56690 Landévant - ✆ 02 97 56 99 80 - www.chambre-morbihan.com - ♿ P 🚭 - 5 ch. 63 € ☕ - rest. 21 €.* Cette longère du 19e s. abrite des chambres confortables et élégantes, déclinant le thème des épices. La table, tenue par un véritable chef, met à l'honneur les légumes du potager « bio ». Stages de cuisine.

RESTAURATION

PREMIER PRIX

Crêperie La Frégate – *11 r. du Petit-Port (au port de St-Goustan) - ✆ 02 97 50 71 95 - fermé janv., mar. et merc. sf vac. scol. - 11,50 €.* Après avoir jeté l'ancre au vieux port, il faut gravir une ruelle en pente pour rejoindre cette maison à colombages et vous régaler de crêpes. Des dégustations seront offertes aux chineurs visitant la boutique voisine, qui propose un vaste choix d'articles souvenirs.

Crêperie La Belle Bio – *4 r. Philippe-Vannier - ✆ 02 97 24 26 75 - fermé lun. soir, jeu. soir et dim. en hiver sf vac. scol. - ♿ - 10/15 €.* L'enseigne de cette maison du 17e s. annonce la couleur : la majorité des produits utilisés ici sont issus de l'agriculture biologique. Commandez d'abord une simple galette, sans garniture, pour savourer pleinement le goût du sarrasin réhaussé par celui du beurre. Plaisantes salles à manger rustiques. Terrasse couverte et fleurie à l'étage. Service décontracté mais souriant.

POUR SE FAIRE PLAISIR

L'Auberge – *56 rte de Vannes - 56400 Ste-Anne-d'Auray - ✆ 02 97 57 61 55 - www.auberge-larvoir.com - fermé merc.midi en hiver - 25/85 €.* Derrière sa façade fleurie, cette auberge de village sert une généreuse cuisine actuelle inspirée du terroir dans une belle salle à manger fleurie et garnie de meubles bretons. Elle propose en plus quelques chambres douillettes et bien tenues.

Closerie de Kerdrain – *20 r. L.-Billet - ✆ 02 97 56 61 27 - www.lacloseriedekerdrain.com - fermé 5 janv.-1er fév., dim. soir sf Pâques-Toussaint et lun. - ♿ P - formule déj. 28 € - 38/90 €.* Charmant petit manoir breton niché dans un jardin. Salles classiques, habillées de boiseries, et agréable terrasse ajoutent à l'attrait d'une appétissante cuisine actuelle.

ACHATS

Au Régal Breton – *17 r. du Belzic - ✆ 02 97 24 22 75 - sylvain.elisabeth@club-internet.fr - tlj sf merc. 9h-12h30, 14h-19h.* Après avoir fait ses premières armes chez Jean-Paul Hévin, Sylvain Tallon a repris en 2002 cette pâtisserie bien connue des Alréens puisqu'elle existe depuis les années 1970. Avec talent, il continue à réaliser les produits phares qui ont fait la réputation de la maison (far, quatre-quarts, gâteau breton, *kouign-amann*).

ACTIVITÉS

Le golfe du Morbihan en bateau – *✆ 0 825 132 100 - www.navix.fr.* Cette agréable excursion permet de remonter la rivière d'Auray jusqu'au Bono et de faire le tour du golfe qu'il est impossible de découvrir aussi merveilleusement lorsqu'on en fait le tour en voiture. De mi-juin à mi-sept. : dép. du port d'Auray - s'adresser à Navix - *✆ 0 825 132 100.*

AGENDA

Ste-Anne-d'Auray symbolise le pèlerinage breton par excellence. Le 7 mars a lieu le premier pardon, suivi, de Pâques au Rosaire *(1er dim. d'oct.)*, des pèlerinages paroissiaux *(merc. et dim.)* entrecoupés des plus célèbres pardons : celui de sainte Anne, du 26 juillet, celui du 15 août et celui du Rosaire.

Ensemble mégalithique de Locmariaquer

★★

1 598 Locmariaquérois – Morbihan (56)

NOS ADRESSES PAGE 502

S'INFORMER
Office du tourisme de Locmariaquer – *1 r. de la Victoire - 56 740 Locmariaquer - ✆ 02 97 57 33 05 - www.ot-locmariaquer.fr - ♿ - juil.-août : 9h-13h, 14h-18h, dim. 10h-13h ; reste de l'année : tlj sf dim. 9h-12h, 14h-17h30, sam. 9h30-12h30 - fermé 1er janv., 25 déc.*

SE REPÉRER
Carte de microrégion B3 (p. 474-475) – *carte Michelin Département 308 N9.* À 13 km au sud d'Auray, Locmariaquer commande, avec Port-Navalo, l'entrée du golfe du Morbihan.

À NE PAS MANQUER
La chambre funéraire de la Table des Marchands.

ORGANISER SON TEMPS
Commencez votre journée par la visite des mégalithes ; vous aurez tout le loisir de lézarder ensuite sur la plage.

AVEC LES ENFANTS
Entre dolmen et chambre sacrée, les mégalithes de Locmariaquer les transporteront au temps d'Astérix et de Conan le Barbare.

La presqu'île de Locmariaquer doit sa notoriété à l'imposante concentration de monuments mégalithiques qui occupe son extrémité. Le bourg est désormais une destination recherchée des familles et le point de départ de belles croisières autour du golfe du Morbihan.

Se promener

★★ Ensemble mégalithique de Locmariaquer B3

Rte de Kerlogonan - 56740 Locmariaquer - à hauteur du cimetière, prenez le chemin signalisé jusqu'au parking - ✆ 02 97 57 37 59 - ♿ - 1er juil.-4 sept. : 10h-19h (dernière entrée 30mn av. la fermeture) ; mai-juin : 10h-18h ; 5 sept.-30 avr. : 10h-12h30, 14h-17h - possibilité de visite guidée (45mn) - fermé 1er janv., 1er Mai, 25 déc. - 5 € (-25 ans gratuit), gratuit 1er dim. du mois (oct.-mai).

Cet ensemble, qui fait l'objet d'un programme de sauvegarde et de mise en valeur des sites mégalithiques, présente un groupe de trois monuments importants.

Grand Menhir brisé – Appelé *Men-er-Hroeg* (la « pierre de la sorcière »), ce monolithe, aujourd'hui brisé en quatre morceaux, atteignait 20 m et pesait 280 t. Il est en orthogneiss, une roche qu'on ne trouve aujourd'hui qu'à 12 km de là ! Une hache gravée sur l'une de ses faces renforce son caractère symbolique. Au néolithique ancien (vers 4500 av. J.-C.), il faisait partie d'un sanctuaire très important, pivot d'un alignement de 50 m. Pour une raison inconnue, il fut renversé avec les autres menhirs du site quelque trois cents ans plus tard.

Table des Marchands – Daté du néolithique moyen (3900 av. J.-C.), ce monument a été restauré et a retrouvé son cairn. Un couloir de 7 m conduit à la chambre funéraire. La dalle du plafond est une partie d'un grand menhir dont on retrouve deux autres morceaux dans le tumulus d'Er-Grah *(voir ci-dessous)* et dans le cairn de l'île de Gavrinis, à 4 km de là. Cette dalle est ornée d'une grande hache, d'une crosse (elle symbolisait la déesse-mère) et d'un fragment de taureau. Sur la dalle de chevet : une belle idole en « écusson », probablement la déesse-mère avec une pseudo-chevelure, est représentée, ainsi qu'un double registre de crosses symétriques. La gazelle est un graffiti moderne.
Tumulus d'Er-Grah – Situé au nord de l'ensemble, monument très allongé dont on estime la longueur d'origine à plus de 170 m.

★ Dolmen de Mané-Lud B3

Ce dolmen se trouve à l'entrée de Locmariaquer, sur la droite. À l'intérieur de la chambre, les pierres debout sont sculptées.

★ Dolmen de Mané-Rethual B3

Au cœur du village, à droite de l'ancienne mairie, prenez l'allée qui se faufile entre des maisons et traverse des jardins.
Il se compose d'une allée couverte d'environ 15 m de long menant à une vaste chambre double qui présente des supports sculptés.
Le **village** offre de jolies rues bordées de vielles demeures aux façades blanches et volets bleus. Il est dominé par l'église dont la flèche est posée sur un bulbe d'ardoise. À l'intérieur de celle-ci, remarquez de beaux chapiteaux romans et deux retables baroques de style lavallois.
La plage de Saint-Pierre, très sauvage offre de belles vues vers Carnac et les îles (nombreux parkings).

Itinéraire conseillé Carte de microrégion

LES MÉGALITHES

Itinéraire de 5 km. Sur la place Évariste-Frick, prenez la rue Wilson.
À la sortie du village, sur la droite, s'embranche une route menant au hameau de **Kerlud**. Face à la dernière maison se trouve le **dolmen de Kerlud**, en partie enfoui.
Revenez à la grande route et prenez à droite, puis en bordure de plage, encore à droite.

★ Dolmen des Pierres-Plates B3

Un menhir marque l'entrée de ce dolmen. Deux chambres sont reliées par une longue allée coudée ; de remarquables gravures ornent les supports.
Du terre-plein, belle vue sur la pointe de Port-Navalo et la pointe du Grand-Mont, l'île d'Houat, en arrière, Belle-Île et la presqu'île de Quiberon.
Faites demi-tour et suivez la grève pour gagner la pointe de Kerpenhir.

★ Pointe de Kerpenhir B3

Avancez-vous au-delà du blockhaus.
Vue★ sur le goulet du golfe. À la pointe, la statue de granit de N.-D.-de-Kerdro protège les marins (*kerdro* signifie « bon retour »).

★ Tumulus de Mané-er-Hroech B3

Au lieu-dit Kerpenhir, empruntez une allée, à gauche de la route, qui s'élève vers le tumulus.
Un escalier de 23 marches permet d'accéder à une chambre funéraire et de découvrir les pierres sèches composant le tumulus.

La Trinité-sur-Mer

1 531 Trinitains – Morbihan (56)

NOS ADRESSES PAGE 503

S'INFORMER

Office du tourisme de La Trinité-sur-Mer – *30 cours des Quais - 56 470 La Trinité-sur-Mer - ✆ 02 97 55 72 21 - www.ot-trinite-sur-mer.fr - juil.-août : 9h-13h, 14h-19h ; de mi- à fin juin et de déb. à mi-sept. : tlj sf dim. 9h-12h30, 14h-18h30 ; reste de l'année : tlj sf dim. 9h-12h, 14h-18h - fermé certains j. fériés (se renseigner).*

SE REPÉRER

Carte de microrégion B3 (p. 474-475) – *carte Michelin Département 308 M9.*
La Trinité est accessible depuis Carnac (4 km à l'est) par la D 781, et par la D 28 à partir d'Auray (12 km au nord).

À NE PAS MANQUER

La vue depuis le pont de Kérisper.

ORGANISER SON TEMPS

Flânez sur les quais à toute heure pour admirer le ballet des voiliers.

Un port de plaisance toujours animé par des passionnés de voile ; des ruelles blanches dévalant vers la mer ; des plages et des criques aux eaux limpides. La Trinité-sur-Mer est passée en quelques années d'un petit port de pêche à une station balnéaire au charme chic et décontracté. Les plus gros catamarans du monde y font régulièrement escale. Ses régates attirent de nombreux marins du monde entier, et du pont de Kérisper, on ne se lasse pas d'admirer le ballet des navires qui entrent et sortent de la rivière de Crach.

Se promener

La Trinité est bien sûr le célèbre port de plaisance que l'on connaît (il a la capacité d'accueillir 1 200 bateaux), mais c'est aussi un petit port de pêche que l'on apprécie en se baladant le matin sous la halle aux poissons.

Le bourg dévoile son charme à travers les vieilles ruelles qui entourent l'église, à l'intérieur de laquelle se trouve un beau retable baroque de style lavallois (17e s.). Quant aux plages, il y en a pour tous les goûts : Kervillen, la plus grande, orientée plein sud, accueille un club pour les enfants.

Les amateurs de sports nautiques trouveront également de quoi se régaler. Avec un peu de chance, vous pourrez admirer dans le port une « formule 1 » de la mer, amarrée au ponton brise-clapot Loïc Caradec (du nom du célèbre navigateur, disparu lors de la Route du Rhum 1986), ou assister à l'une des nombreuses compétitions de voile qui se déroulent tout au long de l'année.

★ Chemin des douaniers

Depuis le port, le sentier côtier mène à la pointe de Kerbihan, belle promenade qui permet d'admirer de grandes demeures.

On remarque les nombreux parcs à huîtres destinés à la récolte du naissain, à hauteur de l'estuaire. Le chemin mène aux **plages de Kerbihan et de Kervillen**. Juste après cette dernière, on voit l'île de Stuhan, réserve naturelle protégée.

Pont de Kérisper

De ce pont qui franchit la rivière de Crach, la **vue★** est superbe sur le site et ses installations portuaires. Le port de plaisance peut accueillir 1 200 bateaux. Tous les grands marins viennent y mouiller ; les vieux gréements s'y réunissent.

NOS ADRESSES À LA TRINITÉ-SUR-MER

HÉBERGEMENT

BUDGET MOYEN

Chambre d'hôte du Stiren ar Mor – *1 Clos du Poulbert - ✆ 02 97 30 15 28 - www.stiren-ar-mor.com - fermé 1er nov.-Pâques - ⊭ - 4 ch. 48/63 €* ☕. Cette maison néo-bretonne et son agréable jardin profitent de la quiétude d'un quartier résidentiel proche de la plage. Les chambres bénéficient d'aménagements récents et confortables. Au premier étage, elles disposent d'un espace salon ; au second, elles sont mansardées et agrémentées de poutres.

POUR SE FAIRE PLAISIR

Chambre d'hôte Mme Gouzer – *17 rte de Quéhen (C 203) - 56 470 St-Philibert - 2 km rte d'Auray et au rd-pt dir. Quéhen - ✆ 02 97 55 17 78 - www.residence-mer.com - ⊭ - 3 ch. 65/80 €* ☕. Cette maison d'ostréiculteurs magnifiquement postée au-dessus de la rivière de Crach et bordée de pins maritimes propose trois chambres sobrement meublées, offrant chacune une belle vue sur le large. De quoi enchanter les amoureux de la mer !

UNE FOLIE

Le Lodge Kérisper – *4 r. Latz - ✆ 02 97 52 88 56 - www.lodge-kerisper.com - P - 17 ch. et 3 suites - 95/290 € - ☕ 18 €*. Ces deux longères du 19e s. offrent un intérieur chaleureux et épuré, associant matériaux nobles, meubles chinés et tissus choisis. Plusieurs chambres disposent d'une terrasse.

RESTAURATION

PREMIER PRIX

La Crêperie du Bourg – *16 r. des Frères-Kermorvant - ✆ 02 97 55 73 26 - fermé dim. soir et lun. sf vac. scol. - 8/15 € - réserv. conseillée.* Petite adresse située dans le vieux bourg, à deux pas du port de plaisance. Accueil chaleureux et choix de crêpes – salées et sucrées – assez traditionnel.

POUR SE FAIRE PLAISIR

Le Mouillage – *1 pl. Yvonne-Sarcey, sur le port - ✆ 02 97 55 70 70 - www.lemouillage.com - fermé janv. et le merc. - 22/70 € - 4 ch. 70/90 € - ☕ 10 €*. Le mouillage, c'est bien sûr celui des bateaux que vous pourrez admirer depuis la plaisante terrasse de ce restaurant bien placé sur le port. Décor marin très réussi : hublots en cuivre, murs habillés de lambris bleu délavé, chaises toilées… Cuisine de la mer.

PRENDRE UN VERRE

Le Carré – *9 cours des Quais - ✆ 02 97 30 12 83 - 9h-1h.* L'endroit idéal pour siroter un verre face aux bateaux, dans une ambiance bon enfant et très « voileux ».

Le Quai – *9 cours des Quais - service de 11h à 23h en juillet et* *août*. Dans ce bistrot sympathique vous pourrez prendre un verre ou déguster des plats de la mer. On y mange au coude à coude ! Attention , pas de réservation.

ACHATS

Bon à savoir – La Halle aux poissons tient son marché 7j/7 de 8h30 à 12h30 *(cours des quais)*. Le marché au frais se tient place du Voulien le mardi et le vendredi toute l'année.

L'Épicerie du port – *24 cours des Quais - ✆ 02 97 55 76 97 - mars-déc. : tlj sf merc. et dim. apr.-midi sf pdt les vac. scol. 10h-13h, 15h30-20h - fermé janv.-fév.* Cette charmante épicerie ne se contente pas de proposer des produits liés à la mer, vous y trouverez également une sélection de charcuteries, des fromages affinés, quelques bouteilles de petits vignerons respectueux des traditions, un choix de thés, des épices et des huiles d'olive.

ACTIVITÉS

Nautic Sport – *35 cours des Quais - ✆ 02 97 30 10 00 - www.nautic-sport.com - avr.-sept. : 9h-20h ; oct.-mars : 10h-12h, 14h-17h - fermé w.-end.* Location de kayaks et de bateaux à moteur de 5 à 14 m. Centre de formation permis bateau.

Clubs de plage – Le Club Plein Air : *✆ 06 61 13 60 91 (plage du Men-Dû)* ; l'Olympic Club Mickey : *✆ 06 89 30 91 84 (plage de Kervillen)*.

Louer un bateau – *30 cours des Quais - ✆ 02 97 55 72 21 - www.ot-trinite-sur-mer.fr.* Il n'y a pas moins de 14 loueurs à La Trinité ! Demandez la liste à l'office de tourisme pour louer une vedette ou un voilier. Le choix est large.

Stages de dériveur et de catamaran – *Société nautique - Môle Éric Tabarly - ✆ 02 97 55 73 48 - www.snt-voile.org - 9h-12h, 13h30-17h30 - fermé dim. hors régates et vac.de Noël.* Découvrez l'ensemble des activités du club, l'école de voile et tous les stages de voile, planche à voile et kayak. Centre de formation agréé (moniteurs et permis mer côtier et hauturier).

AGENDA

Courses et régates se succèdent tout au long de l'année, en particulier le week-end de Pâques, lors du Spi Ouest-France Bouygues Télécom, qui confronte les anonymes aux vedettes de la voile.

Carnac

★

4 445 Carnacois – Morbihan (56)

NOS ADRESSES PAGE 509

S'INFORMER

Office du tourisme de Carnac – *74 av. des Druides - 56 340 Carnac - www.ot-carnac.fr - juil.-août : 9h-19h, dim. et j. fériés 10h-19h ; reste de l'année : tlj sf dim. 9h30-12h, 14h-18h, j. fériés 15h-18h - fermé lun. de Pentecôte - 2e bureau pl. de la Chapelle - se renseigner pour les h.*

SE REPÉRER

Carte de microrégion B3 (p. 474-475) – *carte Michelin Département 308 M9.*
Carnac est à deux pas de La Trinité-sur-Mer, juste à côté de la presqu'île de Quiberon. On y accède depuis Auray (13 km) par la D 768 ou la D 28.

À NE PAS MANQUER

Les mégalithes du Menec et de Kermario.

ORGANISER SON TEMPS

Préférez le matin tôt ou la fin de journée pour profiter à la fois de la fraîcheur et des lumières rasantes.

AVEC LES ENFANTS

Emmenez-les voir les alignements de menhirs puis visitez avec eux le musée de Préhistoire pour en comprendre la signification.

Les alignements de mégalithes ont fait de Carnac le symbole de la préhistoire, à l'égal de Stonehenge en Grande-Bretagne. Depuis la fin du 18e s. quand se sont vulgarisés les termes de « dolmen » et de « menhir », aucun site n'a fait naître autant de théories et de controverses... Son musée de Préhistoire est mondialement connu pour sa collection d'objets de la période mégalithique. Mais, au-delà des vieilles pierres, Carnac est aussi une station balnéaire bien équipée et dotée de longues plages, idéale pour les vacances en famille.

Découvrir Carte de microrégion

★★ LES MÉGALITHES

Au nord de Carnac, dont le nom vient du celte *karn*, signifiant « pierre » ou « rocher », une promenade fait découvrir l'essentiel des monuments mégalithiques de la région : alignements, dolmens, tumulus. Ils sont aujourd'hui protégés par des clôtures afin que la végétation stabilise le sol et empêche ainsi le déchaussement des menhirs.

En face des alignements du Menec, la **Maison des mégalithes** organise des visites guidées des alignements. *02 97 52 29 81 - www.carnac.monuments-nationaux.fr - ♿ - juil.-août et vac. scol. : visites-conférences (1h) connaissance et parcours des mégalithes - fermé 1er janv., 1er Mai, 25 déc. - 4,50 € (-18 ans gratuit).*

★★ Alignements du Menec

Datés approximativement du néolithique moyen (3000 av. J.-C.), ces alignements s'étendent sur une longueur de 1 160 m et une largeur de 100 m. Ils comptent 1 099 menhirs disposés sur 11 files – le plus élevé mesure 4 m de haut – et sont orientés sud-ouest/nord-est. Un **cromlech** (hémicycle) se trouve à chacune des extrémités : l'un comprend 70 menhirs, l'autre, 25 seulement (très abîmé).

★★ Alignements de Kermario

Ici, 1 029 menhirs sont disposés en 10 lignes parallèles sur 1 120 m de long et 100 m de large. Ils sont sensiblement contemporains de ceux du Menec, et de même superficie. De la passerelle latérale, on observe la progression de la taille des menhirs d'est en ouest. Un dolmen à couloir est situé au sud-ouest. Plus loin, les alignements passent sur les restes d'un **tumulus** de 35 m de long, sur le plateau du Manio. Non loin de là, un menhir de 3 m de haut porte à sa base cinq serpents gravés; cinq haches polies avaient été enterrées à son pied…

★ Alignements de Kerlescan

Poursuivez vers l'est sur la D 196.

Dans ce champ de 355 m sur 139 m, 555 menhirs sont rangés sur 13 lignes convergentes. Un **cromlech** de 39 menhirs les précède.

Tumulus Saint-Michel

Le tumulus St-Michel, long de 125 m, large de 60 et haut de 12 m, remonte au néolithique ancien (4500 av. J.-C.). Il renferme deux chambres funéraires et une vingtaine de coffres de pierre. Les objets trouvés dans les sépultures sont exposés au musée de Préhistoire de Carnac et au musée d'Archéologie de Vannes.

Sur le sommet se trouvent la **chapelle St-Michel★**, décorée de belles fresques (1961) d'Alice Pasquo, ainsi qu'un petit calvaire (16e s.) et une table d'orientation. La **vue★** s'étend sur la région des mégalithes, la côte et les îles.

Dolmens de Mané-Kerioned

Ensemble de trois dolmens dont le premier présente huit supports gravés de divers symboles stylisés : haches, spirales, écussons…

Tumulus de Kercado

9h-19h - gratuit.

Ce cairn, très ancien (4670 av. J.-C.) est vraisemblablement contemporain de celui de Barnenez. Il mesure 30 m de diamètre et 3,50 m de hauteur, et recouvre un beau dolmen. À son sommet se dresse un menhir. Remarquez

Les alignements de Carnac.
Todesco/ Office du tourisme de Carnac

les sculptures sur la table et quatre supports. Pendant la Révolution, il aurait servi de cachette à des chouans.

CARNAC VILLE

★★ Musée de Préhistoire James-Miln-Zacharie-Le Rouzic

10 pl. de la Chapelle - ☏ 02 97 52 22 04 - www.museedecarnac.com - ♿ - juil.-août : 10h-18h ; avr.-juin et sept. (sf vac. scol.) : tlj sf mar. 10h-12h30, 14h-18h ; reste de l'année (sf vac. scol.) : tlj sf mar. 10h-12h30, 14h-17h - possibilité de visite guidée - fermé janv., 1er Mai, 25 déc. - 5 € (enf. 2,50 €).

Créé en 1881 par l'Écossais James Miln et enrichi par le Carnacois Zacharie Le Rouzic, le musée rassemble d'exceptionnelles collections allant du paléolithique inférieur au début du Moyen Âge.

La visite se déroule selon un ordre chronologique : le paléolithique inférieur (600 000 av. J.-C.), les paléolithiques moyen et supérieur (de 300 000 à 12 000 av. J.-C.), le mésolithique (de 12 000 à 5 000 av. J.-C.). Le néolithique (de 5 000 à 2 000 av. J.-C.), période où l'homme devient agriculteur et éleveur, est marqué par la réalisation des mégalithes : à chaque site correspond une présentation du mobilier funéraire (parures, haches polies, pendeloques, poteries, etc.) ; de nombreux objets évoquent également la vie quotidienne.

Le premier étage est consacré à l'âge du bronze (haches à douille, bijoux en or) et à la période romaine (maquette d'une villa, statuettes de Vénus). Des panneaux évoquent le Moyen Âge breton et les méthodes de fouilles des agriculteurs.

À partir de 6 ans, les enfants sont invités à suivre la « piste des totems verts » avec Néo, un personnage préhistorique. Pensez à demander l'itinéraire et le questionnaire. Le musée organise également des ateliers pendant les vacances scolaires (toutes zones). Chaque mercredi, ces ateliers traitent de la vie au néolithique ou de l'archéologie. *6-12 ans 1,70 €.*

★ Église

Cette église du 17e s. est dédiée à **saint Cornély**, protecteur des bêtes à cornes (il figure sur la façade entre deux bœufs). À l'intérieur, de curieuses peintures du 18e s. recouvrant les voûtes en bois illustrent sa vie, ainsi que celles du Christ, de saint Jean-Baptiste et de la Vierge. La table de communion, la chaire, la grille du chœur sont de remarquables œuvres du 18e s., en fer forgé. À gauche, à l'entrée du chœur, buste reliquaire de saint Cornély en bois doré du 18e s. Le trésor de l'église conserve calices, ostensoirs, chasubles, croix, etc.

À proximité Carte de microrégion

Carnac-Plage

Plus récente que le bourg, la station de Carnac-Plage s'est développée à l'abri de la presqu'île de Quiberon, sur une grève en pente douce. Elle compte plusieurs **plages** : la Grande Plage, au sud (2 km de long) ; Légenès, Ty Bihan et St-Colomban, très fréquentée par les véliplanchistes, à l'ouest ; Beaumer et Men-Du, à l'est.

★ Autres mégalithes

Au nord-ouest, par la D 781 vers Lorient.

Dolmens de Rondossec – *À gauche, à la sortie de Plouharnel.* Ce sont trois chambres enfouies dans le sol.

Menhirs du Vieux-Moulin – *Après le passage à niveau.* Ils sont plantés dans un champ à droite de la route.

Alignements de Ste-Barbe – *À proximité de la route à gauche en prenant la direction du camping Le Kersily.* Au nombre de quatre, plantés en bordure d'un champ.

Dolmen de Crucuno – *Route à droite.* Il se dresse au cœur du hameau de Crucuno, adossé à une ferme. Seule la chambre subsiste ; la lourde table repose sur onze supports.

Dolmen de Mané-Croc'h – *À 500 m au-delà de Crucuno, sur la gauche.* Type même du dolmen à chambres latérales.

Alignements de Kerzerho – *À droite de la route, à l'entrée d'Erdeven.* Environ 1 130 menhirs les composent et sont disposés en 10 lignes.

Grand arc mégalithique – *À 8 km* Un sentier de randonnée débute au parking de Kerzerho pour s'enfoncer dans la campagne environnante et vous conduire à d'autres mégalithes, comme celui de Mané-Croc'h.

Plouharnel

Bénéficiant d'une position stratégique dans la baie de Quiberon, ce bourg a conservé quelques anciennes maisons et une attachante chapelle du 16e s., dont l'intérieur a été restauré en 2005 : **N.-D.-des-Fleurs**. On peut y voir un bel Arbre de Jessé en albâtre (15e s.). Un sentier utilisé pendant les pardons descend à la fontaine de la chapelle (16e s.)

Un blockhaus abrite le **musée de la Chouannerie** (grands dioramas, armes, habits, guillotine). Il revient sur ce mouvement dont l'un des héros fut Georges Cadoudal. *02 97 52 31 31 - www.musee-vendee-chouannerie.com - - de mi-juin à fin sept. : 10h-12h, 14h-18h ; de déb. avr. à mi-juin : 14h-18h - fermé mar. - 5 € (-18 ans 2,50 €).*

À la sortie de Plouharnel se détachent les imposantes silhouettes de deux abbayes.

Sur la route d'Auray, l'**abbaye Ste-Anne-de-Kergonan**, fondée par Solesmes en 1897, accueille des moines bénédictins qui partagent leur temps entre la prière et la décoration de céramique *(boutique).*

Non loin de là, sur la route de Carnac, l'**abbaye St-Michel-de-Kergonan** (1898) est une fondation de la même congrégation, pour les moniales. L'important édifice en granit comprend une église très sobre. Au-delà du magasin (livres, produits réalisés par les sœurs), une galerie abrite une exposition consacrée au monachisme bénédictin. *02 97 52 32 14 - exposition : tlj 11h15-12h15, 14h30-16h45 sf offices - messe en grégorien tlj à 10h ; vêpres en grégorien à 16h le dim., 17h en sem.*

NOS ADRESSES À CARNAC

HÉBERGEMENT

BUDGET MOYEN

Chambre d'hôte L'Alcyone – *Imp. de Beaumer - ☏ 02 97 52 78 11 ou 06 74 24 33 53 - http://lalcyone.blogspot.com - fermé dernière sem. de nov. et 1re sem. de fév. - ⊭ - 5 ch. 60/62 €* ☕. Cette longère de 1870 vous invite au farniente : transats dans le grand jardin face à la campagne, moelleux canapés au salon et calme ambiant. Chambres agréables avec murs blancs, parquet.

Chambre d'hôte Ty Me Mamm – *Quelvezin - 5 km au nord de Carnac par D 768 et C 202 rte de Quelvezin - ☏ 02 97 52 45 87 - www.tymemam.com - ⊭ - 4 ch. 60/65 €* ☕. Hospitalité et spontanéité sont la devise de cette ferme de 1900 dotée d'un grand jardin bordé d'un étang. Les chambres conjuguent avec succès rustique et contemporain. Réfrigérateur et micro-ondes à disposition.

POUR SE FAIRE PLAISIR

Hôtel Ibis – *Av. de l'Atlantique - ☏ 02 97 52 54 00 - www.thalasso-carnac.com - fermé 4-18 janv. - P - 121 ch. 69/134 € - ☕ 9,50 € - rest. 22 €.* Ensemble hôtelier bâti au ras des anciennes salines et relié au centre de thalassothérapie. Petites suites sur deux étages pour les familles. Belle piscine couverte. Salle à manger donnant sur un jardinet.

RESTAURATION

BUDGET MOYEN

Auberge Le Râtelier – *4 chemin du Douet - ☏ 02 97 52 05 04 - www.le.ratelier.com - fermé mar. et merc. hors sais., 6 janv.-6 fév. - 19/45 € - 9 ch. 38/60 € - ☕ 8 €.* L'authentique façade en granit où grimpe la vigne vierge abrite une chaleureuse salle à manger rustique. Cuisine régionale faisant la part belle au poisson. Chambres à la fois simples et « cosy ».

La Côte – *Aux alignements de Kermario - 2 km rte d'Auray - ☏ 02 97 52 02 80 - www.restaurant-la-cote.com - fermé sam. midi, dim. soir de sept. à juin, mar. midi en juil.-août et lun., 6 janv.-12 fév., 15-19 mars, 4-8 oct., 1er-8 déc. - 23/85 €.* Étape gourmande à ne pas « brûler » après la visite des mégalithes de Kermario, dans cette ancienne ferme dont la petite véranda est grande ouverte sur le jardin aux beaux jours. La cuisine du jeune chef est résolument originale.

EN SOIRÉE

SADT Casino de Carnac – *41 av. des Salines - ☏ 02 97 52 64 64 - casinocarnac@lucienbarriere.com - 11h-2h (vend.-sam. 3h).* Face aux salines du Breno, machines à sous et jeux de table. Le restaurant vous invite à plonger dans l'univers du sel : décor et spécialités locales à base de sel et de produits de la mer. Le bonheur des joueurs et des gourmands !

ACTIVITÉS

Carnac Thalasso Spa & Resort – *Av. de l'Atlantique - ☏ 02 97 52 53 54 - www.thalasso-carnac.com - 8h30-18h - fermé dim. apr.-midi, 2e et 3e sem. en janv. et 25 déc.* Ambiance feutrée, bâtiments rénovés chaque année : ce centre assure un environnement de qualité pour une détente parfaite, que vous pourrez goûter le temps d'une heure, d'un jour ou d'un week-end. Vous découvrirez ainsi l'hydrothérapie et l'algothérapie tout en profitant de la plage. Piscine ouverte au public.

Presqu'île de Quiberon

★

Morbihan (56)

NOS ADRESSES PAGE 514

S'INFORMER

Office du tourisme de Quiberon – *14 r. de Verdun - 56 170 Quiberon - ✆ 0 825 135 600 - www.quiberon.com - mi-juil. à mi-sept. : 9h-13h, 14h-19h, j. fériés 10h-13h ; avr.-juin et sept.-oct. : tlj sf dim. 9h-12h30, 14h-18h (sam. 17h30) ; reste de l'année : tlj sf dim. 9h-12h30, 14h-17h30 (sam. 17h).*

SE REPÉRER

Carte de microrégion AB 3 (p. 474-475) – *carte Michelin Département M10.*
Face à Belle-Île, la presqu'île de Quiberon se trouve à une encablure à l'ouest du golfe du Morbihan (Vannes est à 47 km). Il n'existe cependant qu'une seule route vers Quiberon : la D 768 qui s'amorce à Auray (28 km au nord-est). Gare aux bouchons en été !

SE GARER

Difficile de se garer sur la presqu'île pendant la saison estivale. Si c'est encore faisable du côté de la Côte sauvage, cela s'avère presque impossible autour des plages de la baie de Quiberon. Dans la ville même, il existe des parkings publics non loin du centre, au stationnement limité *(jusqu'à 4h)* ou payant *(voir Nos adresses dans la Presqu'île de Quiberon, p. 514).*

À NE PAS MANQUER

Côté baie, les plages de Quiberon pour leur invitation au farniente ; vers la Côte sauvage, les criques confidentielles battues par les rouleaux (attention à la baignade).

ORGANISER SON TEMPS

Dès que le ciel se couvre, rendez-vous sur la Côte sauvage pour voir l'océan se déchaîner. Sinon, ne manquez pas le marché du samedi matin à Quiberon, pour sa multitude de petits producteurs.

Cette ancienne île, que les apports d'alluvions ont rattachée à la terre par un isthme étroit, appelé « tombolo », déploie des dunes de sable où s'accrochent les pins maritimes. L'impressionnant chaos rocheux de la Côte sauvage et des plages très ouvertes, réputées pour leur ensoleillement, complètent le tableau.

Se promener

★ Quiberon

Située à la pointe de la presqu'île, Quiberon est une station balnéaire recherchée pour sa belle plage de sable fin, bien exposée au sud, et la proximité de la Côte sauvage.

Port-Maria – Port d'embarquement pour Belle-Île, Houat et Hœdic, ce port de pêche bénéficie d'une animation permanente.

Château Turpault – Ce curieux édifice, qui figure sur tant de cartes postales, fut bâti en 1904 par un filateur de Cholet, Georges Turpault *(ne se visite pas)*.

Saint-Pierre-Quiberon

Cette charmante station balnéaire possède deux plages, situées de part et d'autre du petit port d'Orange. En suivant la rue des Menhirs, on découvre sur la droite le bel alignement de St-Pierre, composé de 22 **menhirs**.

Beg-Rohu

Sur cette avancée rocheuse est installée depuis 1966 l'École nationale de voile. C'est l'un des centres d'entraînement les plus renommés du monde.

Itinéraires conseillés Carte Presqu'île de Quiberon

★★ LA « CÔTE SAUVAGE »

Itinéraire 1 de 18 km au départ de Quiberon – comptez environ 2h. Gagnez Port-Maria, puis prenez à droite la route signalée « Route côtière ».

Cette côte inhospitalière, aujourd'hui protégée par le Conservatoire du littoral, est une succession de falaises déchiquetées où grottes, crevasses, gouffres alternent avec de petites plages de sable sur lesquelles les vagues se brisent en rouleaux *(attention, baignade interdite à cause des lames de fond)*. Des rocs de toutes tailles et de toutes formes créent des couloirs où la mer tourbillonne en mugissant.

Des stèles de granit jalonnent la route à gauche. Elles marquent l'emplacement de sites qu'il faut découvrir à pied : Port-Pilote, Trou du Souffleur, pointe de Scouro, grotte de Kerniscob, etc.

Beg er Goalennec

En contournant le café Le Vivier, on gagne, sur les rochers, l'extrémité du promontoire d'où l'on jouit d'une jolie vue sur toute la Côte sauvage.

Après le Kroh-Kollé, tournez à gauche.

La route descend vers **Port-Bara**, belle anse piquetée de rochers déchiquetés. Des chemins revêtus mènent à Port-Rhu et Port-Blanc, avec son agréable plage de sable blanc.

DÉFAITE ROYALISTE

En 1795, Quiberon est le théâtre du désastre infligé aux royalistes. Cent mille émigrés, les princes en tête, devaient passer en Bretagne, s'unir aux chouans et balayer les « Bleus ». En fait, ils ne sont que dix mille : les princes se sont abstenus, alors que les 15 000 chouans de **Georges Cadoudal** sont au rendez-vous. Ils comptent néanmoins un soutien militaire important des Anglais dont la flotte est ancrée au large de la presqu'île. Le débarquement a lieu à partir du 27 juin sur les plages de Carnac.

Il se heurte à une féroce défense républicaine, menée par Hoche. Les troupes de la Convention refoulent les royalistes dans la presqu'île. Ils prennent le fort de Penthièvre et acculent les insurgés à la mer. Ces derniers ne peuvent rejoindre les vaisseaux britanniques en raison de la houle, et sont alors massacrés en masse par l'artillerie des « Bleus » et par la riposte des bâtiments anglais. Les survivants, faits prisonniers, sont fusillés à Quiberon, Auray *(voir p. 497)* et Vannes.

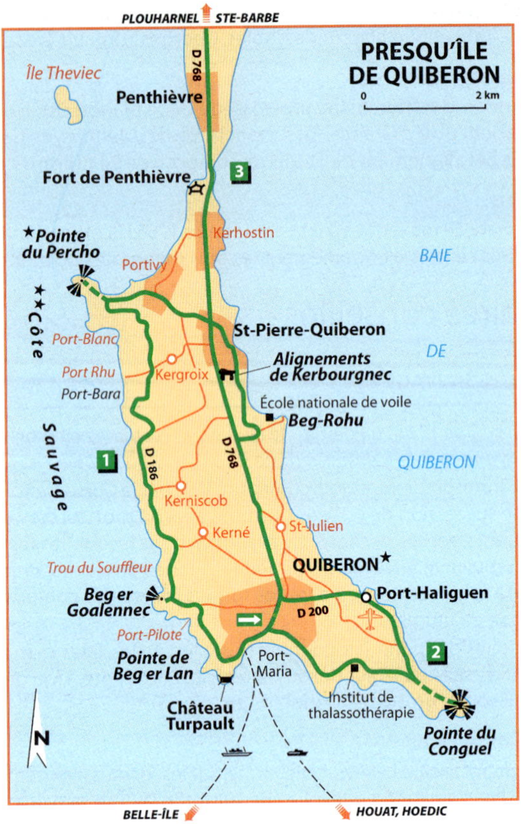

★ Pointe du Percho

Gagnez à pied l'extrémité de la pointe.

Belle **vue**★ sur la Côte sauvage, sur l'isthme de Penthièvre, son fort et sa plage; au large, Belle-Île et l'île de Groix. La dernière stèle situe Beg en Aud, avancée extrême de cette côte.

Traversez Portivy et rejoignez St-Pierre-Quiberon puis Quiberon.

VERS LA POINTE DU CONGUEL

Itinéraire 2 de 6 km – comptez environ 1h30. Quittez Quiberon par le boulevard Chanard.

Pointe du Conguel

30mn à pied AR.

Belle vue depuis l'extrémité de la pointe *(table d'orientation)*. Le regard porte jusqu'au phare de la Teignouse, qui vit le cuirassé *France* couler en 1922. À gauche, l'aérodrome communal est équipé d'une piste pour appareils légers. Après le Fort-Neuf, le Centre nautique de l'Éducation nationale, le Cercle de voile et la Société nautique créent une grande activité sur la plage. On dépasse la stèle commémorative de la reddition des émigrés en 1795, sur la droite.

Port-Haliguen

Ce petit port de pêche et de plaisance est animé l'été par des régates.

ISTHME DE PENTHIÈVRE

Itinéraire 3. Quittez Quiberon par la D768 en direction de St-Pierre-Quiberon.

Fort de Penthièvre

Reconstruit au 19e s., il commande l'entrée de la presqu'île et sert de centre d'entraînement pour l'armée. Un monument et une crypte rappellent le souvenir des 59 résistants fusillés en 1944.

Penthièvre

Deux belles plages de sable fin (10 km) sont situées de part et d'autre de l'isthme.

Plouharnel *(voir Carnac, p. 508)*

Excursions

LES ÎLES D'HOUAT ET HŒDIC

Les petites îles de Houat et Hœdic se parcourent à pied *(prévoyez une journée pour chaque île)*. Leurs principaux attraits résident dans leurs plages, dans les agréables sentiers qui permettent de découvrir une nature relativement bien préservée et dans le charme de leurs petites maisons, blanchies à la chaux et largement fleuries. Amateurs de solitude : s'abstenir en période estivale.

Houat

Houat signifie « le canard » (5 km sur 1,3 km). Sa position, à l'entrée de la baie de Quiberon, en a fait une île très convoitée : elle a été occupée trois fois par les Anglais aux 17e et 18e s.

Le bourg – Du port où s'abrite la flottille de pêche, une courte montée mène au bourg. Des maisons blanchies à la chaux bordent les rues et ruelles sinueuses, conduisant à deux placettes. Tout semble ici conçu pour résister au vent. *Contournez l'église et suivez le sentier qui longe le cimetière.* On débouche sur un petit belvédère offrant une très belle **vue★** sur le port et la presqu'île de Rhuys.

L'Éclosarium – *✆ 02 97 52 38 38 - juil.-août : 10h-18h ; de Pâques à juin et sept. : 10h-12h, 14h-17h - 4 €.* Situé sur l'ancienne écloserie à homards, l'Éclosarium abrite aujourd'hui une exposition sur l'histoire de l'île et sur le monde microscopique marin : on y découvre l'importance du phytoplancton, à la base de toute vie marine et « poumon bleu » de la planète (il produit 80 % de l'oxygène terrestre). En fin de visite, on peut acheter les produits cosmétiques à base d'algue et de plancton de Daniel Jouvance, fondateur de l'Éclosarium.

Hœdic

Hœdic, plus petite, est « le caneton » (2,5 km sur 1 km). Île granitique, elle présente de nombreuses plages et deux lagunes à l'est du bourg, tandis que dans la lande croissent les œillets sauvages, des figuiers, des tamaris et quelques cyprès.

Des sentiers tracés en bordure de mer permettent d'en faire le tour. Belles vues sur le continent, l'île d'Houat, Belle-Île et les nombreux récifs qui précèdent le grand large.

Le bourg – Toutes tournées au sud, les maisons s'alignent par trois ou quatre, formant des amorces de rues. Près de l'ancien sémaphore se dresse l'**église**, dédiée à saint Goustan, venu de Cornouailles, et qui se retira ici quelques années. À l'intérieur, voir les ex-voto.

Ancien fort – Construit en 1859 et en partie enfoui dans les dunes, il se voit depuis la route qui conduit au port de la Croix.

NOS ADRESSES DANS LA PRESQU'ÎLE DE QUIBERON

TRANSPORTS

Presqu'île de Quiberon

Bon à savoir – Évitez l'encombrement du trafic automobile sur l'étroite bande de terre qui permet d'atteindre la presqu'île de Quiberon : empruntez le « **Tire-Bouchon** », petit train estival reliant Auray à Quiberon *(28 km, 9 arrêts). Onze AR quotidiens de fin juin à fin août : 1er dép. d'Auray 8h, de Quiberon 8h54 ; dernier dép. d'Auray 20h45, de Quiberon 21h40 - 2,90 € le trajet, 5,10 € AR, 20,50 € le carnet de 10 tickets (-4 ans gratuit).*

Stationnement – Pour ceux qui veulent partir une journée ou plus vers les îles : la zone du port est payante et le temps limité à 4h. Il faut donc utiliser le grand parking Sémaphore à l'entrée de la ville *(1 300 places, payant, navettes régulières)*, le parking de Kerné *(vers Côte sauvage, navettes gratuites - ✆ 06 86 62 69 18 - www.parkingdekerne.com)* ou les loueurs privés proches du port : Sizorn *(36 r. de Port-Maria - ✆ 02 97 50 06 71)*, hôtel de la Mer *(8 quai de Houat - ✆ 02 97 50 09 05)*.

Gare maritime – *Port-Maria - Société Morbihannaise de Navigation - www.smn-navigation.fr - ✆ 0 820 056 000 (0,12 €/mn).*

Îles d'Houat et de Hœdic

Depuis Quiberon – Dép. de Quiberon (1 à 6 rotations/j selon la période ; Quiberon/Houat : 45mn, Quiberon/Hoëdic : 70mn) - *Société Morbihannaise de Navigation - ✆ 0 820 056 000 (0,12 €/mn) - www.smn-navigation.fr - fermé oct.-mars - 27 € (enf. 18 €).*

Liaison Houat/Houëdic : 25mn - *Compagnie Océane - ✆ 0 820 056 156 (0,12 €/mn) - www.compagnie-oceane.fr.*

HÉBERGEMENT

Presqu'île de Quiberon

BUDGET MOYEN

Hôtel Le Bretagne – *37 r. du Gén.-de-Gaulle - 56 510 St-Pierre-de-Quiberon - ✆ 02 97 30 91 47 - www.hotel-bretagne-quiberon.fr - fermé 6 nov.-Pâques - P - 20 ch. 50/55 € - ☕ 7 € - rest. 11/27 €.* Cette hostellerie traditionnelle vaut par sa situation au cœur de la station balnéaire et à 50 m de la plage. Les chambres, claires et bien entretenues, ont été rénovées et redécorées. L'hiver, de belles flambées crépitent dans la cheminée de la salle à manger.

Bellevue – *R. Tiviec - 56170 Quiberon - ✆ 02 97 50 16 28 - www.bellevuequiberon.com - ouv. avr.-sept. - P - 38 ch. 54/134 € - ☕ 9,50 € - rest. 24/30 €.* Architecture passe-partout, mais intérieur printanier : gamme étendue de couleurs dans des chambres équipées de terrasses ; certaines offrent une échappée sur l'océan. Menu du jour et petite carte au registre traditionnel servis dans un cadre lumineux.

Hôtel Le Relais – *64 rte du Roch-Priol - 56 170 Quiberon - ✆ 02 97 50 10 56 - www.hoteldurelais.fr - fermé 19 déc.-5 janv. - P - 23 ch. 53/75 € - ☕ 7,50 € - rest. 12,90/34,50 €.* Ce relais-là, transmis de père en fils depuis 1967, abrite des chambres fonctionnelles toutes rénovées dans un style actuel ; quelques-unes sont de plain-pied avec le jardin. À table, cuisine traditionnelle et spécialités de poisson et fruits de mer.

Îles d'Houat et de Hœdic

UNE FOLIE

Hôtel de la Sirène – *Rte du Port - 56 170 Île-d'Houat - ✆ 02 97 30 66 73 - la-sirene-houat@wanadoo.fr - fermé nov.-mars - 20 ch. 100/130 € - ☕ 12 € - rest. 22/34 €.* Au centre du bourg, hôtel à la façade avenante, réservant un accueil aimable. Chambres récentes, pratiques et insonorisées, et salle à manger agrandie en été d'une terrasse. Menus proposant recettes traditionnelles et produits de la mer.

RESTAURATION

Presqu'île de Quiberon

PREMIER PRIX

Crêperie-restaurant du Vieux Port – *42/44 r. Surcouf, à Port-Haliguen - 56 170 Quiberon - entre les 2 bassins au port de plaisance - ✆ 02 97 50 01 56 - crepvxport.nfrance.com - fermé de fin vac. de Toussaint à déb. vac. de fév. - 13/18 €.* Située à deux pas du vieux port, cette crêperie faisant aussi restaurant de fruits de mer vous accueille dans trois salles au décor rustique ou, en saison, sur sa charmante terrasse-jardin. Spécialité maison : la crêpe au CBS (caramel au beurre salé).

BUDGET MOYEN

La Chaumine – *36 pl. du Manémeur, quartier du Manémeur - 56 170 Quiberon - ✆ 02 97 50 17 67 - fermé 10-31 mars, 3 nov.-16 déc., dim. soir et lun. - 18/49 €.* Cette bâtisse de style régional est située dans un ancien quartier de pêcheurs. On y savoure au coude à coude des plats régionaux et la marée du jour dans une salle à manger rustique au décor marin où règne une ambiance conviviale.

Neptune – *4 quai de Houat, Port-Maria - 56 170 Quiberon - ✆ 02 97 50 09 62 - www.hotel-leneptune.fr - fermé 7 janv.-15 fév. (hôtel), 6 nov.-31 mars (rest.) et merc. - 19/32 €.* Difficile de trouver plus belle vue sur le port que celle offerte par les tables de ce petit restaurant. En cuisine, le chef prépare une cuisine régionale largement teintée de saveurs iodées, enseigne oblige… Si vous décidez de poser ici vos valises, sachez que les chambres sur l'arrière sont plus calmes.

Le Verger de la Mer – *Bd du Goulvars - 56 170 Quiberon - ✆ 02 97 50 29 12 - www.le-verger-de-la-mer.com - fermé janv.-fév., dim. soir hors sais., mar. sf midi hors sais. et merc. - 24/38 €.* Cette discrète façade voisine de l'Institut de thalassothérapie dissimule un plaisant restaurant : salle à manger fraîche et colorée et cuisine dans l'air du temps.

EN SOIRÉE

Sasqual Casino de Quiberon – *2 bd Cassin - 56 170 Quiberon - ✆ 02 97 50 23 57 - www.casinodequiberon.com - tlj dès 10h.* Décor revu et ambiance parfois fébrile autour de la table de boule et des 80 machines à sous de ce casino, donnant sur la grande plage et Belle-Île.

ACHATS

La Conserverie la Belle-Îloise – *ZA Plein Ouest - 56 170 Quiberon - ✆ 02 97 50 08 77 - www.labelleiloise.fr - boutique : tlj sf dim. 9h-12h, 14h-18h - fermé 5 janv.-3 fév., lun., sam. et j. fériés hors sais.* Cette conserverie fondée en 1932 présente les différentes étapes de fabrication de ses produits (film et reconstitutions). La visite s'achève par une dégustation gratuite à la boutique où vous trouverez crèmes à toaster, sauces, soupes, sardines et thon.

Maison Lucas – *19 r. des Confiseurs, ZA Plein Ouest - 56 170 Quiberon - ✆ 02 97 50 59 50 - www.maisonlucas.net - hors sais. : lun. 9h-12h, 14h-17h45, sam. 9h-12h ; sais. : 9h-12h, 14h-17h45, sam. 9h-12h - fermé dim., oct.-mars.* Filetage du saumon, tranchage du flétan, fumage des harengs au bois de hêtre vert, conditionnement des sardines : aucune étape dans la préparation de ces poissons fumés ne vous échappera, grâce aux vitrines ouvertes depuis la boutique sur ces laboratoires établis dans la zone artisanale de Quiberon.

La Quiberonnaise – *30 r. du Port-de-Pêche, Port-Maria - 56 170 Quiberon - ✆ 02 97 50 12 54 - www.laquiberonnaise.fr - 9h-12h, 14h-18h30, sam. 10h-12h, 15h-18h30 – fermé dim., j. fériés sf d'avr. à sept.* Créée en 1921, ses conserves font partie des incontournables de la gastronomie bretonne. Une fois entré dans sa boutique au décor rétro, vous en ressortirez sûrement les bras chargés de boîtes de sardines (sa spécialité), de thon, de maquereaux, d'anchois ou de crème à toaster !

La Maison d'Armorine – *Espace visite - 1 r. des Confiseurs - 56 170 Quiberon - ✆ 02 97 50 24 25 - www.maison-armorine.com - 9h30-12h30, 14h-18h - fermé dim. et j. fériés.* Rien qu'à contempler derrière la vitre l'élaboration des fameuses niniches acidulées, créées en 1946 et déclinées maintenant en 50 parfums, vous aurez envie d'entrer et d'acheter toute la boutique de cette fabrique installée à l'entrée de Quiberon. Salidou (caramel au beurre salé) et palourde vous y attendent aussi, dans un décor de vieilles machines de confiserie.

ACTIVITÉS

Presqu'île de Quiberon

Accor Thalassa Quiberon – *Pointe de Goulvars - 56 170 Quiberon - ✆ 02 97 50 48 88 – www.accorthalassa.com - tlj sf dim. apr.-midi 9h-13h, 14h-18h - fermé janv. et 25 déc.* Installé sur un site exceptionnel à la pointe de la presqu'île, cet institut entièrement rénové en 2004 vous propose toute une gamme de soins « à la carte » : massages, modelages, esthétique... Un lieu idéal pour retrouver énergie et sérénité.

Îles d'Houat et de Hœdic

Les plages – De nombreuses plages se nichent dans les petites criques d'Houat : à l'ouest, Treac'h er Venigued, la plus belle ; à l'est, Treac'h er Goured.

Belle-Île

★★★

4489 Bellilois – Morbihan (56)

NOS ADRESSES PAGE 523

S'INFORMER

Office du tourisme de Belle-Île – *Quai Bonnelle - 56360 Le Palais - ✆ 02 97 31 81 93 - www.belle-ile.com - juil.-août : 8h45-19h30, dim. 8h45-13h ; reste de l'année : 9h-12h30, 14h-18h, dim. 10h-12h30.*

De Pâques à fin sept., l'office de tourisme dispose d'un point d'information à Sauzon, à côté du bureau du port. *Quai Guerveur - 9h-12h, 17h-20h, dim. 9h-12h.*

SE REPÉRER

Carte de microrégion AB 4 (p. 474-475) – *carte Michelin Département 308 L10/11.* Belle-Île est un plateau schisteux culminant à 63 m, long de 17 km et large de 5 à 10 km. Située à une vingtaine de kilomètres au sud de la presqu'île de Quiberon, elle est reliée au continent par une noria de ferries.

À NE PAS MANQUER

La citadelle Vauban, la pointe des Poulains les jours de grand vent et le charmant petit port de Sauzon.

ORGANISER SON TEMPS

Assister au débarquement du poisson frais mérite toujours le détour, mais, pour le reste de la journée, baignades à la plage et balades le long des falaises ou sur le plateau suffisent à remplir les heures.

Son nom est déjà une invitation prometteuse… Sur place, on cherche les superlatifs. Des vallons entaillent de hauts rochers, pour aboutir à des plages ou des ports enchâssés dans des criques. Des champs alternent avec les ajoncs, les maisons blanchies à la chaux sont entourées de grasses prairies. À la Belle Époque, la comédienne Sarah Bernhardt déclarait puiser « sous son ciel vivifiant et reposant de nouvelles forces artistiques ». Aujourd'hui, amoureux des promenades et des randonnées équestres viennent se ressourcer devant ses paysages immuables. Voici Belle-Île, la plus grande des îles bretonnes.

Se promener

LE PALAIS Plan de la ville

Depuis le bateau, on découvre une jolie vue sur les bassins du port de la « petite capitale », que les Bellilois nomment tout simplement « Palais ».

★ Citadelle Vauban

✆ 02 97 31 84 17 - www.citadellevauban.com - juil.-août : 9h-19h ; avr.-juin et sept.-oct. : 9h30-18h ; reste de l'année : 9h30-17h - possibilité de visite guidée (1h) - fermé janv.-fév., 1er janv., 25 déc. - 6,50 € (enf. 3,50 €).

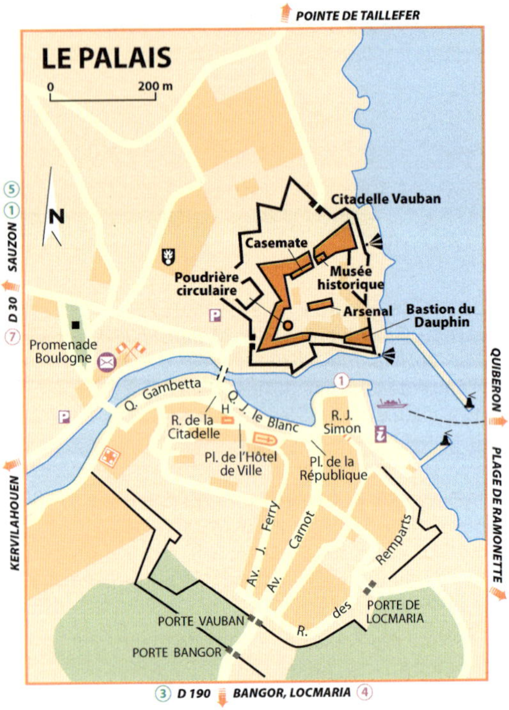

SE LOGER

Apothicairerie (Hôtel L')...... 1

Désirade (Hôtel La).............. 3

Hostellerie La Touline (Chambre d'hôtes)............ 5

SE RESTAURER

Annexe (L')............................ 1

Renée (Crêperie Chez)......... 4

Roz Avel................................. 7

La passerelle de l'écluse et la porte du Bourg franchies, on chemine dans le **grand fossé** taillé à même le roc jusqu'à la porte du Donjon. *Un circuit fléché permet de découvrir l'ensemble des ouvrages.*

Construite en 1549, la citadelle fut agrandie par les ducs de Gondi de Retz, puis par Fouquet. Sa double enceinte, ses puissants bastions et ses dehors portent la marque de Vauban, qui séjourna ici en 1683, en 1687 puis en 1689.

Douze complices de la Voisin, compromise dans la sinistre affaire des Poisons (1679), ainsi que le fils de l'homme politique haïtien, Placide Toussaint-Louverture (1802), y firent aussi un séjour, mais en tant que prisonniers. À la fin de la guerre de Sept Ans, la forteresse tomba entre les mains des Anglais qui l'occupèrent jusqu'au traité de Paris (1763). Délaissée par l'armée, elle fut vendue en 1960 à des propriétaires privés.

Le **Musée historique**, installé dans les casemates Louis-Philippe voûtées « en feuilles d'érable », expose des documents sur l'histoire de l'île et ses hôtes illustres dont Sarah Bernhardt.

À voir aussi :

- la **poudrière circulaire**, à l'étrange acoustique ;
- le grand **arsenal** qui accueille des expositions ;
- les **magasins** ;
- la **casemate** où se trouve la salle des Cartes ;
- les **cachots**.

Des **bastions** de la Mer et du Dauphin, **points de vue★** remarquables sur Le Palais, le port et la côte nord, ainsi que sur les îles d'Houat et de Hœdic.

Hôtes volontaires… ou forcés

LE MARQUIS DE BELLE-ISLE

En 1658, la famille de Gondi vend l'île à **Nicolas Fouquet**. Le surintendant des Finances de Louis XIV complète les fortifications et fait placer 50 canons. Ses immenses richesses lui permettent même d'avoir une flotte personnelle, dont le navire-amiral est le *Grand Écureuil*. Les armes du surintendant comportent en effet une représentation de cet animal, dont l'appellation ancienne était « fouquet », ainsi qu'une devise : *Quo non ascendet*, c'est-à-dire « Jusqu'où ne montera-t-il pas ? » Cette politique audacieuse, s'ajoutant à la jalousie de Colbert et aux blessures d'orgueil infligées à Louis XIV lors des fêtes fastueuses données à Vaux-le-Vicomte, conduit Fouquet à sa perte. En 1661, tandis que la Cour est en déplacement à Nantes, d'Artagnan l'arrête à la sortie du château et le conduit à Vincennes.

UN ROCHER FORTIFIÉ

Belle-Île a été maintes fois attaquée par les Anglais et les Hollandais : en effet, c'est la seule île entre la Manche et la Méditerranée qui possède de l'eau douce en abondance. Prise deux fois par les Anglais, en 1572 puis en 1761, elle reste occupée jusqu'au traité de Paris (1763) qui la rend à la France. Elle conserve encore un système défensif fort développé : la citadelle de Palais fortifiée par **Vauban** et plusieurs redoutes jalonnent la côte.

BRETONS ET CANADIENS

En 1766, 78 familles canadiennes s'établissent dans l'île. Ces descendants de colons français résidaient en **Acadie** depuis le début du 17e s. Mais en 1713, après que les Anglais eurent pris possession de cette province, les Acadiens furent contraints à la déportation : c'est le « Grand Dérangement » de 1755. Installés par Louis XV à Belle-Île, ils y introduisent notamment la pomme de terre.

ART ET NATURE

Depuis la fin du 19e s., nombreux sont les artistes qui, attirés par la beauté du site, viennent chercher à Belle-Île l'inspiration ou le repos : Claude Monet peint plus d'une trentaine de toiles en 1886 ; Sarah Bernhardt *(voir ci-dessous)* se délasse des fatigues de la vie parisienne ; Albert Roussel unit la composition musicale à son amour pour la mer ; avant guerre, Arletty et d'autres comédiens font de l'île un discret refuge.

LA DAME DE BELLE-ÎLE

Ce fut un véritable coup de foudre que ressentit la tragédienne Sarah Bernhardt pour le site grandiose de la pointe des Poulains *(voir p. 520)* ce jour de 1894 où elle s'approcha du fortin et vit se balancer sur la porte un écriteau où on pouvait lire « Fort à vendre, s'adresser au gardien du phare. » Cela ne fit ni une ni deux, Sarah Bernhardt se précipita au phare et le jour même devint propriétaire de ce lieu si sauvage. Elle y revint chaque année pendant 30 ans. Pourtant, depuis Paris, il lui fallait alors faire plus de douze heures de train et plusieurs heures de traversée avant qu'elle ne se fasse enfin déposer à bras d'hommes sur la plage en face de chez elle.

Itinéraires conseillés Carte Belle-Île-en-Mer

Arpenter le littoral de Belle-Île sera l'occasion de découvrir sa flore et sa faune, dont les **pouces-pieds**. Il vous faudra cependant vous transformer en sportif de haut niveau pour dénicher ces crustacés qui font penser à des pouces humains : ils se fixent en effet à la base des falaises abruptes. Bravant les éléments, les pêcheurs deviennent alpinistes pour les détacher ! Leur pêche n'est autorisée que deux jours par semaine, et interdite en juillet et août. La récolte part principalement à l'exportation, notamment vers l'Espagne.

★★★ LA CÔTE SAUVAGE

Itinéraire 1 de 49 km – comptez environ 3h30.
Quittez Le Palais par le quai Gambetta et la promenade Boulogne. Tournez à droite vers la citadelle. En bordure de la côte, prenez à gauche puis à droite.

Pointe de Taillefer

Des abords du sémaphore, belle **vue** sur la rade du Palais et la pointe de Kerdonis à droite ; au large, les îles de Hœdic et d'Houat ; en face, la presqu'île de Quiberon.
Faites demi-tour et gagnez Sauzon. On peut s'avancer jusqu'à **Port-Fouquet**, dont la plage est bien abritée.

★ Sauzon

Ce petit port qu'animent les voiliers occupe un joli **site★** sur le versant gauche de l'estuaire de la rivière de Sauzon. Jolies maisons colorées.
Depuis le port, une agréable promenade *(1h30 à pied AR)* permet de faire le tour de la **pointe du Cardinal** et offre des vues sur l'entrée du port, la pointe de Taillefer à droite et, à gauche, la pointe des Poulains.

★★★ Pointe des Poulains

30mn à pied AR.
Ce site grandiose qui avait tant séduit Sarah Bernhardt *(voir p. 519)* a été merveilleusement réaménagé par le Conservatoire du littoral qui en a fait l'acquisition en 2000. Des sentiers bien tracés *(dont le GR 34)* permettent de se promener jusqu'au **phare**, que l'on n'atteint qu'à marée basse, ainsi qu'aux différents bâtiments dédiés à Sarah Bernhardt.
La **villa Lysiane** qui portait le nom de la petite fille de la tragédienne abrite aujourd'hui la maison du site où vous trouverez accueil, billetterie, boutique et expositions temporaires. *02 97 31 61 29 - juil.-août : 10h30-17h30 ; avr.-juin et sept. : tlj sf lun. 10h30-17h30 - gratuit.*
De là, un sentier descend vers la villa des Cinq Parties du monde et le fort Sarah-Bernhardt qui composent le musée Sarah Bernardt.

★★ Le musée Sarah Bernhardt

02 97 31 61 29 - juil.-août : 10h30-17h30 ; avr.-juin et sept. : tlj sf lun. 10h30-17h30 - 4 € (14-17 ans 2 €).
La villa des Cinq Parties du monde fut construite pour le fils de la tragédienne, Maurice. Aujourd'hui une exposition ludique et un commentaire sur audioguide, dont le texte est dit par Fanny Ardent, font découvrir la personnalité extraordinaire et la vie tumultueuse de la grande tragédienne et surtout sa relation avec l'île et ses habitants.
Dans le **fort de Sarah-Bernhardt** où elle avait installé sa demeure, le décor a été si bien recréé que l'on s'attendrait à voir arriver Sarah Bernhardt en

Les paysages côtiers préservés de Belle-Île.
B. Brillion/MICHELIN

personne. La table est mise ; par la baie vitrée, on aperçoit le phare et les vagues qui viennent se fracasser sur les rochers. Plusieurs de ces petits forts avaient été construits dans les années 1830 comme système de défense et l'on peut en voir quelques autres dans l'île.

Du fort, on poursuit le chemin des Poulains, qui traverse une petite plage de galets blancs submersible à marée haute, jusqu'au phare.

Dans **le phare**, un garde vous présentera les richesses naturelles de la pointe.

De la pointe des Poulains, vous pouvez suivre le littoral à pied par le GR 34, la côte est magnifique. Au début, le sentier longe un golf.

★ Stêr-Vraz et Stêr-Ouen

Ces profonds abers échancrent la côte, au pied de la **réserve ornithologique** de la pointe du Vieux-Château.

Dans la lande de Kerlédan se dressent les **menhirs Jean et Jeanne** : ces deux jeunes fiancés auraient été punis d'avoir voulu se rencontrer avant le jour du mariage.

★★ Port-Donnant

Le site est superbe : la plage de sable, où déferlent des rouleaux, est encadrée de hautes falaises. Attention, la force de la mer et les courants y rendent les bains très risqués.

Grand Phare

✆ 02 97 31 83 04 - juil.-août : 10h-13h, 15h-17h - 2 € (enf. 1 €).

Inauguré en 1836, ce phare haut de 52 m atteint une portée de près de 48 km. Du balcon, magnifique **panorama**★★ sur l'île, les îlots voisins et toute la côte continentale.

★ Port Goulphar

Après le manoir de Goulphar, une route en forte descente *(15mn à pied AR)* mène au port de Goulphar, échancrure spectaculaire au pied de belles falaises. Un ensemble d'îlots en marque l'entrée. C'est du rebord de la falaise que l'on a la meilleure **vue**★ sur ce chaos rocheux.

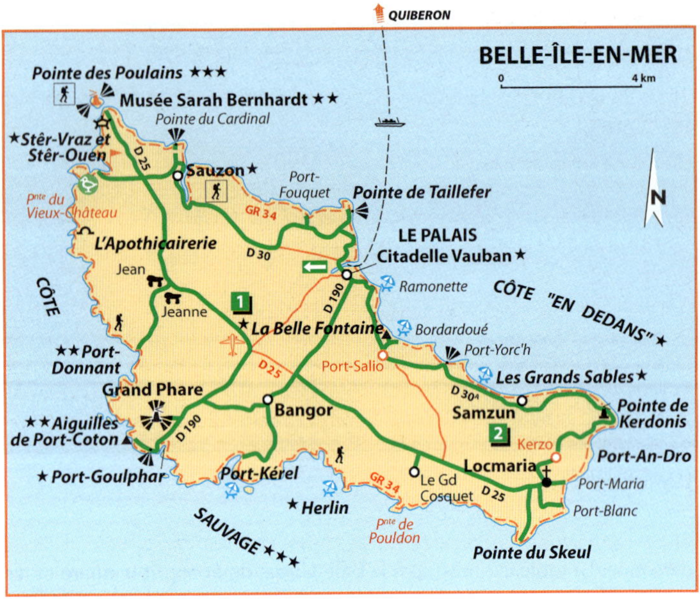

★★ Aiguilles de Port Coton

Port Coton est ainsi appelé parce que la mer y bouillonne et se gonfle comme un gros paquet d'ouate. À l'extrémité de la route surgissent les Aiguilles, qui offrent certainement un des plus beaux spectacles de la côte.

Bangor

Ce village est encadré par les sites les plus sauvages de l'île. Il tire son nom de l'abbaye de Bangor (Irlande du Nord), qui fut l'une des plus célèbres de l'Occident chrétien et d'où sont venus les premiers moines celtiques installés sur l'île au 6e s.

Dans un site rocheux s'étend la plage de **Port-Kérel**, l'une des mieux orientées, fréquentée dès le printemps.

Regagnez Le Palais.

★ POINTE DE KERDONIS

Itinéraire 2 de 33 km – comptez environ 2h.

Quittez Le Palais par l'avenue Carnot et la rue Villaumez à gauche.

La **plage de Ramonette** est celle du Palais, adossée à la pointe du même nom.

À l'entrée de Port-Salio, tournez à gauche puis, 250 m plus loin, de nouveau à gauche. On atteint **La Belle Fontaine**. Créée sur ordre de Vauban, cette retenue d'eau était destinée à alimenter en eau douce les navires de haut rang.

Faites demi-tour et prenez à gauche.

La **plage de Bordardoué**, bien abritée, est l'une des plus agréables de l'île.

Faites demi-tour et prenez deux fois à gauche.

La route descend vers **Port Yorc'h**, fermé par la pointe du Bugul à droite et la pointe du Gros-Rocher à gauche, prolongée par un îlot supportant un ancien fort. De Port Yorc'h à la pointe de Kerdonis, le parcours offre de remarquables **vues★★** sur l'île d'Houat et la rade du Palais.

★ Les Grands Sables

La plus vaste plage de Belle-Île (1 800 m de long) conserve d'importants vestiges des fortifications élevées en 1747. Elle fut en effet témoin, aux 17e et 18e s., de nombreuses tentatives de débarquement de la part des Anglais et des Hollandais.

Pointe de Kerdonis

Au sud se trouve le phare du même nom, qui signale aux navires le passage entre Hœdic et Belle-Île. À proximité, c'est à **Port-An-Dro**, plage de sable au débouché d'un vallon, que les Anglais prirent pied en 1761.

Locmaria

Autrefois, on abordait cette paroisse « les pouces en dedans » pour conjurer le mauvais sort, car elle avait la réputation de cacher des sorcières.

Une route en descente, à droite de l'église, mène à **Port-Maria**, profonde échancrure rocheuse qui offre à marée basse une belle plage de sable fin.

Un peu plus au sud, **Port-Blanc** est une petite anse dominée par les falaises de la pointe d'Arzic.

Pointe du Skeul

Route non revêtue après le hameau du Skeul.

Site sauvage aux rochers déchiquetés, dressés en hémicycle.

Revenez à la D 25 et regagnez Le Palais par le village acadien du Grand-Cosquet.

NOS ADRESSES À BELLE-ÎLE

TRANSPORTS

Accès à l'île – Dép. quotidien de **Quiberon** vers Le Palais (5 à 14 rotations/j, suivant la période, 45mn). Dép. de mi-juil. à fin août de **Lorient** (1 AR/j 1h); accès à Sauzon seulement en été - *Compagnie Océane - ✆ 0 820 056 156 (0,12 €/mn) www.compagnie-oceane.fr*. L'été, de nombreux trajets sont assurés chaque jour pour les passagers à pied par la SMN - *Société Morbihannaise de Navigation - ✆ 0 820 056 000 (0,12 €/mn) - www.smn-navigation.fr*.

Les bus – Un bon réseau de bus est mis en place d'avril à fin septembre. Procurez-vous le dépliant dès votre arrivée. Au Palais, la station de bus se trouve près de la citadelle Vauban.

Le vélo – L'un des meilleurs moyens de découvrir l'île est le vélo, le VTC pour être précis, quand il n'y a pas trop de vent. De nombreux loueurs vous attendent au Palais *(compter 10 à 12 €)*. Il est également possible de louer des scooters, des voitures ou de choisir des excursions organisées. Mais il faut être relativement sportif, car l'île est loin d'être plate. Guide des randonnées à l'office de tourisme.

À pied – On peut faire le tour de l'île en suivant le sentier côtier en 4 jours.

HÉBERGEMENT

POUR SE FAIRE PLAISIR

Hôtel L'Apothicairerie – *À la grotte de l'Apothicairerie - 56 360 L'Apothicairerie - ✆ 02 97 31 62 62 - www.hotelapothicairerie.com - de Pâques à la Toussaint - ♿ - P - 38 ch. 69/97 €, 1/2 P seult.* Cet hôtel moderne qui ne brille pas par ses qualités esthétiques est admirablement situé sur la falaise de la roche percée. Ses chambres claires, meublées en bois cérusé, vous permettront de goûter au calme remarquable des lieux.

UNE FOLIE

Hôtel La Désirade – *Le Petit Cosquet - 53 360 Bangor - ✆ 02 97 31 70 70 - www.hotel-la-desirade.com - ouv. 29 mars-3 nov. et 27 déc.-3 janv. - ♿ P - 31 ch. 125/168 € - ☕ 16 €.* Un accueil chaleureux et une atmosphère cosy vous attendent dans ces maisons néo-bretonnes aux chambres personnalisées et dominées par le bois. Espace bien-être flambant neuf. Plaisante table qui concocte des recettes dans l'air du temps.

Chambre d'hôtes Hostellerie La Touline – *R. du Port-Vihan - 56 360 Sauzon - ✆ 02 97 31 69 69 - www.hostellerielatouline.com - ouv. 15 mars-12 nov. - 5 ch. 110 € - ☕ 13 €.* Joli ensemble de maisonnettes villageoises, juché sur les hauteurs du petit port. La décoration se porte sur divers thèmes dépaysants : Bretagne, Zanzibar… Jardin reposant.

RESTAURATION

BUDGET MOYEN

Crêperie Chez Renée – *21 r. Sarah-Bernhardt - 56 360 Bangor - ✆ 02 97 31 52 87 - stbiguet@wanadoo.fr - fermé lun. en hiver - P - 15/20 €.* Cette ancienne ferme isolée au milieu des champs ressemble à une maison de poupée avec ses deux salles très colorées et sa charmante petite terrasse arborée. Pensez à réserver, car les crêpes ont bonne réputation, et cela depuis les débuts de Renée… il y a plus de 20 ans.

POUR SE FAIRE PLAISIR

Roz Avel – *R. du Lt-Riau - 56 360 Sauzon - ✆ 02 97 31 61 48 - fermé 11 nov.-15 déc., 1er janv.-15 mars et merc. - 30/44 €.* Maison de pays possédant une salle à manger garnie de meubles bretons et une terrasse prolongée d'un jardinet. Beaux produits de l'Océan préparés avec soin.

L'Annexe – *3 quai Yser - 56 360 Le Palais - ✆ 02 97 31 81 53 - fermé mars, lun. et mar. de nov. à fév. et merc. - 26/46 €.* Atmosphère conviviale au coude à coude et service rapide et informel : on vient surtout ici pour la qualité des produits de la mer. Grillades au feu de bois devant les clients.

ACHATS

Gastronomie

Les Niniches - La Maison d'Armorine – *9 r. de la Citadelle - 56 360 Belle-Île-en-Mer - ✆ 02 97 31 42 33 - www.maison-armorine.com - 10h-12h30, 15h-19h (été 10h-12h30, 15h-22h) - fermé de mi-nov. à mi-mars.* Depuis trois générations (1946), cet artisan confiseur breton, créateur des Niniches (petites sucettes rondes : 50 parfums différents) confectionne un vaste choix de délicieuses douceurs : caramels au beurre salé (Salidou), Brazadou… ainsi que des confitures et des gâteaux.

Pâtisserie-confiserie Pétrel – *Pl. de l'Hôtel-de-Ville - 56 360 Le Palais - ✆ 02 97 31 85 12 - juil.-août : 8h-20h ; sept.-juin : tlj sf merc. 8h30-19h - fermé fin fév.-déb. mars et mi-oct.-déb. nov.* Faites une petite escale gourmande chez ce pâtissier-confiseur qui réalise, entre autres, sablés de la citadelle, caramels et rochers de Belle-Île-en-Mer.

Biscuiterie Confiserie la Bien Nommée – *56 360 Le Palais - ✆ 02 97 31 34 99 - www.labiennommee.com - avr.-sept. : tlj sf dim. 14h-19h ; oct.-mars : lun.-vend. 10h-12h, 14h-18h.* Portant fièrement le surnom de l'île sur laquelle elle a été fondée, cette biscuiterie familiale propose une gamme de produits élaborés sans colorants ni conservateurs – petits sablés, galettes, palets bretons, caramels au beurre salé, crème de caramel – misant ainsi sur le savoir-faire traditionnel. Visite gratuite et dégustation.

Artisanat

La Poterie de Kerlédan – *Village de Kerlédan - 56 360 Belle-Île-en-Mer - ✆ 02 97 31 67 41 - été : 10h-13h, 16h-20h ; hiver : horaires variables.* Ce potier traditionnel expose et vend ses créations (céladon et rouge de Chine sur grès et porcelaine) directement dans son atelier.

Le Grenier de Manon – *8 pl. de l'Hôtel-de-Ville - 56 360 Belle-Île-en-Mer - ✆ 06 83 15 14 24 - grenierdemanon@yahoo.fr - avr.-sept. : 10h-13h, 16h-19h ; oct.-mars sur RV.* Archéologue passionnée par les métiers d'art, Annick Lorec s'est transformée en une dentellière aux doigts de fée pour perpétuer une tradition sur le point de disparaître. Elle réalise sous vos yeux des nappes, des dessus-de-lit, du linge de maison, des rideaux sur mesure et décore des chapeaux avec des coquillages, perles, paillettes et broderies… Pour celles et ceux que le crochet démange, stages de rideaux bellislois et fiches techniques à disposition.

ACTIVITÉS

Nautisme

Le golfe du Morbihan, Houat et Hœdic – *✆ 02 97 31 59 37.* À bord du catamaran *La Sterne*, découvrez le golfe du Morbihan et les îles d'Houat et de Hœdic.

Aviation

Aéro-club – *Aérodrome Bangor - 56 360 Belle-Île-en-Mer - ✆ 02 97 31 83 09.* L'aéro-club de Belle-Île-en-Mer organise des cours de pilotage, des baptêmes de l'air : l'occasion de saisir un point de vue unique sur l'île et ses paysages.

Équitation

Centre Équestre et Poney-club – *56 360 Bangor - ✆ 02 97 31 52 28 - www.equitation-belle-ile.com - 9h-21h - fermé sept.-juin, pour cette période voir Nos adresses à Vannes, p. 484.*

La Ferme du Poney Bleu – *Anter - 56 360 Sauzon - ✆ 02 97 31 64 32 - tlj sf dim. 9h-19h.* Ce centre équestre organise des stages, des promenades et même, pour les accros de la nature et du cheval, des randonnées de 2 ou 3 jours *(hors saison)* : idéal pour découvrir les beautés de l'île.

Thalassothérapie

Castel Thalasso Belle-Île – *Port Goulphar - 56 360 Bangor - ✆ 02 97 31 84 21 - www.castel-clara.com - tlj sf dim. apr.-midi 8h45-12h30, 14h30-18h45 - fermé 12 janv.-13 fév. - 60 € massage décontractant.* Ce centre de thalassothérapie « à taille humaine » profite d'un très bel environnement naturel au fond de l'anse de Goulphar. Entièrement rénové en 2008, il offre une décoration zen, teintes pastel et bois. Cures de remises de forme, nombreux soins et massages proposés à la demi-journée, à la journée ou sur plusieurs jours.

Plages

La côte nord possède les plus grandes et les plus belles : Bordardoué, les Grands Sables. Sur la côte ouest, celle de Port-Donnant est superbe mais dangereuse. La côte sud est jalonnée de plages aux eaux plus chaudes : Port Goulphar, Port-Kérel, Herlin, etc. Sur la côte est, la seule plage est celle de Port-An-Dro.

Rivière d'Étel

Morbihan (56)

NOS ADRESSES PAGE 527

S'INFORMER

Office du tourisme d'Étel – *Pl. des Thoniers - 56410 Étel - 02 97 55 23 80 - www.etel-tourisme.com - juin-sept. : 9h-12h30, 14h-18h, dim. 9h-12h30, 14h30-17h30 ; reste de l'année : se renseigner.*

SE REPÉRER

Carte de microrégion AB 2-3 (p. 474-475) – *carte Michelin Département 308 K/L 8/9*. La rivière coupe la côte, quasi rectiligne, qui sépare la presqu'île de Quiberon et Lorient. Depuis la voie rapide et Nostang, la D 158 suit de loin la berge droite, tandis que la D 16 donne accès aux myriades de petites routes desservant les bourgs de la rive gauche. La D 781 reliant Carnac à Lorient franchit quant à elle la rivière à Kergo, quasiment sur l'estuaire.

À NE PAS MANQUER

Le port de St-Cado pour le charme de ses maisons de pêcheurs, et l'église de Merlevenez pour ses portails romans.

ORGANISER SON TEMPS

Il est possible de faire le tour de la rivière d'Étel en quelques heures, mais les paysages y sont tellement captivants que vous voudrez rester plus longtemps !

La ria d'Étel, dont les eaux claires sont riches en poissons et coquillages, s'écoule sur une quinzaine de kilomètres avant d'atteindre la mer. Mais le pourtour, particulièrement dentelé, en totalise une centaine ! Les échancrures s'y multiplient et les petites îles abondent, semées de chapelles et de fontaines.

Itinéraire conseillé Carte de micorégion

Étel A3

L'Océan s'ouvre devant la rivière d'Étel connue pour sa **barre**, qui offre un paysage spectaculaire par mauvais temps. La navigation, difficile, est placée sous une surveillance constante.

La vue porte au large sur l'île de Groix et Belle-Île, et sur la presqu'île de Quiberon. Étel, petit **port de pêche**, occupe la rive gauche. Il arme encore une dizaine de thoniers œuvrant au large des Açores et une petite flottille de chalutiers.

Pont-Lorois A3

Ce court et très joli passage permet d'apercevoir le vaste estuaire qui, d'un côté, se dessine en golfe et, de l'autre, s'étrangle en un goulet découpé et sinueux.

Rive sud A3 B3-2

Saint-Cado – Avec ses petites maisons de pêcheurs, le **site★** est charmant *(voir photo p. 472)*. La **chapelle St-Cado** est l'un des rares édifices romans du

UNE BARRE FUNESTE POUR L'HÉRÉTIQUE

Étel tire son origine d'un mot tombé en désuétude, *ételle*. Il désignait naguère les vagues qui suivent une barre ou un mascaret. La barre d'Étel, tant redoutée, est un banc de sables mouvants sur lequel se heurtent les flots de l'Océan et ceux de la rivière d'Étel. Elle rend très malaisée l'entrée des navires dans le goulet, car elle est instable. Même par temps calme, le passage reste redoutable.

Dans la région, toute allusion à la rivière d'Étel évoque sa dangereuse barre. Alain Bombard voulut la braver en 1958, pour tester les qualités de son radeau de survie. Malheureusement, l'expérience fut dramatique, coûtant la vie à neuf sauveteurs.

Morbihan : arcs en plein cintre non ornés, chapiteaux très simples, éclairage réduit. Les sourds venaient y demander la guérison de leur infirmité à saint Cado dont on voit le lit et l'oreiller de pierre.

Pointe du Verdon – Comme ses voisines, cette pointe est occupée par les ostréiculteurs. *Dès le franchissement du petit isthme, prendre à droite pour gagner un terre-plein* : jolie vue sur la zone ostréicole. À marée basse, il est possible de faire le tour de la pointe à pied.

Rive nord A3-2 B2

Presqu'île de Nestadio – Ce village a conservé ses maisons du 16e s. À l'extrémité de la presqu'île, on distingue la minuscule chapelle St-Guillaume (7,5 m sur 3,7 m).

Pointe de Mané Hellec – *À hauteur d'un petit transformateur, tournez à gauche dans un chemin revêtu.* Une belle vue se développe sur St-Cado et sa chapelle, Pont-Lorois, la rivière d'Étel et la forêt de Locoal-Mendon.

Revenez par Ste-Hélène.

Sainte-Hélène A2

Ce village possède une fontaine où les marins d'Étel venaient en pèlerinage avant d'embarquer sur les thoniers. Si la mie de pain jetée dans la fontaine surnageait, le marin reviendrait de sa campagne de pêche.

★ Merlevenez A2

L'**église**★ de ce bourg est l'une des rares églises romanes de Bretagne qui ait conservé intacts ses élégants portails aux archivoltes à chevrons et en dents de scie, ses arcades en tiers-point de la nef, ses chapiteaux historiés et sa coupole sur trompes à la croisée du transept. Vitraux de Grüber figurant la vie de la Vierge.

NOS ADRESSES PRÈS DE LA RIVIÈRE D'ÉTEL

HÉBERGEMENT

BUDGET MOYEN

Hôtel Le Trianon – *14 r. du Gén.-Leclerc - 56410 Étel - ☎ 02 97 55 32 41 - www.hotel-le-trianon.com - fermé janv., 5-20 nov., dim. soir, vend. soir et sam. hors sais. - P - 24 ch. 55/100 € - ☕ 10 €.* Près du port de pêche, chambres bonbonnières agréablement provinciales ; préférez celles de la villa annexe. Pour la détente, salon-cheminée ou jardinet au calme. La salle à manger rustique et soignée sert de cadre à une cuisine traditionnelle.

RESTAURATION

BUDGET MOYEN

Crêperie Ty Baron – *Ty Baron - 56 550 Locoal Mendon - ✆ 02 97 55 46 39 - 15/30 €*. Accueil chaleureux dans cette vieille chaumière typique couverte de fleurs. On s'y régale de galettes et crêpes. Mention spéciale à la crêpe froment pommes poêlées et caramel salé!

ACTIVITÉS

Croisières sur la ria - Compagnie des îles – *✆ 0 825 134 160 - www.compagniedesiles.com*. Des promenades d'env. 1h30 sont proposées, au départ d'Étel, 4 fois/j en été *(13,50 €/9 €)*.

Balades et randonnées – Plusieurs sentiers permettent de longer les rives de la ria notamment au départ du Pont-Lorois (la carte détaillée est en vente à l'office du tourisme d'Étel, *voir p. 526*).

Port-Louis

★

2 980 Port-Louisiens – Morbihan (56)

NOS ADRESSES PAGE 530

S'INFORMER

Office du tourisme de Port-Louis – *1 r. de la Citadelle - 56 290 Port-Louis - ✆ 02 97 84 78 00 - www.lorient-tourisme.fr - juil.-août : tlj sf dim. 10h-12h30, 14h-17h30; reste de l'année : 10h-12h, lun., vend. et dim. 10h-12h30, 14h-17h30.*

SE REPÉRER

Carte de microrégion A2 (p. 474-475) – *carte Michelin Département 308 K8.*
Face à Lorient, Port-Louis est accessible par la D 781.

ORGANISER SON TEMPS

Entre musées et citadelle, comptez une matinée.

À NE PAS MANQUER

Le tour de la citadelle et le musée de la Compagnie des Indes pour son histoire et sa collection de porcelaines chinoises.

Des remparts et une citadelle, où fut emprisonné le futur Napoléon III, voici l'image parfois austère que les cartes postales donnent de Port-Louis. L'ancien petit port de pêche, ainsi nommé en l'honneur de Louis XIII, recèle pourtant de belles maisons anciennes et possède une plage fort appréciée.

Se promener

★★ Citadelle

La construction de cette place forte, commandant l'entrée de la rade de Lorient, fut entreprise en 1590 par don Juan del Aguila, durant l'occupation espagnole. Poursuivie de 1616 à 1622 par le maréchal de Brissac, elle fut achevée en 1637 sur l'ordre de Richelieu. Elle présente un plan rectangulaire bastionné aux angles. Sur les côtés, deux ponts et une demi-lune en protègent l'accès.

Un parcours fléché emprunte le chemin de ronde (on voit des canons dans les bastions tournés vers l'île de Groix) et permet de découvrir les deux cours, la crypte et les différentes installations qui abritent les **musées de la citadelle**. *02 97 82 56 72 - www.musee-marine.fr - mai-août : 10h-18h30 ; fév.-avr. et de déb. sept. à mi-déc. : tlj sf mar. 13h30-18h, possibilité de visite guidée - fermé de mi-déc. à fin janv. - 5,50 € (-26 ans gratuit).*

Musée de la Compagnie des Indes★★ – Il retrace de façon intéressante l'histoire de cette prestigieuse compagnie *(voir p. 82 et 533)*. La fondation de Lorient, l'essor du 18e s., les équipages, les cargaisons, les comptoirs en Inde, en Afrique et en Chine, des cartes et des meubles illustrent cet important et fructueux négoce des 17e et 18e s. Une salle est consacrée à la marine de la Compagnie des Indes, la flotte notamment, avec des maquettes de vaisseaux comme le *Comte d'Artois* (en coupe) sorti des chantiers de Lorient. Très belle collection de porcelaines chinoises aux décors et couleurs variés : émeraude, Imari chinois, bleu de Chine…

Espace du sauvetage en mer – *En face du musée de la Compagnie des Indes.* Ce musée évoque l'histoire du sauvetage maritime français, depuis ses origines au milieu du 19e s. jusqu'aux moyens actuels d'héliportage, en passant par la création de la Société nationale de sauvetage en mer en 1967. De nombreux objets appartenant aux collections du musée national de la Marine, des films et des archives sonores rendent hommage aux sauveteurs. Ne manquez pas le canot *Commandant Philippes de Kerhallet*, un bateau de sauvetage à voiles, qui œuvra depuis Roscoff de 1897 à 1939, avec un équipage de 12 hommes à son bord.

Trésors d'océans★ – *À côté de l'Espace du sauvetage en mer.* Quel plongeur n'a jamais rêvé de trouver une épave engloutie, si possible celle d'un galion, d'une jonque ou d'un vaisseau, de retour des Indes avec sa précieuse cargaison ? Les archéologues marins font parfois de telles découvertes et vivent ces moments d'émotion que le visiteur est invité à partager au cours de cette belle exposition : maquettes, instruments de navigation, films et résultats de fouilles dirigées par Franck Goddio (donation).

Pavillon de l'arsenal - Musée de la Marine – Cette grande salle abrite des maquettes de navires de la Compagnie des Indes (corvettes, frégates,

DU FORT AU PORT

Richelieu installe la première Compagnie des Indes à Port-Louis, sans succès. Quand Colbert fonde la seconde, Lorient est créé pour la recevoir. Dès lors, Port-Louis périclite et revit sous Louis-Philippe grâce à la pêche à la sardine.

La ville possède deux **ports** de pêche : celui de Locmalo dans l'anse du Gâvres et, face à Lorient, celui de la Pointe qui s'est vu équiper de deux cents postes d'amarrage pour les bateaux de plaisance.

bâtiments de commerce et de pêche, croiseurs, torpilleurs, etc.), des portraits de grands marins, ainsi que des documents et peintures se rapportant à la navigation dans l'océan Atlantique.

Poudrière - Musée des Armes – Elle sert de cadre à un musée où sont réunies des collections d'armes du 17e au 20e s.

Remparts

Bâtis de 1649 à 1653 par le maréchal de La Meilleraye, ces remparts bien conservés enserrent la ville sur deux côtés. Sur la promenade des Pâtis, une porte ménagée dans la muraille donne accès à la plage de sable fin. Celle-ci offre une vue étendue sur la pointe de Gâvres, l'île de Groix et Larmor-Plage.

Maisons anciennes

Un détour vaut la peine dans les rues de la Poste, des Dames, Petite-Rue et du Driasker, où l'on découvre plusieurs demeures intéressantes.

À proximité

Riantec

Cette localité se situe le long de la lagune de Gâvres, « petite mer » appréciée par les pêcheurs à pied, à l'affût de palourdes.

La **Maison de l'île de Kerner** permet de découvrir le milieu naturel de cette contrée, où se réfugient de nombreux oiseaux migrateurs : carte des espèces, trésors de la vasière, techniques d'élevage de l'huître. Dans son café reconstitué, les habitants de Riantec, les « gens de mer », viennent raconter leur métier de pêcheur. Le jardin botanique recèle des plantes du schorre et de la dune. Des sorties nature sont organisées pendant les vac. scol. *Accès au site en voiture, par le gué - 02 97 84 51 49 - www.maison-kerner.fr - - juil.-août : 10h-19h ; avr.-juin et sept. (hors vac. scol.) : 9h-12h30, 14h-18h, w.-end et j. fériés 14h-18h ; vac. de Pâques et de la Toussaint : 9h-12h30, 14h-18h, lun. 14h-18h (dernière visite 1h30 av. la fermeture) - 4,10 € (enf. 3,20 €).*

NOS ADRESSES À PORT-LOUIS

Voir aussi « Nos adresses à Lorient » (p. 537).

TRANSPORTS

Liaisons en Batobus pour Lorient et Gâvres, assurées par la CTRL Horaires et infos sur *www.ctrl.fr*.

HÉBERGEMENT

POUR SE FAIRE PLAISIR

Chambre d'hôte La Chaumière de Kervassal – *Lieu-dit Kervassal - 56 670 Riantec - 8 km à l'est de Port-Louis par D 781 puis D 33, rte de Merlevenez - 02 97 33 58 66 - gonzague.watine@wanadoo.fr - fermé mi-oct.-mi-avril - - 3 ch. 75 €* . Cette chaumière du 17e s. entourée de verdure et de calme absolu est, à l'extérieur comme à l'intérieur, une vraie récompense pour le regard. Les chambres, joliment meublées d'ancien, sont équipées de salles de bains modernes. L'été, exquis petits-déjeuners dans le jardin.

ACTIVITÉS

Centre nautique de Port-Louis – *Quai de la Pointe - 02 97 82 18 60 - www.sellor-nautisme.com*. Voile, plongée (baptêmes et plongeurs confirmés), kayak de mer.

Lorient

116 174 Lorientais (agglomération) – Morbihan (56)

NOS ADRESSES PAGE 537

S'INFORMER

Office du tourisme de Lorient – *Maison de la mer - Quai de Rohan - 56 100 Lorient - ✆ 02 97 84 51 49 - www.maison-kerner.fr - ♿ - juil.-août : 10h-19h ; avr.-juin et sept. (hors vac. scol.) : 9h-12h30, 14h-18h, w.-end et j. fériés 14h-18h ; vac. de Pâques et de la Toussaint : 9h-12h30, 14h-18h, lun. 14h-18h (dernière visite 1h30 av. la fermeture) - 4,10 € (enf. 3,20 €).*

Office du tourisme d'Hennebont – *9 pl. Foch - 56 700 Hennebont - ✆ 02 97 36 24 52 - www.hennebont-tourisme.com - juil.-août : 9h-19h, dim. 10h-13h ; mai-juin et sept. : tlj sf dim. 9h-12h30 13h45-18h30 ; reste de l'année : tlj sf dim. 9h-12h30, 13h45-18h - fermé 1er janv., 1er Mai, 1er et 11 Nov., 25 déc.*

Office du tourisme du pays de Plouay – *Pl. du Vieux-Château - 56 240 Plouay - ✆ 02 97 33 11 14 - 9h30-12h, 14h30-17h30, sam. 9h30-12h - fermé dim. et j. fériés (s'adresser au musée du Vélo).*

SE REPÉRER

Carte de microrégion A2 (p. 474-475) – *carte Michelin Département 308 K8.*
Au confluent du Scorff et du Blavet, le port de Lorient est protégé de l'Océan par ses deux sentinelles : Larmor-Plage et Port-Louis. La N 165 passe au nord de la ville : elle dessert Quimper (69 km à l'ouest) et Vannes (59 km à l'est en passant par Auray).

SE GARER

Ville moderne s'il en est, Lorient est truffée de parkings publics. En centre-ville, vous bénéficiez de la première demi-heure gratuite *(zone bleue)*.

À NE PAS MANQUER

La Cité de la voile Éric-Tabarly et, à côté, la base de sous-marins pour son gigantisme sans oublier le Festival interceltique début août.

ORGANISER SON TEMPS

Planifiez les visites et les parties de pêche en mer le matin. Gardez vos après-midi pour explorer l'arrière-pays et passer du temps à la plage.

AVEC LES ENFANTS

Jouez au marin pêcheur sur la *Thalassa*, utilisez les simulateurs de la Cité de la voile pour connaître les sensations de la course à voile, admirez les félins au zoo de Pont-Scorff et faites une randonnée en kayak au centre de Kerguélen.

Ville « nouvelle » du 18e s., Lorient a été reconstruite après les bombardements intensifs de la Seconde Guerre mondiale. Deuxième port de pêche français après Boulogne, elle vit aujourd'hui de sa criée mais aussi de la plaisance, du trafic de passagers et du commerce. Tous les ans, depuis 1970, elle réaffirme son identité grâce à son Festival interceltique de réputation internationale.

À proximité, les vallées du Scorff et du Blavet offrent de multiples possibilités de promenades et de visites en famille, autour de la nature et des animaux ou du patrimoine.

SE LOGER

Camélias (Chambre d'hôte Les)........①
Central Hôtel........③
Château de Locguénolé (Hôtel du)........⑤
Kerguélen (Résidence Loisirs de)........⑦
Libeurtheu (Chambre d'hôte)........⑨
Rex Hôtel (Le)........⑪

SE RESTAURER

Gaillec (Crêperie du)........①
Gens de Mer (Les)........②
Grenadin (Le)........③
Jardin Gourmand........⑤
Pic (Le)........⑦
Tea for Two........⑨

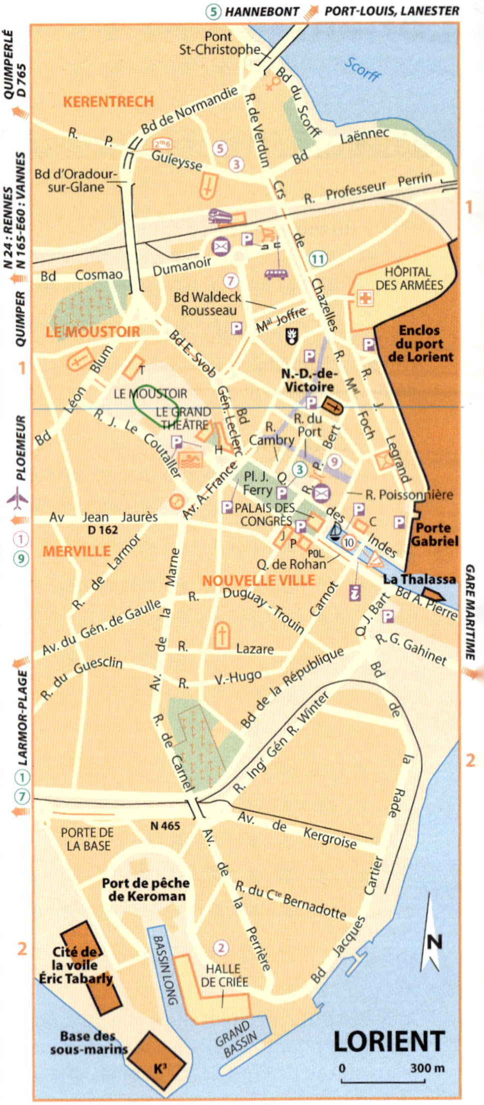

Se promener Plan de la ville

L'ancien arsenal

Jusqu'en 2000, l'enclos de la Compagnie des Indes abritait l'arsenal de la Marine : ses quatre bassins étaient utilisés pour le carénage des navires de guerre de surface et pouvaient recevoir les plus grosses unités. Délaissé par la Marine, l'enclos est en pleine modernisation. Sur le quai du Péristyle se crée un pôle « image » où siège la chaîne de télévision Breizh.

LA COMPAGNIE DES INDES

La première Compagnie des Indes, fondée par Richelieu à Port-Louis *(voir p. 529)*, ayant été un échec, **Colbert** reprend le projet en 1664, au Havre. Mais les navires de la Compagnie sont arraisonnés trop facilement dans la Manche par les Anglais : on décide alors de transporter le siège de l'exploitation sur l'Atlantique.

Le choix se fixe sur des terres « vagues et vaines », sur la rive droite du Scorff. Très vite, toute l'activité portuaire se tourne vers les Indes et la Chine – les installations élevées à cet endroit prennent alors le nom de « L'Orient ». Seignelay organise un arsenal royal où les plus illustres corsaires viennent faire radouber leur navire.

Au début du 18e s., sous l'impulsion du célèbre financier John Law, les affaires se développent avec l'arrivée des marchandises (porcelaines, tapis, épices, etc.). Soixante ans après sa fondation, la ville compte déjà 18000 habitants. Mais la perte des Indes cause la ruine de la Compagnie, en dépit de sa devise : « *Florebo quocumque ferar* », soit « Je prospérerai où que j'aille. » En 1770, l'État prend possession du port et de ses installations. Puis Napoléon Ier fait de Lorient un port militaire.

Église Notre-Dame-de-Victoire 1-2

Plus connue sous le nom de St-Louis par les Lorientais, elle s'élève sur la place Alsace-Lorraine, qui constitue une réussite de l'urbanisme moderne (1954). Construite en béton armé, l'église recèle un très bel **intérieur★** dont la rotonde est éclairée par de petits vitraux jaunes et blancs.

Enclos du port de Lorient 1-2

Entrée par la porte Gabriel. S'adresser à l'office de tourisme - ☏ 02 97 02 59 14 - 10h-18h - possibilité de visite guidée (1h30) - fermé 1er janv., 1er Mai, 25 déc. - 5 € (enf. 2,75 €).

Cœur historique de Lorient, l'ancien enclos de la Compagnie des Indes abrite l'**hôtel des ventes**, dessiné par Gabriel en 1740 et reconstruit dans le style original.

La **tour de la Découverte** (1737) est flanquée par les moulins de l'Amirauté (1677). Elle servait autrefois de sémaphore et de tour de guet : les plus courageux peuvent grimper ses 225 marches, pour contempler une **vue★** superbe sur la rade. À voir aussi : le réservoir d'eau (1876) de la cour haute.

La « Thalassa » 2

Port de plaisance, quai de Rohan - ☏ 02 97 35 13 00 - www.la-thalassa.fr - ♿ - juil.-août : 10h-19h (dernière entrée 1h30 av. la fermeture) ; avr.-juin et sept. (hors vac. scol.) : 9h-12h30, 14h-18h, w.-end et j. fériés 14h-18h ; vac. de Pâques et de la Toussaint : 9h-12h30, 14h-18h, lun. 14h-18h - 6,90 € (enf. 5,30 €).

Après avoir sillonné les mers du globe (près de 38 fois le tour du monde), ce navire océanographique, lancé en 1960 par l'Ifremer, profite d'une retraite bien méritée à Lorient. Le parcours sur les trois ponts présente la vie à bord, les techniques de navigation, la pêche au chalut et la recherche océanographique. La visite continue avec la filière pêche et une exposition temporaire dans le bâtiment d'accueil.

Port de pêche de Keroman

À voir de préférence le matin au moment du retour des pêcheurs (en fonction de la marée).

En partie gagné sur la mer, le port est conçu et aménagé pour les besoins de la pêche industrielle. Il se compose de deux bassins en équerre – le **Grand Bassin** et le **Bassin Long** – et totalise 1 850 m de quais.
Le port de Keroman arme toute l'année et pour toutes sortes de pêches. Il comporte une halle de criée longue de 600 m, une « gare de marée » permettant de charger des camions en partance pour toutes les régions de France, un « service glace » dont la production peut être de 200 t par jour et un *slipway* composé de 6 voies.
La vente du poisson se pratique encore selon un rituel que seuls comprennent les initiés. Au petit matin, le spectacle haut en couleur de la criée mérite le détour.

LA BASE DE SOUS-MARINS DE KEROMAN

L'ancienne base de sous-marins devient un grand lieu du tourisme en Bretagne avec la nouvelle Cité de la voile.

★★ Cité de la voile Éric-Tabarly 2

Sur le site de l'ancienne base de sous-marins - ✆ 02 97 65 56 56 - www.citevoile-tabarly.com - juil.-août : 10h-20h ; reste de l'année : tlj sf lun. (hors vac. scol.) 10h-18h - fermé janv. - 11 € (5-17 ans 8 €) ; 23 € pour visite et embarquement (5-17 ans 18 €).
Dans le sillage d'Éric Tabarly, vous découvrirez ce vaste espace dédié à la plaisance et à la course au large, depuis la conception des voiliers, leur construction et leurs usages jusqu'aux grandes courses.
Dans le vaste bâtiment moderne sont évoquées les courses autour du monde, les régates de la coupe de l'America et les explorations scientifiques. Des expositions interactives organisées en lien avec les entreprises nautiques voisines prévoient d'informer les visiteurs sur les dernières nouveautés technologiques et l'actualité des courses au large. Des simulateurs vous entraînent sur un voilier de course avec embruns en prime, ou vous permettent de vous imaginer à la barre ou en train de border.
Sur le ponton, auquel on accède par une passerelle et par la tour des vents, on peut admirer le tout premier *Pen Duick* qui fut suivi par les géants sur lesquels Éric Tabarly gagna tant de courses. Un film projeté dans l'auditorium évoque cette série de fabuleux voiliers.
On peut aussi embarquer sur l'un des voiliers pour connaître la griserie des courses mais, chaque jour, il y a peu d'élus, aussi vaut-il mieux venir tôt.

★ K3 - Ancienne base des sous-marins Stosskopf 2

Entrée par la porte de Keroman - ✆ 02 97 84 78 00 - www.lorient-tourisme.fr - visite guidée (1h30) été et vac. scol. : se renseigner - fermé 1er janv. et 25 déc. - 7,50 € (12-17 ans 4 €).
Cet ouvrage gigantesque porte le nom de l'ingénieur général du génie maritime qui, sous les apparences de la collaboration, participait à la vie de la base et informait les Alliés. Il fut passé par les armes par les Allemands.
Les trois grands blocs de la base *(on en visite un)* furent construits à une vitesse record. Bâtis en 1941, les deux premiers, longs de 130 m et hauts de 18,50 m, disposaient de treize alvéoles pouvant accueillir des sous-marins. Le troisième bloc que l'on visite (1943), **Keroman 3 (K3)**, est le plus important avec 170 m de long et 20 m de haut. Contrairement aux deux premiers, il accueillait les sous-marins à flot avec des cales de radoub. Il possède une double toiture, épaisse de 7,50 m en béton armé, avec des poutres antidéflagration. Au lendemain de la guerre, la Marine prit possession de la base pour y installer

la deuxième escadrille des sous-marins de l'Atlantique, dissoute en 1995. Rendue à la ville, la base accueille désormais le pôle Grand Large, avec le Défi Français, par exemple, ainsi que des industries nautiques (catamarans, accastillage, mâts…).

À proximité Carte de microrégion

Larmor-Plage A2

À 6 km au sud de Lorient par la D 29.

S'ouvrant sur l'océan, face à Port-Louis, Larmor-Plage possède de belles plages fréquentées par les Lorientais : Toulhars, Port-Maria, Kerguélen et le Nourriguel.

L'**église**, bâtie au 12e s., a été remaniée jusqu'au 17e s. Le porche du 15e s. s'ouvre exceptionnellement au nord, afin d'être protégé des vents dominants.

L'intérieur révèle un intéressant mobilier et, à l'autel des Juifs, un retable du 16e s. d'inspiration flamande rassemblant sur les pentes du calvaire une quarantaine de personnages très expressifs.

Hennebont A2

À 17 km au nord-est de Lorient. La route passe par Lanester.

En arrivant à Lanester après avoir traversé le Scorff, on aperçoit, sur la droite, à marée basse, un champ de pieux noirâtres : les probables vestiges de la **fosse aux mâts**, inaugurée en 1826. Le bois destiné à la construction navale était enfoui dans la vase afin d'être protégé de la pourriture.

Ancienne ville fortifiée, **Hennebont** est située sur les rives escarpées du Blavet, rivière que les pêcheurs apprécient pour ses variétés de poissons.

Basilique N.-D.-de-Paradis – Son énorme **tour-clocher**★ (16e s.) est surmontée d'une flèche de 65 m. Un beau porche flamboyant, très élancé et orné de niches, donne accès à la nef. Celle-ci est éclairée par des vitraux réalisés entre 1955 et 1965 par Max Ingrand.

Porte Broërec'h et remparts – *✆ 02 97 36 29 18 - juin-sept. : 10h30-12h30, 13h30-18h30 - possibilité de visite guidée (1h) sur demande - 4 € (-12 ans gratuit).* Vestige des fortifications du 13e s., la porte Broërec'h, restaurée, servait autrefois de prison. *Franchissez cette porte et prenez à gauche l'escalier qui donne accès au chemin de ronde.* Ces remparts du 15e s. enserraient la ville close. Des jardins sont aménagés le long des murailles. Les tours abritent un **musée** retraçant l'histoire de la ville et l'activité du port. Costumes bretons, mobilier, faïences, maquettes et gravures.

Depuis les tours, prenez la rue du Champ-de-Foire ; elle mène à un **promontoire** qui domine la vallée du Blavet. Le chemin du Bois-du-Duc, en contrebas, conduit au chemin de halage.

Le chemin de halage – Il constitue une promenade agréable de 58 km le long du Blavet, de Hennebont à Pontivy. Départ sur le parking de la Poterie, tout en bas des remparts sur la droite. Pour les sportifs, un parcours de santé y est aménagé du parking de la Poterie à celui de la Bergerie.

Écomusée industriel des forges d'Inzinzac-Lochrist – *✆ 02 97 36 98 21 - juil.-août : 10h-18h30, w.-end 14h-18h30 ; juin : 10h-12h, 14h-18h, w.-end 14h-18h ; reste de l'année : tlj sf sam. 10h-12h, 14h-18h, dim. 14h-18h (dernière entrée 1h30 av. fermeture), possibilité de visite guidée en juil.-août à 15h - fermé janv.-fév. et j. fériés - 4,40 € (6-18 ans 2,20 €).* L'écomusée occupe le site même des anciennes forges d'Hennebont qui, de 1860 à 1966, constituaient l'une des entreprises les plus importantes de Bretagne.

Musée des Métallurgistes des forges d'Hennebont – Installé sur la rive droite du Blavet, dans l'ancien laboratoire des usines, il fait revivre toute l'histoire du centre sidérurgique de la Bretagne (technologie, vie sociale, mouvement syndical, etc.).

Près du grand barrage, l'ancienne maison du garde des forges d'Hennebont abrite la **Maison de l'eau et de l'hydraulique**, consacrée au Blavet et à sa canalisation.

Haras – *9 pl. Foch - 56 700 Hennebont - ✆ 02 97 36 24 52 - www.hennebont-tourisme.com - juil.-août : 9h-19h, dim. 10h-13h ; mai-juin et sept. : tlj sf dim. 9h-12h30 13h45-18h30 ; reste de l'année : tlj sf dim. 9h-12h30, 13h45-18h - fermé 1er janv., 1er Mai, 1er et 11 Nov., 25 déc.* Installé dans une ancienne abbaye, le dépôt d'Hennebont fournit des reproducteurs (chevaux de trait et postier bretons, selle français, trotteur français, anglo-arabe, poney…) aux stations du Sud-Finistère, du Morbihan et de l'Ille-et-Vilaine. Espace de découverte pédagogique sur le monde du cheval et les haras nationaux.

Parc de Kerbihan – *Accès par les rues Nationale et Léo-Lagrange, cette dernière étant réservée aux piétons.* Ce parc botanique s'articule le long du ruisseau de St-Gilles et présente des essences répertoriées des cinq continents.

Pont-Scorff A2

À 15 km au nord de Lorient.

La **maison des Princes**, belle maison du 16e s., accueille aujourd'hui la mairie. De nombreux artisans sont installés sur la commune, particulièrement autour de la Cour des Métiers d'Art *(voir Nos adresses à Lorient, p. 538)*.

Odyssaum – *Au moulin des Princes - ✆ 02 97 32 42 00 - www.odyssaum.fr - ♿ - juil.-août : 10h-19h ; mai-juin et sept. : tlj sf lun. 9h30-12h30, 14h-18h, w.-end 14h-18h ; vac. scol. : 9h30-12h30, 14h-18h, w.-end 14h-18h - possibilité de visite guidée - 5,70 € (enf. 4,30 €).* Le Scorff est encore un havre pour le **saumon sauvage** qui vient s'y reproduire et y mourir, après un ou deux hivers dans l'Atlantique.

L'espace de découverte aménagé au moulin est consacré à cette espèce : cycle de vie, évolution des techniques de pêche. Piège à saumons. L'année 2005 a vu la rénovation complète de la muséographie, la mise en place d'un parcours spectacle et l'installation d'un aquarium.

Dans Pont-Scorff, prenez la D 6 vers Quéven.

Zoo★ – *✆ 02 97 32 60 86 - ♿ - avr., mai et sept. : 9h30-18h ; juin.-août : 9h-19h ; janv.-mars, oct.-déc. : 9h30-17h (dernière entrée 1h av. fermeture) - fermé 1er janv., 24 et 25 déc. - 15,50 € (enf. 10 €).* Installé sous bois, sur les rives escarpées du Scave, petit affluent du Scorff, ce zoo spécialisé dans la reproduction des **félins** rassemble plus de 450 animaux du monde entier, dont cinq éléphants d'Asie, un record en France.

Des spectacles d'animaux dressés – « mal aimés », otaries, oiseaux marins – sont présentés à certaines heures.

Plouay A1

Championnat du monde, départ du Tour de France, Grand Prix… de grandes heures de l'histoire du vélo se sont écrites dans cette ville qui, avec ses animations et son Véloparc, fait tout pour retenir les amoureux de la « petite reine ».

Véloparc – Le domaine de Manehouarne connaît une étonnante reconversion en accueillant autour du château, dans le vaste parc de 50 ha, un **musée du Vélo**, un gîte et un large choix de circuits (vélo de ville ou VTT) pour passer à la pratique. *✆ 02 97 33 15 15 - ♿ - de mi-juin à mi-sept. : mar.-dim. 14h-18h ; 1re quinz. de juin et 2e quinz. de sept. : w.-end 14h-18h - 4,60 € (-12 ans 3 €).*

NOS ADRESSES À LORIENT

TRANSPORTS

Embarquez à bord du **batobus**, pratique et économique : 6 liaisons possibles pour passer d'une rive à l'autre de la rade. Ces services fonctionnent tlj de l'année, à l'exception de la ligne 14 *(dim. seult)*. AS 1,25 €. Batobus 10 : du quai des Indes *(Lorient)* à Pen-Mané *(Locmiquélic)*, 7mn; Batobus 11 : port de pêche *(Lorient)* à la Pointe *(Port-Louis)*, 11mn; Batobus 12 : port de pêche *(Lorient)* à Ste-Catherine *(Locmiquélic)*, 6mn; Batobus 13 : Le Lohic *(Port-Louis)* à Gâvres, 3mn; Batobus 14 : quai des Indes *(Lorient)* à La Pointe *(Port-Louis)*, 22mn. *Rens. sur www.ctrl.fr.*

HÉBERGEMENT

Lorient

BUDGET MOYEN

Le Rex Hôtel – *28 cours de Chazelles - 02 97 64 25 60 - www.rex-hotel-lorient.com - fermé 26 déc.-3 janv. - 24 ch. 53/83 € - 8 €.* Cet hôtel situé le long d'une large avenue bordée de platanes s'améliore régulièrement. La majorité des chambres bénéficie d'une rénovation totale : literie neuve, mobilier fonctionnel et accès Internet. Plaisant salon-cheminée, agréable salle des petits-déjeuners et original comptoir d'accueil en forme de proue de bateau.

Hôtel du Central Hôtel – *1 r. Cambry - 02 97 21 16 52 - www.centralhotellorient.com - fermé vacances de Noël - 21 ch. 50/85 € - 8 €.* Enseigne méritée pour cet hôtel du centre-ville dont les chambres profitent d'une rénovation réussie : matériaux neufs, couleurs gaies et bonne isolation phonique.

En dehors de Lorient

PREMIER PRIX

Chambre d'hôte Les Camélias – *9 r. des Roseaux - 56 260 Larmor-Plage - 02 97 65 50 67 - fermé fin sept.-déb. oct. - - 4 ch. 48/52 €.* Un jardin arboré entoure cette jolie maison à deux pas du centre. Les chambres sont parfaitement tenues. Les meubles et bibelots anciens confèrent un cachet bourgeois à cette demeure.

Résidence Loisirs de Kerguélen – *Parc océanique - 56 260 Larmor-Plage - 02 97 33 77 78 - www.sellor-nautisme.com - - 38 ch. 41,10 € - 5,40 € - rest. 12,30 €.* Cette résidence offre dans une ambiance jeune et sportive un confort simple et des petits prix. Atout majeur : la proximité immédiate de la plage et des activités nautiques. Restauration sans prétention.

Chambre d'hôte Libeurtheu – *23 r. de l'anse de Stole - 56 270 Ploemeur - 02 97 82 86 22 ou 06 82 65 18 76 - http://lelostec.demaret.free.fr - - 3 ch. 45 € et, en été, 1 appart. 50 €.* Maison de style néo-breton située entre l'anse de Stole et le marais de Pen-Palud. De vieux meubles régionaux chinés et restaurés agrémentent salon et salle des petits-déjeuners. Les chambres, sans véritable ampleur, sont confortables. Petit-déjeuner gourmand.

UNE FOLIE

Château de Locguénolé – *56 700 Hennebont - 02 97 76 76 76 - www.chateau-de-locguenole.com - fermé 4 janv.-13 fév. - - 18 ch. 112/289 € - 23 € - rest. 49/96 €.* Deux demeures historiques dans un parc de 120 ha donnant sur le Blavet. Chambres spacieuses et élégantes. Belles salles à manger où l'on sert une cuisine mariant saveurs marines et potagères.

RESTAURATION

Lorient

PREMIER PRIX

Tea For Two – *23 r. Paul-Bert - ✆ 02 97 64 27 70 - fermé dernière sem. de janv., 1er-15 mai, 1er-15 août et dim. - 5,80/17 € bc.* Seul ou à plusieurs, vous aimerez l'atmosphère sereine et les couleurs chaudes de ce ravissant salon de thé où pâtisseries maison, assiettes gourmandes, brunchs et thés ont déjà acquis une solide réputation.

Les Gens de mer – *14 bd Louis Nail - ✆ 02 97 37 11 28 - www.lesgensdemer.fr - fermé dim. soir - ♿ - 12/25 € - 26 ch. 46/70 € - ☕ 7,50 € (buffet).* Face au port de Keroman, ce lieu fréquenté par la clientèle locale propose une cuisine de la mer à petit prix.

Le Grenadin – *7 r. Paul-Guieysse - ✆ 02 97 64 30 01 - www.legrenadin.free.fr - fermé vac. scol. de fév., dernière sem. en juil., 15 j déb. août, dim. soir, merc. soir et lun. - 15/58 €.* Ce petit restaurant traditionnel proche de la gare doit sa réputation à la qualité de ses produits de la mer, toujours d'une grande fraîcheur. Décor repensé dans un esprit contemporain.

BUDGET MOYEN

Le Pic – *2 bd Mar.-Franchet-d'Esperey - ✆ 02 97 21 18 29 - restaurant-lepic.com - fermé merc. soir, sam. midi et dim. sf j. fériés - formule déj. 15 € - 19/38 €.* Façade rouge, décor rétro rutilant (vitraux, miroirs, comptoir), ambiance bistrot, cuisine traditionnelle et arrivage de poissons frais… Une adresse qui tombe à pic !

POUR SE FAIRE PLAISIR

Jardin Gourmand – *46 r. J.-Simon - ✆ 02 97 64 17 24 - www.jardin-gourmand.fr - fermé vac. scol. de fév., dim. soir, lun. et mar. - formule déj. 22 € - 28/40 €.* La chef-patronne met à l'honneur les produits bretons à travers des recettes inventives escortées d'un beau choix de vins, de whiskies et d'eaux-de-vie. Décor actuel et plaisant.

En dehors de Lorient

PREMIER PRIX

Crêperie du Gaillec – *Hameau de Gaillec - 56 270 Ploemeur - ✆ 02 97 83 00 26 - creperie-gaillec@wanadoo.fr - fermé 1 sem. en juin et 3 premières sem. en oct. - ♿ P - 13/17 €.* Les bonnes adresses se méritent ! L'accès à cette ancienne ferme n'est pas des plus aisés, mais une fois à table, vous savourerez ses crêpes à la farine biologique et les bons produits des artisans locaux avec d'autant plus de plaisir… Aux beaux jours, vous déjeunerez sous la pergola.

ACHATS

Lorient

Moulin Lorient Marée – *Port de Pêche - ✆ 02 97 37 30 00 - moulinlorient@wanadoo.fr - tlj sf dim. 8h-12h.* Dans le port de pêche de Keroman, lieu de vente des poissons à la criée, c'est le seul magasin qui propose aux particuliers des produits frais tirés de la mer (possibilité de passer commande pour les crustacés).

« Ar Gwasked » – *Pl. de l'Église - ✆ 02 98 48 88 42.* Des babioles de toutes sortes en laine de mouton : mobiles, boucles d'oreille, chaussons, cartes postales… C'est, avec les rideaux « brise-bise », la spécialité de ce magasin unique en son genre créé par Isabelle Patard.

En dehors de Lorient

La Cour des Métiers d'Art – *8 r. Prince-de-Polignac - 56 620 Pont-Scorff - ✆ 02 97 32 55 74 - courmetiersdart@orange.fr - juil.-août : tlj sf lun. 10h-12h,*

14h30-18h30, dim. 14h30-18h30 ; hors sais. : tlj sf lun.-mar., merc. 14h-18h, jeu.-sam. 10h-12h, 14h-18h, dim. 15h-18h. La Cour des Métiers d'Art présente le travail d'artisans d'art de France, avec des expositions à thème. À découvrir également le village qui regroupe 60 artisans d'art (souffleur, verrier, potier, ébéniste...) qui créent sur place leurs œuvres.

Ferme d'Autruches de la Saudraye – *La Haye - 56 520 Guidel - ✆ 02 97 65 04 54 - www.autruches.fr - visite : mai-oct. 10h-20h ; boutique : tte l'année 10h-13h, 15h-20h.* Ce site boisé de 40 ha abrite quelque 1 500 autruches et émeus. De mai à octobre, vous pourrez assister à la naissance des autruchons. Aires de pique-nique. Vente de viande, pâtés, rillettes, plats cuisinés et produits dérivés (plumes, maroquinerie, objets de décoration) à la boutique.

Biscuiterie la Lorientaise – *Rd-pt de Kernours - 56 700 Kervignac - ✆ 02 97 76 02 09 - lalorientaise@yahoo.fr - lun.-vend. 8h-12h, 13h30-18h30 ; sam. 9h-12h, 14h-18h30 ; fermé j. fériés.* Installée de l'autre côté de l'estuaire, sur un rond-point, sa boutique lumineuse et moderne ouvre sur un laboratoire où galettes, quatre-quarts, madeleines et gâteaux bretons sont confectionnés artisanalement. Possibilité de déguster les produits, proposés avec le sourire par la propriétaire.

EN SOIRÉE

Lorient

Place Jules-Ferry – Autour de cette place s'organise la vie nocturne lorientaise. Tous les genres sont là, des jeunes branchés *(Villa Vanny)* aux moins jeunes *(Admiral Benbow)*. On trouve aussi un café-théâtre, un pub, un bar australien et deux discothèques...

Tavarn Ar Roue Morvan – *1 pl. Polig-Monjarret - ✆ 02 97 21 61 57 - - août : tlj 11h-1h ; reste de l'année : fermé dim.* Enseigne en breton et menu bilingue dans cette taverne où la patronne affirme en toute simplicité ses origines : « Nous sommes Bretons, nous parlons donc breton. » Concerts de musique... bretonne, 2 à 3 fois par mois.

En dehors de Lorient

Villa Margaret – *Port de Plaisance de Kernevel - 56 260 Larmor-Plage - ✆ 02 97 33 67 19 - ouv. 9h-1h - fermé de mi-janv. à déb. fév.* Dans ce paisible bistrot, établi dans une splendide demeure de la fin du 18e s., les jeunes de Larmor-Plage viennent se mêler aux vétérans. En été, on profite, sur des rythmes jazzy, d'une terrasse ombrée sur jardin qui regarde le port de Kernevel.

Le New Symbole – *Vieux Moulin du Ter - 56 270 Ploemeur - ✆ 02 97 86 74 75 - www.newsymbole.com - vend.-sam. et veilles de fêtes 23h-5h.* Construite dans un ancien moulin, cette belle discothèque avec piscine et terrasse attire la jeunesse de la région. Elle comprend plusieurs dance floors avec autant d'ambiances et de musiques différentes.

ACTIVITÉS

Lorient

Promenades en bateau Pour la découverte de la rade, de la vallée du Blavet ou d'autres croisières commentées : le Batobus - *✆ 02 97 21 07 84* et le Bateau-Taxi - *✆ 02 97 65 52 52 - www.lorient-tourisme.fr.*

En dehors de Lorient

Pêche en mer – *✆ 02 97 65 52 52.* Au départ du port de plaisance de Larmor-Plage, partez pêcher une demi-journée ou une journée.

Centre nautique de Kerguelen – *Parc océanique - 56 260 Larmor-Plage - ✆ 02 97 33 77 78 - www.sellor-nautisme.com - avr.-juin et sept.-oct. : 8h45-12h, 13h45-17h30 ; juil.-août : 8h30-12h, 13h30-18h - fermé 1 sem. à Noël.* Ce grand complexe nautique enseigne la plongée, la croisière, la voile (dériveur, catamaran, planche à voile) et le kayak au travers de différentes formules (stages découverte, initiation et perfectionnement). Organisation de randonnées en kayak et catamaran. Location de matériel. Possibilité d'hébergement.

Ar Ganol, la Nin'Arion – *Quai de Pont-Augan - 56 440 Languidic - ✆ 02 97 36 93 18 - www.ninarion.fr - réserv. conseillée - fermé 1er oct.-15 avr. et lun. - promenade 2h00 : 10 € (-12 ans 6 €).* Ce chaland nantais construit en 1903 embarque les passagers désireux de découvrir le Blavet. Visite commentée de 2h : histoire des canaux bretons et passages d'écluses. À bord, exposition « Itinéraire de bohême fluviale ».

Bateau-Taxi – *1 r. Yves-Montand - 56 260 Larmor-Plage - ✆ 02 97 65 52 52 - www.bateautaxi-iledegroix.com - sortie avr.-oct. : tlj.* Le capitaine Manu Guérin, un vrai dur de dur, organise différents types d'excursions, de la pêche à la dorade, au lieu ou au bar à la pêche aux requins, plus sportive : « une fois sur deux, on ramène un requin » affirme le marin.

Kerguelen Équitation – *Village de Kerguélen - 56 260 Larmor-Plage - ✆ 02 97 33 60 56 - www.kerguelen-equitation.fr - 10h-20h - fermé 1 sem. en sept.* En saison, ce vaste centre équestre situé à proximité des plages et du centre nautique propose des stages à la demi-journée, sur chevaux ou shetlands. Possibilité de balades d'une ou deux heures.

Société Hippique Nationale – *35 r. de la Bergerie - 56 700 Hennebont - ✆ 02 97 36 16 34 - www.la-shn.fr - tlj sf dim. 9h-12h, 14h-18h.* Ce centre implanté dans les locaux du haras national organise à la demande, pour 8 personnes maximum, des promenades dans le parc du domaine, le long du Blavet ou sur la plage.

AGENDA

Lorient

Festival interceltique de Lorient – *Premiers jours d'août - www.festival-interceltique.com.* Chaque année, il met à l'honneur un pays différent. Expositions, concerts et défilés de bagadou sont systématiquement au programme.

Grand Prix Ouest-France – *Fin août - www.comitedesfetes-plouay.com.* Cette course cycliste, anciennement connue sous le nom de Grand Prix international de Plouay, a été lancée en 1931 par le Dr Berthy, médecin du tour de France. Elle s'intègre aujourd'hui aux **Trois Jours de Plouay**, entièrement dédiés au vélo. Le programme est immuable : cyclo-randonnée le vend., course pour les amateurs le sam. matin et pour les coureuses professionnelles l'après-midi, et le Grand Prix Ouest-France le dimanche.

En dehors de Lorient

Fêtes médiévales d'Hennebont – *Office du tourisme d'Hennebont - 9 pl. Foch - 56700 Hennebont - ✆ 02 97 36 24 52 - dernier w.-end de juil.* Jongleurs, chevaliers, jeux bretons anciens, repas médiéval, initiation au tir à l'arc, marché artisanal animent les rues pavées du centre-ville le temps d'un week-end, clos par un spectacle son et lumière.

Île de Groix

★

2 266 Groisillons – Morbihan (56)

NOS ADRESSES PAGE 543

S'INFORMER

Office du tourisme de l'île de Groix – *Quai de Port-Tudy - 56 590 Groix - 02 97 84 78 00 - www.lorient-tourisme.fr - juil.-août : 9h30-13h, 14h30-18h ; reste de l'année : 9h-12h30, 14h-17h30.*

SE REPÉRER

Carte de microrégion A3 (p. 474-475) – *carte Michelin Département 308 K9.*
Située à 3 miles du continent, l'île de Groix se trouve à 45mn de Lorient en bateau. Elle s'étire sur 8 km de long, 2 à 4 km de large, et se divise en deux parties : **Primiture** à l'est, caractérisée par ses plages et ses bosquets, et **Piwisy** à l'ouest, plus sauvage et escarpée.

SE GARER

Mieux vaut éviter d'amener sa voiture sur l'île : il faut réserver longtemps à l'avance et cela revient cher. Préférez le vélo, même si les sentiers côtiers leur sont interdits par mesure de sécurité.

À NE PAS MANQUER

Le fracas rocheux du Trou de l'Enfer et le site de Port-Lay.

ORGANISER SON TEMPS

Préférez Groix hors saison : l'affluence estivale nuit en effet à la tranquillité des lieux. Autrement, une journée suffit à en faire le tour.

AVEC LES ENFANTS

Faites la visite de l'écomusée de l'île de Groix.

Au large de Lorient, Groix, bien que de dimensions plus modestes, présente le même aspect géologique que Belle-Île. Des rochers géants masquent ses vallons, sa côte sauvage tapissée d'ajoncs et de bruyères est découpée de falaises et de criques sablonneuses. On les imagine sans peine battues par les terribles tempêtes qui ont valu à l'île le proverbe local : « Qui voit Groix voit sa croix. » Ces paysages n'en font pas moins un refuge idéal pour les amoureux de la nature et les amateurs de légendes puisque Groix porte en breton le nom d'« île de la sorcière ».

Itinéraire conseillé Carte Île de Groix

L'itinéraire proposé permet de voir l'essentiel de l'île, mais si vous désirez l'explorer plus en détail, sachez que Groix possède 27 km de chemins côtiers *(balisés au sol)*, exclusivement réservés aux piétons.
Pour les cyclistes et les cavaliers, 50 km de sentiers, accessibles à tous, sillonnent l'intérieur de l'île, dévoilant vestiges préhistoriques, hameaux, fontaines et lavoirs.
Comptez une journée.

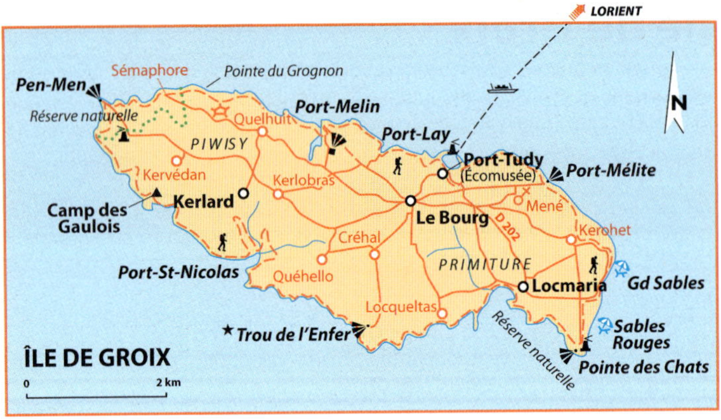

Port-Tudy

De 1870 à 1940, Groix fut le premier port français d'armement au thon. Aujourd'hui, il n'accueille plus guère que quelques chalutiers.

Vous trouverez des loueurs de bicyclettes le long du quai *(voir Nos adresses sur l'île de Groix, p. 544)*.

Écomusée de l'île de Groix – *02 97 86 84 60 - www.ecomusee.groix.free.fr - juil.-août : 9h30-12h30, 15h-19h ; avr.-juin et sept.-nov. : tlj sf lun. 10h-12h, 14h-17h ; reste de l'année : merc. et w.-end 10h-12h, 14h-17h - fermé j. fériés - 5 € (enf. 2,10 €)*. Installé dans une ancienne conserverie, il présente une intéressante exposition sur la géographie, l'histoire et l'ethnographie de l'île.

Un livret de visite est donné aux enfants de 6 à 12 ans. Guidés par Joseph Tonnerre, ils suivront les traces d'un petit mousse tout en visitant le musée.

Loctudy (le bourg)

Bourg principal de l'île, il groupe ses maisons basses aux toits d'ardoise autour de l'église, dont le clocher est surmonté d'un thon de bronze, servant de girouette.

À **Port-Mélite**, la vue se développe de la barre d'Étel à la pointe du Talut. En poursuivant plus à l'ouest, le long du sentier côtier, vous parviendrez à la **plage des Grands-Sables** *(voir Nos adresses sur l'île de Groix, p. 544)*.

Locmaria

Face au grand large, ce village aux rues tortueuses parsemées de lavoirs et de fontaines possède un petit port de pêche et de plaisance.

Pointe des Chats

C'est la partie la plus basse de l'île, avec ses rochers qui tombent en pente douce vers la mer. Belle vue sur la côte sud. Dans la **réserve minéralogique**, on peut observer des grenats, des aiguilles de glaucophane bleue, de l'épidote verte, mais le prélèvement est rigoureusement interdit.

★ Trou de l'Enfer

Profonde échancrure taillée dans la falaise, où la mer s'engouffre avec violence. Dans ce site sauvage, aride, belle **vue** sur la pointe St-Nicolas et la côte rocheuse.

Port-Saint-Nicolas

Superbe site où de belles falaises encadrent une vaste ria aux eaux claires.

Réserve naturelle François-Le Bail

Cette réserve occupe l'extrême nord-ouest de l'île, c'est-à-dire les abords des pointes de **Pen-Men** et de **Biléric**. La première se trouve à droite du phare de même nom et offre de belles vues sur la côte morbihannaise et finistérienne, de la pointe du Talut à Port-Manech. Des milliers d'oiseaux la peuplent. La seconde se repère grâce au sémaphore de Beg-Melen *(accès interdit)*.

Toute la zone est protégée afin de préserver la tranquillité des mouettes tridactyles et des autres oiseaux marins nicheurs qui élisent domicile dans les falaises (goéland brun, marin et argenté, cormoran huppé, fulmar boréal).

Le secteur est aussi intéressant pour sa flore et ses minéraux. En effet, Groix est un site géologique exceptionnel qui recèle plus de 60 espèces de minéraux. L'île est constituée à 80 % par des micaschistes, dont le mica blanc, mélangé au quartz, donne aux roches une coloration blanc argenté sous le soleil. D'autres roches, très sombres, les amphiboles, montrent de belles aiguilles de glauconite bleue parfois associées à l'épidote vert pistache et au grenat rouge. La réserve a aussi été créée pour protéger ces roches.

Des panneaux explicatifs sont installés sur place, mais pour les compléter, rien ne vaut une promenade en compagnie d'un guide de la **Maison de la réserve**, laquelle organise de nombreuses animations ainsi que des expositions sur le patrimoine naturel de l'île. *Le Bourg - ✆ 02 97 86 55 97 - juil.-août : 10h-12h30, 17h30-19h, dim. 10h30-12h30 ; reste de l'année : mar., jeu. et sam. 10h-12h - gratuit - animations (2/j en été tlj sf le w.-end) - 6 € (-10 ans gratuit).*

Port-Melin

On accède à pied, et par une descente rapide, à cette petite crique. Statue élevée à la mémoire de Jean-Pierre Calloc'h.

Port-Lay

Dép. quotidien de Lorient (45mn, 4 à 8 rotations par j. selon la période) - Compagnie Océane - ✆ 0 820 056 156 (0,12 €/mn) - www.compagnie-oceane.fr. Certains trajets sont assurés pour les passagers piétons par la Société Morbihannaise de Navigation (Lorient) - ✆ 0 820 056 000 (0,12 €/mn) - www.smn-navigation.fr - fermé oct.-mars - 27 € (enf. 14 €).

Dans un très beau **site★**, ce havre sûr accueillait les premiers thoniers de l'île.

NOS ADRESSES SUR L'ÎLE DE GROIX

TRANSPORT

Accès à l'île depuis Lorient – Dép. quotidien de Lorient (45mn, 4 à 8 rotations/j. selon la période) - Compagnie Océane - *✆ 0 820 056 156 (0,12 €/mn) - www.compagnie-oceane.fr.* Certains trajets sont assurés pour les passagers piétons par la Société Morbihannaise de Navigation *(Lorient) - ✆ 0 820 056 000 (0,12 €/mn) - www.smn-navigation.fr - fermé oct.-mars - 27 € (enf. 14 €).*

HÉBERGEMENT

BUDGET MOYEN

Hôtel Marine – *7 r. du Gén.-de-Gaulle, le Bourg - 56 590 Groix - ✆ 02 97 86 80 05 - www.hoteldelamarine.com - fermé janv., dim. soir et lun. hors sais. sf vac. scol. - 22 ch. 44/94 € - ☕ 9,50 € - rest. 17/25 €.* Quel délice ! Ce petit hôtel-restaurant a bien des atouts avec son bar où règne une plaisante atmosphère insulaire, sa jolie terrasse ensoleillée, son charmant jardin, ses chambres coquettes ou plus simples mais bien tenues, et sa cuisine soignée.

Hôtel L'Escale – *5 quai de Port-Tudy, à Port-Tudy - 56 590 Groix - ✆ 02 97 86 80 04 - beatrice.mattei@orange.fr - 7 ch. 55/120 € - ☕ 7 €.* L'adresse est incontournable, et pour cause ! Ce petit hôtel est situé juste en face du débarcadère de Port-Tudy. Ses chambres, baptisées chacune du nom d'une île bretonne, donnent toutes sur le port et l'océan. Petits-déjeuners servis dans un joli cadre coloré ou en terrasse face au port.

Hôtel La Jetée – *1 quai Port-Tudy, à Port-Tudy - 56 590 Groix - ✆ 02 97 86 80 82 - fermé 5 janv.-15 mars - 8 ch. 64/84 € - ☕ 8 €.* Une aubaine pour les amoureux de la Bretagne ! Sur l'avant, la jetée et les bateaux au mouillage. Sur l'arrière, les criques de sable fin grisées d'embruns. Les chambres, petites mais coquettes, se partagent les deux vues. Attenant, un pub irlandais où se font les dégustations d'huîtres.

Chambre d'hôte La Grek – *3 pl. du Leurhé, le Bourg - 56 590 Groix - ✆ 02 97 86 89 85 ou 06 09 71 01 91 - www.groix.com - fermé janv. - ⊭ - 4 ch. 60 € ☕.* Cette demeure de style Art déco, jadis propriété d'un armateur de thoniers, doit son enseigne au surnom donné aux Groisillons. Ses chambres, confortables et élégantes, sont dotées de grandes salles de bains. Agréables salons garnis de meubles anciens et grand jardin clos.

RESTAURATION

PREMIER PRIX

Chez Sandrine – *6 r. de Port-Melite, Kerfuret - 56 590 Groix - ✆ 02 97 86 89 72 - ⊭ - réserv. conseillée en été - 6,10/11,43 €.* Décor rustique avec cheminée pour cette authentique crêperie bretonne. Pour l'anecdote, les lattes constituant le plateau des tables proviennent du plancher de la chambre de la maison du gouverneur de Concarneau au temps de Du Guesclin.

ACTIVITÉS

Bon à savoir – Trois magasins de location – Coconut's, À Bicyclette et Bikin'Bike – installés sur le port vous permettront de visiter l'île en vélo. Antivols, sièges bébé et autres accessoires fournis. Vous n'aurez jamais été aussi heureux d'oublier votre voiture !

Pendant les mois de juillet et août, l'**association l'Amer** propose des kayaks à la location. Une idée intéressante pour découvrir l'île depuis les flots. N'oubliez pas, en revanche, de pagayer de temps en temps : c'est bon pour les bras !

Bikin Bike – *Port-Tudy - 56 590 Groix - ✆ 02 97 86 88 35 ou 06 24 31 94 72 - www.bikini-bike.com - 8h30-19h30 en sais.* Attenant la gare maritime, Bikin Bike met à votre disposition, à 50 m de l'arrivée du bateau, le vélo qu'il vous faut : VTT « tout terrain » pour un usage passe-partout ou VTC « tout chemin » pour la promenade. Remorque-enfant, tandem.

Coconut's – *Port Tudy - 56 590 Groix - ✆ 02 97 86 81 57.* Sur le port face au débarcadère, 3 magasins vous proposent location de vélos, scooters, voitures. Jeep, Clio.

Choisir sa plage

L'une des plus belles plages de l'île s'étale dans la crique rocheuse de Port-Mélite, à l'est de Port-Tudy. La plus vaste est celle des Grands-Sables, unique plage convexe d'Europe, avec sa forme d'éperon qui s'avance dans la mer.

La Roche-Bernard

761 Rochois – Morbihan (56)

NOS ADRESSES PAGE 548

S'INFORMER

Office du tourisme de La Roche-Bernard – *14 r. du Dr-Cornudet - 56 130 La Roche-Bernard - 02 99 90 67 98 - www.cc-pays-la-roche-bernard.fr - de mi-juil. à mi-sept. : 10h-12h30, 14h-19h ; reste de l'année : tlj sf dim. 10h-12h30, 14h-18h, j. fériés 14h30-18h - fermé 1er janv., 1er Mai, 1er et 11 Nov, 25 déc.*

SE REPÉRER

Carte de microrégion D3 (p. 474-475) – *carte Michelin Département 308 R9.* La Roche-Bernard est située sur la N 165, au nord du Parc régional de Brière, entre Nantes (72 km au sud-est) et Vannes (40 km au nord-ouest).

À NE PAS MANQUER

Les promenades le long de la Vilaine jusqu'au barrage d'Arzal et la vue splendide depuis la pointe de Scal à Penestin.

ORGANISER SON TEMPS

Le tour du village est fait en une heure mais vous pouvez prévoir une demi-journée pour explorer les environs.

AVEC LES ENFANTS

La visite du parc animalier et botanique de Branféré.

Cette petite ville s'étage joliment sur la butte de la Garenne qui domine la Vilaine. Son port, jadis très florissant grâce au commerce du sel, s'est reconverti pour accueillir les bateaux de plaisance. Il sert aussi de point de départ à d'agréables excursions sur le fleuve.

Se promener

★ Pont du Morbihan

Il a été ouvert au public en juin 1996. Long de 376 m et large de 21 m, son tablier est posé sur un arc de 200 m de portée sur lequel deux passerelles permettent aux promeneurs courageux *(260 marches)* de dominer la Vilaine à plus de 50 m de haut et d'en admirer le **site★**.

Point de vue

Au lacet de la route vers La Baule, un belvédère rocheux *(23 marches)* domine la vallée de la Vilaine et ses pentes boisées, avec sur la droite, les ponts suspendus, sur la gauche, le port de plaisance.

Vieux quartier

La vieille ville et ses rues escarpées descendant vers le port ont conservé beaucoup de charme. Face au point de vue, de l'autre côté de la route, débouche la **promenade du Ruicard**. Elle domine le port, la rue du Ruicard lui fait suite et se perd dans un dédale de ruelles, parfois en escalier. Des maisons des 16e et 17e s. *(nos 6 et 8)*, des porches intéressants *(n° 11)* et une tourelle *(n° 12)* se succèdent.

DU VILLAGE À LA VILLE

La Roche-Bernard aurait été fondée par les Normands au 9e s. Pendant les siècles qui suivirent, le bourg devint une place forte de passage entre le pays de Nantes et celui de Vannes.
Cette position stratégique a sans doute favorisé le développement d'arsenaux qui lui ont valu d'accéder au statut de ville au milieu du 17e s., grâce notamment à la livraison du vaisseau de haut rang *La Couronne*, considéré comme l'un des plus beaux bateaux du roi.

Le passage de la Quenelle, avec des lucarnes à fronton sculpté, mène à la **place Bouffay**. Sur la place, la mairie est aussi appelée « maison du Canon » (1599) : un canon, placé dans un angle, provient de *L'Inflexible*, qui se réfugia sur la Vilaine après la bataille des Cardinaux (1759). Rue Haute-Notre-Dame, la chapelle Notre-Dame (11e s.) a été remaniée aux 16e et 19e s. Première église de la cité, elle fut transformée en temple protestant en 1561, puis en magasin à fourrage durant la Terreur avant d'être rendue au culte catholique en 1827.

Musée de la Vilaine maritime

☏ 02 99 90 83 47 ou 02 99 90 67 98 - de mi-juin à mi-sept. : 10h30-12h30, 14h30-18h30, possibilité de visite guidée sur réserv. - 3 € (enf. 1,60 €).
Le château des Basses-Fosses (16e et 17e s.), situé sur la rive droite de la Vilaine, abrite ce musée consacré aux traditions maritimes et rurales de l'estuaire de la Vilaine. Le rez-de-chaussée évoque l'intense activité maritime que le fleuve a connue par le passé : pêche, construction navale, conchyliculture, cabotage. Une cabine de chasse-marée reconstituée permet d'imaginer la vie à bord de cette embarcation côtière. L'étage est consacré au monde rural : différents types de charpentes, couvertures et lucarnes, vieux métiers, coiffes et costumes traditionnels.

Promenades sur la Vilaine

Juil.-août : croisière-promenade (1h30) dép. du barrage d'Arzal ou de La Roche-Bernard 14h, 15h, 16h, 17h et 18h - 10 € (enf. 6 €) - mars-déc. : croisière-restauration (4h) dép. du barrage d'Arzal 12h30, vend. et sam. 20h - à partir de 42 € - ☏ 02 97 45 02 81 - www.vedettesjaunes.com.
Des vedettes descendent la Vilaine jusqu'au barrage d'Arzal, ou la remontent jusqu'à Redon.
Un sentier de randonnée qui part du vieux port conduit également au barrage *(10 km)*.

À proximité Carte de microrégion

Missillac D4

À 13 km au sud-est par la N 165.
Dans un **site★** remarquable, le **château de la Bretesche** (15e s.), aux remparts cernés d'eau, est séparé du bourg par un bel étang en bordure de forêt.

Foleux

À 18 km au nord par la D 774. À Péaule, prenez à droite la D 20 vers Redon. À 8 km, tournez à droite.
Ce port de plaisance, escale nautique, est établi au confluent de la Vilaine et du Trévelo, dans un très joli site.

Après Foleux, longez la Vilaine et tournez à droite, puis trois fois à gauche, pour gagner l'allée du château.

Entouré de bois, le **château de Léhélec**, bâti en schiste ferrugineux, offre la belle perspective de ses trois cours en terrasses longées par les communs. L'un de ces bâtiments abrite un **Musée paysan** (meubles régionaux et objets usuels). Le public est admis dans deux pièces du rez-de-chaussée, le salon et la salle à manger. *02 99 91 84 33 - ♿ - visite guidée (45mn) juil.-août : tlj sf mar. 14h-19h - 5 € (10-18 ans 3 €).*

Barrage d'Arzal C4

À 12 km à l'ouest par la D 34, puis la D 139.

Ce barrage sur la Vilaine forme une réserve d'eau douce stabilisant le mouvement des marées et favorise par son plan et son port la navigation de plaisance. Possibilités de promenades en bateau sur la Vilaine. Passe à poisson.

Le Guerno C3

À 18 km au nord-ouest par la N 165-E 60 vers Muzillac ; à 8 km, tournez à droite : suivez la nouvelle « Route bleue ».

Agréable surprise en arrivant sur la place de l'Église. Cet ancien lieu de pèlerinage possède une belle **église** Renaissance au clocher défensif et aux armes des hospitaliers. On remarque à l'intérieur une tribune en bois très travaillée. Mais ce qui surprend le plus est à l'extérieur ; on peut y voir une remarquable **chaire★**, les stalles et le banc réservés au clergé, l'autel adossé au calvaire élevé sur la place (vestiges d'un enclos disparu).

Ensuite, empruntez la route à droite qui mène à l'allée du château de Branféré sur la gauche.

En vous rendant à Branféré, admirez sur la droite les deux belles **fontaines** du 18e s., dédiées respectivement à sainte Anne et sainte Marie.

Parc animalier et botanique de Branféré★ – *02 97 42 94 66 - www.branfere.com - ♿ - juil.-août : 10h-18h ; avr.-juin et sept. : 10h-17h, w.-end, j. fériés et vac. scol. 10h-18h ; fév.-mars et oct.-nov. : 13h30-16h - fermé de mi-nov. à déb. fév. - 12,50 € (4-12 ans 8,50 €).* Propriété de la Fondation de France, ce parc doit ses superbes plantations à un botaniste du 18e s. Ici, l'harmonie prime sur le spectaculaire. Pas de fauves ni de reptiles mais un domaine enchanté de quelque 60 ha où vivent en liberté presque complète plus de 2 000 animaux : primates, cervidés, lamas, wallabies, tapirs, loups à crinière, pandas roux, yacks, chameaux, etc. Des oiseaux de toutes sortes paradent autour du château : canards, cigognes, cygnes, flamants roses et rouges, paons, émeus, autruches…

L'une des originalités de ce parc est de permettre à chaque espèce de vivre au plus près de son biotope naturel. Ferme pour enfants, bar, boutique. En 2006, le parc s'est enrichi de 5 ha supplémentaires où l'on peut admirer les animaux de la savane africaine (oryx, girafe, gnou, grand koudou…).

UN HÉROS RÉPUBLICAIN

La Roche-Bernard accueille fort bien la Révolution et se montre hostile à la chouannerie. En 1793, 6 000 « Blancs » viennent facilement à bout de 150 « Bleus » qui défendent la ville.

Le maire, **Sauveur**, qui n'a pas voulu fuir, est emprisonné. On le somme de crier : « Vive le roi ! » Il répond : « Vive la République ! » Un coup de pistolet l'abat. Il devient un héros républicain par décret de la Convention, et la ville porte le nom de Roche-Sauveur jusqu'en 1802.

Moulin de Pen-Mur C3

À 17 km à l'ouest par la N 165-E 60 ; sortez à Muzillac et suivez les panneaux « Site de Pen-Mur » - ✆ 02 97 41 43 79 - visite guidée (1h) juil.-sept. : 10h-12h, 14h-19h, sam. 14h-19h (dernière visite 1h av. la fermeture) ; avr.-juin : tlj sf lun. et sam. 15h-18h - fermé oct.-mars - 6 € (-18 ans 4 €).

Situé dans l'agréable décor d'un étang, le moulin présente la fabrication du papier à la main selon les méthodes traditionnelles du 18e s. On en suit toutes les étapes, depuis le découpage des chiffons jusqu'au séchage.

Pénestin C4

À 17 km à l'ouest par la D 34.

Les Phéniciens y auraient tenu un comptoir d'étain. C'est aujourd'hui une station balnéaire tranquille, proche d'un littoral voué à la mytiliculture (élevage de moules).

La **pointe du Halguen** est couverte de landes émaillées de pins. On peut gagner, à pied, les **plages** rocheuses encadrées de courtes falaises.

À la **pointe du Scal★** *(à Tréhiguier)*, la Vilaine s'élargit entre la pointe du Halguen, à gauche, et celle de Pen-Lan. Nombreuses barques à moteur ou à godille pour collecter les moules.

À 4,5 km au sud. Face à la pointe de Merquel, de la **pointe du Bile★**, vue sur deux îlots et de belles falaises ocre.

NOS ADRESSES À LA ROCHE-BERNARD

HÉBERGEMENT

PREMIER PRIX

Chambre d'hôte Le Moulin du Couedic – *St-Cry - 56 130 Nivillac - ✆ 02 99 90 62 47 ou 06 76 57 68 44 - www.moulin-du-couedic.com - - 4 ch. 44 € ☕ et 1 gîte 4 pers. - repas 16 €.* Accueil chaleureux et simplicité dans cette exploitation agricole située en pleine campagne. Les chambres, très sobrement meublées et mansardées, occupent les anciennes écuries. Un gîte conviendra au long séjour. Les produits de la ferme composent l'essentiel des repas servis à la table d'hôte.

POUR SE FAIRE PLAISIR

Le Manoir du Rodoir – *Rte de Nantes - ✆ 02 99 90 82 68 - www.lemanoirdurodoir.com - fermé 15 déc.-1er fév. - P - 24 ch. 85/130 € - ☕ 12 € - rest. menu 30 €.* Un parc de 2 ha entoure cette ex-fonderie qui abrite des chambres spacieuses et confortables, mansardées au 2e étage. La courte carte propose une cuisine de France, d'Asie, d'Europe méditerranéenne et d'Amérique du Sud. Cadre rustique.

RESTAURATION

BUDGET MOYEN

Au Vieux Quartier – *8 pl. du Bouffay - ✆ 02 99 90 61 19 - fermé mar. - 12,50 € déj. - 16,50/28 €.* Ces deux maisons anciennes aux façades rénovées abritent d'un côté un bar fréquenté par une clientèle locale et de l'autre une salle de restaurant au cadre rustique rajeuni. On y sert une copieuse cuisine classique empreinte de simplicité. Le menu du déjeuner est particulièrement attractif.

UNE FOLIE

L'Auberge bretonne – *2 pl. Duguesclin.* Voir le texte consacré à Jacques Thorel dans le chapitre « Les Grands chefs de la région », *p. 50.*

ACTIVITÉS

Domaine de Rochevilaine – *Pointe de Pen Lan - 18 km à l'ouest de La Roche-Bernard par N 165 et D 5 - 56190 Billiers - ✆ 02 97 41 61 61 - www.domainerochevilaine.com - balnéothérapie 9h-18h.* Outre les plaisirs de la table et le charme de ses chambres donnant sur la mer, cet établissement propose de découvrir les vertus bienfaisantes de ses thermes phéniciens. La gamme de techniques employées est néanmoins empruntée à la balnéothérapie moderne.

Rochefort-en-Terre

★

733 693 Rochefortais – Morbihan (56)

NOS ADRESSES PAGE 552

S'INFORMER

Office du tourisme de Rochefort-en-Terre – *7 pl. du Puits - 56220 Rochefort-en-Terre - ✆ 02 97 43 33 57 - www.rochefort-en-terre.com - juil.-août : 9h30-13h, 14h-18h30 ; janv. à mi-juin : 10h-13h, 14h-17h ; 2e quinz. de juin et 1re quinz. de sept. 10h-13h, 14h-18h.*

SE REPÉRER

Carte de microrégion D3 (p. 474-475) – *carte Michelin Département 308 Q8.* Le village se trouve entre l'Oust et la D 775, qui relie Redon (27 km au sud-est) à Vannes (40 km à l'ouest).

À NE PAS MANQUER

Les très belles maisons anciennes du centre-ville.

ORGANISER SON TEMPS

La visite de Rochefort-en-Terre est bouclée en 2h, mais le village retiendra plus longtemps ceux qui fréquentent la Voie verte.

AVEC LES ENFANTS

Voyagez au milieu des dinosaures à Malansac.

Bâti sur un promontoire dominant la vallée du Gueuzon, ce bourg occupe un site magnifique. Le paysage se compose au fil des rochers, des bois, des ravins, des vergers et des vieilles maisons aux fenêtres fleuries de géraniums. Il vous sera difficile de ne pas céder au charme paisible de cet endroit !

Se promener

★ Maisons anciennes

Le cœur de la cité a conservé des demeures du 16e et du 17e s. que l'on découvre en flânant rue du Porche et sur les places des Halles et du Puits. Belles façades de granit, parfois agrémentées de tourelles d'angle. Certaines abritent des ateliers d'artisans *(liste disponible à l'office de tourisme)*.

Pendant l'été, à la tombée de la nuit, une mise en lumière soignée met en valeur les détails architecturaux les plus intéressants.

Château

☏ 02 97 43 31 56 - ♿ - juil.-août : 11h-19h ; juin et sept. : 14h-18h ; mai : vend.-dim. et j. fériés 14h-18h, possibilité de visite guidée château et musée (1h) - 2 € (-18 ans 1 €).

De la construction féodale du 12e s., voulue par les sieurs de Rochefort, qui ont laissé leur nom au bourg, restent l'imposant châtelet d'entrée, des remparts, des souterrains et les communs. Ces derniers ont été restaurés dans les années 1910 par le peintre américain Alfred Klots, avec des éléments du 17e s., en particulier des lucarnes provenant du manoir de Kéralio, près de Muzillac.

Un **musée d'Art populaire**, attenant à l'ancien atelier des propriétaires, évoque les aspects de la vie rochefortaise d'antan ; une salle regroupe les portes d'une salle à manger d'hôtel (vers 1880).

Église Notre-Dame-de-la-Tronchaye

Cet édifice des 12e, 15e et 16e s. présente une belle façade à quatre pignons percés de fenêtres flamboyantes. Dans le bras droit de son transept, un retable du 17e s. porte la statue vénérée de N.-D.-de-la-Tronchaye, découverte au 12e s. dans un taillis ou « tronchaye », où elle aurait été cachée au temps des invasions normandes. Elle fait l'objet d'un pèlerinage, le dimanche qui suit le 15 août.

Le chœur renferme des stalles du 16e s. et, derrière le maître-autel *(passage dans le transept à gauche)*, un retable Renaissance en pierre blanche qui autrefois séparait les chanoines, qui étaient dans le chœur, des fidèles dans la nef. Au fond de cette ancienne collégiale, la remarquable tribune en bois finement sculptée provient du jubé.

À proximité Carte de microrégion

Malansac D3

▶ À 3 km à l'est par la D 21 en direction de Malansac, puis la D 134 vers St-Gravé.

Parc de préhistoire de Bretagne – *☏ 02 97 43 34 17 - www.prehistoire.com - ♿ - juil.-août : 10h-19h ; avr.-juin et de sept. à mi-oct. : 11h-19h ; de mi-oct. à mi-nov. : dim. 13h30-18h - fermé de mi-nov. à avr. - 10 € (5-11 ans 6 €).* Le site sauvage de Gwenfol, composé d'anciennes ardoisières *(exposition photo)* et parsemé de lacs, accueille le **Parc de préhistoire de Bretagne** : une trentaine

La place du Puits.
G. Targat/MICHELIN

de scènes retracent le monde des dinosaures (impressionnant brachiosaure) et l'évolution de l'homme du paléolithique au néolithique.

Questembert C3

À 10 km au sud-ouest par les D 777 et D 7.

Cette petite cité accueillante s'est développée dans une campagne verdoyante, en bordure du pays vannetais. Ses **halles**, construites en 1552 et restaurées en 1675, sont dotées d'une charpente magnifiquement ordonnée qui commande trois allées.

La **chapelle St-Michel** (16e s.) se dresse dans le cimetière. Une croix-calvaire y rappelle la victoire qu'Alain le Grand remporta sur les pirates normands, vers 888 à Coët-Bihan *(6,5 km au sud-est)*.

La **Voie verte** *(reportez-vous au chapitre « Sur place de A à Z » en début de guide, p. 23)* aboutit, ou débute, à Questembert. Reliant Mauron, cet itinéraire de 53 km comblera les passionnés de vélo ou de roller.

La Vraie-Croix C3

À 8 km à l'ouest de Questembert par la D 1C.

Ce village fleuri conserve une chapelle construite sur une voûte ogivale. La route passait autrefois sous cette voûte. La partie inférieure de l'édifice semble dater du 13e s. La chapelle supérieure fut reconstruite en 1611. L'édifice abrite une croix reliquaire qui renferme un fragment supposé de la croix du Christ.

NOS ADRESSES À ROCHEFORT-EN-TERRE

HÉBERGEMENT

BUDGET MOYEN

Résidence de tourisme domaine d'Ar Peoc'h – *8 r. Candré (au bas de la mairie) - ✆ 02 97 43 35 44 - www.quietude-evasion.com - fermé de janv. à mi-mars - P - 36 appartements 50/60 € - ☕ 6 €.* Au cœur de la petite cité médiévale, résidence abritant des appartements récents, décorés simplement, mais calmes et bien équipés. Quelques duplex très pratiques pour les familles. Piscine.

POUR SE FAIRE PLAISIR

Chambre d'hôte du Château de Castellan – *Castellan - 56 200 St-Martin-sur-Oust - 13 km au nord-est de Rochefort-en-Terre par D 777 rte de La Gacilly et D 149 rte de St-Congard - ✆ 02 99 91 51 69 - fermé 15 nov.-15 mars - réserv. obligatoire - 5 ch. 85/110 € ☕ - repas 21 €.* Château du 18e s. dans la verdoyante campagne du Vannetais. Les chambres sont joliment décorées ; celle baptisée « Médaillons » est superbe avec ses lambris et peintures d'origine. L'ex-écurie abrite l'auberge où l'on sert des spécialités du terroir.

RESTAURATION

Rochefort-en-Terre

PREMIER PRIX

Le Café Breton et la Chouannière – *R. du Porche - ✆ 02 97 43 32 60 - fermé fév.-mars, nov. et jeu. sf vac. scol. - 8/11 €.* Étonnant restaurant aménagé dans une demeure du 16e s. cramponnée à la roche. Sa décoration intérieure – fresques représentant des scènes de la vie locale, panneaux de coffres bretons… – est l'œuvre du peintre américain Alfred Klots. Crêpes, salades ou menu campagnard.

BUDGET MOYEN

Le Pélican – *Pl. des Halles - ✆ 02 97 43 38 48 - www.hotel-pelican-rochefort.com - 18/38 €.* Restaurant de caractère (cheminée, boiseries, meubles rustiques) dans une demeure des 16e et 18e s. Cuisine régionale. Chambres récentes.

Questembert

UNE FOLIE

Le Bretagne et sa Résidence – *R. St-Michel - ✆ 02 97 26 11 12 - 28/135 €.* Le restaurant étoilé d'Alain Orillac vous accueille dans une élégante salle ornée de boiseries ou dans un jardin d'hiver. Cuisine inventive. Chambres très confortables dans l'annexe.

ACHATS

Marché du terroir sous les halles – *56230 Questembert.* Tous les lundis, de 8h à 12h, venez découvrir les produits du terroir que vous proposent les producteurs locaux.

La Gacilly

★

2 248 habitants – Morbihan (56)

NOS ADRESSES PAGE 555

S'INFORMER

Office du tourisme de La Gacilly – *Le Bout-du-Pont - 56 200 La Gacilly - 02 99 08 21 75 - www.pasdelagacilly.com - juil.-août : 10h-19h, dim. et j. fériés 10h30-12h30, 14h30-18h30 ; mai et juin : tlj sf lun. 9h-12h30, 14h-18h, dim. 14h-18h ; mars-avr. et sept.-oct. : tlj sf lun. 9h-12h30, 14h-18h, w.-end 14h-18h ; reste de l'année : mar. et w.-end 14h-18h, merc. et vend. 9h-12h30 - fermé 1er janv., 25 déc.*

SE REPÉRER

Carte de microrégion D2 (p. 474-475) – *carte Michelin Département 308 S8.*
Située entre Ploërmel (30 km au nord-ouest par la D 8) et Redon (16 km au sud par D 773 et D 873), La Gacilly se trouve à proximité de la vallée de l'Oust et du canal de Nantes à Brest.

À NE PAS MANQUER

L'initiation et l'introduction aux plantes que propose le circuit de découverte Yves Rocher.

ORGANISER SON TEMPS

Prévoyez une bonne journée sur place entre la découverte des artisans du village, le circuit de découverte et la visite des alentours.

AVEC LES ENFANTS

Essayez d'identifier toutes les espèces d'animaux qui peuplent la ferme du Monde à Carentoir.

Cette agréable petite cité de la vallée de l'Aff ne peut manquer de surprendre par son dynamisme. Non contente d'accueillir un des grands noms de la cosmétique, elle est devenue un lieu de rendez-vous privilégié de nombreux artisans, propose des activités ludiques autour de sa rivière et accueille chaque été un festival de photographie en plein air renommé.

Se promener

L'ARTISANAT

Fileur de verre *(sortie du village)*, dinandier, sculpteur, créateur de bijoux, tourneur sur bois… une trentaine d'artisans travaillent et exposent dans le village. Vous pouvez les retrouver grâce au **circuit des Artisans** dont le plan est disponible à l'office de tourisme.

Autre option possible : vous laisser guider par votre inspiration et flâner au gré des rues abondamment fleuries, bordées de maisons anciennes aux façades en schiste. Vous trouverez toujours un atelier sur lequel vous extasier.

PLANTES ET COSMÉTIQUE

★ Circuit de découverte Yves Rocher

02 99 08 35 84 - ♿ - le site est en travaux; se renseigner.

Végétarium – *Près du pont sur l'Aff.* Omniprésentes, indispensables et pourtant si méconnues, les plantes méritent bien cet espace de découverte qui leur est consacré. Une belle vidéo, des reconstitutions (milieux désertique et tropical), des maquettes et présentations interactives illustrent la vie des plantes et leur utilité pour l'homme.

Jardin botanique – *La Croix des Archers, direction Guer.* La bambouseraie conduit au jardin botanique où plus de 1 000 espèces de plantes sont classées en fonction de leurs utilisations : cosmétique, parfums, condiments, industries, tisanes…

Site industriel – *Les Villes Jeffs, rendez-vous à l'accueil de la Croix des Archers. Privilégier les jours de fonctionnement de l'usine.* Le parcours, en partie audioguidé dans une galerie panoramique, présente les deux unités de production (1991 et 1996) du site.

À proximité Carte de microrégion

Carentoir D2

À 6 km au nord par la D 773 en direction de Guer.

02 99 93 70 70 - www.lafermedumonde.com - ♿ - avr.-sept. : 10h-19h (dernière entrée 1h30 av. la fermeture) ; 1er oct.-11 nov. : merc. 10h-18h, w.-end et j. fériés 10h-18h - possibilité de visite guidée (1h30 à 2h en train) - fermé 1er janv., 25 déc. - 8,50 € (enf. 5 €).

Dans le parc du manoir Le Bois Brassu, **la ferme du Monde** rassemble 55 espèces d'animaux d'élevage parmi les plus représentatives des différents continents.

Une ferme pour enfants et un minigolf complètent ces installations, réalisées et entretenues par les travailleurs handicapés du Centre d'aide par le travail.

Basse vallée de l'Oust

Au sud de La Gacilly.

Cette portion de vallée, classée « Grand Site naturel », présente des paysages contrastés de marais, de coteaux escarpés et de cluses.

À voir en particulier : l'**Île-aux-Pies**, escarpement rocheux dominant la rivière à Bain-sur-Oust, les sites du Pont-d'Oust à Peillac, du Mortier de Glénac et de la cluse de Saint-Congard.

NOS ADRESSES À LA GACILLY

HÉBERGEMENT

UNE FOLIE

La Grée des Landes – *Rte de Cournon, 1,5 km au sud-est de La Gacilly - ✆ 02 99 08 50 50 - www.lagreedeslandes.com - 29 ch. 120 € - rest. formule déj. 24 € en sem., 29,90 € le dim., carte 35 € (dîner uniquement)/70 €.* Surplombant la vallée de l'Aff, cet hôtel aux lignes contemporaines a été conçu selon des normes écologiques. Chambres de plain-pied avec terrasse. Au restaurant, cuisine dans l'air temps mettant à l'honneur les produits locaux, essentiellement bio. L'établissement comprend aussi un Spa Yves Rocher.

RESTAURATION

BUDGET MOYEN

Les enfants gât'thés – *24 rue Lafayette - ✆ 02 99 08 23 01 - www.lesenfantsgatthes.com - menu 14,50/23 €.* Cette maison ancienne, voisine des ateliers d'artisans, a été coquettement rénovée. La cuisine fait largement appel aux produits locaux (viandes « bio »). Deux terrasses pour la belle saison. Salon de thé et épicerie fine (thés, confitures, etc.).

ACTIVITÉS

En **basse vallée de l'Oust**, plusieurs sentiers d'interprétation bien fléchés et balisés invitent à découvrir le patrimoine naturel et humain de cette région sauvage, où l'Oust se fraie un passage dans le roc granitique. Le sentier de **l'île aux Pies**, à St-Vincent-sur-Oust, est le plus pittoresque. Un topo-guide « Balades en basse vallée de l'Oust » est en vente à l'office de tourisme.

On peut aussi parcourir la vallée en canoë-kayak.

Canoë Apach'Bihan – *île aux Pies - St-Vincent-sur-Oust - 6 km au nord-ouest de Redon par la D 764 - ✆ 02 99 91 21 15 - www.canoe-apach'bihan.com.* Location d'embarcations à la journée ou à l'heure pour pagayer sur l'Oust et les rivières alentour. Départ du site de l'île aux Pies à St-Vincent-sur-Oust.

Pour les amateurs d'escalade, une via ferrata est aménagée sur la falaise de l'île aux Pies. Rens. : **La Fédé** – *5 r. Jacques-Prado - ✆ 02 99 72 17 46 - www.lafede.fr.*

AGENDA

Festival Photo Peuples et Nature – Chaque année depuis 2003, de début juin à fin septembre, la petite cité morbihannaise se transforme en galerie photo à ciel ouvert. Renseignements au *✆ 02 99 08 68 00 - www.festivalphoto-lagacilly.com.*

Josselin

★★

2 582 Josselinais – Morbihan (56)

NOS ADRESSES PAGE 563

S'INFORMER

Office du tourisme de Josselin – *Pl. de la Congrégation - 56 120 Josselin - 02 97 22 36 43 - www.paysdejosselin-tourisme.com - juil.-août : 10h-18h ; reste de l'année : tlj sf dim. et j. fériés 10h-12h, 14h-17h30, sam. 10h-12h - fermé 1er janv., 1er et 11 Nov., 25 déc.*

En dehors des traditionnelles visites guidées de la ville *(juil.-août : se renseigner)*, l'office du tourisme de Josselin propose : un **circuit d'interprétation** en 39 étapes dans Josselin (avec livret pédagogique pour les enfants) et **3 « flâneries »** : au bord de l'Oust, au Bois d'Amour et hors des sentiers battus *(documents gratuits)*.

7 boucles pour cyclistes ont été conçues au gré des routes de campagne et du canal de Nantes à Brest *(documents gratuits)*.

L'OT vend une pochette de 30 circuits de randonnée (à pied et à vélo).

Office du tourisme de Malestroit – *17 pl. du Bouffay - 56140 Malestroit - 02 97 75 14 57 - www.malestroit.com - juil.-août : 9h-13h, 14h-19h, dim. 10h-16h ; reste de l'année : tlj sf dim. 9h30-12h30, 14h-18h - fermé 1er janv., 1er Mai, 1er et 11 Nov. et 25 déc.*

Office du tourisme du pays de Ploërmel – *5 r. du Val - 56800 Ploërmel - 02 97 74 02 70 - www.tourisme-ploermel.com - juil.-août : 9h30-19h ; reste de l'année : 10h-12h30, 14h-18h30 - fermé j. fériés.*

SE REPÉRER

Carte de microrégion C1 (p. 474-475) – *Carte Michelin Département 308 P7.*

Josselin se trouve au nord des landes de Lanvaux qui précèdent le golfe du Morbihan. Elle est à équidistance de Lorient (75 km à l'ouest) et de Rennes (80 km à l'est) par la N 24, qui passe d'abord par Ploërmel (14 km). Pontivy est à 35 km à l'ouest par la D 764.

À NE PAS MANQUER

L'ascension du clocher de la basilique N.-D.-du-Roncier pour profiter de la vue plongeante sur le château, et l'histoire de la résistance bretonne au musée de St-Marcel.

ORGANISER SON TEMPS

La ville et ses environs vous occuperont une journée.

AVEC LES ENFANTS

Après un petit tour au musée des Poupées du château, programmez une visite de l'insectarium de Lizio.

Avec ses maisons médiévales aux toits d'ardoise s'étageant à flanc de coteau, et le château des Rohan qui se mire dans l'Oust, Josselin offre d'emblée une vision des plus pittoresques. Posté à la frontière du pays gallo et du pays bretonnant, au cœur de l'ancienne vicomté de Porhoët, son site permet de découvrir un Argoat riche de ressources touristiques.

557

JOSSELIN

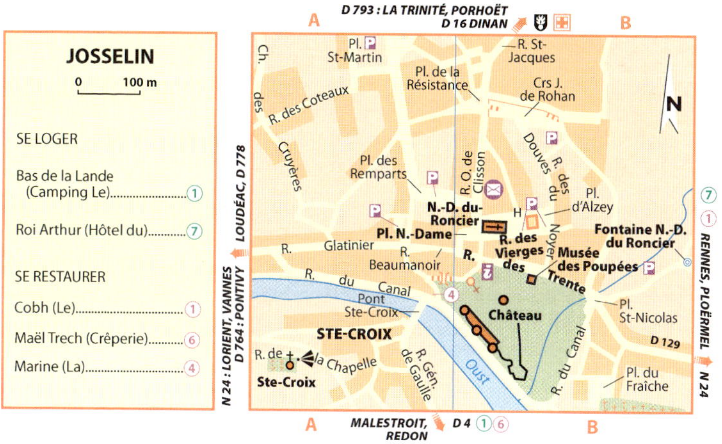

Se promener Plan de la ville

★★ Château B

✆ 02 97 22 36 45 - visite guidée (45mn) de mi-juil. à fin août : 10h-18h ; avr.-juin et sept. : 14h-18h ; oct. : w.-end et vac. scol. 14h-18h - 7,40 € (enf. 5 €), 12,30 € (enf. 8,20 €) billet combiné avec le musée des Poupées.

Du côté de l'Oust, l'édifice a l'allure d'une forteresse, avec des tours et des mâchicoulis. Les fenêtres et les lucarnes qui dominent les murailles appartiennent au palais élevé par Jean II au 16e s.

Le château a été construit sur une terrasse de plan irrégulier. Des murailles ne subsistent que les bases, à l'exception de celles que l'on voit depuis le pont Ste-Croix. La « tour-prison », isolée, marquait l'angle nord-est de l'enceinte.

Donnant sur le parc qui occupe l'ancienne cour, la ravissante **façade★★** du corps de logis forme un contraste extraordinaire avec l'appareil fortifié de la face extérieure.

Nulle part, en Bretagne, on n'a poussé plus loin l'art de sculpter ce dur matériau qu'est le granit : accolades, fleurons, pinacles, gâbles, couronnes, feuilles frisées décorent à profusion hautes lucarnes et balustrades.

Seul le rez-de-chaussée, restauré au 19e s., se visite. La salle à manger conserve une statue équestre d'Olivier de Clisson *(voir p. 558)*, œuvre de Frémiet. Après l'antichambre, véritable galerie de portraits de la famille de Rohan, le grand salon au riche mobilier possède une belle cheminée finement sculptée où se lit la devise actuelle des Rohan : « A plus », devise qui signifierait « Sans plus, sans supérieur... » La bibliothèque renferme plus de 3 000 volumes et quelques portraits.

Musée des Poupées – *3 r. des Trente - ✆ 02 97 22 36 45 - de mi-juil. à fin août : 10h-18h ; avr.-juin et sept. : 14h-18h ; oct. : w.-end et vac. scol. 14h-18h - 6,60 € (enf. 4,60 €), 12,30 € (enf. 8,20 €) billet combiné avec le château de Josselin.* Installé dans les anciennes écuries du château, le musée des Poupées expose environ 600 poupées provenant de la collection Rohan (du 17e au 20e s.) avec leurs accessoires, leurs costumes et leurs meubles miniatures. Des expositions temporaires sont organisées durant l'été.

La noblesse d'épée de Josselin

LE COMBAT DES TRENTE

Il eut lieu le 27 mars 1351, dans la lande de Mi-Voie, entre Josselin et Ploërmel. À 5 km de Josselin, au lieu-dit la Pyramide, une colonne de granit en indique l'emplacement.

Au milieu du 14e s., le château de Josselin appartient à la maison de France, et Jean de Beaumanoir en est le capitaine. En pleine guerre de Succession, Josselin soutient la cause de **Charles de Blois** ; le parti de Jean de Montfort tient Ploërmel où commande l'Anglais Bemborough, dit **Bembro**. Les deux chefs arrangent un combat qui mettra en présence trente chevaliers de chaque camp : on se battra à pied, en usant de l'épée, de la dague, de la hache et de l'épieu. Après avoir communié, la troupe de Beaumanoir se rend au lieu de la rencontre. Le camp adverse compte vingt Anglais, six Allemands et quatre Bretons. La journée se déroule en corps à corps acharnés jusqu'à l'épuisement des combattants. Josselin est vainqueur : le capitaine anglais est tué avec huit de ses hommes, les autres sont faits prisonniers. Au cours de la lutte, le chef breton, blessé, demande à boire : « Bois ton sang, Beaumanoir, la soif te passera ! », répliqua Geoffroy du Bouays, l'un de ses rudes compagnons.

LE CONNÉTABLE DE CLISSON

Olivier de Clisson a eu une enfance tragique. Il a 7 ans quand son père, accusé de trahir le parti français dans la guerre de Succession, est décapité sur ordre du roi Philippe VI. Sa mère, **Jeanne de Belleville**, se transforme alors en furie. Elle court à Nantes avec ses enfants et, devant la tête sanglante de leur père clouée au rempart, leur fait jurer de le venger. Elle se met ensuite en campagne avec 400 hommes : la troupe passe au fil de l'épée les garnisons de six châteaux favorables à la cause française. Elle arme un vaisseau et coule tous les navires du parti adverse qu'elle rencontre. À cette école, Olivier devient un redoutable homme de guerre : sa carrière, d'abord chez les Anglais puis dans l'armée de Charles V, est particulièrement brillante. Compagnon d'armes de Du Guesclin, il lui succède comme connétable de France, et achète le château de Josselin en 1370. Tout-puissant sous Charles VI, il est banni quand le roi devient fou et meurt, en 1407, à Josselin. Après lui, le château passe dans la famille de Rohan – aujourd'hui de Rohan-Chabot – qui le possède encore.

LE TEMPS DES ROHAN

En 1488, pour punir Jean II de Rohan d'avoir pris le parti du roi de France, le duc de Bretagne François II s'empare de Josselin et le fait démanteler. Quand sa fille Anne devient reine de France, elle accorde réparation à **Jean II**. Autorisé à reconstruire, il réalise un chef-d'œuvre digne de l'orgueilleuse devise de sa famille : « Roi ne puis, prince ne daigne, Rohan suis ». La forme originale de cette devise aurait été « Duc je ne daigne, Roi je ne puis, Prince de Bretaigne, De Rohan je suis », elle-même inspirée de celle des seigneurs de Coucy, qui était « Roi ne suis, ne prince, ne duc, ne comte aussi. Je suis le sire de Coucy. »

En 1629, le général-duc **Henri de Rohan** est le chef des huguenots, ennemis jurés de Richelieu qui fait démolir le donjon et cinq des neuf tours de Josselin. Croisant le duc dans l'antichambre du roi, il lui annonce non sans ironie : « Je viens, Monsieur le duc, de jeter une bonne boule dans votre jeu de quilles. »

Maisons anciennes autour de la basilique.
J.-P. Bauchet/ Office du tourisme du pays de Josselin

★ Basilique Notre-Dame-du-Roncier B

✆ 02 97 22 20 18 - www.notre-dame-du-roncier.fr - 8h30-19h30 - gratuit.
Le vocable N.-D.-du-Roncier repose sur une tradition : vers l'an 800, un paysan coupe les ronces de son champ et découvre une statue de la Vierge, d'où le nom de la basilique. Fondée au 11e s. à l'emplacement d'un oratoire en branchages, elle apparaît, dans son ensemble, de style gothique flamboyant.

À l'extérieur, remarquez les gargouilles qui ornent les trois faces de l'édifice ainsi que la Vierge en pierre du portail d'entrée. À l'intérieur, dans la chapelle de droite, voyez le **mausolée★** de marbre d'Olivier de Clisson et de sa femme Marguerite de Rohan (15e s.).

Le grand pardon de cette église était naguère appelé « pardon des aboyeuses » parce qu'en 1728 trois enfants furent guéris de cette forme d'épilepsie.

Montée au clocher – *Pl. Alain-de-Rohan - ✆ 02 97 22 24 17 - de mi-juin à mi-sept. : 8h30-19h - gratuit.* Après avoir gravi les 138 marches, on découvre la vue plongeante sur la façade nord-est et la cour intérieure du château, qui s'étend sur la campagne environnante.

Maisons anciennes B

On peut en voir autour de la basilique, rue des Vierges et place Notre-Dame, mais les plus belles se trouvent rue des Trente : au n° 7, la maison « Lovys Piechel » est une demeure fort pittoresque (1624) qui abrite l'office de tourisme. Voir aussi la maison contiguë, de 1663.

Fontaine Notre-Dame-du-Roncier B

C'est toujours un but de pèlerinage. Elle date de 1675.

Quartier Sainte-Croix A

Il faut traverser le pont pour découvrir le plus vieux quartier de Josselin et ses rues étroites bordées de pittoresques maisons à pans de bois. Cet ancien faubourg récemment réhabilité a connu la prospérité grâce aux nombreuses activités artisanales liées à l'eau (tanneurs, lavandières…). La **chapelle Ste-Croix** y est bâtie à flanc de colline et conserve une nef du 11e s.

À proximité Carte de microrégion

★ Guéhenno C2

À 10 km au sud-ouest par la N 24, puis la D 778.

Au cœur d'un paysage vallonné, Guéhenno est traversé par la Laie et le Sedon. De belles maisons en pierre de taille des 16e et 17e s. ont conservé un décor riche et soigné.

Calvaire★ – Dressé dans le cimetière près de l'église, il date de 1550. Toute sa valeur réside dans la parfaite ordonnance de sa composition. Une colonne, sculptée des instruments de la Passion, le précède ; elle est surmontée d'un coq (allusion au reniement de saint Pierre). L'entrée du petit ossuaire est protégée par deux statues de gardes en faction.

Lizio C2

À 10 km au sud par la D 4, puis la D 174 à droite.

Cette « petite cité de caractère » a conservé un bel ensemble de maisons en granit des 17e et 18e s., groupées autour de l'église.

Écomusée des Vieux Métiers – *Bobhuet - 56460 Lizio - 02 97 74 93 01 - www.ecomuseelizio.com - ♿ - juil.-sept. : 10h-12h, 14h-19h ; avr.-juin : 14h-18h ; reste de l'année : se rens. - possibilité de visite guidée (1h30) - fermé janv.-mars, 1er janv., 11 Nov., 25 déc. - 6 € (enf. 4 €).* Plus de 60 métiers disparus sont évoqués sur 2 000 m² : reconstitution de boutiques, intérieurs de fermes, ateliers d'artisans, profusion d'outils et d'objets anciens… Également des expositions temporaires et des animations.

Insectarium – *R. du Stade - 02 97 74 99 12 ou 06 67 53 83 94 - ♿ - juil.-août : 10h-19h ; avr.-juin et sept.-oct. : 10h-18h - 6 € (4-16 ans 4,50 €).* Une trentaine de terrariums hébergent des dizaines d'espèces d'insectes : mille-pattes, cétoines imitant les brindilles, phasmes, papillons de nuit, mais aussi criquets, scorpions et mygales… Deux films vidéo, et un microscope pour l'observation d'insectes.

Univers du Poète ferrailleur – *Direction le Roc-St-André - 02 97 74 97 94 - ♿ - www.poeteferrailleur.com - de déb. juil. à mi-sept. : 10h30-12h30, 14h-18h ; avr.-juin et de mi-sept à fin oct. : dim. et j. fériés 14h-18h - fermé 1er janv., 1er Mai, 1er et 11 Nov., 25 déc. - 6 € (enf. 5 €).* Surprenant, amusant, dépaysant… entrez dans le monde fantastique de cet inventeur à l'imagination débridée qui donne de la vie, du mouvement, à une soixantaine de bien curieuses sculptures.

Ploërmel D2

À 13 km à l'est par la N 24.

Cette petite ville fut une résidence des ducs de Bretagne. *Visites guidées à l'office de tourisme - 5 r. du Val - 02 97 74 02 70.*

Église St-Armel★ – Fondateur de la ville, saint Armel (6e s.) est représenté avec un dragon au bout d'une laisse. L'église date du 16e s. Le **portail★** nord, de style gothique flamboyant et Renaissance, comprend deux portes finement sculptées : enfance du Christ, scènes burlesques. Dans la chapelle, à gauche du chœur, statues funéraires en marbre des ducs Jean II et Jean III de Bretagne (14e s.). Dans le croisillon droit, derrière le tombeau de Philippe de Montauban et de sa femme, beau gisant en marbre blanc du 14e s. Admirez également les magnifiques **verrières★** des 16e et 17e s. restaurées : dans le bas-côté, l'Arbre de Jessé et, dans le transept gauche, la vie de saint Armel. Des vitraux modernes, de Jacques Bony, ont remplacé ceux détruits en 1944.

Maisons anciennes – Au n° 7 de la rue Beaumanoir se trouve la **maison des Marmousets** (16e s.), ornée de sculptures sur bois. La maison des ducs de Bretagne (16e s.) est située en face. Autres maisons anciennes rue des Francs-Bourgeois.

Maison mère des frères de Ploërmel – La communauté des frères de l'Instruction chrétienne de Ploërmel fut fondée en 1819 par l'abbé Jean-Marie de La Mennais (1780-1860), frère aîné de Félicité, connu comme écrivain sous le nom de Lamennais à partir de 1835.

Cette demeure abrite aujourd'hui le **musée Jean-Marie-de-La Mennais**, dédié au fondateur de la communauté, le **musée des Sciences naturelles**, et surtout une **horloge astronomique** (1855). Cette dernière fut exécutée par frère Bernardin pour instruire les futurs enseignants des écoles de la côte et toujours en fonctionnement. Sa précision a été chiffrée en 1978 de l'ordre du dix-millième de temps de rotation de chacune des planètes du système solaire. *02 97 74 06 67 - ♿ - 11h30-13h30 - le musée est en travaux et ne sera que très partiellement ouvert au public - possibilité de visite guidée - gratuit.*

Lac au Duc D1-2

À 2 km au nord de Ploërmel par le bd du Mar.-Foch.

Ce lac (250 ha) est équipé d'une plage artificielle et d'une base pour la baignade, la pêche et la pratique du ski nautique.

Sur les berges du lac au Duc, le Circuit des hortensias *(sentier de 3 km)* chemine dans un arboretum, planté de 2 000 hortensias. Issus de 220 variétés différentes, ils fleurissent de mai à octobre. *Chemin balisé à partir du parking de l'hôtel du Roi Arthur (4h de balade). Accès gratuit.*

La Trinité-Porhoët C1

À 15,5 km au nord par la D 793.

Cette localité qui doit son nom au croisement de trois voies romaines était le fief des puissants seigneurs du Porhoët, comtes de Bretagne.

Église de la Sainte-Trinité – L'édifice, plutôt massif, a été construit pour un prieuré (1050) par les moines de St-Jacut. On est surpris, à l'intérieur, par la déclivité du sol qui monte vers le chœur où l'on peut admirer, sur le retable, un spectaculaire **Arbre de Jessé★** (17e s.).

Malestroit D2

À 25 km au sud-est par la D 4 que prolonge la D 764.

Proche des landes de Lanvaux, cette coquette cité, baignée par l'Oust canalisée, conserve d'intéressantes demeures gothiques et Renaissance. Malestroit fut au Moyen Âge l'une des neuf baronnies de Bretagne.

Maisons anciennes – Ces demeures, à pans de bois ou en pierre, se groupent principalement près de l'église St-Gilles. Place du Bouffay, une façade présente des sujets sculptés humoristiques, une autre a gardé son pélican de bois et une troisième arbore une truie qui file. Parcourez aussi la rue au Froment, la rue aux Anglais, la rue des Ponts et la rue du Gén.-de-Gaulle.

Église St-Gilles – Au portail sud de cette église des 12e et 16e s., on remarque les attributs des quatre évangélistes : le lion de saint Marc est monté par le jeune homme de saint Matthieu, le bœuf de saint Luc repose sur un socle orné de l'aigle de saint Jean. L'après-midi vers 15h (heure solaire), l'ombre du bœuf et celle de l'aigle dessinent sur la muraille le profil de Voltaire !

Saint-Marcel C2

À 3 km à l'ouest de Malestroit par la D 321.

Musée de la Résistance bretonne★ – *02 97 75 16 90 - ♿ - de mi-juin à mi-sept. : 10h-19h ; reste de l'année : tlj sf mar. 10h-12h, 14h-18h - possibilité de visite guidée du parc (20mn) - fermé 1er janv., 25 déc. - 8 € (enf. 5,40 €).* Audiovisuels, panneaux explicatifs, armes, photos et uniformes font revivre la Résistance à l'occupation allemande sur le plan régional.

La reconstitution d'une rue avec épicerie-bazar, d'une pompe à essence, d'un restaurant et des évocations des restrictions, du marché noir et de la collaboration complètent ces collections.

Dans le parc, on peut se promener dans la reconstitution d'un chantier de construction du mur de l'Atlantique, dans un garage sous l'Occupation, et dans un camp de l'armée américaine.

En sortant du musée à gauche, après 1 km, s'élève un **monument** commémorant la bataille du 18 juin 1944 entre maquisards, SAS (plus de 200 commandos de la France libre furent parachutés après le Débarquement) et soldats allemands.

Locminé B2

À 25 km à l'ouest de Josselin par la N 24.

Locminé, « lieu des moines », doit son nom à une abbaye. Fondée au 6e s., elle possédait deux églises jumelées, l'église St-Sauveur du 16e s. et la chapelle St-Colomban. Seules leurs façades subsistent ; en 1975, une église moderne a été construite en retrait, en remplacement des nefs.

La chapelle **N.-D.-du-Plasker** du 16e s. *(à gauche du chevet de l'église moderne)* présente une riche décoration flamboyante.

★ Domaine de Kerguéhennec C2

À 10 km à l'est de Locminé. Prenez la direction de Bignan, puis la D 123 vers le domaine.

Centre d'art contemporain - 02 97 60 44 44 - ♿ - www.art-kerguehennec.com - de mi-juin à mi-sept. : 11h-19h ; reste de l'année : 10h-18h - possibilité de visite guidée (45mn) - fermé lun. et j. fériés, de mi-déc. à mi-janv. - gratuit.

L'étymologie du nom *Ker-guehennec* signifie approximativement « lieu du combat ». On ne saurait mieux trouver pour un espace qui se bat afin de rendre l'art contemporain accessible à tous !

Parc de sculptures – Une vingtaine d'œuvres sont dispersées dans ce parc de 195 ha, dessiné par les frères Bühler en 1872 et merveilleusement fleuri de rhododendrons au mois de mai.

Certaines sculptures ont été réalisées spécialement dans le cadre des résidences d'artistes. On découvre, entre autres : Giuseppe Penone, François Morellet, Tony Cragg, Michelangelo Pistoletto, Richard Long ou Jean-Pierre Raynaud dont les *1 000 Pots bétonnés* (1986) questionnent les visiteurs sur le statut de l'œuvre.

Pour parcourir les dédales du parc *(comptez 2h minimum pour en faire le tour)* et vous familiariser avec les œuvres qui s'y trouvent disséminées, demandez un plan *(gratuit)* ou un petit guide *(3 €)* du domaine au château ou au Café du Parc qui le jouxte.

Château et dépendances – Cette belle demeure construite au début du 18e s. par Olivier Delourme, un architecte de la région, s'ordonne avec ses communs symétriques autour d'une vaste cour d'honneur. Expositions temporaires et séminaires.

NOS ADRESSES À JOSSELIN

VISITES

En dehors de Josselin

Domaine de Kerguéhennec – Le domaine propose en saison une visite guidée de l'écurie et de la bergerie – *mar.-dim. 16h - gratuit.*

HÉBERGEMENT

Josselin

PREMIER PRIX

Camping Le Bas de la Lande – *Le Bas de la Lande - 2 km par D 778 et D 724 rte de Guégon à gauche à 50 m de l'Oust - par voie rapide : sortie Ouest Guégon - ✆ 02 97 22 22 20 - www.josselin.com ou www.guegon.fr - de déb. avr. à fin oct. - ♿ - 60 empl.* Presque en bordure de l'Oust, ce camping propose des emplacements agencés en terrasses ou des locations de chalets. Les sanitaires allient propreté et fonctionnalité. Salle de jeux (billard, baby-foot et TV) et accès gratuit au minigolf.

En dehors de Josselin

POUR SE FAIRE PLAISIR

Hôtel du Roi Arthur – *56 800 Ploërmel - au lac au Duc 1,5 km par D 8 - ✆ 02 97 73 64 64 - www.hotelroiarthur.com - fermé vacances de fév. - ♿ P - 46 ch.*

96/204 € - ☕ 13 € - rest. formule déj. 21 € - 33/45 €. En quête du Graal ? Il se cache peut-être ici, entre le lac et le golf. Choisissez une des chambres récemment rénovées, confortables et d'esprit actuel. Clin d'œil à la légende : prenez place autour d'une table ronde pour déguster des plats bien de notre temps.

RESTAURATION

Josselin

PREMIER PRIX

La Marine – *8 r. du Canal - ✆ 02 97 22 21 98 - truchot.jacquet@wanadoo.fr - 9,50/25 €.* Cette adresse vaut par sa situation au bord de l'Oust – belle terrasse d'été – et au voisinage du château. Jolie décoration marine dans les deux salles à manger. Bon choix de crêpes dont deux spécialités maison : la St-Jouan et la Favorite.

En dehors de Josselin

PREMIER PRIX

Crêperie Maël Trech – *13 pl. du Bouffay - 56 140 Malestroit - ✆ 02 97 75 17 72 - fermé mar. soir et merc. sf juil.-août - 10/20 €.* Maison ancienne dans le centre médiéval. Les crêpes cohabitent avec bonheur avec les spécialités maison comme la Mer Graal (écrevisses et asperges flambées à l'anis) ou les côtes de sanglier.

POUR SE FAIRE PLAISIR

Le Cobh – *10 r. des Forges - 56 800 Ploërmel - ✆ 02 97 74 00 49 - www.hotel-lecobh.com - fermé 1er-17 janv., lun., mar. et merc. midi et dim. - P - formule déj. 19 € - 28/59 € - 12 ch. 63/85 € - ☕ 8,50 €.* Cet ancien relais de poste portant le nom d'une ville irlandaise est reconnaissable à sa façade jaune vif. Ambiance feutrée et chaleureuse et plaisant intérieur contemporain inspiré par les légendes celtes et la culture bretonne. Cuisine traditionnelle et excellent accueil.

ACTIVITÉS

En dehors de Josselin

Lac au Duc – *✆ 02 97 74 14 51.* Ce lac de 250 ha offre des possibilités de pêche et de baignades ; sa base nautique permet de pratiquer du ski nautique et de la voile.

AGENDA

En dehors de Josselin

Domaine de Kerguéhennec – Concerts, représentations théâtrales et ballets sont organisés pendant l'été. *Se renseigner auprès du domaine ou www.art-kerguehennec.com.*

Lizio – *2e dimanche d'août, rens. à l'OT de Malestroit.* Le Festival des artisans d'art et le Salon du modèle réduit animent l'été depuis 35 ans la petite cité ; plus de 150 artisans d'art sont présents.

Pontivy

13 518 Pontivyens – Morbihan (56)

NOS ADRESSES PAGE 569

S'INFORMER

Office du tourisme de Pontivy – *Quai Niémen - 56 300 Pontivy - ✆ 02 97 25 04 10 - www.pontivy-communaute.fr - juil.-août : 9h30-18h30, dim. 9h30-12h30 ; reste de l'année : tlj sf dim. 9h30-12h30, 14h-18h - fermé 1er janv., 1er Mai, 1er et 11 Nov., 25 déc.* Cadre original pour l'office de tourisme : une vraie péniche de gabarit breton, ayant navigué sur le canal de Nantes à Brest. L'office de tourisme propose deux circuits d'interprétation du patrimoine *(visite libre)* pour découvrir la vieille ville et la ville nouvelle *(panneaux explicatifs sur les parcours et brochures disponibles à l'OT).*

SE REPÉRER

Carte de microrégion B1 (p. 474-475) – *carte Michelin Département 308 N6.* Carrefour routier important à 52 km au nord de Vannes, Pontivy bénéficie de sa situation sur le Blavet et le canal de Nantes à Brest.

À NE PAS MANQUER

Les maisons anciennes de Pontivy et le village de Poul-Fetan pour son atmosphère d'antan.

ORGANISER SON TEMPS

Le tour du centre-ville est bouclé en une heure.

Solidement ancrée sur les rives du Blavet et au cœur d'un riche bassin agricole, Pontivy s'est beaucoup développée sous l'impulsion des Rohan, puis de Napoléon Ier qui la rebaptise même Napoléonville en 1804. Médiévale puis impériale, Pontivy montre un contraste frappant entre la vieille ville, aux rues étroites et capricieuses, et la ville géométrique créée sous l'Empire. La petite cité morbihannaise est aussi un bon point d'entrée pour rayonner dans la verte vallée du Blavet, ponctuée de nombreuses chapelles.

Se promener Plan de la ville

★ Maisons anciennes 1

Pour découvrir ces demeures des 16e et 17e s., il faut flâner rue du Fil, rue du Pont (au n°14, la maison du Sénéchal du vicomte de Rohan, construite en 1577, présente une riche façade Renaissance), rue du Docteur-Guépin ou **place du Martray**, là où se tenait jadis la « foire des gages » au cours de laquelle les jeunes garçons offraient leurs services aux fermiers de la région.
À l'angle des rues Lorois et Gén.-de-Gaulle, remarquez l'hôtel de Roscoët, un bel hôtel particulier à tourelle (1578), et, place Anne-de-Bretagne, d'élégantes constructions du 18e s. autour de la basilique N.-D.-de-Joie (16e s., remaniée aux 18e et 19e s.).

Château des Rohan 1

✆ 02 97 25 12 93 - de mi-juin à mi-sept. : 10h30-18h30 ; de déb. avr. à mi-juin : 10h-12h, 14h-18h ; fév.-mars et de mi-sept. à fin nov. : tlj sf lun. et mar. 14h-18h, possibilité de visite guidée - fermé déc.-janv. - visite libre 4,50 € (-12 ans 2 €), visite guidée 6 € (-12 ans 2,70 €).
La forteresse fut élevée au 15e s. par Jean II de Rohan. La façade a conservé deux grosses tours à mâchicoulis, coiffées en poivrière, sur les quatre que comprenait l'enceinte. Le logis seigneurial, remanié au 18e s., s'orne de frontons à redents et d'un bel escalier à double révolution.
À l'intérieur, la visite comprend la salle des gardes, les salles du premier étage, la chambre ducale et la chapelle. Remarquez particulièrement le beau plafond de la chambre ducale et les cheminées armoriées de la tour ouest du château.

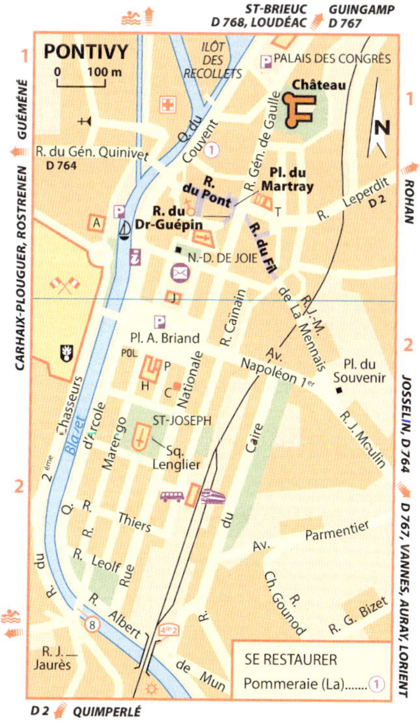

L'EMPREINTE DE L'EMPIRE
L'ancienne capitale des Rohan doit son nom à la fondation d'un monastère (7e s.) par saint Ivy. En 1790, alors prospère, elle se déclare républicaine. Le Premier consul, Bonaparte, y fait construire une caserne, une mairie, un tribunal, ouvre un lycée et fait canaliser le Blavet.
Pendant les guerres de l'Empire, la navigation côtière entre Brest et Nantes est peu sûre, du fait de la présence anglaise sur mer. Napoléon décide alors de créer un canal reliant ces deux villes, pour faire de Pontivy le centre militaire et stratégique de la Bretagne. Dès 1806, les rues tirées au cordeau de la nouvelle agglomération surgissent de terre. « Les cœurs reconnaissants des citoyens » la nomment **Napoléonville**. À la chute de l'Empire, elle redevient Pontivy... puis de nouveau Napoléonville sous le Second Empire.

À proximité

Chapelle Sainte-Tréphine

Quittez le centre-ville en longeant le Blavet vers l'ouest (dir. Kermadeleine/Kerficelle). Tournez à droite r. Henri-Gaillard et faites 2,5 km (légère montée). Se visite seult lors de L'art dans les chapelles (voir Nos adresses à Pontivy, p. 569).
De taille modeste, Ste-Tréphine (15e-17e s.) conserve de très beaux lambris, peints en 1704 et illustrant la vie de cette martyre décapitée par son mari, Conomor. En sortant, remarquez un four à pain, un puits, ainsi que les restes d'un manoir et de son enceinte (1615).

Guern

À 10 km au sud-ouest de Pontivy par la D 2.
Troisième site de pardon du Morbihan (après Ste-Anne d'Auray et N.-D.-du-Roncier à Josselin), la **chapelle N.-D.-de-Quelven** (15e-18e s.) évoque une cathédrale de campagne avec son clocher haut de 70 m. À l'intérieur, on remarque l'orgue et le buffet en bois polychrome (17e s.) et surtout la très belle **statue ouvrante d'une Vierge à l'Enfant** du 16e s : 12 scènes réparties en 4 registres illustrent des épisodes de l'Évangile. Cette statue symbolise la mère universelle tenant le monde en son sein.
Devant l'église, une loggia ou « **scala sancta** » (1738) servait aux cérémonies en plein air. Par la petite route qui descend à droite du porche, on arrive jusqu'à une ravissante **fontaine sacrée** (16e s.).

Itinéraire conseillé Carte de microrégion

LA VALLÉE DU BLAVET DE PONTIVY À HENNEBONT

Itinéraire de 90 km – comptez environ 4h. Quittez Pontivy par la rue Albert-de-Mun (dir. Lorient/Auray). Tournez à gauche au rond-point d'Intermarché. La chapelle est fléchée à droite.

Chapelle de La Houssaye B1

Se visite seult lors de L'art dans les chapelles (voir Nos adresses à Pontivy, p. 569).

N.-D. de La Houssaye (15e -18e s.), recèle de magnifiques pièces dont un chancel *(la balustrade du chœur)* du 16e s. La pietà et le groupe de sainte Apolline proviennent du même atelier que le retable (16e s.) consacré à la Passion du Christ. Traité en 13 panneaux avec 102 personnages dont il faut observer les expressions, cet ensemble polychrome réalisé en pierre des Flandres fut financé par Jean II de Rohan afin d'expier ses fautes.
Suivez la direction de Pluméliau.

Chapelle Saint-Nicodème B1

Bâtie au 16e s., elle est précédée d'une tour massive surmontée d'une flèche de granit. Au pied de la tour, une porte Renaissance donne accès à l'escalier du 16e s. qui permettait de monter au sommet. À gauche, une fontaine gothique s'écoule dans trois piscines, situées devant trois niches surmontées de gâbles richement sculptés. Pardon le 1er dimanche d'août.
Au-delà de la chapelle, tournez à droite.

Saint-Nicolas-des-Eaux B1

Le petit bourg est construit à flanc de colline. La chapelle située en haut du village et les maisons à toits de chaume qui l'entourent forment un ensemble original.
Possibilité de promenade sur le chemin de halage jusqu'à la hauteur de la chapelle St-Gildas située sur l'autre rive *(voir ci-après).*

★ Site de Castennec B1

Ce site celtique devint un oppidum, puis un camp romain fortifié. Une tourelle, à gauche de la route, sert de belvédère sur un méandre du Blavet.
En sortant de Castennec, tournez à gauche puis, à 300 m, de nouveau à gauche.

Chapelle Saint-Gildas B1

Se visite seult lors de L'art dans les chapelles (voir Nos adresses à Pontivy, p. 569).
Saint Gildas (6e s.), fondateur de l'abbaye de Rhuys *(voir p. 490)*, et saint Bieuzy auraient vécu en ermite sur ce site. La chapelle (construite au 15e s. puis très remaniée au 19e s.) a la particularité d'être adossée à la falaise de Castennec et de posséder une « pierre sonnante ».

Bieuzy B1

À gauche de l'église, remarquez deux belles maisons Renaissance, avec four à pain et vieux puits. Dans l'**église**, on remarque les vitraux du chœur, la charpente et les sablières. À côté de la chaire, une grosse pierre, dite la « pierre sonnante », servait de cloche. Certains y voient un météorite mystérieux.
Dans cette campagne pontivienne, de nombreuses fermes ont conservé leurs élégants puits sculptés des 17e et 18e s. que l'on aura plaisir à découvrir au hasard de la route.
Par la Paule, gagnez Melrand.

Melrand B1

En pleine campagne, des fouilles ont mis au jour les vestiges du village de Lann Gouh (« vieille lande ») remontant aux environs de l'an 1000.
Le **village de l'An Mil** illustre l'architecture rurale médiévale et la vie quotidienne des habitants, qui vivaient sous le même toit que les animaux. *✆ 02 97 39 57 89 - juil.-août : 10h-19h ; fév.-juin : 11h-17h, w.-end 11h-18h, possibilité de visite guidée sur demande - 5 € (-18 ans 4 €).*
Revenez au centre du bourg. Derrière l'église, prenez la D 142, direction St-Barthélemy, où vous tournerez à droite vers St-Adrien.

Chapelle Saint-Adrien B2

La chapelle du 15e s. est située en contrebas de la route, entre deux fontaines, celle de droite étant surmontée d'un calvaire. À l'intérieur, un jubé très simple ferme la nef. Il est sculpté côté nef, peint côté chœur.

La route suit la vallée du Blavet dans un très joli site (D 327). Tournez à gauche (D 3).

Baud B2

À une trentaine de kilomètres de la mer, le « pays de Baud » offre de multiples possibilités de promenades à la découverte de la Bretagne profonde. Dans la ville basse, en contrebas de la route de Locminé, la **fontaine de N.-D.-de-la-Clarté** se trouve à l'extrémité du parking.

Cartopole – *R. d'Auray - ✆ 02 97 51 15 14 - www.cartolis.org - de mi-juin à mi-sept. : 10h-12h30, 14h-18h (juil.-août 19h) ; de déb. avr. à mi-juin et de mi-sept. à mi-nov. : merc., jeu. et w.-end 14h-18h, possibilité de visite guidée - 5 € (8-16 ans 2,50 €).* Véritable trésor documentaire, cette collection de quelque 50 000 cartes postales illustre le patrimoine et l'évolution de la société bretonne au début du 20e s. Film, consultation de 20 000 cartes sur place (haute définition) sur ordinateur et de l'ensemble du fonds (basse définition) sur Internet.

Quittez Baud par la route d'Hennebont. À Coët-Vin, 2 km au sud-ouest, tournez à gauche et, 500 m plus loin, laissez la voiture sur un petit parking à droite.

Vénus de Quinipily et son parc – *✆ 02 97 39 04 94 - visite guidée (1h) avr.-oct. : 10h-19h ; nov.-mars. : 11h-18h - fermé de mi-janv. à mi-fév. - 3 € (-12 ans gratuit).* Passé un portail en bois, une allée monte vers la Vénus, placée au-dessus d'une fontaine, dans un parc proche des vestiges restaurés du château de Quinipily.

La statue, haute de 2,20 m, a des origines mal définies : pour certains, c'est une idole romaine, pour d'autres, une Isis égyptienne. Entourée d'un culte presque païen, elle fut plusieurs fois jetée dans les eaux du Blavet sur ordre des autorités religieuses. En 1696, le comte de Lannion l'installa à son emplacement actuel.

Revenez vers Baud et prenez la direction de Poul-Fetan.

★ Village de Poul-Fetan B2

✆ 02 97 39 51 74 - www.poul-fetan.com - juil.-août : 10h45-19h ; juin et sept. : 11h-18h30 ; avr.-mai : 14h-18h30 - fermé oct.-mars - 7 € (6-16 ans 4 €).

Dominant la vallée du Blavet, un charmant hameau du 16e s. a été restauré à partir de vestiges laissés à l'abandon dans les années 1970. On y retrouve l'atmosphère d'un **village breton d'autrefois** : un ensemble de chaumières, la maison du Minour c'est-à-dire « le chef », l'ancien fournil, un écomusée et l'auberge *(possibilité de prendre un repas typiquement breton).*

Revenez sur vos pas pour prendre à gauche la D 159, puis la route d'Hennebont.

Hennebont A2 *(voir p. 535).*

NOS ADRESSES À PONTIVY

RESTAURATION

POUR SE FAIRE PLAISIR

La Pommeraie – *17 quai Couvent - ✆ 02 97 25 60 09 - restaurant. lapommeraie@wanadoo.fr - fermé 12-19 avril, 16-31 août, 26 déc.-4 janv., dim. et lundi - formule déj. 19 € - 26/58 €.* Façade jaune, tons chaleureux dans la pimpante salle et courette fleurie : ce restaurant longeant le Blavet est une vraie symphonie de couleurs. Plats au goût du jour.

ACHATS

Marchés – Le lundi, marché à Pontivy sur la place Aristide-Briand. Marché du terroir à Rohan *(à 17 km à l'est par la D 764)* le dim.

ACTIVITÉS

Bretagne Plaisance – *✆ 02 99 72 15 80 - www.locaboat.com.* Location de bateaux de plaisance, de fin mars à déb. nov. de bateaux sans permis.

Base nautique de Toulboubou – *Toulboubou - ✆ 02 97 25 09 51.* Si vous souhaitez pratiquer le canoë-kayak : location de matériel, cours.

AGENDA

En dehors de Pontivy

L'art dans les chapelles – *Du 1er w.-end de juil. au 31 août : tlj sf mar. 14h-19h ; les 3 premiers*

w.-ends de sept. : 14h-19h - accueil et renseignements à la Maison du chapelain - chapelle St-Nicodème - 56930 Pluméliau - ✆ 02 97 51 97 21 - www.artchapelles.com. Chaque été depuis 1992 *(et toute l'année visite sur réserv.)*, de nombreuses chapelles de la vallée du Blavet et du pays de Pontivy accueillent des expositions d'artistes contemporains renommés tels G. Asse, J.-P. Pincemin, G. Titus-Carmel, C. Viallat, P. Buraglio, mais aussi de nombreux artistes à découvrir. Chaque artiste investit une chapelle.

Poul-Fetan – *✆ 02 97 39 51 74 - juil.-sept. : l'apr.-midi.* Les animations redonnent vie à Poul-Fetan : les lavandières font « la buée », le boulanger s'active au fournil, on tourne la bouillie de millet, la fermière baratte son beurre. Un atelier de poterie permet de s'initier à la fabrication et à la cuisson à l'ancienne. Parmi les animaux, remarquez particulièrement une vache bretonne typique, de petite taille : la « pie noire ». Des cultures anciennes potagères et des animations musicales en juil.-août.

Église de Kernascléden

★★

379 Kernascléens – Morbihan (56)

NOS ADRESSES PAGE 571

S'INFORMER

Voir aussi Nos adresses au Faouët (p. 573), à Quimperlé (p. 450), à Lorient (p. 537), dans les Montagnes noires (p. 456) et à Pontivy (p. 569).

SE REPÉRER

Carte de microrégion A1 (p. 474-475) – *carte Michelin Département 308 L6.*
À la verticale nord de Lorient (32 km *via* la D 769), Kernascléden se situe tout près de la charmante D 110 qui longe la forêt de Pont-Calleck. Pontivy est à la même distance à l'est (*via* la D 782).

À NE PAS MANQUER

Les fresques de l'église, notamment la danse macabre du transept sud.

ORGANISER SON TEMPS

Pensez à programmer une visite guidée de l'église.

Au cœur du pays Pourlet, cette remarquable église fondée au 15e s. par la famille de Rohan abrite de magnifiques fresques qui justifient à elles seules le détour par ce coin reculé de l'Argoat. La région possède néanmoins d'autres attraits dont la vallée du Scorff et la forêt de Pont-Calleck ne sont pas des moindres.

Se promener

★★ Église Notre-Dame

02 97 51 61 02 - 8h-20h - possibilité de visite guidée sur demande auprès de M. Lavolé Bénoni - gratuit.

Bien que l'église ait été consacrée en 1453, au moins trente ans avant la chapelle de St-Fiacre *(voir Le Faouët, p. 573)*, la légende rapporte qu'elles ont été bâties par les mêmes ouvriers, les anges transportant les compagnons et leurs outils d'un chantier à l'autre.

Cette église vaut par le rare souci de perfection qui s'étend jusqu'aux détails. Le clocher, très fin, les pinacles à fleurons, les roses, au délicat réseau, contribuent à décorer l'édifice sans surcharge inutile. Sur le flanc droit s'ouvrent deux porches. Le **porche★** de gauche, le plus vaste, est orné des statues des douze apôtres.

À l'intérieur, les voûtes et les murailles surmontant les grandes arcades sont décorées de **fresques★★** (15e s.) représentant des épisodes de la vie de la Vierge et du Christ. Les plus belles sont le Mariage et l'Annonciation *(côté gauche du chœur)* et les Funérailles de la Vierge *(côté droit)*. Au-dessus de l'arc triomphal *(côté chœur)* : la Résurrection du Christ. Dans le bras gauche du transept : huit anges musiciens. Sur les murailles du croisillon droit, fragments d'une danse macabre et d'une représentation de l'enfer *(face à l'autel)*, œuvre originale par la variété des supplices imaginés et unique dans le Morbihan pour l'association de ses deux thèmes.

À noter également quelques statues du 15e s. en pierre ou en bois : N.-D. de Kernascléden à gauche du maître-autel, un saint Sébastien et une Pietà dans la nef.

À proximité Carte de microégion

Château de Pont-Calleck

À 4 km au sud. Prenez la D 782 (dir. Le Faouët) et, à Kerchopine, tournez à gauche.

La route longe l'institution N.-D.-de-Joie, installée dans le **château de Pont-Calleck** *(seul le parc est ouvert à la visite)* reconstruit en 1880 et transformé en foyer d'enfants.

Poursuivez vers Plouay.

On entre dans la belle **forêt de Pont-Calleck**. Une petite route à gauche en forte descente mène à un barrage d'où l'on jouit d'une vue très agréable sur le joli site du château en bordure de l'étang.

Revenez à la route de Plouay pour prolonger la promenade en forêt ; un parcours pittoresque s'offre alors dans l'étroite vallée du Scorff.

Ploërdut

À 11 km au nord. Prenez la D 782 en direction de Guéméné-sur-Scorff et, à Lignol, tourner à gauche.

Paroisse primitive celtique fondée à la fin du 6e s., Ploërdut est le village de saint Ildut, comme Lanildut en Finistère. Située en plein cœur de la Bretagne intérieure, quasiment à la source du Scorff, la commune est intéressante par la richesse architecturale de ses manoirs et fermes traditionnelles des 16e et 17e s.

Son **église**, maintes fois remaniée entre le 13e et le 17e s., conserve une très belle nef, des bas-côtés romans et de lourds **chapiteaux★** carrés, ornés de motifs géométriques.

NOS ADRESSES PRÈS DE KERNASCLÉDEN

HÉBERGEMENT ET RESTAURATION

BUDGET MOYEN

Le Clos des Princes – *R. Joseph-Peres - 56 160 Guéméné-sur-Scorff - 12 km au nord-est de Kernascléden par D 782 - ✆ 02 97 51 20 08 - www.closdesprinces.com - 58/102 € ☕ 7 € - Rest. : formule déj. 12 € (mar.-vend.), menus 19,50/29/35 €, carte 33/48 €* - 💳. Au pays de l'andouille… Elle est préparée de multiples façons dans cette maison située au centre du village et abritant pas moins de trois salles à manger. Pour dormir, choisissez une chambre dans l'aile arrière, plus confortable et calme.

Le Faouët et ses chapelles

★

2 882 habitants – Morbihan (56)

NOS ADRESSES PAGE 573

S'INFORMER

Office de tourisme du pays du Roi Morvan – *3 r. des Cendres - 56 320 Le Faouët - ✆ 02 97 23 23 23 - www.tourismepaysroimorvan.com - juil.-août : 10h-12h30, 14h-18h, dim. 10h-12h30 ; reste de l'année : mar.-sam. 10h-12h30, 14h-17h30 - fermé 1er janv., 1er et 11 Nov., 25 déc.*

SE REPÉRER

Carte de microrégion A1 (p. 474-475) – *carte Michelin Département 308 J6.* En pleine Bretagne intérieure, Le Faouët se situe sur la D 769 qui relie Lorient (37 km) à Carhaix-Plouguer (34 km).

À NE PAS MANQUER

La chapelle St-Fiacre pour son jubé, la chapelle Ste-Barbe pour son site et le musée du Faouët pour ses artistes qui ont aimé la région.

ORGANISER SON TEMPS

Seulement 2 ou 3 heures suffisent pour faire le tour du Faouët et des chapelles. Les 1er et 3e mercredis du mois : marché sous les halles.

AVEC LES ENFANTS

Promenez-vous dans le parc Aquanature du Stérou.

En breton, faou signifie « hêtre », mais seule la toponymie évoque aujourd'hui la présence de cette essence. Si la campagne est passablement déboisée, le bourg est tout de même au centre d'une région très pittoresque qui s'étend entre le Ster-Laer et l'Ellé, deux rivières venues des Montagnes Noires.

Se promener

★ Les halles

Construites au 16e s., elles sont particulièrement remarquables pour leur magnifique charpente et leur toit d'ardoise couronné d'un clocheton à dôme. Elles accueillent toujours un marché animé.

Musée du Faouët

1 r. de Quimper - ✆ 02 97 23 15 27 - www.museedufaouet.fr - juil.-août : 10h-12h, 14h-18h ; avr.-juin et sept.-oct. : tlj sf dim. et lun. 10h-12h, 14h-18h, possibilité de visite guidée juil.-août : jeu. à 10h30 - 4 € (enf. 2,50 €), 6 € avec visite guidée (enf. 4,50 €).

Installée dans un ancien couvent d'Ursulines du 17e s., la collection du musée (présentée par roulement) rassemble des peintures, dessins, sculptures et gravures d'artistes ayant fréquenté cette petite cité et y ayant travaillé. Expositions temporaires thématiques.

À proximité Carte de microrégion

★ Chapelle Saint-Fiacre A1

À 2,5 km au sud par D 790.

02 97 23 23 23 - juil.-août : 9h30-12h30, 14h-19h ; avr.-juin et sept.-oct. : 10h-12h, 14h-18h ; reste de l'année : lun. 13h30-16h15, vac. scol., w.-end et j. fériés 14h-17h.

La chapelle est un bel édifice du 15e s. La façade offre l'un des plus beaux exemples bretons de clocher-pignon. À l'intérieur, le **jubé★★** (1480) retient l'attention : côté nef, des statues figurent les scènes de la Tentation d'Adam et Ève, de l'Annonciation et du Calvaire ; d'autres, côté chœur, personnifient le vol (un homme cueillant des fruits sur un arbre), l'ivresse (un homme vomissant un renard), la luxure (un homme et une femme), la paresse (un sonneur breton). À voir également, les beaux **vitraux** du 16e s. : dans le chœur, la Passion ; dans le bras droit du transept, vie de saint Jean-Baptiste ; dans le bras gauche, Arbre de Jessé et vie de saint Fiacre.

★ Chapelle Sainte-Barbe A1

À 3 km au nord du Faouët.

02 97 23 23 23 - juil.-août : 9h30-12h, 14h-18h ; avr.-juin et sept.-oct. : 10h-12h, 14h-17h ; nov.-mars : sam.-lun. 14h-17h - possibilité de visite guidée.

Cette chapelle de style flamboyant, bâtie à flanc de coteau, se loge dans une anfractuosité rocheuse. Étant donné sa position et son orientation, la chapelle ne comprend qu'un transept et une petite abside. Le **site★** domine d'une centaine de mètres le vallon dans lequel court l'Ellé. Le monumental escalier (1700) menant à la chapelle est relié par une arche à l'oratoire St-Michel, édifié sur un éperon rocheux. Tout près de lui se trouve une cloche que l'on peut faire sonner pour s'attirer les bénédictions du Ciel. Des sentiers descendent à la **Fontaine sacrée**, en contrebas de la chapelle. Par un sentier ouvrant sur la droite, on atteint une plate-forme rocheuse : à mi-parking, belle vue sur la vallée de l'Ellé, encaissée et verdoyante.

Parc Aquanature du Stérou

56320 Priziac - 02 97 34 63 84 - www.parcaquanature.com - avr.-nov. : 11h-19h - possibilité de visite guidée (30mn) sur demande préalable - 6/15 € (enf. 3/8 €).

Plus de 140 cerfs et daims évoluent en liberté sur les 80 ha de bois, d'étangs et de clairières, aménagés. Visite à pied, à cheval ou en 4X4, par la rivière ou les chemins.

NOS ADRESSES PRÈS DU FAOUËT

HÉBERGEMENT

BUDGET MOYEN

Chambre d'hôte Le Toul Ar C'Hoat – *29 390 Scaer - à l'entrée de la forêt de Coat-Loch : 4 km au sud-ouest de Scaer - 02 98 59 00 77 - www.etape-bretagne.com - - 5 ch. 62/66 € - repas 26 € (dîner seult).* Cette ancienne propriété de tailleur de pierres, située à l'orée du bois, abrite des chambres aux tons pastel, dont le décor évoque les 5 continents. Petits-déjeuners et table d'hôte aux accents du pays.

ACTIVITÉS

Attelages de Trocœt – *Cœt-er-Bigot - 56 540 St-Tugdual - 02 97 39 42 92 ou 06 81 14 81 13 - www.trocœt.com - 16 €/h.* Randonnée à cheval attelé.

Nantes et ses alentours 7

Carte Michelin Départements 316 – Loire-Atlantique (44)

Mulon de sel et salorge dans les marais salants.

S. Sauvignier/MICHELIN

NANTES ET SES ALENTOURS
NANTES ★★★ Vaut le voyage
La Baule ★★ Mérite un détour
St-Nazaire ★ Intéressant
Rouans À voir
Itinéraire conseillé avec ville de départ
A
B
1
2
3
4
Redon
D 873
D 775
D 20
Vilaine
MORBIHAN
N 165
La Roche-Bernard
Pointe du Scal
Pénestin
PARC NATUREL RÉGIONAL DE BRIÈRE
Calvaire de la Madeleine
Pontchâteau
D 773
D 16
Pointe du Bile
D 774
D 47
D 51
D 50
Grande Brière
Pointe du Castelli
Kerhinet
Trescalan
Île de Fédrun
D 99
Guérande
Presqu'île de Guérande
D 92
N 171
Tumulus de Dissignac
Le Croisic
D 245
La Baule
Pont routier St-Nazaire-St-Brévin
Batz-s-Mer
Pornichet
St-Nazaire
Le Pouliguen
La Côte Sauvage
St-Marc-sur-Mer
St-Brévin-les-Pins
D 77
D 114
St-Père-en-
Pointe de St-Gildas
D 86
D 213
D 13
Ste-Marie
Pornic
OCÉAN ATLANTIQUE
Côte de Jade
Bourgneuf-en-Retz
Noirmoutier-en-l'Île
N
0
10 km

NANTES ET SES ALENTOURS

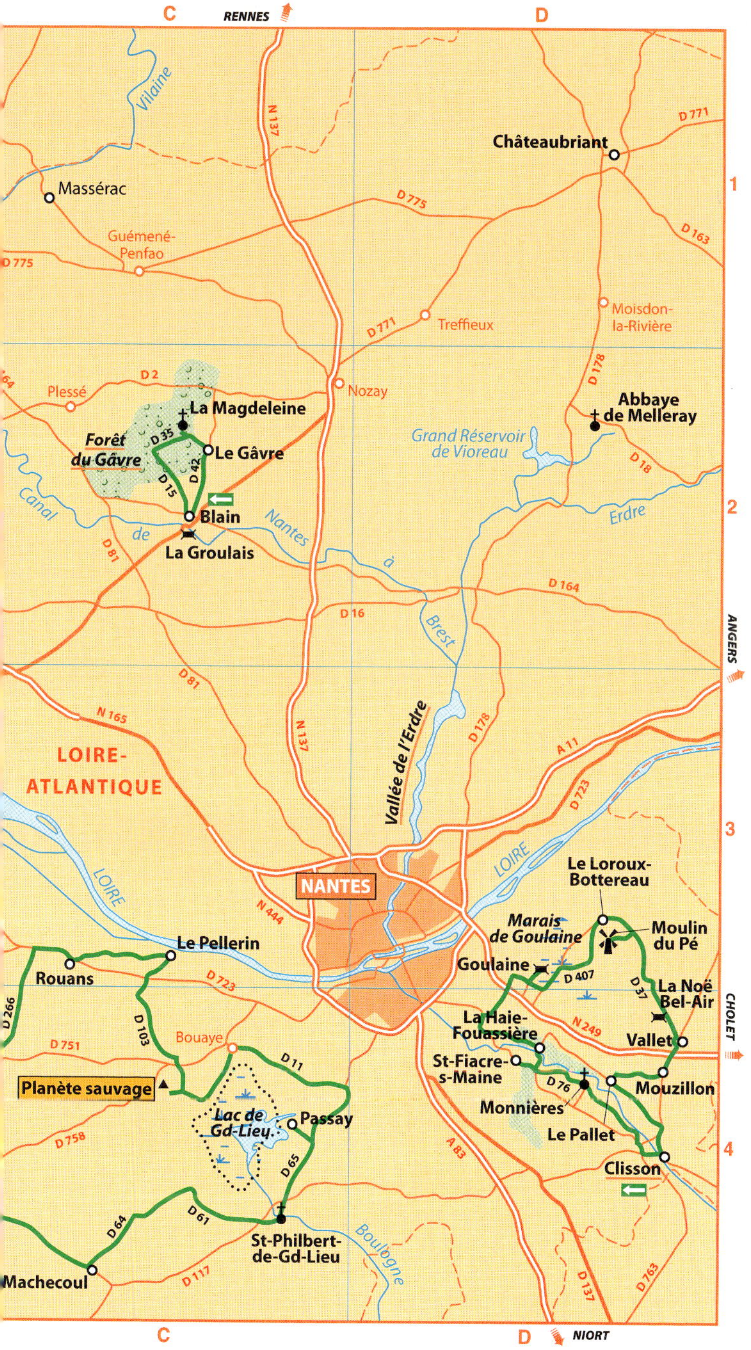

Nantes

★★★

270 251 Nantais (agglomération : 544 932 habitants) – Loire-Atlantique (44)

NOS ADRESSES PAGE 594

S'INFORMER

Office du tourisme de Nantes – *7 r. de Valmy - 44 041 Nantes - ☎ 0 892 464 044 - www.nantes-tourisme.com - point d'accueil de la cathédrale, 2 pl. St-Pierre : tlj sf lun. 10h-13h, 14h-18h, jeu. 10h30-13h, 14h-18h ; point d'accueil Feydeau, 3 cours Olicier-de-Clisson : tlj sf dim. 10h-18h, jeu. 10h30-18h - fermé 1er janv. et 25 déc.*

L'office du tourisme de Nantes Métropole propose un large choix de visites guidées ou animées dans Nantes et dans ses environs - *sur réservation au ☎ 0 892 464 044 - www.nantes-tourisme*.com.

L'office de tourisme propose un itinéraire balisé par 25 bornes permettant de découvrir l'histoire, l'architecture et l'évolution de la ville du Moyen Âge à nos jours. Départ du château des Ducs, arrivée au palais de justice sur l'île de Nantes *(retour au point de départ par la ligne 1 du tramway). Dépliant disponible à l'office de tourisme.*

SE REPÉRER

Carte de microrégion CD 3-4 (p. 576-577) – *carte Michelin Département 316 G4.* Nantes est située sur l'estuaire de la Loire, à une soixantaine de kilomètres de son embouchure. Dès la sortie des autoroutes, on s'engage sur une sorte de périphérique, très embouteillé aux heures de sortie des bureaux. Il dessert les principaux quartiers et le centre-ville. Celui-ci s'organise autour d'une colonne vertébrale, le **cours des Cinquante-Otages**, qui coupe la ville en deux : à l'est, le quartier médiéval du Bouffay, la cathédrale, le château des Ducs et la tour LU ; à l'ouest, les quartiers des 18e et 19e s. avec le passage Pommeraye, le théâtre et la place Graslin, la place Royale et l'île de Nantes.

SE GARER

La capitale des ducs de Bretagne est un casse-tête pour l'automobiliste ! Dans le centre, en zone rouge, le stationnement est limité à 2h. La zone jaune englobe l'hypercentre, on peut y stationner 3h. En périphérie, vous trouverez des parkings relais *(panneau P + R)* où vous pourrez laisser gratuitement votre véhicule et prendre le tramway. Notez que l'île de Nantes est en travaux jusqu'en 2011.

À NE PAS MANQUER

Le château des Ducs de Bretagne rénové, les belles collections des musées des Beaux-Arts et Dobrée, le passage Pommeraye sous sa verrière et une croisière dans la vallée de l'Erdre.

ORGANISER SON TEMPS

Si le temps est au beau fixe, profitez de la matinée pour visiter l'un ou l'autre musée et flâner dans la ville. Réservez l'après-midi pour une escapade sur l'Erdre et finissez la journée par une balade à Trentemoult.

AVEC LES ENFANTS

Découvrez les animaux vivants ou naturalisés du Muséum d'histoire naturelle, les souvenirs de Jules Verne, la course des étoiles au planétarium, l'éléphant des Machines de l'Île, le parcours ludique du musée de l'Histoire de Nantes, la volière du château de Goulaine et les fruits du jardin des Hespérides.

La capitale historique des ducs de Bretagne occupe une position stratégique au confluent de la Sèvre, de l'Erdre et de la Loire. Sous ses airs de ville bourgeoise avec ses beaux hôtels particuliers et immeubles des 18e et 19e s., Nantes est une ville dynamique à la population jeune et elle n'a pas dit son dernier mot si l'on considère ses projets d'extension sur l'île de Nantes. Récemment, elle est devenue la sixième ville de France grâce à un afflux record de nouveaux habitants, attirés par sa douceur de vivre. Pour bien la découvrir, flânez autour du château des Ducs puis dans le centre avant de vous aventurer de l'autre côté de la Loire.

Se promener Plan de la ville

★★ AUTOUR DU CHÂTEAU

Comptez environ 3h.

Place Maréchal-Foch CD1

Ancienne place Louis-XVI, c'est l'un des rares lieux publics en France où subsiste une statue du souverain, juchée ici sur une colonne de 28 m. Commandée en 1790, elle fut inaugurée en 1823. Hôtels du 18e s. bâtis selon les plans de Ceineray (1722-1821).

Porte Saint-Pierre D1

Bâtie sur les fondations de l'enceinte gallo-romaine du 3e s., cette porte du 15e s. traverse un élégant logis à tourelle.

★ Cathédrale Saint-Pierre-et-Saint-Paul D1

Pl. St-Pierre.

Commencé en 1434, achevé en 1891 et restauré après l'incendie de 1972, cet édifice imposant surprend par l'austérité de sa façade : deux tours sans fantaisie encadrent une grande baie flamboyante.

Les trois portails, en revanche, présentent des voussures finement sculptées. Une statue de saint Pierre se dresse au milieu du portail central. Sur le côté droit, la chaire extérieure est à nouveau visible depuis les années 1950. L'ensemble est particulièrement bien mis en valeur le soir, grâce à un éclairage nocturne, discret mais précis.

À l'**intérieur★★**, le tuffeau remplace le granit des cathédrales bretonnes. Moins lourde, cette pierre blanche a permis d'élever des voûtes jusqu'à 37,50 m de hauteur – elles sont plus hautes qu'à Notre-Dame de Paris. Il en résulte un vaisseau de style gothique, aux lignes très pures.

Placez-vous sous la tribune d'orgues pour apprécier les cinq travées : une double haie de lignes verticales fuse jusqu'aux clefs de voûte où elles s'entrecroisent. Les nervures des piliers masquent les pans de mur qui les séparent et toutes les lignes des arcades ou du triforium qui pourraient rompre l'harmonie de cette perspective.

Faites le tour du vaisseau par la droite.

A B

SE LOGER

- All Seasons Centre 7
- Coin chez soi (Un) 12
- Colonies (Hôtel des) 1
- Graslin (Hôtel) 4
- Petit-Port (Camping Le) 9
- Pommeraye (Hôtel) 11

SE RESTAURER

- Amour de Pomme de Terre 1
- Atlantide (L') 4
- Café Cult' (Le) 7
- Chez l'Huître 11
- Cigale (La) 13
- Embellie (L') 17
- Enfants Terribles (Le Bistrot des) 19
- Heb-Ken (Crêperie) 21
- Montesquieu (Le) 22
- Paludier (Le) 3
- Tim Fish 2

INDEX DES RUES

- Bouffay (Pl. du) 1
- Flesselles (Allées) 3
- Fosse (R. de la) 5
- Kervégan (R.) 7
- Paix (R. de la) 9
- Petite-Hollande (Pl. de la) 11
- Pré-Nian (R.) 13
- St-Léonard (R.) 15
- St-Vincent (Pl.) 17
- Ste-Croix (Pl.) 19

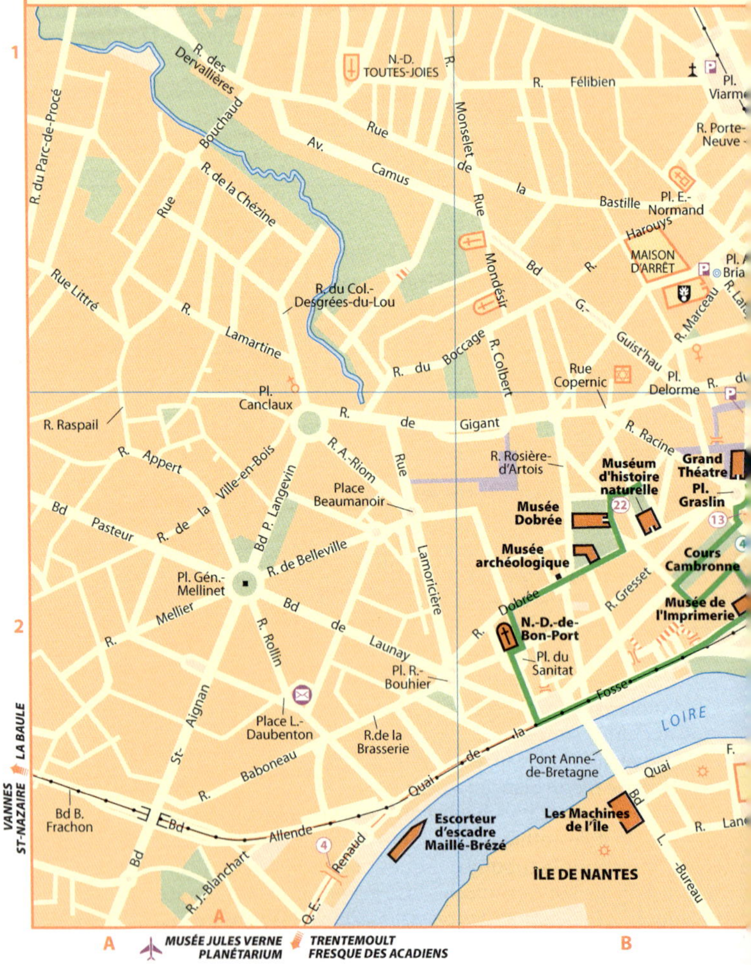

RENNES
JARDIN DES HESPÉRIDES 9
C
GARE FLUVIALE
D
PARC DE LA CHANTRERIE
PARC FLORAL DE LA BEAUJOIRE
Pl. Waldeck-Rousseau
POL
CENTRE CAMBRONNE
Rue Desaix
Maison de l'Erdre
Île de Versailles
Jardin japonais
Quai H.-Barbusse
R. de Bouille
R. de la Distillerie
Av. Chanzy
R. F.-Farineau
R. Amiral-Ronar'ch
R. du Général
R. de Coulmiers
Turpin
Russeil
Bel-Air
Paul Bellamy
Pont St-Mihiel
R. Pitre-Chevalier
Bornefoy
I.U.T.
Gaston
Pl.de Chateaubriand
Rue Talensac
Erdre
Q. de Versailles
R. du Préfet
Joffre
ST-CLÉMENT
Gambetta
BOUTEILLERIE
1
HÔTEL DU DÉPARTEMENT
ST-SIMILIEN
R. J.-d'Arc
R. Sully
R. Lebrun
R. Mal
Pl. Mal Foch
Crs des 50-Otages
Pl. R. Salengro
Musée des Beaux-Arts
R. S.-Baudry
Jardin des Plantes
Pl. du Pt Morand
J.-Jaurès
Rue L.Cassegrain
Pte St-Pierre
CHAPELLE DE L'ORATOIRE
Lycée Clémenceau
Pl.de Bretagne
H
Pl. St-Pierre
Cathédrale St-Pierre
L'IMMACULÉE
La Psalette
Rue Henri-IV
TOUR BRETAGNE
R. Bossuet
R. de Strasbourg
Gare-Nord
R. de Verdun
Château
Pl. du Pilori
R. de Feltre
Pl. de l'Écluse
Kennedy
Gare-Sud
R. de la Juiverie
Pl. du Change
R. Ste-Croix
Quai
Le Lieu Unique
Calvaire
ST-NICOLAS
R. de la Bâclerie
Ste-Croix
Crs J.-F.
de Malakoff
A 11 PARIS, ANGERS
Pl. Royale
SQ. ELISA MERCŒUR
Baco
Av. Carnot
Canal St-Félix
Rue Crébillon
Pl. du Commerce
Crs O. de Clisson
Allée
Péhant
Pass. Pommeraye
Pl. de la Bourse
CITÉ DES CONGRÈS
Av. J.-C.
Anc(e) Île Feydeau
Pt de Tbilissi
Chée de la Madeleine
Rue des Olivettes
R. E. Fouré
Rieux
Bonduel
ANC.(E) LE GLORIETTE
FACULTÉ DE MÉDECINE ET DE PHARMACIE
C.H.U. HÔTEL DIEU
Bd Jean-Monnet
Allée de l'Île-Gloriette
R. G. Veil
R. de
Magellan
2
Q. de Tourville
Q. Moncousu
Q. André
Q. Morice
Pont A.- Briand
Bras de la Madeleine
Pont Haudaudine
Pont Gén. Audibert
Bd Gaston-Doumergue
Mitterrand
de Fer
Q. A. Rhuys
Q. Hoche
N
Gâche
CHOLET, CLISSON, VERTOU POITIERS
R. L. Blanc
Pl. de la République
Bd Vincent
Bd de la Prairie-au-Duc
Bd Babin-Chevaye
NANTES
0
300m
C
PORNIC, LA ROCHE-S-YON
LA ROCHELLE
D

Dans le croisillon droit, le **tombeau de François II★★** est l'œuvre maîtresse de la cathédrale et l'une des grandes productions de la Renaissance. Anne de Bretagne fit la commande d'un superbe tombeau à Michel Colombe (1502-1507) pour recevoir les restes de son père, François II, et de sa mère, Marguerite de Foix. Le tribunal révolutionnaire en ordonna la démolition, mais l'architecte de la ville réussit à cacher les divers fragments du monument chez des amis.

Le duc et la duchesse sont couchés sur une dalle de marbre noir fermant le tombeau de marbre blanc. Le lion couché aux pieds du duc est l'emblème de la Puissance; le lévrier de Marguerite, celui de la Fidélité. Les anges qui soutiennent leur tête représentent l'accueil céleste. Les autres, plus grands, personnifient les vertus cardinales : la Justice (couronne en tête, glaive en main) et la Force (casque, armure, arrachant un dragon d'une tour) reviennent au duc; la Prudence et la Tempérance, à la duchesse. La Prudence, vertu qui s'inspire du passé pour envisager l'avenir, a deux visages : une jeune fille au miroir et un vieillard. La Tempérance tient un mors rappelant la retenue des passions, et une horloge qui symbolise la mesure.

Au-dessous des gisants, douze niches abritent les statuettes des apôtres, auxquelles s'ajoutent celles de saint François d'Assise et de sainte Marguerite (les patrons du duc et de la duchesse), de Charlemagne et de Saint Louis. Au niveau inférieur, seize pleureuses, statuettes en partie mutilées, symbolisent la douleur du peuple.

Ce magnifique ensemble est éclairé par une **verrière** moderne de Chapuis, haute de 25 m : elle est consacrée aux saints bretons, et particulièrement nantais. Dans le bas-côté droit, une toile triptyque du Nantais Alain Thomas figure une Adoration des Mages dans un style assez naïf.

Dans le croisillon gauche, on découvre le **cénotaphe de Lamoricière★**, exécuté en 1879. Grand soldat d'Afrique, ce général captura Abd el-Kader avant d'être exilé par Napoléon III. Le sculpteur Paul Dubois l'a représenté couché sous un linceul. Quatre statues en bronze symbolisent la Méditation, la Charité, le Courage et la Foi.

Cryptes – *L'entrée se trouve sur le cours St-Pierre. Prenez la petite rue à droite de la cathédrale et suivez les panneaux. Visite (tte les 30mn, 17 pers. maximum) de mi-juillet à fin août tlj sf lun. 15h-18h, sam. 10h-12h30, 15h-18h, dim. 15h-18h; reste de l'année : w.-end 15h-18h - se renseigner au ✆ 0 892 464 044.* Les cryptes ont été restaurées et rouvertes récemment. La crypte romane du 11e s. abrite le **trésor** de la cathédrale (ornements liturgiques et orfèvrerie).

Dans la seconde, du 19e s., des panneaux, sculptures et une remarquable maquette du 17e s. retracent l'histoire de la cathédrale.

Longez la façade de la cathédrale et franchissez le porche à gauche.

La Psalette D1

Cette ancienne maison (15e s.) du chapitre, dotée d'une tourelle polygonale, forme un tout avec la sacristie. Par le passage voûté à droite, on rejoint le square, où l'on découvre l'autre façade de la Psalette.

Prenez à droite l'impasse St-Laurent, puis à gauche la rue Mathelin-Rodier (nom de l'architecte de la cathédrale et d'une partie du château).

Dans la **maison** du no 3 fut arrêtée en 1832 la **duchesse de Berry**. Elle s'était cachée avec trois fidèles dans un réduit ménagé dans la cheminée. Elle avait été dénoncée et les gendarmes à sa recherche dans la maison firent du feu et eurent la surprise de la voir surgir couverte de suie.

Traversez le cours St-Pierre pour rejoindre la rue Georges-Clemenceau.

Nantes au cœur de l'histoire

NANTES, CAPITALE DE LA BRETAGNE

La ville doit son nom aux Namnètes, un peuple gaulois qui occupait la région située au nord de l'estuaire de la Loire, vers 70 av. J.-C. D'abord gauloise, puis romaine, Nantes est mêlée aux luttes sanglantes qui opposent les rois francs aux comtes et ducs bretons. Mais ce sont les Normands qui lui portent les pires coups. En 937, **Alain Barbe-Torte**, descendant des chefs bretons réfugiés en Angleterre, délivre la Bretagne des pirates. Au Moyen Âge, Nantes lutte pour son titre de capitale contre Rennes. Les Montfort, principalement **François II**, rendent sa suprématie à la ville.

L'ÉDIT DE NANTES

En 1597, la Bretagne, lasse des troubles engendrés par la Ligue et par les ambitions séparatistes de son gouverneur, Philippe de Lorraine, adresse un appel à **Henri IV** pour qu'il vienne rétablir l'ordre. Devant le château, le roi s'écrie, admiratif : « Ventre-saint-Gris, les ducs de Bretagne n'étaient pas de petits compagnons ! » Durant son séjour, le 13 avril 1598, il signe l'édit de tolérance qui, en 92 articles, règle la question religieuse – du moins le croit-il.

SUCRE ET « BOIS D'ÉBÈNE »

Du 16e au 18e s., la vente aux Antilles des Noirs achetés sur la côte de Guinée permet l'achat du sucre de canne, qui est raffiné à Nantes : ce commerce, pudiquement dénommé le « bois d'ébène », laisse couramment 200 % de bénéfice. Les philosophes tonnent contre cette traite inhumaine. Mais Voltaire, dont on connaît le sens aigu des affaires, détient une part de 5 000 livres chez un négrier nantais !

Conséquence de ce commerce triangulaire, à la fin du 18e s., l'opulence de Nantes est éclatante. Premier port négrier de France, la ville développe des chantiers navals et des fabriques de toiles indiennes. Sa flotte compte 2 500 navires. Les gros armateurs, qui forment de véritables dynasties, se font construire les immeubles du quai de la Fosse et de l'ancienne île Feydeau.

LE TEMPS DES INDUSTRIES

L'abolition de la traite en 1815, la fabrication du sucre à partir de la betterave et l'ensablement de la Loire marquent la fin d'une époque. La ville se tourne vers la métallurgie et les fabrications alimentaires : biscuiteries, conserveries… En 1856, elle crée un avant-port à St-Nazaire. Au tournant du 20e s., elle creuse un canal latéral à la Loire et ouvre l'estuaire aux cargos de 8,25 m de tirant d'eau. Dans les années 1930 débute le comblement de l'Erdre et des bras nord de la Loire.

UNE NOUVELLE VITALITÉ

Après 1980, Nantes subit la fermeture des chantiers navals et le déclin de l'industrie agroalimentaire. Mais la « belle endormie » se réveille : création du périphérique et du pont de Chevillé, inauguration du TGV et du tramway. Aujourd'hui, le tertiaire représente l'essentiel de son activité économique. Avec son université et ses 12 grandes écoles, Nantes accueille plus de 40 000 étudiants. En 10 ans, elle s'est propulsée parmi les villes les plus jeunes de France : plus de 35 % de sa population a moins de 25 ans.

★★ Musée des Beaux-Arts D1

10 r. Georges-Clemenceau - ✆ 02 51 17 45 00 - ♿ - tlj sf mar. 10h-18h, jeu. nocturne 20h - fermé 1er janv., lun. de Pâques, 1er et 8 Mai, 1er et 11 Nov., 25 déc. - 3,50 € (-18 ans gratuit), gratuit 1er dim. du mois.

Créé en 1800, le musée s'est installé dans un édifice de la fin 19e s. Ses importantes collections, enrichies par des pièces en dépôt, couvrent l'histoire de la peinture du 13e s. à nos jours. Autour d'un patio qui diffuse un doux éclairage zénithal, s'ordonnent des galeries où les œuvres sont exposées dans un ordre chronologique. Cafétéria, boutique et intéressantes expositions temporaires.

Écoles anciennes – Voyez le *Saint Sébastien* du Pérugin (vers 1448-1523), le *Vielleur*, le *Songe de saint Joseph*, le *Reniement de saint Pierre* de Georges de La Tour (1593-1652), où l'influence du Caravage est sensible dans les couleurs éteintes et les tonalités sourdes, le *Guitariste* de Greuze (1725-1805) et *Arlequin, empereur dans la Lune* de Watteau (1684-1721).

19e s. – Admirez le très beau portrait de Mme de Senones par Ingres, *Kaïd, chef marocain* de Delacroix et les *Cribleuses de blé* de Courbet, d'une grande modernité. Les œuvres romantiques méritent d'être contemplées, ainsi que l'indolente *Esclave blanche* de Lecomte du Nouy.

Art moderne – Une première série est consacrée à l'impressionnisme et au fauvisme. On remarque *Gondoles à Venise* de Monet, l'école de Pont-Aven avec *Le Gaulage des pommes* d'Émile Bernard, *Nu jaune* de Sonia Delaunay et *Le Roulis transatlantique* du Nantais Jean-Émile Laboureur.

Les œuvres de **Wassily Kandinsky** – un ensemble sans doute unique dans un musée de province – furent peintes à l'époque où il enseignait au Bauhaus (1922-1933). L'homogénéité de cette collection, dont l'importante *Trame noire* et le lumineux *Événement doux*, est fondée sur la notion de « microcosme ».

À voir aussi, *Deux Femmes debout* d'un Magnelli à la croisée du futurisme et du cubisme, *Cheval rouge* de Chagall, ainsi qu'un ensemble abstrait de l'école de Paris où se distinguent Manessier, Poliakoff, Hartung et Soulages.

Art contemporain – Les quatre salles, dont l'accrochage est souvent remanié, présentent des réalisations tardives de Dubuffet et Picasso, de Gaston Chaissac, des œuvres de Martin Barré et François Morellet, originaires de la région, ainsi que des sections consacrées au nouveau réalisme (Tinguely, Raysse, Villeglé, Dufrêne) et au groupe Support-Surface (Viallat, Dezeuze).

Le musée des Beaux-Arts n'oublie pas les écoles étrangères, notamment l'Italie avec Fabro, Paolini, Spalleti, Penone et Boetti, aux côtés de Richter, Rebecca Horn et Joan Mitchell.

Lycée Clemenceau D1

R. Georges-Clemenceau.

Créé par Bonaparte en 1803, puis reconstruit sous la IIIe République par les architectes Antoine Demoget et Léon Lenoir, cet établissement voit naître en 1886 la première association sportive scolaire de France. Plusieurs élèves de ces années-là deviendront célèbres parmi lesquels l'écrivain Aristide Briand. Longtemps seul lycée de Nantes et du département de Loire-Atlantique, il a joué un rôle non négligeable dans l'histoire de la ville et même dans l'évolution de l'enseignement secondaire en France.

★ Jardin des Plantes D1

11 bd de Stalingrad (face à la gare) ou pl. Sophie-Trébuchet - ✆ 02 40 41 65 09 - ♿ - 20 mars-22 oct. : 8h30-20h ; 23 oct.-17 nov. : 8h30-18h30 ; 18 nov.-14 janv. : 8h30-17h30 - gratuit - visite guidée des serres de cactées 3 € (-18 ans gratuit).

Ce jardin paysager de 7 ha, entrepris dès 1807, s'agrémente de nombreuses cascades et pièces d'eau. La flore bretonne y côtoie les végétaux d'Amérique, d'Asie et d'Afrique : remarquables camélias, rhododendrons, palmiers et magnolias, dont celui d'Hectot : cet arbre, le plus vieux du jardin, fut planté en 1807, à l'âge de 20 ans. Des serres abritent l'une des plus riches collections de cactées en France. Un buste de Jules Verne rappelle que le romancier est né à Nantes *(voir p. 590)*.
Rejoignez le cours J.-F. Kennedy et traversez la voie ferrée.

Le Lieu Unique D1

✆ 02 40 12 14 34 - www.lelieuunique.com - lun. 11h-20h, mar.-merc. 11h-2h, jeu.-sam. 11h-3h, dim. 15h-20h - fermé 1er janv., 1er Mai, 25 déc. - gratuit.
En face du château, de l'autre côté de la voie ferrée, se dresse un curieux clocheton bleu, blanc et rouge : c'est l'ultime vestige de la biscuiterie que Jean Romain Lefèvre, époux de Pauline-Isabelle Utile, occupa à partir de 1885. Mariant leurs initiales, ils créèrent l'**usine LU**, où naquit l'année suivante le « Petit Beurre »… Depuis 1986, les machines ont déménagé à La Haie-Fouassière, au sud de Nantes. En 1999, l'ex-usine réhabilitée sur 8 000 m^2 par l'architecte Patrick Bouchain a été rebaptisée Lieu Unique. Dans ses murs quasi nus, de béton et de briques, le Centre de recherche pour le développement culturel (CRDC) propose un cocktail tous azimuts : danse, théâtre, arts plastiques, musique… On y vient pour flâner dans la librairie, siroter un verre au bar ou visiter la fameuse **tour** équipée d'un « gyrorama », qui offre un panorama intéressant et propose une rétrospective sur l'ancienne usine *(tlj 13h-19h - possibilité de visite guidée)*.

★★ Château des ducs de Bretagne D1

4 pl. Marc-Elder - ✆ 0 811 464 644 - www.chateau-nantes.fr - ♿ - juil.-août : musée 9h30-19h, site 9h-20h ; sept. et juin : musée tlj sf lun. 10h-18h, site 10h-19h - fermé 1er janv., 1er Mai, 1er nov. et 25 déc. - 5 € (-18 ans gratuit), accès à la cour, aux douves et aux remparts gratuit.
De Charles VIII à Louis XIV, maints rois de France séjournent au château. En 1499, Louis XII y épouse Anne de Bretagne. En 1598, Henri IV y a élaboré l'édit de Nantes. À l'époque du duc François II (1435-1488), le train de vie y est royal : 5 ministres, 17 chambellans, une foule de domestiques, une cour fastueuse aux mœurs très libres. C'est lui qui décide de reconstruire le château en 1466. Les travaux se poursuivent avec sa fille, Anne.
À partir du 18e s., l'administration militaire prend possession de l'édifice et taille, rogne, élève des bâtiments au style sans apprêt. La construction d'un quai au 19e s., puis le comblement du bras de la Loire au 20e s. modifient encore le site.
Aujourd'hui, le château a rouvert après avoir fait l'objet d'un vaste programme de restauration d'une quinzaine d'années. Il abrite le nouveau musée d'Histoire de Nantes.
Musée d'Histoire de Nantes★★ – *Possibilité de visiter avec audioguide.*
Conçue comme un parcours en sept séquences à travers l'histoire de Nantes, la visite de ce musée fort bien présenté est un vrai plaisir. De François II, fondateur du château et père d'Anne de Bretagne, à aujourd'hui, on découvre la vie de l'estuaire et des mariniers sur la Loire puis l'orientation vers l'océan avec le négoce des esclaves que l'on appelait pudiquement « l'or noir » (remarquer les impressionnants dessins de la Marie-Séraphique et de son chargement) et le commerce du sucre. On admire au passage les toiles imprimées inspirées des Antilles ou d'autres terres coloniales.

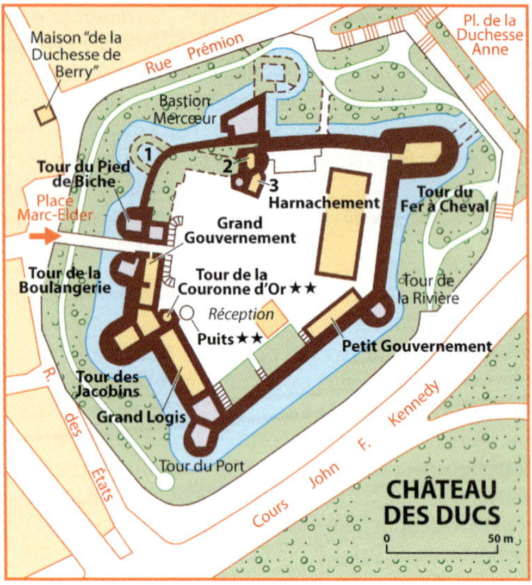

Tout en haut, sous la charpente en carène renversée de bateau, sont exposés les magnifiques meubles en acajou des riches armateurs, surnommés « les messieurs du commerce ».

Ensuite on redescend à travers le Nantes industriel, illustré par les maquettes des usines, les affiches et, plus récemment, les mouvements sociaux. Une magnifique maquette de Nantes en 1900 montre l'importance des chantiers navals et des usines à cette époque.

Les dernières salles sont consacrées au renouveau de Nantes aujourd'hui et la visite se termine par la présentation d'une œuvre d'un artiste contemporain s'inspirant de l'histoire de la ville, actuellement celle pleine d'humour du vidéaste nantais Pierrick Sorin.

Forteresse – Avant d'entrer dans la cour, on peut contourner les tours massives, typiques de l'architecture militaire à la fin du 15e s. La **tour du Pied-de-Biche** doit son nom à la forme d'une salle basse. La **tour de la Boulangerie** servit de prison : elle est surnommée tour de l'Enfer. La **tour des Jacobins** accueillit également une geôle. Au temps d'Anne de Bretagne, la Loire baignait encore la muraille reliant la **tour du Port** à la **tour de la Rivière**. La **tour du Fer-à-Cheval** fut également bâtie à cette époque.

Le **bastion Saint-Pierre** fut ajouté durant les guerres de Religion (16e s.) par le duc de Mercœur, puis arasé en 1904. La tour des Espagnols **(1)** était utilisée comme entrepôt de munitions, et sauta accidentellement en 1800 *(les bâtiments démolis sont indiqués par un tireté sur le schéma ci-dessus)*. Un pont du 18e s. rejoint l'ancien **pont-levis**.

Le **circuit des remparts** est désormais accessible dans son intégralité : il permet d'effectuer un tour complet de l'enceinte de l'édifice, qui offre des points de vue intéressants sur le site et sur la ville.

Bâtiments sur cour – Le **Vieux Donjon (2)** est l'une des quatre tours polygonales qui encadraient le château primitif, construit aux 13e et 14e s. : il est en partie enclavé dans un pavillon du 18e s. abritant la **Conciergerie (3)**.

Le **Grand Logis**, bâti par François II et rehaussé par Anne de Bretagne, est orné de cinq lucarnes gothiques à pinacles ouvragés. C'était le lieu d'habitation des ducs, tout comme le palais ducal : reconstruit après l'incendie de 1670, celui-ci prit le nom de **Grand Gouvernement** et devint la résidence du gouverneur de Bretagne.

La gracieuse **tour de la Couronne-d'Or★★** possède de belles loggias à l'italienne. Le **Petit Gouvernement**, de style Renaissance, a été édifié sous François Ier. Le bâtiment militaire de l'**Harnachement** date de 1784.

Enfin, le **puits★★**, qui remonte probablement à François II, est surmonté d'une magnifique armature en fer forgé, qui figure la couronne ducale. Autrefois dorée à l'or, elle comporte sept poulies et sept gargouilles sculptées sur une margelle à sept côtés.

Empruntez la rue du Château pour rejoindre la place du Pilori.

Plateau Sainte-Croix C1

Le quartier Ste-Croix, également appelé « le Bouffay », est le haut lieu des soirées nantaises. Bars et restaurants s'y succèdent, et les terrasses gagnent le pavé dès les premiers beaux jours.

Son labyrinthe de ruelles recèle des maisons à colombages des 15e et 16e s. : **rues de la Juiverie** *(n° 7)*, **Ste-Croix** *(n° 7)*, de la **Bâclerie** *(n°s 8 et 10)*, **Bossuet** *(n° 5)*, **place du Change**.

L'**église Ste-Croix** (17e s.) surprend par sa façade classique surmontée du beau **beffroi★** de la ville, couronné d'anges sonnant de la trompette. À l'intérieur, le chœur à voûte nervurée en palmier contraste avec la voûte ronde en berceau de la nef.

Pour rejoindre le cœur du vieux Nantes, prenez le cours Franklin-Roosevelt, puis le cours Olivier-de-Clisson jusqu'à la rue Kervégan.

★ AU CŒUR DU VIEUX NANTES

Comptez environ 3h.

★ Ancienne île Feydeau C2

Marécageuse, l'île fut lotie au début du 18e s. selon un strict cahier des charges qui lui a donné toute sa régularité. Ces immeubles d'opulents négociants enrichis par le commerce triangulaire *(voir p. 583)* s'ornent de mascarons – masques de fantaisie – et de balcons galbés. Certains penchent terriblement, témoignant d'une construction difficile. L'île a été rattachée à la ville entre 1926 et 1938, par le comblement des bras de la Loire.

★ Quartier Graslin BC2

Receveur général des fermes à la fin du 18e s., Jean-Jacques Graslin fit réaliser le quartier qui porte son nom. Sur la **place du Commerce**, la Bourse a été construite par Crucy de 1811 à 1813 : elle abrite la Fnac et l'office de tourisme. On atteint la **place Royale**, où la fontaine érigée en 1865 symbolise la ville de Nantes.

Passage Pommeraye★ – Dans la rue Santeuil s'ouvre cette galerie couverte, ouverte en 1843 sur trois niveaux, à l'initiative d'un notaire. C'est l'un des lieux les plus attachants de Nantes, avec son escalier de bois et de métal dont les contremarches sont ornées de souris, ses colonnes cannelées, ses balustrades ajourées et ses statues d'enfants surmontées de torchères. Jacques Demy y tourna *Lola* en 1961.

Place Graslin – Étroite, très commerçante, la **rue Crébillon**, est très animée. On y vient « crébillonner » (flâner). Elle mène à cette esplanade où s'élève le grand théâtre (1783) de style corinthien. À l'angle de la brasserie La Cigale (intérieur 1900 aux belles mosaïques, classé Monument historique) s'amorce le noble **cours Cambronne★**. Réalisé par Mathurin Crucy, il est bordé sur 180 m de maisons à pilastres, commencées sous Napoléon Ier et terminées sous le Second Empire.

Après l'avoir traversé, tournez deux fois à gauche, puis à droite vers le quai de la Fosse.

Musée de l'Imprimerie B2

24 quai de La Fosse - ✆ 02 40 73 26 55 - www.musee.imprimerie.free.fr - ♿ - mai-juin : tlj sf dim. 10h-12h, 14h-17h30 ; janv.-avr. : 10h-12h, 14h-17h30, dim. 14h-17h, possibilité de visite guidée 14h30 tlj sf dim. - fermé j. fériés - 5 € (enf. 3,20 €).

Il retrace l'histoire des métiers du livre. Lithographies, enluminures, bois gravés... des professionnels présentent les techniques de composition et d'impression en utilisant des machines et des outils anciens en parfait état de marche.

Aux abords du quai de la Fosse B2

Plusieurs demeures du 18e s. donnent sur le quai. Remarquez les nos 17, 54, 70 et, au no 86, l'hôtel Durbé, dont les communs servaient d'entrepôt à la Compagnie des Indes.

Remontez vers la place du Sanitat.

Église Notre-Dame-de-Bon-Port

Également appelé église St-Louis, cet édifice (1846-1858) est coiffé d'un dôme de style byzantin. À l'intérieur, de lourds piliers hexagonaux soutiennent la coupole, couronnée alternativement de vitraux et de fresques.

De là, vous pouvez redescendre sur le quai et traverser le pont Anne-de-Bretagne pour rejoindre l'Île de Nantes (voir p. 590) ou revenir vers le centre par la rue Dobrée puis la rue Voltaire.

★ Musée archéologique B2

18 r. Voltaire ou r. Durand-Gasselein - ✆ 02 40 71 03 50 - fermeture pour travaux de rénovation à partir de 2010.

Les amateurs de pièces anciennes y verront de la céramique grecque et étrusque, ainsi qu'une section égyptologique : sarcophages, vases canopes, statuettes de bronze et de bois, stèles, momies d'animaux, reconstitution d'un tombeau du Moyen Empire.

Une section est consacrée à la civilisation régionale, de la préhistoire à l'arrivée des Vikings : armes, outils, vases, bijoux, statuettes, collections néolithiques et de l'âge du bronze provenant de St-Nazaire et de Rezé.

★ Musée Dobrée B2

18 r. Voltaire ou r. Durand-Gasselein - ✆ 02 40 71 03 50 - www.culture.cg44.fr - ♿ - tlj sf lun. 13h30-17h30, w.-end 14h30-17h30, possibilité de visite guidée le dim. - fermeture pour travaux de rénovation à partir du 30 juin 2010 - 3,50 € (-18 ans gratuit), gratuit dim.

Cet étonnant palais néoroman abrite les collections réunies par l'armateur Thomas Dobrée : sculptures romanes et gothiques, armes (collection Rochebrune), émaux, ivoires.

Au 1er étage : collections chinoises, mobilier (très beau cabinet anversois du 17e s.), céramiques, portraits de la famille Dobrée et de la duchesse de Berry. Le musée conserve également le reliquaire en or rehaussé d'émail du cœur de la duchesse Anne de Bretagne (1514).

Le célèbre passage Pommeraye.
M. Triano/MICHELIN

À l'ouest du palais, sur une tour carrée, Thomas Dobrée fit inscrire en breton quelques mots exprimant son inquiétude métaphysique : *« Ann dianaf a rog ac'hanoun »*; c'est-à-dire : « L'inconnu me dévore. » Cette devise est surmontée d'un dragon, agrippé à un cœur de pierre rouge.

Face au musée Dobrée se dresse le **manoir de la Touche** *(ouvert lors d'expositions temporaires)*. Il fut construit au début du 15e s. par l'évêque Jean de Malestroit. Jean V, duc de la maison de Montfort, y mourut en 1442. Le terme de « tousche » désigne un petit bois, qui couronnait jadis la colline.

★★ Muséum d'histoire naturelle B2

12 r. Voltaire - ✆ 02 40 41 55 00 - www.museum.nantes.fr - ♿ - tlj sf mar. 10h-18h - fermé j. fériés - 3,50 € (-18 ans gratuit), gratuit 1er dim. du mois.

Ouvert en 1799, le Muséum a été inauguré dans cet ancien hôtel de la Monnaie en 1875. Il abrite d'importantes collections : zoologie générale, faune régionale, ostéologie, paléontologie, préhistoire, sciences de la terre, minéralogie, ethnographie.

La galerie de zoologie vient d'être complètement réamenagée et a rouvert ses portes en 2008. On y remarquera tout particulièrement le squelette de la baleine.

La section de conchyliologie se distingue par la beauté et la variété des coquillages. Un vivarium présente des reptiles et batraciens de toutes origines.

DU QUAI DE LA FOSSE VERS LA BUTTE SAINTE-ANNE

Escorteur d'escadre Maillé-Brézé A2

Quai de La Fosse - ✆ 09 79 18 33 51 - www.maillebreze.com - visite guidée à bord (1h), bord et machines (1h30) - juin-sept. : 14h-18h ; oct.-mai : 14h-17h - fermé 1er janv., 25 déc. - 7 € (-12 ans 4 €).

Ce bâtiment (132,65 m de long, 12,70 m de large) a été mis en service en 1957 et désarmé en 1988. On découvre les pièces d'armement anti-sous-marines et anti-aériennes, les systèmes de détection, le poste de commandement, ainsi que plusieurs locaux réservés à l'équipage. Intéressante visite des machines. Dans le carré des officiers, évocation de la vie de l'amiral français Jean Armand de Maillé (1619-1646), duc de Brézé.

Planétarium A2 en dir.

8 r. des Acadiens - accès par le quai E.-Renaud et la rue de l'Hermitage - ✆ 02 40 73 99 23 - www.nantes.fr - ♿ - séance (1h) tlj sf sam. 10h30, 11h30, 14h15, 16h45, dim. 15h, 16h, 16h30, 17h30 - fermé 1er janv., 1er Mai, 25 déc. - 5 € (-18 ans 2,50 €).

On y propose, grâce à toutes sortes d'effets scéniques, des spectacles permettant de s'initier à l'astronomie : mouvement des planètes, simulation de la voûte céleste, immersion au cœur d'une pluie d'étoiles filantes…

En suivant le quai E.-Renaud et la rue de l'Hermitage, vous accéderez à la butte Ste-Anne. Depuis la table d'orientation, la **vue★** se déploie sur l'île de Nantes et les anciens chantiers de construction navale.

★ **Musée Jules-Verne** A2 en dir.

3 r. de l'Hermitage - ✆ 02 40 69 72 52 - www.julesverne.nantes.fr - juil.-août : 10h-18h ; reste de l'année : tlj sf mar. 10h-12h, 14h-18h, dim. 14h-18h, visite-conférence (1h30) dim. 15h30 - fermé j. fériés - 3 € (-18 ans gratuit), gratuit 1er dim. du mois (sf juil.-août).

Jules Verne passa 20 ans à Nantes, depuis sa naissance en 1828 dans l'île Feydeau jusqu'à son installation à Paris, en 1848. Une demeure du 19e s. sert de cadre à ce musée où de nombreux souvenirs retracent la vie de l'écrivain : autographes, meubles, maquettes, objets personnels (provenant de la donation Jean Verne, son petit-fils), portraits, bustes, affiches évoquant ses ouvrages publiés chez Hetzel, jeux et objets divers inspirés par ses livres, planisphère lumineux reproduisant *Les Voyages extraordinaires*.

Des bornes interactives installées au fil des salles permettent d'approfondir la connaissance de l'auteur. Un livret de découverte sous forme de jeu de piste est remis gratuitement aux enfants à l'entrée.

Devant l'entrée du musée se dresse la **statue de sainte Anne**, bénissant le port.

Fresques des Acadiens A2 en dir.

Situées rue des Acadiens, près de la butte St-Anne, ces fresques commémorent l'épisode des Acadiens déportés du Canada par les Anglais. La moitié d'entre eux périrent pendant ou à cause de la déportation dans la période 1775-1785.

La première fresque « Le port de Nantes, 1785 », réalisée par Robert Daffort en 1993, montre l'embarquement des Acadiens réfugiés à Nantes, sur les 7 bateaux qui devaient les amener vers La Nouvelle-Orléans.

La seconde, montre l'arrivée de ces mêmes Acadiens en Louisiane (réplique de celle du même Robert Dafford, à St-Martinville en Louisiane).

L'ÎLE DE NANTES

Face au quai de la Fosse, l'**île Beaulieu** était autrefois occupée par les chantiers navals. Rebaptisée **Île de Nantes**, elle est l'objet d'un vaste programme d'urbanisme. La partie ouest, encadrée par deux bras de la Loire, est progressivement réaménagée.

En passant le pont Anne-de-Bretagne, on peut voir sur la gauche la grande structure noire de verre et de béton, œuvre de l'architecte Jean Nouvel, qui abrite le **palais de justice**.

NOYADES EN SÉRIE

En octobre 1793, la Convention dépêche **Jean-Baptiste Carrier** à Nantes, pour « purger le corps politique de toutes les mauvaises humeurs qui y circulent ». Les prisons sont déjà remplies de Vendéens, de prêtres, de suspects. Pour faire de la place, Carrier recourt à la noyade : les condamnés sont entassés dans des chalands qu'on saborde en Loire. Avertie, la Convention rappelle son représentant à Paris. Renvoyé devant le tribunal révolutionnaire de Nantes, il est guillotiné en 1794.

En face se trouvent les Machines de l'Île et le vaste chantier actuel appelé à devenir jardins et endroits de divertissements.

★★ Les Machines de l'Île B2

Les Chantiers, bd Léon Bureau - ✆ 0810 12 12 25 - www.lesmachines-nantes.fr - juil.-août : tlj 10h-20h ; mi-fév.-juin et sept.-oct. : tlj sf lun. 10h-18h, w.-end 10h-19h ; reste de l'année : se renseigner - fermé du 4 janv. au 12 fév., 1er janv., 25 déc. - 6,50 € (-18 ans 5 €). Pour les promenades sur l'éléphant en été, venir à l'avance ; pas de possibilité de réservation.

Vous verrez d'abord l'éléphant sagement parqué sous la halle ou en balade dans les alentours. Avec ses 12 m de haut, vous ne pouvez pas le rater. Il est le premier de toute une série de machines comme l'arbre géant aux hérons, le manège des mondes sous-marins ou autre projet fantasmagorique élaboré dans les nefs de fer et de béton qui abritaient les ateliers de chaudronnerie des Chantiers de la Loire jusqu'en 1987.

Ce projet très original, qui fait partie du projet plus général d'aménagement de l'île de Nantes, a l'air tout droit sorti de l'imaginaire de Jules Verne.

Dans la **galerie des machines**, des animateurs expliquent la construction de l'éléphant ou d'autres machines. De l'autre côté de l'allée centrale, on peut voir les ateliers où elles sont élaborées ainsi qu'un film. Vous pouvez ensuite monter sur l'éléphant qui vous promènera pendant 30mn sur un petit bout de l'île.

Deux **grues titans** marquent les deux extrémités de la promenade aménagée le long de la Loire qui mène en 10mn à pied au **Hangar à bananes**. La jaune, appartenait jadis au chantier naval Dubigeon et la grise au Port Autonome de Nantes-St-Nazaire ; cette dernière est classée monument historique. Entre les deux, les **anneaux de Buren** (lumineux la nuit), ressemblent à de grands hula hoop encadrant diverses vues sur Nantes. Le long du quai, les anciens entrepôts, où mûrissaient les bananes importées de Guinée et de Guadeloupe, ont été aménagés pour accueillir galeries d'art, restaurants et bars branchés dont les terrasses donnent sur le fleuve.

★ VALLÉE DE L'ERDRE

Cette belle rivière ne se découvre pas facilement. Avant tout, un petit détour s'impose à la Maison de l'Erdre et à la capitainerie dans l'île de Versailles *(voir ci-après)*.

La route ne suit pas la rivière et le meilleur moyen de la découvrir est de louer un canoë ou de profiter des agréables croisières organisées par les **Bateaux nantais** *voir Nos adresses à Nantes, p. 597.*

Les berges verdoyantes sont jalonnées d'une vingtaine de gentilhommières, anciennes résidences de campagne d'armateurs nantais. Le château de la Gacherie (16e s.) aux fenêtres ouvragées retient plus particulièrement l'attention.

Île de Versailles C1

Quai de Versailles ou quai Henri-Barbusse - ☎ 02 40 29 41 11 - www.jardins.nantes.fr - ♿ - de mi-janv. à mi-nov. : lun., jeu.-vend. 13h30-18h15, merc., w.-end et j. fériés 9h30-12h15, 14h15-18h15 ; de mi-nov. à mi-janv. : lun., jeu.-vend : 13h30-17h15, merc., w.-end et j. fériés 9h30-12h15, 14h15-17h15 - fermé mar. - gratuit.

Jadis marécageuse, cette île a été remblayée lors du creusement du canal de Nantes à Brest. Un **jardin japonais** y a été aménagé en 1987, avec ses rocailles et ses cascades : bambous, cyprès chauves, rhododendrons, camélias et cerisiers japonais.

La **Maison de l'Erdre** présente la flore et la faune de cette rivière qui, jusqu'au 19e s., desservait l'entrée du canal de Bretagne.

À voir aussi Plan de la ville

PARCS ET JARDINS

Dès le 17e s., la botanique eut une place privilégiée à Nantes, dont la situation portuaire favorisa l'entrée des plantes exotiques, comme le magnolia. Aujourd'hui, Nantes recèle 800 ha d'espaces verts, disséminés dans la ville, qui contribuent beaucoup à la « douceur de vivre » nantaise.

Parc de Procé A1

Entrées : bd des Anglais, r. des Dervallières ou bd Clovis-Constant.

Avec ses longues perspectives, ses doux vallonnements, ce parc (12 ha) est un agréable lieu de promenade où il n'est pas interdit de fouler le gazon. Autour d'un manoir datant de 1789, parmi les chênes, s'épanouissent rhododendrons, azalées, fuchsias, dahlias et bruyères.

Parc Floral de la Beaujoire D1 en dir.

Face au 360 rte de St-Joseph-de-Porterie - tram n° 1, terminus Beaujoire - ☎ 02 40 30 17 51 - mars-sept. 8h30-20h (oct.-nov. 18h30, déc.-janv. 17h30) - entrée libre.

Situé près de l'Erdre et du parc des expositions, il rassemble une magnifique roseraie, une collection d'iris et de bruyères et la collection nationale de référence de magnoliais, regroupant 400 variétés et espèces.

Parc de la Chantrerie D1 en dir.

Rte de Gachet - tram n° 1 puis bus lignes 72, 76 - été 8h30-20h, printemps-automne 8h30-18h30, hiver 8h30-17h30 - entrée libre.

Relié au centre de la ville par une promenade pour piétons de 6 km sur la rive gauche de l'Erdre, ce parc garde en mémoire le dessin d'origine de D. Noisette datant de 1872. Remarquez quelques très beaux arbres dont un châtaignier millénaire et une intéressante collection d'osiers (saules). Différents animaux peuvent être observés dans les pâtures longeant l'allée principale.

Le Jardin des Hespérides C1 en dir.

Ferme de la Hautière, à 3 km au nord de Nantes par le périphérique. Sortie : La Chapelle-sur-Erdre - ✆ 02 40 72 03 83 - www.fermefruitierelahautiere.com - ♿ - de déb. mai à mi-oct. : visite guidée sur réserv. (1h30) 16h, dim. 15h et 17h - fermé lun. - 7,60 € (5-15 ans 4,10 €).

Le verger mythique des Hespérides était gardé par un dragon à cent têtes. Triomphant du monstre, Hercule s'empara des pommes d'or et gagna l'immortalité.

Exploitée depuis 1810 par la même famille, cette ferme fruitière abrite un domaine (1,5 ha) aménagé en huit thèmes : jardin des Fraises, jardin de la Loire-Atlantique ; jardin du Monde où poussent des fruits d'origine lointaine, comme la myrtille ou « bleuet du Canada » ; jardin des Fruits nouveaux tel le *loganberry*, issu de la mûre et de la framboise ; jardin des Fruits sauvages telle l'arbouse ; jardin du Néolithique évoquant des cueillettes venues du fond des âges…

Le jardin méditerranéen abrite merisier, caroubier et pistachier, celui des Botanistes montre des espèces situées à la frontière entre fruits et légumes, tel le potiron. Les fruits tropicaux ont trouvé abri et chaleur dans une serre.

Le visiteur est ensuite invité à déguster un cocktail de fruits. À la boutique, vente de confitures, sorbets, coulis…

À proximité

Trentemoult A2 en dir.

Pour y accéder, prenez le Navibus (navette fluviale) qui relie le centre de Nantes aux rives de Trentemoult.

Situé sur la rive gauche de la Loire, dans la commune de Rézé, ce petit village de pêcheurs est devenu un quartier branché avec l'arrivée de nouveaux habitants qui ont restauré les curieuses maisons qui étaient bâties sur trois niveaux à cause des crues.

Le prix de l'immobilier y a grimpé, les restaurants s'y sont installés et c'est aujourd'hui l'endroit où l'on va flâner et boire un verre dans les guinguettes le long du fleuve ou du port de plaisance.

Parcours artistique « Estuaire Nantes-Saint-Nazaire »

Se renseigner auprès des offices du tourisme de Nantes et de St-Nazaire - ✆ 02 51 82 15 00 - www.estuaire.info.

L'estuaire de la Loire constitue le lien physique et symbolique entre Nantes et St-Nazaire. Depuis 2007 le projet « Estuaire », ambitionne de faire découvrir, tous les deux ans (prochaine édition en 2011), ce territoire à travers des installations artistiques à l'échelle de l'estuaire.

Il est demandé à une trentaine d'artistes de créer *in situ* des installations, certaines pérennes, d'autres éphémères, visibles de l'eau et des rives. Elles prennent place entre des bâtiments industriels et des zones naturelles protégées pour leur faune et leur flore. Le parcours peut se concevoir en bateau, à pied ou à vélo, et commence au choix dans l'une des deux villes.

NOS ADRESSES À NANTES

TRANSPORTS

En bus et tramway – 3 lignes de tramway et une soixantaine de lignes d'autobus, une ligne de busway (un des premiers en France) et un service fluvial sur l'Erdre et la Loire (le Navibus) permettent des déplacements rapides et pratiques *(toute l'année, sauf le 1er Mai)*. Les titres de transport, valables indifféremment dans les bus, les tramways et les bateaux de l'ensemble du réseau, s'achètent *(sauf liaison TAN-AIR)* aux distributeurs automatiques des différentes stations, chez les dépositaires TAN ainsi qu'aux kiosques information-vente TAN dont le principal est situé à la station Commerce *(espace Transport, allée Brancas)*. Pour visiter la ville, les **tickets 24h** *(3,30 €)* permettent un nombre de voyages illimités pdt 24h apr. compostage; voir également le **pass nantes** *(18 €)* qui combine visites et transports - Info Allô TAN – *☎ 0 810 444 444.*

En vélo – *☎ 0 810 44 44 50 - www.bicloo.nantesmetropole.fr.* 700 « Bicloo » en libre-service sont répartis sur 89 stations du centre-ville jusqu'au nord de l'île de Nantes. Pour 1 ou 5 €, louez un vélo autant de fois que vous le souhaitez pendant 1 ou 7 jours sur l'une des 26 stations d'accueil et d'abonnement. La première demi-heure de chaque trajet est gratuite.

HÉBERGEMENT

PREMIER PRIX

Camping Le Petit Port – *21 bd du Petit-Port - bord du Cens - ☎ 02 40 74 47 94 - www.nge-nantes.fr/camping - permanent - ♿ - réserv. conseillée - 200 empl.* Dans un cadre verdoyant, campeurs, caravanes et camping-cars se donnent rendez-vous ici, à quelques minutes de la ville. 36 mobile homes sont également disponibles à la location. Accès gratuit à la piscine du Petit Port pour les résidents. Location de vélos.

BUDGET MOYEN

All Seasons Centre – *3 r. Couëdic - ☎ 02 40 35 74 50 - www.accorhotels.com - 65 ch. 60/195 € ☕.* À deux pas de la place Royale, hôtel récent qui sort d'une cure de jouvence : chambres contemporaines (écrans plats, Internet), vue sur les toits de la ville au dernier étage.

Hôtel Pommeraye – *2 r. Boileau - ☎ 02 40 48 78 79 - www.hotel-pommeraye.com - 50 ch. 59/124 € - ☕ 9,50 €.* À deux pas du célèbre passage Pommeraye et des boutiques de la rue Crébillon, les adeptes de décoration contemporaine raffinée vont aimer cet hôtel labellisé « Clef Verte ».

Hôtel des Colonies – *5 r. Chapeau-Rouge - ☎ 02 40 48 79 76 - www.hoteldescolonies.fr - 38 ch. 63/75 € - ☕ 11 €.* Des expositions d'œuvres d'art égayent le petit hall d'accueil de cet hôtel situé dans une rue tranquille. Chambres au cadre actuel et aux coloris gais (bonne literie).

Hôtel Graslin – *1 r. Piron - ☎ 02 40 69 72 91 - www.hotel-graslin.com - 47 ch. 75/115 € - ☕ 11 €.* Cet hôtel en cours de transformation propose deux types de chambres. Préférez celles récemment refaites, Arts déco et sans superflu; les autres ont encore leur mobilier en pin.

Un coin chez soi – *1 r. de Briord - ☎ 06 64 20 31 09 - www.uncoinchezsoi.net - 79/99 €.* La formule « Un coin chez soi » offre une alternative à l'hôtellerie traditionnelle. Elle propose des appartements privés situés en centre-ville et pouvant accueillir de 2 à 4 personnes. Décoration soignée.

RESTAURATION

PREMIER PRIX

Le Café Cult' – *2 pl. du Change - ✆ 02 40 47 18 49 - www.lecult.com - fermé 2 sem. en août et dim. - ♿ - 12/27 €.* Remontez le temps en admirant la façade de cette maison nantaise à colombages du 15e s. et sa grande terrasse, puis poussez sa porte pour découvrir son cadre médiéval et s'attabler autour de plats inspirés par l'histoire du lieu, désormais monument classé. L'établissement fait aussi bar.

Crêperie Heb-Ken – *5 r. de Guérande - ✆ 02 40 48 79 03 - www.heb-ken.fr - fermé 20 juil.-19 août, dim. et j. fériés - 7,50/12 €.* Prix très raisonnables pour ces crêpes de qualité servies dans deux salles sans fioriture, décorées de photos du pays bigouden. Une escale sympathique à prévoir au cours de vos flâneries nantaises, entre la place Royale et la rue Crébillon.

Amour de Pomme de Terre – *4 r. des Halles - ✆ 02 40 47 66 37 - www.amourdepommedeterre.fr - fermé 1er janv. et 25 déc. - ♿ - formule déj. 11 € - 14,90/25,70 €.* L'enseigne annonce la couleur : ici la pomme de terre est reine. Mais pas n'importe laquelle puisqu'on n'utilise aux fourneaux que la Samba et l'Amandine. En garniture de plats, en salade, en gratin ou en accompagnement de grillades, pierrades, raclettes ou « reblochonades », elles rencontrent toujours le même succès.

Le Montesquieu – *1 r. Montesquieu - ✆ 02 40 73 06 69 - lun.-vend. 12h-14h et merc.-sam. 19h-22h30 - 9,80/20 €.* À deux pas du musée Dobrée, ce restaurant au décor simple propose une cuisine authentique et savoureuse variant au gré des produits du marché.

Tim Fish – *4 r. de l'Arche Sèche - ✆ 02 40 47 11 46 - www.timfish.fr - fermé lun.-merc. soir et dim. - 5,90/13 €.* Un concept original pour ce petit restaurant qui propose une nouvelle façon de déguster les produits de la mer. Les assortiments de poissons frais et de saison sont servis en coupe dans un cornet de blé noir avec des légumes.

Le Paludier – *2 r. de Santeuil - ✆ 02 40 69 44 06 - fermé lun. et sam. midi, le dim. - 15/35 €.* Restaurant du quartier Graslin dédié aux produits de la mer. Décoration sobre sur le thème marin. Accueil sympathique et soigné.

BUDGET MOYEN

Chez l'Huître – *5 r. des Petites-Écuries - ✆ 02 51 82 02 02 - www.chezlhuitre.fr - fermé 23 déc.-15 janv., dim. et merc. hors sais. ; ouv. tlj de mai à fin sept. sf dim. soir - formule déj. 12 € - 18/22,50 €.* Amateurs de saveurs marines, ce

bistrot a tout pour vous plaire : vous y prendrez une grande lampée d'iode en dégustant ses différentes variétés d'huîtres. En été, bigorneaux et autres crustacés accompagneront votre apéritif. Terrasse dans la rue piétonne à la belle saison. Vente à emporter.

Le Bistrot des Enfants Terribles – *4 r. Fénelon - ✆ 02 40 47 00 38 - gaelle.soenen@numericable.fr - fermé dim. et lun. soir. - ♿ - formule déj. 14 € - 18/29 €.* Restaurant « cosy » et convivial, salle agrémentée de cheminées des 16e et 17e s., de miroirs et de banquettes. La carte, renouvelée quotidiennement, propose des produits maison.

L'Embellie – *14 r. Armand Brossard - ✆ 02 40 48 20 02 - www.restaurantlembellie.com - fermé août, dim. et lun. - formule déj. 15 € - 24/52 €.* À deux pas de la tour Anne de Bretagne, des mets dans l'air du temps préparés avec soin et servis dans deux salles tout en jaune et bordeaux. L'Embellie… de la journée !

La Cigale – *4 pl. Graslin - ✆ 02 51 84 94 94 - www.lacigale.com - formule déj. 15 € - 18/28 €.* Inaugurée en 1895, cette incontournable brasserie ne compte plus les clients célèbres passés entre ses murs. Son superbe cadre (mosaïques et boiseries) témoigne de l'ivresse ornementale du Modern Style.

POUR SE FAIRE PLAISIR

L'Atlantide – *16 quai E.-Renaud - ✆ 02 40 73 23 23 - www.restaurant-atlantide.net - fermé 25 juil.-24 août, 24 déc.-2 janv., sam. midi, dim. et j. fériés - 32 bc/95 €.* Vue panoramique sur le fleuve et la ville depuis ce restaurant contemporain situé au sommet d'un immeuble moderne. Les assiettes se parent d'une cuisine inventive agréablement accompagnée par une attrayante carte de vins de Loire.

ACHATS

Nantes

Passage Pommeraye – Le cinéma de Jacques Demy (*Lola*, 1961) et la prose d'André Breton hantent ce magnifique passage du 19e s. (construit en 1843) qui déroule ses galeries et ses nombreuses boutiques de luxe.

Marché de Talensac – Faisant indéniablement partie du patrimoine historique de Nantes, cette halle imposante abrite également le plus important marché de la ville. 75 commerçants et artisans occupent l'intérieur de la structure de béton, pendant que 70 éventaires volants et 20 abonnés officient à l'extérieur.

Marché aux puces – Place Viarme, tous les samedis 7h30-13h.

Comptoir du Château – *4 r. Prémion - ✆ 02 40 20 16 22 - www.comptoir-du-chateau.net - lun.-mar. 11h30-20h, merc.-sam. 10h30-20h, dim. 15h-19h.* Cette boutique est spécialisée dans la fabrication d'armures de combat, épées, dagues, boucliers et autres objets médiévaux, voisinage du château des ducs de Bretagne oblige ! Vous y trouverez également bijoux celtiques, vêtements médiévaux et gothiques, et personnages de la mythologie régionale (fées et korrigans). Également vente par correspondance.

Debotté-Gautier – *9 r. de la Fosse - ✆ 02 40 48 23 19 - tlj sf dim. et lun. 9h-19h15.* Magnifique chocolaterie, datant de 1850, et classée monument historique. Gourmands de tous les pays, salivez devant les macarons, les berlingots nantais ou les vieux pavés… La brûlerie d'à côté appartient au même propriétaire.

Librairie Coiffard – *7 r. de la Fosse - ✆ 02 40 48 16 19 - librairiecoiffard@wanadoo.fr - tlj sf dim. 10h-19h, lun. 14h-19h.* Si vous cherchez un livre, tous les Nantais vous renverront à cette librairie fondée en 1919 et qui rassemble tous les types d'ouvrages, depuis la littérature générale jusqu'à la photographie en passant par les voyages. Récemment rénovés, ses magasins conservent le cachet de l'ancien mais c'est surtout la qualité de ses libraires qui la rend irremplaçable.

En dehors de Nantes

Domaine des Herbauges – *44 830 Bouaye - ✆ 02 40 65 44 92 - www.domaine-des-herbauges.com - tlj sf dim. 9h-12h, 14h-18h30, sam. 9h-12h, 14h-17h30 - fermé dim. et j. fériés - visite du vignoble, des chais et dégustation au caveau : 3 € (-10 ans 2 €).* Depuis 1935, cinq générations se succèdent au Domaine des Herbauges pour unir tradition et modernité, et être le plus grand producteur de muscadet-côtes-de-grandlieu-sur-lie. Tout comme la vigne, les vinifications y sont pratiquées le plus naturellement possible pour produire des vins de qualité. À découvrir également : gros-plant, grolleau, gamay et chardonnay.

La Ferme Fruitière de la Hautière – *44 240 La Chapelle-sur-Erdre - ✆ 02 40 72 03 83 - www.fermefruitierelahautiere.com - 9h-12h30, 14h-19h, vend. et sam. 9h-19h, dim. du 1er Mai au 15 oct. 9h-13h, 14h30-19h - fermé lun. en janv., en fév., en mars et 15 août - visite guidée du Jardin des Hespérides : 8 € (-15 ans 4,50 €).* Depuis 1810, cette exploitation familiale perpétue la tradition fruitière. Ses 35 ha sont consacrés à la culture de 23 fruits parmi lesquels la fraise a pris une place importante. Depuis 1994, création de variétés nouvelles. Toute l'année, la Ferme propose à la vente sa production de fruits frais, mais aussi confitures, jus de fruits, compotes, coulis, sorbets… tranformés sur place. Visite *(guidée)* du « Jardin des Hespérides » *(voir p. 593)*.

EN SOIRÉE

Bon à savoir – Les bars et restaurants du quartier du Bouffay ouvrent leurs portes jusque tard dans la nuit. Dans le quartier médiéval, la rue de la Juiverie connaît une chaleureuse effervescence tandis que le Lieu Unique, près de la gare, avec sa façade post-industrielle et ses néons blancs, opte pour un intérieur plus intimiste.

Bateaux Nantais – *Quai de la Motte-Rouge - ✆ 02 40 14 51 14 - www.bateaux-nantais.fr - tlj 9h-23h.* Découvrez l'Erdre, « la plus belle des rivières de France » selon François Ier, à bord de bateaux panoramiques à l'occasion d'un déjeuner ou d'un dîner. La nuit, la promenade revêt un caractère féerique.

Pannonica – *9 r. Basse-Porte - ✆ 02 51 72 10 10 - www.pannonica.com - Billetterie : tlj sf dim. et lun. 13h-18h, sam. 9h-13h - fermé de mi-juin à mi-sept. - 10/23 € selon concerts.* Salle de spectacle consacrée au jazz, au rock et aux musiques nouvelles. Les plus grands jazzmen ont foulé les planches de ce lieu incontournable des nuits nantaises. S'y déroulent également en juin *(sur 4-5 jours)* les Rencontres internationales de musiques improvisées « All'improvista ».

ACTIVITÉS

Ligue de Golf des Pays de la Loire – *9 r. du Couëdic - ✆ 02 40 08 05 06 - www.ligue-golf-paysdelaloire.asso.fr - fermé merc., sam. et dim.* Menant une politique de développement du golf pour tous, jeunes et moins jeunes, la Ligue est à votre disposition pour tous renseignements concernant les terrains, les stages, pour le loisir comme pour la compétition et le haut niveau.

Bateaux électriques – *✆ 02 51 81 04 24 - www.rubanvert.fr - juil.-août : 10h-19h ; mai-juin et sept. : 14h-19h, w.-end et j. fériés 10h-19h ; avr. et oct. : w.-end et j. fériés 10h-19h - à partir de 25 €.* Location, sans permis, de bateaux électriques et silencieux pour découvrir l'Erdre et la Sèvre. Départ de l'île de Versailles, de Sucé-sur-Erdre et de Vertou.

Canoë-kayak – *Canoë-kayak nantais, rte de la Jonelière - ✆ 02 40 29 25 71 - www.nak.nantes.free.fr - tlj sf dim. 10h-18h.* Ce club organise des stages sur cette rivière que ne borde aucune route.

Les Naudières – *Rte de Vannes - 44880 Sautron - ✆ 02 40 63 21 05 - www.parc-attractions-naudieres.com - ouv. du 1er dim. d'avr. au dernier dim. de sept. : 10h-19h - 8,50 € pers.* Quatrième lieu touristique de Loire-Atlantique par sa fréquentation, ce parc d'attractions comprend une centaine de jeux répartis sur environ 7 ha. Toboggans, ponts, luges d'été ou tonneaux feront la joie des petits et des grands

Clisson

★

6 600 Clissonnais – Loire-Atlantique (44)

NOS ADRESSES PAGE 604

S'INFORMER

Office du tourisme de la vallée de Clisson – *Pl. Minage - 89124 Clisson - ✆ 02 40 54 02 95 - www.valledeclisson.fr - 10h-12h30, 14h30-18h (dim. 14h30-17h30 de nov. à mi-mars) - fermé 1er janv. et 25 déc.*

SE REPÉRER

Plan de microrégion D4 (p. 576-577) – *carte Michelin Département 316 I5.* Clisson se trouve au confluent de la Sèvre Nantaise et de la Moine.

À NE PAS MANQUER

Le charme romantique de cette petite cité italianisante en bordure de Sèvre; les paysages de vignoble du muscadet de Sèvre-et-Maine de part et d'autre de la Sèvre Nantaise.

ORGANISER SON TEMPS

De mi-avril à début mai, profitez du tapis bleu des jacinthes pour visiter le parc de la Garenne-Lemot.

AVEC LES ENFANTS

Après avoir pisté, dans le parc de la Garenne-Lemot, les temples, statues et poèmes gravés sur la roche, tentez une balade en barque dans le marais de Goulaine, et visitez en saison la volière à papillons du château.

D'un massif pont de pierre, la vue se dégage sur le site de Clisson baigné de verdure, et sur son château médiéval dont la puissante silhouette se reflète dans les eaux de la Sèvre Nantaise. Petit bout d'Italie en Loire-Atlantique, aux portes de la Bretagne, cette charmante ville se distingue, dans la région, par la fantaisie italianisante de son architecture, et offre à la visite un splendide domaine de style néoclassique : la Garenne-Lemot.

PETITE ITALIE

En 1794, Clisson fut mise à feu et à sang par les « Colonnes infernales », si bien qu'à la fin de la Révolution, la ville avait été désertée par presque tous ses habitants. Quelques années plus tard, au début du 19e s., elle s'« italianisa » sous l'impulsion de deux Nantais, les **frères Cacault**, et du sculpteur **François-Frédéric Lemot** (1772-1827), inspirés par leurs différents séjours à Naples, Rome et en Toscane.

Nombre de demeures de Clisson et divers moulins à eau ou manufactures des environs, reconnaissables notamment à leurs baies en plein cintre appareillées en briques, sont autant de témoignages de cet engouement dont on trouve les prémices dans le parc de la Garenne-Lemot, ou dans les bâtiments conventuels du 17e s. de Charroux (*Voir Guide Vert Poitou Vendée Charentes*).

Se promener

Château d'Olivier de Clisson

✆ 02 40 54 02 22 - 1er Mai-30 sept. : tlj sf mar. tte la journée ; 1er oct.-30 avr. : tlj sf mar. apr.-midi - fermé 24, 25, 31 déc. et 1er janv. - 2,20 € (enf. 1,50 €).

Le château que l'on découvre aujourd'hui protégeait jadis le duché de Bretagne face à l'Anjou et au Poitou. Parmi ses premiers seigneurs, les sires de Clisson, figure le célèbre connétable **Olivier de Clisson** (1336-1407). En 1420, le château fut confisqué par le duc de Bretagne.

Le château initial remonterait aux 11e et 12e s. Au 13e s., on éleva une construction polygonale flanquée de tours. Au 14e s., un donjon également polygonal lui fut accolé. Il en subsiste un pan de mur encore couronné de mâchicoulis. La cuisine, le logis seigneurial et la chapelle datent aussi du 14e s.

Au 15e s., pour moderniser les fortifications, le duc de Bretagne François II fit édifier une deuxième enceinte comprenant des prisons et une nouvelle porte monumentale munie d'un pont-levis. Enfin, par crainte de la Ligue, trois bastions furent construits au 16e s. afin de renforcer le château.

Au centre de la cour d'honneur, vous pourrez voir le puits où, en 1794, furent précipités 18 habitants de Clisson qui s'étaient réfugiés dans le château.

Non loin du château, admirez la superbe charpente en chêne, châtaignier et sapin des **halles** (15e s.).

Les ponts

Du viaduc (1840) qui franchit la Moine, la **vue** plonge sur le château, la rivière, ses berges verdoyantes et le pont St-Antoine (15e s.). Depuis l'autre pont du 15e s. sur la Sèvre, on découvre un autre aspect de la rivière dominée par la masse du château.

★ Domaine de la Garenne-Lemot

À Gétigné. Au sud-est de Clisson par la D 149.

Cette propriété de 13 ha doit son nom au bois de la Garenne et au sculpteur François-Frédéric Lemot qui l'acquiert en 1805 et décide de la transformer en un lieu de villégiature dédié aux arts. C'est lui qui charge l'architecte Mathurin Crucy d'aménager l'ensemble dans le goût italianisant alors en vogue.

Parc – *✆ 02 40 54 75 85 - avr.-sept. : 9h-20h ; reste de l'année : 9h30-18h30 - gratuit.*

Ce parc est animé de statues et de fabriques ornementales faisant référence à l'Antiquité. On y verra le temple de Vesta imitant celui de Tivoli, une borne milliaire, un oratoire, un tombeau, la grotte d'Héloïse et deux rochers gravés de poèmes. Ne manquez pas, au bord de la Sèvre, le joli site rocheux baptisé « Bains de Diane ».

LE MANÈGE ENCHANTÉ

En 1931 naît à Clisson une personnalité fantaisiste : **Serge Danot** (1931-1990), le créateur de Pollux. Pour ses loisirs, Danot fabrique des films de marionnettes animés. Après avoir exercé plusieurs métiers, ce passionné fait ses premiers pas dans le monde du cinéma et devient très vite dessinateur d'animation, puis opérateur.

Lorsque Danot met au point *Le Manège enchanté*, petit film dont le héros est un chien à l'accent anglais, Pollux, le succès arrive très vite. L'ORTF lui commande 90 films. *Les Aventures de Pollux* seront vues dans le monde entier…

L'église Notre-Dame et la Sèvre Nantaise.
B. Rivière/ Office du tourisme de la Vallée de Clisson

Maison du jardinier – *À l'entrée du domaine, à droite. Domaine de la Garenne-Lemot - ✆ 02 40 54 75 85 - accès libre au parc avr.-sept. : 9h-20h ; reste de l'année : 9h30-18h30 - accès à la maison du jardinier mai-sept. : 11h-18h30 ; reste de l'année : 14h-17h30 - fermé 1er janv., 24, 25 et 31 déc. - gratuit.* Inspiré des maisons de Toscane ou d'Ombrie, ce petit chef-d'œuvre de l'architecture rustique italienne en France servit de modèle à plusieurs maisons de la région.
Remarquez sa tour-pigeonnier, sa loggia, ses tuiles rondes. Comme un vent d'Italie soufflant sur cette localité de Loire-Atlantique…
Villa Lemot – *✆ 02 40 54 75 85 - expositions temporaires, se renseigner - gratuit.* Précédée d'une colonnade en hémicycle, cette villa néoclassique (1824) est uniquement ouverte à l'occasion d'expositions temporaires. Elle offre, de sa terrasse arrière, une jolie **vue** sur la ville et sur le temple de l'Amitié, où repose François-Frédéric Lemot.

Itinéraire conseillé Carte de microrégion

LE PAYS DU MUSCADET DE SÈVRE-ET-MAINE

Itinéraire de 65 km – comptez environ 4h.
Clisson est l'une des portes d'entrée du vignoble du muscadet de Sèvre-et-Maine, ainsi que de celui du gros-plant. De part et d'autre de la vallée de la Sèvre Nantaise, au cours sinueux, se succèdent, sur les coteaux, les domaines des viticulteurs.
Quittez Clisson par le nord sur 8 km en empruntant la D 763, puis la D 149 (direction Nantes).

Le Pallet D4

Le Pallet est le village natal de **Pierre Abélard** (1079-1142), philosophe et théologien. Cette personnalité remarquable et déconcertante est surtout connue pour sa passion amoureuse pour Héloïse, la nièce du cruel Fulbert. Il l'épousa secrètement avant qu'elle ne fût mise dans un couvent.

Musée du Vignoble nantais – *02 40 80 90 13 - www.pays-vignoble-nantais.org - de déb. avr. à déb. nov. : apr.-midi - fermé lun., 11 Nov.-28 fév., lun. de Pâques, lun. de Pentecôte, 1er et 11 nov., 25 déc. - 5 € (-18 ans 3 €).* Installé dans un vaste bâtiment moderne, ce musée du patrimoine vinicole et viticole régional vous dévoile tous les secrets du muscadet.

Le visiteur est invité à découvrir les différentes zones de production et le travail de la vigne : techniques de greffage, vendanges, pressurage, élaboration du vin, tonnellerie, commerce.

Parmi tous les objets, machines et outils exposés (sécateurs, serpettes, sulfateuses, charrues et tracteurs, pèse-barriques), remarquez un monumental **pressoir à long fût** du 18e s.

La **salle des cinq sens** permet de s'initier aux arômes du vin, avant la dégustation finale. À l'extérieur, présentation des différents cépages du Pays nantais.

Au départ de la chapelle St-Michel, un **circuit balisé** offre une agréable balade dans le vignoble.

Quittez Le Pallet par l'est en empruntant la route qui longe la Sanguèse.

Mouzillon D4

On y célèbre début juillet « La Nuit du muscadet ». Au sud de l'église, **pont gallo-romain** sur la Sanguèse.

Quittez Mouzillon par le nord en empruntant la D 763.

Vallet D4

Cette commune viticole est considérée comme la capitale du muscadet.

Quittez Vallet par le nord-ouest en prenant la D 37.

Château de la Noë de Bel-Air D4

Visite libre du parc et des abords du château tte la journée - possibilité de visite guidée sur demande - gratuit.

Cet élégant château, détruit à la Révolution, fut reconstruit en 1836. Il présente, face au parc, une vaste loggia à colonnes toscanes. L'agencement de la brique dans la construction des communs et de l'orangerie est à rapprocher des modèles clissonnais.

Poursuivez sur la D 37.

Le Moulin du Pé D3

Du sommet de ce moulin désaffecté, **vue** prenante sur le vignoble et les marais de Goulaine.

Revenez et poursuivez sur la D 37.

Le Loroux-Bottereau D3

Formant un corps d'élite lors de l'insurrection de 1793, les habitants de cette commune déclenchèrent les foudres de Turreau qui fit détruire la ville en 1794.

Église St-Jean-Baptiste – Elle possède deux fresques du 12e s. représentant la légende de saint Gilles. Du **clocher**, la vue s'étend sur les coteaux du vignoble.

Quittez Le Loroux-Bottereau par le sud-est en empruntant la D 7.

Marais de Goulaine D3

Cette étendue verdoyante (1 500 ha) est traversée par de nombreux canaux bordés de roseaux. Par la route, près du légendaire **pont de l'Ouen**, appréciez la belle **vue** depuis la butte de la Roche.

Promenade en barque – *✆ 02 40 54 55 50 - avr.-sept. : location de barques - fermé pdt période de chasse - clés et rames à l'Office de tourisme - 10 € par barque de 4 pers. (1/2 j).* On découvre l'intérieur des marais de Goulaine en barque ou en longeant les canaux à pied.
Prenez sur la droite la D 74.

Château de Goulaine D3

✆ 02 40 54 91 42 - http://chateau.goulaine.online.fr - se renseigner pour les tarifs et les horaires.
Entouré de vignobles, ce château fut bâti entre 1480 et 1495 par Christophe de Goulaine, gentilhomme de la chambre des rois Louis XII et François Ier. De son passé militaire subsistent une tour à mâchicoulis et un castelet, précédé d'un pont enjambant les douves. Au corps de logis du 15e s., construit en tuffeau dans le style ogival, deux ailes furent ajoutées au début du 17e s.
Intérieur – Un escalier à vis conduit à l'étage qui s'ouvre sur le Grand Salon (cheminée Renaissance), le salon Bleu (plafond à caissons bleu et or) et le salon Gris (panneaux en lambris, scènes de mythologie sur les trumeaux). Une exposition permanente (tableaux, affiches, objets, mobilier) retrace l'histoire de la **biscuiterie LU** de 1880 jusqu'à nos jours.
Volière à papillons – Accolée au mur d'enceinte du château, une vaste serre plantée de fleurs et d'arbustes tropicaux abrite des papillons exotiques. Pour compléter ou agrémenter la visite, les scolaires et les enfants ont accès à un livret centré sur la volière. Ils seront guidés par Léonard le papillon à travers les coloriages, les rébus et les mots-croisés.
Revenez et poursuivez sur la D 74. À Haute-Goulaine, prenez au sud la DF 105. À l'entrée de Vertou, tournez à gauche, puis empruntez la D 59 en direction de Clisson. Après 500 m, prenez sur la gauche la D 539.

La Haie-Fouassière D4

Ce village vigneron doit son nom à la fouasse, délicieux gâteau en forme d'étoiles à six branches que l'on trouve dans les pâtisseries du secteur.
Maison des vins de Nantes – *Pl. du Commerce - ✆ 02 40 36 90 10 - www.vinsdeloire.fr - visite et dégustation libre, se renseigner - gratuit.* Située près du château d'eau, cette maison est le siège du Comité interprofessionnel des vins de Nantes. Elle fournit une documentation complète sur les vins de la région et propose 104 références de vins. Du bâtiment, joli **point de vue** sur le vignoble.
Quittez La Haie-Fouassière par le sud en franchissant la Sèvre Nantaise par la D 74.

Saint-Fiacre-sur-Maine D4

La mère de **Victor Hugo**, Sophie Trébuchet, passa jadis ses vacances dans cette petite commune viticole, sise dans un cadre de verdure entre Sèvre et Maine, et qui s'honore de posséder la plus forte densité de vignes de la région. Vous découvrirez à St-Fiacre une église néo-byzantine (19e s.) et des fermes anciennes. Vous remarquerez aussi la tour du Chasseloir (15e s.), pourvue d'un cellier orné d'animaux fantastiques, et le château de Coing dont les communs, de style italianisant, ne sont pas sans rappeler l'architecture de la ville de Clisson *(voir encadré p. 599)*.
Prenez à gauche la D 76 qui longe la rivière.

Monnières D4

L'église, des 12e et 15e s., possède d'intéressants vitraux modernes, sur le thème de la vigne et du vin.
La D 76 ramène à Clisson.

NOS ADRESSES À CLISSON

HÉBERGEMENT

Le Pallet

POUR SE FAIRE PLAISIR

Chambre d'hôte Le Château de la Sébinière – *44 330 Le Pallet - après le musée du Vignoble - ☎ 02 40 80 49 25 - www.chateausebiniere.com - 3 ch. - 90/120 €* ☕. Perché sur les coteaux du village du Pallet, charmant petit château entièrement rénové, protégé par un parc boisé et 13 ha de vignes. Les ravissantes chambres décorées à l'ancienne et les salons dégagent une atmosphère intemporelle, douce et reposante. Dégustation du muscadet de la propriété.

Vallet

BUDGET MOYEN

Hôtel Don Quichotte – *35 rte Clisson - 44330 Vallet - ☎ 02 40 33 99 67 - donquichottevallet@wanadoo.fr - fermé 21 déc.-3 janv. - P - 12 ch. - 55/63 € - ☕ 8,90 €.* De grandes fresques décorent les murs de cet ancien moulin situé au cœur du vignoble. Salle à manger-véranda ; plats traditionnels composés en fonction des produits du terroir.

RESTAURATION

Gétigné

BUDGET MOYEN

La Gétignière – *3 r. de la Navette - 44190 Gétigné - 3 km au sud-est de Clisson dir. Cholet par D 149 - ☎ 02 40 36 05 37 - www.lagetigniere.com - fermé 24 déc.-2 janv., dim. soir, mar. soir et lun. - 22/45 €.* Dans une petite rue au cœur du village, ce restaurant tenu par un jeune couple est à la fois simple et gourmand. Pimpante salle rénovée au style assez moderne, tables espacées et cuisine inventive au goût du jour. Formule déjeuner intéressante.

ACHATS

Vallet

Domaine Vinicole Alexis Sauvion – *La Hersonnière - 44330 Vallet - ☎ 02 40 36 20 88 - www.muscadet-bio.com - lun.-jeu. 8h-12h, 13h30-17h, vend. 8h-12h - fermé w.-end et j. fériés - se renseigner av. visite.* Ce domaine viticole produit exclusivement un muscadet biologique commercialisé sous le nom de Château de la Fessardière. La propriété est bien connue, puisqu'elle figurait déjà au 16e s. parmi les trois meilleurs clos de vigne de la région dans les annales de Vallet. La maison vend environ 200 000 bouteilles par an.

Gorges

Domaine Damien Rineau – *Lieu-dit La Maison Neuve - 44190 Gorges - ☎ 02 40 06 98 27 - tlj sf dim. 8h-20h - fermé 2 sem. en août.* Ce vignoble d'environ 12 ha est exploité de père en fils depuis neuf générations. Cultivé à 90 % en muscadet de Sèvre-et-Maine, il offre des conditions parfaites pour élaborer le gorgeois, produit phare de la maison et cru d'exception au sein du vignoble nantais. On y élabore aussi un vin mousseux brut.

AGENDA

Les Médiévales de Clisson – *☎ 02 40 54 02 95 - 1er w.-end d'août.*

Pornic

★

11 903 Pornicais – Loire-Atlantique (44)

NOS ADRESSES PAGE 610

S'INFORMER

Office du tourisme de Pornic *Pl. de la Gare - 44 211 Pornic cedex - ✆ 02 40 82 04 40 - juil.-août : 9h-19h, dim. et j. fériés 10h-18h ; avr.-juin et sept. : tlj sf dim. 14h-18h30 ; oct.-mars : tlj sf dim. 9h15-12h30, 13h30-18h - fermé j. fériés hors sais.*

SE REPÉRER

Plan de microrégion B4 (p. 576-577) – *Carte Michelin Département 316 D5.* Pornic, à 25 km au sud-est de St-Nazaire, est relié à Nantes par la D 751.

À NE PAS MANQUER

La vue de la corniche de la Noëveillard ; la découverte de la Côte de Jade, avec la pointe de St-Gildas et le pont routier St-Nazaire-St-Brevin ; la piste Safari de la Planète sauvage ; l'étonnante abbatiale carolingienne de St-Philbert-de-Grand-Lieu.

ORGANISER SON TEMPS

Comptez 1h pour le centre-ville, une journée et demie pour la Côte de Jade ainsi que le pays de Retz, et pour la plage, le temps qu'il faut suivant celui qu'il fait…

AVEC LES ENFANTS

S'ils aiment les animaux, faites-leur absolument découvrir la Planète sauvage. Ils apprécieront tout particulièrement la piste Safari et les facéties des otaries de la Cité marine.

Ses côtes bordées de criques, ses plages de sable bien abritées, son pittoresque port de pêche, ses vieux quartiers serrés sur une colline et ses villas aux jardins ombragés de pins parasols, son terrain de golf, son institut de thalassothérapie font de Pornic une station balnéaire dont vous apprécierez le charme.

Se promener

La vieille ville

C'était jadis une place forte dont la protection naturelle était assurée au sud par le port et à l'ouest par un vallon, aujourd'hui « jardin de Retz ». Le château et des remparts, suivant le tracé de la promenade de la Terrasse, puis de la rue de la Douve, constituaient le dispositif de défense.

Le port de pêche – Il offre un abri à une petite flotte de bateaux de pêche. De l'extrémité du port, superbes perspectives à droite vers la ville étagée sur la pente, et en face, sur l'anse à l'entrée de laquelle on distingue, au milieu des arbres, la silhouette du château.

DES CÉLÉBRITÉS À PORNIC

Au 19e s., Pornic accueille **George Sand**, Charles Garnier, **Gustave Flaubert**, Jules Michelet, **Auguste Renoir** et bien d'autres. En 1910, **Lénine** vient y séjourner en compagnie de son épouse. Après la Première Guerre mondiale, Paul Léautaud viendra y passer ses étés. Marc Elder, Julien Gracq, René-Guy Cadou et Max Ernst fréquenteront également la station balnéaire.

Le château

Enfoui dans la verdure, le château de Pornic, bâti en granit, domine la petite plage du Château. Élevé aux 13e et 14e s., il appartint au célèbre Gilles de Rais. Il était autrefois entouré d'eau, et son accès se faisait par un pont-levis qu'a remplacé un pont fixe sous lequel passe la rue des Sables.

Promenade de la Terrasse – Aménagée sur l'emplacement des anciens remparts, elle permet de découvrir des **vues** agréables sur le château et sur le jardin de Retz, envahi par les pépinières.

★ Corniche de la Noëveillard

30mn à pied AR. Prenez le sentier longeant la mer à partir de la plage du Château.

On rejoint un chemin en balcon sur la mer, d'où l'on a de jolies vues sur l'anse de Pornic, les rochers et l'océan. On domine bientôt les installations du vaste port de plaisance avant d'atteindre la plage de sable fin de la Noëveillard.

Corniche de Gourmalon

La route suit le bord de la corniche, passe au-dessus de l'anse aux Lapins, puis sur la pointe de Gourmalon. **Vues** sur Pornic, le château, la corniche de la Noëveillard.

Dolmen des Mousseaux

Signalé au départ de la plage du Château.

Cette double allée couverte, surmontée de pierres étagées en gradins, aurait eu une double fonction de tombeau et de monument de prestige pour des cultivateurs du Néolithique, aux alentours de l'an 3500 av. J.-C. Les deux chambres du dolmen ont une particularité caractéristique de l'estuaire de la Loire : un **plan transepté**, c'est-à-dire un couloir à chambres latérales.

Itinéraires conseillés Carte de microrégion

★ LA CÔTE DE JADE

Itinéraire de 70 km – comptez environ une demi-journée.

De Pornic à St-Brevin-les-Pins, un chapelet de stations balnéaires fréquentées jalonne le littoral du pays de Retz, nommé la **Côte de Jade** en raison de la couleur de ses flots d'un vert soutenu. Entre Pornic et St-Gildas, la corniche échancrée de criques de sable est particulièrement attrayante.

Sainte-Marie B4

À proximité de la plage Mombeau, un sentier en corniche offre une jolie **vue** sur la côte rocheuse où s'inscrivent des plages de sable fin. On remarque de nombreux carrelets (cabanes sur pilotis) installés pour la pêche.

Prenez la direction « Le Porteau par la côte ».

De la plage des Sablons à celle du Porteau, la route suit la mer, longeant en balcon une côte déchiquetée.
Du Porteau à Préfailles, la route ne côtoie plus le littoral ; seuls les adeptes de la marche pourront s'en rapprocher en empruntant le sentier de randonnée (Tour du pays de Retz) qui domine l'océan.

★ Pointe de Saint-Gildas B4

Laissez votre voiture sur le parc aménagé près du port de plaisance.
Couverte de l'herbe rase de la lande, que parsèment les vestiges du mur de l'Atlantique, elle se prolonge par des écueils de schiste sur lesquels se brisent les vagues. C'est au large de la pointe de St-Gildas que sombra, le 14 juin 1931, le vapeur nantais *St-Philibert*, entraînant la mort de 500 passagers de retour d'une excursion à Noirmoutier. De la pointe de St-Gildas, la vue se développe de la côte bretonne, entre St-Nazaire et Le Croisic, jusqu'à Noirmoutier.
Suivez la route de Pornic (D 313). Après 1 km, prenez à gauche la D 13 qui longe la Côte de Jade sur 20 km.

Saint-Brevin-les-Pins B3

Des villas disséminées parmi les pins, 8 km de plage de sable fin, un casino, un port de plaisance, voici cette charmante station balnéaire de la Côte de Jade qui englobe la localité de **St-Brevin-l'Océan** dont les dunes s'étendent au sud de l'avancée rocheuse du Pointeau. Un **petit train** parcourt la station en saison.

Dolmen de l'allée des Rossignols – *À St-Brevin-l'Océan*. Parmi les nombreux mégalithes de la région, ce dolmen (5 m de long) est l'un des plus accessibles.

Musée de la Marine – *À Mindin - pl. Bougainville - ✆ 02 40 27 00 64 - www.mairie-saint-brevin.fr - ♿ - juin-sept. : tlj sf lun. 15h-19h - fermé oct.-mai et j. fériés - 3 € (-12 ans gratuit)*. À l'embouchure de la Loire, sur le promontoire du Nez-de-Chien, ce musée occupe un fort désaffecté, construit en 1861. Des documents y évoquent l'histoire de Mindin, en particulier la bataille des Cardinaux entre Français et Anglais en 1759 (pendant la guerre de Sept Ans) : celle-ci eut pour conséquence le naufrage du navire *Le Juste* dont on peut voir les canons à l'entrée du fort.
Parmi de nombreuses maquettes reproduisant des bateaux de toutes époques, on remarque celles de trois géants construits à St-Nazaire : le *Normandie*, le *France* et le *Batillus*, un des plus grands pétroliers du monde (1976). Des abords du fort, **vue** sur St-Nazaire avec ses chantiers de l'Atlantique, et sur l'élégant **pont routier St-Nazaire-St-Brevin★**.
Quittez Mindin par l'est en empruntant sur 11 km la D 277 puis la D 77.

Paimbœuf B3

Belle **vue** sur l'estuaire de la Loire.
Quittez Paimbœuf par le sud en empruntant la D 114. À St-Père-en-Retz, prenez la D 86 qui ramène à Pornic.

PAYS DE RETZ

Itinéraire de 130 km – comptez environ une journée. Quittez Pornic par le sud-est.
La route longe la côte et traverse la station balnéaire de La Bernerie. Au sud de Moutiers-en-Retz, de belles **vues** se dégagent sur la baie de Bourgneuf et l'île de Noirmoutier.

Bourgneuf-en-Retz B4

Important carrefour routier desservant les plages de la baie de Bourgneuf (au nord) et les parcs à huîtres vendéens (au sud).

Musée du Pays de Retz – *6 r. des Moines - ☎ 02 40 21 40 83 - www.museepaysderetz.com - ♿ - juil.-août : 10h30-13h, 14h-18h30 ; avr.-juin et sept.-oct. : tlj sf lun. 10h-12h, 14h-18h, possibilité de visite guidée sur réserv. - 4 € (-12 ans 2 €).* Il occupe les dépendances (17e s.) d'un ancien couvent de cordeliers. Des collections archéologiques et minéralogiques, des coiffes et costumes locaux, une ancienne demeure paysanne (bourrine de la fin du 19e s.), de nombreuses reconstitutions d'ateliers y font revivre les activités traditionnelles des habitants du pays de Retz : métiers de la mer (ostréiculture, marais salants, pêche et faune sur les côtes), agriculture, artisanat (sabotier, cordonnier, forgeron, menuisier, fileuse, tonnelier, boulanger, aubergiste, briquetier).

Quittez Bourgneuf par l'est en empruntant la D 13 sur 12 km.

Machecoul C4

Capitale historique du pays de Retz, ce bourg organise, en saison, des spectacles mettant en scène l'histoire de cette région.

Quittez Machecoul par le nord-est en empruntant la D 64. Environ 2 km après St-Même-le-Tenu, prenez à droite la D 71. À St-Lumine, prenez la D 61 sur 7 km.

Saint-Philbert-de-Grand-Lieu C4

Abbatiale St-Philbert★ – *Accès par l'office de tourisme - ☎ 02 40 78 73 88 - juil.-août : 10h-12h, 14h-18h30 ; avr.-juin et sept. : 10h-12h, 14h-18h, w.-end et lun. 14h-18h ; oct.-mars : tlj sf lun. 10h-12h, 14h-17h30, w.-end 14h-17h30, possibilité de visite guidée juil.-août 15h et 16h - fermé vac. de Noël, 1er janv., 1er Mai, 1er nov. et 25 déc. - 2,50 € (-6 ans 1,50 €), visite guidée 3 € (-6 ans 2 €), visite des jardins gratuit.* La construction de cette étonnante église carolingienne remonte au 9e s. et se fit en deux phases : la première à partir de 815, et la seconde de 836 à 847. L'église accueillit quelque temps la précieuse relique de saint Philbert *(voir encadré ci-dessous)* et devint alors un important lieu de pèlerinage. Elle subit quelques altérations durant la guerre de Cent Ans et les guerres de Religion, puis fut utilisée comme entrepôt à fourrages durant l'époque révolutionnaire.

Quelque peu dénaturée en 1870, époque à laquelle on n'hésita pas à araser ses murs, les abaissant de plus de 3 m, elle fut désaffectée et utilisée comme marché aux poulets jusqu'en 1936. Rendue au culte depuis lors, elle offre aujourd'hui le spectacle émouvant d'un édifice meurtri au cours des siècles, mais dont la beauté de l'architecture a été subtilement rehaussée grâce à des travaux de réhabilitation rendant au lieu toute la solennité qu'il mérite.

LA LÉGENDE DE SAINT PHILBERT (OU PHILIBERT)

Ce Gascon né vers 616 à Eauze fonda plusieurs abbayes dans l'ouest de la France, notamment à Jumièges près de Rouen, à St-Philbert-de-Grand-Lieu et à Noirmoutier où il mourut en 685. Sa dépouille connut lors des invasions normandes maintes tribulations. Son sarcophage fut d'abord transféré à St-Philbert-de-Grand-Lieu (836), puis sa dépouille seule fut transportée à Cunault, en Anjou, en 858. De là, son exode se poursuivit par Messais, en Poitou (862), puis par St-Pourçain, en Bourbonnais. Cette incroyable odyssée se termina à Tournus où la chapelle absidiale du chœur de l'abbaye abrite la châsse de St-Philbert.

Intérieur – à la fois majestueuse et austère, la nef frappe par le curieux mélange de tradition antique et d'influence byzantine qui se retrouve dans les puissants piliers dépourvus de décor et l'alternance de briques et de pierres à la romaine. Remarquez, sur les murs latéraux, la ligne blanche de chaux marquant le niveau du sol avant déblaiement, et dans les arcs des transepts, le réemploi de matériaux issus de monuments romains, chose assez commune au Moyen âge. Dans le chœur, vous verrez la **crypte de saint Philbert**. Celle-ci, aménagée à l'attention des pèlerins, était dotée d'ouvertures par lesquelles les fidèles pouvaient se recueillir devant le **sarcophage en marbre** (7e s.) qui contint, jusqu'en 858, la dépouille du saint thaumaturge. Lorsque la menace viking se rapprocha de St-Philbert-de-Grand-Lieu, le sarcophage fut vidé de sa dépouille et la crypte emmurée pour protéger le cercueil du saint, tant il était vénéré.

Maison du lac – *Accès par l'office de tourisme - ✆ 02 40 78 73 88 - avr.-sept. : mat. et apr.-midi ; reste de l'année : tlj sf lun. mat. et apr.-midi, dim. apr.-midi - fermé 1er janv. et 25 déc. - 2,50 € (6-12 ans 1,50 €), billet combiné avec l'abbatiale.* Ce musée avifaune remarquablement conçu est consacré aux 225 espèces d'oiseaux nicheurs ou de passage qui fréquentent le lac de Grand-Lieu. Montage audiovisuel sur la faune et la flore du lac, et vidéo sur la réserve.

Quittez St-Philbert par le nord en empruntant la D 65 sur 6 km puis tournez à gauche sur la D 62 en direction de Passay.

Lac de Grand-Lieu C4

Communiquant avec l'estuaire de la Loire par l'Acheneau (chéneau : chenal), appelé aussi étier de Buzay, ce lac est une réserve naturelle depuis 1980. Le fond rocheux, d'une profondeur de 1 à 2 m suivant les saisons, est recouvert par endroits d'une importante couche de vase. Sous celle-ci serait ensevelie la ville d'**Herbauge**, maudite pour ses mœurs dissolues. Selon la légende, le tintement de sa cloche se fait encore entendre au milieu du lac, à minuit, durant la nuit de Noël… Important site de nidification du héron cendré et de la rare spatule, le lac de Grand-Lieu, situé sur une voie de migration atlantique, accueille plus de 200 espèces d'oiseaux : bécassines, canards, sarcelles, grèbes, râles, oies…

Promenades en barque – *Lors de la fête des Pêcheurs, qui a lieu à Passay le 15 août et le dim. suivant.* Elles ne sont autorisées qu'exceptionnellement sur le lac dont seul le musée la Maison du pêcheur, à Passay, permet de découvrir les beautés naturelles.

Passay C4

Typique hameau de pêcheurs, c'est le seul endroit d'où l'on peut approcher le lac de Grand-Lieu.

Maison du pêcheur – *✆ 02 40 31 36 46 - de mi-juin à mi-sept. : 10h-19h ; reste de l'année : merc. et sam. 14h-17h, dim. 14h-18h, possibilité de visite guidée (1h30) - fermé j. fériés - 4 € (6-15 ans 2 €).* Installé au pied d'une **tour-observatoire** dominant le lac et ses environs, ce petit musée révèle un milieu exceptionnellement riche. Le lac et son écosystème (faune et flore) sont clairement présentés, ainsi que les activités qui y sont liées, notamment la pêche avec ses techniques particulières. Des aquariums abritent les espèces locales : brochets, sandres, anguilles, carpes…

Quittez Passay par le nord-est en reprenant la D 65. À Pont-St-Martin, prenez la D 11 vers l'ouest sur 9 km. À Bouaye, suivez la direction de St-Mars-de-Coutais.

★★ Planète sauvage C4

✆ 02 40 04 82 82 - www.planetesauvage.com - ♿ - avr.-mi-nov. : tte la journée ; reste de l'année : w.-end tte la journée - fermé déc.-mars - 17 € (4-13 ans 11 €).

Véritable terre d'accueil pour plus de 2 000 animaux, Planète sauvage est l'un des plus grands centres européens de reproduction de la faune sauvage, avec à son actif quelque 250 naissances par an.

Piste Safari – *2h environ. Arrêt de détente possible au km 5. Respectez les consignes de sécurité : fermez vos vitres et en cas de problème, ne descendez pas de votre véhicule, mais klaxonnez.* Vous allez pouvoir observer de près, à bord de votre propre véhicule ou en raid 4x4 guidé *(réservations obligatoires)*, quelque 150 espèces sauvages. Dépaysement assuré ! Vous emprunterez 10 km de pistes serpentant à travers 16 parcs différents afin de découvrir, dans des paysages de brousse et de savane, les jeux d'eau pratiqués par les hippopotames et les éléphants, les prodigieux sauts des impalas et des springboks, la sieste des ours baribal sur leur rocher, les jeux des tigres, la majesté des lions, la société des lycaons, la placidité des girafes…

Le village de brousse – Ce village, que vous découvrirez à pied, vous réserve bien des surprises. L'**Arche des reptiles** vous dévoile ainsi le monde singulier des serpents, lézards, crocodiles et tortues. Dans la **ferme miniature**, ce sont ratons laveurs, porcs-épics, coatis, suricates, perroquets et autres créatures de moins de 60 cm qui vous attendriront. N'oubliez pas l'**île aux siamangs et aux flamants**, où les singes apostrophent les colonies d'oiseaux bordant la rive.

Le Parcours jungle – Les plus aventuriers oseront se risquer sur un pont suspendu au-dessus du territoire d'une tribu de 70 macaques rhésus !

La Cité marine – Doté, pour le bien-être des animaux, d'une technologie de traitement de l'eau novatrice, son grand bassin sert de cadre à un étonnant **spectacle d'otaries** *(25mn)*.

Rejoignez Port-St-Père, empruntez la D 103 puis la D 80 sur 10 km vers le nord.

Le Pellerin C3

Il vous est possible d'emprunter un bac pour traverser la Loire.

Quittez Le Pellerin par l'ouest en empruntant sur 10 km la D 58 puis la D 66.

Rouans C3

Ce village a servi de décor au film de Jean-Loup Hubert : *Le Grand Chemin*. Les joutes verbales entre Anémone et Richard Bohringer résonnent encore !

Quittez Rouans par l'ouest et rejoignez la D 266 qui traverse la forêt de Princé. Rejoignez la D 6 à Chauvé ; cette route ramène à Pornic.

NOS ADRESSES À PORNIC

HÉBERGEMENT

Pornic

POUR SE FAIRE PLAISIR

Chambre d'hôte Le Jardin de Retz – *1 chemin des Mousseaux, (face au Château) - ✆ 02 40 82 02 29 - ⌿ - 3 ch. 70/75 €* ☕. Les propriétaires, passionnés de botanique, ont aménagé un délicieux jardin. Ils disposent de trois chambres plaisantes et servent les petits-déjeuners d'été dans un cadre bucolique.

Sainte-Marie

POUR SE FAIRE PLAISIR

Chambre d'hôte Cupidon – *Plage du Portmain - 44210 Ste-Marie - 6 km à l'ouest de Pornic par rte côtière - ✆ 02 51 74 19 61 - www.chambre44.com - fermé de mi-déc. à mi-janv. - ⌿ - 4 ch. 70 € ☕ (63 € à partir de 2 nuits)*. Cette maison récente, située à 50 m de la plage de Portmain est conçue comme un chalet côtier. Le bois domine à l'intérieur et l'atmosphère y est chaleureuse. Trois chambres ont vue sur mer, la quatrième donne sur le jardin. Copieux petit-déjeuner (thés de grandes marques et pains très variés) ; prêt de vélos, piscine.

RESTAURATION

BUDGET MOYEN

L'Estaminet – *8 r. du Mar.-Foch - ✆ 02 40 82 35 99 - fermé 20 déc.-20 janv., dim. soir et lun. - réserv. conseillée - 15/29 €.* Dans ce restaurant situé en retrait du port, le chef prépare une cuisine traditionnelle et des spécialités comme les ris de veau sauce crème au pineau des Charentes ou les papillotes de noix de St-Jacques aux petits légumes. Son épouse assure le service dans une petite salle contemporaine très sympathique.

POUR SE FAIRE PLAISIR

Le Bistrot – *Pl. du Petit-Nice - ✆ 02 40 82 51 25 - fermé de mi-nov. à mi-déc., merc. soir d'oct. à mars, dim. soir (hors sais. et hors vac. scol.) et jeu. - formule midi 13 € - 29/31 €.* La salle à manger de ce bistrot-restaurant donne sur le port : on peut ainsi contempler le va-et-vient des bateaux de plaisance, tout en se régalant des plats « terre et mer » créés par le chef (moules à l'andouille de Guémené, cocotte de rouget barbet). Aux beaux jours, la terrasse dressée face au château est appréciable.

EN SOIRÉE

Casino – *50 quai Leray - Vieux Port - ✆ 02 40 82 26 87 - www.g-partouche.fr - tlj : 10h-4h ; w.-end 10h-5h.* Outre ses 130 machines à sous, sa roulette, son black-jack, etc., ce casino abrite un restaurant avec vue sur le vieux port et un bar animé par un orchestre tous les week-ends. Soirées à thème.

ACHATS

Pornic

Faïencerie de Pornic – *R. de la Faïencerie - ✆ 02 51 74 19 10 - www.faiencerie-pornic.fr - juil.-août : tlj sf dim. 10h-12h30, 14h-19h ; reste de l'année : tlj sf dim. 10h-12h30, 14h-18h - fermé j. fériés.* Cette fabrique fondée en 1948 est installée dans une usine incluant une boutique ; vous y trouverez une gamme étendue d'articles traditionnels (dont le fameux bol-prénom), ainsi que des créations récentes originales et très diversifiées. Visite, vidéo, démonstrations et atelier de peinture à la main sur biscuit.

Le Clion-sur-Mer

La Fromagerie le Curé Nantais – *28 r. du Port-Chéri - Le Clion-sur-Mer - ✆ 02 40 82 28 08 - www.curenantais.com - juil.-août : mar.-vend. 10h-12h - fermé j. fériés.* Parmi les produits gourmands de la région, découvrez le Curé Nantais, créé il y a plus de 100 ans par un curé et produit artisanalement dans cet établissement. Vous pourrez assister à la fabrication du fromage et terminer la visite par une dégustation.

ACTIVITÉS

Thalassothérapie – *Plage de la Source - 1 km au sud du vieux fort de Pornic - ✆ 02 40 82 21 21 - www.thalassopornic.com - 9h-13h, 14h-18h - 28 € (enf. 18 €).* Ce centre propose des séjours antistress, amincissement, jeune maman, etc., dans un cadre exceptionnel, face à l'océan. Nouveauté : un spa doté de 19 cabines à l'atmosphère zen et dépaysante. Chambres avec vue sur les flots, le jardin ou le patio. Deux bars et cinq restaurants dont le Ponton pour déguster grillades et brochettes en plein air à la belle saison.

Saint-Nazaire

★

68 838 Nazairiens (agglomération : 120 000 hab.) – Loire-Atlantique (44)

NOS ADRESSES PAGE 618

S'INFORMER

Office du tourisme de St-Nazaire – *Base sous-marine, bd de la Légion-d'Honneur - 44 600 St-Nazaire - ☏ 02 40 22 40 65 - www.saint-nazaire-tourisme.com - juil.-sept. : 9h30-12h30, 13h45-17h45 ; reste de l'année : tlj sf lun. et mar. 9h30-12h30, 13h45-17h45.*

SE REPÉRER

Carte de microrégion B3 (p. 576-577) – *carte Michelin Département 316 C4.*
Avec St-Brévin qui lui fait face, St-Nazaire garde l'embouchure de la Loire. La ville est desservie par la N 171, qui vient de Nantes (65 km à l'est) et finit sa course à Guérande (22 km à l'ouest). Grâce au pont spectaculaire qui enjambe la Loire, St-Nazaire est également reliée à la Vendée toute proche *via* la D 213.

SE GARER

Vous n'aurez aucune difficulté à vous garer car les parkings sont nombreux dans la ville.

À NE PAS MANQUER

La vue sur le port depuis les terrasses panoramiques de la base sous-marine, les chantiers navals et les tronçons de l'A 380.

ORGANISER SON TEMPS

Pensez à réserver votre place pour la visite du site d'Airbus, qui vous occupera bien 2h. Prévoyer deux jours si vous voulez tout visiter.

AVEC LES ENFANTS

Allez rêver de grands paquebots à Escal'Atlantic ; profitez des nombreuses plages toutes proches pour une après-midi détente.

Face à l'Atlantique, sur l'estuaire de la Loire, St-Nazaire sert d'avant-port à Nantes. Reconstruite après 1945, la cité vit par son port, le quatrième de France où se construisent les plus grands paquebots du monde. L'émergence d'un nouveau quartier autour de la base sous-marine donne aujourd'hui le ton du renouveau. Son festival en fait également une ville-escale de la création contemporaine et des musiques actuelles européennes.

Se promener Plan de la ville

★★ LES INSTALLATIONS PORTUAIRES

Petit clin d'œil d'Hergé : dans *Les Sept Boules de cristal,* Tintin et le capitaine Haddock arpentent les docks de St-Nazaire, à la recherche du professeur Tournesol.

SAINT-NAZAIRE

Une journée de découverte. Suivez le fléchage Ville-Port. Garez-vous sur le parking (gratuit) de l'ancienne base sous-marine. Billetterie commune à tous les sites de visite. Il est conseillé de réserver une semaine à l'avance.

★ Base de sous-marins B 1-2

Édifiée pendant l'Occupation, de 1941 à 1943, cette forteresse de béton armé (37 500 m²) fut implantée par les Allemands au cœur même du bassin de St-Nazaire, là où accostaient auparavant les grands navires de croisière. Ses quatorze alvéoles (300 m de long, sur 125 m de large au total) permettaient d'abriter 20 sous-marins. Dans la partie arrière était installé un arsenal pour les réparations.

SE LOGER		SE RESTAURER
Holiday Inn.......... (2)	Touraine (Hôtel de).......... (1)	Sabayon (Le).......... (1)

Toujours intact en 1945, ce bunker démesuré coupa la ville de son port. Plus tard, il fut utilisé par la Marine pour construire des bateaux de guerre. Depuis la fin des années 1990, le réaménagement des alvéoles, où s'est installé l'office de tourisme, vise à réconcilier habitants et visiteurs avec cette zone, rebaptisée Ville-Port. *Voir encadré ci-contre.*

Aujourd'hui, « l'alvéole 14 », couverte d'un dôme qui est l'ancien radôme de l'aéroport de Berlin, sert de phare au projet. Conçu par l'architecte berlinois Finn Geipel, elle abrite notamment le **LIFE** (Lieu International des Formes Émergentes) dédié à la création contemporaine et le **VIP** consacré aux musiques actuelles. Ce dernier comporte une salle de spectacle qui peut accueillir jusqu'à 550 spectateurs, ainsi qu'un centre de ressources et des studios d'enregistrement. *02 40 54 99 45 - www.lelife.org.*

★★ Escal'Atlantic B 1-2

Dans l'ancienne base sous-marine - 0 810 888 444 - www.saint-nazaire-tourisme.com - - de mi-juil. à mi-août : 10h-19h ; déb. avr. à mi-juil. et mi-août à fin sept. : 10h-12h30, 14h-18h ; reste de l'année : se renseigner - fermé janv. et j. fériés - haute sais. 12,50 € (enf. 8 €), basse sais. 9,90 € (enf. 6,90 €).

Cet espace de 3 500 m² est consacré à une époque mythique, celle des grands paquebots transatlantiques comme *Île-de-France* (1927), *Normandie* (1935), *France* (1962). La visite est conçue comme une croisière.

Accueillis par un personnel en tenue d'équipage, les « voyageurs » explorent librement les lieux : cabines, salle des machines, cale et entrepont des immigrants, passerelle du commandant, salons de coiffure et de musique, piano-bar (halte rafraîchissement), luxueuse salle à manger... des atmosphères et des décors très différents ponctués d'animations plus ou moins spectaculaires.

Le départ se vit sur le pont arrière où il ne faut pas manquer la scène des adieux. Dans la salle de cinéma où se clôt la croisière, l'émotion forte est au rendez-vous...

★★ Terrasses panoramiques B 1-2

Pour apprécier l'étendue du port, il faut se rendre sur le **toit de la base sous-marine**. *(Accès par la rampe qui s'élève face à la rue Henri-Gautier, ou depuis l'intérieur de la base par l'ascenseur situé derrière l'office de tourisme.)* Une seconde terrasse a été aménagée sur l'autre rive du bassin St-Nazaire *(accès en voiture, ainsi que par navette maritime en juillet et août).*

La vue se déploie sur le **bassin de St-Nazaire** (11 ha à l'origine) dont la superficie fut réduite à 9 ha après la construction de la base, et sur le **bassin de Penhoët**, l'un des plus étendus d'Europe (22 ha). Ce dernier comprend trois formes pour l'entretien et la réparation des navires : la plus grande mesure 226 m sur 32 m.

De 1929 à 1932, entre le port et l'estuaire, fut bâtie la **forme-écluse Louis-Joubert** pour réparer les transatlantiques : sa taille (350 m sur 53 m, plus de 16 m de profondeur) répondait aux dimensions nouvelles des navires.

Écomusée de Saint-Nazaire B2

02 51 10 03 03 - www.ecomusee-saint-nazaire.com - de mi-juil. à mi-août : 10h-19h ; déb. avr. à mi-juil. et mi-août à fin sept. : 10h-12h30, 14h-18h ; reste de l'année : se renseigner - fermé janv. et j. fériés - haute sais. 3 € (enf. 2 €), basse sais. gratuit.

Des maquettes et des documents audiovisuels retracent l'histoire de St-Nazaire et de son activité économique ainsi que la croissance du port et de ses chantiers.

Du Second Empire à nos jours

DES PÊCHEURS AUX « MÉTALLOS »

En 1850, St-Nazaire, dont le nom renvoie à saint Nazaire de Milan, martyrisé sous l'empereur Néron, n'est qu'un village de 800 habitants. Six ans plus tard, pour contrer l'ensablement de l'estuaire, on y crée l'avant-port de Nantes, destiné aux navires de gros tonnage. En même temps, la Compagnie générale transatlantique implante ici son chantier naval, puis décide en 1862 de faire de la ville sa tête de ligne pour l'Amérique centrale : Antilles, Panamá, Mexique et Guyane française. La rue principale débouche directement sur le bassin, et St-Nazaire vit au rythme des grands navires, avec leur foule cosmopolite et leurs cargaisons exotiques. Au tournant du siècle, la cité compte déjà 30 000 habitants. Mais la crise de 1929 fait chavirer le rêve : les chantiers navals déclinent, et les lignes transatlantiques sont regroupées au Havre.

LA SECONDE GUERRE MONDIALE

Opération « Chariot »

Dès 1941, l'armée d'occupation allemande construit dans le port une gigantesque base sous-marine. Le 27 mars 1942, un commando anglo-canadien décide d'attaquer l'ennemi : le destroyer *Campbeltown* défonce la forme-écluse Louis-Joubert qu'il neutralise dès le lendemain, en se faisant sauter. Boulevard de Verdun, face à la mer, une stèle-menhir est dédiée au commando de 611 soldats qui mena cette opération.

La « poche » de Saint-Nazaire

Élément du mur de l'Atlantique, la base allemande était une cible majeure pour les Alliés : à partir de 1943, cinquante bombardements à haute altitude détruisirent la ville à 85 %. En septembre 1944, alors que toute la région était encerclée par l'armée américaine, la base résistait encore... Il fallut neuf mois pour libérer la « poche » de St-Nazaire, au prix de dramatiques combats.

LE RENOUVEAU

Une ville portuaire

Dès 1966, le Port autonome de Nantes-St-Nazaire regroupe plusieurs sites, sur 60 km le long de l'estuaire de la Loire : Donges est spécialisé dans le trafic du pétrole, Montoir-de-Bretagne dans le gaz naturel, le charbon et l'agroalimentaire. St-Nazaire accueille le trafic des usines « à quai » et la construction navale.

L'essor économique

Aujourd'hui, le Grand Port Maritime est devenu un acteur économique majeur dans la région. Les installations portuaires où plus de 3 000 navires sont accueillis par an, représentent 20 000 ha entre Nantes et Saint-Nazaire. Deux sites d'Airbus France, l'usine « Ville » et l'usine de Gron, participent également au dynamisme.

Programme urbain

À la fin des années 1990, un vaste programme de reconquête des friches et de la base sous-marine, donne naissance à un nouveau quartier : Ville-Port. Des commerces, des logements, un multiplex de cinéma... ont fait muter ce secteur délaissé en un pôle attractif.

Sous-marin « Espadon » B2

✆ 0 810 888 444 - www.saint-nazaire-tourisme.com - de mi-juil. à mi-août : 10h-19h ; déb. avr. à mi-juil. et mi-août à fin sept. : 10h-12h30, 14h-18h ; reste de l'année : se renseigner - fermé janv. et j. fériés - haute sais. 8 € (enf. 6 €), basse sais. 6,90 € (enf. 5,40 €).

Construit en 1957 aux Chantiers Augustin-Normand du Havre, ce fut le premier sous-marin français à naviguer sous les glaces polaires. Dans les coursives, on peut imaginer la vie des quelque 70 hommes qui composaient l'équipage et découvrir l'univers sonore du monde sous-marin.

★ **Chantiers de l'Atlantique** B1

✆ 0 810 888 444 - www.saint-nazaire-tourisme.com - visite guidée (2h) réservation obligatoire (dép. en autocar de la base sous-marine) merc. et w.-end, visites suppl. pdt vac. scol. - se renseigner pour les horaires - fermé 31 déc.-6 fév., 25 déc. - avr.-sept. 12 € (4-12 ans 8 €), reste de l'année 10,90 € (4-12 ans 7,90 €).

L'exposition relate l'évolution des Chantiers de l'Atlantique, et la gestation d'un navire depuis l'atelier de découpe jusqu'à son armement grâce à des maquettes et des tableaux explicatifs.

Un circuit en car sur le **chantier★** permet d'apprécier la démesure du site sur lequel travaillent plus de 12 000 personnes, salariés et sous-traitants. Il recèle trois formes, où l'on découvre des paquebots à différents stades de construction. La première (470 m sur 66 m) est utilisée pour le **montage** de la coque. C'est l'activité maîtresse des Chantiers de l'Atlantique, qui se poursuit dans la **forme profonde** (415 m sur 66 m) qu'on longe à pied, dans la galerie technique. Au retour, le car franchit la porte du **bassin d'armement** (424 m sur 95 m). Les activités de finition y sont assurées par plusieurs centaines de sous-traitants : soudure de précision, pose des cabines préfabriquées, installation des ponts en teck...

D'ILLUSTRES PAQUEBOTS

D'illustres paquebots sont sortis de ces chantiers. En 1864, *l'Impératrice-Eugénie* fut le premier navire construit à St-Nazaire. Il était encore équipé de roues à aubes, remplacées plus tard par des hélices. Le *Normandie* fut livré en 1935, le *France* en 1960. La dernière fierté des chantiers est le *Queen Mary 2*. Ce mastodonte (345 m de long, 41 m de large) est le plus grand paquebot jamais construit ! Commandé par la Cunard, il a été livré fin 2003. Deux fois plus gros que le France, il accueille 2 800 passagers servis par 1 310 hommes d'équipage et peut traverser l'Atlantique en six jours, à la vitesse de 30 nœuds, soit 54 km/h.

Les chantiers navals.
Saint-Nazaire Tourisme et Patrimoine

Airbus - Saint-Nazaire

☏ 0 810 888 444 - www.saint-nazaire-tourisme.com - visite guidée (2h) sur réserv. obligatoire 48h à l'avance - se munir d'une carte d'identité et d'un passeport en cours de validité - (dép. en autocar de la base sous-marine) merc., se renseigner pour les horaires - fermé 31 déc.-6 fév., 25 déc. - avr.-sept. 12 € (4-12 ans 8 €), reste de l'année 10,90 € (4-12 ans 7,90 €).

Deuxième site de production en France des Airbus (après Toulouse) avec 2 300 salariés, St-Nazaire est spécialisé dans l'assemblage, l'équipement et les essais des pointes avant et des fuselages centraux de toute la gamme des avions Airbus, dont l'A 380, le très gros porteur (555 passagers) mis en service en 2006.

On parcourt à pied les gigantesques halls de fabrication et, grâce à des passerelles, on approche de très près les impressionnants tronçons en cours de construction.

À proximité Carte de microrégion

★ Pont routier Saint-Nazaire-Saint-Brévin B3

Construit en 1975 à la limite nord-est de St-Nazaire, ce pont franchit la Loire sur 3 356 m et culmine à 61 m au-dessus des eaux. Il assure une liaison facile avec le pays de Retz, la Vendée et les Charentes.

Saint-Marc-sur-Mer B3

▷ À 7 km à l'ouest, direction La Baule.

Cette localité doit sa célébrité à un illustre et irrésistible vacancier, le fameux M. Hulot de Jacques Tati. Si la plage, surveillée par sa statue en bronze, ne semble pas avoir beaucoup changé, l'hôtel a largement bénéficié de sa notoriété.

★ La Grande Brière AB 2-3 *(voir p. 636)*

▷ Au nord de Saint-Nazaire.

Tumulus de Dissignac B3

▷ À l'ouest par la D 492, puis à droite vers Les Forges - ☏ 02 51 10 03 03 ou 06 87 64 07 17 - visite commentée (45mn) juil.-août : mar.-dim. 10h30-13h, 14h30-19h ; reste de l'année : visite guidée sur demande - 2 € (-15 ans gratuit).

Érigé sur une butte, ce tombeau à deux chambres couvertes (vers 4 000 av. J.-C.) est entouré de murailles circulaires en pierres sèches, étagées en gradins. Deux étroits couloirs mènent aux chambres funéraires.

NOS ADRESSES À SAINT-NAZAIRE

HÉBERGEMENT

PREMIER PRIX

Hôtel de Touraine – *4 av. de la République - ✆ 02 40 22 47 56 - www.hotel-de-touraine.com - fermé 21 déc.-2 janv. - 18 ch. 32/42 € - ☕ 6,50 €.* En plein centre-ville, chambres nettes et meublées simplement, calmes sur l'arrière et disposant de double-vitrage côté rue. L'été, petits-déjeuners dans le jardin. Bon accueil.

POUR SE FAIRE PLAISIR

Holiday Inn – *1 r. de la Floride - ✆ 02 40 19 01 01 - www.saint-nazaire.hiexpress.com - 75 ch. 79/130 € ☕.* Idéalement situé dans le nouveau quartier de Ville-Port, cet hôtel offre un cadre résolument contemporain. Chambres confortables et service impeccable.

RESTAURATION

BUDGET MOYEN

Le Sabayon – *7 r. de la Paix-et-des-Arts - ✆ 02 40 01 88 21 - touzeau.landry@orange.fr - fermé 3 sem. en août, 2 sem. en avr., dim. et lun. - 18/51 €.* Dans ce restaurant au décor chaleureux, Monsieur prépare en cuisine de délicieux petits plats : noix de St-Jacques sautées à la fleur de Guérande et sabayon aux coteaux de l'Aubance, ou poissons de nos côtes rôtis sont quelques-unes des spécialités. Les desserts faits maison sont à base de chocolat Valhrona.

ACTIVITÉS

Les plages nazairiennes – Plages, criques et falaises se succèdent depuis la capitainerie jusqu'à la plage des Jaunais, vaste étendue de sable abritée par une dune : **vingt plages**, pas une de moins ! Les familles se donnent rendez-vous à la plage de Villès-Martin ou celle de Porcé. Les fanas de body-surf sont des inconditionnels de la Courance ; les amateurs de tranquillité ont le choix entre plusieurs petites criques, du côté de Port-Charlotte par exemple. La plage de M. Hulot fait l'unanimité, car St-Marc a su préserver son charme, et de jolies villas se découvrent à l'ombre des grands pins. La plus belle façon de découvrir ces plages : suivre le **chemin des douaniers** *(7 km balisés, départ de la base nautique avant le Rocher du Lion)*, de préférence à marée basse, ce qui évite de remonter sur la route.

AGENDA

Jeux de lumières – À la nuit tombée, découvrez le port de St-Nazaire qui s'illumine toute la nuit de couleurs bleutées, vertes et rouges : c'est la « Nuit des docks », mise en scène par Yann Kersalé, sculpteur de lumière.

Les Escales – *✆ 02 51 10 00 00 - www.les-escales.com.* Début août, 2 jours et 2 nuits de fête autour des musiques vivantes, traditionnelles ou actuelles, en provenance chaque année d'une région différente du monde. Près de 25 concerts par jour mais aussi des spectacles de rue, des expositions, des animations pour enfants, des vidéos d'artistes, des conférences, des boutiques et le Village restauration entraînent petits et grands dans un rythme effréné à la découverte des cultures du monde… Le tout aux couleurs du développement durable.

Parcours artistique « Estuaire Nantes-Saint-Nazaire » – Depuis 2007, des artistes créent des installations in situ, visibles de l'eau ou des rives *(voir p. 593)*.

Presqu'île de Guérande

★

Loire-Atlantique (44)

NOS ADRESSES PAGE 624

S'INFORMER

Office du tourisme de Guérande – *1 pl. du Marché-au-Bois - 44350 Guérande - ✆ 02 40 24 96 71 - www.ot-guerande.fr - juil.-août : tlj sf dim. 9h30-19h ; juin et sept. : tlj sf dim. 9h30-18h ; oct.-mai : 9h30-12h30, 13h30-18h - fermé 1er Mai, 1er et 11 Nov., 24-25 déc., 31 déc. et 1er janv.*

SE REPÉRER

Carte de microrégion A3 (p. 576-577) – *carte Michelin Département 316 B4.*
Placé sur un sillon qui domine son marais, Guérande n'est distant que de 6 km de La Baule. On y accède depuis St-Nazaire (20 km au sud-est) par la N 171 et depuis La Roche-Bernard (25 km au nord) par la D 774.

SE GARER

La circulation dans le centre historique de Guérande est strictement réglementée et se limite en saison estivale aux seules livraisons. Vous trouverez, tout autour des remparts, des parkings non surveillés.

À NE PAS MANQUER

Les personnages grotesques des chapiteaux de la collégiale St-Aubin et les visites guidées des marais salants.

ORGANISER SON TEMPS

Ne manquez pas le marché qui se tient tous les mercredi et samedi matin autour de la collégiale St-Aubin.

AVEC LES ENFANTS

Emmenez-les au musée de la Poupée de Guérande puis aux visites-jeux du château de Careil.

Proche de l'agitation estivale de La Baule, Guérande offre le charme si particulier d'une cité médiévale fortifiée. Son pays a joué autrefois un rôle capital dans l'histoire de la région, mais la presqu'île doit aujourd'hui sa notoriété au sel produit dans ses marais fréquentés par les oiseaux migrateurs.

Se promener Plan de la ville

★ GUÉRANDE

Cette petite localité, qui domine la région des marais salants, est entièrement ceinturée de remparts. L'entrée principale est la massive porte St-Michel qui accueille le musée du Pays de Guérande.

Musée du Pays de Guérande - Porte Saint-Michel

✆ 02 28 55 05 05 - avr.-sept. : 10h-12h30, 14h30-19h, lun. 14h30-19h ; oct. : 10h-12h, 14h-18h, lun. 14h-18h - 4 € (-17 ans 2 €).

SE LOGER

Étang (Camping L') .... (2)
Guérandière (Chambre d'hôte La) .... (4)
Manoir des Quatre Saisons (Chambre d'hôte du) .... (6)
Voyageurs (Hôtel Les) .... (9)

SE RESTAURER

Remparts (Les) .... (5)
Roc Maria .... (8)
Terminus (Le) .... (7)
Vieux Logis (Le) .... (9)

Cette ancienne et imposante demeure des gouverneurs (15ᵉ s.) abrite un musée régional dont les étages sont reliés par un escalier à vis. Remarquez le **mobilier** (ciré pour le briéron, peint au sang-de-bœuf pour le paludier), la faïence du Croisic, une partie du jubé de la collégiale, ainsi qu'une importante collection de costumes de bourgeois, de paludiers et de métayers. Le plan en relief d'un marais salant en fait comprendre l'installation et l'exploitation.

La visite donne accès aux **remparts** que l'on peut suivre sur environ 250 m.

La rue St-Michel, très commerçante, conduit à la collégiale.

★ Collégiale Saint-Aubin

Élevée du 12ᵉ au 16ᵉ s., elle présente une belle façade ouest de granit, agrémentée de fins clochetons, de pinacles à crochets et surtout d'une rare chaire extérieure encastrée dans un contrefort (15ᵉ s.).

À l'**intérieur**, les imposantes colonnes romanes de la nef sont surmontées d'arcs gothiques et de **chapiteaux** à sujets grotesques ou à décor floral. Plus élancé, le profond chœur gothique du 15ᵉ s. est entouré de collatéraux s'ouvrant sur quatre chapelles du 16ᵉ s., et est éclairé par une superbe **verrière** du 18ᵉ s. représentant l'Assomption et le Couronnement de la Vierge. Ne manquez pas le deuxième vitrail à gauche de cette verrière : très allongé et très ancien (14ᵉ s.), ce petit vitrail en fer de lance illustre des scènes de la vie de saint Pierre.

De la place St-Aubin, cœur de la cité, vous pouvez flâner dans les ruelles qui ont gardé d'intéressants vestiges architecturaux, notamment dans les rues du Saillé, de Ste-Catherine et du Tricot, avant de revenir vers N.-D.-la-Blanche et la place du Pilori. Ne manquez pas de lever les yeux pour découvrir les décors sculptés, les lucarnes, les frontons ou les corniches denticulées caractéristiques de Guérande.

Musée de la Poupée

23 r. de Saillé - ☎ 02 40 15 69 13 - ♿ - avr.-sept. et vac. scol. : 10h30-13h, 14h30-19h - 4 € (enf. 2,50 €).

Installé dans l'ancienne chapelle de l'hôpital St-Jean (14ᵉ s.), il regroupe des centaines de poupées anciennes, de porcelaine ou de bois, dans un décor suranné : meubles miniatures, dînettes en faïence, minuscules accessoires…

Un vaste golfe devenu fertile

L'ANCIEN GOLFE

Entre l'île rocheuse de Batz et le coteau de Guérande se serait étendu, à l'époque romaine, un vaste golfe marin. Pour certains auteurs, c'est là qu'aurait eu lieu, au 1er s. av. J.-C., la bataille navale où fut détruite la flotte Vénète, dont César aurait suivi les péripéties. Les apports des courants ont relié l'île de Batz au continent, créant la langue de sable qui porte La Baule et Le Pouliguen. À l'ouest, la flèche sableuse de Pen-Bron n'a pu rejoindre tout à fait l'île. Face au Croisic, un passage permet donc à la mer de pénétrer, à marée haute, dans le **Grand** et **le Petit Traict** : vestiges de l'ancien golfe, ils forment des réservoirs naturels pour l'alimentation des marais salants en eau de mer. Cette vaste étendue est propre à l'élevage des huîtres et des moules, et on peut y pêcher des palourdes et des bigorneaux.

LES MARAIS SALANTS

Ils s'étendent sur 2 000 ha, répartis en deux bassins, et forment un immense quadrillage délimité par des fossés. L'étymologie de Guérande, issue des mots bretons *gwen* et *ran* signifiant « blanc » et « pays, parcelle », renvoie à ce paysage bien particulier. Toutefois, le « blanc » ici évoqué ne ferait pas référence au sel, mais plutôt à l'aspect sacré du site.

L'art de récolter le sel

La mer irrigue le marais par un canal, ou **étier**, au rythme quotidien des marées. Tous les 15 jours, en période de saunaison, le paludier, grâce à une trappe, admet l'eau dans un réservoir de décantation, la **vasière**. Sous l'effet d'une légère dénivellation, l'eau circule sur une faible épaisseur dans la saline, en traversant une suite de bassins aménagés dans l'argile : **cobiers**, **fares** et **adernes**. Sous l'action du soleil et du vent, l'eau s'échauffe, s'évapore et devient saumure (augmentation de sa teneur en sel). Dans les **œillets**, bassins de 70 m^2 où elle parvient finalement, le sel se cristallise. De juin à septembre, le paludier récolte deux sortes de sel : la **fleur de sel**, sel de surface (3 à 5 kg par jour et par œillet), et le gros sel, ou sel gris, déposé au fond, remonté avec un grand râteau plat, le lasse, sur la ladure (40 à 70 kg par jour et par œillet).

La récolte est ensuite roulée jusqu'au **trénet**, petite plate-forme aménagée sur le talus, pour former le **mulon**, tas important sur le bord de la saline, avant d'être stockée dans le magasin à sel en septembre. En dehors de la période de saunaison, les paludiers entretiennent les marais.

Une lutte difficile

Les salines furent très prospères jusqu'à la Révolution : en effet, le sel circulait dans toute la Bretagne sans être soumis à la gabelle ; les marchands pouvaient l'échanger dans les provinces voisines contre des céréales. La contrebande des **« faux sauniers »** s'exerçait souvent, malgré la menace des galères.

Aujourd'hui, on exploite environ 7 000 œillets, qui produisent en moyenne 10 000 t de gros sel par an. Le sel guérandais est d'une très haute qualité nutritive, du fait de sa richesse en oligoéléments.

Promenade autour des remparts

En 1365, un traité signé à Guérande met fin à la guerre de Succession de Bretagne. Le vainqueur de ce long affrontement de 25 ans est **Jean de Montfort** qui devient duc de Bretagne sous le nom de Jean IV. Il avait lancé la construction de cette place forte en 1343, et les travaux vont continuer jusqu'à la fin du 15e s.

En sortant par une des portes de la cité, vous pouvez suivre, à pied ou en voiture, la promenade qui fait le tour des quelque 1 434 m de remparts. Elle a été aménagée au 18e s. par le duc d'Aiguillon, gouverneur de Bretagne, qui fit combler une partie des fossés. L'enceinte ne comporte aucune brèche. Flanquée aujourd'hui de six tours, sur les onze qu'elle compta, elle s'ouvre par quatre portes fortifiées.

Itinéraire conseillé Carte Presqu'île de Guérande

ENTRE MER ET BRIÈRE

Itinéraire de 62 km au départ de Guérande – comptez une demi-journée. Prenez la direction La Baule par la D 92.

Château de Careil

02 40 60 22 99 - www.careil.com - visite guidée (45mn) juin-août : 11h-18h - possibilité de visite-jeu, visite aux chandelles et visite-spectacle aux chandelles, se renseigner - 5,50 € (enf. 4 €).

Cette place forte du 14e s., remaniée aux 15e et 16e s. et toujours habitée, présente deux ailes : une façade Renaissance aux gracieuses lucarnes à coquille ; un bâtiment plus rustique dont les mansardes sont ornées de frontons armoriés. La salle des gardes et le grand salon possèdent de belles poutres. Par un escalier à vis, on accède à la salle qu'occupaient les soldats. Dans la chambre du capitaine, la cheminée porte la croix de Malte.

Lors de visites-jeux, les enfants de 6 à 12 ans se déguisent en corsaires ou en seigneurs et tentent de résoudre des énigmes.

Rejoignez La Baule et longez la mer pour rejoindre Le Pouliguen à l'ouest.

Le Pouliguen et ★ la Côte sauvage *(voir La Baule, p. 627)*

De la pointe de Penchâteau à Batz-sur-Mer (route en sens unique sur la commune du Pouliguen, avec piste cyclable), la côte offre de belles **vues** sur le rivage déchiqueté. Dès la sortie du Pouliguen, les villas se font plus nombreuses et, pour bien profiter de la mer, rien ne vaut une randonnée sur le **sentier du douanier** aménagé entre Le Pouliguen et Batz-sur-Mer.

★ Batz-sur-Mer *(voir Le Croisic, p. 634)*, ★ Le Croisic *(voir Le Croisic, p. 632)*

De Batz-sur-Mer, prenez la D 245 puis la D 774 sur 5 km en direction de Guérande.

Saillé

Construite sur une île au milieu des marais salants, c'est la capitale du sel.

Dans une ancienne chapelle, la **Maison des paludiers** présente, avec des moyens audiovisuels et des maquettes, la vie et le travail de ces hommes. *02 40 62 21 96 - www.maisondespaludier.fr - - visite guidée (1h) juil.-août : 10h-12h30, 14h-18h ; avr.-juin : 10h-12h, 14h-17h30 ; sept. : 10h-12h, 14h-17h ; fév.-mars et oct. : 14h30-17h30 ; reste de l'année : sam. 14h30-17h30 - 3,70 € (enf. 2,60 €).*

Possibilité de visite guidée d'une saline *(1h30 - mai-sept. : tlj sf pluie 16h30 ; de mi-juil. à mi-août : visite suppl. à 10h30, 14h30 et 15h30 - 6,20 € (4-14 ans 4,40 €).*

Reprenez la D 774 sur 2 km puis tournez à gauche.

Pradel

Terre de Sel – *02 40 62 08 80 - www.terredesel.fr - visite guidée juil.-août : 9h30-19h30 ; avr.-juin et sept.-oct. : 10h-18h ; reste de l'année : 10h-12h30, 14h-17h - fermé 1er janv., 25 déc. - 4 € (enf. 2,50 €) exposition, 11 € (enf. 8 €) visite guidée des marais.* Ce centre d'exposition moderne a été créé au milieu des marais par les producteurs-coopérateurs de sel de Guérande. On y découvre le travail des paludiers et l'écosystème des marais, ainsi qu'un maréscope permettant de comprendre le mouvement des marées et leur effet sur l'environnement.

Des sorties avec les paludiers et des découvertes ornithologiques ont lieu régulièrement en saison.

Continuez au nord-ouest par la D 92 sur 6 km.

La Turballe

Très animé, ce port artificiel abrite des bateaux de plaisance et de pêche (anchois). Il est également un point de départ vers Belle-Île, Houat et Hœdic dans le golfe du Morbihan *(voir p. 517 et p. 513).*

Longez la côte vers le nord sur 5 km.

Piriac-sur-Mer

Petit port de pêche et centre balnéaire labellisé « petite cité de caractère ». Sur la place de l'église, bel ensemble de maisons du 17e s.

Un sentier mène à la **pointe du Castelli★** en empruntant la crête de la falaise : à droite, on distingue l'île Dumet et la côte basse de la presqu'île de Rhuys ; à gauche, la rade et la presqu'île du Croisic, avec les clochers du Croisic et de Batz.

Trescalan

L'**église**, épaulée de contreforts, présente de belles colonnes à chapiteaux et abrite dans le bas-côté droit une statue de sainte Brigitte, parée d'un tissu argenté.

Belle vue sur la côte à partir de **Lerat**.

NOS ADRESSES À LA PRESQU'ÎLE DE GUÉRANDE

VISITE

Guérande, qui porte le label Ville d'art et d'histoire, propose différentes visites-découverte *(1h30)* animées par des guides-conférenciers agréés par le ministère de la Culture et de la Communication. Différents thèmes : la ville close, les églises, les remparts, les demeures anciennes… Mais aussi des visites « théâtrales » en journée et le soir *(juil.-août)* et la découverte des villages guérandais. *Rens. à l'office de tourisme ou sur www.ot-guerande.fr - 6 € (6-12 ans 3 €).*

HÉBERGEMENT

Guérande

PREMIER PRIX

Camping L'Étang – *5 km de Guérande par rte de St-Lyphard puis 3 km par D 48 à droite et rte à gauche - ✆ 02 40 61 93 51 ou 06 31 96 33 65 - www.camping-etang.com - ouv. tte l'année - réserv. conseillée - 119 empl. 21,20 € - rest. en juil.-août.* Comme le laisse supposer le nom du camping, vous êtes tout près d'un étang, mais c'est dans la piscine qu'il vous faudra plonger si la baignade vous tente. En plus des emplacements classiques, mobile homes et bungalows toilés sont à louer.

BUDGET MOYEN

Hôtel Les Voyageurs – *Pl. du 8-Mai-1945 (face à la porte Vannetaise) - ✆ 02 40 24 90 13 - fermé dim. soir et lun. (sf juil.-août) - 23 déc.-21 janv. - 12 ch. 56,50 € - ☕ 7 € - rest. 20/34 €, menu 13,50 €.* Pimpante petite maison face à la porte Vannetaise. Chambres rétro, bien meublées, et restaurant rustique de 4 salles, dont une ouverte sur la terrasse.

Chambre d'hôte La Guérandière – *5 r. Vannetaise - ✆ 02 40 62 17 15 ou 06 86 77 84 43 - www.guerandiere.com - réserv. obligatoire en hiver - 6 ch., 1 suite 59/89 € - ☕ 10 €.* Cette charmante demeure du 19e s. adossée aux remparts offre un cadre raffiné et « cosy » à des chambres desservies par un bel escalier d'époque. Petit-déjeuner à l'anglaise proposé dans le jardin aux beaux jours.

La Turballe

POUR SE FAIRE PLAISIR

Chambre d'hôte du Manoir des Quatre Saisons – *744 bd de Lauvergnac - 44420 La Turballe - 1,5 km de La Turballe par D 333 - ✆ 02 40 11 76 16 ou 06 87 33 43 86 - www.manoir-des-quatre-saisons.com - ⊭ - 5 ch. 70/89 € ☕.* Dans son parc paysagé, cette belle longère bretonne avec ses pierres apparentes et ses ardoises, vous propose de loger au manoir ou au cottage. Selon la saison, petits-déjeuners au coin du feu ou au bord de la piscine.

RESTAURATION

Guérande

PREMIER PRIX

Roc-Maria – *1 r. du Vieux-Marché-aux-Grains - ✆ 02 40 24 90 51 - www.hotelcreperierocmaria.com - fermé lun. sept-mars (hors* *vac. scol.), 3 sem. après 11 Nov. et 2 dernières sem. de janv. - 10 ch. 57 € - ☕ 6,50 € - crêperie menu à 10,50 €.* En plein cœur de la vieille ville, cette maison médiévale et familiale propose de nombreuses spécialités de crêpes et de galettes réalisées avec des produits du terroir. Chambres simples au mobilier rustique.

BUDGET MOYEN

Les Remparts – *Bd du Nord - ✆ 02 40 24 90 69 - fermé 29 nov.-3 janv., 13-19 fév., dim. soir et lun. sf j. fériés - 18/38 € - 8 ch. 47,50 € - ☕ 6,50 €.* Face aux remparts de Guérande, maison familiale toute simple dont la façade typique abrite une salle à manger sobrement actuelle. Recettes traditionnelles et poissons assaisonnés au sel de Guérande. Petites chambres simples.

POUR SE FAIRE PLAISIR

Le Vieux Logis – *Pl. Psalette - ✆ 02 40 62 09 73 - fermé 12 nov.-16 déc., mar. soir et merc. sf juil.-août et j. fériés - 25/30 €.* Prévôté de Guérande, étude notariale et enfin restaurant : cette belle maison en pierre située intra-muros a conservé son cadre du 17e s. Aux beaux jours, plaisante terrasse verdoyante et ombragée. Spécialités de grillades cuites au feu de bois.

La Turballe

BUDGET MOYEN

Le Terminus – *18 quai St-Paul - 44 420 La Turballe - ✆ 02 40 23 30 29 - http://laturballe.free.fr/restaurant-terminus - fermé 19-24 oct., 15 j. en fév. (vac. scol.), mar. soir et merc. sf vac. scol. - formule déj. 18 € - 23/47 €.* La salle à manger, aux murs crème, a été rafraîchie ; choisissez une table proche des baies de la véranda pour contempler les bateaux du port de pêche. Produits de la mer.

ACHATS

Salines & Saveurs – *5 pl. de la Psalette, face au portail principal de l'église St-Aubin - ✆ 02 40 01 44 23 - tlj 9h30-12h30, 14h-19h.* Des paludiers de Guérande proposent directement leur production très variée : fleur de sel, gros sel de Guérance, sels aromatisés…

Marché – *44350 Guérande.* Le marché se tient merc. et sam. mat., dans les halles et sur la place St-Aubin.

ACTIVITÉS

Quelques plages – Les petites plages familiales sont autour de Piriac et à Lerat. La Turballe possède au sud une longue plage de sable fin, plein ouest.

Guérande

Ferme de Ker Robert – *17 rte de Ker-Robert, la Madeleine - 6 km à l'est de Guérande par D 51 et à droite - 44350 Guérande - ✆ 02 40 61 91 91 - www.fermeequestre-kerrobert.com - été : à partir de 15h - 20/35 €.* Cette petite structure saisonnière propose des randonnées *(1h30-3h - débutants acceptés)* ou encore à la journée. Tour du marais de Brière possible.

Saint-Molf

La Champagne – *D 774 - 44 350 St-Molf - ✆ 02 40 61 95 20 ou 06 08 50 69 43 - www.equitationlachampagne.com - été : 9h-12h30, 14h-22h ; hiver : 9h-12h30, 14h-20h.* Animé par une équipe accueillante et joviale, cet important centre équestre, chargé du tracé du CEIO de La Baule en 2003, organise des sorties sur la plage, des nocturnes en Brière, des balades sur les bords de la Vilaine ou des randonnées à la demande. Une heure, une journée, une semaine ou plus. Tout est possible !

La Baule

★★

16095 Baulois – Loire-Atlantique (44)

NOS ADRESSES PAGE 628

S'INFORMER

Office du tourisme de La Baule – *8 pl. de la Victoire - 44504 La Baule - ✆ 02 40 24 34 44 - www.labaule.fr - juil.-août : 9h30-19h30 ; reste de l'année : 9h15-12h30, 14h-18h, mar. 10h15-12h30, 14h-18h, dim. et j. fériés 10h-13h - fermé 1er janv., 1er Mai, 25 déc.*

L'été, l'office de tourisme propose des visites guidées aux petits et grands cyclistes, pour admirer les villas Belle Époque du quartier du casino ou du quartier de La Baule-les-Pins, plus à l'est.

SE REPÉRER

Carte de microrégion A3 (p. 576-577) – *carte Michelin Département 316 B4*. Entre Pornichet et Le Pouliguen, à 13 km à l'ouest de St-Nazaire, la station est enserrée par l'Océan et les marais salants de Guérande.

À NE PAS MANQUER

Les promenades et les baignades sur la Côte sauvage ou bien, pour les cavaliers, un galop inoubliable sur la plage, accessible aux chevaux matin et soir.

ORGANISER SON TEMPS

Allez au marché du Pouliguen ou du Croisic le matin, et gardez l'après-midi pour profiter de la plage. Les jours de mauvais temps, vous vous rabattrez sur l'intérieur des terres avec le Parc naturel de la Grande Brière ou les marais salants de Guérande.

Bordée par presque sept kilomètres d'étendue sableuse, La Baule porte le titre de « plus belle plage d'Europe ». Vous y souscrirez sans doute en oubliant la succession d'immeubles luxueux qui s'étire sur tout le front de mer. La station n'en est pas moins courue pour son extraordinaire profusion d'activités : catamaran, voilier, volley, kite-surf, cerf-volant, golf, casino... il sera difficile de ne pas en trouver une à votre goût !

Se promener

Du soleil de la plage à l'ombre des pinèdes, La Baule est une station familiale tout en longueur, sans véritable centre-ville. Les pistes cyclables y sont nombreuses. Le **vélo** reste donc le meilleur moyen de transport, particulièrement en saison, pour se jouer des incontournables embouteillages du front de mer. Il permet aussi d'arpenter plus facilement les quartiers et de mieux apprécier la diversité des villas. Pour ceux qu'un autre sport tenterait, la station compte un golf, une bonne centaine de courts de tennis et plusieurs écoles de voile. La pêche à pied demeure aussi une valeur sûre du bord de mer.

La « plus belle plage » d'Europe.
P. Wysocki/ hemis.fr

★ Front de mer

Protégée des vents par les pointes de Penchâteau à l'ouest et de Chémoulin à l'est, cette promenade bordée d'immeubles modernes s'étire sur près de 7 km entre Le Pouliguen et Pornichet. Malheureusement, les villas du début du 20e s., qui faisaient l'âme de la station, n'ont pas résisté aux appétits des promoteurs. On en retrouve quelques-unes plus en arrière dans la station.

★ La Baule-les-Pins

Ce quartier, né en 1930, s'étend à l'est de La Baule. L'allée Cavalière mène à la forêt d'**Escoublac**. Le **parc des Dryades**, tracé à l'anglaise, est riche en arbres d'essences variées et présente de beaux parterres fleuris.

La forêt d'Escoublac

Elle porte le nom du bourg enseveli sous les dunes, fixées en 1840 par 400 ha de pins maritimes. Il ne reste de cette vaste pinède que quelques dizaines d'hectares non construits. Deux sentiers de randonnée les parcourent *(plan à l'OT)*.

Chacun des deux sentiers fait environ 2,5 km, le double si vous les combinez. Celui qui est balisé en rouge propose de découvrir le milieu forestier *(départ au cœur de la pinède, sur l'aire de pique-nique du bd de Cacqueray)*. Le second, repérable à ses flèches orange, se contente de promener le randonneur dans la partie orientale de la forêt *(départ sur l'aire de pique-nique du bd de la Forêt)*.

L'HISTOIRE D'UNE PLAGE

En 1527, un vent violent répandit sur le village d'**Escoublac** le sable qui s'était accumulé à l'estuaire de la Loire. Après cette tempête de plusieurs jours, l'apport des sables continua. Au 18e s., le village dut être reconstruit plusieurs kilomètres en arrière, et l'on planta des pins pour fixer les dunes, appelées à l'époque « bol ». Le mot est à l'origine du nom de la station créée en 1879. Le littoral, devenu accueillant, prit au milieu du 19e s. le nom de « **Côte d'Amour** ». Aujourd'hui, La Baule et les communes voisines forment en été une longue chaîne de plages, sur près de 9 km.

À proximité Carte de microrégion

Pornichet A3

Village de paludiers, Pornichet devient, dès 1860, une station à la mode. Des éditeurs parisiens la fréquentent, parmi eux Camille Flammarion. Le Vieux-Pornichet, actif toute l'année, se distingue de Pornichet-les-Pins, au nord-ouest, dont les belles villas disséminées dans la verdure s'animent lors de la saison estivale. Tracé dans des marais asséchés, l'hippodrome de la Côte d'Amour accueille quelques courses en été. Le **boulevard des Océanides** borde la plage et mène au port de plaisance en eau profonde qui peut accueillir plus de mille bateaux. La station a reçu le label Station Kid *(voir p. 24)*.

Le Pouliguen A3

À l'ouest de La Baule dont il est séparé par un étier – canal qui amène de l'eau de mer dans les marais salants –, ce port aux rues étroites est devenu à la mode en 1854, lancé par des littérateurs tels Louis Veuillot et Jules Sandeau. Une plage abritée et un bois de 6 ha font du Pouliguen une station bien agréable.

Chapelle Ste-Anne-et-St-Julien – Près d'un calvaire rustique, cette chapelle gothique abrite une **statue de sainte Anne** (16e s.). Le vitrail du chœur représente saint Julien. Au revers de la façade, de part et d'autre du porche, on verra deux intéressants **bas-reliefs** : le Couronnement de la Vierge et l'Adoration des Rois mages.

★ La Côte sauvage A3

Longée par une route et des sentiers de promenade, elle présente, depuis la **pointe de Penchâteau**, des à-pics rocheux s'ouvrant sur des baies sablonneuses et de nombreuses **grottes**. Celles-ci sont accessibles à marée basse, en particulier celle des Korrigans, les petits lutins des légendes bretonnes. La Bretagne géographique débute ici…

Piste cyclable – La route qui longe le littoral est désormais en sens unique du Pouliguen à Batz-sur-Mer, ce qui libère une voie entière pour les cyclistes.

NOS ADRESSES À LA BAULE

HÉBERGEMENT

La Baule

PREMIER PRIX

Camping La Roseraie – *20 av. Jean-Sohier - au nord-est de La Baule-Escoublac - ✆ 02 40 60 46 66 - www.laroseraie.com - ouv. avr.-sept. - réserv. conseillée - 235 empl. 36 € - restauration.* Ne cherchez plus : c'est le meilleur camping de la région. Ici, vous aurez accès à un large éventail d'activités (espace aquatique, salle de musculation, animations pour les enfants encadrées par des professionnels…).

BUDGET MOYEN

Hôtel Les Dunes – *277 av. de Lattre-de-Tassigny - ✆ 02 51 75 07 10 - www.hotel-des-dunes.com - P - 32 ch. 45/72 € - ☕ 7 €.* Chambres fonctionnelles bien tenues, plus calmes sur l'arrière. Accueil familial et prix doux pour un séjour dans cette station balnéaire prisée.

Hôtel Marini – *22 av. Georges-Clemenceau - ✆ 02 40 60 23 29 - www.hotel-marini.com - 33 ch. 56/88 € - ☕ 8,50 €.* Sis dans un immeuble à colombages, près de la gare, cet hôtel a été aménagé avec soin. Ses chambres sont proprettes et sa petite piscine intérieure constitue un plus. Restaurant est réservé aux clients.

POUR SE FAIRE PLAISIR

Hôtel La Closerie – *173 av. de Lattre-de-Tassigny - ✆ 02 51 75 17 00 - www.hotel-la-closerie.com - fermé janv.-mars - 14 ch. 65/90 € - ☕ 9 €.* Pavillon fleuri situé sur la route du Croisic, dans un secteur plutôt résidentiel à 200 m de la plage. Fréquenté par une clientèle d'habitués qui apprécient l'ambiance familiale et le cadre frais.

Hôtel Le St-Christophe – *Pl. Notre-Dame - ✆ 02 40 62 40 00 - www.st-christophe.com - P - 45 ch. 65/190 € - ☕ 10 € - rest. 29/39 €.* Quatre jolies villas 1900 dans un quartier résidentiel. Couleurs vives, tableaux et baies vitrées composent le décor du restaurant. Tentures, meubles anciens et bibelots créent une ambiance raffinée dans les chambres. Prix attractifs hors saison.

Hôtel St-Pierre – *124 av. de Lattre-de-Tassigny - ✆ 02 40 24 05 41 - www.hotel-saint-pierre.com - 19 ch. 72/82 € - ☕ 9 €.* Jolie maison habillée de colombages peints en bleu. Chambres récemment refaites et bien tenues. Petit-déjeuner servi sous une véranda lumineuse. Accueil aimable.

UNE FOLIE

Hôtel Brittany – *7 av. des Impairs - ✆ 02 40 60 30 25 - www.hotelbrittany.com - 19 ch. 100/190 € - ☕ 13 €.* Hôtel de charme situé à 50 m de la plage. Le solarium sur le toit de l'hôtel permet de goûter au soleil d'hiver avec vue sur la mer. Chambres personnalisées et bien équipées.

Pornichet

POUR SE FAIRE PLAISIR

Hôtel Villa Flornoy – *7 av. Flornoy (près de l'hôtel de ville) - 44380 Pornichet - ✆ 02 40 11 60 00 - www.villa-flornoy.com - fermé des vac. de Toussaint aux vac. de fév. - 30 ch. 60/108 € - ☕ 9 € - rest. 22 €.* Dans un quartier résidentiel, villégiature balnéaire des années 1920 aménagée dans un esprit « cottage » : tons pastel, mobilier de style, porcelaine anglaise. Les chambres personnalisées, la salle à manger feutrée et le coquet jardin constituent ses principaux atouts.

RESTAURATION

La Baule

BUDGET MOYEN

La Croisette – *14 allée Aulnes - ✆ 02 40 60 73 00 - la-croisette@lacroisette.fr - 14,50/27 €.* L'illusion cannoise presque parfaite dans ce restaurant à l'ambiance méditerranéenne. Sur la carte, poissons, huîtres, salades, grillades, pâtes et pizzas ; bar et glacier l'après-midi. Belle terrasse.

La Ferme du Grand Clos – *52 av. de Lattre-de-Tassigny - ✆ 02 40 60 03 30 - www.lafermedugrandclos.com - fermé mar. et merc. hors sais., de mi-nov. à mi-déc. - 17/35 €.* Nichée avec sa terrasse au fond d'un jardin ombragé et fleuri, cette ferme plus que centenaire abrite une salle rustique ouverte sur les fourneaux où cuisent les galettes.

La Maison Blanche – *20 av. Pavie - ✆ 02 40 23 00 00 - lamaisonblanchelabaule@orange.fr - fermé sam. midi et dim. soir hors sais. et hors vac. scol. - 23/58 €.* Ce restaurant axé dans le courant culinaire contemporain occupe une belle rotonde vitrée (avec un étage). Ambiance lounge et chic grâce à une décoration très mode.

Les Halles – *194 av. de-Lattre-de-Tassigny - ✆ 02 40 60 23 02 - fermé 2 sem. en janv., 2 sem. en oct. et jeu. sf juil.-août - 25 €.* Après avoir flâné sur le marché baulois, attablez-vous dans ce bar marin pour y déguster quelques huîtres ou un plateau de fruits de mer arrosé d'un muscadet bien frais. En été, la terrasse installée au calme derrière la maison a beaucoup de succès.

La Grange à Fouées – *17 av de Tréméac - ✆ 02 40 23 91 85 - ouv. jeu., vend. et sam. soir - 15/30 €.* L'ambiance chaleureuse, un cadre hors du temps, l'accueil sympathique, le rapport qualité/prix et le dépaysement en font une adresse à recommander. À découvrir, les petites fouées cuites en salle.

Le Billot – *17 av. des Pétrels - ✆ 02 40 60 00 00 - fermé dim. soir et mar. - 15/30 €.* Les mets sont originaux, l'ambiance est chaleureuse et conviviale. À voir.

La Villa – *Pl. du Mar.-Leclerc - ✆ 02 40 23 06 00 - réserv. conseillée - 15/30 €.* Un cadre lumineux, une cuisine souvent inventive, un service attentif, et une ambiance chic et décontractée.

Restaurant Club des Canetons – *Av. de la Plage - ✆ 02 40 24 15 08 - tlj en été, midi et soir, et de fév. à nov. - 15/30 €.* Petit restaurant de plage agréable, avec un accueil sympathique, peu onéreux… et on a les pieds presque dans le sable !

Le Pouliguen

PREMIER PRIX

Le Garde-Côte – *22 r. de la Plage - 44510 Le Pouliguen - ✆ 02 40 42 31 20 - www.garde-cote.com - formule déj. 14 € - 13/30 €.* Emplacement unique à l'extrémité de la jetée du port, jouissant d'une vue imprenable sur la baie. Architecture originale imitant les deux ponts arrière d'un paquebot et belle terrasse panoramique. Poissons et fruits de mer figurent en bonne place sur la carte.

BUDGET MOYEN

Restaurant El-Khiam 2 – *10 pl. des Halles - 44510 Le Pouliguen - ✆ 02 40 62 24 85 - 17/25 €.* Situé sur la place du marché, le restaurant propose une cuisine libanaise, dans un cadre agréable. Excellent accueil.

EN SOIRÉE

La Baule

Casino de La Baule – *24 espl. Lucien-Barrière - ✆ 02 40 11 48 28 - www.lucienbarriere.com - dim.-jeu. 10h-3h, vend., sam. 10h-4h.* Ce casino comprend 200 machines à sous, une salle de jeux traditionnels, deux bars, une brasserie et une discothèque.

Pornichet

Casino de Pornichet – *93 bd des Océanides - 44380 Pornichet - ✆ 02 40 61 05 48 - www.partouche.fr - tlj 10h-4h, sam. 5h.* Face à la plage de Pornichet, ce bâtiment de style Art déco abrite une vaste salle rénovée en 2001 pour mieux accueillir ses 200 machines à sous et ses grands jeux.

Le Bidule – *Av. de Mazy - 44380 Pornichet - ✆ 02 40 61 03 54.* Ouvert à l'heure de l'apéritif, ce bar à vin est incontournable. L'ambiance conviviale en fait un lieu atypique, synonyme d'excellentes soirées.

ACHATS

La Baule

Confiserie Manuel – *2-4 av. du Gén.-de-Gaulle - ✆ 02 40 60 20 66 - de déb. fév. à juin, de sept. à mi-nov. : tlj sf jeu. (sf vac. scol.) 10h-12h30, 14h30-19h30 ; juil.-août : 8h30-13h, 14h30-0h30 - fermé du 12 nov. à déb. fév.* Institution fondée en 1938, ce confiseur propose la célèbre « niniche » qu'il décline en 21 parfums. Ne manquez la préparation de ces sucettes molles *(10h-12h)*. Autres gourmandises à savourer : gaufres, chocolats, caramels au sel de Guérande, glaces et bonbons.

Le Pouliguen

Le Meringueur – *19 prom. du Port - 44510 Le Pouliguen - ✆ 02 40 42 14 43.* Amateurs de meringues, vous dégusterez dans ce salon de thé des meringues inoubliables.

ACTIVITÉS

Louer un vélo – *3 pl. de la Victoire (en face de l'OT) - ✆ 02 40 60 07 06.*

Aquabaule – *5 av. Honoré-de-Balzac - ✆ 02 40 11 09 00 - www.recrea.fr - horaires variables selon calendrier scol. - fermé 1 sem. en mars, 1 sem. en sept. et 1er Mai - 4,80 € (enf. 3,90 €).* Complexe voué aux loisirs aquatiques : piscines extérieure et intérieure, bassin ludique, espace « récréa-tonic » avec rivière à contre-courant, impressionnant toboggan couvert, hammam, saunas, Jacuzzi, cours de natation (collectifs et individuels), aquagym et bébés nageurs.

Centre équestre – *5 av. des Rosières - ✆ 02 40 60 39 29 - www.centre-equestre-la-baule.com - été : 8h-20h ; hiver : 9h30-18h30.* À 200 m de la « plus belle plage d'Europe », grand centre équestre proposant de nombreuses activités à cheval et à poney. Enfants à partir de 4 ans.

Club Holywind Royal – *Esplanade François André - ✆ 06 77 85 50 35 - www.club-holywind.com - 9h30-19h30 ; de mi-nov. à mi.-mars : sur RV.* Ce centre nautique organise des stages de voile et loue scooters des mers, catamarans, planches à voile, chars à voile et kayaks.

Relais Thalasso – *28 bd de l'Océan - ✆ 02 40 11 33 11 - www.relais-thalasso.com - 8h-13h, 14h-18h - fermé 1re quinz. de déc.* Ses trois arcades ouvrent sur cinq niveaux de soins qui complètent depuis 1992 l'ancienne piscine Pajot. Rentabilisé au maximum, l'espace comprend un hammam, un sauna et des cabines, sans oublier la salle de repos. Un passform ou des formules week-end permettent de découvrir hydromassage, douches, soins beauté et algothérapie.

Centre Thalgo La Baule – *Av. Marie-Louise - BP 50 - ✆ 02 40 11 99 99 ou 0 825 826 016 - www.lucienbarriere.com - centre : tlj sf dim. apr.-midi 8h30-12h45, 14h30-20h - fermé 1re quinz. déc., 1er janv. et 25 déc. - entrée piscine/Jacuzzi/sauna 32 € (enf. 16 €).* Dans un univers feutré, luxueux et confortable associant le verre, le bois clair et le marbre, vous profiterez de tous les bienfaits des soins de thalassothérapie (soins marins, massages, relaxation, soins de beauté…). Forfaits de 6 jours, 3 jours, à la journée ou à la carte.

Saint-André-des-Eaux

Golf International Barrière-La Baule – *Domaine de St-Denac - 44500 St-André-des-Eaux - ✆ 02 40 60 46 18 - www.lucienbarriere.com - nov.-mars : tlj sf mar. 9h-18h ; avr.-oct. : 8h-19h - fermé 1er janv. et 25 déc. - à partir de 46 €.* Dans un parc de 220 ha, à deux pas de l'Océan, ce golf réputé dispose de trois beaux parcours : le parcours Lucien Barrière (18 trous), le parcours Diane Barrière (18 trous) et le parcours François André (9 trous). De grandes compétitions s'y déroulent régulièrement.

AGENDA

Concours international de saut d'obstacles – *1re sem. de mai - ✆ 02 40 60 02 80 - www.labaule-cheval.com.* 4 jours d'excellence au cours desquels s'affrontent les meilleurs couples mondiaux, pour le plus grand plaisir de tous les passionnés d'équitation.

Le Croisic

★

4 121 Croisicais – Loire-Atlantique (44)

NOS ADRESSES PAGE 635

S'INFORMER

Office du tourisme du Croisic – *21 pl. Donatien Lepré - 44 490 Le Croisic - ✆ 02 40 23 00 70 - juil.-août : 12h-22h ; fév.-juin, 1er sept.-11 Nov. et vac. de Noël : 12h-21h30 ; 12 nov.-20 déc. : lun.-merc. 12h-14h, w.-end 12h-21h30 - fermé janv.*

SE REPÉRER

Carte de microrégion A3 (p. 576-577) – *carte Michelin Département 316 A4.* Au-delà de La Baule vers l'ouest, presque en face de Guérande, Le Croisic est accessible par une seule route, la N 171, assez souvent embouteillée en période estivale.

À NE PAS MANQUER

Les paysages de la Côte sauvage.

ORGANISER SON TEMPS

Prévoyez une bonne journée pour la visite du Croisic et la découverte de la Côte sauvage.

AVEC LES ENFANTS

Ne pas manquer le ballet des raies et des requins dans le nouveau bassin de l'Océarium ; le temps d'une visite au musée du Grand Blockhaus, les filles jouent aux infirmières tandis que les garçons endossent l'habit d'agent secret.

Cette station familiale est située sur une presqu'île face au golfe intérieur du Grand-Traict, qui alimente les marais salants de Guérande. Ancien port de pêche, précurseur du tourisme balnéaire dans la région grâce à ses jolies plages, elle porte aujourd'hui le titre de « petite cité de caractère », qui récompense son unité architecturale et son art de vivre.

Se promener

Comme le peintre et graveur **Jean Émile Laboureur** (1877-1943), estivant régulier du Croisic en son temps, vous serez séduit par le port et le cœur historique du village.

Le port

Il s'étend du mont Esprit au mont Lénigo, deux buttes artificielles. Comme le mont Lénigo, le mont Esprit, haut de 30 m, a été formé de 1814 à 1816 par le lest des navires venant charger le sel de Guérande. Il doit son nom à une déformation de « lest pris ».

Sur plus de 1 km, les quais sont bordés de maisons du 17e s. La plupart sont ornées de balcons de fer forgé, illustrant la réussite des anciens négociants. La jetée du Tréhic (850 m de long) à l'ouest clôture l'espace portuaire.

Hôtel d'Aiguillon

La mairie a occupé ce bel hôtel du 17e s. où fit halte le d'Artagnan de Dumas !

Église Notre-Dame-de-Pitié

Cette curieuse église (15e et 16e s.) domine le port de sa **tour lanterne** du 17e s., haute de 56 m. L'intérieur présente une nef courte à chevet plat éclairé d'une baie flamboyante. Au trumeau du portail, statue de N.-D.-des-Vents.

Maisons anciennes

Pour découvrir ces belles demeures à encorbellement et à pans de bois, il faut parcourir les rues proches de N.-D.-de-Pitié. Remarquez rue de l'Église les nos 25, 20 et 28, place du Pilori le no 4, et rue St-Christophe les nos 33 et 35.

Mont Lénigo

Ce dépôt de lest, planté d'arbres en 1761, offre une **vue★** sur la rade et la jetée du Tréhic. En face s'étire la digue de Pen Bron (1724) et son centre marin. Une promenade ombragée descend vers l'esplanade : un monument rappelle que 22 vaisseaux français furent sauvés, lors de la bataille de la Hougue en 1692, par le barreur Hervé Rielle qui les dirigea vers St-Malo.

★ Océarium

02 40 23 02 44 - www.ocearium-croisic.fr - ♿ - juil.-août : 10h-19h ; 5 avr.-30 juin et 25 oct.-4 nov. : 10h-18h ; reste de l'année : 10h-12h, 14h-18h (12 nov.-19 déc. : 14h-18h) - fermé janv., 1er janv., 25 déc. - 12 € (3-12 ans 9 €).

Sa structure en forme d'étoile abrite les merveilles des fonds océaniques, plus inattendus et colorés que l'on ne croit. Eaux chaudes tropicales et Pacifique Nord sont également évoqués.

L'espace « île Vancouver » aborde quelques aspects de la culture amérindienne. Une amusante colonie de manchots est nourrie à 11h, 15h et 17h.

À ne pas manquer : la nurserie, le tunnel qui traverse un aquarium de 300 000 l, et le bassin de contact où l'on peut toucher étoiles de mer et coquillages… ou serrer la pince d'un crabe.

Très attendus, les requins d'Australie paradent désormais avec les raies dans un immense bassin de 1 million de litres.

Les « Jeunes Aventuriers » disposent de 2 circuits : chasseur de trésors pour les 6-8 ans et chercheur océanographe pour les 9-12 ans.

Itinéraire conseillé Carte de microrégion

★ LA CÔTE SAUVAGE

Itinéraire de 26 km – comptez environ 2h.

Quittez Le Croisic par la D 45, route de la Corniche.

Après le Centre héliomarin des frères de St-Jean-de-Dieu, l'itinéraire longe des plages comme St-Goustan et sa saline où l'on élève des anguilles. La Côte sauvage avec ses rochers aux noms évocateurs (l'Ours, le Grand Autel) s'amorce à la **pointe du Croisic**.

La route continue jusqu'au Pouliguen où la vue s'étend de Pornichet, à l'estuaire de la Loire jusqu'à la pointe St-Gildas.

Le **sentier des douaniers** longe la Côte sauvage à hauteur de Batz. Attention, cette côte est splendide, mais dangereuse. De nombreuses lames de fond y déferlent et ne pardonnent que très rarement.

★ Batz-sur-Mer A3

Entre marais salants et Océan, surgit la haute tour-clocher de Batz. La côte rocheuse est entrecoupée de plages de sable : Valentin, la Govelle (funboard) et St-Michel, une petite grève où, les jours de tempête, l'on observe le spectacle des lames qui se brisent sur la digue.

Église St-Guénolé★ – *Fermée pour travaux - se renseigner à l'office de tourisme.* Elle fut reconstruite aux 15e et 16e s. Sa **tour** sévère (1677) est surmontée d'un clocheton cantonné de pinacles. L'**intérieur** surprend par la déviation du chœur, la masse des piliers soutenant des arcs gothiques et la voûte en carène ; remarquables **clefs de voûte** dans le bas-côté gauche. En montant à la **tour** *(60 m, 182 marches, en travaux)*, on profite d'un très vaste **panorama★★** sur le littoral, de la pointe St-Gildas au sud de la Loire jusqu'à la presqu'île de Rhuys au nord et, au large, sur Belle-Île et Noirmoutier.

Chapelle N.-D.-du-Mûrier★ – Belles ruines gothiques aux arches pures. Selon la légende, Jean de Rieux de Ranrouët l'aurait élevée au 15e s., à la suite d'un vœu fait lors d'une tempête : un mûrier enflammé l'aurait guidé vers la côte.

Musée des Marais salants – *02 40 23 82 79 - juil.-sept. : 10h-12h30, 14h30-19h (18h30 sept.) ; juin : 10h-12h, 14h-18h ; reste de l'année : w.-end et vac. scol. 10h-12h, 14h-18h - possibilité de visite guidée (1h) - fermé 1er janv., 1er Mai, 1er et 11 Nov. - 4 € (6-12 ans 2 €).* Une exposition richement documentée retrace l'histoire des marais salants et la vie des paludiers. Le 19e s. est à l'honneur avec les remarquables meubles rouges guérandais, des objets usuels et des costumes populaires, mais aussi une importante collection de peintures et de faïences (19e-20e s.).

Les enfants *(4-16 ans)* peuvent demander un questionnaire-jeu dès l'entrée, afin de parcourir le musée de manière plus ludique.

Grand blockhaus – *Rte de la Côte Sauvage, entre Batz et Le Pouliguen - 02 40 23 88 29 - de déb. avr. à mi-nov. : 10h-19h ; vac. de fév. : 10h-18h - possibilité de visite guidée (1h30) sur demande préalable - 6 € (5-12 ans 4 €).* Ce bunker de 300 m^2 fut l'un des plus grands du mur de l'Atlantique. Durant la dernière guerre, il était camouflé en villa pour éviter les attaques aériennes. Il abrite aujourd'hui le **musée de la Poche de Saint-Nazaire**, dernière région libérée d'Europe en 1945. L'ambiance d'un blockhaus y est reconstituée : chambrées, PC radio, armurerie, salle des machines, salle vidéo…

Le musée participe à l'opération « Jeunes Aventuriers » *(voir le chapitre « En famille », p. 24)*, en distribuant deux livrets de jeux, un pour les filles – volontaire de la Croix Rouge – et un pour les garçons – agent secret.

Pour rejoindre Le Pouliguen, prenez la D 245.

Le Pouliguen A3 *(voir La Baule, p. 628)*

la D 45 entre Le Pouliguen et Batz-sur-Mer est à sens unique et dispose d'une **piste cyclable**.

Rejoignez Le Croisic par la D 45.

NOS ADRESSES AU CROISIC

HÉBERGEMENT

Le Croisic

POUR SE FAIRE PLAISIR

Hôtel Les Nids – *15 r. Pasteur, à Port-Lin - ✆ 02 40 23 00 63 - www.hotellesnids.com - fermé 4 nov.-31 mars - P - 24 ch. 64/93 € - ☕ 9 €.* Vous serez bien accueilli dans ce petit hôtel familial modernisé sis dans un jardin fleuri. Les chambres, de taille moyenne, sont douillettes et colorées. Petits-déjeuners servis au bord de la piscine couverte.

Batz-sur-Mer

PREMIER PRIX

Hôtel Les Embruns – *Rte du Croisic-St-Nudec - 44 740 Batz-sur-Mer - ✆ 02 40 23 83 33 - fermé 16 nov.-fin janv., 1er-15 mars - P - 16 ch. et 5 studios 44/80 € - ☕ 7 €.* Isolé de la route côtière par quelques maisons d'habitation, cet hôtel familial n'est qu'à 100 mètres de la plage Valentin. Coquette salle des petits-déjeuners au décor marin. Les chambres et les studios, équipés de cuisinettes, viennent de bénéficier d'une rénovation.

Le Pouliguen

POUR SE FAIRE PLAISIR

Chambre d'hôte chalet Lakmé – *9 r. Pierre-Ier-de-Serbie - 44 510 Le Pouliguen, 8 km à l'est du Croisic par D 245 - ✆ 02 40 00 95 04 ou 06 67 42 09 64 - www.chaletlakme.com - ⊭ - 2 ch. 65/80 € et 2 suites familiales (4 pers.) 132/150 € ☕.* Dans cette ex-pension de famille située entre la plage et un petit bois, la décoration, haute en couleur, attire le regard sans jamais l'agresser. Les chambres associent charme, confort douillet et technologies actuelles (borne wifi et DVDthèque). Terrasse exposée plein sud, délicieuse à l'heure du petit-déjeuner.

RESTAURATION

PREMIER PRIX

Le Relais du Duc d'Aiguillon – *21 pl. Donatien-Lepré - ✆ 02 40 62 94 62 - fermé 6 janv.-2 fév. - 8/12 €.* Derrière sa façade en bois du 17e s., cette maison du port abrite une crêperie familiale, simple mais attrayante. Galettes et crêpes à base de farine « bio », spécialités aux fruits de mer, etc., sont préparées sous vos yeux. Service sérieux et compétent et prix très raisonnables.

BUDGET MOYEN

Le Lénigo – *11 quai Lénigo - ✆ 02 40 23 00 31 - www.le-lenigo.fr - fermé mi-nov.-mi-janv. - 22/35 €.* Un restaurant qui fleure bon les embruns, avec sa carte de poissons et ses murs lambrissés agrémentés de cordages et de pièces d'embarcations. Aux beaux jours, sa terrasse offre une jolie vue sur le port et la presqu'île de Penbron.

ACTIVITÉS

Plages – La plage de Port-Lin, face au large, est située à 800 m du centre de l'agglomération ; celle de St-Goustan, sur la rade, à 1 km.

Promenades en mer – De mi-juil. à fin août : excursions et promenades en mer vers les îlots voisins de Houat et Hœdic, s'adresser à l'office de tourisme.

La Grande Brière

★

Loire-Atlantique (44)

NOS ADRESSES PAGE 641

S'INFORMER

Maison du tourisme de Brière – *Maison du tourisme de Brière - 38 r. de la Brière - 44 410 La Chapelle-des-Marais - ✆ 02 40 66 85 01 - www.parc-naturel-briere.fr.*

SE REPÉRER

Carte de microrégion AB 2-3 (p. 576-577) – *carte Michelin Département 316 C/D 3/4.* Au nord de St-Nazaire, la Grande Brière est une dentelle de marais nichés entre la N 171 (St-Nazaire-La Baule), la D 774 (La Baule-La Roche-Bernard) et la N 165 (Nantes-Vannes).

À NE PAS MANQUER

Les prairies marécageuses de l'île de Fédrun et les chaumières du hameau de Kerhinet.

ORGANISER SON TEMPS

Privilégiez le crépuscule pour l'observation des oiseaux, en n'oubliant pas de vous protéger contre les moustiques !

AVEC LES ENFANTS

Observez les oiseaux de la réserve Pierre Constant et du parc de Ker Anas, allez voir le dolmen de Kerbourg, rendez visite aux personnages de la Chaumière des marionnettes, et, surtout, promenez-vous en chaland.

Des canaux et des plantes aquatiques à perte de vue : voici le second marais de France après la Camargue. Également nommé Grande Brière Mottière, il occupe 7 700 des 40 000 ha du Parc régional de Brière, juste au nord de l'estuaire de la Loire. Ce lieu préservé, à quelques minutes des plages de La Baule, offre l'occasion de belles promenades à pied, à cheval ou en chaland.

Itinéraire conseillé Carte Parc naturel régional de Brière

TOUT AUTOUR DU PARC

Itinéraire de 83 km au départ de St-Nazaire – comptez une demi-journée. Quittez St-Nazaire par la N 171, vers Nantes, et sortez à Montoir-de-Bretagne et prenez la D 50.

Saint-Malo-de-Guersac

Cette île est la plus vaste de la Brière. Du haut de ses 13 m, la **vue** s'étend de Guérande à l'ouest au Sillon de Bretagne à l'est.

Rozé

Du petit port de Rozé, berceau de la construction navale, partaient les chalands, chargés de tourbe, vers Nantes, Belle-Île, La Rochelle ou Vannes.

Maison de l'éclusier – *☎ 02 40 66 85 01 - www.parc-naturel-briere.fr - visite guidée (1h) juil.-août et de mi-sept. à fin sept. : 10h-13h, 14h30-18h30 ; avr.-juin : 14h-18h30 ; de déb. sept. à mi-sept. : 10h-13h, 14h30-18h30 - 5 € (enf. 2,50 €), 9 € (enf. 4 €) billet combiné avec la réserve Pierre-Constant, le musée de Kerhinet et la Maison de la mariée.* Placée sur le canal de Rozé, elle présente la faune et la flore du marais, la formation du marais et son évolution. Tout à côté, on peut voir une reconstitution de la *Théotiste*, chaloupe qui servait au transport de la tourbe.

Réserve Pierre Constant – *Derrière la Maison de l'éclusier, un chemin (environ 800 m) suit un canal et conduit au pavillon d'accueil - ☎ 02 40 66 85 01 - www.parc-naturel-briere.fr - visite guidée (1h) juil.-août et de mi-sept. à fin sept. : 10h-13h, 14h30-18h30 ; avr.-juin : 14h-18h30, w.-end 10h30-13h ; de déb. sept. à mi-sept. : 9h-13h, 14h30-18h30 - 5 € (enf. 2,50 €), 9 € (enf. 4 €) billet combiné avec la Maison de l'éclusier, le musée de Kerhinet et la Maison de la mariée.* Ce parc de 26 ha est sillonné par un sentier émaillé de postes d'observation où seuls la patience et le silence peuvent être récompensés.

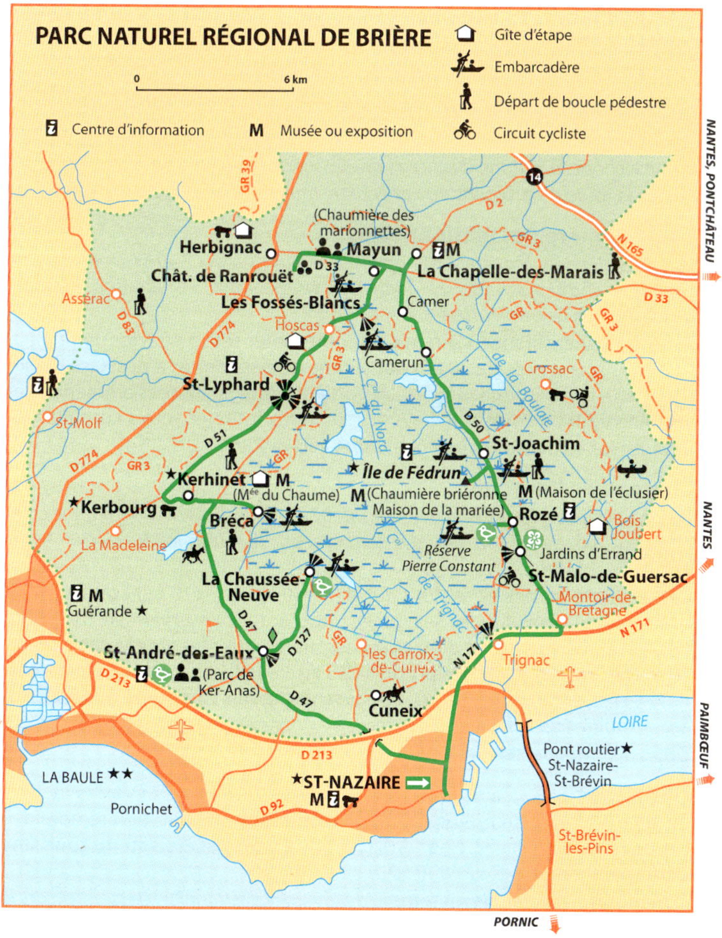

Des panneaux permettent d'identifier la faune et la flore. Petite exposition sur les activités du marais.
Avant St-Joachim, prenez à gauche.

★ Île de Fédrun

Reliée à la route de St-Joachim par deux ponts, c'est la plus attachante de ces îles, entourées de prairies marécageuses. Traversée par une voie médiane, elle est cernée par une rue dessinant ses contours. Au n° 130, la **Maison de la mariée** présente, dans un intérieur briéron, une étonnante collection de parures de mariage ornées de fleurs d'oranger en cire, dont on découvre la fabrication. *✆ 02 40 66 85 01 - www.parc-naturel-briere.fr - visite guidée (1h) juil.-août et de mi-sept. à fin sept. : 10h-13h, 14h30-18h30 ; avr.-juin : 14h-18h30 ; de déb. sept. à mi-sept. : 10h-13h, 14h30-18h30 - 5 € (enf. 2,50 €), 9 € (enf. 4 €) billet combiné avec la réserve Pierre-Constant, le musée de Kerhinet et la Maison de l'éclusier.*

Saint-Joachim

Berceau de la fleur d'oranger en cire, le bourg s'allonge sur les îles de **Brécun** (8 m d'altitude) et de **Pendille**, dominé par la haute flèche blanche de son **église** du 19e s.
La route traverse les îles de **Camerun** et de **Camer**, peu habitées.

La Chapelle-des-Marais

Dans l'**église** se trouve une statue de saint Corneille, protecteur des bêtes à cornes *(chapelle à droite du chœur, au-dessus de l'autel).*
Prenez la route d'Herbignac et, après 2 km, tournez à gauche, dir. Mayun.

La Chaumière des marionnettes

28 r. de la Herviais, Mayun à La Chapelle-des-Marais – ✆ 02 40 53 22 40 - ouv. tte l'année w.-end et tlj pdt vac. scol. : 14h-19h - visite contée - 5 € - Boutique et stages de fabrication de marionnettes.
Après avoir sillonné la France pour présenter ses spectacles de marionnettes pendant près de 30 ans, un couple de passionnés a posé ses valises dans cette ravissante chaumière. Débordant d'imagination, ils emmènent les visiteurs pour un voyage au pays des sorcières, lutins et autres korrigans.
Revenez sur la route d'Herbignac et faites encore 2 km.

Château de Ranrouët

Garez-vous sur le terre-plein herbeux. ✆ 02 40 88 96 17 - www.herbignac.com/chateau - juil.-août : 10h-19h ; avr.-juin et sept. : tlj sf lun. 14h30-18h30 - fermé oct.-mars, 1er Mai - 5 €.
Cette forteresse des 12e et 13e s. fut démantelée en 1618 par Louis XIII puis brûlée sous la Révolution. Ses ruines imposantes conservent six tours rondes, entourées de larges douves sèches. Remarquez les aménagements du 16e s. destinés à contrer les progrès de l'artillerie (barbacane, enceinte bastionnée) et, sur plusieurs tours, des besants (figures circulaires) appartenant aux armoiries de la famille.
Faites demi-tour et reprenez la route d'Herbignac.

Herbignac

Ce village fut longtemps un centre de poterie dont la tradition remontait à l'époque gallo-romaine. Pour en savoir plus, visitez la **Maison du tourisme et du patrimoine**. *✆ 02 40 19 90 01 - juil.-août.*
D'Herbignac, reprenez la route jusqu'à Mayun, où les vanniers tressent encore la bourdaine, et tournez à droite.

Un espace naturel riche et singulier

LES HABITANTS DU MARAIS

Derrière une digue

La Grande Brière occupe une ancienne cuvette, vallonnée et boisée. Ses populations néolithiques en furent chassées par une invasion momentanée de la mer. Le marais s'est formé derrière un talus, constitué par les alluvions de la Loire. Dans les plantes aquatiques, transformées en **tourbe**, se trouvent des arbres fossiles, les **mortas**, vieux de 5 000 ans, durs et imputrescibles.

Au quotidien

Par le travail de l'homme, cette lagune se compartimente, s'assèche, se draine. En 1461, le duc de Bretagne François II reconnaît aux Briérons un droit de propriété indivis, confirmé par les édits royaux de François Ier à Louis XVI. Le Briéron exploite la tourbe, le **« noir »** (terreau servant d'engrais), qui a valu à la Grande Brière le surnom de « pays noir ». Il cueille les roseaux et les joncs dont il recouvre les chaumières, la bourdaine qu'il tresse en paniers, cultive son jardin. Il récolte aussi les sangsues, harponne les **pimpeneaux**, anguilles au ventre argenté, pose dans les **piardes** (plans d'eau) des **bosselles**, nasses en osier, pour capturer brochets, tanches et gardons. Il chasse à l'affût avec ses chiens dans son **chaland**, caché derrière une **bosse** plantée de saules. Il pousse de sa longue perche son **blin**, grande barque plate chargée de vaches ou de moutons qui vont paître sur la **plattière**. Mais son gain reste incertain, et les femmes n'hésitent pas à travailler « aux fleurs ». Au 19e s. et au début du 20e s., deux ateliers de **St-Joachim**, qui emploient près de 140 ouvrières, confectionnent des fleurs d'oranger en cire.

Du marécage au pâturage

Au 20e s., le Briéron se tourne vers les industries métallurgiques de Trignac, les chantiers navals et aéronautiques de St-Nazaire. Des routes relient les anciennes îles, des écluses sont construites. Mais la Grande Brière garde son attrait, et le Briéron, revenu chez lui, pêche et chasse pour son plaisir. Il conduit volontiers le visiteur sur son chaland, à travers les canaux et les piardes miroitantes où poussent les iris jaunes *(de mi-mai à mi-juin)* et les nénuphars blancs *(de mi-juin à fin juillet)*.

PARC NATUREL RÉGIONAL

Le **Parc naturel régional** créé en 1970 a pour mission de sauvegarder et de préserver la spécificité de ces paysages si particuliers et de leur **avifaune** (le parc accueille la plus grande concentration de busards et de hérons cendrés de France). Il s'y emploie en surveillant par exemple la progression des **roselières** (surfaces plantées de roseaux) qui empiètent de plus en plus sur les **prairies** et les **plans d'eau**. Il assure également le curage des **canaux**, autrefois entretenus par les habitants qui vivaient des marais.

Une autre de ses missions consiste à **valoriser** économiquement ces espaces. Cela passe par l'étude de **pratiques agricoles** qui s'appuient sur les produits du marais comme les roseaux et le « noir ». Côté tourisme, le parc organise des fêtes traditionnelles, des randonnées guidées à pied, à bicyclette ou en canoë-kayak.

Voir Nos adresses dans La Grande Brière, p. 641.

Les Fossés-Blancs

De l'embarcadère sur le canal du Nord, on a une belle vue de la Brière. La visite du marais permet de découvrir la flore et la faune, entre canaux et piardes, ces étendues de terre envahies d'eau toute l'année.

Saint-Lyphard

Un belvédère a été aménagé dans le clocher de l'**église** *(135 marches)*. Un vaste **panorama★★** s'étend sur la Brière, et de l'estuaire de la Loire à l'embouchure de la Vilaine en passant par Guérande et ses marais salants. *✆ 02 40 91 41 34 - visite guidée juil.-août : 11h-18h30 ; avr.-juin et sept. : 11h-17h30 ; reste de l'année : tlj sf dim. et lun. 11h-17h - fermé 1er janv., 1er et 11 Nov., 25 déc. - 3 € (enf. 2 €).*

Prenez la route de Guérande et, à 7 km de St-Lyphard, tournez à gauche.

★ Dolmen de Kerbourg

Près d'un moulin, cette allée couverte (du néolithique moyen) est un ancien cairn dont ne subsistent que le couloir et la chambre funéraire.

Continuez en direction du Brunet.

★ Kerhinet

Garez-vous sur le parking aménagé.

Ce charmant hameau rassemble de nombreuses chaumières dont la plupart ont été restaurées par le parc.

L'intérieur briéron – *✆ 02 40 66 85 01 - www.parc-naturel-briere.fr - visite guidée (1h) juil.-août et de mi-sept. à fin sept. : 10h-13h, 14h30-18h30 ; avr.-juin : 14h-18h30 ; de déb. sept. à mi-sept. : 10h-13h, 14h30-18h30 - gratuit.* On y trouve une auberge et divers lieux d'exposition : présentation d'un modeste intérieur briéron (sol en terre battue, meubles, ustensiles de cuisine) et ses dépendances.

Gagnez le Brunet, où la route se prolonge jusqu'à **Bréca** : belle vue sur la Brière et le canal de Bréca.

Revenez au Brunet et prenez la D 47.

Saint-André-des-Eaux

Parc ornithologique de Ker Anas – *✆ 02 40 01 27 48 - www.keranas.fr - ♿ - juil.-août : 10h-20h ; avr.-juin : 14h30-18h30 ; mars et oct. : w.-end 14h30-18h30 - fermé 1er janv., 1er nov., 25 déc. - 6,50 € (enf. 3,80 €).* Le parc (3 ha) comporte un parcours de 1 km, qui permet de découvrir une multitude d'oiseaux des différents continents : oies, bernaches, sarcelles, cygnes, canards du monde entier… À l'entrée, on peut se procurer un petit sac de blé pour les nourrir à la main.

Prenez la D 127 vers La Chaussée-Neuve.

La Chaussée-Neuve

De cet ancien port d'où les blins partaient, chargés de tourbe, **vue★** étendue sur la Brière.

Revenez à St-André-des-Eaux et, par la D 47, rentrez à St-Nazaire.

À proximité Carte de microrégion

Pontchâteau B2

À 25 km au nord-est de St-Nazaire par la N 171 puis la D 773.

Perchée sur une colline, dans une région peuplée d'anciens moulins à vent, l'église de Pontchâteau domine la petite ville aux maisons étagées sur les rives du Brivet.

Paysage de la Grande Brière.
L. Belier/ PNRB

Calvaire de la Madeleine B2

À 4 km à l'ouest de Pontchâteau par la D 33 en direction d'Herbignac. Garez-vous sur le parking à gauche de la route, face à la chapelle du pèlerinage.
Saint **Louis-Marie Grignion de Montfort**, celèbre prédicateur (1673-1716), fit élever ce calvaire en 1709 dans la lande de la Madeleine, sur un Golgotha artificiel ; démoli sur l'ordre de Louis XIV, il fut reconstruit en 1821.
Partez du temple de Jérusalem, construction mi-forteresse, mi-palais oriental ; une belle allée traverse le parc vers le prétoire de Pilate, ou Scala Sancta, dont les cinq hauts-reliefs représentent les premières scènes de la Passion. Après la première station, le Chemin de croix se poursuit, à gauche, par de grandes statues peintes en blanc, qui sortent de l'imagerie populaire. Du calvaire, vue sur la Brière, St-Nazaire et Donges.
Fuseau de la Madeleine – *À 800 m du calvaire. Prenez la route à gauche de la statue du Sacré-Cœur, traversez le parc, puis tournez à gauche au premier carrefour.* Ce menhir de 7 m de haut et de 5 m de circonférence se dresse au milieu d'un pré.

NOS ADRESSES DANS LA GRANDE BRIÈRE

★★ PROMENADE EN CHALAND

Pour vous promener, reportez-vous à la carte du parc où sont précisés les embarcadères.
En toute saison, la Grande Brière garde son charme : fleurie au printemps, verte en été avec ses berges noires et ses racines de saules apparentes, rousse en automne avec ses vols de canards, argentée en hiver avec ses terres inondées.

Anthony Mahé – *Port de La Chaussée-Neuve - 44 117 St-André-des-Eaux - ✆ 02 40 91 59 36 - http://brieremahe.free.fr/- promenade guidée (45mn) 10h-18h - 8 € (-14 ans 4 €).*
Dans le Parc régional de Brière, Anthony Mahé organise des promenades en barque sur les grands canaux rectilignes et les roselières dorées par le soleil.

HÉBERGEMENT

PREMIER PRIX

Hôtel le Bretagne – *Pont d'Armes - 44 410 Asserac - ✆ 02 40 01 71 03 - fermé 10 j. en nov. - P - 12 ch. 40/50 € - ☕ 6,50 €.* Les marais à une encablure et l'Atlantique à 5 km : voici l'environnement de cette maison néo-bretonne. Les chambres sont simples, mais bénéficient toutes d'une récente rénovation qui les rend attrayantes. Petit-déjeuner sous une véranda tournée vers le jardin.

BUDGET MOYEN

Chambre d'hôte Ty Gwenn – *25 île d'Errand - 44 550 St-Malo-de-Guersac - 3 km de St-Malo, après l'église dir. Errand - ✆ 02 40 91 15 04 - fermé oct.-mars - 🚭 - 3 ch. 58 € ☕ - repas 22 €.* Romantique à souhait, cette jolie chaumière briéronne accueille ses hôtes dans un confort douillet. Poutres, cheminée et tissus choisis composent un décor raffiné. Le charmant jardin et la piscine ajoutent au plaisir de ce séjour !

RESTAURATION

PREMIER PRIX

Les Calèches Briéronnes – *À Bréca - 44 410 St-Lyphard - ✆ 02 40 91 33 24 - www.creperie-de-breca.com - fermé nov.-Pâques - formule déj. 11,80 € - 11/16 €.* Les vieux chênes et le marais entourent cette maison où vous pourrez grignoter une galette, une crêpe, une salade, une grillade ou une glace pour le goûter. La salle à manger assez simple est agrémentée de baies vitrées et de lambris. Agréable terrasse d'été. Accueil souriant.

POUR SE FAIRE PLAISIR

Auberge de Bréca – *44 410 Bréca - ✆ 02 40 91 41 42 - www.auberge-breca.com - fermé 19 déc.-3 janv., mar. soir de nov. à mars, dim. soir et jeu. sf juil.-août - 28/55 €.* Au cœur du parc naturel de la Brière, ce restaurant-glacier, aménagé dans un ancien relais de chasse, est le lieu idéal pour étancher une soif née d'une longue balade en barque, par exemple.

Blain

8 544 Blinois – Loire-Atlantique (44)

NOS ADRESSES PAGE 644

S'INFORMER

Office du tourisme de Blain – *2 pl. Jean-Guihard - 44 130 Blain - ✆ 02 40 87 15 11 - http://otsi.blain.free.fr - tlj sf lun. 10h-12h, 14h-18h, sam. 17h30 - fermé j. fériés.*

SE REPÉRER

Carte de microrégion C2 (p. 576-577) – *carte Michelin Département 316 F3.* Situé entre la forêt du Gâvre et la petite forêt de la Groulais, au nord-ouest de Nantes, Blain est accessible depuis la capitale des ducs de Bretagne par la N 137 et la D 64 (40 km). Elle se trouve aussi sur la N 171 qui fait le lien entre les voies express N 137-E 3 (vers Rennes) et N 165-E 60 (direction Vannes). Le canal de Nantes à Brest sépare le bourg du château, dont la première construction remonte à 1104.

ORGANISER SON TEMPS
Privilégiez les bords du canal le matin, et une petite marche en forêt l'après-midi.

AVEC LES ENFANTS
Suivez le sentier de découverte du moine Guenael et promenez-vous au milieu des animaux à la ferme de l'Orme.

Ancien carrefour de voies romaines, Blain joue un rôle commercial important entre Nantes, Redon et l'Anjou. Sa proximité avec le canal de Nantes à Brest offre de belles possibilités de promenade, tout comme les hectares de feuillus de la forêt du Gâvre, sillonnée par les sentiers de randonnée.

Se promener

Musée de la Fève et de la Crèche

2 pl. Jean-Guilhard - 02 40 79 98 51 - www.musee-de-blain.fr - tlj sf dim., lun. et j. fériés 10h-12h, 14h-18h, sam. 14h-17h30 - possibilité de visite guidée - 3 € (enf. 1,50 €).
Installé dans l'ancien présidial des ducs de Rohan, ce musée fait revivre le passé du pays blinois, avec la reconstitution de l'épicerie, du bureau de tabac, de la saboterie, etc. Deux salles sont consacrées aux traditions populaires du temps de Noël.

Château de la Groulais

Sortie de Blain direction St-Nazaire.
Cette forteresse d'Olivier de Clisson passa aux Rohan de 1407 à 1802, mais fut rasée en partie sur l'ordre de Richelieu en 1628. La **tour du Pont-Levis** (14e s.), au toit en poivrière, domine des douves sèches et abrite le musée. *02 40 79 07 81 - mai-oct. : tlj sf lun. 11h-18h - possibilité de visite guidée (50mn) - fermé 1er janv., lun. de Pâques, lun. de Pentecôte, 1er nov., 25 déc. - 3 € (-12 ans gratuit).* Le **logis du Roi** (15e s.) impressionne par sa longue façade Renaissance ornée de hautes lucarnes à pinacles. Il accueille aujourd'hui des réceptions.

À proximité

La ferme de l'Orme

À 8 km au sud-ouest de Blain par la N 171 puis la D 81 (bien indiqué) - 02 40 79 19 83 - avr.-oct. : tlj 10h-18h jusqu'à 20h juil.-août - 6 € (enf. 4 €).
Paons aux plumes bleutées, dindons royaux picorant dans les allées, poules aux allures de stars, oies, canards ou toucans multicolores… Cette ferme, à l'ambiance un peu « fouillis » mais très familiale, rassemble près de 600 volatiles représentant plus de 180 espèces différentes. Des enclos de wallabies, de chèvres naines et de moutons d'Ouessant complètent la visite. Livret remis gratuitement à l'entrée.

LE BERCEAU D'UN CHEF PROTESTANT
En 1579, **Henri de Rohan** voit le jour à Blain, en pleine guerre de Religion. Son nom reste lié aux guerres qui opposèrent huguenots et pouvoir royal entre 1620 et 1629, alors qu'il était à la tête du parti protestant. Amnistié par la paix d'Alès en 1629, il récupère Blain, cédé à Condé, mais doit s'exiler. Rappelé en 1635, il repartira néanmoins en Suisse, servir le roi à l'occasion de la guerre de Trente Ans (1618-1648). Il meurt là-bas en 1639.

Itinéraire conseillé Carte de microrégion

★ FORÊT DU GÂVRE

Itinéraire de 13 km au nord-ouest par la D 15, route de Guéméné-Penfao.
La route traverse les futaies où les chênes, les hêtres et les pins s'étendent sur plus de 4400 ha. Elle rejoint le carrefour de la Belle Étoile, aux dix allées rayonnantes.
Tournez à droite vers Le Gâvre; à la Maillardais, prenez à gauche.

Chapelle de la Magdeleine C2

Cette modeste chapelle du 12e s. faisait partie d'une léproserie. Elle possède une gracieuse **Vierge** polychrome du 15e s., N.-D.-de-Grâce.
Revenez à la Maillardais et continuez vers Le Gâvre.

Le Gâvre C2

Dans une demeure du 17e s., le **musée Benoist** présente une exposition sur la forêt du Gâvre : les essences qui la composent, autrefois réputées pour la construction navale, des animaux naturalisés… Sous les combles que coiffe une belle charpente en châtaignier, de vieux métiers sont évoqués : tonnelier, scieur de long, rémouleur… Non loin de l'école, une loge de sabotier évoque la vie d'artisans qui travaillaient et habitaient dans leur atelier. *✆ 02 40 51 25 14 - w.-end, j. fériés, et vac. scol. : 14h-18h30 - possibilité de visite guidée (1h30 à 2h) - 4 € (enf. 2 €).*
Départ du parking du camping du Gâvre. 4 km balisés. Muni du livret de découverte disponible à l'office du tourisme de Blain, suivez le **sentier de découverte du moine Guenael**, personnage imaginaire, qui vous mènera à travers la forêt. Là, faits historiques se mêlent aux légendes.
Regagnez Blain par la route directe.

NOS ADRESSES À BLAIN

HÉBERGEMENT

PREMIER PRIX

Camping municipal le Château – *Rte de St-Nazaire - sortie sud-ouest par N 171, rte de St-Nazaire et chemin à gauche, à 250 m du canal de Nantes à Brest (halte fluviale) - ✆ 02 40 79 11 00 - www.ville-blain.fr - ouv. mai-sept. - - réserv. conseillée - 45 empl. 7,70 €.* Ce charmant camping proche du château et du canal de Nantes à Brest bénéficie d'un entretien exemplaire. Le site animé (certains diront bruyant) offre néanmoins la douceur d'un cadre verdoyant que rehausse la présence d'une grande diversité d'arbres. Coin bibliothèque avec documentation touristique.

RESTAURATION

Le Gâvre

BUDGET MOYEN

Auberge de la Forêt – *La Maillardais - 44 130 Le Gâvre - à 8 km au nord de Blain par D 42 et D 35 - ✆ 02 40 51 20 26 - www.auberge-delaforet.fr - 12,60 €*

déj. - 21,90/39,90 € - 8 ch. 69/99 € - ☕ 10 €. Le restaurant propose un agréable compromis entre gastronomie et cuisine traditionnelle. Service correct dans une grande salle à manger à la fois sobre et élégante, quoiqu'un peu impersonnelle. Les chambres, simples et bien tenues, font de cette auberge une adresse sympathique à l'orée de la forêt.

ACTIVITÉS

Le Parc Aventure Tépacap – *Rte du Lac - au sud-ouest de Blain par la N 171 - 44 260 Savenay - ✆ 02 40 58 30 30 - www.tepacap.fr - juil.-août 10h-12h30, 13h30-19h00; reste de l'année : se renseigner.* Préparez-vous au grand frisson. Disséminés dans un parc de 2 ha, les 100 ateliers offrent un maximum de sensations fortes (grimper aux branches, glisser d'arbre en arbre jusqu'à une hauteur de 10 m). Espace enfants à partir de 3 ans. Serez-vous « cap » de les faire tous ?

AGENDA

Fête du canal – Chaque année à la fin du mois de juin, les péniches et leur folklore maritime redonnent au quai Surcouf son caractère portuaire, tel que l'ont connu les mariniers d'antan.

Châteaubriant

12 390 Castelbriantais – Loire-Atlantique (44)

NOS ADRESSES PAGE 647

S'INFORMER

Office du tourisme de Châteaubriant – *22 r. de Couëré - BP 193 - 44 110 Châteaubriant - ✆ 02 40 28 20 20 - www.culture.cg44.fr - mai-sept. : 11h-18h30 ; reste de l'année : 14h-17h30 - possibilité de visite guidée mai-sept. : 14h30, 16h30 ; reste de l'année : w.-end 15h30 - fermé mar., 25 déc., 1er janv. - 3 € (-10 ans gratuit).*

SE REPÉRER

Carte de microrégion D1 (p. 576-577) – *carte Michelin Département 316 H1.* Situé au nord du département, Châteaubriant se rallie par la D 178 et la D 31 au départ de Nantes (70 km).

À NE PAS MANQUER

Le château et le marché aux bestiaux du mercredi matin.

ORGANISER SON TEMPS

Comptez une bonne heure de visite pour le château.

Au centre d'une région boisée et parsemée d'étangs, cette ancienne ville fortifiée se situe aux marches de la Bretagne et de l'Anjou. Capitale du pays de la Mée, elle constitue avant tout une étape sur la route des stations balnéaires bretonnes, mais en vous attardant un tant soit peu, vous découvrirez une ville au riche passé historique et culturel, berceau de la famille de Chateaubriand.

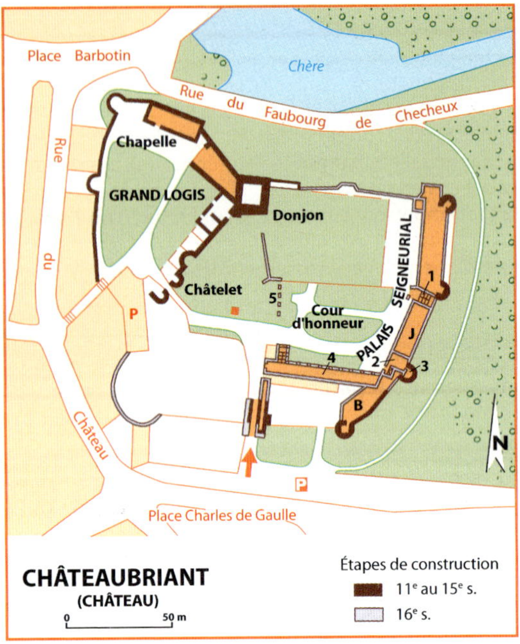

Se promener Plan de Châteaubriant

★ Château

℘ 02 40 28 20 20 - www.culture.cg44.fr - mai-sept. : 11h-18h30 ; reste de l'année : 14h-17h30 - possibilité de visite guidée mai-sept. : 14h30, 16h30 ; reste de l'année : w.-end 15h30 - fermé mar., 25 déc., 1er janv. - 3 € (-10 ans gratuit).

Le château comprend une partie féodale et une partie Renaissance, due à Jean de Laval, comte de Châteaubriant, dont l'épouse Françoise de Foix fut un temps la favorite de François Ier.

Du château féodal, il subsiste un important **donjon**, rattaché au châtelet d'entrée et à la chapelle par des murailles auxquelles s'adossent les deux ailes du Grand Logis.

En face s'élève le **palais seigneurial** dont les trois ailes sont reliées par d'élégants pavillons Renaissance. Au cours de la visite, on emprunte l'escalier central **(1)** menant à un balcon d'où l'on jouit d'une belle vue sur la cour d'honneur, le donjon et les toits de la ville. On accède ensuite à la chambre « dorée » de Françoise de Foix **(2)** avec sa monumentale cheminée en bois sculpté (début 17e s.), puis à l'oratoire **(3)**.

En regagnant l'accueil, remarquez la pierre tombale de Françoise de Foix *(exposée devant la billetterie)*, gravée d'une épitaphe de Clément Marot. Le tribunal d'instance **(J)** occupe une partie du palais seigneurial et la bibliothèque municipale, l'aile méridionale **(B)**. De la colonnade qui encadrait la cour d'honneur, il reste la galerie couverte **(4)** aboutissant à un pavillon d'escalier et un tronçon **(5)** fermant la cour d'honneur.

On peut faire le tour du château en flânant sur l'esplanade et dans les jardins qui descendent jusqu'à la Chère, où il fait bon pique-niquer.

CHÂTEAUBRIANT DANS L'ASSIETTE

Centre d'un pays d'élevage de viande bovine, Châteaubriant, deuxième marché aux gros bovins de France, a donné son nom à une pièce de bœuf de 300 à 400 g prise dans le filet. La viande doit être saisie à l'extérieur, et saignante, juste chaude, à l'intérieur, et est traditionnellement servie avec des pommes dauphine et une sauce béarnaise. La technique de cuisson aurait été mise au point par **Montmirail**, cuisinier de François-René de Chateaubriand, à moins que ce ne soit par **Magny**, cuisinier d'un restaurant parisien qui recevait au 19e s. les célébrités littéraires.

Église de Saint-Jean-de-Béré

Le chœur et la croisée du transept remontent à la fin du 11e s. La nef est du 12e s. À droite du « Chapitreau » (16e s.) se trouve le petit « autel du Bon Dieu de Pitié » où était célébrée la messe au temps de la peste noire (1347-1351). À l'intérieur, sur le maître-autel, très riche retable (1665).

La Sablière

Aux portes de la ville, sur la route de Pouancé, à la carrière des Fusillés, le **monument du Souvenir** rappelle que 27 otages ont été tués par les Allemands, le 22 octobre 1941. Ils furent passés par les armes en représailles de l'attentat qui tua, le 20 octobre 1941, le feld-commandant de la place de Nantes. D'autres otages tombèrent à Nantes, ainsi qu'au mont Valérien, à l'ouest de Paris. Au pied du monument, 185 alvéoles renferment de la terre venue de tous les hauts lieux de la Résistance.

À proximité Carte de microrégion

Abbaye de Melleray

À 21 km au sud par la D 178, à La Meilleraye-de-Bretagne prenez à gauche la D 18 vers Riaillé - ✆ 02 40 55 26 00 - ouv. pdt les offices, possibilité de visite guidée le sam. à 15h30 en juil.-août uniquement.

Fondée en 1142 près d'un étang magnifique, cette abbaye cistercienne comporte des bâtiments du 18e s. L'**église N.-D.-de-Melleray** (1183) a retrouvé sa rigueur cistercienne et des vitraux en grisaille. Dans le chœur à chevet plat, **Vierge** en bois polychrome du 17e s.

NOS ADRESSES À CHÂTEAUBRIANT

HÉBERGEMENT

POUR SE FAIRE PLAISIR

Hôtel La Ferrière – *Rte de Moisdon-La-Rivière - ✆ 02 40 28 00 28 - www.hotellaferriere.fr - P - 19 ch. 71/95 € - ☕ 10,50 € - rest. 20/42 €.* Belle demeure bourgeoise et ses dépendances nichées dans un parc abritant des chambres confortables, garnies d'un mobilier de style et dotées de salles de bains modernes. Salle à manger de caractère (stucs et moulures) et véranda ouverte sur la nature.

ACTIVITÉS

Lac de Vioreau – *44440 Joué-sur-Erdre - ✆ 02 40 72 35 43 - baignade surveillée juil.-août.* Pédalo, barque, canoë, dériveur, VTT, rando, pêche, bar, restauration et animation musicale l'été.

Saint-Malo : villes, curiosités et régions touristiques.
Du Guesclin, Bertrand : noms historiques ou termes faisant l'objet d'une explication.
Les sites isolés (châteaux, abbayes, grottes…) sont répertoriés à leur propre nom.
Nous indiquons par son numéro, entre parenthèses, le département auquel appartient chaque ville ou site. Pour rappel :
22 : Côtes-d'Armor
29 : Finistère
35 : Ille-et-Vilaine
44 : Loire-Atlantique
50 : Manche
56 : Morbihan

A

B

INDEX GÉNÉRAL

C

D

E

F

G

L

M

N

O

P

Q

R

S

T

INDEX GÉNÉRAL

U

V

W

Y

Z

CARTES ET PLANS

CARTE GÉNÉRALE

CARTES DES RÉGIONS

PLANS DE VILLE

PLANS DE MONUMENTS

CARTES THÉMATIQUES

CARTES ET PLANS

CARTES DES ITINÉRAIRES

CHANGEMENT DE NUMÉROTATION ROUTIÈRE !
Sur de nombreux tronçons, les routes nationales passent sous la direction des départements. Leur numérotation est en cours de modification. La mise en place sur le terrain a commencé en 2006 mais devrait se poursuivre sur plusieurs années. De plus, certaines routes n'ont pas encore définitivement trouvé leur statut au moment où nous bouclons la rédaction de ce guide.

LÉGENDE DES CARTES ET PLANS

Curiosités et repères

- Itinéraire décrit, départ de la visite
- Église
- Mosquée
- Synagogue
- Monastère - Phare
- Fontaine
- Point de vue
- Château - Ruine ou site archéologique
- Barrage - Grotte
- Monument mégalithique
- Tour génoise - Moulin
- Temple - Vestiges gréco - romains
- Temple : bouddhique - hindou
- Autre lieu d'intérêt, sommet
- Distillerie
- Palais, villa, habitation
- Cimetière : chrétien - musulman - israélite
- Oliveraie - Orangeraie
- Mangrove
- Auberge de jeunesse
- Gravure rupestre
- Pierre runique
- Église en bois
- Église en bois debout
- Parc ou réserve national
- Bastide

Sports et loisirs

- Piscine : de plein air - couverte
- Plage - Stade
- Port de plaisance - Voile
- Plongée - Surf
- Refuge - Promenade à pied
- Randonnée équestre
- Golf - Base de loisirs
- Parc d'attractions
- Parc animalier, zoo
- Parc floral, arboretum
- Parc ornithologique, réserve d'oiseaux
- Planche à voile, kitesurf
- Pêche en mer ou sportive
- Canyoning, rafting
- Aire de camping - Auberge
- Arènes
- Base de loisirs, base nautique ou canoë-kayak
- Canoë-kayak
- Promenade en bateau

Informations pratiques

- Information touristique
- Parking - Parking - relais
- Gare : ferroviaire - routière
- Voie ferrée
- Ligne de tramway
- Départ de fiacre
- Métro - RER
- Station de métro (Calgary, ...) (Montréal)
- Téléphérique, télécabine
- Funiculaire, voie à crémaillère
- Chemin de fer touristique
- Transport de voitures et passagers
- Transport de passagers
- File d'attente
- Observatoire
- Station service - Magasin
- Poste - Téléphone
- Internet
- H Hôtel de ville - B Banque, bureau de change
- J Palais de justice - POL. Police
- Gendarmerie
- T Théâtre - U Université - M Musée
- Musée de plein air
- Hôpital
- Marché couvert
- Aéroport
- Parador, Pousada (Établissement hôtelier géré par l'État)
- A Chambre d'agriculture
- D Conseil provincial
- G Gouvernement du district, Délégation du Gouvernement Police cantonale
- L Gouvernement provincial (Landhaus)
- P Chef lieu de province
- Station thermale
- Source thermale

Axes routiers, voirie

- Autoroute ou assimilée
- Échangeur : complet - partiel
- Route
- Rue piétonne
- Escalier - Sentier, piste

Topographie, limites

- Volcan actif - Récif corallien
- Marais - Désert
- Frontière - Parc naturel

Comprendre les symboles utilisés dans le guide

LES ÉTOILES

★★★ **Vaut le voyage** ★★ **Mérite un détour** ★ **Intéressant**

HÔTELS ET RESTAURANTS

9 ch.	Nombre de chambres
7,5 €	Prix du petit-déjeuner en sus
50 €	Prix de la chambre double, petit-déjeuner compris
bc	Menu boisson comprise
	Air conditionné dans les chambres
	Restaurant dans l'hôtel
	Établissement servant de l'alcool
	Piscine
CC	Paiement par cartes de crédit
	Carte de crédit non acceptée
P	Parking réservé à la clientèle

SYMBOLES DANS LE TEXTE

	A faire en famille
	Pour aller au-delà
	Promenade à pied
	Randonnée à vélo
	Facilité d'accès pour les handicapés
A2 B	Repère sur le plan

Manufacture française des pneumatiques Michelin
Société en commandite par actions au capital de 304 000 000 EUR
Place des Carmes-Déchaux - 63000 Clermont-Ferrand (France)
R.C.S. Clermont-Fd B 855 200 507

Dépôt légal : 11 2009 – ISSN 0293-9436
Compograveur : Michelin à Paris
Imprimeur : Canale, Borgaro Torinese (Italie)
Imprimé en Italie : 11 2009

Dans la collection Le Guide Vert

Nos guides sur l'étranger

- Allemagne
- Andalousie
- Angleterre Pays de Galles
- Autriche
- Barcelone et la Catalogne
- Belgique Luxembourg
- Bulgarie
- Canada
- Chine [N]
- Chypre [N]
- Croatie
- Écosse
- Égypte
- Espagne Atlantique
- Espagne du Centre Madrid Castille
- Espagne Méditerranéenne Baléares
- Grèce
- Irlande
- Italie du Nord
- Italie du Sud Rome Sardaigne
- Japon
- Londres
- Maroc
- Mexique [N]
- Moscou St-Pétersbourg
- Nouvelle Angleterre [N]
- Pays Baltes
- Pays Bas
- Pologne
- Portugal
- Québec
- Rome
- Roumanie
- Sardaigne [N]
- Scandinavie
- Sicile
- Sud-Ouest américain [N]
- Suisse
- Thaïlande [N]
- Toscane Ombrie Marches

Nos guides week-end en France et à l'étranger

- Week-end Amsterdam
- Week-end Barcelone [N]
- Week-end Berlin
- Week-end Bordeaux [N]
- Week-end Bruxelles
- Week-end Budapest
- Week-end Cracovie
- Week-end Edimbourg [N]
- Week-end Florence
- Week-end Istanbul
- Week-end Lisbonne
- Week-end Londres
- Week-end Lyon [N]
- Week-end Marrakech Essaouira[N]
- Week-end Marseille [N]
- Week-end Montpellier [N]
- Week-end Nantes [N]
- Week-end New York
- Week-end Prague
- Week-end Rome [N]
- Week-end Stockholm [N]
- Week-end Tunis [N]
- Week-end Venise
- Week-end Vienne [N]

Nos guides sur la France

- Alpes du Nord
- Alpes du Sud
- Alsace Lorraine
- Aquitaine
- Auvergne
- Bourgogne
- Bretagne
- Champagne Ardenne
- Charente-Maritime
- Châteaux de la Loire
- Corse
- Côte d'Azur
- Essonne
- France
- France Sauvage
- Franche-Comté Jura
- Haut-Rhin
- Idées de promenades à Paris
- Idées de week-ends aux environs de Paris
- Idées de week-ends en Provence
- Île-de-France
- Languedoc Roussillon
- Limousin Berry
- Loire
- Loiret
- Lyon Drôme Ardèche
- Meuse
- Midi Toulousain
- Moselle
- Nord Pas-de-Calais Picardie
- Normandie Cotentin
- Normandie Vallée de la Seine
- Paris
- Paris enfants
- Pays Basque France Espagne et Navar
- Périgord Quercy
- Poitou Charentes Vendée
- Provence
- Puy-de-Dôme
- Tarn [N]
- Touraine côté Sud
- A75 La Méridienne
- 31 sites français au patrimoine de l'Unesco [N]

[N] : Nouveau